Meinrad Pizzinini

Andreas Hofer

Meinrad Pizzinini

Andreas Hofer

Seine Zeit – sein Leben – sein Mythos

Tyrolia-Verlag · Innsbruck-Wien
Verlagsanstalt Athesia · Bozen

Bibliografische Information Der Deutschen Nationalbibliothek
Die Deutsche Nationalbibliothek verzeichnet diese Publikation in der
Deutschen Nationalbibliografie; detaillierte bibliografische Daten sind im Internet
über http://dnb.d-nb.de abrufbar.

3., aktualisierte Auflage 2010
© Verlagsanstalt Tyrolia, Innsbruck
Umschlaggestaltung: Tyrolia-Verlag
Coverbild: Gemälde von J. P. Altmutter, Tiroler Landesmuseum Ferdinandeum, Innsbruck
Vor- und Nachsatz: „Der Tiroller Marsch im Feld. A° 1809", Zeitgenössischer Kupferstich, TLMF
Bild auf der Umschlagrückseite: „Der Sandwirth Hofer hält Revue über die Insurgenten vor Inspruck", erschienen bei Friedrich
Campe in Nürnberg, 1809, TLMF
Layout: Tyrolia-Verlag
Digitale Gestaltung: Studio HM, Hall in Tirol
Lithografie: digi service, Innsbruck; Athesia-Laserpoint, Innsbruck
Druck und Bindung: Printer Trento (I)

ISBN 978-3-7022-2973-3 (Tyrolia-Verlag)
E-Mail: buchverlag@tyrolia.at
Internet: www.tyrolia-verlag.at

ISBN 978-88-8266-405-3 (Athesia Buchverlag)
E-Mail: buchverlag@athesia.it
Internet: www.athesiabuch.it

Inhalt

Vorwort	7
„Für Gott, Kaiser und Vaterland" – Wesenszüge der geschichtlichen Entwicklung Tirols	9
Die Tiroler im 18. Jahrhundert und das Klischeebild der „Tiroler Nation"	22
Jugendjahre Andreas Hofers und der Ausbruch der Französischen Revolution	33
Auswirkungen der Revolution auf Österreich und Tirol	41
Die kriegerischen Ereignisse von 1796	52
Niederlagen und Erfolge im Jahr 1797	66
Andreas Hofers erste Bewährungsprobe	80
Tirol im Zweiten und Dritten Koalitionskrieg 1799–1805	86
Die bayerische Herrschaft in Tirol 1806–1809	102
Geheime Vorbereitungen in Tirol und Wien	118
Der Aufstand bricht los – Hofers erste Waffenerfolge	128
Das ganze Land ist frei!	135
Tirol zum zweiten Mal befreit	145
Große Not trotz Siegesfeiern	162
Der Waffenstillstand von Znaim und was er bewirkte	170
Befreiung im August – Der Sandwirt Sieger am Bergisel	182
Andreas Hofer – Regent Tirols	196
Das Land von Feinden umringt	215

Hofers Schwanken – ein Spiegelbild der „Volksseele"	228
Des Sandwirts Tod und die Zerreißung des Landes	242
Der Dank des Kaisers und Hofers Heimkehr	258
Augenzeugen und Historiker über Andreas Hofer	272
Vorwiegend Mythos – Andreas Hofer in Literatur, Musik und Kunst	285
Andreas Hofer – der Missbrauchte	316
Was bleibt vom Sandwirt?	336
Abkürzungen	345
Anmerkungen	346
Bildnachweis	359
Literatur	365
Personenregister	369

Vorwort zur 3. Auflage

Nach den Worten von Günther Platter, Landeshauptmann von Tirol, galt im Gedenkjahr 1809–2009 als oberstes Ziel, die Gelegenheit zu nützen für einen Rückblick in die Vergangenheit, eine aktuelle Standortbestimmung und einen Ausblick in die Zukunft. Die zahlreichen Aktivitäten, ausgehend von der Erinnerung an die Ereignisse des Jahres 1809 in Tirol, Südtirol und im Trentino, unter das offizielle Motto „Geschichte trifft Zukunft" gestellt, umfassten Kulturprojekte und -veranstaltungen, ein engagiertes Jugendprogramm, denkmalpflegerische Leistungen, wissenschaftliche Symposien und Forschungsarbeit. Durchwegs war die Teilnahme der Bevölkerung an den Veranstaltungen groß und auch die inzwischen zahlreich erschienenen Publikationen fanden ihre Abnehmer.

Bereits nach einem knappen Jahr war die Auflage dieser Hofer-Biographie vergriffen. Bei der Neuauflage besteht die Möglichkeit der Aktualisierung unter Einbeziehung inzwischen erschienener wissenschaftlicher Literatur und einer Kurzcharakterisierung der Geschehnisse im Gedenkjahr.

Wie bereits in den ersten beiden Auflagen (1984, 2008) geht es auch nun in keiner Weise um die Verherrlichung eines „Helden" oder eines „Heldenzeitalters", sondern um die Schilderung von Hofers Leben, seiner Aktivitäten, seines Umfelds. Bereits die nackten Tatsachen seines Schicksals sind interessant und bemerkenswert genug und bedürfen gar keiner Glorifizierung. Die noch hin und wieder aufscheinende „heldenhafte Diktion" wird hier gänzlich vermieden. Der Begriff „Held", was auch immer er bedeuten mag, löst heute nicht mehr unbedingt Sympathien und Bewunderung aus. Ein „Held", der gleichsam über den Wolken schwebt, ist nicht richtig fassbar. Bei der Beurteilung des Sandwirts als Mensch gelangt man jedoch zu einer objektiveren Betrachtung und Beurteilung der Beweggründe, Taten und Leistungen.

Andreas Hofer tauchte nicht als „deus ex machina" in der Geschichte auf. Seine Persönlichkeit wuchs vielmehr aus den typischen Tiroler Verhältnissen des 18. Jahrhunderts heraus. In mancher Hinsicht hatten die Tiroler durch die ihnen zugestandenen Rechte eine Sonderstellung unter den habsburgischen Erbländern inne, die einen Jahrhunderte währenden volkspsychologischen Prozess ausgelöst haben, wodurch wiederum die Erhebungen der Tiroler in der Napoleonischen Ära mit dem Höhepunkt 1809 letztlich erst verständlich sind.

Bald nach Einrichtung der ungeliebten bayerischen Herrschaft, getragen vom Geist der Aufklärung, war der Sandwirt in den Reihen des Widerstands zu finden. Im Jahr der Tiroler Erhebung 1809 führte seine Karriere vom Talkommandanten des Passeier über den Kommandanten im südlichen Tirol zum Oberkommandanten der Tiroler Landesverteidigung. Als einzige von weitesten Kreisen der Bevölkerung anerkannte Persönlichkeit musste Hofer selbst noch die zivile Verwaltung Tirols als „Statthalter" des Kaisers übernehmen. Als Träger der obersten und letzten Verantwortung im Aufstand musste er bei seinem Scheitern zwangsläufig mit dem Leben dafür büßen. Hofers Schwächen werden in keiner Weise verschwiegen oder auch nur „retuschiert". Es soll in dieser Biographie darum gehen, Andreas Hofer und die Tiroler von Anno Neun, ihre Motive und ihr Handeln aus der Zeit heraus zu erklären und einem breiteren Publikum näher zu bringen.

Über seinen Tod hinaus lebt der Sandwirt fort, eingespannt zwischen Mythos, Glorifizierung, Missbrauch und Verniedlichung. Gerade den Abschnitten über die Hofer-Rezeption durch 200 Jahre wird in dieser Biographie breiter Raum gewidmet. Pathos und Glorienschein haben seinem Ansehen eher geschadet und werden ihm selbst, der nichts dafür konnte, vielfach angelastet. Sein Mythos hält sich ebenso hartnäckig wie der Mythos um die Französische Revolution, Napoleon oder die „Grande Nation".

„Anno Neun" insgesamt ist von einem Mythos überstrahlt, der irrtümlich vielfach mit Instrumentalisierung gleichgesetzt wird, was aber durchaus nicht zutreffen muss. Ist eine übertriebene, nicht hinterfragte Glorifizierung auf jeden Fall der Objektivität abträglich, so ist ein gewisser entstandener Mythos nicht gänzlich zu verwerfen. Auf jeden Fall sollte die Entmythologisierung nicht auf die Spitze getrieben werden. Mythos ist in gewisser Weise – in diesem Fall für Tirol – auch identitätsstiftend.

Die reiche Bebilderung des Buches, die nicht etwa bloß den Text „auflockern" will, sondern zum Großteil echten Bild-Quellenwert besitzt, ist in erster Linie dem Tiroler Landesmuseum Ferdinandeum mit seinen reichen Beständen zu verdanken. Das Museum verfügt ebenfalls über umfangreiches handschriftliches und gedrucktes Quellenmaterial, das zur Verfügung gestanden ist.

Im Ferdinandeum gilt der Dank des Autors dem Direktor, Herrn Privat-Dozent Dr. Wolfgang Meighörner, dem Vereinsvorstand, Herrn Konsul Dipl.-Ing. Andreas Trentini, sowie den Leitern und Leiterinnen der Abteilungen, aus deren Beständen das Bildmaterial stammt: Herrn Kustos Roland Sila (Bibliothek), Herrn Kustos Dr. Franz Gratl (Musiksammlung), Frau Kustodin Dr. Eleonore Gürtler (Ältere Kunstgeschichtliche Sammlungen), Herrn Kustos Dr. Günther Dankl (Moderne Galerie und Graphische Sammlungen), meiner langjährigen Assistentin und nunmehrigen Nachfolgerin in den Historischen Sammlungen, Frau Kustodin Dr. Claudia Sporer-Heis und ebenso Frau Dr. Herlinde Menardi, Leiterin des Tiroler Volkskunstmuseums. – Herzlicher Dank gebührt auch meiner Frau Ute, die das Personenregister erstellt hat, und meinem Sohn Fabian, der als Computer-Spezialist oft gebraucht wurde.

Die Zusammenarbeit mit dem Verlag Tyrolia hat sich auch bei dieser Auflage sehr angenehm gestaltet, mit dem Verlagsleiter, Herrn Mag. Gottfried Kompatscher und dem Grafiker, Herrn Hansjörg Magerle (Hall i. T.).

In dieser wissenschaftlich fundierten Hofer-Biographie wird der Versuch unternommen, ein objektives Bild der Zeit um 1809 zu zeichnen, das breite Bevölkerungskreise offensichtlich angesprochen hat. Der Autor mokiert sich weder über den damals überschwänglichen Patriotismus, noch über die intensive Religiosität, auch nicht über die nicht sehr positive Rolle, die das Kaisertum Österreich gespielt hat. Das vielfach „übersehene" Welschtirol/Trentino wird bewusst stark einbezogen. Nach Überwindung übertriebener nationaler Gefühle „auf beiden Seiten" wird berücksichtigt, dass dieser südlichste Landesteil Alt-Tirols in der Zeit der Napoleonischen Bedrohung genauso patriotisch gehandelt hat wie die übrigen Landesteile. Es ist bezeichnend, dass der Welschtiroler Schützenbund beim Landesfestumzug am 20. September 2009 in Innsbruck stark vertreten war und in einer offiziellen Broschüre zu lesen stand, „Hofer ritorna nel Trentino", was auf eine Besinnung auf die gemeinsame Vergangenheit in der heutigen Europaregion Tirol hinausläuft.

So richtet sich das Buch an historisch Interessierte, die mehr als eine biographische Erzählung kennen lernen wollen, nämlich das von einem Historiker erarbeitete Bild von der Zeit, dem Leben und dem Mythos Andreas Hofers und damit eines äußerst bedeutsamen Zeitabschnitts in der Geschichte Tirols und Österreichs.

8. Dezember 2009   Meinrad Pizzinini

„Für Gott, Kaiser und Vaterland" – Wesenszüge der geschichtlichen Entwicklung Tirols

Bis in die Gegenwart ist die Persönlichkeit Andreas Hofers, schlechthin als Tiroler Volksheld apostrophiert, von einem Mythos überschattet, ja belastet, der zum Ausgangspunkt positiver wie negativer Fehlinterpretationen wurde. Betrachtet man jede Art von Verfälschung der Geschichte und der dahinter stehenden Persönlichkeiten als tragisch, so trifft dies auf Andreas Hofer in besonderer Weise zu: Ungezählte Male wurde sein „Geist" in geradezu missbräuchlicher Anwendung heraufbeschworen. Erschwerend wirkt, dass Andreas Hofer an seinem Mythos selbst schuldlos ist.

Die verhängnisvolle Entwicklung, welche jede Objektivität verschleiert, hat bereits im Jahr 1809 begonnen. Der Tiroler Aufstand war auf seinem Höhepunkt, als der englische Dichter William Wordsworth Sonette auf die Tiroler in ihrem Kampf um die Freiheit schrieb. Das erste Sonett ist Andreas Hofer gewidmet[1] (Prosaübertragung): „Ist der Held von sterblichen Eltern geboren, durch den die unerschrockenen Tiroler geführt werden, oder ist es Tells großer Geist, der von den Toten zurückgekehrt ist, um einem verlorenen Zeitalter neues Leben zu verleihen? / Er kommt wie Phoebus durch das Tor des Morgens, wenn die trübe Dunkelheit besiegt ist. Doch achtet auf sein bescheidenes Aussehen! Auf seinem Haupt trägt er jenen einfachen Schmuck, eine Reiherfeder. / O Freiheit! Sie schwanken vor Schrecken von der Spitze zum Schluß [des Zuges] und möchten eines Sinnes fliehen, aber ihre halbe Streitmacht ist begraben[2] – Felsen auf Felsen rollt / herab: – unter diesem gottähnlichen Krieger sind Berge, Wildbäche, Wälder lebendig geworden, um des Tyrannen zu spotten und seine Grausamkeit zu verderben."

Ohne Zweifel kommt Andreas Hofer im Jahr der Erhebung eine zentrale Rolle zu, doch weder Autorität, Qualität noch Sendungsbewusstsein eines einzelnen Mannes hätten ausgereicht, die vielbestaunten Ereignisse des Kriegsjahres 1809 in Tirol heraufzubeschwören, wenn nicht die entsprechenden Voraussetzungen im Land geherrscht hätten. Die geistige Haltung der Tiroler ist im zeitgenössischen Leitspruch „Für Gott, Kaiser und Vaterland" zusammengefasst, Ausdruck einer damals als allgemein gültig anerkannten Wertordnung, Ergebnis spezifisch tirolischer Entwicklungsläufe, wie historische Rückblicke darlegen sollen.

Das ausgehende Mittelalter hatte als allgemeine Zeiterscheinung – nicht nur Tirol war davon betroffen – Auswüchse, Missstände, Verwilderung hinsichtlich der kirchlichen Verwaltung, des bildungsmäßigen und sittlichen Niveaus des Klerus und damit der Religiosität und der Moralvorstellungen der Bevölkerung mit sich gebracht. Nichtsdestoweniger wurden gerade auch aus dem Volk Klagen über diese Missstände laut. Der Beginn der Reformationszeit, im Jahr 1517 durch Martin Luthers „Thesenanschlag" an der Schlosskirche von Wittenberg eingeleitet, gestaltete sich in Tirol turbulent. Missstände im Gesellschaftssystem im weitesten Sinn führten auch hier zu Unzufriedenheit und Unruhen. Verwaltung und Gerichtswesen, wirtschaftliche und kirchliche Verhältnisse gaben zu immer häufigeren Beschwerden und Klagen Anlass. Am schwersten betroffen war der Bauernstand, dessen alte, allmählich erworbenen Rechte durchaus nicht mehr in ihrem vollen Umfang praktiziert werden konnten.

Im Gebiet des Fürstbischofs von Brixen waren die Verhältnisse noch schlechter. Bezeichnenderweise brach hier ein Aufstand bewaffneter Bauern aus. Er war aber nicht ein verzweifeltes Aufbegehren der Bauern mit unbewusster Tendenz zur Selbstzerstörung, sondern eine selbstbewusste Erhebung unter dem kraftvollen Führer Michael Gaismair[3], dem es nicht um rohe Gewalt ging, sondern um die Aufrichtung einer neuen Ordnung für das Land Tirol, zusammengefasst und niedergelegt in einer Landesordnung im Jahr 1526. Nach diesem Staats- und Gesellschaftsmodell sollte das Land zu einer christlichen und sozialen Bauern- und Knappenrepublik umgeformt werden. Eine starke religiöse Tendenz ist unüberseh-

(1) Tiroler Landesordnung 1526, in der der Landesfürst Erzherzog Ferdinand die Beschwerden der Landgerichte berücksichtigte

(2) Tiroler Landesordnung 1532, womit Ferdinand I. nach der Überwindung des Bauernaufstands die gewährten Rechte mehr oder weniger zurücknahm

bar. Die Satzungen basieren auf dem Evangelium, das über allem steht und alles begründet. Wenn Gaismair die Entfernung aller Heiligenbilder, das Abbrechen aller Kapellen ohne pfarrliche Rechte und der Bildstöcke sowie die Abschaffung der hl. Messe, dafür aber eine „getreue und wahrheitsgemäße" Predigt des Gotteswortes forderte, beabsichtigte er nicht weniger als die Beseitigung des Katholizismus und die Einführung der Reformation. Das insgesamt als utopisch zu bezeichnende Programm wäre in weitesten Teilen ohnehin nicht durchführbar gewesen. Dem Bauernführer war die Möglichkeit eines Versuches zur Verwirklichung auch gar nicht gegönnt.

Der Wiederherstellung der habsburgisch-landesfürstlichen Autorität wurde mit der neuen Landesordnung von 1532 Nachdruck verliehen, die in manchen Punkten zwar Rückschritte enthielt, in manchen aber mit Beseitigung ärgster Missstände Verbesserungen für die Bevölkerung brachte, letztlich ein Erfolg der Aufstandsbewegung.

Abgesehen von der lutherischen Bewegung, die in mehreren Bergbauorten, besonders des Unterinntals, um das Jahr 1520 Eingang fand, war es das Täufertum[4], das die von der Obrigkeit diktierte katholische Glaubenseinheit gefährdete. Da diese Bewegung kurz nach dem Bauernaufstand von 1525/26 auftrat, befürchteten Landesfürst und Regierung ein neuerliches Aufleben des Versuchs, einen gesellschaftlichen Umsturz herbeizuführen. Das Tiroler Täufertum identifizierte sich zwar nicht mit der radikalen Richtung des Thomas Münzer, zog sich aber dennoch die Verfolgung der Obrigkeit zu. Zur Lehre des neuen Glaubens gehörte die Wieder- oder Spättaufe, die Anschauung, dass jeder Christ gleichsam Priester sei, die Ablehnung der hierarchischen Einteilung in Obrigkeit und Untertanen, also die Ablehnung jeder Obrigkeit. Damit gab es für die Täufer auch keine Unterschiede zwischen Arm und Reich. Die Ablehnung der herrschenden Gesellschaftsordnung war

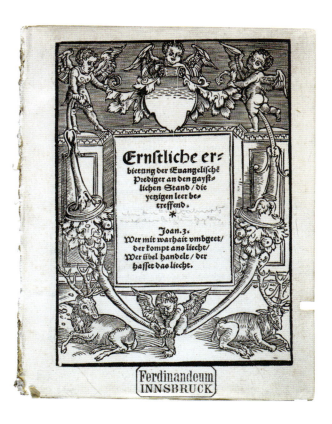

(3) Evangelischer Traktat, verfasst von Urbanus Regius, um 1525

(4) „Gründliche kurtz verfaste Historia. Von Münsterischen Widertauffern", verfasst von Christoph Erhard, 1589

(5) Ausweisung der protestantischen Deferegger im Jahr 1684, Nr. 8 im Bilderzyklus einer Salzburger Schraubmedaille

es in erster Linie, die eine rücksichtslose Verfolgung auslöste. Die neue Lehre fand im ganzen Land Anhänger, besonders aber im Unterinntal und im Pustertal, aus dem Jakob Huter, die führende Persönlichkeit des Tiroler Täufertums, stammte. Im August 1527 erging erstmals ein Mandat gegen die Wiedertäuferei. 1528 wurde den „Glaubensabtrünnigen" eine Frist zum Widerrufen ihres Glaubens eingeräumt. Nach deren Ablauf ging man zur offenen Verfolgung über, wobei die Täufer den Malefizverbrechern gleichgestellt wurden. Auswanderung, blutige Verfolgung und die entscheidende Besserung der kirchlichen und religiösen Verhältnisse auf katholischer Seite drängten das Täufertum in Tirol noch im 16. Jahrhundert stark zurück.

Im 17. Jahrhundert verbreitete sich nochmals eine „Häresie", und zwar im Defereggen[5], allerdings hauptsächlich über den salzburgischen Anteil des Tals. Es gehörte mit der Herrschaft Windisch-Matrei (Matrei in Osttirol) nicht nur der Erzdiözese, sondern auch dem Erzstift Salzburg an, also dem weltlichen Verwaltungsbereich der Erzbischöfe. Wanderhändler waren mit lutherischen Lehren in Berührung gekommen und hatten verschiedenes einschlägiges Schrifttum heimgebracht. Das Glaubensgut folgte nicht genau einer evangelischen Lehre, sondern stellte mehr einen Eklektizismus aus verschiedenen Lehren dar. Nach einer gewissen Zeit des „Geheimprotestantismus" scheinen Talbewohner evangelischen Glaubens urkundlich ab 1660 auf. Nach friedlichen Bekehrungsversuchen griff die Salzburger Regierung zu Zwangsmaßnahmen, zur Ausweisung. Die ersten beiden Gruppen verließen im Dezember 1684 ihre Heimat. Bis zum August 1685 wanderten rund 800 Deferegger aus. Die Unruhen im Tal erloschen aber erst im 18. Jahrhundert.

Tirol war also durchaus nicht immer schon das „heilige Land", als das es heute noch öfters bezeichnet wird. Die Entwicklung hin zu einem Land, dessen Bevölkerung durch ein besonders inniges Verhältnis zum katholischen Glauben gekennzeichnet war – und zum Teil noch ist –, setzte mit der katholischen Reform bzw. Gegenreformation ein. Zunächst ging die Gegenbewegung vom katholischen Landesherrn König Ferdinand I. aus, der sich in seinem Sendungsbewusstsein um Reich und Kirche zum Einschreiten bezüglich der Erhaltung der überkommenen Ordnung in weltlicher wie geistlicher Hinsicht verpflichtet fühlte. Eine tiefgreifende Erneuerung aber musste von innen her kommen, und sie wurde durch das Konzil von Trient eingeleitet. Bereits auf dem Reichstag zu Nürnberg war ein „gemein, frei, christlich Konzil in deutschen Landen" gefordert worden. Nach mehrmaligem Verschieben wurde es schließlich für 1545 nach Trient einberufen, in die Bischofsstadt am südlichen Rand des Heiligen Römischen Reiches Deutscher Nation, die von Italien bzw. Rom aus aber leicht zu erreichen war. Zwar innerhalb der alt-tirolischen Grenzen liegend, gehörte die Stadt zum Fürstentum des Bischofs von Trient. Die Kirchenversammlung von Trient (1545–1563) war eines der bedeutendsten Konzilien der Geschichte überhaupt. Das Trienter Konzil gab Theologie und Glaubensverkündung entsprechend den

(6) Fides Galizia, Darstellung einer Sitzung des Konzils von Trient (1545–1563)

Erfordernissen einer neuen Zeit klare Richtlinien. Es war die Antwort des höchsten kirchlichen Lehramtes auf die protestantische Reformation.[6] In seiner nachhaltigen Wirkung prägte dieses Konzil durch Jahrhunderte Kirche und religiöses Leben.

Eine Besserung konnte natürlich nicht mit einem Schlag erreicht werden. Es dauerte Jahrzehnte, bis sich die neuen Tendenzen in der Seelsorge und vor allem im religiösen Leben der Bevölkerung nachhaltig durchsetzten. In Tirol kamen dem Hof zu Innsbruck und der Regierung mit einem umfangreichen Maßnahmenkatalog zur Hebung des religiösen Lebens größte Bedeutung zu. Durch Kaiser Ferdinand I. wurden 1561 die Jesuiten nach Innsbruck berufen, gut ausgebildete Ordenspriester, die mit besonderem Eifer eine zeitgemäße Seelsorge zu verwirklichen suchten. Seit dem Ende des 16. Jahrhunderts hielten die Jesuiten in Tirol sporadisch Volksmissionen ab, die ab 1718 zu einer ständigen Einrichtung wurden.[7] Die treibende Kraft war Johann Baptist Fenner von Fennberg, Staatsbeamter in Innsbruck und Hall.

Kaiser Karl VI. unterstützte das Vorhaben und widmete dem Stiftungsfonds einen Beitrag von 5000 Gulden, denn er sah die in Gründung begriffenen Volksmissionen „für ein besonderes aufbauliches und den in abgelegenen Gebirgen und Thälern befindlichen in Glaubenssachen meistentheils schlecht unterrichteten Bauersleuten zum Seelenheil sehr dienliches Werk"[8] an. Im Stiftungsbrief ist jedes Detail geregelt, von der Verwaltung des Geldfonds für die Mission bis zur Art der Durchführung der Volksmissionen. Meistens waren es vier Jesuitenpatres, die jeweils durch einige Tage hindurch an einem Ort verweilten und nach gewissen, auf Erfahrungswerten beruhenden

(7) Im Anschluss an eine Volksmission wurde immer ein „Missionskreuz" aufgerichtet. Dieser Brauch wurde auch in späterer Zeit beibehalten, wie in Imst, 1854.

Grundsätzen in ihrer Tätigkeit vorgingen. Ihr Bestreben war es, dem Volk in gediegenem Unterricht, d. h. Bußpredigten, katechetischen Belehrungen, Standesunterweisungen und kleinen Exhorten Wahrheiten des Glaubens und die Pflichten des Christentums beizubringen. Bei allen religiösen Übungen, Predigten, Gebeten, Prozessionen kam den frommen Liedern einige Bedeutung zu. Einen Teil des Tages verbrachten die Missionare mit Hausbesuchen und Beichte hören. Höhepunkt einer Volksmission bildeten die Generalkommunion gegen Schluss der Mission und die Errichtung eines Missionskreuzes. Das Tiroler Volk war hellhörig und dankbar für diese intensive Art der umfassenden Glaubensverkündigung. Der Zulauf war enorm. Werkstätten und Verkaufsgewölbe in den Städten blieben vielfach geschlossen, und die bäuerliche Bevölkerung stellte zum Großteil ihre Arbeit ein, um an dieser „heiligen Woche" teilnehmen zu können.

Die Volksmissionen der Jesuiten erstreckten sich auf das gesamte Land in seinem historischen Umfang, d. h. also nicht nur auf die Diözesen Brixen und Trient, sondern auch auf die verschiedenen Diözesananteile wie Chur, Augsburg, Freising, Chiemsee, Salzburg, Aquileia (ab 1752 Görz) und Feltre. In den Jahren von 1718 bis 1773 wurden durch die Jesuiten 1187 Volksmissionen durchgeführt, was im Durchschnitt ca. 21 Missionen pro Jahr bedeutet.

Nach Aufhebung des Jesuitenordens im Jahr 1773 wurden noch weitere Missionen bis zur endgültigen Abschaffung des Missionsinstituts in der Zeit Kaiser Josephs II. (1784) durchgeführt. Wirkten natürlich auch andere Faktoren mit, so waren es doch vornehmlich die Volksmissionen des 18. Jahrhunderts, die Tirol der katholischen Religion nicht bloß erhielten, sondern Glaubensgut, religiöse Grundhaltung zu allen Lebensfragen und Sittlichkeit nach damaligen Moralbegriffen so tief im Volk verwurzelten, dass Tirol in dieser Hinsicht eine besondere Stellung unter den habsburgischen Ländern einnahm. In den Auswirkungen der intensiven Missionstätigkeit dürfte auch der Ursprung der in früherer Zeit verbreiteten Bezeichnung „Heiliges Land Tirol" liegen.[9] Die nachhaltige Wirkung beeinflusste auch mehrmals den Gang der Geschichte des Landes, so vor allem in den Kriegsjahren 1796/97 und 1809.

Die Bindungen Tirols zum „Kaiser" in Wien gingen auf das Jahr 1363 zurück, als das Land mit Österreich vereinigt worden war[10]. Margarethe Maultasch aus dem Haus der Grafen von Tirol-Görz und Enkelin Meinhards II., des eigentlichen Schöpfers des Landes Tirol, war in erster Ehe mit dem Luxemburger Herzog Johann von Böhmen verheiratet gewesen, in zweiter Ehe mit dem Wittelsbacher Ludwig von Brandenburg, der 1361 starb. Der kränkliche Sohn, Meinhard III., folgte

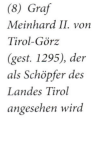

(8) Graf Meinhard II. von Tirol-Görz (gest. 1295), der als Schöpfer des Landes Tirol angesehen wird

im Jänner 1363 dem Vater in den Tod. Der Habsburger Herzog Rudolf IV. der Stifter hatte die Entwicklung in Tirol verfolgt und trat gleich nach dem Ableben Meinhards III. mit der Erbgräfin Margarethe Maultasch zwecks Übergabe Tirols an die Habsburger persönlich in Verhandlung. Am 26. Januar 1363 kam der entsprechende Vertrag zustande. Rudolf hatte sich die Unterstützung einflussreicher Adeliger, der Bischöfe von Brixen und Trient und auch verschiedener Städte gesichert. Als Zugang zu den Stammlanden in der Schweiz und am Oberrhein war den Habsburgern der Besitz Tirols besonders wichtig. Herzog Rudolf besaß gewiss eine größere politische Gewandtheit als die Herzöge von Bayern, die nach dem Tod Meinhards II. Ansprüche auf Tirol stellten und diese mit gewaltsamen Einfällen in das Inntal bekräftigten. Es hatte den Anschein, dass Tirol in Bayern aufgehen würde. Österreich hingegen war aus mehreren Ländern zusammengesetzt, was den Tirolern eine gewisse Garantie zur Erhaltung eines bestimmten Maßes an Selbständigkeit geboten haben mag. Für Tirol begann jedenfalls im Jahr 1363 eine neue Epoche seiner Geschichte.

Bald schon wurde der große habsburgische Länderkomplex geteilt. Immer mehr wuchsen die Grafschaft Tirol und die alten habsburgischen Stammlande zu einer territorialen Einheit zusammen. Später kam dafür die Bezeichnung „ober- und vorderösterreichische Lande" bzw. einfach „Oberösterreich" auf, was nicht zu einer wie auch immer gearteten Verwechslung mit dem Territorium des heutigen gleichnamigen Bundeslandes führen darf.

Der erste bis heute populäre Habsburger in Tirol ist Herzog Friedrich IV., „Friedl mit der leeren Tasche" (1406–1439). Er überwand die Schwierigkeiten, die ihm von Gegnern außerhalb Tirols – dazu zählte auch der Luxemburger König Sigismund – und von einer Adelsopposition im Inneren des Landes bereitet wurden. Als die Reichsacht über den Tiroler Landesherrn verhängt und die

(9) Siegel der Margarethe Maultasch, Tiroler Landesfürstin von 1335–1363

(10) Siegel von Herzog Rudolf IV. dem Stifter, dem Margarethe Maultasch im Jahr 1363 ihre Grafschaft Tirol übertrug

(11) Herzog Friedrich IV. mit der leeren Tasche, Landesfürst von Tirol (1406–1439), mit seinem Sohn Sigmund

Reichsstände zum Krieg gegen ihn aufgefordert wurden, verlor er tatsächlich die meisten Besitzungen westlich des Arlbergs. In Tirol aber konnte er sich seine Stellung als Landesfürst erhalten. Im Jahr 1418 gelang die Aussöhnung mit Sigismund, und der Herzog erhielt auch die verlorenen Gebiete zurück. Um ca. 1420 verlegte Friedrich seinen Hof bzw. die Residenz von Meran nach Innsbruck, nachdem auch die Regierung von der alten Hauptstadt Tirols ins Inntal verlegt worden war. Um diese Zeit setzte der Silberbergbau in Schwaz ein, was auf eine Verlagerung wirtschaftlichen Gewichts vom südlichen ins nördliche Tirol hinweist. Herzog Friedrichs Beliebtheit im Volk basiert auf seinem Streben, auch den unteren Ständen ein politisches Mitspracherecht einzuräumen.

Sein Sohn Sigmund (1439–1490) hat die innere Verwaltung des Landes auf feste Grundlagen gestellt. Er verfügte zwar über den immer mehr aufblühenden Bergbau in Schwaz und Gossensass, doch kompensierte seine ausgesprochene Verschwendungssucht den Reichtum. Eine grundlegende Münzreform, die 1477 mit der Verlegung der Tiroler Münzstätte von Meran nach Hall begann und mit der Ausprägung des „Guldiners", später „Taler" genannt, 1486 endete, hing mit der allgemeinen Umstellung von Natural- auf Geldwirtschaft zusammen. Herzog Sigmund, ab 1477 im Rang eines „Erzherzogs", war ein bedeutender Förderer der Künste, die nicht geringe Geldmittel verschlangen. In seiner Regierungszeit waren die Tiroler Landstände mehrmals zusammengetreten und hatten entscheidend in die Politik eingegriffen, besonders nachdem Sigmund 1487 einen Krieg mit der Republik Venedig angezettelt hatte und ein Gerücht kursierte, der Erzherzog wolle seine Länder an Albrecht von Bayern verkaufen. Im Jahr 1490 verzichtete Sigmund zugunsten Maximilians, Sohn Kaiser Friedrichs III. und bereits 1486 von den Kurfürsten zum Römischen König gewählt, auf seine Herrschaft in Tirol und den Vorlanden.

Unter Maximilian[11], der 1508 im Dom von Trient den Titel eines „Erwählten Römischen Kaisers" annahm, erfuhr das Land Tirol eine beträcht-

Pflichten betrachteten die Landstände bald schon als „Landesfreiheit", wodurch vom Landesfürsten gestellte neue Ansprüche bezüglich des Verteidigungswesens unterbunden werden konnten[12]. Der Bauernstand hatte Maximilian eine große Begünstigung zu verdanken, die die wirtschaftliche Freiheit dieses Standes betraf.

Maximilians Andenken in Tirol lebt heute noch in einigen markanten Bauten fort, wie im Goldenen Dachl oder im Zeughaus zu Innsbruck. Die Hofkirche in dieser Stadt birgt sein Grabdenkmal mit 28 lebensgroßen Standbildern aus Erz, wenn auch der Kaiser tatsächlich in Wiener Neustadt begraben liegt.

Nun wurde König bzw. seit 1556 Kaiser Ferdinand I. Landesfürst, unter anderem von Tirol. Ei-

(12) Der Tiroler Landesfürst Erzherzog Sigmund der Münzreiche (1439–1490), gemalt von Ludwig Konraiter, um 1490/1496

liche territoriale Erweiterung, nämlich um das görzische Pustertal mit Lienz, die niederbayerischen Gerichte Kufstein, Rattenberg und Kitzbühel, Ampezzo und den Bereich der „welschen Konfinen" im Süden. Damit gab er Tirol die Grenzen, die das Land bis zum Ende des Ersten Weltkriegs bewahren konnte. Die Vorliebe Maximilians für Tirol ließ ihn Pläne erwägen, nach denen auf Tirol die Kurfürstenwürde übertragen oder Innsbruck zur Reichshauptstadt erhoben werden sollte. Er selbst war nicht immer hier anwesend, doch wurde Innsbruck zum ständigen Aufenthaltsort seiner zweiten Gemahlin, Bianca Maria Sforza.

Wenn auch in seiner angenommenen Einmaligkeit bisher wohl überschätzt, regelte das sogenannte Landlibell vom 23. Juni 1511 unter Zusammenfassung bisheriger Gewohnheiten die Landesverteidigung. Die darin festgehaltenen Rechte und

(13) Maximilian I., Tiroler Landesfürst und späterer Kaiser in einem Gemälde des Hofmalers Bernhard Strigel, 1507/1508

WESENSZÜGE DER GESCHICHTLICHEN ENTWICKLUNG TIROLS

(14) Tiroler Landlibell, 23. Juni 1511

(15) Erzherzog Ferdinand II. von Tirol (1564–1595), Doppeltaler

(16) Hochzeitsschautaler Erzherzog Leopold V. – Claudia de' Medici, 1626

nen eigenen Landesherrn erhielt Tirol erst wieder mit seinem Sohn, Erzherzog Ferdinand II. (1564–1595), einem ausgesprochenen Renaissancefürsten beinahe italienischer Prägung, der den Prunk liebte und die Künste in aufwändiger Weise förderte. Ferdinand II. war sehr um die Glaubenseinheit Tirols bemüht. Nach dem Tod des Erzherzogs fiel Tirol mit den Vorlanden wieder an das Gesamthaus Österreich zurück, an dessen Spitze nun Kaiser Rudolf II. stand. Im Jahr 1602 setzte der Kaiser seinen jüngsten Bruder, Maximilian III., Hochmeister des Deutschen Ordens, als Gubernator in Tirol ein. Von seinem Status her war er zur Ehelosigkeit verpflichtet. Nach dem Ableben dieses besonderen Glaubenseiferers inmitten der katholischen Reform folgte Erzherzog Leopold V.[13] von der steirischen Linie der Habsburger. An sich Bischof von Passau und Straßburg, konnte er in den Laienstand zurücktreten. Zunächst bloß Gubernator, wurde ihm 1626 die Würde eines erbberechtigten Landesfürsten von Tirol zuerkannt. Leopold starb verhältnismäßig jung im Jahr 1632. Zunächst führte seine Witwe, Claudia de' Medici, die Regierung. Es folgten ihre Söhne Ferdinand Karl (1646–1662) und Sigmund Franz (1663–1665). Mit Letzterem erlosch die Tiroler Linie des Hauses Habsburg. Die Vereinigung mit dem Gesamthaus blieb bis zum Ende der Monarchie aufrecht. Innsbruck war allerdings weiterhin Sitz der Regierung für Tirol und die vorderösterreichischen Lande.

An eine Verselbständigung Tirols war nicht mehr zu denken, da schon längere Zeit vereinheitlichende Tendenzen spürbar waren. So verstand man von nun an unter „Haus Österreich" nicht mehr bloß das Herrscherhaus der Habsburger, sondern zugleich den Komplex der Erbländer als Gesamtheit. Die Zeit des sogenannten aufgeklärten Absolutismus setzte mit der Regierung Maria Theresias (1740–1780) ein.[14] Das Gedeihen des Staates und das Wohl der Untertanen waren oberstes Ziel der Monarchin. Sie war weit mehr kirchlich gesinnt als ihr Sohn, Kaiser Joseph II. (1780–1790). Umfangreiche administrative und soziale Neuerungen wurden von ihm eingeführt, wenn auch kirchenpolitische Maßnahmen im Mittelpunkt des kaiserlichen Reformwerks standen, die heute allgemein als „Josephinismus" bezeichnet werden. Der immer stärker spürbare Zentralismus, der mit der faktischen Ausschaltung der Landstände einen schmerzlichen Einschnitt in die überkommenen politischen Rechte der Tiroler brachte, und jeder denkbar mögliche Eingriff in das öffentlich-kirchliche Leben riefen besonders in Tirol starken Widerstand hervor. Klöster wurden aufgehoben, Gotteshäuser gesperrt und Kirchenvermögen zum Religionsfonds eingezogen. Für solche Zwangsmaßnahmen, die bis zur Vorschreibung der Anzahl der Kerzen auf den Altären reichten, konnte der Kaiser in einem Land kein Verständnis finden, dessen Volk in jahrzehntelangen Volksmissionen in eine allgemeine und tiefe Religiosität hineingewachsen war, die dem aufgeklärten Kaiser, der sich zwar selbst als Katholik fühlte, geradezu mittelalterlich vorgekommen sein muss. Die Missstimmung in Tirol – der Gouverneur befürchtete sogar den Ausbruch einer offenen Revolte – ließ im Allgemeinen die positiven Seiten des Reformwerks, die es ohne Zweifel gegeben hat, übersehen. Noch knapp vor seinem Tod (1790) nahm der Kaiser einige besonders verhasste Maßnahmen zurück.

(17) Erzherzog Ferdinand Karl (1646–1662), Doppeltaler

(18) Erzherzog Sigmund Franz (1663–1665), Taler

(19) Kaiser Joseph II. (1780–1790), Porträt eines unbekannten Künstlers

Den Thron bestieg nun Josephs Bruder als Leopold II. Nach genau siebzig Jahren wurde 1790 in Tirol erstmals wieder ein offener Landtag einberufen. An die zweitausend Beschwerden und Bitten wurden vorgebracht, die sich in erster Linie gegen den „Josephinismus" richteten. In seiner konzilianten Art beseitigte Leopold II. die gravierendsten Maßnahmen Kaiser Josephs. Lebte auch die ständische Selbstverwaltung wieder auf, war nach den Jahrzehnten des aufgeklärten Absolutismus aus Tirol doch ein Teil eines Zentralstaates geworden. Als nach dem Tod Kaiser Leopolds sein Sohn Franz die Herrschaft antrat (1792), war das Vertrauen der Tiroler zu „ihrem" Kaiser bereits wiederhergestellt.

Gab es in den Jahrhunderten seit 1363 auch Tiefpunkte in den Beziehungen zwischen Tirol und Österreich bzw. dem Haus Habsburg, so war es doch das sprichwörtliche „milde Zepter Österreichs", das eine intensive Bindung der Tiroler Bevölkerung an ihre Landesherren schuf. Dieses „milde Zepter" drückte sich z. B. in zahlreichen Freiheiten und Privilegien aus, die die Tiroler, gerade auch die sozial schwächeren Schichten, genießen konnten und die Tirol innerhalb des habsburgischen Länderkomplexes herausstechen ließen und die letztlich wesentlich dazu beitrugen, dass Tirol allen Ständen der Bevölkerung mehr „Heimat" sein konnte als irgendein anderes habsburgisches Erbland der dortigen Bevölkerung. Und für dieses Vaterland Tirol lohnte sich ein voller Einsatz.

Ein Landrecht ist bereits für die Zeit Graf Meinhards II. nachweisbar. Es ist in einigen Bruchstücken erhalten geblieben und überdies durch Quellenhinweise als existent bezeugt[15]. In seiner Bedeutung sicherlich überschätzt wurde bisher der sogenannte Große Tiroler Freiheitsbrief, auch als „Magna Charta Tirols" bezeichnet, den der Wittelsbacher Ludwig von Brandenburg, zweiter Gemahl der Landesfürstin Margarethe Maultasch, am 28. Jänner 1342 ausstellte[16]. Es werden darin die alterworbenen Rechte und Gewohnheiten sowie neue Privilegien bestätigt. Verleitet durch die – allerdings floskelhaft verwendete – Aufzählung von allen Gotteshäusern, Geistlichen und Weltlichen, allen Städten, Dörfern und Märkten und auch allen Leuten, edel und unedel, reich und arm als Adressaten[17], wurde eine frühe parlamentarische Entwicklung Tirols unter Einbeziehung des Bauernstands als gegeben hingestellt.[18] Wie groß die Freiheit der Masse der Tiroler Bauern im 14. Jahrhundert tatsächlich war, muss noch eingehender erforscht werden.

Durch den Habsburger Herzog Leopold IV. wurde 1404 das Rechtsverhältnis zwischen Grundherren und ihren Bauleuten präzisiert. Dadurch erfuhr die Erbleihe als günstiges Besitzrecht eine beachtliche Förderung, wodurch wiederum das Selbstbewusstsein des Tiroler Bauernstandes stieg.[19] Im Jahr 1406 wurde der Rechtsschutz für jeden Bewohner des Landes festgelegt: Jedem Tiroler stand ein ordentliches Gericht zu, dessen Spruch ausschließliche Gültigkeit besitzen sollte.

In der Zeit Friedrichs IV. „mit der leeren Tasche" erfuhren Bürger- und Bauernstand insgesamt eine Aufwertung. Im 15. Jahrhundert war die Macht der Tiroler Landstände derart angewachsen, dass der Landesfürst stark an ihren Willen gebunden wurde. Sie waren auch an der Abdankung Erzherzog Sigmunds zugunsten König Maximilians I., des späteren Kaisers, beteiligt.

Für die Geschichte Tirols ist unter anderem gerade die Entwicklung des Bauernstandes charakteristisch. Dazu gehört die Erreichung der Erbleihe, wobei die Bauern im Gegensatz zur sonst weitverbreiteten Leibeigenschaft persönlich zur Gänze frei und auch wirtschaftlich ziemlich frei waren. Ungünstiger war die Situation in den geistlichen Hochstiften Brixen und Trient und in den nach 1500 mit Tirol vereinigten ehemals görzischen Gerichten im Pustertal, wo das Freistiftsrecht vorherrschte. Dabei waren mehrere Abgaben vorgeschrieben, und der Grundherr hatte theoretisch das Recht, jährlich den Bauern „abzustiften", d. h. ihm den Hof nicht wieder zu verleihen. Es sind allerdings keine Fälle bekannt, in denen das Recht den Grundherrn zu einem Willkürakt verleitet hätte. Er dürfte ja froh gewesen sein, wenn am Hof gut gewirtschaftet wurde, was die beste Garantie für regelmäßige Einnahmen bedeutete. Im ehemals görzischen Gebiet konnten die den Bauernstand begünstigenden Reformen Maximilians nicht durchgeführt werden, da die Gerichte veräußert wurden und die neuen Inhaber kein Interesse daran haben konnten, ihre eigenen Einnahmen schmälern zu lassen. Unabhängig vom Besitzrecht waren die Bauern der Grafschaft Tirol im Landtag vertreten.

Selbst die Aufklärung, der „Josephinismus" und alle Zentralisierungsbestrebungen vermochten nicht die Wertschätzung der Tiroler für ihr unmittelbares Vaterland zu schmälern und gesamtstaatliche Interessen in den Vordergrund zu stellen.

Die Tiroler im 18. Jahrhundert und das Klischeebild der „Tiroler Nation"

(20) Der Kampf an der Landecker Brücke, 1703

Im 18. Jahrhundert bildete sich ein Klischeebild des „Tirolers" aus.[1] Zu den spezifischen Eigenheiten eines solchen urigen Älplers zählten starke Religiosität, fast bis zur Bigotterie übersteigert, blinde Anhänglichkeit an das Haus Habsburg und Betonung der tirolischen Eigenständigkeit, verbunden mit flammender Liebe zur Heimat und einem besonderen Wehrwillen. Singen und der tägliche Umgang mit einer Büchse wurden als selbstverständlich angenommen. Außerhalb seines Landes wurde der Tiroler gleichsam in einige Typen aufgelöst[2], die in Literatur und Musik des 18. Jahrhunderts Eingang fanden. Dazu zählten der „Tiroler Wastl" oder die „Unschuld vom Lande". Zur Vorstellung des Tirolers und der Tirolerin gehörte eine entsprechende Kleidung mit Lederhose bzw. Dirndl und breitkrempigem Hut. Eine zeitweise „Tirolomanie" führte so weit, dass es an manchen der zahlreichen deutschen Fürstenhöfe zum guten Ton gehörte, sich einen „Hoftiroler" zu halten.

Tirol hatte europaweit von sich reden gemacht, als es sich im Jahr 1703 einem Einfall des bayerischen Kurfürsten Max II. Emanuel erfolgreich widersetzte. Abgesehen von bedeutenden Begabungen und besonderen Künstlern, die noch weit außerhalb ihrer Heimat geschätzt wurden, kannte man die Tiroler seit dem 17. Jahrhundert in ganz Europa als Spielleute und Wanderhändler, die mit verschiedenen „Medikamenten", Decken oder Handschuhen hausierten. Ein interessantes Beispiel ist Peter Prosch (1744–1804) aus dem Zillertal, der selbst Kaiserin Maria Theresia Handschuhe verkaufte. In selbstbewusster Weise brachte er seine Lebenserinnerungen[3] zu Papier, die recht bezeichnend beginnen:

(21) Tiroler Flugschrift auf die Niederlage der Bayern, 1703

(22, 23) Peter Prosch, Handschuhhändler aus dem Zillertal, 1788 – Darstellung der Audienz bei Königin Maria Antoinette in Paris, 1788, der er ein Dutzend Paar Handschuhe als Präsent überreichte.

*Ein Autor bin ich wahrlich nicht,
Hab weder Reime, noch Gedicht
Mein Leben durch gekritzelt:
Und schrieb ich so mein Leben hin,
So war der Stil nach meinem Sinn
Tyrolerisch geschnitzelt.*

Die Tirolerinnen kannte man auch von einer anderen Seite. Im Jahr 1744 erschien das Buch „Merckwürdiges Leben einer sehr schönen und weit und breit gereiseten Tyrolerin, nebst vielen andern anmuthigen Lebens- und Liebes-Geschichten".[4] Der Verfasser dieses frühen Romans des 18. Jahrhunderts, letztlich ein kultursoziologisches Dokument, verbirgt sich hinter einem Pseudonym. Es finden sich drei Mädchen zusammen, die Nähnadeln, Bänder und Schnallen verkaufen. Sie merken aber, dass der Handel mit diesem Kleinkram oft nur Vorwand zum „Liebeshandel" ist. Die Tirolerinnen, die schließlich ihre Waren und sich selbst, von Stadt zu Stadt ziehend, auf großen Messen und Jahrmärkten anbieten, spiegeln die soziale Wirklichkeit von damals wider. Die Bezeichnung „Tyrolerin" wird in diesem Roman immer wieder gleichsam als Berufsbezeichnung verwendet.

Das Bild des Tirolers an der Wende vom 18. zum 19. Jahrhundert erhellt unter anderem aus zahlreichen Beschreibungen durchreisender – teils recht prominenter – Gäste. Einigen Schilderungen von Goethe (1786) bis Kotzebue (1805) darf beispielhafter Charakter nachgesagt werden.

Johann Wolfgang von Goethe hat natürlich bei weitem nicht das gesamte Land Tirol kennen ge-

(24) Eine „weit und breit" gereiste Tirolerin als Mittelpunkt eines frühen Romans von 1744

lernt. Seine Kenntnis bezieht sich also wohl hauptsächlich auf die Wipptaler, wenn er auf seiner ersten Italienreise 1786 notiert[5]: „Die Nation ist wacker und gerade vor sich hin. Die Gestalten bleiben sich ziemlich gleich, braune, wohlgeöffnete Augen und sehr gut gezeichnete schwarze Augenbrauen bei den Weibern; dagegen blonde und breite Augenbrauen bei den Männern. Diesen geben die grünen Hüte zwischen den grauen Felsen ein fröhliches Ansehn. Sie tragen sie geziert mit Bändern oder breiten Schärpen von Taft mit Fransen, die mit Nadeln gar zierlich aufgeheftet werden. Auch hat jeder eine Blume oder eine Feder auf dem Hut. Dagegen verbilden sich die Weiber durch weiße, baumwollene, zottige, sehr weite Mützen, als wären es unförmliche Mannesnachtmützen. Das gibt ihnen ein ganz fremdes Ansehn, da sie im Auslande die grünen Mannshüte tragen, die sie sehr schön kleiden." Diese Beobachtungen Goethes betreffen zwar mehr Äußerlichkeiten, doch trat er in Weimar mit manchem Tiroler in Beziehung – Ausdruck seiner Wertschätzung. Hier aber wirkt deutlich die Klischeevorstellung mit, wenn er den Vergleich mit den Tirolerinnen zieht, wie er sie sonst gesehen hat.

Das Reisediarium der beiden Augsburger Hieronymus Wolfgang Welser und Emanuel Biermann[6] vermerkt auf einer Reise des Jahres 1788 unter anderem auf der Fahrt von Reutte nach Innsbruck: „Wir hatten denselben Tag – es war der 15. August, Maria Himmelfahrt – auch vieles Vergnügen, da man die Tyroler Landleute in ihrer schönsten Tracht erblickte, vor ihren Häusern singend, und zwar das männliche Geschlecht allein und das weibliche allein. Über die besondere Freundlichkeit der Leute konnten wir uns nicht genug wundern."

Die „Reise eines Liefländers", anonym in Berlin erschienen[7], schildert Reiseerlebnisse auf der Fahrt von Riga über Warschau, Dresden, München, Wien, Klagenfurt und das Pustertal nach Bozen. Im September 1795 besuchte er Tirol. Er erkannte zwar den landschaftlichen Reiz der Lienzer Gegend; es wirke aber – schreibt der „Liefländer" – auf den Reisenden „sehr niederschlagend, daß er von Lienz bis Sillian vierunddreißig Kirchen zählte, die auf diese Handvoll Leute vertheilt waren. Wie fleißig müssen diese wackeren Menschen sein, wenn sie, bei dieser unverhältnismäßigen Anzahl von Gotteshäusern und mithin von fest- und feiertägigen Zerstreuungen noch das thun können, was sie thun." Hatte er also für die Religiosität wenig Verständnis, so erfreute er sich aber an der Art der Bevölkerung des Pustertales. Hier habe er „die guthmüthigsten Menschen" auf der gesamten Route von Riga bis hierher angetroffen, Menschen, „wie sie vielleicht nur noch diese Gegend von Tirol zeugen kann". In den alten Beschreibungen findet im Allgemeinen die „biedere"

(25, 26, 27) Älteste Darstellungen von Arbeitnehmern durch Josef Schaffer, 1794: Bauerndirne – Ein Senner von der Alm – Eine Dienstmagd in Innsbruck

Landbevölkerung mehr Interesse als die Einwohnerschaft der Städte. Der „Liefländer" allerdings geht auch auf die Bozner ein, wobei er jedoch nur an Äußerlichkeiten hängen bleibt: Das Erscheinungsbild der Bewohner von Bozen sei „im Ganzen wohlhabend und sauber, aber altmodisch ... Adel oder was wie der Adel lebte und sich kleidete, ist hier wenig vorhanden. Die besten Bürger und Bürgersfrauen tragen sich nach altbürgerlicher Art."

Der später als Orientalist und erster Präsident der 1847 gegründeten Kaiserlichen Akademie der Wissenschaften in Wien bedeutende Joseph Freiherr von Hammer-Purgstall unternahm im Jahr 1798 als 24-Jähriger eine Reise durch einige habsburgische Länder. Der Bericht darüber, in 22 Briefe unterteilt, erschien in Berlin im Jahr 1800 in Buchform unter dem Titel „Zeichnungen auf einer Reise von Wien über Triest nach Venedig und von da zurück durch Tyrol und Salzburg"[8]. Tirol bereiste er von Süd nach Nord und wandte sich von Innsbruck aus gegen Osten. Seine Charakterisierung der Tiroler basierte auf dem Kontakt mit der Bevölkerung in diesen Bereichen. Hammer-Purgstall unterscheidet – wie die meisten Reisenden – zwischen Welsch- und Deutschtirolern. Besonders angetan ist er von den Menschen der Bozner Gegend: „Bozen glaube ich als den Ort annehmen zu können, wo sich das eigenthümliche vaterländische Geblüt Tirols in seiner vollen Reinheit und Güte in allen Gesichtern und Mienen dem Fremden zuerst zeigt. – So schöne Gesichter, als hier mit jedem Augenblicke zu erfassen, habe ich weder in der Ober-Steiermark, noch unter den freundlichen Krainerinnen und noch viel weniger unter den Mädchen der terra ferma gefunden. Frohsinn, heiterer Muth und blühende Gesundheit leuchten aus den Gesichtern der Mädchen und Männer hervor, und ich werde ohne Bedenken die gute Bildung der Männer obenan setzen, weil ihr derber Wuchs den Begriff von Kraft und Stärke mit sich bringt, bei ihren Landsmänninnen aber eher die Idee der Unbehilflichkeit und Schwerfälligkeit erregt. Dessen ungeachtet – ich wiederhole es – soll mich aber nichts abhalten, der Freundlichkeit, dem lachenden Frohsinn und dem natürlichen Witze der Tirolerinnen vor allen übrigen Trefflichkeiten der Mädchen in der Steiermark, in Krain und in Italien den Vorzug zu geben. Die Kleidung selbst, so ungeschickt sie auch einem an griechische Draperien gewöhnten Auge scheinen mag, hebt das Kraft- und Markvolle dieser Töchter der einfachen Natur auf das vorteilhafteste heraus."

In den Jahren 1796/97, also kurz vor Hammer-Purgstalls Reise, war Tirol in Kämpfe mit den eingedrungenen Franzosen verwickelt worden. Nicht erst 1809, sondern bereits jetzt hatten die Tiroler Entschlossenheit bewiesen, ihre Heimat zu verteidigen, was natürlich auch dem angehenden Wissenschafter bekannt war. Dennoch klingen seine Worte fast prophetisch: „Alles in den Bewohnern dieses wahrhaft freien und glücklichen Landes athmet Kühnheit, Freiheit und edlen Biedersinn. – So lange ein Volk diesen Grad an Selbständigkeit behauptet, so lange seine eigenthümliche Sitte so wenig von fremder Verderbniss untergraben ist, wird kein Feind es überwältigen und keine Verführung das Mark desselben angreifen. Es wird Thaten thun und in der Geschichte ein Beispiel aufstellen, wie die Tiroler es in den letzten Jahren des Krieges gethan haben."

Die größere Freiheit der Tiroler gegenüber anderen habsburgischen Ländern kommt mehr zu-

(28) Josef Weger, Trachten aus dem südlichen Tirol, 1819

(29) Josef Weger, Trachten aus dem nördlichen Tirol, 1819

fällig im gedruckten Bericht über eine „Botanische Reise nach einigen Salzburgischen Kärnthnerischen und Tyrolischen Alpen" des Jahres 1798 von David Heinrich Hoppe aus Regensburg zur Sprache[9]. Dem Naturwissenschafter ging es ausschließlich um sein Fachgebiet, doch flossen historisch und volkskundlich bemerkenswerte Erwähnungen ein, denen man unverfälschten, authentischen Wert beimessen darf.[10] Die folgenden Bemerkungen Hoppes sind Hinweis dafür, dass man auch außerhalb Tirols um die Sonderstellung dieses Landes in Bezug auf seine Freiheiten gewusst hat.

Der Botaniker Hoppe kam vom Salzburgischen herüber ins obere Mölltal in Kärnten. Er berichtet: „Ich spazirte also durchs Mölltal, … Bald begegnete mir ein Streifzug von 4 Mann, die mich in Untersuchung nahmen, und nach gesehenem Paß, … gute Reise wünschten. In Wincklern kehrte ich zum trinkhen ein, der Wirth war zugleich Einnehmer, das ist, Mauthner. Gleich beim Eintritt frug er, ob ich einen Paß habe, … Ich äußerte meine Verwunderung, daß man hier so genau untersuche, da doch Kärnthen und Tyrol einem Landsherrn gehöre, worauf er erwiederte, daß die Tyro-

(30) Josef Weger, Trachten aus dem östlichen Tirol, 1819

N.ro I.　　　Aus dem östlichen Theile TIROLS.

Der östliche Theil begreift den KREIS PUSTERTHAL und einige GEMEINDEN des ETSCH-KREISES. In jenem begünstiget die hohe Lage und das rauhe Klima mehr die Erzeugung von Hülsenfrüchten und Futter, als den Getreidebau; daher ist Viehzucht und Mastung der vorzüglichste Erwerbszweig der Bewohner des Pusterthals. Etschland und selbst Italien versieht sich von dorther mit Vieh. Gerste, Heidekorn und weisse Rüben sind vorzügliches Nahrungs-Produkt der Bewohner. Auch der Flachs gedeihet sehr gut; die Toblacher-Felder liefern den meisten und den schönsten. Die daraus verfertigte Leinwand tragen meist die GSIESER und WELSBERGER, so wie die zu St. Sigmund gewebten Decken die DEFEREGGER in das Inn- und Ausland zum Verkaufe.

Die Bewohner des Thales GRÖDEN zeichnen sich durch eine eigene Sprache aus, in welcher man Wörter italienischen, deutschen und französischen Ursprungs findet. Mit ihren Schnitzwaaren und leinenen Spitzen handeln sie sogar nach Nordamerica. Hinsichtlich der Kleidung mag die Hochzeittracht auf dem Berge KASTELRUTT für die seltenste gelten. Sie zeichnet sich vorzüglich durch die grossen Halskrausen sowohl der männlichen als weiblichen Hochzeitgäste vor andern aus. Der Gemeinde Kastelrutt gehört die schöne und grosse Seiser-Alpe, die vorzüglichste im Lande. — Die zwey Hauptfiguren auf dem ersten Blatte, welche mit Sense und Rechen bey einer Kuhe stehen, stellen Landleute aus der Gegend von BRUNECKEN der Kreisstadt von Pusterthal vor.

ler weit mehrere Freiheiten hätten, und die Kärnthner fast wie Fremde behandelt würden."

Den zu seiner Zeit hochberühmten Theaterdichter August von Kotzebue zog es – wie so viele andere Künstler – nach Italien. Im Jahr 1804 reiste er durch Tirol. Über Reutte, den Fernpass, Innsbruck und den Brenner ging die Fahrt nach Süden. Nicht verzückt und beflügelt wie Goethe kehrte er im Winter 1804/05 zurück und nahm dabei den Weg durch das Pustertal. In seinen „Erinnerungen von einer Reise aus Liefland nach Rom und Neapel"[11] ist er über die Tiroler des Lobes voll. Im Anschluss an eine kurze, die Situation in der Landwirtschaft betreffende Passage schreibt er auf der Hinreise nach Italien[12]: „Doch was sind die reichsten Gaben der Natur, wenn sie ihr Füllhorn nicht über gute, fröhliche Menschen ausschüttet? Auch diese findest Du hier, ein biederes, treuherziges Volk, das fest an Gott und dem Kaiser hängt, auch ein wenig stolz auf den letzten Landsturm ist; und mit Recht, denn es verwehrte den Franzosen das Eindringen in seine Gebürge, indem es die Kräfte der Vaterlandsliebe gegen die der neuen Freyheit abwog, und das Zünglein mächtig zu sich herüber riß. Gern erinnern sich die Tyroler jener gefahr- und ehrenvollen Zeit, durch mancherley Bilder suchen sie an ihren Häusern das Andenken daran zu verewigen." Als sich Kotzebue in Innsbruck aufhielt, feierte man gerade Kaisers Namenstag. Aus diesem Anlass war ein Scheibenschießen veranstaltet worden, „und ich hatte Gelegenheit, die berühmte Kunst der Tyroler Schützen zu bewundern. Man sagt nicht zu viel von ihnen. Unter zehn bis zwölf Schüssen gingen wenigstens immer acht ins Schwarze."[13]

Italien hatte August von Kotzebue nicht begeistern können. Auf der Rückreise aus dem Süden notierte er[14]: „O es thut so wohl, wenn man aus dem einförmigen, mit Menschenwust angefüllten Italien kommt, diese herrlichen Gebürge wieder zu betreten, und ihren freundlichen herzigen, sinnigen Einwohnern die Hand zu drücken. Nach Welschland ziehe ich nicht wieder, aber – möchte doch nicht zum letztenmale in Tyrol gewesen seyn!" Von Brixen aus nahm Kotzebue die Straße durch das Pustertal: „Die Straße von Brixen abwärts nach Kärnten ist für einen Menschenbeobachter noch interessanter, als die große Landstraße über Inspruk, welche mehr befahren wird, und wo also die Menschen doch schon mehr geschliffen, oder hie und da etwas verkünstelt sind. Hier hingegen stößt man überall auf die reinste, lauterste Natur. Fast wie Kinder betrachten sie die Fremden neugierig, gehn ihm überall nach, machen sich immer etwas um ihn zu schaffen, werden ihm durch ihr Gutmeinen oft lästig; aber unmöglich kann er böse auf sie werden, denn unverkennbar ist das herzliche Bestreben, ihm alles nach Wunsch zu machen." Der hohe Schnee erschwerte das Vorankommen; die Bevölkerung war mit dem Räumen der Straße beschäftigt[15]: „Es ist abermals ein Vergnügen zu beobachten, mit welcher Willigkeit und Thätigkeit der Tyroler dies beschwerliche Geschäft übernimmt. Unter mehrern Tausenden, die ich, auf einer Strecke von acht bis neun deutschen Meilen, am Wege arbeiten sah, habe ich nicht ein einziges unzufriedenes Gesicht bemerkt, und kein einziger hat mich angebettelt. In Italien würde ich ganz sicher so viele Bettler als Arbeiter gezählt haben. Die Tyroler waren alle freundlich, höflich, gaben mir ihren guten Morgen, oder ihr gelobt sey Jesus Christ! mit bescheidener Herzlichkeit, halfen gern, wo etwa, beim Zusammentreffen mit anderm Fuhrwerk auf schmalem Wege, noch Hülfe nöthig war, foderten nichts dafür, wo sie doch mit Recht hätten fodern dürfen, sondern zogen ihre grünen runden Hüte, wünschten eine glückliche Reise, und fuhren munter in ihrer Arbeit fort. Wahrlich! Hätte Raynal[16] dieses Land durchzogen, er würde eben so in Enthusiasmus geraten seyn, wie einst über Indien, als er (wo ich nicht irre, auf der Küste von Coromandel) eine Unschuldswelt antraf."

Eine Gruppe von Schilderungen tirolischen Charakters zu Ende des 18. Jahrhunderts bilden einige mehr oder weniger systematische Untersuchungen, auf Beobachtungen im ganzen Land beruhend.[17] Die bemerkenswerteste Schilderung ist ohne Zweifel das Buch „Uiber die Tiroler. Ein Beytrag zur Oesterreichischen Volkskunde" von Joseph Rohrer, in Wien 1796 erschienen, am Vorabend jener Epoche, die die Tiroler noch weit mehr als bisher bekannt machen sollte – ein Umstand, der manches Zerrbild verursachte. Rohrer war in Tirol aufgewachsen und hatte auch später auf vielen Wanderungen das Land kennen gelernt. Im Grunde genommen stimmen seine Beschreibungen der Charakterzüge mit jenen der schlaglichtartigen, zufälligen Beobachtungen der Durchreisenden überein. Rohrer hat sie besonders deutlich und ausführlich beschrieben und mit Beispielen belegt. Freilich fesseln ihn nicht nur gute, sondern auch negative Charakteristika. In seiner Beurteilung der „tirolischen Bergnation"[18] wehrt er sich dagegen, wenn von den Bewohnern dieses Gebirgslandes gemeinhin als von „dummen Tirolern" gesprochen würde.[19] Allerdings muss er feststellen[20]: „Zwar scheint eine gewisse Eingeschränktheit in den Begriffen, ein gewisser mit vieler Behaglichkeit verbundener Ideenstillstand, welcher nicht unrichtig mit der Unbeweglichkeit der jeder Gewalt trotzenden Felsenmassen verglichen werden kann, das gewöhnliche Loos der Bergbewohner zu seyn; allein in Rücksicht der Tiroler ist dieß der entschiedene Fall."

Was die Religiosität betrifft, so bescheinigt Rohrer den deutschen Tirolern ein „lebhaftes Religions-Gefühl", eine „im Angesichte der ganzen Welt ungeheuchelte Frömmigkeit", eine „ausharrende Geduld in Unglücksfällen um Christi willen".[21] Aussagekräftig ist auch die Passage, in der Rohrer die Tiroler im Zusammenhang mit dem Geist der Aufklärung sieht[22]: Diese Erscheinungen, verbunden mit dem guten Willen, „der bey jeder auch noch so abergläubigen Handlung herfür blickt, dringen [!] dem empfänglichen Herzen Achtung für ihre Person ab, zur Zeit, wo sich der Kopf zur Persiflage über ihre groben Verstandes-Irrthümer gestimmt fühlt. Man wird es sich in einer solchen Gemüthslage schwer abgewinnen können, die deutschen Tiroler um deßwillen minder zu schätzen, weil sie nicht so geschwinde, als der Geist eines Josephs es wünscht, ihre religiösen Meinungen aus dem Sinne verlohren, noch vielweniger das, was in ihren Augen Religion ist, sich, mit dem ersten Worte aus dem Busen reißen ließen. Schnelle Aenderung dessen, was man für Religion hält, verträgt sich wenigstens nach meinem Gefühle, mit der einem sittlich guten Charakter ganz eigenen Festigkeit keineswegs." Der Welschtiroler wird durchwegs anders eingeschätzt, so auch bei Joseph Rohrer. Zum Beispiel hält er ihn für aufgeklärter, weniger fromm, dafür aber weniger aufrichtig und prozesssüchtig.

Zu den positiven Tiroler Charaktereigenschaften zählt Rohrer neben technischem und künstlerischem Können, wofür er mehrere Namen nennt, die „strenge Anhänglichkeit an das Vaterland und ihren so vaterländisch gesinnten Fürsten".[23] Rohrer ist auch der Meinung, dass „der Tiroler vom k.k. Hofe seinem Nationalcharakter gemäß behandelt worden" sei.[24] Ausfluss dessen seien Freiheiten und Privilegien, wie zum Beispiel in der Landesverteidigung, die sich positiv auswirken würden. Abschließend stellt Joseph Rohrer die rhetorische Frage[25], „ob die bey so vieler erprobten Güte des Charakters so sehr des Glückes würdigen tirolischen Unterthanen auch wirklich ein glückliches Volk bilden?" Er beantwortet die Frage selbst mit einer langen Aufzählung von natürlichen, wirtschaftlichen und politischen Gegebenheiten, um daraus zu folgern: „Bey solch einem Grade politischer und bürgerlicher Freyheit, welchen diese

(31) Eine erste tief greifende Schilderung der Tiroler Volkscharaktere, verfasst von Joseph Rohrer, 1796

Bergbewohner unstreitig größtentheils der Humanität ihrer Oesterreichischen Beherrscher zu verdanken haben, ergiebt sich von selbst der Schluß, daß die Tiroler – wenn anders Glückseligkeit hienieden unter dem Monde gesucht werden kann, ein glückliches Volk in ihrem Felsenrund sind."

Es geht über die bloße Feststellung eines reinen Klischeebildes weit hinaus, wenn sich aus einer Vielzahl von Quellen mit unterschiedlicher Gewichtigkeit gewisse Eigenschaften für den Tiroler als typisch ergeben, Frucht oder Ergebnis einer langen Entwicklung.[26] Freilich treten die Charakteristika nicht einheitlich geschlossen auf. Waren doch die Entwicklungsgänge verschiedener Regionen des Landes und die Einwirkung der Landschaft auf die Psyche des Menschen unterschiedlich. Im Allgemeinen gilt der Tiroler des 18. Jahrhunderts als eher konservativ, duldsam, arbeitseifrig, ehrlich, patriarchalisch denkend, fromm und freundlich. Er ist äußerst patriotisch gesinnt, traditionsbewusst, mutig, freiheitsliebend und abweisend gegen Zwang und „zu viel Staat". Zur Kehrseite gehören eine gewisse Schwerfälligkeit, eine leicht in den Aberglauben abrutschende Frömmigkeit und Rauflust als Auswuchs sportlichen Kräftemessens.

Die „Eigenpersönlichkeit" des Landes Tirol fand ihren verbalen Ausdruck im Begriff der „Tiroler Nation", wie er uns vom 17. Jahrhundert an bis in den Beginn des 19. Jahrhunderts oft begegnet.[27] Der Historiker Otto Stolz umreißt den Begriff in treffender Weise[28]: „Man wollte damit sagen, dass das Volk von Tirol, wie es gemäß der alten Verfassung die vier Stände der gemeinen Landschaft: Stifter, Adel, Bürger und Bauern, vertraten, also einen gewissen Grad von politischer Selbstbestimmung hatte, und wie es auch in seiner Gesamtheit waffenfähig auftrat, einen eigenen politischen Körper darstelle, dass es aber auch nach verschiedenen Seiten des sonstigen Lebens eine volkstümliche Besonderheit bilde. Dieser Ausdruck ‚tirolische Nation' bedeutet daher höchste Steigerung des tirolischen Selbständigkeitsgefühles."

Jugendjahre Andreas Hofers und der Ausbruch der Französischen Revolution

Andreas Hofer wurde in eine allgemein als „heil" empfundene Welt hineingeboren. Er kam in der Nacht vom 21. auf den 22. November 1767 am Sandhof unweit des Ortszentrums von St. Leonhard im mittleren Passeiertal zur Welt.[1] In jener Nacht wollte die Hebamme, Maria Henlin von Matatz, eine eigenartige Lichterscheinung gesehen haben, nämlich „einen Stern, in der Gestalt eines Jagdgewehres, der gerade auf das Sandwirtshaus herabstrahlte".[2] Auch andere behaupteten, das Lichtzeichen gesehen zu haben. So begann also mit dem Ereignis der Geburt Andreas Hofers auch die Mystifizierung und Legendenbildung, wie solche für bedeutende Persönlichkeiten der Geschichte zwar bezeichnend, dennoch aber geeignet sind, die tatsächliche historische Wahrheit zu trüben.

Am folgenden Tag nahm Kooperator Andreas Krafft in der Pfarrkirche von St. Leonhard die Taufe vor. Das Kind wurde auf die Namen Andreas Nikolaus getauft, wobei Johann Pichler auf der Mörre, ein Junggeselle, als Pate fungierte.

Andreas war das sechste und jüngste Kind, der einzige Knabe der Familie des Sandwirts Josef Hofer und seiner Frau Maria, geborene Aigentler aus Matrei am Brenner. Zwei Knaben allerdings waren bereits im Kleinkindalter gestorben. Die Tatsache, dass Andreas Hofers Mutter aus Matrei, also aus dem nördlichen Tirol stammt, ist nicht unbedeutend, kann man seine Abkunft doch unter einem gesamttirolischen Aspekt sehen, den man gerade heute wieder zu betonen bestrebt ist.[3] Hofers Vater war „Ur-Passeirer". Die Familie ist bereits seit der Mitte des 17. Jahrhunderts auf dem Hof nachweisbar. Der „Hof am Sand"[4], ungefähr eineinhalb Kilometer südlich des Ortszentrums von St. Leonhard, am linken Ufer der Passer gelegen, führt den Namen mit gutem Grund. Wie oft hatte sich nicht der lauschige Gebirgsbach in ein reißendes Wildwasser verwandelt und die Talsohle mit Geröll und Sand vermurt! Der weit ins Mittelalter zurückreichende Hof, dessen Gründung natürlich zeitlich nicht festgelegt werden kann, hatte ver-

(32) Ansicht des Sandhofs im Passeier, Vaterhaus von Andreas Hofer

schiedene Besitzer gehabt, bis er in einer Urkunde von 1689 erstmals als „lut aigen" aufscheint[5]. Die Lage an der Talstraße veranlasste die Besitzer, um das Gastgeb-Gewerbe anzuhalten. Von einer „Wirtsbehaußung" ist bereits ab ca. 1660 die Rede. Die ursprüngliche Bezeichnung war „Gasthof zum goldenen Adler". Öfters scheint aber neben dem viel gebräuchlicheren „Sandwirt" die Bezeichnung „Wirt am hl. Grab" auf, benannt nach der 1698 benedizierten Kapelle, die Caspar Hofer nach einer glücklich überstandenen Pilgerreise ins Heilige Land errichtet hatte.

Der Platz für ein Gasthaus war recht günstig, musste hier doch jeder, der durch das Tal zog, vorbeikommen. Das Passeiertal ist etwa vierzig Kilometer lang und mündet bei Meran in das Etschtal. Die beiden wichtigsten Ortschaften im durchwegs engen Tal sind St. Martin und St. Leonhard. Bei diesem Ort gabelt sich das Tal. Der Oberlauf der Passer führt in Richtung Timmelsjoch und damit zum Übergang in das nordtirolische Ötztal, das andere Tal, das Walchental, zieht sich zum Jaufenpass hin, über den man nach Sterzing gelangt. Beide Übergänge waren damals auf Saumwegen verhältnismäßig stark frequentiert, was zum Teil mit dem Bergbau in jener Gegend zusammenhing.

Die Geborgenheit des kleinen Andreas in der Familie wurde bald schon empfindlich gestört durch den frühen Tod seiner Mutter im Jahr 1770. Nach zwei Jahren heiratete der Witwer neuerlich, und zwar Anna Frick. Den Erfordernissen des landwirtschaftlichen Betriebs und der Gastwirtschaft war damit zwar entsprochen worden, den vier Geschwistern aber konnte die Stiefmutter die richtige Mutter nicht ersetzen. Durch diese Ehe erhielten die Kinder noch eine Halbschwester. Ein neuerlicher schwerer Schicksalsschlag traf die Kinder, als 1774 der Vater starb. Die Stiefmutter scheint den an sie gestellten Anforderungen nicht gewachsen gewesen zu sein und brachte den Sandhof in die roten Zahlen. Erst knapp vor dem Tod ihres Mannes waren Neubauten errichtet worden, 1768 ein Pferdestall und 1774 ein großer Anbau gegen Süden mit einem weiteren Stall und einer Scheune[6] – Bauten, die wohl eine beachtliche Geldsumme verschlungen hatten. Andreas Hofers älteste Schwester, die bald darauf heiratete, übernahm mit ihrem Mann die Gastwirtschaft, während die Stiefmutter weiterhin in der Landwirtschaft tätig war. Der Sandhof verlangte nach einer starken Hand, doch bis es so weit war, dass Andreas als einziger männlicher Erbe den Hof übernehmen konnte, vergingen noch Jahre.

Der Knabe besuchte zunächst die Schule. Eben erst hatte Maria Theresia für die österreichischen Erbländer die allgemeine Schulordnung erlassen; das Patent datiert mit 6. Dezember 1774. Andreas soll ein fleißiger, pflichtbewusster Schüler gewesen sein.[7] Sicherlich wurde ihm nicht vielschichtiges, fundamentales Wissen vermittelt, aber bereits mit Schreiben, Lesen, Rechnen war man gegenüber den gänzlich Ungebildeten im Vorteil. Die „Rechenkunst" war für ihn, der sich später mit Pferde- und Weinhandel befassen sollte, besonders wichtig. Von seiner „Schreibkunst" sind mit seinen Laufzetteln des Jahres 1809 noch genügend Zeugnisse erhalten. Das Schriftbild wirkt zwar ganz konträr zu einer „gestochenen" Beamtenschrift, die Orthografie ist uneinheitlich und leicht verworren, die Ausdrucksweise ist einfach, kernig. Es scheint das gesprochene Wort einfach zu Papier gebracht worden zu sein. Darum aber wurde diese Sprache verstanden, sie erfüllte ihren Zweck.

Für die religiöse Bildung war nicht nur in der Schule gesorgt, sondern üblicherweise auch daheim, sei es vonseiten zunächst des Vaters, der Stiefmutter oder der größeren Schwestern. Gerade religiöse Bildung wurde als integrierender Bestandteil der Vorbereitung auf das Leben eines Erwachsenen gewertet. Die letzte Volksmission durch die Jesuiten hatte in St. Leonhard im Passeier im Jahr 1770 stattgefunden[8], die zwar Andreas

(33) Passeiertal – Jaufenpass – Sterzing, Ausschnitt aus dem „ATLAS TYROLENSIS" von Peter Anich und Blasius Hueber, 1774

nicht bewusst miterlebte, die aber der allgemeinen Religiosität im Tal einen Aufschwung gegeben haben mag. Unter anderem waren tägliche gemeinsame Gebetsübungen, wie das Rosenkranzgebet, fast in jeder Hausgemeinschaft anzutreffen.

Ein wesentlicher Teil seines Bildungsganges war das Erlernen der italienischen Sprache. Der Süden Alt-Tirols war von italienischsprachiger Bevölkerung bewohnt, ohne dass es deshalb einen Nationalitätenstreit gegeben hätte wie Jahrzehnte später.

(34) Josef Weger, Trachten aus dem westlichen Tirol, 1820

Der junge Hofer erlernte das Italienische, die „welsche Sprache", in Cles, dem Hauptort des Nonsberges[9], wo er bei der Familie Miller arbeitete, und später in Ballino[10] in Judikarien, wo er ungefähr drei Jahre im Gastbetrieb „Armani" tätig war. Die Erinnerung daran hat sich bis heute erhalten und man nennt seine ehemalige Schlafkammer die „Hofer-Stube". Natürlich war es nicht ein gehobenes Italienisch im Sinn des Florentinischen, das er lernte, es war vielmehr die einfache Sprache des Volks. Aber diese musste er ja reden und verstehen können, wollte er eine das ganze Land umspannende, wie auch immer geartete Tätigkeit aufnehmen. Nicht nur als Pferde- und Weinhändler kamen ihm die Italienischkenntnisse zugute, sondern – was er als Jüngling noch nicht ahnte – sie verschafften ihm auch im Jahr 1809 in Welschtirol Ansehen.

Mit 22 Jahren übernahm Hofer das Erbe. Im selben Jahr, am 21. Juli 1789, heiratete er zu St. Leonhard die um rund zwei Jahre ältere Anna Ladurner, Tochter des Plonerhofbesitzers Peter Ladurner in Algund bei Meran. Die Frau wurde immer als verständig, treu, gütig und als ruhiges Wesen beschrieben.[11] Der Sandhof wurde auf

12.000 Gulden geschätzt, das heißt, dass Hofer seinen drei Schwestern aus erster Ehe seines Vaters 9000 Gulden ausbezahlen musste. Wohl dieser Umstand und mehrere Missernten, aber auch schlechte Geschäfte im Viehhandel ließen keinen besonderen Wohlstand aufkommen. Außerdem sollen die Sandwirtleute zwar nicht aufwändig, aber auch nicht gerade sparsam gelebt haben. Der Historiker Beda Weber, von 1826 bis 1848 Professor am Gymnasium in Meran, traf im Passeiertal noch genügend Zeitgenossen Andreas Hofers, so dass seinen Aussagen hoher authentischer Wert zuerkannt werden darf. Die Haushaltung der Hoferleute schätzte er so ein[12]: „Sie verschwendeten nichts, verstanden aber auch nicht zusammenzuhalten. Daher war der Verbrauch selten den Einkünften angemessen. Er selbst war zwar nie unmäßig, bedurfte aber nach dem Maße eines tirolischen Landwirthes ziemlich viel, und ließ es sich auch zukommen in Speise und Trank. Namentlich ging er nie ohne mannhaften Weingenuß schlafen, und ließ sich selbst später den Wein auf seinen Reisen in einem eigenen Fäßlein nachführen. ... Er liebte in freien Stunden das Giltspiel[13] mit gewöhnlichen Spielkarten, welches in seiner Heimat sehr im Schwunge ist und spielte es meisterhaft."

Beim Sandwirt im Passeier scheint es recht gesellig hergegangen zu sein. Doch „überall war er" – Andreas Hofer – „geachtet und gern gesehen; überall hatte er gute, ihm aufrichtig ergebene Freunde; denn er bewährte sich in allem seinen Thun als grundehrlich und verständig, gutmüthig, freundlich und heiter, nicht selten auch witzig, aber stets geleitet von einem christlich-frommen Sinn".[14] So charakterisiert der Tiroler Topograf Johann Jakob Staffler den jungen Sandwirt. Staffler (1793–1868), ebenfalls aus St. Leonhard im Passeier stammend, kannte als Knabe Andreas Hofer persönlich.

Ähnlich beschreibt auch Beda Weber Hofers Eigenschaften. Er betont dessen religiöse Einstellung.[15] „Seine Frömmigkeit wurzelte in einem gläubigen Gemüthe, das alle Grübelei ausschloß, und das Gefühl des allgegenwärtigen Gottes begleitete ihn überall. Es machte ihn froh, duldsam, mitleidig gegen alle Menschen. Kopfhängerei und Bekrittelung der Sitten Anderer verachtete er. Der Kirche als solcher anzuhängen, war ihm Bedürfnis."

Bezeichnend für Hofers das ganze Leben ausfüllende Religiosität ist die Beschriftung des Getäfels der Wirtsstube.[16] „Anno 1802 hat man verlobt, hier jährlich zu feiern das Fest des süßesten Herzen Jesu und das Fest des heiligen Franziskus Xaveri." Darüber stehen die Initialen der Namen des Sandwirts und seiner Frau mit den Abkürzungen des Haussegensspruches „Christus Mansionem Benedicat" und der Jahreszahl 1792, die auf die Vollendung des neuen Getäfels weist.

Das äußere Erscheinungsbild des jungen Hofer beschreibt Staffler mit folgenden Worten[17]: „Hofer hatte einen robusten, ziemlich hohen Körperbau mit breiter Brust und starken Waden, eine angenehme, freundliche Gesichtsbildung mit kleinen, aber lebhaften Augen, mit rothen, ziemlich vollen Backen und einer kleinen, etwas stumpfen Nase. Er besaß unter den starken Männern des Thales eine ausgezeichnete Körperstärke. Seine Stimme war weich und wohlklingend; sein Gang aufrecht, langsam und würdevoll; sein ganzes Wesen anziehend und Zutrauen erweckend." Johann Jakob Staffler hatte als Knabe mehrmals Gelegenheit, Hofers „Kraftproben zu bewundern". Auch Beda Weber weiß davon[18], dass Andreas Hofer in jüngeren Jahren besonders auf den Märkten zu Latsch im Vinschgau nicht ungern den „Robler" gespielt habe, um seine Körperkraft zu zeigen. Als Robler wurden kampf- bzw. rauflustige Gesellen bezeichnet. Hahnenfedern am Hut wiesen auf die Zahl der jeweils Herausgeforderten. Hofer soll auch über Größere den Sieg davongetragen haben.

Ein ganz wesentlicher Faktor seines Äußeren war der volle dunkle Bart, der seiner Persönlichkeit

Das Jahr 1789 besaß für Andreas Hofer durch Heirat und Hausstandsgründung gewiss eine entscheidende Bedeutung. Im selben Jahr, sogar im selben Monat, trug sich fern von Tirol ein Ereignis zu, das eine Entwicklung für ganz Europa auslöste und auch Tirol und den Sandwirt Andreas Hofer in ein unheilvolles Schicksal verstrickte: Mit dem Sturm auf die Bastille am 14. Juli 1789 hatte die Französische Revolution ihren Anfang genommen.

Für ihren Ausbruch waren die Missstände innerhalb des Königreichs Frankreichs, vor allem aber das Gedankengut der Aufklärung bestimmend. Was von Frankreich an Informationen herüberdrang, erschütterte eigentlich alle Stände. Noch im August 1789 erklärte die Nationalversammlung in Paris die Aufhebung der Privilegien für Geistlichkeit und Adel. 1790 folgten Beschlüsse, die eine völlige Umwälzung der politischen und sozialen Zustände nach sich zogen. Zum Beispiel ging das Eigentum der Kirche in das des Staates über; es wurden der Adel abgeschafft und das Staatsgesetz über die Geistlichkeit erlassen, wobei die Geistlichen zu weisungsgebundenen Staatsbeamten werden sollten, die den Eid auf die Verfassung leisten mussten. Von den 133 Bischöfen legten nur vier den Eid ab, während die Eidverweigerer durch gefügige Bischöfe ersetzt wurden. Damit setzte in Frankreich ein erschreckender Kirchenkampf ein. Unter den verschiedenen Parteirichtungen nahm das Jakobinertum wohl die radikalste Form an. Den Geist der Revolution im Herzen verurteilend, versuchte König Ludwig XVI. zu fliehen, wurde aber gefasst und gefangen gesetzt. Die Frau des Königs war die Habsburgerin Marie Antoinette, eine Tochter Maria Theresias und Schwester des Kaisers Leopold II.

Gemeinsam mit Preußen strebte der Kaiser in der sogenannten Pillnitzer Deklaration vom 27. August 1791 eine Intervention zugunsten des französischen Königtums an, die das revolutionäre

(35) Tanz um den Freiheitsbaum, geschmückt mit einer Jakobinermütze, um 1790

eine besondere Note verlieh. Es war einem Zufall zu verdanken, dass sich Hofer einen Bart wachsen ließ. Davon erzählt wiederum Johann Jakob Staffler[19]: „Eines Tages wurde er beim fröhlichen Schmause von einem seiner Freunde in neckendem Tone gefragt: ob er nicht Lust hätte, den Bart sich wachsen zu lassen gleich dem Bettler (es war eine häßliche Gestalt), der eben, um Almosen zu sammeln, eintrat. Hofer erwiderte mit scheinbarem Ernste die Scherzfrage bejahend, und es kam zur Wette. Der Gegner rechnete darauf, daß ihm seine Anna den entstellenden Bart nicht dulden würde. Hofer aber bemerkte lächelnd, daß er nicht unter dem Pantoffel stehe, und nahm die Wette an. Ein Paar Ochsen war der Preis. Diesen sollte der Sandwirth gewinnen, wenn er den Bart nach einem Jahre noch trüge, oder im entgegengesetzten Falle verlieren. Hofer gewann; er trug den Bart nach einem Jahre, und trug ihn dann mit Selbstgefallen sein Leben lang." Andreas Hofer ahnte noch nichts von seiner ihm bevorstehenden historischen Aufgabe. Der breite, auf die Brust herabwallende Bart aber sollte ihm als Führerpersönlichkeit ein ganz besonderes Charisma verleihen.

(36) Aus Spielkarten angefertigte bewegliche Guillotine, von der Polizei in Wien 1794 beschlagnahmt

18. Jahrhunderts in der Pfarre St. Martin im Passeiertal. Seine Aversion gegen die Umwälzungen in Frankreich schlug sich in seinen Predigten, überhaupt in seiner seelsorglichen Tätigkeit nieder. Sein Wirken dürfte auf die „Volksseele" eingewirkt und sie besonders sensibel gemacht haben, so dass man im Passeier vielleicht noch mehr als anderswo ideologisch vorbereitet war, als der Krieg auch in Tirol ausbrach.

Der Geist der Aufklärung hatte sich auch in diesem Land ausgewirkt[20], nicht nur im theresianisch-josephinischen Reformwerk, sondern in verschiedenen Organisationsformen[21], wie z. B. in den gelehrten Gesellschaften. In Innsbruck hatten ihren Sitz die „Gelehrtenakademie", die „Societas academica litteraria", auch „Academia Taxiana" genannt, die „Tirolische Gesellschaft für Künste und Wissenschaften" und die „Ackerbaugesellschaft", deren Mitglieder vornehmlich Wissenschafter und Beamte waren, die wieder dem gehobenen Bürgertum und zum Teil dem Adelsstand angehörten. Unter den Geheimbünden dominierten die Freimaurer. In Innsbruck entstanden drei

Frankreich als Herausforderung auffasste. In der nach dem Zensuswahlrecht gewählten Gesetzgebenden Versammlung wurde am 20. April 1792 die Kriegserklärung an Österreich beschlossen. Kurz zuvor war Kaiser Leopold II. gestorben und sein etwas mehr als 23 Jahre alter Sohn Franz hatte den Thron bestiegen. Tirol wurde jedoch nicht gleich in das Kriegsgeschehen einbezogen.

Die eher oberflächlichen Informationen über die Vorgänge in Frankreich lösten im gläubigen, dem Monarchen treu ergebenen Tiroler Volk tiefen Abscheu aus. Mehrere emigrierte Geistliche wanderten durch das Land. Dass ihre Aussagen sehr einseitig waren, ist nur zu verständlich. Das Benediktinerstift Marienberg im oberen Vinschgau nahm vorübergehend mehrere Emigranten auf. Ein gewisser Pater Gregor, ein Elsässer, trat in das Kloster ein, da er ebenfalls Benediktiner war. Als Hilfspriester wirkte er in den 90er Jahren des

(37) Schurz und Kelle der Innsbrucker St.-Johannes-Loge „Zu den drei Bergen", um 1780

(38) Siegel der Innsbrucker St.-Johannes-Loge „Zu den drei Bergen", um 1780

(39) Jakobinermütze mit der Aufschrift „Freiheit und Gleicheit", aufgefunden in Meran, 1794

Logen, „Berg Moria" (1777), bald schon umbenannt in St.-Johannes-Loge „Zu den drei Bergen", und unter dem Einfluss von Systemstreitigkeiten innerhalb der Freimaurerei „Symbolischer Zylinder" und „Drei Flammen". Auch in Bozen (1780) und Brixen wurden Freimaurerlogen gegründet. Unter dem Eindruck der Französischen Revolution und ihres „Schlachtrufes" – „Freiheit, Gleichheit, Brüderlichkeit" – schloss sich eine Innsbrucker Studentengruppe im Jahr 1793 zu einem Jakobinerklub zusammen. Das von der Revolution in Frankreich abgeleitete Ideengut der Tiroler Jakobiner zielte auf die Befreiung von politischen und religiösen Vorurteilen sowie auf die Einführung eines republikanischen Staatswesens ab. Als Fernziel träumten die Innsbrucker Jakobiner von der Umwandlung Italiens in einen demokratischen Staat, dem Welschtirol angeschlossen werden sollte. Die Initiative zur Gründung des Klubs war übrigens von zwei Ausländern ausgegangen. Nicht nur in der Stadt Innsbruck, auch in Schwaz, Meran, Trient und Rovereto sind Hinweise auf radikale Anhänger der Französischen Revolution überliefert, die sich z. B. in Einzelaktionen äußerten. So wurden in Meran 1795 am Tor zum Schießstand und am Ultner Tor rote Jakobinermützen mit der Aufschrift „Freiheit und Gleichheit" gefunden. Im folgenden Jahr kam es in Meran zu einem Volksauflauf, den Anhänger des Jakobinertums angezettelt hatten. Diese Strömung wurde seit dem Erlass des Hochverratspatents Kaiser Franz' II. vom 2. Jänner 1795, womit alle Geheimgesellschaften verboten worden waren, besonders hart verfolgt. Der Gehalt des Gedankengutes der Französischen Revolution mit der Umkehr nahezu aller traditionell gültigen Werte hat bei der breiten Masse nie Anklang gefunden und wurde verständlicherweise von der Obrigkeit verfolgt, dies umso mehr, als sich Österreich seit 1792 mit dem revolutionären Frankreich im Krieg befand.

Auswirkungen der Revolution auf Österreich und Tirol

Die Kriegserklärung Frankreichs an Österreich vom 20. April 1792 ist bereits an den jungen Franz II. (1768–1835) gerichtet, der seinem am 1. März desselben Jahres verstorbenen Vater, Leopold II., im habsburgischen Herrschaftsbereich nachgefolgt war. Die seltene Einmütigkeit der Kurfürsten bei der Kaiserwahl im Juli 1792 liegt wohl darin begründet, dass alle die Gefahr ahnten, die von Frankreich her für das alte Europa mit seiner überkommenen Feudalordnung aufzog. Mehr als die Hälfte der Regierungszeit Kaiser Franz' sollte von Kriegsgeschehen und der Verantwortung für die Freiheit vor der französischen Hegemonie überschattet werden. Denn mit der Kriegserklärung an Österreich kam eine Entwicklung ins Rollen, die niemand vorhersehen konnte, die Europa durch beinahe ein Vierteljahrhundert in Kämpfe, Not und Tod stürzte.

Die Störung des abendländischen Kräfteverhältnisses vermochten sogar die seit langem entzweiten und in Feindseligkeiten verstrickten Mächte Habsburg und Preußen – wenn auch nicht sehr tiefgehend – zu einigen. Im ersten Kriegsjahr waren die Preußen bis Valmy vorgedrungen und nach einer fruchtlosen Kanonade abgezogen. Die Österreicher mussten am 6. November bei Jemap-

(40) Der junge Erzherzog Franz, der nach dem Tod seines Vaters Leopold II. in schwieriger Zeit die Kaiserwürde aufgebürdet erhielt

pes weichen und damit den Franzosen den Weg nach Belgien freigeben. Bald schon standen sie am Rhein.

Der Jänner 1793 brachte ein für das ganze monarchische Europa erschütterndes Ereignis: Der französische König Ludwig XVI. wurde zum Tod verurteilt und mittels der neu erfundenen Guillotine enthauptet. Damit war der Bruch sowohl mit der Tradition innerhalb Frankreichs als auch zwischen diesem Staat und dem übrigen Europa perfekt. Der ungezügelte Tatendrang des neuen revolutionären Staates beschränkte sich nicht nur auf militärische Unternehmungen, sondern versuchte auch in einer Art „geistiger Offensive" die „neue Freiheit" nach außen zu tragen.

Unter dem Druck der Ereignisse formierte sich in Europa eine breite Front des Widerstands. Der Allianz traten nun auch England, Spanien, Neapel, Toskana, die Republik Venedig und Savoyen bei. Der Sieg der Österreicher am 18. März 1793 und die Erfolge der Preußen am Rhein brachten eine Bedrohung Frankreichs auf dessen Nord- und Ostseite. Zur Verteidigung bot man nun Massenheere auf, wozu die Einführung der allgemeinen militärischen Dienstpflicht befähigte. Die rasche Aufstiegsmöglichkeit im Revolutionsheer erkennend, avancierte unter anderem auch Napoleon Bonaparte bald zum General. Im Inneren bekannte sich Frankreich zum Terror als Regierungsmittel. Damit begann im September 1793 die Schreckensherrschaft des Maximilien Robespierre, die erst im Juli folgenden Jahres mit seinem Sturz endete. Tausende Menschen fielen ihr zum Opfer. Im Oktober 1793 wurde die Königin, die Habsburgerin Marie Antoinette, hingerichtet. Eine Kriegswende vollzog sich mit den Siegen der Franzosen über Engländer, Hannoveraner und Hessen bei Handschooten und über die Österreicher bei Wattignies am 16. Oktober 1793. Somit war für Frankreich, das nun am linken Rheinufer stand, vorerst die Gefahr gebannt. Unter den Misserfolgen zerbröckelte die Allianz, aus der sich Preußen mit dem Separatfrieden von Basel vom 5. April 1795 löste. Es beschäftigte sich im Osten mit polnischen Angelegenheiten, die auf eine weitere Teilung des Landes hinzielten. Im Kampf gegen das revolutionäre Frankreich am Kontinent lag nun die Hauptlast bei Österreich; England und Russland standen noch zum Bündnis, während es Spanien, Neapel und Holland verließen. Auch Norddeutschland enthielt sich unter dem Einfluss Preußens der Kriegshandlungen. Süddeutschland folgte, wenn auch zögernd, dem Ruf Österreichs zum Kampf gegen Frankreich.

Die Erfolge am Rhein und das Ausscheiden Preußens aus dem antifranzösischen Bündnis erlaubten Paris, sich auf Österreich als Hauptgegner zu konzentrieren. Die habsburgischen Erbländer sollten von den revolutionären Armeen einerseits über Süddeutschland, andererseits vom Süden über Oberitalien in die Zange genommen werden. Der Oberbefehl über die Italienarmee wurde Napoleon Bonaparte übertragen. Damit war ihm die

(41) „Bonaparte / Französischer General", gegen 1800

Chance gegeben, Erfolge zu erringen. Er verstand es, sie auch reichlich zu nutzen, und reihte Erfolg an Erfolg. Somit begann sein eigentlicher Aufstieg mit dem Antritt des Oberbefehls über die Italienarmee am 27. März 1796 zu Nizza. Diesem Ereignis kommt also weltgeschichtliche Bedeutung zu. Mit Napoleons Auftauchen tritt das ganze Kriegsgeschehen in ein neues, vehementeres Stadium.

Der erst 27-jährige Bonaparte war nicht nur ein genialer Stratege, er fand auch den richtigen Ton im Umgang mit den Soldaten und pflanzte ihnen ein Ehrgefühl ein, das seine Armee mit einem neuen Geist erfüllte.[1] Napoleon schlug die Österreicher in Oberitalien mehrere Male, wobei er eine neue Taktik zur Anwendung brachte, der der alte Feldherr Johann Peter Baron Beaulieu nicht gewachsen war; er zwang Savoyen zum Frieden von Cherasco (28. April), siegte bei Lodi am 10. Mai neuerlich über die Österreicher, worauf er Mailand und die ganze Lombardei gewinnen konnte. Seinen schon früher entwickelten Plan, durch Tirol vorzustoßen, sich mit der französischen Armee in Deutschland zu vereinen und gemeinsam zum Schlag gegen den Kaiser auszuholen, konnte er noch nicht zur Ausführung bringen, da die Rheinarmee mit Napoleons Tempo nicht mithielt. So war eine Koordinierung der gezielten Aktionen nicht möglich.

Bonaparte ging nun daran, die oberitalienischen eroberten Gebiete besitzmäßig zu festigen, wohl wissend, dass Österreich sich nicht so ohne weiteres für immer verdrängen lassen würde. Napoleon wusste auch um die Verteidigungsvorbereitungen in Tirol.[2] Das Direktorium in Paris ließ Bonaparte sich zunächst nach Mittelitalien wenden.

Obwohl Italien noch gar nicht Kriegsschauplatz gewesen war, hatte sich mancher in Tirol bereits Gedanken über eine eventuelle Krisenzeit und um die Verteidigung des Landes gemacht. Wirtschaftlich wurde Tirol in diesen Jahren stark in Mitleidenschaft gezogen.[3] Belastungen erwuchsen aus den zahlreichen Truppendurchmärschen, den zu leistenden Vorspanndiensten, den Einquartierungen, den Einschränkungen und Unterbindungen der Handelsbeziehungen zum Ausland,

(42) Joseph Anton Koch, Schwur der Franzosen am 10. April 1796, die Schanze von Montenesimo zu verteidigen, um den großen Sieg der französischen Armee zu vervollständigen

(43) Aufruf in gefahrvoller Zeit, 17. Mai 1796

durch die von den Ständen bewilligten Kriegsdarlehen und durch die freiwilligen Beiträge. Erst mit der Anwesenheit Napoleons in Oberitalien wurde die Situation prekär. Der in Welschtirol, dem heutigen Trentino, stationierte Landesoberst Dominikus Graf Lodron und auch der Fürstbischof von Trient baten am 11. bzw. 13. Mai 1796 um Vorkehrungen für den Kriegsfall und um Hilfe. Am 14. Mai traf die erste offizielle Meldung einer nahenden Kriegsgefahr beim Gubernium, der obersten kaiserlichen Behörde, in Innsbruck ein.[4] Neben dem Gubernium bestand die „Landschaft", die Vertretung der vier Tiroler Landstände. Soweit erreichbar, traten ihre Vertreter in Eile im Innsbrucker Landhaus zur Beratung zusammen. Der Landeshauptmann, Paris Graf Wolkenstein, sprach offene Vorwürfe gegenüber der kaiserlichen Regierung in Wien aus, die den Verfall der Landesverteidigung in den letzten Jahrzehnten verschuldet habe.[5] Vorbehaltlich der Genehmigung durch den landständischen Kongress, also die „Vollversammlung" der Landstände, wurden dringliche Maßnahmen beschlossen. Dazu gehörte, dass man bei Kaiser Franz vorstellig werden wollte, Tirol für den Ernstfall mit genügend Geschützen, Munition und Proviant zu versorgen, Scharfschützen und Miliz neu zu ordnen und die Grenzfestungen des Landes wieder instand zu setzen.

Die Volkswehrhaftigkeit war dem „Josephinismus" eher zuwider gewesen, als dass dieser traditionsreiche Beitrag zur Tiroler Landesverteidigung geschätzt worden wäre. An ihre Stelle hatte Kaiser Joseph II. die allgemeine Konskription setzen wollen, war damit gescheitert und hatte sie schließlich einstellen müssen. Entsprechend einer kaiserlichen Resolution[6], verlautbart am 28. März 1782, waren – außer Kufstein – alle Festungen aufgelassen worden, da sie als „dermal entbehrlich" angesehen werden könnten. Die Festungswerke wurden mit Grund und Boden verkauft. Die Situation in Bezug auf die Landesverteidigung in Tirol war

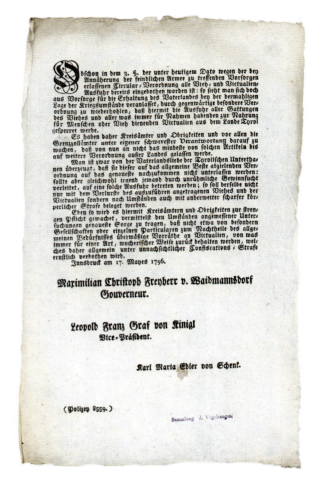

also beängstigend. Nun lief ihr Aufbau an, wobei die Initiative nicht bei der hohen Landesstelle lag, sondern bei der Landschaft. Sie rief das Tiroler Volk zur Verteidigung des Heimatbodens auf und leitete die Bewaffnung in die Wege. Neben einem allgemeinen Aufruf erging am 17. Mai ein weiterer an die Schießstände[7], wo ja das sportliche Schützenwesen florierte, das nun wieder in die Landesverteidigung eingebaut werden sollte, da „es sich nunmehr um Aufrechterhaltung der geheiligten Religion, des Eigenthums, der bürgerlichen Ordnung, um den durch Jahrhunderte behaupteten Ruhm der unversehrten Fürstentreue, um diesseitige Rechte, und Freyheiten: mit einem Worte, um alle Pflichten, die man Gott, dem Landesfürsten, sich selbst, und der ganzen Nachkommenschaft schuldig ist, handle". Neben einer von Gubernium und Landschaft gemeinsam eingerichteten Hauptdeputation in Innsbruck wurde eine Verteidigungsdeputation in Bozen gegründet, das dem künftigen Kriegsschauplatz wesentlich näher war. Laufend trafen nun Rückantworten aus den einzelnen Gerichtssprengeln und von den Schießständen des ganzen Landes ein. Durchwegs positiv, bestätigten sie die Richtigkeit des Entschlusses der Tiroler Landschaft. Damit zeichnete sich eine Volkserhebung gewaltigen Ausmaßes ab, die in der Art des Aufgebotes und der Wirkungsweise auf alte Traditionen zurückgreifen konnte. Waren zwar die eigenständigen Verteidigungsbestrebungen staatlicherseits auch bewusst vernachlässigt worden, lebte das Wissen um diese Institution dennoch fort, das nun den neuerlichen Aufbau begünstigte, ja in der Eile überhaupt erst möglich machte.

Die Zuzugsordnung von 1704, auf die man sich nun hauptsächlich berief, hatte eine tiefe Wurzel. Das sogenannte Landlibell Kaiser Maximilians I. vom 23. Juni 1511 hatte die Tiroler Landesverteidigung auf eine neue Basis gestellt.[8] Wie neue Forschungen ergeben haben, kommt ihm zwar nicht, wie in historischen Arbeiten seit dem 19. Jahrhundert immer wieder betont, ein singulärer Wert zu. Es ist auch nicht unbedingt als ein „epochales Dokument demokratischer Selbstverwaltung"[9] zu feiern, wodurch es von dem es umgebenden Mythos zwar etwas eingebüßt hat, für das Landesverteidigungswesen Tirols aber dennoch von größter Wichtigkeit bleibt. Das Landlibell kann als Endpunkt einer langen Entwicklung betrachtet werden, da es die bisherigen Traditionen als Verbindung von Steuer- und Wehrwesen aufnimmt. Die Landstände hatten an der Ausfertigung einer solchen Urkunde durch den Landesfürsten größtes Interesse, wurden damit doch Rechte und Pflichten beider Seiten schriftlich festgelegt. Es wurde die grundsätzliche Wehrpflicht aller Männer festgelegt, die bis zu einem Monat lang Dienst leisten mussten. Die Streitkraft des Landes konnte je nach Gefahr in Zuzügen von 5000, 10.000, 15.000 und 20.000 Mann aufgeboten werden. Bei höchster Gefahr, etwa einem plötzlichen Einfall eines Feindes, mussten sich auf den Glockenschlag hin alle wehrfähigen Männer an vorbezeichneten Plätzen zum Ausrücken versammeln, ganz unabhängig vom normalen Aufgebot. Der „Sturm", später „Landsturm" oder „Sturmmasse" genannt, wurde nur kurzfristig einberufen und betraf durchwegs auch nur die Bevölkerung eines regional begrenzten Gebiets. Ein großes Privileg für die Tiroler bedeutete, wenn ihr Wehrdienst auf die Verteidigung der Landesgrenzen eingeschränkt war, wenn sie also nicht außerhalb Tirols zu Kriegsdiensten herangezogen werden durften. Durch die Bestimmungen des Landlibells wurden der Wehrwille der Bevölkerung und die Freiheitsliebe sicherlich gefördert. Unerhört für die damalige Zeit war auch, wenn nun selbst die Bauern eine Waffe bei sich zu Hause haben durften. Für den freien Tiroler wurde die Landesverteidigung zu einer Pflicht, die sich aus den Freiheiten des Landes ergab und von besitzenden Bauern, Bürgern, Adel und Geistlichkeit getragen wurde.

Das Landlibell wurde in den folgenden Jahrzehnten durch detaillierte Verordnungen, betreffend Vorbereitung und Durchführung des Aufgebots, ergänzt und bereichert.[10] Die Verordnungen von 1526, 1531, 1542, 1556 und 1562 ähnelten einander stark. Die Verordnung des Landesfürsten Maximilian III. des Deutschmeisters von 1605 ist eine Art Mobilisierungs- und Aufmarschplan. Neu war, dass nun das Landvolk „exerziert und abgerichtet" werden sollte. Neu war ebenfalls die Bewaffnung mit Musketen, langläufigen Gewehren. Neben den Musketierern gab es noch Hellebardiere, Langspießer und Hakenschützen, jene Schützen, die auf den Schießständen mit ihrer eigenen Büchse die Treffsicherheit auf gleichsam sportliche

Weise übten. Nach der Ordnung von 1605 bestand das Aufgebot je nach Gefahr aus 10.000, 15.000 oder 20.000 Mann. Jedes Fähnlein (Kompanie) hatte an der Spitze einen Fähnrich, dann folgten Leutnant, Feldwebel, Feldschreiber, Feldscherer, Fierer (eine Art Unteroffizier) und Furier (Wirtschaftsführer), zwei gemeine Weibel, zwei Pfeifer und zwei Trommelschläger. Jährlich war nun die Musterung vorgeschrieben, die Erfassung der wehrfähigen Männer.

Seit 1636 wurde das Aufgebot „Landmiliz" genannt. Vorübergehend traten an die Stelle des gestuften Zuzugs vier Regimenter mit zusammen bloß 8000 Mann. Das „Landt-Militia Reformationslibell" der Landesfürstin Claudia von 1636 wurde ohne Begeisterung hingenommen. Die Landmilizregimenter sollten von nun an wie das Militär exerziert werden, was von den Tirolern allgemein als freiheitsberaubend angesehen wurde und die ganze Miliz in Tirol ein wenig in Misskredit brachte. Die Aufgebotspflicht betrug drei Jahre. Erst nach Ablauf dieser Zeit wurden andere Männer einberufen.

Durch die Ordnung wird der Unterschied zwischen Miliz und den traditionellen Schützen besonders deutlich. Diese Schützen hatten eine alte Tradition. Seit etwa 1400 waren zunächst in den Städten Gilden bzw. Gesellschaften von Armbrustschützen (Stachelschützen) und dann Handbüchsenschützen entstanden, die an Sonn- und Feiertagen gleichsam als Sport und aus Freude an Geselligkeit ihre Treffsicherheit im Wettstreit erprobten. Der Schützenmeister wurde von den Gildenmitgliedern frei gewählt. Das Schießen fand

(44) Jakob Plazidus Altmutter, Tiroler Schützen am Schießstand, um 1800

auf eigenen Plätzen statt, auf den Zielstätten oder Schießständen. Besondere Veranstaltungen waren die „Freischießen", bei denen Preise ausgesetzt waren. Seit 1633 waren die Scharfschützen außerhalb des Aufgebotes bzw. der Miliz organisiert. Auf Grund der durch ständige Übung erreichten hohen Treffsicherheit waren sie immer wieder im Dienst der Landesverteidigung eingesetzt worden. Sie gaben die gefürchteten „Präzisionsschüsse" ab, mit denen sie sich auch beim Gegner Respekt verschafften. Bei Paraden genügten die Ausrichtung in einer geraden Linie, eine einigermaßen disziplinierte Haltung und einige Handgriffe am Stutzen. Die später aufgekommenen Flinten- bzw. Musketenschützen näherten sich einem nicht gerade beliebten militärischen „Zuschnitt". Auch diese Milizschützen, die üblicherweise Salvenfeuer abgaben, haben sich durch ihren persönlichen Einsatz und ihre Standfestigkeit vor dem Feind bewährt, wenn auch die Hauptwirksamkeit und besondere Eigenheit der Tiroler Landesverteidigung von den Scharfschützen getragen wurde. Die Bezeichnung „Schütze" kann also doppeldeutig sein. Die Kenntnis davon ist wesentlich für das Verständnis und die richtige Beurteilung des Tiroler Schützenwesens.

Bei den Begünstigungen, die die Scharfschützen gegenüber der Miliz genossen, war es naheliegend, dass viele zu den Schützen drängten. Dort aber wurden nur die Besten aufgenommen, und diese mussten ihre Treffsicherheit laufend unter Beweis stellen.

Für das Tiroler Wehrwesen war die Zuzugsordnung des Jahres 1704 vor allem deshalb von großer Bedeutung, da sie auf den Erfahrungen des Kriegsjahres 1703 aufbaute. Im Rahmen der Auseinandersetzungen des Spanischen Erbfolgekriegs waren die Bayern in Tirol eingefallen, was in die Geschichte als „Bayerischer Rummel" einging. Die Scharf- und Scheibenschützen hatten sich ganz besonders bewährt. Ein Patent Kaiser Karls VI. von 1714 richtete zwölf Kompanien von Scharf- und Scheibenschützen ein, zusammengefasst in einem Regiment. Auch die Landmiliz wurde nun neuerlich und auf Dauer in Regimenter eingeteilt.

Die Geschichte des stehenden Heeres in Tirol[11] beginnt am Anfang des 18. Jahrhunderts. Nach Beendigung eines Krieges waren die Wehrverbände üblicherweise wieder aufgelöst worden. Das „Landbataillon", 1703 ins Leben gerufen, wurde beibehalten und war damit die erste stehende Truppe in Tirol. 1745 wurde sie vom „Tiroler Feld- und Landregiment" abgelöst, das man 1769 mit Nr. 46 unter die Infanterieregimenter der österreichischen Armee einreihte. Seit 1766 bestand das Regiment aus drei Bataillonen, die in Innsbruck und in einigen größeren Tiroler Orten stationiert waren. Nur das dritte Bataillon, das „Tyroler Landbataillon", musste aus „Landeskindern" bestehen. Seit 1784 war Franz Ludwig Freiherr von Neugebauer, der 1763 den Militär-Maria-Theresien-Orden erhalten hatte, Inhaber des Regiments, weshalb von nun an auch vom „Neugebauerischen Regiment" die Rede ist.

Im Jahr 1778 wurde eine weitere stehende Truppe in Tirol eingerichtet, die für einige Zeit bestand, das „Tiroler Scharfschützenkorps", das zum Teil auf freiwilliger Basis zustande kam. Der Engstirnigkeit zentralstaatlichen Denkens entsprechend, versuchte Kaiser Joseph II. auch in Tirol die allgemeine Konskription einzuführen. Die jährlichen Abgänge des Tiroler Feld- und Landregiments sollten durch Zwangsaushebung von Rekruten ausgeglichen werden. In Innsbruck war man sich im Klaren, dass die Willenserklärung des Kaisers im Widerspruch zur Landesverfassung stand. Der Gouverneur Johann Gottfried Graf Heister[12] warnte, indem er dem Kaiser offen mitteilte, dass die Abneigung gegen die „weiße Uniform" in Tirol groß sei, dass die italienischen Tiroler lebenslängliche Festungsarbeit dem Soldatenstand vorzögen und auch die Deutschtiroler lieber das Gefängnis

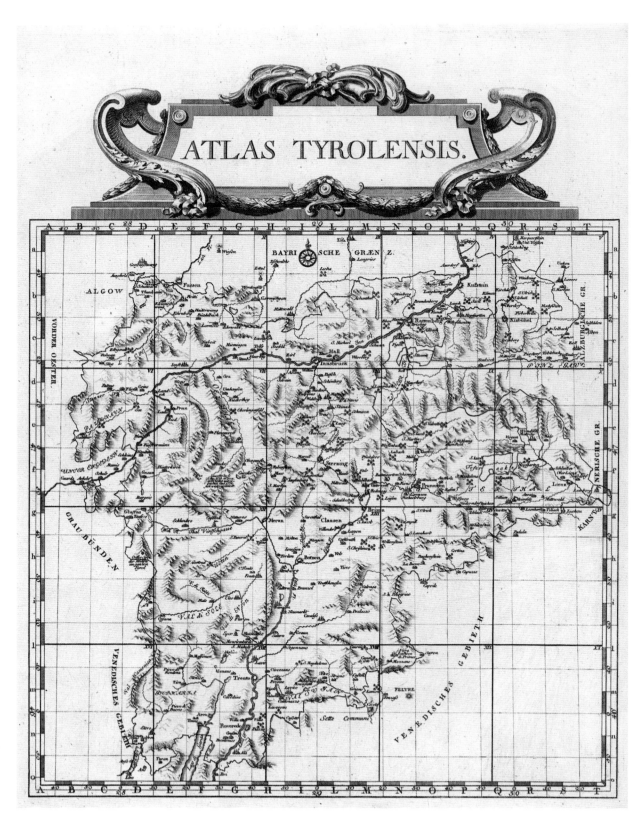

(45) Vorsatzblatt („Registerbogen") zum „ATLAS TYROLENSIS" von Peter Anich und Blasius Hueber, 1774

wählten. Die Folge war, dass er durch Wenzel Graf Sauer abgelöst wurde.

Ohne Anwendung scharfer Zwangsmaßnahmen hatte das Konskriptionssystem in Tirol keine Aussicht auf Erfolg, weshalb Kaiser Joseph II. im Jänner 1790, kurz vor seinem Tod, die einstweilige Aussetzung der Konskription in Tirol verfügte. Leopold II. ließ im März 1791 Tirol für ständig davon ausnehmen.[13]

Zum Zeitpunkt, als man in Tirol von der Konskription wieder abging, entschloss man sich zur Errichtung eines Scharfschützenkorps, das aus zehn Kompanien bestehen sollte. Die nur auf freiwilliger Basis und nur auf Kriegsdauer anzuwerbende Mannschaft sollte aus geprüften Tiroler Scharfschützen bestehen. Gegen diese Form des Militärdienstes schienen die Tiroler weniger Widerwillen zu empfinden als gegen den Dienst im regulären Militär. Die Werbung begann im März 1790. Das Scharfschützenkorps kämpfte noch im selben Jahr in den Niederlanden. Unter dem Kommando des Majors Philipp Fenner war es im Ersten Koalitionskrieg auf verschiedenen Kriegsschauplätzen und im Zweiten Koalitionskrieg vorwiegend in Südwestdeutschland eingesetzt.

Die militärische Bedrohung Tirols im Allgemeinen und besonders in den Jahren der Napoleonischen Ära liegt in den geografischen Gegebenheiten des Landes begründet.[14] Wie ein gewaltiges felsenbewehrtes Festungswerk trennte das alte Tirol Italien von Deutschland. Im Bereich Tirols sind die Alpen zwar besonders breit, die Übergänge aber relativ niedrig und das ganze Jahr hindurch begehbar. Seit dem Mittelalter führte der wichtigste Handelsweg zwischen Italien und Deutschland durch die Grafschaft Tirol. Auch in militärischer Hinsicht war Tirol wichtigstes Durchzugsland zwischen diesen Räumen. Wehrgeografisch gesehen ist von Bedeutung, dass – im Gegensatz zu den weiter östlich auslaufenden Alpen – die Reliefbildung hier so stark ist, dass die von Natur vorgegebenen Durchzugsstraßen benutzt werden müssen und Umgehungsmanöver ziemlich auszuschließen sind. Eine Gebirgsgruppe reiht sich an die andere, und sie fügen sich zusammen zu Gebirgsketten. Neben der Nord-Süd-Verbindung über Brenner- bzw. Reschenpass sowie Eisack- und Etschtal spielten immer auch die Querfurchen eine Rolle, das Inntal, das Pustertal, die Valsugana und der Vinschgau. Besondere Bedeutung hatte das Pustertal, das einen direkten Anschluss an Innerösterreich bot. Überflügelungsmanöver durch diese Quertallinien konnten einem militärischen Gegner zum Verhängnis werden. Das wehrgeografische Gesamtbild Alt-Tirols glich wirklich einer großen Festung, deren Herzstück das Straßendreieck Innsbruck–Bozen–Landeck war. Die Zugänge zum Land waren durch Engstellen und Befestigungsanlagen geschützt. Das „Rückgrat" bildete das Straßennetz. Für die innere Struktur waren die zahlreichen Engen und Brücken wichtig, denen in früherer Zeit eine große Bedeutung zukam.

Auch für die in Deutschland und Oberitalien operierenden französischen Truppen war Tirol als Durchzugsland von eminenter Wichtigkeit, verlief doch über die Nord-Süd-orientierte Linie Mantua–München der günstigste Hauptverbindungsweg zwischen den beiden Kriegsschauplätzen. Der Wunsch, Tirol zu besitzen, lag nicht etwa in seiner wirtschaftlichen Bedeutung begründet, sondern einzig und allein in der strategischen, was Tirol in allen drei Koalitionskriegen zum Verhängnis werden sollte.

Seit Mitte Mai 1796 tagten laufend die Ständischen Aktivitäten in Innsbruck und Bozen.[15] Es wurden verschiedene Vorkehrungen getroffen, Instruktionen und Weisungen erlassen und Informationen für die Bevölkerung ausgegeben. Größte Probleme verursachten die Aufbringung der nötigen Geldmittel und die Versorgung des Landes.

In den besonders gefährdeten Grenzbereichen, im Süden und Südwesten, wo Angriffe der Franzosen zu erwarten waren, wurden massive Anstrengungen zur Landesverteidigung unternommen. Man legte Verschanzungen an, errichtete Verhaue, bereitete Steinlawinen vor usw. Sowohl in Welschtirol als auch im Vinschgau und am Arlberg[16] arbeitete man an Verteidigungsanlagen. Je weiter aber der Gegner in Süddeutschland vordrang, umso notwendiger wurden die Grenzsicherungsarbeiten an den Einfallstoren gegen Norden, an der Ehrenberger Klause, bei Scharnitz, in der Leutasch, am Achenpass und bei Kufstein.

Geradezu Panikstimmung kam im Süden auf, als die Niederlage der Österreicher unter Feldzeugmeister Beaulieu bekannt wurde. Wohlhabendere Bürger flohen aus Welschtirol nordwärts, sogar Bozner schlossen sich an. Am 23. Mai kam die Meldung, dass sich Napoleon nicht gegen Tirol, sondern gegen Süden gewandt habe. Da trat eine Beruhigung ein. Beaulieu zog sich mit dem Rest seiner Truppe nach Rovereto zurück.

Einen wichtigen Einschnitt bedeutete der Kongress der Tiroler Landstände in Bozen vom 30. Mai bis zum 8. Juni 1796. Wegen unzureichender Verteidigungskräfte wurde der Beschluss gefasst, eine Deputation zum Kaiser nach Wien zu entsenden. Am 1. Juni wurden die Beschlüsse zur Landesverteidigung gefasst, wobei man den Scharfschützen höchste Bedeutung beimaß, wie aus dem 2. Artikel hervorgeht[17]: „Im Gebirgskrieg sind die Scharfschützen besonders geeignet. Ihre Ausrückung soll freiwillig oder durch Auslosung erfolgen. Dies wird umso leichter erreicht werden, als die Tiroler Nation nach ihrem alten Patriotismus und angeborenen Neigung alle Beschwerlichkeiten auf sich zu nehmen bereit ist und von jeher für die Scharfschützen eine außerordentliche Vorliebe zeigt. Als Scharfschützen möchten sich vor allem die einrollierten Schützen und die früher zur Miliz geeigneten gebrauchen lassen." Bewaffnung, Versorgung, Zusammensetzung der Kompanien, Wahl der Offiziere und die Entlohnung bildeten weitere Punkte.

(46) „Nachricht" des Guberniums in Innsbruck an die Bevölkerung, betreffend die Verteidigungsmaßnahmen gegenüber den sich nähernden Franzosen, 1. Juni 1796

Am 1. Juni wurde – „in ernster Stunde" – auch der Beschluss gefasst, zur Erflehung göttlichen Beistands und Segens das feierliche Gelübde abzulegen, von nun an das Herz-Jesu-Fest alljährlich mit einem feierlichen Gottesdienst zu begehen. Das Bemerkenswerte daran ist, dass das Fest nicht

Nachricht.

Von Seite des O. Oest. Landesguberniums wird hiemit dem gesammten Tyroler Publikum bekannt gemacht:

Erstens: Daß, da ein grosses Korps Franzosen sich gegen Salo am Ende des Gardsees venezianischen Gebiethes gewendet hat, folglich ein allenfälliger Einfall in die Tyroler Gränzen des wälschen Kreises vermuthet werden kann, die Gegenveranstaltungen getroffen worden seyn, daß die Pässe mit k. k. regulirten Truppen, und mit Tyroler Mannschaft besetzt werden, wohin also für dermal die Aufmerksamkeit zu richten ist.

Zweytens: Daß die deutschen Tyroler ohne Ausnahme nach ihrer angebornen Liebe zum Vaterlande muthvoll zur Vertheidigung desselben sich rüsten, und anrücken.

Drittens: Daß sehr viele Gerichter und Gemeinden, auch Partikularen sich rühmlich in Leistung der angesonnenen Beyträgen herbeygelassen, vorzüglich aber die Stadt und die Gemeinden auch Privaten des Landgerichts Kitzbichel sich in dem ausgezeichnet haben, daß selbe theils im Gelde, theils in Naturalien, theils in Viktualien einen mehrere tausend Gulden betragenden freywilligen Beytrag unentgeldlich bis Innsbruck abgeführt haben.

Innsbruck den 1sten Junius 1796.

auf kirchlicher Einführung beruht, sondern auf einem „weltlichen Beschluss" der Tiroler Landstände.[18] Dieses Fest, das bis heute mit Gottesdienst und Bergfeuern im ganzen Land begangen wird, wurde bereits zwei Tage nach dem Beschluss, am 3. Juni 1796, erstmals gefeiert.

Zur Hebung der Stimmung trugen das Wohlwollen und die Ermunterung der in Innsbruck als Obristin des adeligen Damenstiftes ansässigen Erzherzogin Maria Elisabeth, Tante des Kaisers Franz, nicht wenig bei. Das Volk nannte sie – in durchaus nicht böswilliger Weise – eines körperli-

(47) Herz-Jesu-Bild im Bozner Dom zu Mariae Himmelfahrt, gemalt von Carl Henrici, um 1770

Hofkommissär die Geschäfte des Guberniums übernahm.

Die sogenannten Schutzdeputationen, im Süden mit 30. Mai, im Norden rund eine Woche später eingerichtet, hatten ihre Tätigkeit gerade aufgenommen, als am 8. Juni die Nachricht eintraf, Napoleon Bonaparte nähere sich mit der Armee den Grenzen Tirols; die Franzosen hätten bereits am Monte Baldo Fuß gefasst. Die geschlagene österreichische Armee bezog im Etschtal zwischen Ala und Rovereto Stellung. Schützen standen ohnehin bereits am Monte Baldo, in Judikarien, im Ledrotal, in der Valsugana und im Tonalegebiet.

Napoleon hielt überraschenderweise noch inne. Von Tortona aus erließ er am 14. Juni ein Manifest an die Tiroler, um sie propagandistisch einzuschüchtern und zur Niederlegung der Waffen aufzufordern.[19] Zu der ersten Feindberührung auf Tiroler Boden kam es am 26. Juni 1796.

chen Gebrechens wegen die „kropferte Liesl". Die Erzherzogin richtete an die „Liebe Tyrolische Landschaft" zu Bozen einen Aufruf: „Der Eifer, mit welchem jeder treue Tyroler für den besten Kaiser, und für das Vaterland die Waffen ergreift, hat mich schon öfters bis zu Thränen gerührt, ich wünschte, reich genug zu seyn, diese vortreffliche [!] Männer alle zu belohnen." Da dies aber nicht in ihrem Vermögen lag, stellte sie den tapfersten Schützen nach Beendigung des Krieges eine Belohnung in Aussicht. Sie fuhr fort: „Lassen Sie dieses den gesammten Scharfschützen, und übrigen Landesvertheidigern zu wissen machen, mit der Versicherung, daß ich ihren Muth, und ihre Treue bey Seiner Majestät dem Kaiser, meinem liebsten Neffen, mit allem Nachdruck anrühmen werde."

Der Kaiser war vom Wert der Volksbewaffnung in Tirol überzeugt und stimmte den Tiroler Initiativen zu, mit der Versicherung, sie zu unterstützen. Die oberste kaiserliche Behörde in Tirol, das Gubernium, hatte hingegen geradezu Angst davor. Nicht selten gab es Spannungen zwischen der Landschaft und dem Gubernium, der im Volk ohnehin nicht sehr beliebten Behörde. Die Verhältnisse änderten sich erst, als Graf Lehrbach als

(48) Ludwig Konrad Graf Lehrbach, der als Hofkommissär die Verteidigung des Landes leitete. Kupferstich nach einem Gemälde von Joseph Schöpf

AUSWIRKUNGEN DER REVOLUTION AUF ÖSTERREICH UND TIROL 51

Die kriegerischen Ereignisse von 1796

In der Zeit der unmittelbaren Bedrohung Tirols, seit dem Auszug der ersten Schützenkompanien Ende Mai 1796, entstanden laufend neue Kampf- und Marschlieder. Vielfach wurden die Texte zu bekannten Melodien gesungen.[1] Der Autor ist meist unbekannt. Er trat anonym hinter das Werk zurück, wodurch diese literarischen Ergüsse umso rascher den Anschein sogenannter Volksdichtungen erweckten. Der größte Teil der Liedertexte erschien zwecks weiterer Verbreitung

(49) „Vorstellung der für ihr Vatterland Tapfern Streiter Tirollischer Edelleuthe, Scharfschützen, Bürger u. Bauren, 1796", mit einem Spottgedicht, das den Franzosen die Austreibung von „Freyheit und Gleichheit" ankündigt.

im Druck, vorwiegend in Innsbruck, aber auch in Bozen und in Trient, einige selbst in Wien. Die Kriegslieder beschwören den Geist der Ahnen herauf, wecken patriotische Gefühle, rufen zur Rache gegen die Franzosen, geben also Mut und Zuversicht.

„Für die Tyroler Scharfschützenregimenter den 27. May 1796" dichtete Johann Friedrich Primisser, dessen Name nur handschriftlich auf einem Exemplar überliefert ist (Auszug):

Ladet Eure Röhre
Scharf und flink,
Tapfre Schützenheere!
Auf den Wink.

Wagen's unzählbare Horden,
Uebermüthig kühn,
Die durch Rauben und durch Morden
Höllenauswurf sind geworden,
Uns zu überzieh'n;
So ergreift die Wehre
Rasch und flink,
Tapfre Schützenheere
Auf den Wink.

Lade Deine Wehre,
Felsensohn
Freyheit, Ruhm und Ehre
Ist Dein Lohn.
Trotz dir, Gallier! willst du's wagen?
Komm nur, komm herein!
Einst wird unser Enkel sagen:
Hier ward der Franzos erschlagen,
Hier liegt sein Gebein.

Lade Deine Wehre
Felsensohn,
Freyheit, Ruhm und Ehre
Ist Dein Lohn.

(50) „So ziehet Edelmann Bürger und Bauer in Thirol fürs Vaterland zu felde", 1796

(51) Umschlag des Buches „Tiroler Kriegslieder aus den Jahren 1796 und 1797"

(52) „Aufgeboth der Tyroler zur Rettung des Vaterlandes", 1796, Kampflied, verfasst von J. Mayr, „Mediziner"

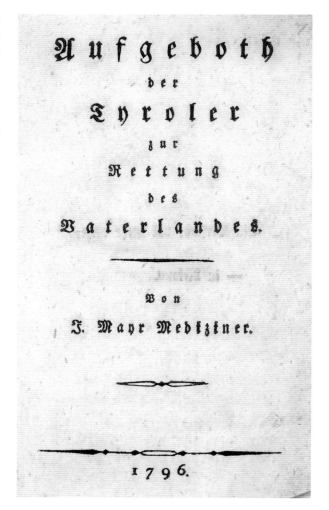

In Welschtirol feuerte zum Beispiel eine „Canzonetta patriotica" die „bravi e fedeli Tirolesi" an:

Tirolesi, Tirolesi
Presto all'armi: ecco i Francesi
Deh lasciate i patrj muri
E al rimbombo dei tamburi
Su correte a trionfar.

(In freier Übersetzung:
Tiroler, Tiroler, rasch zu den
Waffen – seht da, die Franzosen.
Ach, verlasst den heimatlichen Herd;
beim Rühren der Trommeln, auf!
Lauft dem Triumph entgegen.)

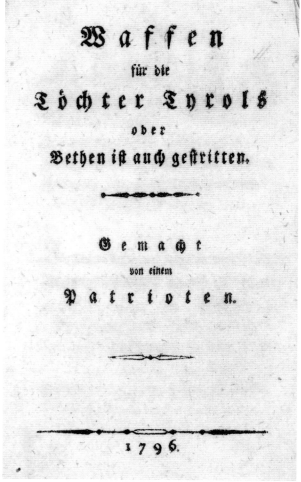

Recht martialisch beginnen auch die anonymen „Empfindungen eines getreuen Patrioten bei Vertheidigung des Vaterlandes":

Auf tapferes Tirol! Du Mutter selt'ner Schützen,
Laß Deiner Büchsen Feu'r auf Frankenköpfe blitzen.
An Muth und Tapferkeit fehlt's dir von keiner Seiten,
Denn alles ist bereit, und fertig schon zu streiten.

(53) „Waffen für die Töchter Tyrols oder Bethen ist auch gestritten", Gedicht, 1796

In Allen brennt das Herz vor Lieb' zum Vaterland,
Das Wunder wirken wird mit Waffen in der Hand,
Weil der Tiroler Treu ist ein bewährtes Gold.
Wir sind nur einem Herrn, nur Franz dem Zweiten hold.

An der allgemeinen Aufbruchsstimmung, wider den Gegner zu ziehen, um die Heimat zu verteidigen, konnte das weibliche Geschlecht naturgemäß kaum teilhaben. Darum tröstete sie ein patriotisches Poem, „Waffen für die Töchter Tyrols oder: Bethen ist auch gestritten" (Auszug):

Auch ihr sollet streiten. Doch wo sind die Waffen?
Den Hochmuth der stolzen Franzosen zu strafen.
Wo drohet die Lanze? wo blitzet das Schwerdt?
Ja rufen die Starken. Auch wir wollen streiten,
Tod und Verderben untern Feinden verbreiten.
Gut. Nehmet die Waffen, es sey euch gewährt.

Doch höret. Es siegen nicht immer die Waffen.
Auch Fasten und Bethen hemmen die Strafen.
So faste und bethe du frommes Geschlecht.
Und mindre durch beydes die Anzahl der Sünden,
Ja bethe mit Judith, du wirst überwinden.
Dich freuen, da Gott an den Feinden sich rächt.

Der Aufruf Napoleons an die Tiroler vom 14. Juni 1796 hatte seine Wirkung verfehlt. Tausende Schützen und Scharfschützen standen an den Grenzen des Landes bereit. Die Lombardei mit Mailand war zwar für den Kaiser bereits verloren, die Festung Mantua aber war noch immer in Händen der Kaiserlichen. Österreich unternahm gewaltige Anstrengungen zur Entsetzung von Mantua, denn sein endgültiger Verlust musste das Ende des österreichischen Einflusses in Oberitalien bringen. Für Napoleon hingegen bedeutete der Gewinn von Mantua freie Operationsmöglichkeiten. Über Verona konnte der Weg entweder östlich nach Friaul oder nördlich nach Tirol führen.²

Am 26. und 28. Juni 1796 gerieten die Tiroler Landesverteidiger im Bereich des Monte Baldo erstmals mit den Franzosen ins Gefecht.³ Der Monte Baldo befindet sich zwischen dem Gardasee und dem Etschtal im äußersten Süden der

(54) „Tyrolische Landes vertheidiger", um 1796

Grafschaft Tirol. Die Schützen der Kompanien von Lana, Villanders-Kastelruth, Brixen, Schöneck (Vintl) und Taufers schlugen sich wacker, doch scheint der Distriktskommandant Major Strebele nicht richtig entsprochen zu haben, weshalb er durch den tüchtigen Grafen Josef Nikolaus Hendl von Kastelbell im Vinschgau ersetzt wurde. Graf Hendl hatte bisher die Schützen am Tonale befehligt.

Mantua behielt bis zu einer Entscheidung eine wichtige Schlüsselposition. Entsprechend der Aufwertung des italienischen Kriegsschauplatzes seit dem Auftreten Bonapartes wurde Feldmarschall Dagobert Graf Wurmser, aus einer alten Elsässer Familie stammend, von Deutschland in den Süden entsandt. Am 25. Juni zog er unter großem Jubel

(55) Aus dem „Tiroler Tarock", entworfen von Jakob Plazidus Altmutter, gedruckt bei Johann Albrecht in Innsbruck, um 1815: „Scis stellet vor den Kriegsbothen mit zerlumpten Kleide, und einer traurigen Miene" – II „Die Verkündigung des Aufrufs" – III „Den Ausmarsch der Schützen", Szenen aus dem Kriegsjahr 1796

(56) Feldmarschall Dagobert Graf Wurmser

in Innsbruck ein.[4] Seine Armee wurde noch um Truppen aus Österreich verstärkt. Am 29. Juli verlegte er das Hauptquartier nach Ala in unmittelbare Grenznähe. Es ging Feldmarschall Wurmser um den Entsatz von Mantua. Seine Hauptkolonne stieß am 29. Juli vor und erzielte einige Erfolge. Eine weitere Hauptkolonne unter General Quosdanović marschierte getrennt. Bonaparte erkannte seine Chance und reagierte blitzschnell. Er hob vorübergehend die Belagerung von Mantua auf, um über möglichst starke militärische Kräfte zu verfügen, und wandte sich zuerst gegen Quosdanović, den er am 3. August besiegte. Quosdanović musste sich über die Tiroler Grenze zurückziehen. Nun stellte sich Bonaparte Feldmarschall Wurmser, der am 8. August zum Rückzug nach Ala gezwungen wurde. Der Korse nahm die Belagerung von Mantua wieder auf.

Am Vormarsch der Armee Wurmsers hatten sich einzelne Tiroler Schützenkompanien beteiligt, wenn sie auch über die Landesgrenze ziehen mussten. Die Erwartungen, die man auf Wurmsers Offensive gesetzt hatte, waren äußerst groß gewesen; entsprechend fiel nun die Enttäuschung aus. Die Bedrohung aus dem Süden hatte eher zu- als abge-

(57) Tiroler Scharfschützen paradieren vor Erzherzogin Maria Elisabeth, 18. Juli 1796.

nommen. Mit dem Misserfolg Wurmsers kam der eigenen tirolischen Landesverteidigung, der Volksbewaffnung, eine noch größere Bedeutung als bisher zu. Wurmsers Niederlage führte aber auch dazu, dass man in Wien den Tiroler Verhältnissen noch mehr Beachtung schenkte. Zum Beispiel wurde nun der in Krisenzeiten ziemlich unfähige und labile Gouverneur Baron von Waidmannsdorff durch den Grafen Konrad von und zu Lehrbach als außerordentlicher Hofkommissär ersetzt. Lehrbach, der sein Amt am 27. August antrat[5], war mit besonderen Vollmachten ausgestattet. Er war im Grund das Gegenteil seines Vorgängers: Er verband rasches Auffassungsvermögen, Anpassung an die entsprechenden Gegebenheiten mit einem hohen Maß an Entschlusskraft. Die Bevölkerung lernte ihn bald schätzen. Er griff sofort voll in die Ereignisse ein, war doch ein französischer Angriff zu erwarten. Am 16. August hatte Bonaparte in Judikarien erstmals Tiroler Boden betreten. Im Einvernehmen mit der Landschaft erließ Graf Lehrbach am 30. August einen flammenden Aufruf für einen vollen Zuzug der Schützen in der Stärke von 20.000 Mann.

(58) Aufruf der Erzherzogin Maria Elisabeth zur Landesverteidigung, wobei sie reiche Belohnungen in Aussicht stellt, Innsbruck, 2. Juni 1796

(59) Grenzwacht am Monte Baldo in der Nähe des Gardasees, 1796

Auf plötzliches Drängen des Direktoriums in Paris[6] musste sich Bonaparte im August 1796 zu einer Offensive gegen Tirol entschließen. Er erließ darum einen neuerlichen Aufruf an die Tiroler, datiert mit 31. August 1796[7] und ist abgefasst in Französisch, Italienisch und Deutsch: „An dem Tirolesischen Einwohung!" Von vornherein eine miserable Übersetzung, dürften noch viele Druckfehler hinzugekommen sein, wodurch das Elaborat in Teilen kaum verständlich ist. Es heißt im Aufruf, man wolle – wie die Tiroler – nur den Frieden. Man wolle lediglich über Tirol nach Wien ziehen. Bei Unterwerfung würden Religion, Sitten und Eigentum geachtet; im gegenteiligen Fall aber würde gebrandschatzt und die Bevölkerung nach Frankreich deportiert werden. Und jeder Tiroler, den man mit einer Waffe antreffe, werde „durch schosset" werden.

Am 1./2. September gab Bonaparte die Befehle aus.[8] Der Angriff wurde am 2. September im Etschtal und von Judikarien her eingeleitet. Trotz heftigen Widerstandes der Kaiserlichen gelangte Napoleon nach Rovereto. Zur gleichen Zeit wollte Wurmser einen neuerlichen Entsatzversuch von

Mantua unternehmen. Sein Heer war wieder auf 50.000 Mann angewachsen. Als am 4. September die französische Vorhut unter General Masséna in Trient einrückte, kam es zu einem Feuerwechsel zwischen ihr und der in Richtung Valsugana abziehenden österreichischen Nachhut. Napoleon fühlte sich gedrängt, Wurmser zu verfolgen, wollte aber das hier noch agierende zurückbelassene kaiserliche Korps Davidović möglichst weit nach Norden abdrängen, was auch gelang. Napoleon rückte in Trient ein. Während das Etschtal nördlich von Trient besetzt blieb, nahm Bonaparte die Verfolgung des Feldmarschalls Wurmser auf. Am 6. September abends verließ er Trient, übernachtete in Borgo in der Valsugana im Haus Zanetti, marschierte tags darauf über Primolano weiter, holte Wurmser ein und stellte ihn bei Bassano zum Kampf, den er auch gewann. Der alte Haudegen Wurmser aber gab noch nicht auf, er schlug sich nach weiteren Kämpfen nach Mantua durch. Dort konnte er die Besatzung verstärken, mit Proviant versorgen und moralisch aufrichten. Somit blieb Mantua für Napoleon weiterhin ein Hindernis, ohne dessen Beseitigung er es bei seiner gegenwärtigen Truppenstärke nicht wagen konnte, durch Tirol zur Rheinarmee vorzustoßen.

(60) „Chasseur de Chamois" und „Cretins des Alpes" aus der Sicht der Franzosen, 1796

(61) Aufruf des Generals Bonaparte an die Tiroler, Brescia, 31. August 1796

(62) Vorposten der Tiroler Landesverteidiger bei Salurn, 1796

Die Franzosen waren also über Welschmichl (S. Michele all'Adige) vorgedrungen.⁹ Das Vorgehen der Franzosen schien alle Befürchtungen gräuelpropagandistischer Meldungen, die den Revolutionstruppen vorauseilten, zu bestätigen. Die Soldateska verwüstete das dortige Chorherrenstift mit Kirche. Man brach den Tabernakel auf, trug das Ziborium mit den heiligen Hostien fort, zerschlug die Monstranz in Stücke, raubte silbernes Kirchengerät und liturgische Gewänder. Kirche und Propstei wurden in chaotischem Zustand zurückgelassen. Im Ort wurden fast alle Häuser geplündert, niedergebrannt, die Maulbeerbäume und Weinstöcke vernichtet, das Vieh wurde fortgetrieben und das Futter mitgenommen. Lavis erlitt ein ähnliches Schicksal, auch andere Gemeinden hatten unter der Besatzung schwer zu leiden. Mit besonderem Abscheu wurde die Meldung aufgenommen, dass gefangene Tiroler Schützen erschossen worden seien. Die Anstrengungen vorwiegend der Bozner Schutzdeputation, die Tiroler Schützen als rechtschaffene Soldaten anzuerkennen und entsprechend dem unter zivilisierten Völkern geltenden Kriegsrecht zu behandeln, blieben ziemlich ergebnislos.

Der erste direkte Kontakt mit den Franzosen ließ ganz Tirol aufhorchen und schürte den Zorn. Die Reaktion im Volk war also nicht Einschüchterung, sondern der Wille zur heftigsten Abwehr.

Das gute Zusammenwirken zwischen kaiserlichem Militär und den Tiroler Landesverteidigern verhinderte ein weiteres Vordringen der Franzosen, wenn auch der Süden mit Trient und Rovereto besetzt blieb.¹⁰ Der französische General Vaubois war an sich bemüht, Ruhe und Ordnung zu erhalten, dennoch kam es oft zu Übergriffen, etwa zu Plünderungen. Auf Geheiß Bonapartes, der bewusst in die Geschicke von Trient eingriff, mussten vier Mitglieder des Rates namens Festi, Prati, Ippoliti und Leporini verhaftet und nach Mailand überstellt werden. Die französische Besatzung in Welschtirol bekam auf Schritt und Tritt eine unfreundliche Volksstimmung zu spüren. Allerdings gab es auch Personen, die sich mit den Franzosen arrangierten und sich sogar für Spionagetätigkeit missbrauchen ließen.

Bevor es zu Entscheidungen im Süden kam, war die Nordgrenze Tirols bedroht. Schuld an dieser Entwicklung war ein militärischer Umschwung in Süddeutschland. Von der nördlichen Schutzdeputation wurden große Anstrengungen unternommen, die Einfallstore zu befestigen und zu sichern.[11] Erzherzog Karl hatte am 22. August das Korps Bernadotte und am 26. August sowie am 3. September die Hauptarmee unter General Joubert geschlagen. Damit waren die Franzosen zum Rückzug über den Rhein gezwungen. General Moreau aber befand sich noch östlich von München. Als Erzherzog Karl rheinaufwärts zog und damit Moreaus Rückzugslinie gefährdete, zog dieser sich schleunig nach Freiburg zurück. Sein Rückzug verletzte die Grenzen Tirols zwar nicht, streifte dennoch kaiserliche Truppen und Tiroler Schützen, die dort auf Wache standen. In der Zeit vom 13. bis 17. September kam es zu Zusammenstößen. Am 13. September versuchten die Franzosen, die Österreicher, die zwischen Vils und Pfronten lagerten, zu überrumpeln. Am selben Tag machten sie auch einen überfallsartigen Angriff am „Joch" bei Hindelang zwischen Tannheim und Immen-

(63) Karte des Grenzbereichs Tirols gegen Bayern mit einer Ansicht der Befestigungen am Achenpass (links oben), 1796

Die kriegerischen Ereignisse von 1796

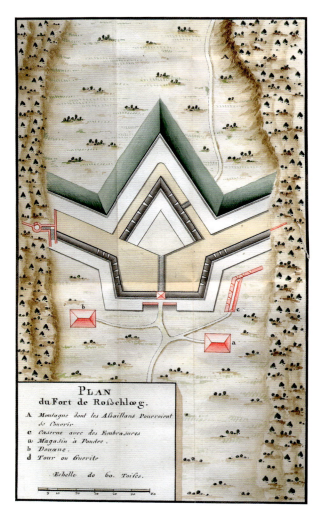

(64) Plan der Befestigung von Roßschläg im Norden des Landes, ca. 1777

stadt. An der Niederlage der Franzosen waren ganz besonders auch die Tiroler Scharfschützen beteiligt. Am übernächsten Tag, dem 15. September, wurde eine größere feindliche Abteilung bis Sonthofen zurückgedrängt. Am 17. September kam es wieder zu harten Kämpfen, bei denen sich die Tannheimer Schützen hervortaten. Durch die Kämpfe vom 17. September waren die Franzosen weit von der Tiroler Grenze weggedrängt worden. Dennoch arbeitete man an der Verstärkung und Vollendung von Schanzwerken, in der Hoffnung, man werde sie nicht benötigen. Bedingt durch die nun günstigen Verhältnisse an der Nordgrenze war es möglich, frei werdende Schützenkompanien aus dem nördlichen Tirol ins Etschtal zu entsenden, wo eine Entscheidungsschlacht zu erwarten war. Nachdem die Franzosen am 25. September in Fonzaso eingerückt waren, musste man auch einen Einfall in Buchenstein befürchten; damit wäre gleichzeitig das Pustertal bedroht worden. Dieses stellte eine wichtige Lebensader, die Verbindung mit Innerösterreich, dar. In Lienz befanden sich überdies Versorgungsmagazine. Man erhöhte die Wachsamkeit an allen Einfallsstellen aus dem Süden, von Buchenstein über Cortina bis zum Kreuzberg. Bereits den ganzen September hindurch kam es vorwiegend im Tal des Avisio südlich Salurn zu Vorpostenkämpfen, die auch den Oktober über andauerten und mitunter in sehr ernste Gefechte ausarteten. Seit Ende September waren die Aufstellungen der Kontrahenten im Bereich des unteren Avisio ziemlich konsolidiert. Auf der Nordseite des Flusses standen die Franzosen mit ihren Vorposten bei Pallù und Verla; gegenüber das kaiserliche Militär und Tiroler Schützen. Ihre Front erstreckte sich in einem Kordon hinein ins Gebirge bei Faedo mit Vorposten auf dem Monte Corona ober Pallù bis über Cembra. An der Avisio-Front wurde es Ende Oktober lebhaft. Major von Planck mit den Mahoni-Jägern und Hauptmann von Cazan mit Tiroler Schützen konnten Dorf und Schloss von Segonzano einnehmen und damit am jenseitigen Ufer des Avisio Fuß fassen, was sich bei den folgenden Kämpfen sehr günstig auswirkte. Am 30. und 31. Oktober folgten einige Erkundungsvorstöße der Franzosen, z. B. gegen Segonzano, gegen Lisignano, in der Gegend von Verla und Alle Ville. In dieser Zeit fanden auch im Gebiet von Sever häufige Gefechte statt, wobei sich die Fleimstaler Kompanien[12] bestens bewährten.

Ende Oktober[13] sah Bonaparte die Zeit für entscheidende Aktionen gekommen. Am 31. Oktober erhielt General Vaubois den Befehl, gegen die Tiroler vorzugehen, denn das österreichische Korps Alvinczy war an der Piave zur Aufstellung gebracht

(65) Die Schlacht von Segonzano am 2. November 1796, dargestellt auf einem Votivbild

worden. Nun sollten Militär und Schützen so lange beschäftigt werden, bis Bonaparte das Korps Alvinczy geschlagen haben würde. Dann wollte er Vaubois zu Hilfe eilen und die Tiroler mit Macht aufreiben. So gesehen kommt den Kämpfen Anfang November 1796 eine hohe Bedeutung zu.

Vaubois plante einen Angriff an der gesamten Front und entschied sich für einen solchen auf der Linie S. Michele–Segonzano am 2. November. Das Tiroler Korps Davidović, das ungefähr zur Hälfte aus Schützen bestand, war den Truppen Vaubois' zahlenmäßig nicht gering überlegen. Mit seinem Angriff kam Vaubois, gedrängt von Napoleon, einem Angriff Davidovićs zuvor, der als Operationsziel Verona und die Entsetzung von Mantua ins Auge gefasst hatte. Der 2. November 1796 wurde zu einem historischen Tag der Tiroler Landesverteidigung. Es war der erste große Kampftag, den die Tiroler Schützen in diesem Kriegsjahr zu bestehen hatten. Die Angriffe der Franzosen am Morgen des 2. November richteten sich in drei Kolonnen gegen den Monte Corona und S. Michele, über Lisignano gegen Cembra und über Segonzano gegen Cembra. Aus den harten Kämpfen ging das Tiroler Korps unter besonderer Beteiligung der Schützen als Sieger hervor. Der Erfolg am Avisio am 2. November zeitigte wichtige Folgeerscheinungen. Vaubois war an der ihm von Napoleon zugedachten Aufgabe gescheitert. Für Tirol war die Bedeutung des Sieges handfester: Es war in den folgenden Tagen möglich, die Franzosen zügig aus dem Land zu vertreiben. Zu größeren

(66) Schlacht zwischen dem Tiroler Korps und den französischen Invasionstruppen im Bereich vom Coronaberg bis zum Castel Beseno am 2. November 1796

militärischen Auseinandersetzungen kam es noch am 6. und 7. November bei Nago und Calliano.

Trotz der Befreiung des Landes Tirol stand eine Entscheidung des Kampfes um Oberitalien noch aus. An den bisherigen Erfolgen hatte das ganze Land Anteil gehabt. Hohe Opferbereitschaft und ein vorbildliches Zusammenwirken zwischen kaiserlichem Militär und den Tiroler Schützen hatte die Erfolge ermöglicht und das Selbstbewusstsein gestärkt.

Folgende Verlautbarung des Landeshauptmanns Paris Graf Wolkenstein dürfte nicht wenige mit einem Gefühl der Genugtuung und des Stolzes erfüllt haben[14]: „Seine Kaiserl. Königl. Apostol. Majestät etc. unser allergnädigster Herr und Landesfürst ... haben allergnädigst zu befehlen geruhet, daß zur verdienten Bekanntwerdung des tapferen Benehmens, durch welche die tyrolische Landesverteidigungs-Mannschaft sich bisher ausgezeichnet hat, nachstehender rühmliche Artikel in der privilegirten Wienerzeitung eingerücket worden: ‚Das getreue Land Tyrol, welches von allen Seiten von dem Feinde bedroht, und zum Theil auch schon in Feindes Händen war, ist nun durch die muthvollen Fortschritte der kaiserl. königl. Waffen ganz befreyet. – Den biedern Tyrolern aus allen Ständen muß man die Gerechtigkeit wiederfahren lassen, daß auch sie zu dieser Befreyung durch ihre Treue, und unerschrockenen Muth, mit welchen sie fortan unter Waffen waren, ... nicht

> Nachdem mit offenbarem göttlichen Beystande der alles verheerende greuliche Feind durch die ausgezeichnete Tapferkeit der k. k. Truppen und kräftigste Mitwirkung der tyrolischen Vertheidigungsmannschaft von allen Gränzen des Landes Tyrol vertrieben worden ist; so wird im ganzen Lande ein öffentliches allgemeines Gebeth mit vorläufigem Einverständnisse der Seelsorggeistlichkeit anmit angeordnet, um sowohl der göttlichen Allmacht und Güte den schuldigsten Dank darzubringen, als auch um den ferneren Beystand und Segen den Allerhöchsten anzuflehen.
>
> Diese allgemeine öffentliche Andacht wird in folgendem bestehen: an einem Sonntage, welcher vorläufig von der Kanzel zu bestimmen ist, wird um 9 Uhr eine den Umständen anpassende Kanzelrede gehalten, sodann unter Aussetzung des Hochwürdigsten Guts das Te Deum laudamus, nachhin ein Hochamt abgesungen, Nachmittags aber die aller Heiligen-Litaney mit den gewöhnlichen Gebethern und Ertheilung des Segens abgehalten werden.
>
> Innsbruck den 18. November 1796.
>
> **Graf von und zu Lehrbach,**
> K. K. Hofkommissär.
>
> Joseph von Trentinaglia.
>
> (Publ. Landes Defension Nro. 3146.)

(67) Aufruf des Hofkommissärs Graf Lehrbach zu Dankgottesdiensten aus Anlass des Siegs über die Franzosen, Innsbruck, 18. November 1796

wenig beygetragen, wie denn ihre geleisteten guten Dienste von den kommandirenden Herren Generalen von Zeit zu Zeit angerühmet worden sind. – Seine Kaiserl. Königl. Majestät haben in dieser Ueberzeugung allergnädigst bewilligt, daß jene, die sich unter den bewaffneten überhaupt braven Tyrolern mit vorzüglicher Treue und Muth hervorgethan haben, von den kommandirenden Herren Generalen mit einer Ehrenmedaille ausgezeichnet werden sollen. – Auf dem Avers dieser Medaille ist Seiner Majestät höchstes Brustbild, auf dem Revers aber die Umschrift Anno 1796 Tyrolis ab hoste Gallo undique petita, und in Inschrift: Pro fide, Prinzipe, & Patria fortiter pugnanti. – Die Erwerber solcher Ehrenzeichen werden sie ihren Kindern, und Kindeskindern mit Enthusiasmus vorzeigen, und so wird die allzeit bewiesene Treue, und Tapferkeit dieser Nation auch auf ihre Nachkommen unaufhörlich verpflanzet werden.' Diese allergnädigste Verfügung, wodurch Seine Majestät die neuerlich bewiesene verfassungsmäßige National-Mitwirkung zur Vertheidigung des Vaterlandes in höchsten Gnaden zu erkennen, und durch die bereits erfolgte öffentliche Berühmung den Nahmen der getreuesten Tyroler Nation sowohl inn- als außer Landes zu verherrlichen geruhet haben, wird ... sämmtlichen löblichen Magistraten, und Obrigkeiten zu dem Ende hiemit zugefertiget, auf daß diese Vernachrichtigung zum wesentlichen Troste, und Ermunterung aller Einwohner öffentlich, und thunlich auch von den Kanzeln fördersamst bekannt gemacht, die gegenwärtige gedruckte Mittheilung aber zum immerwährenden Denkmahle der erlangten höchsten Zufriedenheit, und Gnade, und zur gleichen Aneiferung der Nachkommenschaft sowohl in den Kirchen, als Gerichts-Archiven hinterlegt werden solle."

Der Kaiser stiftete eine große und eine kleine silberne Tapferkeitsmedaille, die den verdienten Gemeinden, Schützenkompanien und Landesverteidigern verliehen wurde. Die beiden wohl kühnsten Offiziere, die Landesschützenkommandanten Johann von Graff aus Bozen und Freiherr Dominik Florian von Cazan aus Neumarkt, erhielten eine seltene und besondere Auszeichnung, das Ritterkreuz des Militär-Maria-Theresien-Ordens, die höchste militärische Auszeichnung Österreichs.

(68) Verordnung über die Verteilung der Ehrenmedaillen an die Tiroler Landesverteidiger von 1796 (Ausschnitt)

DIE KRIEGERISCHEN EREIGNISSE VON 1796

Niederlagen und Erfolge im Jahre 1797

Im Jänner des Jahres 1797 lebte die Kampftätigkeit wieder auf.[1] Am 7. Jänner begannen auf dem Plateau von Rivoli südlich der Abhänge des Monte Baldo unweit des Gardasees die Gesamtoperationen zur Entscheidungsschlacht um das belagerte Mantua. Nicht nur General Barthélemy Joubert, sondern auch Bonaparte selbst waren auf dem Schlachtfeld erschienen. Die Kaiserlichen, die in sechs Kolonnen unter dem Oberbefehl von Feldzeugmeister Alvinczy vorgerückt waren, erlitten

(69) Schlacht bei Rivoli am 14. Jänner 1797, die für die Kaiserlichen verloren ging

trotz sehr guter Siegeschancen am 14. Jänner eine Niederlage. Damit stand der Gegner wieder vor den Toren Tirols. Die Enttäuschung im Land war groß, besonders als man erfuhr, dass Alvinczy Tirol verlassen werde[2], mit der Begründung, der Feind wende sich nach Osten, wodurch Friaul und Kärnten bedroht seien. Was nützten da die gegebenen feierlichen Versicherungen des Kaisers, das getreueste Land jederzeit mit seinen Truppen zu schützen? Feldzeugmeister Alvinczy wandte sich in einem Schreiben an den Hofkommissär von Lehrbach, in dem er sein Verhalten zu erklären versuchte. Auf Drängen von Tiroler Seite ließ sich Alvinczy immerhin dazu bewegen, ein Korps in der Stärke von ca. 7500 Mann unter Generalmajor Johann Ludwig Freiherr von Laudon zum Schutz des Landes zurückzubelassen. Laudon, ein Neffe des berühmten Feldmarschalls, erhielt den Auftrag, nur langsam über Ala und Rovereto zurückzugehen und sich bei Calliano nördlich Rovereto möglichst lange zu halten. Alvinczy forderte aus Vorarlberg auch noch zwei Kompanien des Regiments Neugebauer, sechs Kompanien slawonischer Grenzscharfschützen und eine Reitereskadron an.

Die Verbitterung über das Militär war im Volk deshalb besonders groß, weil Alvinczy seine Truppen zu dem Zeitpunkt marschfertig machen ließ, als General Joubert seine Offensive begann. Vom aufkommenden Chaos und von der Verzweiflung, die sich breitmachte, war in erster Linie Welschtirol betroffen. Ohne den militärischen Rückhalt strömten – es waren durchwegs welschtirolische Kompanien im Einsatz gewesen – viele Schützen ihrem Heimatort zu, ohne den Franzosen genügend Widerstand zu leisten. Ein Massenaufstand verlangte an sich ein Zusammenwirken mit dem Militär, wie es im Jahr 1796 noch gut geklappt hatte. Dennoch, trotz mancher Ausfälle, hielten sich die Schützen in Welschtirol wacker.

Am 29. Jänner zog General Joubert in Rovereto ein[3], während sich Generalmajor Laudon aus Calliano, das er hätte halten sollen, bis über Trient nach Lavis zurückzog. Alvinczy, darüber verärgert, enthob den im Volk beliebten General des Kommandos über das Tiroler Korps und übertrug es Generalmajor Anton Freiherr von Lipthay. Am 30. Jänner rückten die Franzosen zum zweiten Mal in diesem Krieg in die Bischofsstadt Trient ein und drangen unter General Masséna auch über die Valsugana vor. Am 31. Jänner stießen sie von Primolano her in das Tiroler Brentatal ein, erzwangen die Räumung der Felsenfestung Kofel und waren am 1. Februar in Borgo. Auch Masséna übernachtete im Haus Zanetti, wie Napoleon Bonaparte im Vorjahr. Der General forderte von der Gemeindevorstehung eine Kontribution von 40 Ochsen, 100 Eimern Wein, 7000 Portionen Brot und 4000 Goldzecchinen. Es war nicht möglich, diese Leistungen zu erbringen, daher befahl Masséna, den Bürgermeister zu verhaften, und drohte, ihn mit anderen Gemeindevertretern erschießen zu lassen. Inzwischen holten sich die Soldaten selbst, was sie benötigten. Dieses brutale Vorgehen, wie es auch andere Orte in Tirol erleben mussten, stand im Gegensatz zu den Weisungen Bonapartes. Im Allgemeinen bekam die Bevölkerung im besetzten Italienisch-Tirol die Franzosen 1797 auf noch unangenehmere Weise zu spüren als im Vorjahr.

Die Schlacht von Rivoli leitete endgültig eine Wende hinsichtlich des belagerten Mantua ein. Am 2. Februar 1797 ging die Festung durch Kapitulation an die Franzosen über. Für Bonaparte stand nun der Weg nach Innerösterreich mehr oder weniger offen. Feldzeugmeister Alvinczy legte sein Kommando nieder und wurde durch den gefeierten Sieger von Amberg und Würzburg, Erzherzog Karl, ersetzt.[4] Der Bruder des Kaisers wurde auf seinem Weg zur Südarmee in Innsbruck freudigst empfangen. Er verstand es, der Bevölkerung Mut und Hoffnung, überhaupt eine moralische Stärkung zu geben. Er verließ Tirol über das Pustertal.

Auf Weisung Napoleons stellte General Joubert seine Truppen an der Avisio-Linie auf.[5] Am 2. Februar ging er zum Angriff über. Die Befestigungswerke auf österreichischer bzw. Tiroler Seite waren noch nicht fertig ausgebaut, was dazu beitrug, dass die Gefechte gegen das Tiroler Korps, bestehend aus regulärem Militär und Schützen, von den Franzosen gewonnen wurden. Sie wagten es aber noch nicht, weiter vorzurücken. Generalmajor Lipthay ging nach Salurn zurück.

Mit 7. Februar datiert einer der nicht raren Aufrufe General Jouberts, eine „Nachricht an das Tyroler-Volk".[6] In nun bereits mehrfach gepflogener Weise wird darin versucht, die österreichische Herrschaft zu verunglimpfen; die Franzosen seien nach Tirol gekommen „mit der Absicht, das Volk zu entbürden". Die guten Absichten Frankreichs werden betont. Joubert bietet Freundschaft an, scheut sich aber nicht, massive Drohungen auszustoßen: Er werde zeigen, dass er „wider die Uibelgesinnten grausam seyn" könne und dass die französische Armee gegebenenfalls „gleich dem Donner vom Himmel schröcklich" sein werde!

Durch das Vorrücken General Jouberts zum Avisio und den Fall von Mantua, wodurch der Weg nach Friaul frei wurde, geriet auch das Pustertal in unmittelbare Gefahr, so dass man an den Grenzen seines südlichen Einzugsbereiches zu seiner Sicherung und zur Sicherstellung der wichtigsten „Lebensader" zwischen Tirol und Innerösterreich bewaffnete Verbände aufstellte.[7]

In dieser Zeit der höchsten Gefahr lieferte die nördliche Schutzdeputation mit dem vierfachen Zuzug von Schützen einen gewaltigen Beitrag zur Landesdefension. Laufend wurden Kompanien aufgeboten.[8] Man sah allgemein die Notwendigkeit ein, Opfer zu bringen, und wehrte sich nicht dagegen, die erforderlichen Verteidigungskräfte dem Land zur Verfügung zu stellen.

Schon im Jahr 1796 waren Anstrengungen zu einer besseren Behandlung gefangener Tiroler Schützen unternommen worden. Die Franzosen hatten die Schützen inzwischen zwar fürchten gelernt, betrachteten sie aber vielfach nur als Freischärler bzw. Partisanen. Ein Beitrag zum „Schutz der Schützen", d. h. zu ihrem völkerrechtlichen Schutz, hätte ihre Uniformierung leisten können. Eine solche war bereits aus finanziellen Gründen nicht möglich, wurde durch eine Verordnung Graf Lehrbachs vom 12. Februar jedoch gleichsam angedeutet[9]: „Zum Zeichen, daß sie wahre landesfürstliche National-Soldaten" seien, sollten sie sich schleunig einen grünen Kragen am Rock, grüne Aufschläge an den Ärmeln und eine Kokarde am Hut anschaffen. Gleichzeitig wurden die Schützen von Lehrbach, wie in verdienter Weise schon so oft, gelobt und zu neuerlichem Einsatz aufgerufen: „Da der Feind vorzüglich die Landesschützen scheuet, und selbe durch allerley Wege abwendig zu machen sucht; so wird anmit der getreue tapfere Tyroler nochmahls aufgemuntert, die kräftigste Vertheidigung des Landes nach dem bisherigen ruhmvollen Eifer fortzusetzen ..."

Am 12. Februar wurde das „höchste Geburtsfest Sr. Maj. des Kaisers Franz des Zweyten" gefeiert.[10] Zum ersten Mal erklang in Innsbruck, im Rahmen einer Festakademie, die neue Volkshym-

(70) „So ziehet Edelmann, Bürger, und Bauer in Tyrol für das Vaterland, Kaiser und Eigenthum zu Felde im Jahre 1797"

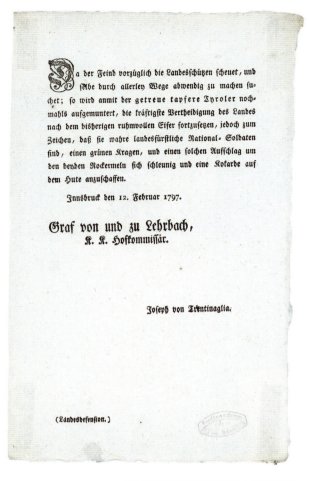

ne, deren Melodie Joseph Haydn komponiert hatte. Im Zusammenhang damit wurde auch ein mit „F. G." bezeichnetes Gedicht vorgetragen, eine politische Propaganda in Reimform[11]:

Die Kriegstrompete rufet euch
Ihr Männer vom Gebirge,
Damit das kühne Frankenreich
Nicht weiter um sich würge!
Dem Haus, dem Weinberg, dem Altar,
Dem Weib, dem Kinde droht Gefahr
Von dieser wilden Schaar.
Für Gott und unserm Kaiser Franz
Soll jede Ader schlagen!
Wer darf zu Seiner Krone Glanz
Den Beystand noch versagen?
Der starke Arm sey entehrt,
So sich zur Rettung nicht bewehrt;
Tyroler, greift zum Schwerdt!
Ergreift den Stutzen noch einmal,
Die Lanze, die Musquette;
Häuft rege Steine ohne Zahl
Auf unsrer Felsenkette!
Zeigt euch der braven Väter werth,
Die haben euch den Kampf gelehrt
Auch ohne Stuck und Pferd!
An diesem Feste wollen wir
Ein treues Opfer bringen;
Wir alt und jung geloben hier,
So, wie wir sind zum singen,
Sind wir zu kämpfen auch bereit,
Wo Fürst und Vaterland gebeut;
Hinan, hinan zum Streit!

Während im Lauf des Februar trotz einiger Angriffe in Richtung Salurn die Franzosen noch relativ mäßigen Druck auf das Tiroler Korps ausübten, gingen sie Anfang März zur Offensive über.[12] Am 1. März griffen sie mit 1200 Mann die Ortschaft Sover an, am folgenden Tag bei Faedo, Verla und am Monte Corona. Man konnte nun

(71) Anweisung des Hofkommissärs Graf Lehrbach an die Landesschützen, sich mit einem grünen Kragen und solchen Aufschlägen an den Ärmeln sowie einer Kokarde am Hut zu versehen, um als „wahre landesfürstliche National-Soldaten" anerkannt zu werden, Innsbruck, 12. Februar 1797

(72) Fahnenblatt einer Vinschgauer Schützenkompanie, 1796/97

Niederlagen und Erfolge im Jahr 1797   69

eine französische Offensive im Etschtal mit Sicherheit erwarten.

Bei Überschreiten des Tagliamento in Friaul durch Bonaparte sollte der Angriff richtig beginnen. Joubert zielte nun auf das Zentrum Tirols ab. Er hatte den strategischen linken Flügel bei den weit ausholenden Operationen der französischen Armee in Oberitalien zu bilden. Am 15. März erhielt Joubert von Napoleon den Auftrag, Bozen anzugreifen und bis Brixen vorzudringen, den Feind über die Berge nach Innsbruck zurückzutreiben und das Pustertal zu sichern. Kurz vorher hatte Feldmarschallleutnant Alexander Baron Kerpen an Stelle des erkrankten Generalmajors Lipthay das Kommando über das Tiroler Korps übernommen. Kerpen hatte auch noch rechtzeitig von der kaiserlichen Armee in Deutschland eine Verstärkung erhalten. Mit 18.500 Mann war die Übermacht der Franzosen über das Tiroler Korps dennoch bedeutend. Dazu kam, dass Kerpen kaum Gebirgserfahrung hatte.

Nach Vorpostengefechten begann am 20. März der Offensivstoß mit drei Divisionen gegen Salurn. Eine Division befehligte General Joubert selbst, die zweite General Baraguey d'Hilliers und die dritte General Delmas. Das Hauptquartier des Tiroler Korps musste geräumt werden. Am 22. März rückte Joubert nach Neumarkt vor, vereinigte seine Truppen und war am 23. März in Bozen. Die französische Vorhut stand bereits in Atzwang am Ausgang des Eisacktales. Am Morgen des 24. März erreichte das Korps Joubert Klausen. Es kam zwar zu Kampfhandlungen, Kerpen versuchte aber nicht, an dieser strategisch günstigen Engstelle dem Gegner ernsthaft entgegenzutreten. Zur selben Zeit war das Tiroler Korps bereits in Brixen.

(73) Gefecht am Coronaberg am 2. März 1797, aquarellierte Federzeichnung von Jakob Plazidus Altmutter

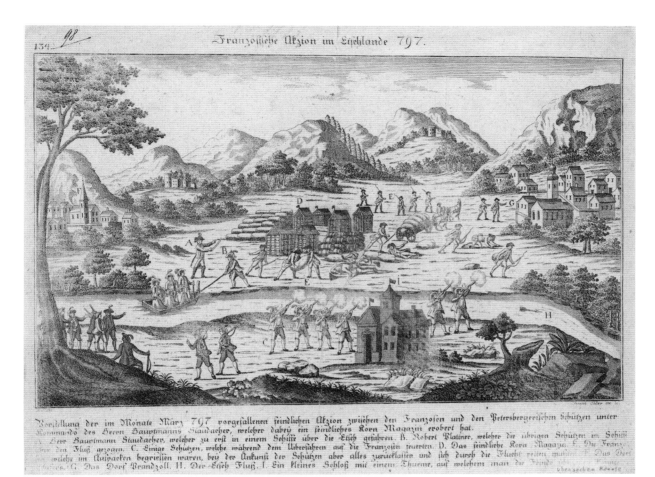

(74) „Französische Aktion im Etschlande 1797" zwischen französischen Soldaten und den Schützen aus dem Gericht Petersberg im Oberinntal am 2./3. März 1797

Im Auftrag Erzherzog Karls sollte Kerpen versuchen, die Straße durch das Pustertal offenzuhalten, um sich auf jeden Fall mit der kaiserlichen Hauptarmee vereinigen zu können, falls er sich in Tirol nicht mehr zu halten vermochte. Nachdem der Erzherzog aber die Tarvis-Linie unweit Villach hatte aufgeben müssen, schien es für Kerpen keinen Sinn mehr zu haben, durch das Pustertal zu marschieren. Er nahm sich also vor, die Landeshauptstadt Innsbruck zu schützen, und ging nach Sterzing zurück. Damit war aber seine Verbindung sowohl mit der Hauptarmee als auch mit Feldmarschallleutnant Graf Spork im Pustertal unterbrochen.

Am 25. März besetzte Joubert die Stadt Brixen. In den folgenden zwei Tagen kam es an der Brixner Klause und der Ladritscher Brücke bei der heutigen Franzensfeste zu heftigen Kämpfen. Joubert hielt den Brixner Talkessel besetzt und wollte sich auf jeden Fall den Abzug durch das Pustertal sichern.

Am 1. April ging in Brixen das Gerücht um, die Sturmmasse aus dem nördlichen Tirol sei im Anmarsch. Am 24. März war tatsächlich von Hofkommissär Graf von Lehrbach im Einvernehmen mit der Tiroler Landschaft das gesamte waffenfähige Volk im nördlichen Tirol, im Vinschgau und im Pustertal aufgeboten worden. Wieder galt es – mit dem so oft schon propagandistisch günstigen „Slogan" – „zur Schützung der Religion, des besten Landesfürsten, und des Vaterlandes" gegen den Feind zu ziehen.[13] Schützen aus Rottenburg

(75) Gefecht bei Spinges am 2. April 1797 in einem zeitgenössischen Aquarell von Jakob Plazidus Altmutter

(Jenbach), Schwaz, Rettenberg (Wattens), Thaur, Hall, Innsbruck, dem Gericht Sonnenburg und dem Wipptal verstärkten die österreichische Stellung bei Sterzing. Erstmals in diesem Krieg wurde auch der Landsturm aufgeboten, das „letzte Aufgebot". Noch nie war es bisher dazu gekommen, denn noch nie hatte die Führung des Landes bis zum Äußersten gehen wollen. Am 28. März waren bereits rund 2500 Mann versammelt. Zu ihrem Anführer erwählten sie Philipp von Wörndle, in seinem zivilen Beruf Dikasterialadvokat.

Feldmarschallleutnant Kerpen setzte für den 2. April einen allgemeinen Angriff auf das Korps Joubert im Brixner Raum an. Es war folgender Plan entwickelt worden[14]: Von Sterzing aus sollte in drei Kolonnen vorgegangen werden. Das Zentrum unter Kerpen nahm sich vor, Mittewald anzugreifen und gegen die Brixner Klause vorzurücken. Der linke Flügel mit den Aufgeboten der Innsbrucker Gegend und einem kleinen Aufgebot von Sterzing, alle unter dem Kommando des Schützenmajors Philipp von Wörndle, dem auch eine schwache Kompanie Kroaten beigegeben war, sollte in der Nacht über das Valser Joch ziehen, und, aufgeteilt in zwei Angriffsgruppen, einerseits das französische Lager bei Mühlbach stürmen, andererseits über den Bergrücken von Spinges gegen Aicha vorstoßen, wo ein französisches Bataillon lagerte. Zugleich wollte man die Pustertaler und Lüsener, aus Osten bzw. Südosten heranziehend, erwarten. Der Masse des rechten Flügels war zugedacht, über das Penser Joch und Schalders nach Vahrn bei Brixen vorzustoßen und das dortige Lager zu erstürmen.

Um die Zangenbewegung zu vervollständigen, musste General Laudon, der sich vor Tagen von

Bozen nach Meran zurückgezogen hatte, die Franzosen in Bozen angreifen und gegen Brixen vorstoßen. Einem Teil der Sarntaler kam die Aufgabe zu, über das Joch zu gehen und bei Villanders in der Nähe von Klausen ins Eisacktal einzubrechen. Zur erfolgreichen Abwicklung dieses Planes gehörte natürlich ein gut ausgebauter und verlässlicher Kundschafterdienst.

Die Franzosen, im Gebirgskrieg durch die Unternehmungen in Welschtirol geübt, suchten die Aufstellung Kerpens bei Sterzing kennen zu lernen bzw. zu stören. Eine starke Abteilung gelangte daher über das hoch gelegene Valser Joch (1933 m) ins Maulser Tal, konnte aber rechtzeitig abgewehrt werden. Es hieß also, höchst aufmerksam zu sein.

Beim Angriff am 2. April lief jedoch nicht alles planmäßig ab. Unbegreiflicher-, ja unverantwortlicherweise beteiligte sich Kerpen mit der Hauptkolonne aus regulärem Militär kaum an den Kämpfen. Er rückte nicht plangemäß zur Brixner Klause vor. Die Leute des rechten Flügels erreichten nach einem Gefecht wirklich Vahrn, kehrten aber, da vom Militär ohne zielstrebige Führung belassen und ohne dass mit ihnen eine Verbindung aufgenommen worden wäre, am 3. April wieder um. Die Pustertaler trafen eigenartigerweise ebenfalls nicht ein. Die Hauptlast des Kampfes ruhte eindeutig auf den Landsturmabteilungen der Innsbrucker Gegend und auf der Sonnenburger sowie der Innsbrucker bürgerlichen Scharfschützenkompanie und den Innsbrucker Karabinerschützen mit einer Gesamtzahl von weniger als 3000 Mann unter dem Kommando Philipp von Wörndles. Der Übergang über das neu verschneite Valser Joch war schwierig.

Die Franzosen hatten offensichtlich vom Heranrücken der Tiroler erfahren und kamen vom Lager Mühlbach in drei starken Kolonnen den Spingeser Berg hinauf. Eine solche Situation war nicht eingeplant, dennoch blieb Wörndle nichts anderes übrig, als den Kampf anzunehmen. Es scheint, als ob aufgestauter Zorn und Abscheu, geschürt durch die Berichte vom wilden Hausen und vor allem von den Kirchenschändungen der Franzosen, sich hier entladen hätten. Augenzeugenberichte beider Seiten entwerfen ein Bild des Schreckens. Vorwiegend der Landsturm ging hier mit einer Zähigkeit, Erbitterung, Verbissenheit und Konsequenz im Töten vor. War der vorgetragene Fanatismus bis zum Letzten als Engagement für die Sache Tirols zu verstehen, oder war es ab einem gewissen Zeitpunkt nur noch der Kampf

(76) Das Mädchen von Spinges, 2. April 1797

(77) „Tiroler Landsturm-Gefecht", das die Franzosen zum ersten Mal in Spinges erlebten

(79) Ein Tiroler Bauer namens Saxer gibt einem Franzosen in einer Kampfpause zu trinken.

ums Überleben oder ein „Blutrausch", eine Begierde zu dem in Liedern propagierten „Franzosen-Erschlagen"? Die meisten der getöteten Franzosen waren in der Tat regelrecht erschlagen worden, mit dem Gewehrkolben oder einer Variante aus dem reichen Sortiment der bäuerlichen sogenannten Mordwaffen. Die Franzosen, taktisch geschulte Soldaten, hatten von Tiroler Seite schon Wagemut, Draufgängertum und manche ihnen unbegreiflich erscheinende improvisierte „Heldentat" kennen gelernt. Nun aber kamen sie zum ersten Mal mit dem Landsturm in Berührung. Das muss ihnen wie ein Albtraum vorgekommen sein, wenn sie grimmige Tiroler Bauern mit seltsamer Bewaffnung heranrücken sahen. Bei weitem nicht alle Landstürmer hatten eine Schusswaffe bei sich. Die anderen waren ausgerüstet mit Morgenstern, Nagelkeule, aufgebogener Sense an langer Stange, Gabel, Haken, Spieß oder eisenbeschlagenem Knitel. Hier und dort kam sogar noch

(78) Ein Tiroler Landesverteidiger erschlägt einen französischen Soldaten.

eine alte Hellebarde zum Einsatz. Die Tiroler Antwort auf Salvenfeuer und Bajonettangriff war das brutalste Dreinschlagen. Die langsame Schussfolge eines Vorderladers bedenkend, gab Major Wörndle allgemein die Parole aus, der Einfachheit halber die Franzosen mit dem Stutzenkolben einfach niederzuschlagen.[15]

Gekämpft wurde um die Häuser, in Feld und Wald. In drei Angriffswellen kam eine beachtliche Übermacht an Franzosen den Berg herauf und wurde jedes Mal abgewehrt. Besonders erbittert kämpfte man um den etwas erhöhten Friedhof, den die Landstürmer besetzt hielten. Philipp von Wörndle, der seine Erinnerungen später zu Papier brachte, berichtet von einem Mädchen, das an der Seite der Männer heftig in die Kämpfe eingegriffen hat[16]: „Man sah hier unter anderen eine Bauersmagd aus Spinges, welche mit zusammengegürteten Unterkleide und fliegenden Haaren auf der Freithofsmauer stund, und die stürmenden Feinde mit einer Gabel hinunter stieß." Das berühmt gewordene „Mädchen von Spinges", Katharina Lanz[17], war aus Enneberg gebürtig und wird

 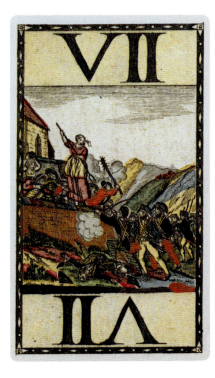 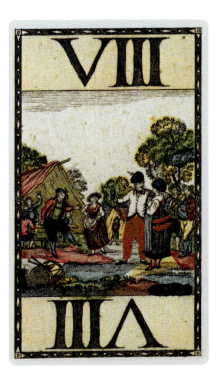

deshalb als besonderer Beitrag Ladiniens zu den Freiheitskämpfen gewertet. Eine weitere Furcht erregende Gestalt war Anton Reinisch, Sensenschmiedemeister aus Volders, allgemein der „Senseler" genannt.[18] Um die Situation zu retten und seinen Mitkämpfern Mut zu machen, opferte er sich nach Art des Arnold Winkelried in der Schlacht von Sempach (1386), moderner ausgedrückt in „Kamikaze-Art" der Japaner im Zweiten Weltkrieg, indem er sich mit seiner Sense einen aussichtslosen Weg, eine Sackgasse, in die französischen Soldaten bahnte. Fünfzehn Franzosen soll er „niedergemäht" haben, bis er, von zahlreichen Bajonettstichen durchbohrt, der Übermacht erlag.

Das grausliche Bild des Schlachtens wurde vervollständigt durch haufenweise herumliegende Leichen, die Schmerzensschreie der Verwundeten, das Röcheln Sterbender – und dazu noch das Läuten der Sturmglocke vom Kirchturm. Das fürchterliche Gemetzel, die „erschröckliche Bataglie", wie der Spingeser Kurat Thomas Leimgruber in einem Bericht an den Brixner Fürstbischof schreibt[19], nahm erst um etwa fünf Uhr nachmittags ein Ende. Mit den Leuten, die noch

(80) „Tiroler Tarock", entworfen von Jakob Plazidus Altmutter, mit Szenen aus dem Kriegsjahr 1797: VI „Die Franken werden von Laudon zu Botzen geschlagen" – VII „Schlacht bey Spinges und Millbach" – VIII „Waffenstillstand und Friede zu Campo Formio"

(81) Der französische General Barthélemy Joubert

an ihren Wunden starben, hatte Wörndle 103 Opfer zu beklagen. Die Verlustziffer der Gegenseite wurde nie bekannt; die Schätzungen schwanken zwischen 600 und 1800. General Joubert soll darüber gewütet haben, dass ihn Spinges mehr Tote gekostet habe als die Entscheidungsschlacht von Rivoli.

Die Tiroler hatten zwar ihr Ziel, das feindliche Lager von Mühlbach einzunehmen und die Franzosen aus Aicha zu werfen, nicht erreicht, wurden aber dennoch als Sieger betrachtet in diesem denkwürdigen Gefecht von Spinges, in den Geschichtsbüchern rundweg als „Ruhmesblatt der Tiroler Geschichte" bezeichnet. Seinen literarisch-musikalischen Ausdruck fanden die Ereignisse im gleich darauf entstandenen „Spingeser Schlachtlied", dessen erste Strophe lautet[20]:

Jez wöll'n mar gien n'Französen zu gög'n gien,
Mei, wos hob'ns denn do bey üns herinn z'thien?
Es hot sie einar [= herein] plangt,
Mär hobens nit verlangt,
So kam an jedar Narr,
Fraß üns mit Haut und Haar:
Dös geat do nit, eyawohl,
In Tyrol.

Den Text schrieb Franz Carl Zoller; als Melodie wurde jene des beliebten Liedes „Jez wölln mier gien den heiligen Geist singen" genommen.

Im Eisacktal erlebten die Franzosen ebenfalls kühne Überraschungen. Von General Laudon aufgefordert, alles zu wagen, stritten besonders die Männer und Frauen (!) aus Latzfons unweit des Klosters Säben unerbittlich gegen den Feind.[21] Als

(82) „Das Spingeser Schlachtlied" zur Erinnerung an den Sieg speziell des Tiroler Landsturms über die Franzosen am 2. April 1797

französische Scharfschützen am 3. April um fünf Uhr morgens über den Weg nach Latzfons heranrückten, um die Höhen zu gewinnen, kam es unweit der Häusergruppe Pardell zu heißen Kämpfen, wobei es immer wieder gelang, die Franzosen mit Stutzenfeuer und Steinhagel zurückzutreiben. Ein besonderes Schauspiel boten die Frauen und Mädchen, die unter der Führung des „Thinner-Gretele", einer recht robusten bäuerlichen Frauengestalt, auf dem Verdingser Bühel oberhalb Pardell mit einer Mohnstampfe und Böllern erfolgreich ein Geschütz vortäuschten. Auf ein Alarmzeichen hin erhielten die Latzfonser Hilfe aus dem benachbarten Villanders, was den Franzosen nicht verborgen blieb. Sie wagten daher auch einen Angriff gegen das Dorf Villanders. Da sprangen die Frauen und Mädchen in die Bresche und gingen kompromisslos hart mit ihren Gegnern um, die nur kurze Zeit über die „Weiberwacht" zu Villanders lachten.[22] Die „Weiber" schossen mit Büchsen und warfen mit Steinen, bis sich die Franzosen mit drei Toten und zwei Verwundeten zurückzogen. Ein kaiserliches Belobigungsdekret des Jahres 1800 gab „den Weibern und Mädchen der Gemeinde Villanders über diesen ebenso seltenen als ruhmreichen Beweis ihres Muthes und ihrer treuen Anhänglichkeit an Religion, Fürst und Vaterland das Allerhöchste landesfürstliche Wohlgefallen zu erkennen".

(83) „Der fruchtlose Angriff der Franzosen wider die Scharf-Schützen, und Bauern auf den Anhöhen beym Dorfe Pardell unweit dem Kloster Seben", März 1797

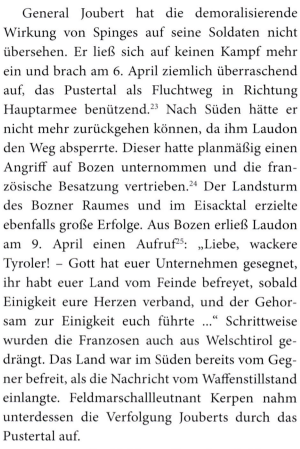

General Joubert hat die demoralisierende Wirkung von Spinges auf seine Soldaten nicht übersehen. Er ließ sich auf keinen Kampf mehr ein und brach am 6. April ziemlich überraschend auf, das Pustertal als Fluchtweg in Richtung Hauptarmee benützend.[23] Nach Süden hätte er nicht mehr zurückgehen können, da ihm Laudon den Weg absperrte. Dieser hatte planmäßig einen Angriff auf Bozen unternommen und die französische Besatzung vertrieben.[24] Der Landsturm des Bozner Raumes und im Eisacktal erzielte ebenfalls große Erfolge. Aus Bozen erließ Laudon am 9. April einen Aufruf[25]: „Liebe, wackere Tyroler! – Gott hat euer Unternehmen gesegnet, ihr habt euer Land vom Feinde befreyet, sobald Einigkeit eure Herzen verband, und der Gehorsam zur Einigkeit euch führte ..." Schrittweise wurden die Franzosen auch aus Welschtirol gedrängt. Das Land war im Süden bereits vom Gegner befreit, als die Nachricht vom Waffenstillstand einlangte. Feldmarschallleutnant Kerpen nahm unterdessen die Verfolgung Jouberts durch das Pustertal auf.

Nachdem die Meldung über den Erfolg von Spinges nach Innsbruck gelangt war, brachte Hof-

(85) Verlautbarung des Hofkommissärs Graf Lehrbach, dass die Franzosen über das Pustertal abziehen. Die Völker in- und außerhalb von Deutschland sollten sich an den „biederen Tyrolern" ein Beispiel nehmen, Innsbruck, 10. April 1797.

(84) Bäuerliche Waffen, bei Einsätzen des Landsturms in Verwendung

(86) Votivbild der Flintenschützen des Gerichts Kufstein zur Erinnerung an die gut überstandenen Ereignisse des Jahres 1797

kommissär von Lehrbach am 10. April eine „Nachricht an das Publikum" heraus, in der die Entschlossenheit der Tiroler gewürdigt wird, für den Landesfürsten und für das Vaterland die Waffen ergriffen zu haben.[26] „Dieser Gemeinsinn, dieser alle Gesichter belebende gleiche Muth gereicht dem Lande Tyrol zum unvergeßlichen Ruhm. – Völker in und außer Deutschland! spiegelt euch an dem Beyspiel der biederen Tyroler! – Hättet ihr alle so gehandelt, so gäbe es keine eroberte, unterjochte Provinzen, keine zerstörte, keine durch ausgeschriebene ungeheure Contributionen verarmte Städte. Der Landmann und der Städter hätten nicht Ursache, über erlittene Greuelthaten des Feindes zu seufzen, und nie würde es diesen übermüthigen, räuberischen, den Krieg ungerecht angefangen habenden Feinde geglücket haben, so weite Vorschritte zu thun."

(87) Votivtafel eines Tiroler Landesverteidigers, der am 2. April 1797 einer französischen Patrouille glücklich entkommen ist

Andreas Hofers erste Bewährungsprobe

Interessant ist die Frage nach den Aktivitäten der Passeirer[1], insbesondere des Sandwirts Andreas Hofer in der Erhebung 1796/97. Zu Beginn der Auseinandersetzungen mit den Franzosen stand Hofer im 29. Lebensjahr. In der Zeit größter Gefahr für das Land, Ende Mai 1796, zählten die Passeirer zu den Ersten, die im Verein mit den Männern aus Meran, Kaltern und Eppan auszogen; unter der Leitung von Josef Nikolaus Graf Hendl legten sie am Tonalepass, am Übergang von der Val di Sole (Sulzberg) in die Lombardei, Verschanzungen an.[2] Die Verteidigungskräfte am Tonale inspizierte Generalmajor Laudon, Kommandant an der Westtiroler Front. Der Sandwirt Andreas Hofer soll in dieser Kompanie als Korporal eingesetzt gewesen sein.[3]

Im Juli 1796 beteiligte sich Hofer an der Versorgung der kaiserlichen Armee. Die plötzliche Konzentration von Militär und Schützen in Welschtirol brachte große Nachschubprobleme mit sich. Die Militärpferde reichten für die umfangreichen Transporte nicht mehr aus. Auch Private mussten herangezogen werden. Hofer beteiligte sich mit seinen Saumtieren, was für ihn Verdienst bedeutete.[4] Erhalten geblieben ist ein mit 7. Juli 1796 datierter Passierschein des Kreisamtes Bozen, ausgestellt vom Kreishauptmann Anton Leopold von Roschmann. Darin wird Hofer die Bewilligung erteilt, sich nach Innsbruck zu begeben und für die Armee Lebensmittel ins südliche Tirol zu befördern. Im Wortlaut heißt es[5]: „Der Vorweiser dieses, Andrä Hofer von Passeier, welcher sich mit zwei Zugpferden nach Innsbruck begibt, um von da Lebensmittel für die k.k. Armee zu liefern, ist von den k.k. Wagen-Mautsämtern weggelds- und brückengeldsfrei hin und her passieren zu lassen, so oft er leer hinaus oder mit solchen Lebensmitteln beladen und dem diesfälligen Lieferschein versehen hineinpassiert." Um diese Zeit hielt Hofer insgesamt 14 Pferde.

Als die Franzosen im August 1796 in das Land einzubrechen drohten, wurden wieder die Schützen aufgeboten. Bisher hatte das Passeiertal seine Männer zu den sechs Meraner Kompanien gestellt, nun aber wurden Anstrengungen unternommen, eine eigene Talkompanie zu bilden. Manchmal kehrten die Passeirer einen auffallenden Lokalstolz an den Tag, der wohl darin wurzelte, dass sie bzw. die Schildhofbauern einst gleichsam die Garde der Tiroler Landesfürsten stellen durften. Um von der zuständigen Nördlichen Schutzdeputation die Bewilligung zur Aufstellung einer eigenen Kompanie zu erreichen, wurden aus dem Tal der Schützenmeister Johann Holzknecht, Stroblwirt in St. Leonhard, und Andreas Hofer, der Sandwirt, Ende August nach Innsbruck geschickt.[6] Hielten sie sich bis zu einer Entscheidung in der Stadt Innsbruck auf oder wurden sie ein zweites Mal entsandt – auf jeden Fall ersuchten sie[7] am 9. September, dass der neu aufgestellten Passeirer Scharfschützenkompanie die Löhnung nicht erst vom Abmarsch aus Meran, sondern bereits ab Passeier ausbezahlt werden möge. Auf diesem Gesuch unterschrieb der Sandwirt als „Andre Hofer de budierter" (= Deputierter).[8]

Die Passeirer, nun in eigener Kompanie formiert, wurden wieder an den Grenzen des Sulzberges, am Tonalepass, eingesetzt. Unter den sich ablösenden Männern soll Andreas Hofer die Rolle eines Unterkommandanten erfüllt haben. Die Gerichte Passeier und Sarnthein wurden auch für den Transport der Verpflegung und der Waffen für die Stellungen an der Avisio-Front herangezogen. Aus dem Passeier wurden 117 Saumtiere gestellt.

Bisher hatten die Passeirer noch nie Feindberührung gehabt. In den Kämpfen Anfang November 1796 waren die Passeirer Scharfschützen bei Molveno und Terlago eingesetzt, wohin sie vom Tonale geeilt waren.[9] In diesen Kämpfen unweit Trients bewährten sie sich bestens und wurden auch entsprechend belobigt.

Anfang 1797 zogen bei der neuen Bedrohung des Landes durch die Franzosen wieder zahlreiche Schützen aus dem Passeiertal in den Süden.[10] Auch hier erbrachten sie unter den Kommandanten Johann Neurauter und Johann Holzknecht beachtete Leistungen: Acht Passeirer wurden ausgezeichnet. Nach der Niederlage am Avisio Ende März wurden zwei Kompanien der Passeirer in Hafling, in der Nähe von Meran, stationiert, wohin sich auch Generalmajor Laudon zurückgezogen hatte.

(88) „Die merkwürdige Niderlage der Franzosen in Tirol bey Bozen. den 3. Aprill 1797". Die zentrale Persönlichkeit bei diesen Kämpfen war der im Land beliebte Generalmajor Johann Ludwig Freiherr von Laudon.

Am 29. März waren die Vorbereitungen beendet, der Angriff auf das von Franzosen besetzte Bozen begann.[11] Zu Laudons Streitmacht zählten etwa 500 Mann Militär, 2500 Schützen und Landstürmer. Neben den Scharfschützenkompanien unter Johann Neurauter und Johann Hofer nahmen auch fünf Landsturmkompanien teil, deren erste, in der Stärke von 129 Mann, der Sandwirt Andreas Hofer kommandierte. Es war das erste Mal, dass Hofer als Kommandant aufscheint. Beim nächsten Angriff auf Bozen am 2. April beteiligten sich noch mehr Landstürmer. Die Passeirer bezogen Posten zwischen Jenesien und dem Eingang ins Sarntal. Am folgenden Tag fiel die Entscheidung. Und in der Nacht vom 3. auf 4. April zogen die Franzosen durch das Eisacktal nach Norden ab. Beim Kampf um Bozen erwarben sich die Passeirer große Verdienste. Andreas Hofer gehörte zwar nicht zu den mit Medaillen Ausgezeichneten, aber er hatte sich als Landesverteidiger und Chef einer Kompanie auf seine spätere historische Aufgabe ein wenig vorbereiten können. Denn aus den Reihen dieser Passeirer sollte er zwölf Jahre später als Oberkommandant der Tiroler Landesverteidigung hervorgehen, als „Mann vom Land Tirol".

Während die Passeirer in ihr Tal zurückkehrten, nahm Feldmarschallleutnant Kerpen die Verfolgung General Jouberts auf, der ziemlich unbehelligt in Eilmärschen durch das Pustertal abzog.[12] Der Landsturm im Pustertal unternahm nichts, und Feldmarschallleutnant Graf Spork, der das Pustertal hätte sichern sollen, war schon abmarschiert.[13] Dabei hätte das Militär Ansporn und Unterstützung für eine Volkserhebung sein können. Nachdem Spork von dem bei Sterzing lagernden Korps Kerpen abgeschnitten worden war, hatte er seine Truppen am 25. März bei Lienz gesammelt und war – anstatt sich gegen Brixen zu wenden, um Joubert einzuschließen – in Richtung Kärnten bzw. über die Gebirge ins Salzburgische abgezogen. Geschütze und Munition, die er nicht mitnehmen konnte, wurden zerstört, anstatt sie

(89) „Merkwürdiger Angrief den 5. Aprill 1797. bey Brixen in Tyroll" in einem zeitgenössischen Kupferstich

der verteidigungswilligen Bevölkerung zu überlassen. Noch Jahre später klagte die Bevölkerung des Lienzer Raumes dem durchreisenden August von Kotzebue[14]: „Hätte er sich mit uns ins Einverständnis gesetzt, ... wir würden das Geschütz mit unsern Händen irgendwo hingezogen und vergraben haben, daß der Feind es gewiß nicht hätte finden sollen; so wäre es für den Monarchen gerettet gewesen." Solche und ähnliche Aktionen und schwere Fehler der österreichischen Heerführer zerstörten viel an Vertrauen in die kaiserliche Armee, während der Kaiser selbst unangetastet blieb. In diesem Jahr 1797 klappte die Zusammenarbeit zwischen Militär und Tiroler Landesverteidigern bei weitem nicht mehr so gut wie im Vorjahr.

General Joubert traf auf seinem Marsch durch das Pustertal am 8. April in Lienz ein. Da eine französische Abteilung, vor Tagen von Kärnten her eingedrungen, recht unsanft aus dieser Stadt hinausgeworfen worden war, übte der General nun bittere Rache. Vorboten hatten von den Lienzern 36.000 Portionen Brot und 10.000 Rationen Fleisch verlangt. Dazu kam die unabwendbare Forderung nach 30 Ochsen und 20.000 Maß Wein. Außerdem wurde für die vergangenen Vorfälle eine Kontribution von 100.000 Gulden, und dies innerhalb von zwei Stunden, verlangt. Unmissverständliche Androhungen von Plünderung und Brandschatzung folgten. Während die Geschütze des Korps auf die Stadt gerichtet blieben, plünderten die Soldaten die Umgebung von Lienz. Die horrende Geldsumme konnte nur zu einem knappen Viertel aufgebracht werden, weshalb die Franzosen am 13. August den Bürgermeister Josef Oberhueber, den Stadtrichter und noch drei weitere Lienzer als Geiseln nach Kärnten verschleppten.[15] Zwei Tage nach Joubert kam Kerpen nach Lienz, der die Verfolgung nicht sehr intensiv betrieben hatte. Er überschritt beim Kärntner Tor die Landesgrenze.

Mit dem Bekanntwerden der zwischen der französischen Hauptarmee und Erzherzog Karl

(90) Der Lienzer Bürgermeister Josef Oberhueber, im April 1797 von den französischen Truppen unter General Joubert nach Kärnten verschleppt

geschlossenen Bestimmungen des sogenannten Präliminarfriedens von Leoben vom 18. April 1797 schien man dem Frieden nahe. Das ganze Land war vom Feind befreit, da trat paradoxerweise gerade durch den Präliminarfrieden für den Lienzer Raum eine höchst unangenehme Situation ein. In Unkenntnis, dass auch der südöstliche Winkel Tirols bereits geräumt worden war, erhielten die Franzosen infolge der Festlegung der Demarkationslinie das Recht, den Großteil des Lienzer Talbodens mit der Stadt zu besetzen. Trotz der sofort eingeleiteten Aufklärungsmaßnahmen bestand Napoleon auf der Besetzung von Lienz. Auch Feldmarschallleutnant Kerpen musste sich mit seinem Militär hinter die Demarkationslinie zurückziehen. Während sich die städtische Bevölkerung distanziert verhielt, wollte das Landvolk der Herrschaft Lienz, unterstützt von auswärtigen Wehraufgeboten, den Tiroler Boden nicht mehr preisgeben. Dies entsprach dem Geist der alten Landesverfassung. In der Argumentation, nicht an

(91) Dominik Florian Freiherr von Cazan, Kommandant bei der Verteidigung der Chrysanthner Schanzen am Kärntner Tor im April 1797

(92) Vorder- und Rückseite der Silbernen Tiroler Erinnerungs- und Verdienstmedaille, 1797

diese Bestimmung des Präliminarfriedens von Leoben gebunden zu sein, berief man sich darauf, dass es sich beim Lienzer Raum ja um befreiten und nicht besetzten Boden handle und dass die Tiroler außerdem nicht zu den Verhandlungen von Leoben beigezogen worden seien.

So ergab sich hier im südöstlichen Teil Tirols die letzte und nicht unbedeutendste Bewährungsprobe für die Tiroler Landesverteidiger.[16] Die Koordinierung aller Kräfte war eine große Leistung der eingerichteten Schutzkommission, und die Durchführung der Verteidigung machte dem Hauptmann Dominik Florian von Cazan aus dem Bozner Unterland alle Ehre. Als erstes der auswärtigen Aufgebote rückten die Schwazer unter Peter Nikolaus Lergetporer in die Chrysanthner Schanzen am Kärntner Tor ein. Es folgten Rottenburger, Innsbrucker, Sonnenburger und Petersberger Schützen. Auch Philipp von Wörndle, der Sieger von Spinges, fand sich in der Schanze ein. Durch Täuschungsmanöver und geschickte Verhandlungstaktik gelang es Hauptmann von Cazan, die Franzosen, die nun mit einer bedeutenden Übermacht wieder in Oberdrauburg knapp an der Tiroler Grenze lagerten, von einem Angriff abzuhalten. Am 23. April schien die Entscheidung nahe. Französische Infanterie und Reiterei rückten langsam heran. Das Läuten der Sturmglocken – von dem die Franzosen inzwischen eindeutig wussten, was es zu bedeuten hatte –, vorgetäuschte Massen von Landesverteidigern und imitierte Geschütze veranlassten die Franzosen doch wieder zur Umkehr. Damit war in diesem Jahr der letzte Sieg für die Tiroler auf unblutige Weise gewonnen. Cazan handelte den Kompromiss aus, dass die Franzosen nur symbolisch von Lienz Besitz ergreifen dürften. Bloß acht Offiziere, 100 Infanteristen und sechs Dragoner näherten sich der Stadt, die aber nur die Offiziere betraten. Sie zechten kräftig und zogen noch am selben Tag nach Kärnten ab. Beide Seiten dürften über diesen Kompromiss erfreut gewesen sein. Ein neuer Waffengang mit dem Tiroler Gebirgsvolk, dessen Einsatzfreude und Draufgängertum sie genügend zu spüren bekommen hatten, schien den Franzosen wohl selbst nicht erstrebenswert. Außerdem stand ja der Frieden vor der Tür. Den Vorfrieden von Leoben schloss man am 18. April und den definitiven Vertrag, nach Campo Formio (Campoformido) in der Nähe von Udine in Friaul benannt, am 17. Oktober 1797 ab. Doch schon vorher waren Lieder triumphierenden Inhalts gesungen worden, wie z. B. „A Siegslied am heil. sant Isidoritag Anno 1797", zu singen nach der Weise des beliebten Kriegsliedes aus dem Vorjahr, „Den Stutzen her, beym Soggara" (Auszug)[17]:

> *Jetzt ischt er gar der Kirchtatanz,*
> *Und unser Land krettet.*
> *Es lebe unser Kaiser Franz!*
> *Sie liegn im Bluet darknettet.*
> *Französelen! habts ausgedroant,*
> *Mit Fair und Schwert zu wüthen;*
> *Die Gosch ischt wohl verfluecht verboant;*
> *Mier haben's enk könnt vernieten.*
> *Gerettet ischt das Vaterland,*
> *Umarmt enk Waffenbrüeder.*
> *Geschlagn der Feind mit Spott und Schand,*
> *Der kümmt uns nimmer wieder.*
> *Der Tag bleibt uns auf immer schien.*
> *Ös Kinder! denkt an d'Alten.*
> *Jezt wölln mier gien in d'Kirchen gien,*
> *Tedeum Laudes halten.*

In einer großen Zahl weiterer Lieder und in Schauspielen wurde die erfolgreiche Erhebung literarisch aufgearbeitet.[18] Im Singspiel „Das durch die göttliche Vorsehung, und Fürbitt Maria von den Feinden gerettete Tyrol" von 1798 tritt bezeichnenderweise „Tyrol, als eine Jungfrau" auf.

(93) Darstellung des Generals Bonaparte mit Bezug auf den Abschluss des Vorfriedens von Leoben am 18. April 1797

Die das Land personifizierende „Tyrolia" wird von nun an zu einer stehenden Figur in der patriotischen Werbung, die bis in das 20. Jahrhundert hinein bei allen wichtigen Feierlichkeiten Urständ feierte. Als besonders symbolträchtig ist die „Tyrolia" mit weiteren Figuren in der Giebelgruppe des Erweiterungsbaues (1884) des Ferdinandeums in der Innsbrucker Museumstraße zu verstehen.

Das Kriegsjahr 1796/97 hatte für die kaiserliche Armee trotz mancher Erfolge letztlich deprimierende Ergebnisse gezeitigt. Dagegen waren unter den Tiroler Landesverteidigern das Vertrauen in die eigene Wehrorganisation und das Selbstbewusstsein wesentlich gestärkt worden. Die Art des Volkskrieges hatte sich bewährt.

Tirol im Zweiten und Dritten Koalitionskrieg 1799–1805

Der Frieden von Campo Formio (Campoformido) hatte nicht lange Bestand. Österreich hatte in diesem Frieden Belgien und die Lombardei abtreten müssen und dafür das Gebiet der von Bonaparte aufgelösten Republik Venedig erhalten. Frankreich bekam das linke Rheinufer bis Andernach. Entschädigungsansprüche der deutschen Fürsten sollten auf einem eigenen Kongress zu Rastatt behandelt werden. Nicht nur, dass es dort zu keiner Einigung kam, die Franzosen besetzten in ihrem revolutionären Eroberungsdrang Rom, verkündeten die Tiberinische Republik und verschleppten den Papst nach Frankreich. Außerdem marschierten sie in die Schweiz ein, die in die „Helvetische Republik" umgewandelt wurde.[1] Immer mehr erkannte man, dass es nicht möglich sein würde, mit Frankreich bindende Verträge abzuschließen, gab es doch dort zurzeit keine vertrauenswürdige und vor allem beständige Autorität – eine solche hatten Machtkämpfe im Inneren des revolutionären Staates nicht aufkommen lassen. An einem Krieg gegen Frankreich, der als einziger Ausweg zwingend erschien, beteiligten sich die habsburgischen Länder, England, Russland, Portugal, Neapel und die Türkei. Die Gelegenheit schien günstig, denn Napoleon Bonaparte, den man vor allem fürchten musste, befand sich in Ägypten. Das Bündnis in diesem Zweiten Koalitionskrieg gegen Frankreich (1799–1801) war nur sehr lose. Den Oberbefehl über die Truppen in Süddeutschland erhielt Erzherzog Karl, das Kommando über die Operationen in Italien der russische General Suwarow.

Die Feindseligkeiten, in die auch Tirol verwickelt wurde, begannen im März 1799. Zu Beginn

(94) Die Gelegenheit für einen neuerlichen Krieg gegen Frankreich schien günstig, hielt sich doch der gefürchtete General Bonaparte zurzeit in Ägypten auf.

der Auseinandersetzungen war das kaiserliche Militär in folgender Weise verteilt²: Erzherzog Karl stand mit 78.000 Mann am Lech, Feldmarschallleutnant Johann Konrad Ritter von Hotze mit 26.000 Mann in Vorarlberg und Graubünden, Feldmarschallleutnant Heinrich Graf Bellegarde mit 47.000 Mann im Inntal und in Südtirol, Feldzeugmeister Paul Freiherr von Kray mit 75.000 Mann in Italien und an der Etsch. Und Feldmarschallleutnant Auffenberg hielt Graubünden besetzt. Einheimische Wehraufgebote sollten die Heeresabteilungen in Tirol und Vorarlberg verstärken. Das Direktorium in Paris stellte den Verbündeten fünf Heere gegenüber. Die Franzosen begannen ihre Operationen Anfang März 1799 am Oberrhein.³ Gleichzeitig führte General Masséna seine Armee aus dem Inneren der Schweiz gegen

(95) Der französische General André Masséna

(96) „Gefecht bey Taufers am 25ten März 1799"

(97) „Instruktion für Tyroler Landesschützen-Compagnien" zur wirksamen Verteidigung des Landes, 1799

(98) Feldmarschallleutnant Heinrich Graf von Bellegarde

Vorarlberg und Tirol. Er trieb den österreichischen General Auffenberg aus Graubünden zurück bis Chur und zwang ihn zur Kapitulation. Zu Beginn der Feindseligkeiten wurde das Tiroler Armeekorps in Marsch gesetzt: ins Montafon, nach Bozen und nach Imst. Generalmajor Laudon erhielt den Befehl, die im Engadin zerstreuten Truppen zu sammeln und damit zum Teil die Übergänge aus dem Prättigau sowie aus den Tälern von Davos, Münster und Bormio zu besetzen. Unter den Auseinandersetzungen bei wechselndem Kriegsglück ist der Angriff auf Martinsbruck am 17. März von großer Bedeutung. Inzwischen liefen die Vorbereitungen zur Aufbietung der Schützen, die sich 1796/97 so bewährt hatten. Der Chef der Tiroler Landesverteidigung war nun Gouverneur Ernest Graf von Bissingen. Schützenkompanien wurden in den Welschen Konfinen, im Vinschgau, im Burggrafenamt und im Oberinntal aufgeboten. Auch der Landsturm sollte sich bereithalten. Die kaiserliche Landwehr-Ordnung vom 22. März 1799 brachte große Klarheit über die Organisation. Im letzten Punkt dieser Ordnung gibt Kaiser Franz II. seiner Zuversicht Ausdruck[4]: „Da Wir mittels gegenwärtiger Anordnung, und der bereits getroffenen anderweiten Anstalten die kraftvollteste Bedeckung und Vertheidigung Unseres getreuesten Landes Tyrol zum Zwecke haben, so versehen Wir Uns allergnädigst, daß die muthvolle Tyroler Nation ihren bisher erworbenen Ruhm mit Fortsetzung des nämlichen Eifers in genauer Erfüllung der oben enthaltenen Vorschriften vollends aufrecht zu erhalten sich bestrebt werde, wozu der Allmächtige seinen Segen fernershin verleihen wolle."

Die neuerlichen Kämpfe bei Martinsbruck am 25. März 1799 endeten für das österreichische Militär in einer Katastrophe. Die Tiroler Landesver-

teidiger kamen gar nicht zum Einsatz. Die Ursache lag offensichtlich in strategischen und taktischen Fehlern des Oberkommandanten Feldmarschallleutnant Bellegarde, der den linken Flügel zu schwach besetzt hatte. Generalmajor Laudon konnte mit gut 400 Mann von Burgeis aus über das Gebirge und den Gepatschferner nach Landeck entkommen. Die Vernichtung des Laudonschen Korps öffnete dem Gegner die freie Passage in den oberen Vinschgau und nach Nauders. Die Plünderungen und Verwüstungen in diesen Bereichen nahmen ein verheerendes Ausmaß an. „Zum Vortheil der durch feindliche Verheerungen verunglückten Tyrolischen Landeseinwohner" wurde von Joseph Franz Ratschky die Kantate „Der Tyroler Landsturm" patriotisch-pathetischen Inhalts geschrieben und von keinem Geringeren als Antonio Salieri, dem „k. k. ersten Hofkapellmeister", vertont. Die Wiener Uraufführung fand am 23. Mai 1799 statt, eine Wiederholung in Innsbruck am 4. Oktober desselben Jahres.

Feldmarschallleutnant Bellegarde machte vorerst keine Anstalten, die Franzosen aus Tirol zu vertreiben. Doch rückten nach der Niederlage Schützenkompanien von Meran, Schenna, Mais, Algund, Lana und Latsch an, sowie Landstürmer

(99) „Die tapferen Tyroler bey Finstermünz" im Gefecht am 30. März 1799

des Gerichtes Schlanders, von Montani, Kastelbell, aus dem Burggrafenamt und aus dem Passeier. Insgesamt waren es 28 Kompanien mit mehr als 3500 Mann. Als Bellegarde und General Nobili ihre Korps wieder aufgefüllt hatten, erschienen den Franzosen diese starken Wehrverbände doch nicht unbedenklich, da sie in ihrer vorgerückten Stellung vom Zentrum der Armee Massénas zu weit entfernt waren. Letztlich aber waren die Erfolge der Verbündeten in Oberitalien und in Süddeutschland entscheidend, dass sich die Franzosen – um ihre Front zu verkürzen – aus Tirol in die Schweiz zurückzogen. In den letzten Märztagen marschierten sie ab, worauf die österreichischen Generale das verlassene Gebiet besetzten. Feldmarschallleutnant Bellegarde schlug sein Hauptquartier in Schluderns auf, General Nobili in Pfunds. Am 4. April wurden die letzten Franzosen aus ihrer festen Stellung bei Taufers endgültig vom Tiroler Boden vertrieben. Schützenkompanien verblieben auch noch nach diesem Datum bei den kaiserlichen Truppen zur Bewachung der Grenzen, während der Landsturm nach Hause entlassen wurde.

Ende April 1799 ging man endlich an die Eroberung Graubündens. In diesem Rahmen kam der Kolonne Haddik die Aufgabe zu, von Taufers aus über das Scharlerjoch nach Schuls vorzudringen. Es schien unmöglich, drei Geschütze über das hoch gelegene und noch tief verschneite Joch mitzunehmen. Da boten sich die Passeirer Schützen mit ihrem bewährten Kommandanten Johann Holzknecht an, die Kanonen über das Gebirge zu tragen, was gern angenommen wurde. Über die Taten der Passeirer am 29. und 30. April berichtete der „Tiroler Almanach auf das Jahr 1802" Folgendes[5]: „Einer von diesen Passeyrer Schützen trug im Angesichte des F.M.L. Grafen von Haddik eine dreypfündige Kanone ganz allein durch eine ziemliche Strecke Berg an. ‚Ich hätte nicht geglaubt', sagte er dann, ‚daß die Pfeife so schwer seyn könnte.' – Auch noch am 30. April trugen diese Schüt-

(100) Am 29. und 30. April 1799 trugen Passeirer Schützen kaiserliche Geschütze über das verschneite Scharlerjoch.

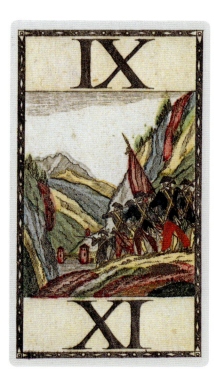  

zen die Artillerie bis in die Gegend von Schuls, und leisteten dadurch dem K.K. Truppencorps den erheblichsten Dienst. Als nachher der Feind über Scharl und Schuls zurückgeworfen wurde, haben sich diese nähmlichen Passeyrer Schützen das menschenfreundliche Geschäft gemacht, die auf dem Platze gebliebenen Verwundeten, Freunde und Feinde, über das Schneegebirge herab zu tragen, und in das Spital zu liefern." Der Sandwirt Andreas Hofer war an den kriegerischen Aktionen der Passeirer im Rahmen des Zweiten Koalitionskriegs nicht beteiligt.

Bis Mitte Mai 1799 gelang es dem kaiserlichen Militär, Graubünden vollständig zu erobern. Über 1400 Tiroler Landesverteidiger beteiligten sich freiwillig am Feldzug. Damit war auch die Bedrohung der Westgrenze Tirols vorerst gebannt. Es folgten Dank, Belobigungen und die Auflösung der im Norden und Süden eingerichteten Schutzdeputationen. Die verbündeten Heere errangen in diesem Jahr noch einige Siege.

Bonaparte kehrte jedoch im Herbst 1799 aus Afrika zurück, stürzte die Direktorialregierung in Paris, gab der französischen Republik eine neue Verfassung und teilte sich dabei selbst als erstem Konsul die höchste Macht zu. Zu Jahresbeginn 1800 standen die Verhältnisse für Habsburg nicht ungünstig. Dann griff Bonaparte wieder ein. Eine unglückliche Führung der kaiserlichen Heere durch die alten, bedächtigen Feldherren Kray und Melas, die dem Schwung und der Taktik Bonapartes und Moreaus nicht gewachsen waren, brachte ernste Schwierigkeiten. Trotz mehrfacher Waffenstillstandsverlängerungen begannen in Tirol vorsichtshalber umfangreiche Rüstungen. In dieser Angelegenheit kam der erst 18-jährige Erzherzog Johann im September 1800 erstmals nach Tirol. Dieser erste Besuch übte auf beide Teile – Tiroler und Erzherzog Johann – nachhaltige Wirkung aus. Die Tiroler liebten den „Prinz Hannes", wie er gern genannt wurde, da sie spürten, dass er sie in seiner gefühlvollen und jovialen Art verstand. Zum Festschießen aus Anlass des hohen Besuches verfasste Johann Friedrich Primisser das Gedicht

(101) Szenen aus dem Zweiten Koalitionskrieg auf den Spielkarten des „Tiroler Tarock", entworfen von Jakob Plazidus Altmutter: IX „Die Franzosen in der Finstermünz" – X „Sie [= Franzosen] brennen Glurns und Mals ab" – XIII „Die Franzosen werden aus Tyrol gejagt"

(102) Der in Tirol sehr beliebte Erzherzog Johann, der in Bezug auf die Landesverteidigung in der Napoleonischen Zeit in Tirol eine große Rolle spielte

(103) Lobgedicht auf Erzherzog Johann, verfasst von Johann Friedrich Primisser, 1800

„Ein Tyroler Schütze an des Erzherzogs Johann Königl(iche) Hoheit" (Auszug)[6]:

Den Stutzen her! doch nicht die Brust
Des Feindes zu durchblitzen:
Heut feuern wir zu unsrer Lust
Von steilen Felsenritzen.
Und jauchzen hoch, hoch himmelan
Es lebe unser Kaiser!
Es lebe unser Prinz Johann!

Für Erzherzog Johann bedeutete der Aufenthalt vom September 1800 in Tirol einen Beginn, und zwar – wie er später in seinen „Denkwürdigkeiten" berichtete[7] – den Beginn „jener unveränderlichen und unerschütterlichen Liebe, welche diesem Lande erwiesen und die von demselben treu erwidert wurde. ... Eine immer zunehmende unerschütterliche Liebe, die für das Land nicht untätig war und welche ich mit mir in das Grab mitnehmen ... werde."

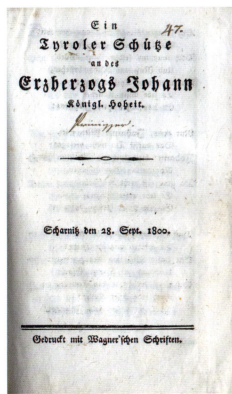
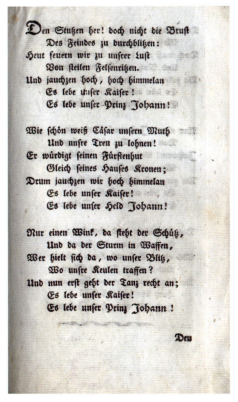

Die Kämpfe setzten in Deutschland am 28. November ein, in Italien am 21. Dezember. Am deutschen Kriegsschauplatz erlitten die Österreicher am 3. Dezember 1800 bei Hohenlinden eine totale Niederlage, so dass sie sich weit zurückziehen mussten. Der Waffenstillstand von Steyr vom 25. Dezember 1800 verhinderte das Ärgste. Auch am südlichen Kriegsschauplatz kam es zu einer Niederlage durch den französischen Marschall Brune in der großen Schlacht am Mincio am 26. Dezember. Die kaiserliche Armee unter Feldmarschallleutnant Bellegarde musste sich bis hinter die Brenta zurückziehen. Am 16. Januar 1801 kam auch für den Süden ein Waffenstillstand zustande.

Mit dem Aufflammen der Kämpfe im November 1800 war Tirol von Norden, von Westen und von Süden her bedroht.[8] Im nördlichen Landesteil kommandierte der kaiserliche Feldmarschallleutnant Johann Freiherr von Hiller. Die Schützenaufgebote leisteten wertvolle Beiträge zur Landesverteidigung und hatten einige Gefechte an den Grenzen zu bestehen, deren wichtigste am Tonalepass (23. Dezember) und bei Waidring (24. Dezember) stattfanden. Der Waffenstillstand von Steyr kränkte die Tiroler sehr, brachte er doch das Land trotz aller Anstrengungen in eine deprimierende Lage. Die Demarkationslinie verlief von Lienz durch das Pustertal bis Brixen, über das Eisacktal bis Bozen, durch das Burggrafenamt, den Vinschgau nach Glurns und Worms ins Veltlin. Die Festungen Kufstein, Scharnitz, die Engpässe Finstermünz, Nauders und die anderen, nördlich der Demarkationslinie in Tirol befindlichen Befestigungen mussten am 8. Jänner 1801 den Franzosen übergeben werden. Der nördlich der Demarkationslinie gelegene Teil Tirols stand unter dem Schutz der französischen Armee, wenn diese auch nur rund 1000 Mann als Wachtposten und dazu noch die Besatzungen der Befestigungswerke im Land belassen durfte. Militär in ungefähr gleicher Zahl konnte ebenfalls die kaiserliche Armee in Tirol stationieren, wenn sie sich auch sonst aus dem ganzen Bereich zurückziehen musste. Außerdem wusste man noch nicht, wie es im südlichen Teil Tirols weitergehen sollte, für den der Waffenstillstand ja nicht galt. Fast zynisch klingen die Aussagen Erzherzog Karls und der scheidenden österreichischen Generäle an die Tiroler, wenn sie von wärmstem Dank, höchster Bewunderung, großartiger Treue usw. sprachen, aber nicht mehr in der Lage waren, etwas zu tun.

Nach der Niederlage der Österreicher am Mincio (26. Dezember) zog auch Generalmajor Josef Baron Vucassević mit seinem Korps von der Westgrenze Tirols ab. Sofort rückten die Franzosen in die Täler ein. Am 6. Jänner 1801 waren sie wieder in Trient. Innerhalb weniger Tage besetzte das französische Korps Macdonald das gesamte Welschtirol. Und wiederum bekam Italienisch-Tirol die Härten der Okkupation zu spüren. Wider

(104) Jakob Plazidus Altmutter, Durchmarsch der russisch-kaiserlichen Truppen durch Innsbruck am 3. November 1799

(105) Titelvignette mit einem Tiroler Schützen auf einer Landkarte des südlichen Tirol, um 1800

(106) Vignette aus einer Landkarte des südlichen Tirol mit Hinweis auf die Besetzung durch die Franzosen unter General Mac Donald, 1801

die Bestimmungen des Waffenstillstands von Steyr rückten von Graubünden her die Franzosen in den Vinschgau ein und besetzten am 8. Jänner Meran. Während diese Truppen weiter zur italienischen Armee nach Trient vorstoßen wollten, marschierten die Franzosen von Süden gegen Bozen. So war also wieder ein großer Teil Tirols Tummelplatz der Franzosen geworden, was im Landvolk die üble Stimmung und die Verbitterung steigerte, so dass es beschwichtigt werden musste, um ein zu diesem Zeitpunkt sinnloses Blutvergießen zu vermeiden. Über höchste Intervention wurde das Gebiet nördlich der Demarkationslinie – abgesehen von den zugelassenen militärischen Kräften – geräumt. Üblere Zustände musste der südliche Bereich erleiden. Der am 16. Jänner für den italienischen Kriegsschauplatz geschlossene Waffenstillstand überließ nämlich den Franzosen das Land südlich der Demarkationslinie. Abgesehen von der lückenlosen Besetzung griffen sie konkret in die Geschicke dieses Landesteils ein. Macdonald setzte in Trient eine eigene Regierung ein. Das Land Tirol war durch die Waffenstillstandsbestimmungen politisch in zwei Teile zerrissen und in einen Zustand völliger Hilflosigkeit geraten.

Der Frieden von Lunéville vom 9. Februar 1801 bestätigte mehr oder weniger den Frieden von Campo Formio (1797). Es dauerte aber noch Wochen, bis Tirol im Norden und im Süden von der Besatzungsmacht geräumt wurde. Macdonald löste am 27. März die Interimsregierung in Trient auf und übertrug die Gewalt dem Kapitel, das in Abwesenheit des Fürstbischofs die Obrigkeit repräsentierte. Die letzten Franzosen zogen erst am 18. April aus Trient ab.

Die Landeseinheit war zwar wiedergewonnen, der Zustand Tirols aber in finanzieller Hinsicht erbarmungswürdig.[9] Die Folgen der vergangenen Kriege konnten nicht spurlos vorübergehen. Inflation, Teuerung, Nachlassen der Wirtschaftskraft, besonders des Handels, brachen über das Land herein. Beobachtet wurde auch ein sittlicher Verfall weiter Kreise der Bevölkerung, den das raue „Soldatenleben", der Umgang mit dem vielen Militär, überhaupt der Krieg mit sich gebracht hatte. Noch schmerzlicher wurde der Zerfall der alten und traditionellen Einigkeit der Stände erachtet. Die unteren Stände empfanden die Lasten der ver-

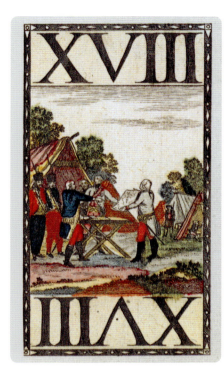 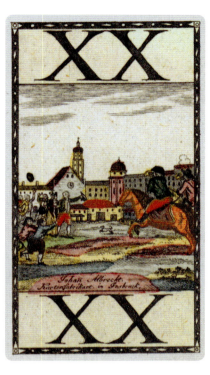 

(107) Szenen aus dem Zweiten Koalitionskrieg auf den Spielkarten des „Tiroler Tarock" von Jakob Plazidus Altmutter: XVIII „Waffenstillstand. Tyrol zum Unterpfand" – XX „Der Friedens Courier reutet an" – XXI „Trophee des unüberwündlichen Tyrols"

(108) Schützenscheiben-Entwürfe aus Anlass des Friedensschlusses 1801

TIROL IM ZWEITEN UND DRITTEN KOALITIONSKRIEG 1799–1805

(109) Kaiserliches Besitzergreifungspatent für Trient und Brixen, Wien, 4. Februar 1803

gangenen Landesverteidigung zu ihren Ungunsten ungleich verteilt. Gerade der letzte Krieg hatte auch Mängel im Defensionssystem aufgezeigt.

Nach dem Frieden von Campo Formio bzw. Lunéville war eine gänzlich neue Situation entstanden. War Tirol früher von befreundeten oder ungefährlichen Ländern umgeben, war es nun das westlichste Bollwerk der Habsburger, das auf drei Seiten an Staaten grenzte, die mehr oder weniger in der Einflusssphäre Frankreichs lagen. Diese Situation verlangte nach weiteren militärischen Anstrengungen, wie etwa der Erneuerung der im vergangenen Krieg zerstörten Festungen.

Die Zeit nach dem Ende des Zweiten Koalitionskriegs diente bei Freund und Feind wirtschaftlicher Sanierung und militärischer Neuorganisation. Auch in Tirol geschah in dieser Hinsicht manches. 1801/02 wurde ein neuerlicher Beitrag zum stehenden Heer in Tirol geleistet.[10] Im August 1801 erließ man dem Land die laufende Ergänzung des Regiments Neugebauer und schuf dafür ein „Tyroler Jägerregiment". Dieses sollte in erster Linie durch freie Werbung zustande kommen. Die Landstände genehmigten den Entwurf, und noch im Herbst 1801 setzte die Werbung ein. Da es beträchtlichen Zuwachs erhielt, war es bereits 1802 in der vorgesehenen Stärke von drei Bataillonen zu je sechs Formationen ausgebildet. Es erhielt die Nummer 46 bei der Einreihung unter die österreichischen Infanterieregimenter. Zum Inhaber des neuen Regiments bestimmte Kaiser Franz den Feldmarschallleutnant Johann Gabriel Marquis Chasteler und zum Kommandanten den bisherigen Befehlshaber des Tiroler Scharfschützenkorps, Oberstleutnant Philipp Fenner von Fenneberg. Auch das Infanterieregiment Bender Nr. 41 war in Tirol stationiert und natürlich das schon bekannte Regiment Neugebauer Nr. 46. Die drei Infanterieregimenter ergänzten die im Jahr 1802 neu aufgestellten vier Tiroler Landmilizregimenter mit den Regimentsstäben in Innsbruck, Bruneck, Neumarkt und Trient, ferner eine Militärkordonsabteilung, die Garnisonsartillerie in Innsbruck, Kufstein und Bregenz und das dem Festungskommando von Kufstein unterstellte Detachement des 1. Garnisonsregiments. Seit 1803 wurde auch die Südgrenze intensiv gesichert.

Auswirkungen auch auf Tirol brachte der sogenannte Reichsdeputations-Hauptschluss des Reichstags zu Regensburg mit Zustimmung des Kaisers am 25. Februar 1803. Damit wurden sämtliche geistliche Herrschaften säkularisiert und den benachbarten Ländern bzw. Staaten einverleibt. So konnte auch die Grafschaft Tirol in territorialer Hinsicht abgerundet werden, indem die Fürstentümer der Bischöfe von Brixen und Trient[11] an dieses Land fielen. Besonders das brixnerische Territorium war zersplittert und – so wie Trient – von tirolischem Gebiet umgeben. Seit dem Mittelalter hatte überdies ein enges Verhältnis zwischen Brixen, Trient und der Grafschaft Tirol bestanden, besonders was die Landesverteidigung betraf. Die beiden Bischöfe gehörten auch den Tiroler Landständen an. Der uralte Besitz z. B. bayerischer Klöster in Tirol wurde nun ebenfalls aufgehoben. Die Verschmelzung zu einem einheitlichen Ganzen wurde unter anderem durch Verwaltungsreformen rasch durchgeführt.

Die Endzeit des Heiligen Römischen Reiches Deutscher Nation ahnend und um ein Gegengewicht gegen das Kaisertum Napoleons zu schaffen, nahm Kaiser Franz II. am 11. August 1804 für seine Königreiche und Länder den erblichen Titel eines Kaisers von Österreich an. Als solcher gezählt, ist er Franz I. Er war vorerst also römisch-deutscher Kaiser *und* Kaiser von Österreich. Am 18. Mai 1804 hatte sich Napoleon zum Kaiser der Franzosen ernannt, und am 2. Dezember krönte er sich selbst und seine Gemahlin Joséphine Beauharnais in der Kirche Notre-Dame in Paris.

Expansionspolitik, Machtstreben und Übergriffe vonseiten Frankreichs ließen nichts Gutes ahnen. Im Hinblick auf einen kommenden Krieg wurden den ganzen Sommer 1805 in Tirol die militärischen Anstrengungen verstärkt. Und als der Krieg im September tatsächlich ausbrach, war in Tirol eine gewaltige Militärmacht vorhanden.[12]

Als England seine Vormachtstellung bedroht sah, ergriff es die Initiative zu einer neuen antinapoleonischen Koalition, der letztlich England, Russland, Österreich und Schweden angehörten. Preußen blieb auch diesmal neutral, während Bayern, Baden und Württemberg offen für die Gegenseite arbeiteten, indem sie Napoleon – gewiss unter dessen Druck – Hilfskräfte zur Verfügung stellten. Österreich war dem Bündnis erst am 9. August 1805 beigetreten. Wiederum marschierten die feindlichen Armeen in Deutschland und Oberitalien auf. Den Oberbefehl über die Deutschlandarmee erhielt Feldmarschallleutnant Karl Freiherr von Mack[113], über die Hauptarmee im Süden Erzherzog Karl. Es war geradezu selbstverständlich, dass Tirol auch in diesen Krieg hineingezogen werden würde. Die in den vergangenen Jahren eingeleitete Neuordnung des Tiroler Defensionswesens war noch gar nicht abgeschlossen. Wirksame Beiträge leistete nun aber Erzherzog Johann, der am 12. September in Innsbruck eintraf. Es wurden Milizkompanien und Bataillone gebildet und 10.000 Mann der ersten beiden Zuzüge zum Grenzschutz befohlen. Befestigungen an den Engpässen der Nordseite des Landes und im südlichen Tirol wurden angelegt. Augenmerk widmete der Erzherzog auch dem in den vergangenen Kriegsjahren erfolgreichen und gefürchteten Landsturm.

Die Katastrophe für die Armee im Norden war mit der Kapitulation von Feldmarschallleutnant Mack bei Ulm am 20. Oktober 1805 perfekt, und auch Erzherzog Karl musste sich in Italien vor General Masséna zurückziehen. Die Niederlage bei Ulm ließ einen Angriff auf Tirol erwarten. Und tatsächlich, als Napoleon von Ulm aus nach Wien

(110) Relief der Festung Scharnitz, die in den Kriegsläufen der Napoleonischen Zeit mehrfach eine wichtige Rolle spielte, 1797

(112) Oberstleutnant Robert von Swinburne, Verteidiger der Festung Scharnitz, 1805

(111) Der Zugang nach Tirol mit der Festung Scharnitz, von bayerischer Seite aus gesehen, 1806

marschierte, schickte er einen Teil der französischen Streitmacht gegen Süden. Das Korps Augereau dirigierte er nach Vorarlberg, Ney über Mittenwald gegen Innsbruck und Bernadotte nach Salzburg. Alle drei sollten über Tirol vordringen und die Verbindung mit Masséna in Italien herstellen. Die bayerische Division Deroy im Korps Bernadotte rückte am 1. November über Reichenhall vor und drängte die Verbände bei Schneizlreuth am Bodenbühel sowie die am Steinpass stehende Abteilung auf den Pass Strub zurück, den der österreichische Feldmarschallleutnant Chasteler bedeutend verstärkte. Die mehrfachen Angriffe der Bayern am 2. und 3. November wurden abgewiesen. Ungefähr zur selben Zeit näherte sich von Norden das Korps unter Marschall Michel Ney in zwei Kolonnen den Landesgrenzen Tirols. Besonders gefährdet waren die „Einfallstore" bei Scharnitz bzw. in der Leutasch. Ein Bataillon mit sechs Geschützen und über 900 Tiroler Landesverteidigern besetzte die Gegend. Auch der Landsturm wurde aufgeboten und zur Verstärkung in die Leutasch entsandt. Nach der erfolglosen Aufforderung an den Verteidiger von Scharnitz, Oberstleutnant Robert von Swinburne, die Festung kampflos zu übergeben, griffen die Franzosen am 4. November erfolglos an. Inzwischen gelang es dem Divisions-General Olivier Loison mit Hilfe bayerischer Forstleute in die Leutasch einzubrechen und der dortigen Schanze in den Rücken zu fallen. Nun konnte Swinburne die Festung aufgeben.[14] Über Seefeld und Zirl erfolgte der kampflose Einmarsch der Franzosen noch am 5. November in Innsbruck. Damit war für Tirol die entscheidende Kriegswende gekommen. Der Oberkommandant, der beliebte Erzherzog Johann, der die Verteidigung Tirols leitete, zog sich über den Brenner zurück. Feldmarschallleutnant Chasteler zog durch das Nordtiroler Unterland in Richtung Pinzgau. Die im Oberinntal stehenden österreichischen Truppen wagten sich ebenfalls nicht nach Innsbruck vor und zogen über den Vinschgau ab. Der Brennerpass blieb vorerst noch befestigt. Feldmarschallleutnant Hiller eilte aus Welschtirol heran und vereinigte seine Truppen am 10. November mit denen Erzherzog Jo-

(113) Matthias Noder, Französische Soldaten umgehen die Festung Scharnitz über die Leutasch, Anfang November 1805

hanns. Am 13. November kam dieser mit seinem Stab in die Grenzstadt Lienz, von wo er am 15. das Hauptquartier nach Greifenburg in Kärnten verlegte. Seit Mitte des Monats befand sich die Hauptmacht der kaiserlichen Armee in Tirol auf dem Rückzug durch das Pustertal. Am 20. November zog das Militär durch Lienz. In der Folge breiteten sich die französischen Invasionstruppen über das ganze Land aus. Sie kamen auch von Italien her und besetzten am 21. November Trient.

Im kaiserlichen Zeughaus zu Innsbruck, das die Franzosen am 7. November besetzten, erbeuteten sie große Bestände an Waffen, Munition und Nachschubmaterial, darunter rund 10.000 neue Gewehre, Geschütze, Pulver usw. Vor allem aber machten sie eine überraschende Entdeckung[15]: Hier waren immer schon Beutestücke der kaiserlichen Armee gelagert worden und hier fanden die Franzosen zwei, eher drei Fahnen, die dem 76. französischen Linien-Regiment in den Kämpfen um Graubünden im Jahr 1799 an das kaiserliche Militär verloren gegangen waren. Dabei dürfte es sich um Bataillons-Fahnen gehandelt haben. Damit war die militärische Ehre für die Soldaten, die die Fahnen verloren hatten, wiederhergestellt. Das besondere Ereignis bot auch Anlass zu verschiedenen Aktivitäten: Auf Weisung Napoleons hin wurde die Szene im Innsbrucker Zeughaus in einen Bilderzyklus über den Feldzug des Jahres 1805 aufgenommen, geschaffen vom bedeutenden Historienmaler Charles Meynier für Versailles. Zur weiteren Verbreitung des Bildinhalts wurde davon auch ein Kupferstich hergestellt. Weiters erschien eine Medaille „LES DRAPEAUX FRANCAIS REPRIS" in Silber und Bronze und im Jahr 1810 wurde in Paris das Singspiel „L'arsenal d'Inspruck"

(114) Votivtafel der Schützen aus Sautens zum glücklichen Rückzug aus Scharnitz 1805

im Land gewesen und wieder abgezogen. Bedenklich stimmte die Proklamation Marschall Michel Neys vom 29. November, das französische Militär würde durch kurpfälzisch-bayerische Truppen abgelöst werden.[16] Man befürchtete eine längere Besetzung Tirols durch Bayern. Am 3. Dezember erließ der bayerische General Siebein eine ähnliche Verlautbarung wie Marschall Ney. In banger Stimmung erwartete man den Frieden.

Auf die sogenannte Dreikaiserschlacht bei Austerlitz am 2. Dezember, die sich für Napoleon zu einem glänzenden Triumph über Österreicher und Russen gestaltete, folgten der Waffenstillstand von Znaim und am 26. Dezember 1805 der Frieden von Pressburg. War der Dritte Koalitionskrieg auch die kürzeste der vergangenen Auseinandersetzungen mit Frankreich gewesen, so war er dennoch für Österreich und Tirol die folgenschwerste.

aufgeführt, das auf umständliche Weise die Wiederauffindung der französischen Fahnen im Zeughaus zu Innsbruck schildert.

Französische Besatzung war schon mehrmals

(115) Wiederauffinden französischer Fahnen im Innsbrucker Zeughaus, Anfang November 1805, gemalt vom bedeutenden französischen Historienmaler Charles Meynier

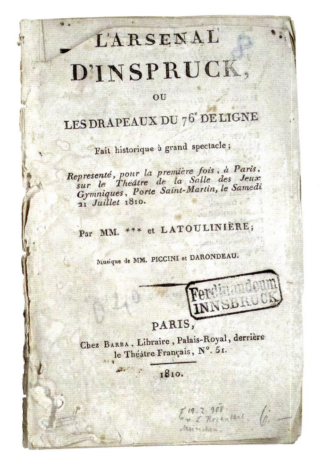
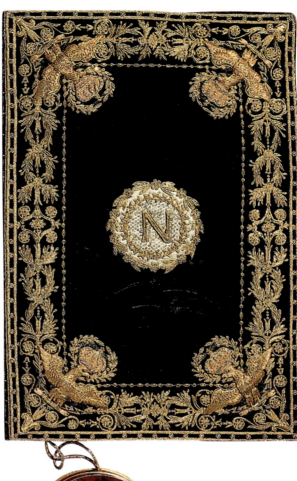

(116) Medaille zur Erinnerung an die Wiederauffindung der französischen Fahnen im Zeughaus zu Innsbruck

(117) Singspiel „L'ARSENAL D'INSPRUCK", das am 21. Juli 1810 in Paris uraufgeführt wurde

(118) Ratifikation des Friedens von Pressburg durch Kaiser Napoleon I. am 27. Dezember 1805

Die bayerische Herrschaft in Tirol 1806–1809

Bereits im Dezember 1805 ging in Tirol das Gerücht um, dieses Land solle vom habsburgischen Länderkomplex abgetrennt werden. Man wollte es nicht glauben; es war unfassbar, dass das habsburgtreue, rund viereinhalb Jahrhunderte mit Österreich verbundene Tirol nicht mehr „den Kaiser" als Landesherrn haben sollte!

Die Hintergründe, das politische Gezänk zwischen Frankreich, Österreich und Bayern in diesen Wochen, erfuhr die Bevölkerung nicht. Zunächst hatte Napoleon Bayern lediglich Deutsch-Tirol als Ersatz für Würzburg angeboten, was als unannehmbar zurückgewiesen wurde. „... nachdem aber noch das italienische Tirol hinzukommen sollte" – schreibt Staatsminister Maximilian Joseph Freiherr (ab 1809 Graf) von Montgelas später in seinen „Denkwürdigkeiten"[1] – „ließ sich die Sache ernsthaft in Ueberlegung ziehen." Der Vergleich zwischen dem Besitz von Würzburg oder Tirol wurde aus reiner Staatsräson angestellt: „Tyrol grenzte an Altbayern und bedroht in gewisser Beziehung stets seine Hauptstadt; auch stand dessen Bevölkerung durch Naturanlagen und Sitten der unserigen näher als die fränkische, welche damals keine sonderlichen Sympathien wahrnehmen ließ; fernere Beziehungen waren dadurch angeknüpft, daß die Tiroler aus Bayern einen großen Theil ihres Getreidebedarfes bezogen, hingegen ihre Weine dorthin absetzten. Das Bisthum Würzburg besaß allerdings keine landständische Verfassung und genoß nicht dieselben Ausnahmsrechte wie Tirol, es hatte sich auch, wenngleich nicht ohne Schwierigkeiten, der Militärconscription unterworfen, von der letzteres befreit war. Franken war ein fruchtbares Land, gewährte mehr finanzielle Hülfsquellen als Tirol, welches gebirgig und vielfach unfruchtbar, allenthalben aber schwer zu kultivieren war; dennoch lieferten dort manche Thäler reiche Ernten, und zeigte sich der Boden unergiebig, so war der Bauer um so unermüdlicher, wodurch er gleichwohl dem Lande einen Ertrag seiner beharrlichen Anstrengungen abnöthigte. Das italienische Tirol war ein reiches Land, wo Salinen und Bergbau den Mangel an direkten Steuern ersetzten, auch indirekte Auflagen sich erheben ließen, für welche der Transithandel eine vortreffliche Gelegenheit bot. Bestanden in Tirol Landstände, welche häufig der Regierung opponierten, so fand sich dieselbe andererseits auch in Franken vielfach gehemmt durch das entscheidende Uebelwollen des Adels und der Geistlichkeit."

Letztlich war der Gedanke ausschlaggebend, dass man bayerischerseits Tirol an die Militärkonskription gewöhnen werde – „und alsdann mußte sich ein großer Gewinn für die Rekrutierung der Armee ergeben …" Würzburg hatte nur 250.000 Einwohner, Tirol hingegen 530.000, weshalb man „nach reiflicher Erwägung" auf den Vorschlag Frankreichs einging. Vielleicht hatte sich Montgelas ohnehin zu viel Gedanken über eine Mitsprache gegenüber Napoleon gemacht, da er vermutlich von vornherein Tirol für die Übergabe an Bayern vorgesehen hatte. Es ging ihm zwar in erster Linie nicht darum, Bayern zu stärken, sondern Österreich zu schwächen. Es musste daher das strategisch wichtige Tirol verlieren. Zum gegebenen Zeitpunkt kam nur das angrenzende Bayern für eine Übernahme in Frage. Über die kaltblütigen Überlegungen des Rationalisten Montgelas hinaus hat die Möglichkeit der Annexion Tirols bayerisch-patriotische Kreise mit Genugtuung erfüllt, konnten nun doch alte Ansprüche befriedigt werden. Schon im Jahr 1363 hatten die Wittelsbacher die Grafschaft Tirol ihrem Territorium definitiv einverleiben wollen und dieser Absicht mit bewaffneten Einfällen Nachdruck verliehen. Im Jahr 1703 hatte der bayerische Kurfürst Max II. Emanuel im Rahmen größerer europäischer Auseinandersetzungen im Zuge des Spanischen Erbfolgekriegs wieder die Gelegenheit ergriffen, war ins Inntal eingefallen und erst am Brenner zurückgeschlagen worden. Nun also bekam Bayern die mehrfach begehrte Grafschaft Tirol zugesprochen.

Am 26. Dezember 1805 war der Vertrag zwischen Österreich und Frankreich, der Friede von Pressburg, perfekt. Am folgenden Tag wurde er von Kaiser Napoleon zu Schönbrunn ratifiziert. Mit diesem Vertrag gewann Österreich zwar Salzburg und Berchtesgaden, verlor aber das erst 1797 gewonnene Venetien, ferner die Vorlande, die vorarlbergischen Herrschaften und die Grafschaft Tirol in ihrem vollen Umfang. Im Artikel VIII des Traktates heißt es wörtlich[2]: „Se. Majestät der Kaiser von Deutschland und Oesterreich leistet sowohl für sich, seine Erben und Nachfolger, als für die Prinzen seines Hauses, ihre Erben und respektiven Nachfolger auf nachbenannte Fürstenthümer, Herrschaften, Domainen und Gebiete Verzicht und überläßt und tritt ab an Se. Majestät den König von Bayern die Markgrafschaft Burgau und was dazu gehört, das Fürstenthum Eichstädt … ferner die Grafschaft Tyrol, mit Inbegriff der Fürstenthümer Brixen und Trient; …"

Die erste offizielle Nachricht von der Abtretung Tirols an Bayern erhielten Gubernium und Ständische Aktivität in Innsbruck am 31. Dezember. Napoleon weilte gerade in München, wohin zwei Tiroler Deputierte reisten, um von Napoleon persönlich einen Nachlass der französischen Kontributionsforderung von 9 Millionen Francs zu erreichen, die auf Tirol ruhte.[3] Napoleon erklärte den Deputierten, sie gehörten nun dem König von Bayern an, doch werde Tirol ungeteilt bleiben; nur ein kleiner Distrikt bei Lodrone werde abgetrennt

(119) Maximilian I. Joseph, von Napoleons Gnaden ab 1. Jänner 1806 König von Bayern

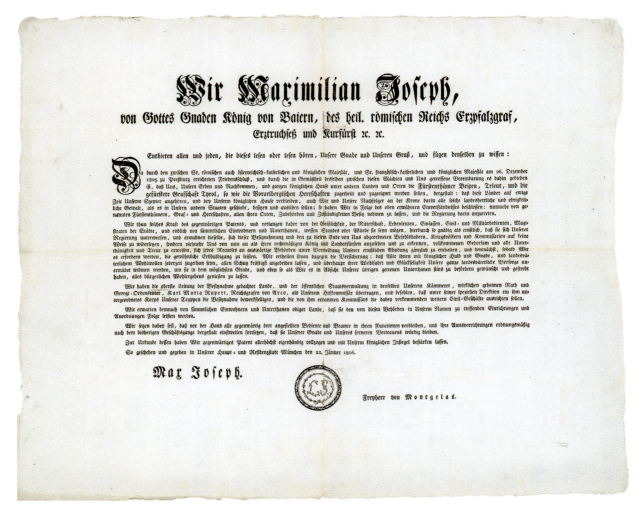

(120) Königlich-bayerisches Besitzergreifungspatent für Tirol, München, 22. Jänner 1806

werden. Der frühere Prätor von Trient, Cheluzzi, sprach Napoleon gegenüber seine Verwunderung über die Vereinigung Welschtirols mit Bayern aus. Er und viele seiner Landsleute hätten Frankreich vorgezogen. Auch der mächtige Minister Montgelas und Max Joseph, der erst seit 1. Jänner 1806 im Range eines Königs stand, empfingen die beiden ständischen Abgeordneten. Die Deputierten hatten besondere Weisung bekommen, in München auf die Einhaltung der alten Landesverfassung zu dringen. Diesbezüglich konnte der König beruhigen: Er werde daran nichts ändern, vielmehr das Land bei seinen hergebrachten Gebräuchen belassen und es mit derselben Liebe behandeln, wie wenn Tirol schon von jeher eine bayerische Provinz gewesen wäre. Noch mehrmals erklärte der König, man werde Tirol die alten Rechte und Freiheiten belassen.

Die anerkennenden Worte des Königs für Tirol und die Tiroler fanden nicht jenen Widerhall, den sie hätten hervorrufen sollen. Sie wurden wohl kompensiert durch die als rührend empfundenen Abschiedsworte des Kaisers Franz[4] und der beliebten Erzherzogin Maria Elisabeth[5], der Tante des Kaisers, die im Jänner 1806 in Abschriften verbreitet wurden.

Die Bayern gingen zielstrebig an die Besitznahme Tirols. Das offizielle Besitzergreifungspatent

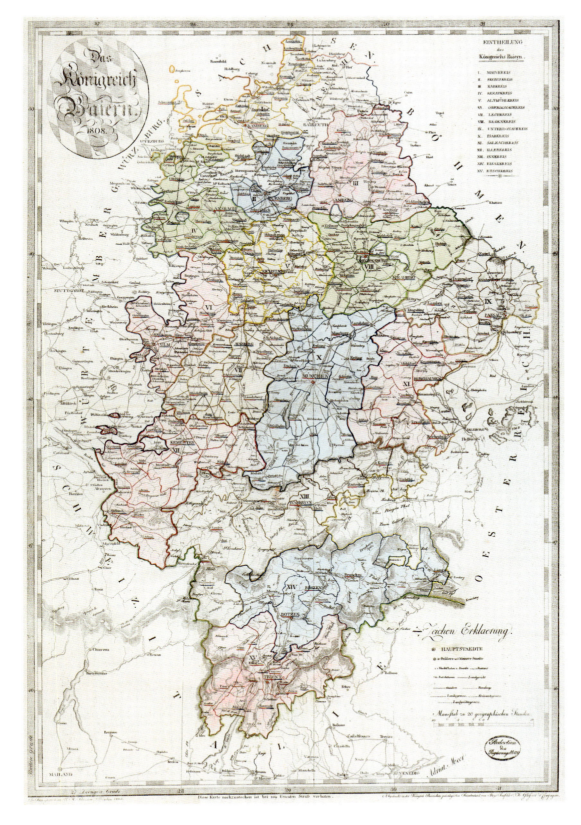

(121) „Das Königreich Baiern 1808"; durch den Anschluss der Grafschaft Tirol erhielt Alt-Bayern im Süden eine bedeutende Erweiterung.

datiert mit 22. Jänner 1806. Darin wurde Karl Maria Rupert Reichsgraf von Arco als oberste Autorität bei der Besitznahme Tirols und in der öffentlichen Verwaltung angekündigt. Es war zunächst wenigstens vonseiten des Königs das Bestreben vorhanden, die Tiroler zu gewinnen.[6] Der aus altem welschtirolischem Adel stammende Graf Arco, bisher Vizepräsident der obersten Justizstelle in München und nunmehriger Hofkommissär für Tirol, wurde in dem Sinn mit Instruktionen versehen, dass alles zu vermeiden sei, was zu Beschwerden Anlass geben und als Eingriff in Verfassung und Privilegien aufgefasst werden könnte. Auch in geistlichen Angelegenheiten seien keine Änderungen vorzunehmen.

Es wäre zu viel gesagt, König Max I. Joseph hätte sich in Tirol – mit Ausnahmen – echter Beliebtheit erfreut; im Gegensatz zu seiner Regierung mit dem allmächtigen und verhassten Minister Montgelas aber hat er sich eine gewisse Achtung erworben. Der König besuchte in den Jahren vor dem Aufstand drei Mal Tirol[7] und versuchte mit seiner herablassenden Art die Herzen der Menschen zu gewinnen. Auf der Reise nach Mailand hielt sich das Königspaar am 24. November 1807 für zwei Stunden in Innsbruck auf. Erst auf der Rückreise verweilte der Hof für einige Tage, vom 6. bis zum 10. Jänner 1808, in der Metropole der neuerworbenen Provinz. Zu Ehren der hohen Gäste wurde gegenüber der Hofburg am Rennweg eine Ehrenpforte errichtet, von der eine Abbildung erhalten ist.[8] Inmitten der klassizistischen Aufbauten befindet sich ein Medaillon mit den Büsten des bayerischen Königspaares auf blauem Grund, darüber schwebt der „Genius" Bayerns, der aus seinem Füllhorn Gaben herabstreut. Vor dem Medaillon kniet in devoter Haltung die „Tyrolia". Zu Ehren der Gäste fanden auch ein glänzendes Casino mit Tiroler Nationaltänzen und eine Festvorstellung im Theater statt, außerdem wurde eine Abendmusik in der Hofburg gegeben. Am letzten Tag besichtigte man die Saline in Hall. Wie die Begrüßung erfolgte auch die Verabschiedung in feierlicher Form. Die Worte von König Max Joseph,

(122) Josef Leopold Strickner, Ehrenpforte in Innsbruck aus Anlass der Anwesenheit des bayerischen Hofes vom 6. bis 10. Jänner 1808; den Entwurf schuf Franz Karl Zoller.

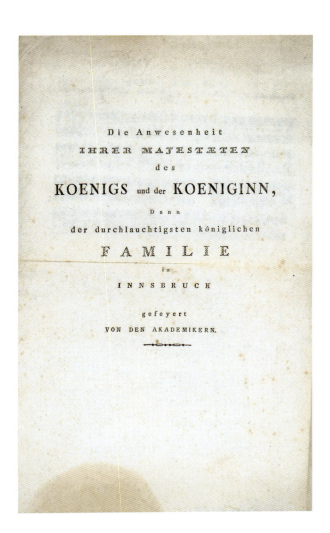
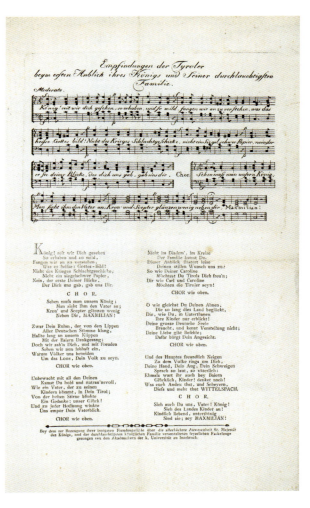

(123) Lobgedicht auf die königlich-bayerische Familie, 1808

„Ich bin ganz Tiroler", sollen unter der zusammengeströmten Bevölkerung großen Eindruck gemacht haben. Echte Sympathien der Tiroler hingegen genoss Kronprinz Ludwig (* 1786), bezeichnenderweise zentrale Persönlichkeit des Widerstandes gegen Napoleon in Bayern.

Die Worte und die Sympathiekundgebung des Königs waren jedoch nicht allein ausschlaggebend. Der mächtigste Mann in Bayern war Staatsminister Maximilian Joseph Freiherr von Montgelas (1759–1838).[9] Er wurde als Sohn eines savoyardischen Generals und Diplomaten in bayerischen Diensten und einer bayerischen Mutter in München geboren, war, früh verwaist, in Nancy erzogen worden und hatte in Straßburg Rechtswissenschaft studiert. Zeitlebens zeigte er eine Vorliebe und Bewunderung für französische Sprache und Lebensart. Zunächst in kurfürstlichem Dienst in München wirkend, brachte ihn seine aufklärerische Gesinnung bald in Gegensatz zur Politik des Kurfürsten Karl Theodor. Über Vermittlung eines französischen Diplomaten wechselte er Dienstort und Landesherr. Er trat in den Dienst des Herzogs Karl August von Zweibrücken, der einer anderen Wittelsbacher Linie angehörte. Montgelas entwickelte bereits in seinen „Zweibrückener Jahren" hochtrabende staatsreformerische Pläne („Ansbacher Mémoire", 1796) für einen großen bayerischen Gesamtstaat, denn aller Voraussicht nach musste die Zweibrückener Linie der Wittelsbacher

Werk umzusetzen. Montgelas war von 1799 bis 1817 Außenminister, bekleidete daneben von 1803 bis 1806 und von 1809 bis 1817 auch das Amt des Finanzministers sowie von 1806 bis 1817 das Ressort des Innenministers. Mit dieser Machtfülle ausgestattet, konnte er sein Reformwerk zielstrebig verwirklichen. Dem kompromisslosen Aufklärer und Rationalisten schwebte die Schaffung eines zentralistischen Einheitsstaats mit einer ergebenen, unbestechlichen, gut ausgebildeten Beamtenschaft vor. In diesen „modernen" Staat musste ab 1806 auch die Grafschaft Tirol eingebaut werden.[10]

Nach dem Muster der altbayerischen Provinzen wurde auch Tirol noch im Jahr 1806 einem „Generalkommissär" unterstellt. Mit diesem Amt wurde der bisherige Hofkommissär Karl Graf Arco betraut.

Der Tenor der Reformen war Vereinheitlichung und Beseitigung veralteter bzw. aus der Sicht des Gesamtstaates lästiger Privilegien und Institutio-

(124) Huldigung der Tiroler für König Maximilian Joseph, 1806/Anfang 1809

(125) Staatsminister Maximilian Joseph Freiherr von Montgelas, der das Reformwerk in Bayern einleitete, um 1809

den Kurfürsten Karl Theodor in München beerben, da er keine legitimen Nachkommen besaß. Aus der Nebenlinie Sulzbach stammend, hatte er erst 1777 nach dem Aussterben des altbayerischen Hauses dessen Besitz übernommen. Nachdem Herzog Karl August von Zweibrücken 1795 gestorben war, trat dessen jüngerer Bruder Max Joseph die Nachfolge an. Damit begann auch die Karriere des Freiherrn von Montgelas, der es vom politischen Berater des neuen Herzogs von Zweibrücken zum mächtigen königlich-bayerischen Staatsminister brachte.

Der Erbfall trat 1799 ein, als Kurfürst Karl Theodor in München starb. Mit dem „Zweibrückener Hof" übersiedelten auch zahlreiche Beamte nach München, die dort nicht unbedingt vorbehaltlos aufgenommen wurden. Auch Freiherr von Montgelas war also nach München zurückgekehrt und ging im Einvernehmen mit Max Joseph daran, sein bereits entworfenes staatspolitisches System für die endlich wieder in einer Hand vereinigten Gebiete der wittelsbachischen Linien ins

nen. Den Weg dorthin musste ein umfangreiches Reformwerk ebnen. Und diese Reformen trafen Tirol mit aller Härte. Während sie in den altbayerischen Provinzen, wo von vornherein allgemein eine größere geistige Bereitschaft vorhanden war, schon vorbereitet worden waren, musste in Tirol vieles in Eile nachgeholt werden, um möglichst bald einen Gleichstand innerhalb des Königreichs zu erlangen. Zum Inhalt der Vorschriften kam noch die teils sehr unkluge Vorgangsweise fanatisch-aufklärerischer Beamter. Es war kein Geheimnis, dass manche unliebsamen Staatsdiener nach Tirol versetzt worden waren. Härten und provozierende Taktlosigkeiten besonders in kirchenpolizeilichen Dingen ließen sich vor allem die unteren Beamten zuschulden kommen. Es gibt aber auch Beispiele für Beamte, aus Altbayern stammend, die sich Wertschätzung und Vertrauen der Bevölkerung erworben haben, wie der Schwazer Richter Bohonowsky, dessen Beliebtheit nach der Einnahme des Ortes 1809 von General Wrede mit der Äußerung quittiert wurde, er müsse ein schlechter Beamter sein, da er von den aufständischen Tirolern nicht deportiert worden sei. Andererseits befanden sich unter den als widerwärtig empfundenen Beamten nicht wenige ehemalige österreichische Staatsdiener, die – weit mehr als es ein gewisser „Selbsterhaltungstrieb" erfordert hätte – der Bevölkerung und ihren Vorgesetzten zeigten, dass sie sich den nunmehrigen Verhältnissen angepasst hatten.

Im Prinzip wurde Tirol nicht anders behandelt als die übrigen bayerischen Provinzen, doch waren hier ganz andere Voraussetzungen gegeben als in Altbayern. Die Tiroler waren mit der Aufklärung wenig in Berührung gekommen. Nicht zuletzt deshalb und wegen ihrer tiefen Gläubigkeit wurden die Tiroler von den Bayern als „hinterwäldlerisch" beurteilt oder gar belächelt. Der Josephinismus war in Tirol im Grunde genommen auch gescheitert.

Die über das Land hereinbrechende Flut von Gesetzen, Verordnungen und Vorschriften brachte für alle Stände der Bevölkerung nahezu täglich neue – und meistens als übel empfundene – Überraschungen. Vom heutigen Standpunkt aus waren viele der Reformen zeitgemäß und geeignet, überkommene, längst ausgehöhlte Strukturen zu ersetzen. Freidenkende Bürger in den Städten brachten dafür Verständnis auf, doch die Masse des Volkes dachte anders. Auch in der Zeit Kaiser Josephs II. war es nicht anders gewesen. Für den Wert mancher Reform spricht, dass sie nach Rückkehr der österreichischen Herrschaft beibehalten bzw. neu eingeführt worden ist. Es muss auch bedacht werden, dass als Auswirkung der schon lang anhaltenden Wirren der Napoleonischen Ära mancher Missstand und „Schlendrian" zum Tragen gekommen war, die zu beseitigen für jede Regierung Pflicht gewesen wäre.

(126) „Wiener-Stadt-Banco-Zettel" über 1 bzw. 5 Gulden, hg. 1800; die bayerische Regierung nahm die Abwertung dieses Papiergeldes vor.

(128) Dekret über die Abwertung des österreichischen Papiergeldes, München, 20. Mai 1806

(127) Siegelstempel zur Zeit der bayerischen Herrschaft in Tirol, von links: Postamt Lienz – Filial-Zollamt in Enge (Gemeinde Grän) – Urbaramt Landeck – Spezial Staatsschulden-Tilgungskasse Innsbruck

Gleich zu Beginn der neuen Herrschaft stießen einige Maßnahmen auf das Unverständnis der Bevölkerung. So wurde festgelegt, dass Tirol selbst die Unkosten für die im Land stationierten Truppen tragen müsse. Zu diesem Zweck wurde eine Kopfsteuer vorgeschrieben. Eine Steuer zur Verpflegung des Militärs in Friedenszeiten war in Tirol bisher unbekannt gewesen. Gezwungenermaßen mussten die ständischen Vertreter ihre Zustimmung geben. Der Bruttoertrag der neuen Steuer belief sich auf rund 330.000 Gulden.

In Tirol waren immer noch die österreichischen Bancozettel oder „Papiergulden" im Umlauf. Durch die hohen Kriegskosten bedingt, war der österreichische Staat zu dieser Art der Geldbeschaffung genötigt gewesen. Das Papiergeld hatte die Bevölkerung nicht gern angenommen. Man schätzte vielmehr die Münzen, die, aus Gold, Silber und Kupfer geprägt, den Wert gleichsam in sich trugen. Die Bancozettel verloren ständig an Wert, was ein lenkendes Eingreifen der Regierung erforderte. Auch die österreichische Herrschaft hätte dieses Problem kaum anders lösen können als durch Geldabwertung. Die ständischen Vertreter waren ebenfalls konsultiert worden. Eine Resolution des landschaftlichen Kongresses empfahl

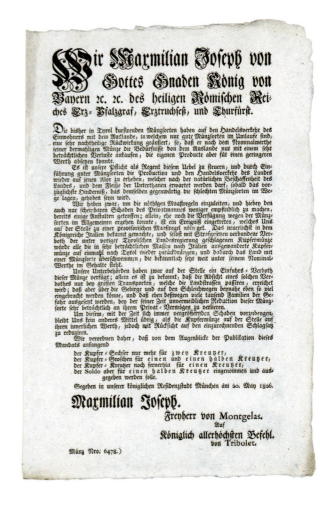

schließlich die Herabsetzung des Kurses der Bancozettel auf zwei Fünftel des Nennwertes. Das in Geld kursierende Volksvermögen wurde dabei wesentlich verringert. Die Zustimmung zur Abwertung, also das Einbekennen der ziemlichen Wertlosigkeit österreichischen Papiergeldes, wurde bayerischerseits irrigerweise als erstes Anzeichen des Umdenkens im Land gewertet. Doch währte die Genugtuung nicht lange, denn bald schon tauchten Schwierigkeiten auf, mit denen man nicht fertig wurde, da man nicht darauf vorbereitet war. Die nicht zuletzt durch die Geldabwertung hervorgerufene schlechte Wirtschaftslage trug zur allgemeinen Meinung bei, dass Bayern die Schuld am Niedergang des um diese Zeit ohnehin kärgli-

Bozner Merkantilmagistrat gerichteten Interdikt, die Durchfuhr einer großen Zahl von Waren englischer, deutscher, niederländischer, österreichischer und selbst französischer Provenienz betreffend. Abgesehen von den direkt Geschädigten wurden die Aufhebung der Privatzollrechte der Castelbarco und der Spaur sowie des Speditionsmonopols der Firma Pross in Rovereto und des Schifffahrtsmonopols auf der Etsch der Compania Fedrigotti in Sacco an sich als positiv bewertet, blieben in einer Zeit des wirtschaftlichen Tiefstandes allerdings ohne jene Bedeutung, die den Maßnahmen vor Jahren zugekommen wäre.

Sehr fortschrittlich war Bayern in Bezug auf das Gesundheitswesen, was aber in Tirol nicht

(129) Behördenschild des königlich-bayerischen Generaltaxamtes Tirol, 1806

(130) Bayerisches Behördenschild des Berg- und Hüttenamtes Kitzbühel, 1806/09

chen Wohlstands trage. Dazu kamen in der folgenden Zeit Erhöhungen der bisherigen Abgaben und auch neue Steuern. Ferner erhöhte man gewisse Taxen und den Zinsfuß der im Land auf Grund und Boden angelegten Fondskapitalien. Andererseits nahm man dem Land verschiedene Einkünfte, wie Salz-, Maut- und Postgefälle und die Straßengelder.

Während also die Finanzkraft des Landes in steigendem Maß beansprucht wurde, erfuhren aber Produktion, Handel und Verkehr keine Förderung. Es vergingen sogar Jahre, bis Tirol in den bayerischen Mautverband einbezogen wurde. Bis dahin bestanden die provinziellen Zölle fort, und man praktizierte überdies noch das Sperrsystem gegenüber Tirol, indem z. B. kein Vieh nach Bayern exportiert werden durfte. So schwand für weite Bevölkerungskreise bald die Hoffnung, dass durch die Vereinigung mit Bayern wenigstens der Handel belebt würde. Der Transit, eine der wichtigsten Einnahmequellen des Landes, litt unter Napoleons Kontinentalsperre und dem an den

Die bayerische Herrschaft in Tirol 1806–1809

erkannt wurde. Die Medizinalreform ermöglichte eine staatliche Gesundheitsfürsorge; z. B. war Bayern das erste Land in Europa, das die Zwangsimpfung gegen die weit verbreitete Pocken-Krankheit einführte. In Tirol setzte die Impfung im August 1807 ein und war von Anfang an von vielen Irrtümern belastet. Unter anderem ging das Gerücht um, dass den Leuten der Protestantismus damit eingeimpft werde. Diese Maßnahme löste in manchen Orten sogar gewalttätige Unruhen aus.

(131) „Aufruf an die Eltern zur Beförderung der Kuhpockenimpfung", Innsbruck, 15. Oktober 1806

Besondere Aktivitäten wurden im kirchenpolizeilichen Bereich entfaltet. Entsprechend der Grundeinstellung des aufgeklärten Absolutismus musste auch in Bayern die Kirche dem Staat dienen und sich der staatlichen Ordnung unterwerfen, wollte sie überhaupt Bestand haben. Verhältnismäßig wenig berührte das gläubige Volk der Streit der Regierung mit den Bischöfen von Brixen, Trient und Chur. Der Bischof von Chur residierte nämlich während der Napoleonischen Ära in Meran, im Tiroler Anteil seiner Diözese. Bereits 1806 forderte der bayerische König das Recht der Pfründenverleihung, das Verleihungsrecht fast aller geistlichen Stellen und das Recht der Ausbildung der Priester. Die Versprechen des Königs gegenüber einem Gesandten von Trient und Brixen, welcher Maximilian Joseph Gruß und Glückwünsche überbracht hatte, waren bald schon als leere Worte erkannt worden. Der König hatte dem Gesandten versichert, er werde die Oberhirten in ihrem wohltätigen Amt unterstützen.

Das Volk wurde hellhörig und aufmerksam, als man laufend die Tätigkeit der Kirchenpolizei zu spüren bekam. Die Einmischung der Beamten in alle kirchlichen Angelegenheiten und die Durchleuchtung aller religiösen Aktivitäten in und außerhalb der Kirche nach Sinn, Wert und eventuell schädigenden ökonomischen Auswirkungen fühlte die ganze Bevölkerung. Aufklärerischer Geist hatte kein Verständnis für die konservative Denkweise des tief gläubigen Gebirgsvolks. Auch ohne dass an die eigentliche Glaubenssubstanz gerührt wurde, fühlte sich das Volk in seinen religiösen Gefühlen verletzt. Die erste kirchenpolizeiliche Maßnahme, die im Volk eine nicht vorauszuahnende ablehnende Haltung gegenüber der neuen Herrschaft zeitigte, war das Verbot der Christmette zu Weihnachten des Jahres 1806. Das heißt, der traditionell um Mitternacht abgehaltene Gottesdienst sollte auf den Morgen des Christtages (1. Weihnachtsfeiertag) verlegt werden. Die

Verordnung wurde in manchen Orten eingehalten, in anderen nicht. Auf jeden Fall war diese Neuregelung geeignet, den Ablauf der Weihnachtsfeier in den Familien zu stören. Daraus ist die Unruhe zu erklären, die eigentlich weit größer war, als es der Anlass an sich verlangt hätte. Doch damit war nur ein erster Schritt getan, denn von nun an folgte eine Flut von kirchenpolizeilichen Vorschriften. Alles wurde durch den Staat geregelt, ob es das Rosenkranzgebet während der heiligen Messe war oder der Verbrauch des Öls beim Ewigen Licht.

Traditionelle Bittgänge und Prozessionen wurden abgeschafft und bäuerliche Feiertage aufgehoben. Beim Klerus herrschte interessanterweise für manche Maßnahmen eher Einsicht als beim Volk. Es will sehr viel besagen, wenn die autoritätsgewohnten Gläubigen sich nicht mehr an die Weisungen ihres Seelsorgers hielten, die zur Beruhigung hatten beitragen wollen. So kam es – und es sprach sich bald im ganzen Land herum –, dass man gegen rund 1500 Wallfahrer aus der Umgebung von Brixen Militär einsetzen wollte, dann aber in den 19 beteiligten Dörfern Geldstrafen einhob. Für den Wiederholungsfall drohte man mit der Aushebung von Rekruten und der Einquartierung von je zehn Soldaten pro Dorf. Ein anderes Mal wurden Kreuzträger und Vorbeter einer untersagten, aber doch durchgeführten Prozession mit Arrest bestraft. Dann wieder wurde über zwei Mädchen, die verbotenerweise zum Feierabend läuteten, die Strafe der öffentlichen Prügelung verhängt. Es ist begreiflich, dass durch Gerüchte – wie z. B. über eine geplante Abschaffung von Zölibat und Unauflöslichkeit der Ehe – Misstrauen und Abneigung noch genährt wurden. Wenn nun unter der neuen Herrschaft gleichsam an die josephinische Kirchenordnung angeknüpft wurde, so konnte das Unterfangen nun auch keine andere Reaktion hervorrufen als damals, nämlich strikte Ablehnung.

Als geradezu sadistisch empfand man die Einführung eines offiziellen Gebetes für den ungeliebten König und seine Familie, zu beten im Rahmen der heiligen Messe[11]:

„Besonders aber bitten wir dich für deinen Diener Unsern König Maximilian Joseph, den wir wegen seiner Fürsorge für das Beste Unseres Landes mit dankbarer Liebe Unseren Vater nennen dürfen – segne Ihn mit allen den Wohlthaten, die einem gerechten, seine Völker liebenden Fürsten die süßesten und seligsten Freuden nur immer seyn können. Laß den Frieden, den er seinem Volke immer zu erhalten sucht, mit allen seinen wohlthätigen Folgen, lange sein Königreich beglücken, und Religion und gute Sitten seine Glückseligkeit gründen und befestigen. ..."

Für Bischöfe und Priesterschaft waren andere Probleme gewichtiger, so z. B., dass vonseiten der Regierung für alle königlichen Weisungen vom Klerus unbedingter Gehorsam gefordert wurde. Des Weiteren wurden für die Bischöfe von Trient und Chur die Temporalien – Einkünfte, die sich aus der Verwaltung des Amtes ergaben – gesperrt. Zudem drohte man ihnen sogar die Verbannung an. Graf Arco schlug vor, ganz Tirol mit dem Augsburger Kirchensprengel zu vereinigen. Er bewertete die Schuld der drei in Tirol residierenden Bischöfe ungefähr gleich hoch. Vom Schriftenaustausch zwischen Regierung und Kirchenfürsten – in immer heftigerem Ton – war wenig ins Volk gedrungen. Es konnte daher nur nach dem urteilen, was es sah. Als der Bischof von Chur in die Schweiz und jener von Trient nach Reichenhall deportiert wurden, trat eine heftige Erregung im Volk ein, verbunden mit neuen, üblen Befürchtungen, die zu Recht bestanden. Die Regierung hob zunächst die sieben großen Klöster auf, die mit dem Recht der Landstandschaft begabt waren, und in der Folge noch eine Reihe kleinerer geistlicher Korporationsstiftungen. Der Geistlichkeit untersagte man jeglichen Kontakt mit den Bischö-

(132) Gebet für die königlich-bayerische Familie, wohl 1806

(133) „Warnung an die Tirolischen Unterthanen", Innsbruck, 20. November 1807

fen. An die dreißig Priester, vorwiegend aus dem Vinschgau, wurden abgeschoben und die Pfarren nach staatlichem Gutdünken vergeben. Der Generalkommissär wies an, die Predigten strengstens auf ihren politischen Gehalt hin zu überwachen. Schließlich wurde ein Spezialkommissär in der Person des Johann Theodor von Hofstetten bestellt, um dem Ungehorsam von Klerus und Volk wirksam begegnen zu können. Alle diese Maßnahmen waren geeignet, die Missstimmung unter der Bevölkerung zu schüren.

Mit 1. Mai 1808 wurde die neue bayerische Verfassung publiziert, die die endgültige Voraussetzung für den Einheitsstaat schuf. Damit trat an die Stelle der Provinz- die Kreiseinteilung nach dem Vorbild der französischen Departements. Dabei wurden historisch gewachsene Einheiten zerschlagen und durch zusammenhanglose Kreise ersetzt, eingerichtet nach rein administrativ-geografischen Gesichtspunkten. Der Bereich Tirols verlor nun seine innere Einheit, wenn er in Inn-, Eisack- und Etschkreis unterteilt wurde. Damit beseitigte man zugleich den geografischen wie politischen Begriff „Tirol", was patriotische Gemüter besonders hart traf. Die Verwendung der Bezeichnung „Tirol" wurde streng verboten. Befremdend wurde auch empfunden, dass das Stammschloss Tirol bei Meran vom Staat verkauft wurde, ein Umstand, dem man Symbolwert beimessen konnte.

Generalkommissär Karl Graf Arco kehrte nun nach München zurück. Es darf ihm zugutegehalten werden, dass er gegenüber König und Regierung nie verschwiegen hatte, dass die Leistungen des Gesamtstaates für Tirol dem Maß der an das Land gerichteten Anforderungen entsprechen müssten. Abgesehen vom kirchenpolitischen Bereich mahnte er wiederholt zur Mäßigung, war in vielem ein Befürworter konservativer Tendenzen, jedoch letztlich immer ein zuverlässiger Beamter, der den Auftrag seiner Vorgesetzten ausführte. Sein taktisches Gespür aber hatte den Anschein von Milde erwecken können. Überdies hatte er die Tiroler auch verstanden. Graf Arco wurde durch drei Generalkommissäre abgelöst, von denen Maximilian Graf Lodron (Innkreis) ihm charakterlich am nächsten kam, während Johann Freiherr von Aretin (Eisackkreis) und Johann Graf Welsperg (Etschkreis) in keiner Weise Ansehen und Beliebtheit gewinnen konnten. Bedingt durch die neue Kreiseinteilung wurde auch das Gubernium in Innsbruck, die Regierungsbehörde für die gesamte Provinz, überflüssig und damit aufgelöst.

Mit der Verfassung von 1808 wurde aber auch die sogenannte Tiroler Landschaft, also die Landständische Versammlung, in der auch die Bauern gesessen hatten, ersatzlos gestrichen. Die alte, immer wieder modifizierte Wehrverfassung, die mehrere Rechte beinhaltete, wie z. B. die Verteidigung bloß der Landesgrenzen oder dass die Landständische Versammlung zustimmen musste, wenn von Tiroler Boden aus ein Krieg begonnen werden sollte, nahm auch ein Ende. Auch für die alten Einrichtungen der Landschaft – den Kongress, die Aktivitäten, die Kasse, Waffen- und Munitionsdepot, eigene Beamte usw. – war kein Platz mehr.

Freilich muss gesagt werden, dass der Tiroler Landschaft zu Beginn des 19. Jahrhunderts nicht mehr jene Bedeutung zugekommen ist wie in vergangenen Jahrhunderten, zu sehr war sie durch die zentralisierenden Bestrebungen Österreichs im 18. Jahrhundert ausgehöhlt worden. Bis zum Jahr 1790 hatte es durch Jahrzehnte keinen vollen Landtag mehr gegeben, was nicht bedeutet, dass die Bestrebungen der Stände ohne Erfolg geblieben wären. Fortlaufend arbeiteten die sogenannten Aktivitäten, von denen eine im Norden (Innsbruck) und eine im Süden (Bozen) bestand. In bayerischer Zeit kam es nie zu einem vollen Landtag. Die Aktivitäten konnten nicht wirkungsvoll arbeiten, und der Kongress war nur einmal zusammengetreten. Die Eingabe an den König mit der Erinnerung an sein Versprechen, die alte Verfassung zu erhalten, war ohne Erfolg geblieben.

In Tirol waren von alters her viele Institutionen bis hinab in ganz lokale Bereiche auf Selbstverwaltung und Selbstbestimmung hin ausgerichtet. Nun brach eine Zeit des totalen Reglementierens an. Nach Einführung der Konstitution mit Mai 1808 wurde der bürokratische Polizeistaat perfekt und allgegenwärtig. Immer und überall griff er ein und wollte über alles informiert sein. Es gab keinen Bereich des menschlichen Lebens, in den sich das Beamtentum nicht eingemischt hätte, und dies mit einer bisher nicht gekannten Akribie. Von bayerischer Seite wurde betont, dass der Geist des Lichtes und des Fortschrittes in Tirol eingezogen sei!

Im Vergleich zur Ausnützung der finanziellen Leistungsfähigkeit Tirols, zur Durchführung vielfältiger, gravierender Verwaltungsreformen, zur Durchsetzung kirchenpolitischer Maßnahmen und zur Aufhebung der alten Verfassung wartete man mit der Heranziehung der Tiroler zum Militärdienst eher lange zu. Man wusste um die bisherige Sonderstellung dieses Landes und um die Schwierigkeiten der österreichischen Regierung bei ihrem Konskriptionsversuch. Zu sehr lebten in Tirol alte

(134) Konskription zum bayerischen Militär in Welschtirol, Anfang 1809

Traditionen fort. Für die Bejahung der Selbstverteidigung mit allen zur Verfügung stehenden Möglichkeiten waren gerade in den vergangenen Kriegsjahren glänzende Beweise geliefert worden. Dienst außer Landes und noch dazu nach einem festgelegten Reglement lehnte man jedoch ab.

Im Jahr 1807 wurde durch freie Werbung ein Bataillon Jäger in der Stärke von 888 Mann aufgestellt. Als es sich erstmals über die Tiroler Grenzen hinausbegab, desertierten bereits auf dem Marsch nach Weilheim rund 300 Mann. Um diese Zeit führte man in den größeren Orten des Landes eine Art Bürgerwehr ein.

Man hätte mit der allgemeinen Konskription wohl noch zugewartet, wenn nicht Kaiser Napoleon von seinen in dem seit 1806 bestehenden „Rheinbund" zusammengeschlossenen Partnern immer größere Leistungen verlangt hätte. Mit der Einführung der Konstitution vom Mai 1808 und der damit erreichten formalen Gleichstellung aller Teile des bayerischen Staates war endgültig eine rechtliche Handhabe zur Einführung der Konskription auch in Tirol gegeben. Als bereits im Jänner 1807 das Gerücht von einer bevorstehenden Militärstellung umgegangen war, hatte dies eine Panikstimmung unter den Burschen hervorgerufen. Nachdem die Behörden ihnen Pässe zur Ausreise verweigert hatten, waren viele junge Männer illegal über die Grenzen geflohen. Nun, zwei Jahre später, war der Zeitpunkt besonders ungünstig. Allgemein rechnete man mit einem baldigen Krieg zwischen Österreich und Frankreich. Nie und nimmer wollte man im bayerischen Militär an der Seite Napoleons gegen Österreich kämpfen!

Zur Komplettierung des in Tirol stationierten Regiments Kinkel und der Leichten Infanteriebataillone Nr. 2 und Nr. 7 sollten nun 1000 Mann ausgehoben werden. Bereits bei der Erstellung der notwendigen Listen kam es zu Unruhen, besonders im Vinschgau. Man berief sich auf die im Frieden von Pressburg garantierte – bzw. von den Tirolern so interpretierte – und vom bayerischen König zugesagte Beibehaltung der alten Rechte und der Verfassung, wonach es in Tirol keine Konskription geben könne.

Am 8. Februar 1809 erhielten die Richter Mitteilung von der bevorstehenden allgemeinen Militärstellung. Da Aufruhr erwartet worden war, hatte man zwei Bataillone Infanterie, eine Dragonerdivision und Artillerie nach Tirol entsandt. Die

Unsicherheit auf bayerischer Seite war offenbar, und die Situation war aufs Äußerste gespannt, als man mit der Konskription begann.

Für den 11. März war sie für Innsbruck und seinen Landbezirk vorgesehen. Während sich in der Stadt von 39 Stellungspflichtigen immerhin zwölf meldeten, fanden sich von den 119 erwarteten Männern aus den ländlichen Bereichen nur drei ein. Nun wurde Militär in einige Dörfer geschickt, die stärkste Abteilung nach Axams am südwestlichen Mittelgebirge. Doch liefen in der Nacht vom 12. auf den 13. März alle für das Militär in Frage kommenden Burschen davon. Die Soldaten schwärmten aus, um nach den Entlaufenen zu suchen. Außerhalb des Dorfes Kematen trafen sie zwei bewaffnete junge Männer an. Als der Hauptmann ihnen die Waffen abnehmen wollte, bedrohten sie ihn, worauf er die Flucht ergriff und Alarm schlug, was wiederum Auswirkungen nicht nur auf das bayerische Militär hatte, sondern auch zur Bewaffnung von Bauern führte. Im nahen Dorf Oberperfuss läuteten die Sturmglocken. Anmarschierende bayerische Soldaten wurden von den Bauernburschen entwaffnet und nach Innsbruck zurückgeschickt.

Noch widerspenstiger benahmen sich die Leute im welschtirolischen Fleimstal, denen das bayerische System der Nivellierung besondere Rechte genommen hatte, was die Stimmung gegen die neuen Herren anheizte. Als der Richter von Cavalese am 13. März zu Predazzo mit der Rekrutierung beginnen wollte, musste er sich vor der protestierenden Volksmenge zurückziehen. Nach einem weiteren Versuch floh er nach Trient. Daraufhin besetzten die Einwohner des Tales den Hauptort Cavalese und beschlagnahmten Geld und Pulver. Generalkommissär Graf Welsperg rief Militär zu Hilfe. Als die Soldaten unter Oberst Karl von Ditfurth ins Fleimstal einrückten, kam es zu offenem, gewalttätigem Aufruhr. 15 der Unruhestifter wurden verhaftet und nach Mantua überstellt. Eine Gruppe von ihnen landete in der Verbannung auf der Insel Elba. An manchen Orten des Landes, wie in Imst, Landeck oder Pfunds, gärte ebenfalls ein Aufruhr.

Die Konskription wurde nun ausgesetzt. Um sich aber nicht eine besondere Blöße zu geben, fuhr man in der Erstellung der Musterlisten unter dem Vorwand fort, noch wichtige Ergänzungen anbringen zu müssen. Die Ergebnislosigkeit des Konskriptionsversuchs steigerte die Unsicherheit der Bayern. Das Selbstbewusstsein der Tiroler erstarkte. Im ganzen Land wurde die Kunde verbreitet, dass erster Widerstand geleistet worden sei.

(135) Bayerisches Militär in den Uniformen von ca. 1810

Geheime Vorbereitungen in Tirol und Wien

Die Ereignisse von Axams bzw. Kematen und Cavalese waren sicherlich eine spontane Mutprobe der Bauernburschen, im Grunde aber Ausdruck der Unzufriedenheit in weiten Kreisen der Bevölkerung. Der bayerische Staatsminister Graf Montgelas schrieb in den später veröffentlichten „Denkwürdigkeiten" über die Stimmung in Tirol[1]: „Die Landstände waren ... aufgehoben worden, die Land- und sonstigen Untergerichte auf gleiche Art wie in Bayern organisiert, die Centralregierung und die Kreiseintheilung bestanden noch fort. Man hatte die Grundsteuer zwar nicht erhöht, aber doch mit mehr Pünktlichkeit eingehoben, die bisher unbekannte Stempelabgabe eingeführt, desgleichen die Absicht ausgesprochen, die unter den früheren Regenten an verschiedene Gutsherren verpfändeten Gerichtsbarkeiten wieder einzulösen und mancherlei Privilegien einer genaueren Prüfung zu unterstellen. Gewisse abergläubische, aber bei dem Volk beliebte Andachtsübungen waren untersagt worden; das Papiergeld befand sich ... außer Kurs, eine gerechte und selbst unvermeidliche Maßregel, welche aber gleichwohl das Vermögen der Einzelnen um den Werthunterschied zwischen Baargeld und Papier verminderte und alle diejenigen, welche als Käufer auftraten oder auch kürzlich etwas veräußert hatten, schädigte. Die ... Verfassung des Königreiches vom 1. Mai 1808 stellte eine Änderung der Bezeichnungen der Provinzen in Aussicht, was einer Bevölkerung sehr empfindlich fiel, die gleich den Tirolern die Unverletzlichkeit ihres Landesgebietes hoch schätzte und sich als eine besondere Nation betrachtete. In der Verfassung war ebenfalls der Grundsatz der Militärconscription ausgesprochen, welche diesen Gebirgsbewohnern stets aufs äußerste verhaßt gewesen war und selbst durch Joseph II. bei ihnen nicht hatte eingeführt werden können. Alle diese Maßregeln, von denen doch nicht Umgang zu nehmen war, wenn man aus dem Tirol diejenigen Vortheile ziehen wollte, welche den für Erwerbung dieses Landes gebrachten Opfern entsprachen, veranlaßten doch daselbst eine geheime Mißstimmung, die einem scharfen Beobachter nicht entgehen konnte."

Dieser Aussage aus höchsten bayerischen Kreisen, in der die Ursachen der Unzufriedenheit zwar erkannt, aber mit einem Nützlichkeitsstandpunkt verteidigt werden, seien die Äußerungen des Bauern Lorenz Rangger aus Völs bei Innsbruck gegenübergestellt. Er vertritt die Meinung und Denkungsart der breiten Tiroler Bevölkerung. Manche Vorwürfe wirken klischeeartig, denn alle negativen Erkenntnisse konnte man wohl nicht am eigenen Leib erfahren; manche wurden allerorts nachgesprochen. Es ist überhaupt bemerkenswert, dass ein einfacher Bauer seine „Memoiren" zu Papier brachte. Der Wert der in weiten Teilen recht unmittelbar wirkenden Schilderung der Situation wird über die mangelnde Orthografie hinwegsehen lassen[2]: „Als wir nun unter der Bairischen Regierung stunden, da stunde es nicht lang an bis wir erfuhren das unser neue König nicht die milde Gutherzige Regierung fiehrte wie Kaiser Franz; dan es wurde gleich nebst die von undenklichen Zeiten her nur Georgi- und Andrä-Steuer, noch zwei andere Steuern, als Lichtmeß und Jakobi ausgeschrieben; mit diesem nicht zufrieden, wurden noch andere Steuern mit allerlei Namen ausgeschrieben. Es wurden auch andere sehr nachtheilige Anstalten getroffen." Darunter zählt Rangger nicht nur wirtschaftliche Belange auf. Die „gutdenkenden tyrolischen Beamten" seien entfernt und durch „Ausländer", die „kein Interesse an das Land bindet", ersetzt worden. Den Gemeindevorstehern und auch den Kirchpröpsten sei nun aufgetragen worden, das Regierungsblatt zu lesen, was pro Jahr 17 Gulden gekostet habe. Breiten Raum widmet Rangger den Eingriffen auf religiösem und kirchlichem Gebiet: „... alles was durch die Religion der Väter und die Gebräuche unserer Voräiltern dem Volke Ehrwürdig und Heilig war, ist vernichtet worden. ... Was die Geistlichkeit betrifft, bin ich ganz außer Stand selben herben Zustand zu Beschreiben. Dan die Abteyen als in Wilten, Stams und Viecht wurden aufgehoben. Die Klostergüether samt Fahrniß sein entnommen und durch die Regierung Verkauft worden. ... Bei den Güethern ist es noch nicht verblieben; es blibe sogar das Heillige nicht ungestört; dan die Kirchen-Paramenten, so auch andere Gold und Silberne Kirchenzierden samt Monstranzen, Kölche und Meßgewand; kurz alles was eines höheren Werthes wurde abgenomen und an die Juden Verkauft. Nur das äußerst Nothwendig das heilige Meßopfer zu entrichten blibe Ungestört." Es ist von der Unterdrückung insbesondere der Klöster die Rede und der Erschwerung in der Ausbildung der Priester, um zum Schluss zu kommen: „Es ist der Politik nicht entsprechneter den ersten Streich auf das Priestertum zu fiehren, um die katholische Relligion nach und nach zu unterdrucken; dan wan der Hirt geschlagen, kan man leicht Schließen, das die Layen ohne demselben nicht bestehen können." Was den militärischen Bereich betrifft, so bedauert Rangger die Requirierungen, die Einquartierungen, die kostenlos zu leistenden Vorspanndienste. Und weiter: „Da wir nun etliche Jahre unter der Bairischen Regierung darben mußten wurde auch die Rekrutierung eingereicht ..." Der Schreiber setzt seine Aufzählung nicht ins Uferlose fort, sondern meint zusammenfassend: „... kurz zu sagen alle Drückungen und Zahlungen zu Beschreiben müßte man ein Buch verfassen".

Ziemlich hilflos war die bayerische Verwaltung, wenn das Absingen antibayerischer Lieder und G'stanzln in Gasthäusern angezeigt wurde. Auf relativ harmlose Weise konnte man damit seiner Stimmung Ausdruck geben. Natürlich glitten die Texte manchmal auf derbes und verletzendes Niveau ab, wenn vom „Boar Fak" die Rede war oder „der Bayer" mit einem Schwein verglichen wird, wie in der letzten Strophe eines Spottgedichtes bzw. -liedes[3]:

Der Bayer hat das Land verheeret,
wie eine Sau die Flur zerstöret.
Franz! leg dem Rüssel Ringe an,
damit er nicht mehr wühlen kann.

Ein anderes böses Gedicht war an König Max Joseph gerichtet, der im Allgemeinen von Verunglimpfungen eher verschont blieb. Im folgenden Text wurde ihm nicht nur aller Unmut über die bayerische Verwaltung aufgebürdet, sondern es wurde auch der Spott mit dem König von Napoleons Gnaden getrieben (Auszug):

König Max Du graußigs Mandl
Was treibst Du für üble Handl,
Mei! wirst Du denn nimmer g'scheid,
Schau Du bist ja nur a Heiter!
Geh' sonst kriegst von uns an Deiter,
Denn mier sein ja grobe Leut.

Du willst da an König machen.
Möchten Küh' und Kälber lachen,
O der Bonapart ist fein,
Zieht Di bei der Nasn ummer
Und Du Teufels-Narr Du dummer
Mußt sein Kammerdiener sein.

Geh', und laß Di nimmer schaffen,
Sonst möcht unser Hear uns strafen,
Geh' hear au bald König sein,
Geh', mit Deine zwei drei Mandlen
Und fang an mit Facken handln,
Schau, es tragt Dir mehrer ein.

Endlich schwören mier aufs Neu
Dir den Eid der schönsten Treu:
Bayrisch wöllen mier nit sein,
Denn mier lassen uns nit necken;
Uebrigens kannst Du uns lecken
Und Di packen obendrein.

Gewichtiger, wenn auch geheimer, waren die sich intensivierenden Beziehungen mancher Tiroler zu Wien. Schon 1806 scheint eine Tiroler Deputation, bestehend aus Bauern, in Wien gewesen zu sein. Entscheidend gefördert wurde die Verbindung zwischen der Hauptstadt der Monarchie und Tirol durch in Wien ansässig gewordene Tiroler, wie Josef von Hormayr, Anton Leopold Roschmann d. J. oder Anton Steger, kaiserlicher Hofbüchsenspanner. Minister Johann Philipp Graf Stadion wirkte in dem Sinn auf Kaiser Franz ein, dass die Stimmung der Anhänglichkeit in Tirol zu erhalten sei, da Tirol immer ein wichtiges Grenzland und der wichtigste Schauplatz der französisch-bayerischen Offensiv- und Defensivmaßregeln bleiben werde. Noch Anfang 1806 meinte der Kaiser, er wolle nicht in den Verdacht kommen, den „Zunder der Gärung gegen die neue Regierung" in Tirol zu unterhalten! Eine Wende in den Beziehungen Wien–Tirol trat ein, als seit Sommer 1808 ernsthaft an einen neuen Waffengang Österreichs gegen Frankreich gedacht wurde. Erzherzog Johann und der Direktor des Haus-, Hof- und Staatsarchivs, Josef Freiherr von Hormayr, ein gebürtiger Tiroler, verfolgten mit Konsequenz die Idee, Tirol in die Kriegspläne mit einzubeziehen. Der Erzherzog, der die Tiroler bereits schätzen und lieben gelernt hatte, wusste, dass er auf sie zählen konnte. Hormayr ging es um die Befreiung seiner Heimat und – er war von krankhaftem Ehrgeiz beseelt – um die Möglichkeit, seine ohne Zweifel großen organisatorischen Fähigkeiten unter Beweis zu stellen und damit an seiner Karriere weiterzubauen. Der Kontakt zwischen „Prinz Hannes" und Tiroler Freunden war nach der Abtrennung Tirols nie abgerissen. Es muss überhaupt betont werden, dass es nicht das „offizielle" Österreich war, sondern Erzherzog Johann, der die österreichisch-patriotische Stimmung mit Befriedigung förderte und den Tirolern Hoffnung auf Erfolg machte. Durch die Geheimkorrespondenz mit zahlreichen Tirolern wusste Erzherzog Johann über die Stimmung in diesem Land bestens Bescheid. Je näher der mutmaßliche Kriegsausbruch rückte, umso notwendiger war es, ein Aktionsprogramm für Tirol zu entwerfen. Hiezu schien eine persönliche Aussprache mit führenden Tirolern unumgänglich. Im recht kurios – da verschlüsselt – klingenden Ladschreiben[4] ist vom „Liebhaber" (= Kaiser Franz) die Rede, der sich entschlossen habe, die „Braut" (= Tirol) heimzuholen. Der „Vater der Braut" solle mit seinen „lieben Brüdern", darunter dem „Bartigen", schnell kommen.

(136) Die geheime Vorbereitung des Tiroler Aufstands, Gemälde von Johann Kapferer (?), um 1845/50

Unter dem „Bartigen" ist natürlich niemand anders als der Sandwirt Andreas Hofer zu verstehen. In einer geheimen Besprechung wurden für die Reise nach Wien delegiert: Andreas Hofer, Sandwirt im Passeier, Peter Hueber vulgo Kreiter, Gastwirt zu Bruneck, und Franz Anton Nessing, Kaffeesieder in Bozen.

Mit Erzherzog Johann war der Sandwirt bereits seit dem Jahr 1804 bekannt. In seinen „Denkwürdigkeiten" berichtet der Erzherzog zum 17. Juni jenes Jahres, als er von Meran aus das Passeiertal besuchte[5]: „Als ich von Sankt Martin bei dem Wirtshaus am Sand vorbeiritt, fiel mir eine große starke Gestalt mit einem schwarzen Bart auf, welche mir die Gesundheit ausbrachte. Dies war das erstemal, daß ich Hofer sah. Damals dachte niemand an die Schicksale, welche diesen Mann treffen würden."

Zur Zeit der Wien-Reise war Andreas Hofer auch den Behörden kein Unbekannter. Mehrere unzufriedene Tiroler aus verschiedenen Tälern des südlichen Tirol hatten sich am 25. November 1807 bei Peter Mayr, Wirt an der Mahr bei Brixen, zu einer geheimen Besprechung getroffen, die jedoch aufgespürt worden war.[6] Es stellte sich zwar heraus, dass die Angezeigten nur eine Bittschrift an den bayerischen König richten wollten; an sich hatten sie nichts Strafbares getan. Nur der Bauer Plattner von Verdings und der Sandwirt Hofer von Passeier schienen geheimer Umtriebe verdächtig und wurden verwarnt. Sie sollten von nun an auch besonders beobachtet werden. Einen solchen Auftrag erteilte der Bozner Kreishauptmann Anton Gummer der Obrigkeit im Passeier am 12. Dezember 1807. Wörtlich heißt es darin: „Es ist mir der Sandwirth v. Passeyer als ein sehr gefährlicher Mann angezeigt

GEHEIME VORBEREITUNGEN IN TIROL UND WIEN

(137) Joseph Freiherr von Hormayr, im Jahr 1809 kaiserlicher Intendant in Tirol

worden, die Obrigkeit hat mir daher über seine Denkart, sein Benehmen und seine Äußerungen pflichtmäßigen Bericht zu erstatten, und selben überhaupt sehr genau zu beobachten." Für den Ortsrichter Andreas Auer war eine genaue Beobachtung des Sandwirts nur bis zu einem gewissen Grad möglich, hielt sich doch Hofer nicht ständig im Passeier auf. Seine Reisen als Pferde- und Weinhändler brachten ihn durch das ganze Land. Es konnte nicht einmal Hofers geheime Reise nach Wien im Jänner 1809 vereitelt werden. Vielleicht war er bereits zum zweiten Mal in der Kaiserstadt. Jedenfalls ist ein auf Andreas Hofer ausgestellter und mit 18. April 1800 datierter Pass erhalten[7], der ihn berechtigte, nach Kärnten, Salzburg und Österreich zu reisen und insgesamt zwei Monate auszubleiben. Es war damals die Zeit, in der der Westen Tirols sehr bedroht und die Tiroler mit den Aktionen des Militärs nicht immer einverstanden waren. Sollte Andreas Hofer schon im Jahr 1800 eine politische Mission zu erfüllen gehabt haben?

Am 16. Jänner 1809 reisten Hofer, Hueber und Nessing nach Wien ab oder besser: Sie verschwanden aus Tirol. Ende des Monats kamen sie in Wien an und hielten sich dort eine knappe Woche auf. Sie hatten Unterredungen mit Erzherzog Johann und Josef von Hormayr. In Wien soll sich eine naiv-köstliche Episode zugetragen haben, falls sie Hormayr nicht lediglich erfunden hat[8], worauf manches deutet: Man wollte natürlich möglichst wenig Aufsehen um die Tiroler haben. Besonders die markante Erscheinung des Sandwirts, gekleidet in „Tiroler Nationaltracht" und mit dem prächtigen dunklen Bart, hätte die Blicke von Spionen etc. auf sich ziehen können. Daher nahm Hormayr Hofer das Versprechen ab, sich bei Tag nicht öffentlich sehen zu lassen. Hofer legte das Versprechen ganz wörtlich aus und ging am Abend in das Kärntnertor-Theater! Wie konnte es anders kommen, noch während der Vorstellung wurde Minister Stadion von der auffallenden Tiroler-Gestalt

im Theater benachrichtigt. Hormayr zufolge machte ihm Graf Stadion heftige Vorwürfe: „Ihre Tyroler sollten ja versteckt bleiben ... Ihr Bartmann, oder Buschmann, oder Sandwirth sitzt drüben im Kärntnerthor-Theater und zieht Aller Augen auf sich." Hormayr ließ Hofer mit dem Vorwand herauslocken, dass ein Landsmann mit dem Wein und den Pferden angekommen sei und ihn auf der Stelle sprechen müsse. Hormayr rügte den Sandwirt: „Aber Anderl, die Tyroler halten sonst Wort, und Du hast mir in die Hand versprochen, Dich sorgfältig verborgen zu halten, und läufst jetzt in Deinem Aufzug und mit Deinem bartigen Rüssel daher, um die Operntriller zu hören, und zu sehen, wie sie im Ballet die Beine ausstrecken??" – „Ich habe nichts verbrochen", erwiderte Hofer, „als mich niemals bei Tage irgendwo sehen zu lassen, aber jetzt ist es ja schon immer zwischen vier und fünf Uhr stockrabendunkel." Als sich für Hofer herausstellte, dass gar kein Landsmann mit

Wein und Pferden da sei, sondern dass dies nur eine Finte gewesen sei, ihn rasch aus dem Theater herauszubringen, wollte er wieder hineingehen, da er ja wohl für die ganze Vorstellung bezahlt, bereits viel versäumt habe und sicherlich kein Geld zurückbekommen werde.

Bei ihren Unterredungen konnten die Tiroler ausführlich über die gegenwärtigen Verhältnisse unter Bayern sprechen. Nach ihrer Schilderung war die Abneigung bei der Landbevölkerung und beim Klerus am größten, auf die städtische Bevölkerung lasse sich weniger zählen, am wenigsten jedoch auf die Beamten. Man diskutierte auch wirtschaftliche Fragen und vor allem Angelegenheiten der Landesverteidigung, des Nachschubs usw. Große Hoffnungen setzte man auf die Wiederaufrichtung der Landesverfassung. Die Tiroler baten, die österreichische Armee solle sofort in Tirol einmarschieren, da zur Zeit nur wenig bayerisches Militär dort stationiert sei. Das, wurde ihnen verständlich gemacht, sei nicht möglich, da sich ja auch die Ereignisse in Tirol nach einem größeren Zeitplan richten müssten. So wurde der Beginn des Aufstands erst für den 12. März angenommen. In den ausgearbeiteten Richtlinien zum Verhalten der Tiroler vor dem Aufstand ist z. B. festgelegt worden, dass Nachrichten nur mündlich weitergegeben werden dürften; von der Geistlichkeit seien nur die leidenschaftlichsten Priester zu informieren, darunter die von den Bayern schlecht behandelten umherziehenden Bettelmönche; die Wirte sollten sich um genügend Vorräte kümmern, um sich an der Versorgung der kaiserlichen Truppen mit beteiligen zu können. Für den Kriegsfall musste Folgendes beachtet werden: Die Österreicher würden über das Pustertal und über Salzburg einrücken und ihr Kommen durch Kreidfeuer ankündigen. Feindliche Durchzüge müssten aufgehalten, verfolgt, beschossen und vereitelt werden; Steinlawinen seien vorzubereiten; alles sei bereitzuhalten, um Brücken und Wege abtragen zu können bzw. wieder herzurichten. Zum Abschluss wurde den Tirolern noch eine Rolle mit Dukaten zur Verteilung an bestimmte Wirte mitgegeben, bei denen Bestschießen veranstaltet werden können, um unauffällig Männer zur Kontaktnahme zu versammeln. Die Tiroler übergaben dem Erzherzog eine Bittschrift[9], die eigentlich für den Kaiser bestimmt war. Da in dem eher kurz gehaltenen Elaborat manches fehlte, sah sich der Erzherzog genötigt, zu den einzelnen Punkten ergänzende und erläuternde Bemerkungen unter Einbeziehung der Besprechungsergebnisse mit den Tirolern anzubringen. Gemeinsam wurden die Schriftstücke dem Kaiser überreicht. Es ist interessant, wie der Erzherzog in seiner Denkschrift auf die Psyche der Tiroler einging, die er in der Tat gut kannte. Obwohl er sie voll in ihrem sehnlichsten Wunsch, einen Wandel der Verhältnisse in ihrem Land herbeizuführen, unterstützte, und dadurch ihre Herzen noch mehr gewann, geht aus seinen Worten denn doch hervor, dass er auch die Tiroler und ihren guten Willen in erster Linie in den Dienst von Staat und Herrscherhaus stellte. Er äußert die Ansicht, dass die überall gepriesenen Erfolge Frankreichs und der unglückliche Ausgang der geführten Kriege geeignet seien, zu Vorsicht und Ruhe des Volkes beizutragen. Und wörtlich meinte er: „Darum wird ein rasches Vordringen in Tyrol umso nothwendiger, damit keine Wahl, keine Zeit zum Überlegen übrig bleibe und die Nation mitgerissen werde. Hier müssen alle Triebfedern wirken und an die Spitze Männer gestellt werden, die das Vertrauen des Volkes besitzen, das Land kennen und deren körperliche Kräfte sie zu einer außerordentlichen physischen Thätigkeit eigen machen. Daß dem Volk nicht Zeit bleibe zu überlegen, sey die Sorge dieser Männer und dies umso mehr, da sie jetzt als Rebellen streiten. Ist aber der erste Schritt gethan, dann kömmt uns dieses zu Gute, weil dann dieses Volk nicht mehr zurück kann. Es ihnen begreiflich zu machen zum rechten

Zeitpunkte, sey die Sorge ihrer Führer. ... Tyrol muß als eine selbständige Festung behandelt werden, die in diesem Lande stehende Truppe muß innig mit den Bewohnern, welche sich verzweifelt zu wehren gezwungen sind ... [zusammen] wirken. So könnte Tyrol, wenn auch manches andere vom Feinde überschwemmt wird, ein beständiges Hindernis in Verbindung mit Salzburg und Innerösterreich bleiben und manches Unglück verhindern. Auch ist es wahrlich billig, daß wenn man einmal dieses biedere Volk aufgereizet hat, man es nicht ohne Truppen und Vertheidigung, folglich nicht ohne Möglichkeit lassen kann, sich vor dem Lose der Empörer zu retten. – Die gleich bey dem Eintritt in das Land auszubreitenden Aufrufe und Proclamationen müssen höchst kräftig seyn und einen großen Zweck verrathen. Dies erweckt Vertrauen. Bey der Redlichkeit des Tyrolers, bey seiner Ehrfurcht für Recht und Verträge ist es nothwendig, vorzüglich darzustellen, Österreich habe Tyrol durch den Preßburger Frieden an Bayern abgetreten, nur auf die Art und mit jenen Rechten, wie S. M. der Kaiser selber es besessen und nicht anders. Folglich wäre darunter die Erhaltung der Rechte und Freyheiten, die seit der Erwerbung des Landes für Österreich, die bey jeder Huldigung neu beschworen wurden und bey allen Gelegenheiten bekräftigt wurden [zu verstehen.] ... Eine getreue aber grelle Darstellung aller bayrischen Veranlassungen, wie sie alle ihre feyerlich gegebenen, gedruckten Verheißungen alle gebrochen haben, was das Land in dieser Zeit erlitten habe, kurz nichts dürfte vergessen werden; vorzüglich aber, daß diese Verletzungen das wechselseitige Übereinkommen vernichteten, daß folglich Bayerns Recht auf Tyrol aufhöre, sie, die Tyroler, dem Könige nie geschworen noch gehuldigt hätten. Bey so einem gewissenhaften Volke ist dieses nicht gleichgültig und daß man sein Gewissen beruhige ist ein großer Schritt mehr zur Erreichung des beabsichtigten Zweckes. ..."

Man darf nicht glauben, dass in Wien überall helle Freude über den Wunsch der Tiroler, endlich „losschlagen" zu können, geherrscht hätte. Obwohl noch in den ersten Februartagen überreicht, erhielt Erzherzog Johann nur von Minister Graf Stadion einen zustimmenden Bescheid, während die Antwort des Kaisers ausblieb. Auf ein neuerliches Schreiben vom 17. Februar hin erließ der Kaiser erst mit 10. März eine Resolution, in der er mitteilte, dass seine Entschließung „nächstens" folgen werde. Kaiser Franz und auch die hohe Beamtenschaft konnten als Anhänger doktrinären Legitimitätsglaubens den Tirolern nicht rückhaltlos Unterstützung gewähren. Selbst Kaiserin Maria Ludovica, an sich Anhängerin der Kriegspartei, lehnte die Revolutionierung eines Landes ab, das Österreich vertraglich an einen anderen Staat abgetreten hatte, wenn sie sich folgend äußerte[10]: „Mit welchem Rechte können wir die Tiroler aufmuntern zur Empörung, zur Untreu gegen ihren rechtmäßigen Gebieter?"

Ein „Volkskrieg" hatte in konservativ denkenden Kreisen etwas Suspektes an sich, während es hohe Militärs ohnehin geradezu unter ihrer Würde fanden, Seite an Seite mit Bauern zu kämpfen. Die rührende Anhänglichkeit des größten Teiles der Tiroler Bevölkerung stieß in Wien durchaus nicht auf entsprechende uneingeschränkte Gegenliebe. Nur erfuhren dies die Tiroler nicht! Sie erhielten lediglich die endgültige Mitteilung, dass es zum Krieg kommen werde, denn am 8. Februar war die Entscheidung für einen Präventivkrieg Österreichs gegen Frankreich gefallen. Durch das Zögern gegenüber der Tiroler Angelegenheit wurde wertvolle Zeit für Vorbereitungen vertan.

Die Mitglieder der Gesandtschaft aus Tirol waren inzwischen nicht untätig gewesen. Besonders Andreas Hofer entfaltete eine rührige Agitation. Schon auf der Rückreise von Wien, die ihn durch das Nordtiroler Unterland führte, besprach er sich mit Rupert Wintersteller in Kirchdorf, mit Simon

Laimböck von Stumm, mit dem Wieselerwirt in Volders, mit Martin Firler, den er in der Nähe von Kundl traf, mit Josef Speckbacher und dem Kronenwirt Josef Ignaz Straub in Hall. Zu Straub hatte der Sandwirt ein besonderes Verhältnis. Er scheint der einzige „Städter" gewesen zu sein, den Hofer in die in Wien gefassten Pläne einweihte[11], während der Sandwirt in der Landeshauptstadt Innsbruck noch keinen Mitwisser – auch keinen Wirt – haben wollte! In seinem Wirkungsfeld, im Inntal zwischen Ampass und Schwaz, entwickelte Straub in der Anwerbung von „Patrioten" eine Rührigkeit zur vollsten Zufriedenheit Hofers. Dieser besprach sich noch mit dem Schupfenwirt Etschmann an der Brennerstraße unweit Innsbrucks, bevor er ins südliche Tirol zurückkehrte, um dort im Sinne des vorgefassten brisant-patriotischen Ziels rastlos tätig zu sein. Die voll Eingeweihten und Vertrauenswürdigen setzten die Werbung fort, bis das ganze Land gleichsam von einem immer dichter werdenden Netz von Vertrauensleuten überspannt war.

Bei dieser Agitationsarbeit kam – wie schon angeklungen ist – den Wirten am Land eine bedeutende Rolle zu. Dennoch wäre es völlig unsinnig, von einem „Aufstand der Wirte" zu sprechen. Wirtshäuser waren gänzlich unverfängliche Treffpunkte der Männer, so auch bei diesen ihren geheimzuhaltenden Besprechungen. Durch die Bedeutung der Wirte auch im Nachrichtenwesen waren sie schon in der Zeit der Vorbereitung in die ganze Angelegenheit involviert. Diese Berufsgruppe, die Andreas Hofer überdies nahestand, hat sich 1809 sehr engagiert.[12] Über 40 Wirte standen als Hauptleute Schützen- und Landsturmkompanien vor. Am Ende des Aufstandes wurden sieben Wirte als Anführer standrechtlich erschossen, und nicht wenige gerieten in drückende wirtschaftliche Notlage.

Außer der Delegation mit Andreas Hofer reisten auch andere Gruppen von Tiroler Idealisten nach Wien zur Besprechung von Aufstandsplänen, obwohl der erstgenannten Gruppe schon aufgrund der auch von Erzherzog Johann sehr geschätzten Persönlichkeit des Sandwirts größte Bedeutung zukam.

Es hat keinen Wert, in der Geschichte mit „wenn und aber" zu argumentieren – aber wäre es zum vereinbarten Zeitpunkt oder überhaupt zu einer Volkserhebung gekommen, wenn Andreas Hofer von den Bayern verhaftet worden wäre? Der bayerische Gesandte in Wien hatte sofort von der Anwesenheit der Tiroler Delegation berichtet, ohne freilich Namen und Herkunftsorte zu kennen. In Tirol liefen sogleich Erhebungen an. Bei der Identifizierung des „Bärtigen" kamen nur drei Männer in Frage, unter denen die Behörden mit Recht den Sandwirt vermuteten. Bald aber wäre irrtümlich ein Mann aus Klausen strafweise zum bayerischen Militär eingezogen worden. Nach endgültiger Identifizierung Hofers gewinnt man aus den Akten jedoch den Eindruck, dass man sich scheute, die angesehene Persönlichkeit zu verhaften.

Die Bayern in Tirol erfuhren dank konkreter Hinweise, dass eine Erhebung irgendwelcher Art im Gange sei, wie man ja auch von einem bevorstehenden Krieg zwischen Österreich und Frankreich mit Verbündeten wusste. Man konnte aber nicht ahnen, wie weit die Vorbereitungen gediehen waren. Nach dem Besuch der Tiroler Deputation in Wien wurde der Kontakt zwischen diesem Land und den in der Kaiserstadt eingeweihten Persönlichkeiten noch viel enger. Agenten überbrachten dauernd Botschaften. Der Sache der Tiroler kam der Zeitgewinn zugute, denn der ursprünglich ins Auge gefasste Termin für die Erhebung (12. März) musste um rund einen Monat verschoben werden.

Unterdessen wurde in Wien alles Wesentliche für die Operation in Tirol fixiert. Die oberste Leitung war Erzherzog Johann übertragen, zum Kommandanten des Tiroler Korps wurde Feldmar-

Schlussabsatz noch eine raffinierte Zusammenfassung mit Rechtfertigungen für Österreich sowie Gewissensberuhigung für die Tiroler und stellt zugleich den Höhepunkt des Elaborates dar: „Und wenn ihr an Alles das, und wenn ihr wieder dessen gedenket, wie Bayern durch den treulosen Bruch der Bedingung des Friedens, unter der es Tyrol erhielt, und aller seiner schönen Verheißungen, sich seines Rechtes selber verlustiget hat, – und daß ihr ihm niemahls einen Eid der Huldigung geschworen habt, bleibt dann in eurer treuen Brust noch Raum für einen andern Gedanken, und kennt eure Zunge noch ein anderes Wort, als: Erlösung!"

Der zweite Aufruf, für das weniger gebildete Volk bestimmt, stellte eine Kurzfassung des ersten dar. Diese beiden Druckwerke sollten die Stim-

(138) Feldmarschallleutnant Gabriel Marquis von Chasteler, 1805/10

schallleutnant Johann Gabriel Marquis von Chasteler bestellt, und Josef Freiherr von Hormayr wurde mit der Einrichtung der Zivilverwaltung betraut. Dieser war auch für die propagandistische Tätigkeit verantwortlich. Für den Einmarsch in Tirol bereitete er im Einvernehmen mit Erzherzog Johann drei Aufrufe vor, deren erste beide in leidenschaftlichem Ton gehalten waren, was eine anonyme Veröffentlichung empfahl. Die Aufrufe wurden zu Tausenden in Deutsch und Italienisch gedruckt. Der erste Aufruf, „Auf, Tyroler, auf! – Sie ist da, die Stunde eurer Erlösung!", hat gewiss nicht seine Wirkung verfehlt. Es werden Tiroler Geschichte, der schmachvolle Friede von Pressburg und der Bruch der Abmachungen durch Bayern aufgerollt. Die Klausel „non autrement" („und nicht anders") des Artikels 8 im Friedensvertrag von Pressburg wurde – wie schon früher ins Auge gefasst – als juridische Rechtfertigung des Einschreitens über Gebühr betont.[13] In meisterhafter Weise bringt der

(139) Aufruf an die Tiroler beim Einmarsch des kaiserlichen Militärs in Tirol am 9. April 1809, verfasst von Joseph von Hormayr

(140, 141)
Österreichisches Militär, Fußtruppen und Artillerie, um 1809

mung anheizen und aufreizen. Der dritte Aufruf, bewusst wesentlich seriöser abgefasst, ein fast feierlicher Appell an den Tiroler Patriotismus, ist mit „Erzherzog Johann" unterzeichnet: „Tyroler! – Ich bin da, das Wort zu lösen, das ich Euch am 4. November 1805 gab: ‚Daß gewiß die Zeit kommen werde, wo Mir das hohe Vergnügen zu Theile werden wird, Mich wieder mit und unter Euch zu befinden.'"

Besonders seit den Konskriptionsversuchen im Innsbrucker Raum und im welschtirolischen Fleimstal, wo es zu bewaffnetem Widerstand kam, mussten die Bayern mit wachsendem Selbstbewusstsein der Tiroler rechnen. Die geheime Agitation im Land und die Vorbereitungen Österreichs für einen Einmarsch blieben ihnen nicht verborgen. Durch Kundschafter versuchten sie mehr Informationen zu erhalten. Die Generalkommissäre Lodron (Innsbruck), Aretin (Brixen) und Welsperg (Trient) in den Kreisen „Südbayerns" drangen in München wiederholt auf Verstärkung der Besatzung, allein, sie wurde ihnen verweigert, denn Napoleon hatte für die bayerischen Divisionen schon andere Aufgaben vorgesehen. Generalleutnant Georg August Kinkel musste mit fünf Bataillonen, zwei Eskadronen und eineinhalb Batterien das Auslangen finden, d. h. für innere Ruhe sorgen und den Feind von den Grenzen abhalten. Mit Bangen sah man den kommenden Ereignissen entgegen.

Der Aufstand bricht los – Hofers erste Waffenerfolge

Es ist fraglich, ob Österreich den Zeitpunkt für einen neuen Waffengang gegen Frankreich und seine Verbündeten glücklich gewählt hat – befand sich doch Napoleon auf dem Höhepunkt seiner Macht. Auf jeden Fall war Österreich zuversichtlich, im Jahr 1809 die entscheidende Wende in den Machtkonstellationen Europas herbeiführen zu können. Die Einbeziehung Tirols in die Kriegspläne war in Wien nicht von vornherein angepeilt worden. In Erzherzog Johann, der die Gesinnung der Tiroler kannte und um ihre Aufstandspläne wusste, hatten sie ihren wärmsten Fürsprecher bei Kaiser Franz. Anfang April 1809 war es so weit. Im Rahmen des österreichischen Aufmarsches in Oberitalien und in Süddeutschland sollte schließlich eine Invasion in Tirol erfolgen.[1] Oberbefehlshaber war Erzherzog Karl, die Südarmee kommandierte Erzherzog Johann. Am 7. April traf er in Villach die letzten Anordnungen. Danach hatte Feldmarschallleutnant Marquis von Chasteler mit sieben Linien- und zwei Landwehrbataillonen, 17 Geschützen und drei Eskadronen Reiterei, Teile des VIII. österreichischen Armee-Korps, in Tirol einzurücken. Dies waren an die 8000 Mann; mehr stellte die Heeresleitung für das Tiroler Unternehmen nicht zur Verfügung. Mit 8. April ist das von Erzherzog Johann unterzeichnete Besitzergreifungspatent für Tirol datiert.

Kurioserweise befand sich zu diesem Zeitpunkt noch kein österreichischer Soldat auf Tiroler Boden! Das Patent, das viele Details regelt, zumindest anschneidet, ist ein typisches, in euphorischer Stimmung abgefasstes Elaborat Josef von Hormayrs, der zum Intendanten in Tirol bestellt worden war, das heißt zum Chef der einzurichtenden Zivilverwaltung. Damit unterstand er dem Generalintendanten der Südarmee, Peter Graf Goess, der allerdings schon bald in Gefangenschaft geriet.

In der Nacht vom 8. auf den 9. April ordnete Feldmarschallleutnant Chasteler im oberkärntnerischen Oberdrauburg, knapp vor der Tiroler Grenze, seine Truppen, und am frühen Morgen – mit offiziellem Kriegsbeginn – erfolgte der Marschbefehl. Über den Einmarsch im „bayerischen Tirol" gibt zum Beispiel das „Journal der Kriegs-Begebenheiten und sonstigen täglichen Vorfällen im Feldzuge 1809"[2], verfasst von Oberleutnant Franz Karl von Veyder, folgenden eindrucksvollen Bericht: „Den 9ten April mit Tages

Anbruch wurde von der ganzen Corps-Abtheilung der Marsch von Ober Drauburg nach Lienz in Tyrol angetreten. Bei Passierung der Grenze stimmten sämmtliche Truppen in einen Jubelruf. – Der Einzug in Lienz geschah unter Jubelgeschrei der Tyroler, welche unsere Soldaten als ihre Brüder und Erretter umarmten. Die k[öniglich] bayerischen Autoritäten kamen bis an die Thore entgegen." Mitten im tosenden Lärm der Begeisterung ritt um neun Uhr der kommandierende General Johann Gabriel Marquis von Chasteler, immer wieder als „Ritter ohne Furcht und Tadel" bezeichnet, in der Stadt Lienz ein. Böllerknall und Glockengeläute begrüßten ihn. Auf Chasteler folgte Josef von Hormayr, der gleich in Lienz, der ersten befreiten Stadt Tirols, die Gelegenheit wahrnahm, seiner Funktion als Intendant nachzukommen. Auf die Frage nach dem Verhalten der bayerischen Beamten musste er von der Bevölkerung erstaunterweise die Bitte hören, man möge den rechtschaffenen Landrichter Bram im Amt belassen! Hormayr nahm den Beamten den Eid ab, ordnete die erste Deportierung an und nahm – Chasteler und Hormayr waren ohne finanziellen Rückhalt ins Land gekommen, da man sich irrigerweise erhofft hatte, gefüllte bayerische Kassen vorzufinden – beim Handelshaus Oberhueber einen Kredit über einige tausend Gulden auf.

In zügigen Märschen rückte Chasteler durch das Pustertal vor, ohne auf nennenswerten Widerstand der Bayern zu stoßen. Der bayerische Oberstleutnant Wreden, der mit einem Truppenkörper in Brixen als Garnison stationiert war, sah keinen anderen Ausweg, als sich fluchtartig in Richtung Brennerpass zurückzuziehen, um sich mit General Kinkel zu vereinigen. Im Vorbeimarsch sollte die hohe Brücke über den Eisack, die Ladritscher Brücke, am Ausgang des Pustertales abgetragen werden, um das bald zu erwartende Nachrücken der Österreicher zu hemmen. Gemäß den in Wien getroffenen Abmachungen sollten die Einheimischen unter anderem die Flussübergänge sichern. Schon bei St. Lorenzen unweit der Stadt Bruneck hatten die Bauern gewaltsam das Abbrechen einer Brücke verhindert. Die Ladritscher Brücke hatte eine noch weit größere strategische

(142) Jakob Plazidus Altmutter, Abschied des Landesverteidigers, um 1810

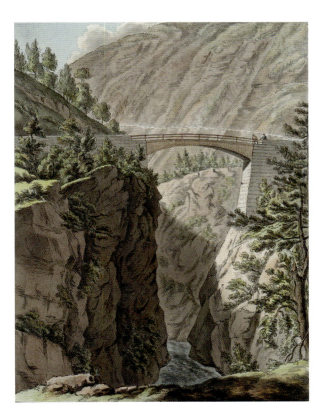

(143) Die Ladritscher Brücke über den Eisack, um 1800

Bedeutung. Und hier an dieser Brücke beziehungsweise an der nahe gelegenen Brixner Klause kam es am 10. und 11. April zu den ersten größeren Gefechten. Die Bauern von Rodeneck, Mühlbach und Vintl vereitelten alle bayerischen Versuche, die Ladritscher Brücke zu zerstören. Oberstleutnant Wreden ließ auch Artillerie auffahren und verursachte im nahen Dorf Aicha schwere Schäden. Nicht nur, dass der Kampf um die Brücke die erste größere Auseinandersetzung im Rahmen des Aufstands war, es war zugleich eine der spannungsgeladensten und wechselvollsten Aktionen. Allzu lange hätten die Tiroler wahrscheinlich gar nicht mehr standhalten können, da kamen die Leute aus dem bei Vahrn nördlich Brixen in das Eisacktal einmündenden Schalderer Tal und eröffneten auf die Bayern von der Flanke her das Feuer. Die Hoffnung, der Kampf werde nun entschieden, wurde enttäuscht, rückten doch – im richtigen Moment für die Bayern – im Eisacktal von Süden Franzosen heran. Es handelte sich um die rund 2500 Mann der ersten Kolonne unter General Bisson, einen Teil der Italienarmee, der nach Augsburg überstellt werden sollte. Schon in Trient hatte diese Truppe keinen guten Eindruck gemacht und war durch Klagen und Desertionen von zumeist erst jüngst Konskribierten aufgefallen.[3] Es war Zufall, dass diese Kolonne gerade am 11. April die Brixner Klause passierte. Nun aber kam die Enttäuschung für die Bayern: General Bisson unterstützte sie nicht! Ihn kümmerte die Ladritscher Brücke nicht; er wollte lediglich möglichst unbehelligt vorankommen. In einem später abgehaltenen Kriegsgerichtsprozess gab er zu seiner Entschuldigung die in zu geringer Menge mitgeführte Munition an. Das bayerische Militär, nun doch allein, gab aber den Kampf nicht auf. Die Widerstandskraft der Bauern drohte zu erlahmen, da sahen Freund und Feind weiße Monturen auftauchen. Es bestand kein Zweifel, die Kaiserlichen waren vom Pustertal her im Anmarsch! Wreden konnte nicht wissen, dass es sich nur um einige der Avantgarde Chastelers vorausgeeilte Leute handelte, ließ von der Brücke ab, zog sich nach Sterzing zurück und verlor noch rund 200 Mann seiner Nachhut als Gefangene an die selbstsicher gewordenen Bauern.

Ungefähr zu dieser Zeit kam die zweite für Augsburg bestimmte Heereskolonne unter General Lemoine, die Bisson mit zeitlicher Verzögerung gefolgt war, in Brixen an, erfuhr von den Ereignissen um die Ladritscher Brücke und den heranrückenden Österreichern und kehrte vorerst wieder um. Unter Verfolgung durch den Landsturm des Etschtales rückte Lemoine wieder in Trient ein, doch auch hier fühlte er sich nicht mehr sicher. Der Magistrat musste eine Kundmachung veröffentlichen, nach der ab dem Einbruch der Dunkelheit jede Volksversammlung verboten war. Auch Einzelpersonen durften das Haus nicht mehr verlassen. Selbst das Hinausschauen beim Fenster war untersagt.

Bereits bei diesen Gefechten um die Ladritscher Brücke wuchs die Aktivität der Tiroler Landesverteidiger über den ihnen zugedachten Aufgabenkreis eigentlich hinaus. Dieser war in Wien zwischen Erzherzog Johann und Freiherrn von Hormayr einerseits und den Tiroler Vertretern andererseits eindeutig umgrenzt worden. Freilich sollten sie dem Feind alle erdenklichen Schwierigkeiten bereiten, als tragende Macht aber war selbstverständlich das österreichische Militär angenommen worden. Die Tiroler sollten in erster Linie seine Aktivitäten unterstützen, ohne dass ihnen bedeutende Entscheidungsmöglichkeiten einzuräumen wären. Diese Art des Volkskriegs, die einen kräftigen Rückhalt durch das Militär voraussetzt, konnte – wie in den Jahren 1796/97, 1799/1801 und 1805 – Erfolge zeitigen. Eine Verschiedenartigkeit im Wesen der bisherigen Befreiungskämpfe mit denen des Jahres 1809 besteht also darin, dass die Tiroler – unter wohl maßgeblicher Beteiligung Andreas Hofers – ihr Schicksal und ihre Verteidigungskraft nicht ausschließlich den Befehlshabern des kaiserlichen Militärs überließen, sondern in zunehmendem Maß selbst in die Hand nahmen. Diese Tendenz ist ansatzweise schon in einem Schreiben Hofers vom 9. April 1809 an den Geistlichen Jakob Hofer in Stuls im oberen Passeiertal zu erkennen. Zur Gänze von Hofers Hand geschrieben, ist es deshalb so wichtig und interessant, da es den Sandwirt gleichsam am Beginn seines Weges zum Oberkommandanten, am Beginn seiner Karriere des Jahres 1809 zeigt[4]: „Hochwirdigen Herrn Jacob Hofer – Es wirt Ihnen hiemit Kuntgemacht wie das die ÖsterReicher Thrupen die Thüroler grenzen schom [!] wircklich pethreten, und Feintlich angegrifen von welchen mir Richtige Nachricht erhalten also werden sie ersucht, was streitpares volck sich auf Stuls pefindet, das auf zu pietten und das es Morgen pis um drey uhr auf Walten [auf dem Weg zum Jaufenpass] sich einfindet, vermög man gesinnet die in Störzing pefindliche peirische Soldaten gefangen zu nemen und so sich an der österreichischen Arme anzuschliesen, welche wirchlich in den Anzug durch das Pusterthall herabzicht – pey welchen sie als Feltpater zu erscheinen haben – Thäto [= dato] den 9ten aprill 1809 – Andre Hofer als Ehrnentter comänttänt".

Hofer war also zu diesem Zeitpunkt nicht nur „gewählter" Kommandant des Passeirer Aufgebotes. Seine „Ernennung", die weitreichendere Befugnisse einschließt, muss wohl damals in Wien von Erzherzog Johann ausgesprochen worden sein. Wie diese Ordre vom ersten Tag der Kriegsereignisse in Tirol zeigt, hat sich Hofer nicht bloß als Handlanger der offiziellen Träger österreichischer Befehlsgewalt verstanden, sondern Eigeninitiative ergriffen. Dank starker Führernaturen erbrachte Tirol im Jahre 1809 – und das gehört eigentlich zum Wesentlichen dieses Tiroler „Heldenjahres" – entscheidende eigenständige Leistungen in Bezug auf seine Befreiung.

Es mag übrigens sein, dass Martin Teimer, gebürtig aus Schlanders im Vinschgau, beruflich seit Jahren in Klagenfurt tätig, aber begeisterter Tiroler Patriot, den Sandwirt zu kraftvollem Auftreten als „ernannter Kommandant" ermutigt hat. Denn am selben 9. April brachten Hofer und Teimer eine von ihnen gemeinsam unterzeichnete Ordre heraus, in der die Pläne der kaiserlichen Armee mitgeteilt, strategische Anordnungen zur Sperre der Straße im Eisacktal getroffen und weitere wichtige Anweisungen gegeben werden: Königlich-bayerisches Staatsgut solle „von rechtschaffenen Männern in Beschlag genommen und gut verwahrt" werden. Auch wurden unter anderem Misshandlungen missliebiger bayerischer Beamter untersagt. Hofer ahnte wohl

(144) Handschreiben Andreas Hofers an den Geistlichen Johann Hofer in Stuls, 9. April 1809, erstes Schreiben des Sandwirts als Kommandant

die Stimmung siegestrunkener, aufgebrachter Bauern im Abreagieren jahrelang aufgestauten Hasses. Martin Teimer nennt sich hier „k. k. Major und Abgeordneter S(einer) Kaiser(lichen) Hoheit", also des Erzherzogs Johann.

In der nicht allzu weit von der Ladritscher Brücke entfernten Sterzinger Gegend entstand fast zugleich ein weiterer „Brandherd". Die Bayern, auf die es Andreas Hofer abgesehen hatte, waren die rund 400 Mann in zwei Kompanien unter dem Kommando von Major Philipp von Speicher. Hofers Aufruf folgend, hatten sich – weit mehr als notwendig – die Passeirer eingefunden. Noch am 10. April war der Marsch über den Jaufenpass gegangen, und im Morgengrauen des folgenden Tags näherten sich die Bauern unter dem Geläute der Sturmglocken der Umgebung der Stadt. Die 400 bayerischen Soldaten, verstärkt durch ein Geschütz, wähnten sich mit Recht im freien Feld sicherer und zogen ins sogenannte Sterzinger Moos ab. Im Schutz von hochbeladenen Heuwagen, deren Deichseln von todesmutigen Mägden – es sind unterschiedliche Namen überliefert[5] – gezogen wurden, gelang es den Bauern, an die Bayern heranzukommen. Von der Härte des Gefechtes weiß eine „Relation" des kommandierenden Majors von Speicher zu berichten.[6] Mehrfach zur Kapitulation aufgefordert, musste sich Speicher nach stundenlangem erbitterten Kampf doch ergeben. Da trat der Sandwirt zu ihm. Speicher berichtet wörtlich: „Andreas Hofer befahl denen Rebelen, mir meinen Degen zu laßen, mit der Äußerung, daß ein Officier, der sich so tapfer mit ihm herumgeschoßen hätte, aus Achtung sein Degen bleiben müßte, und er wünschte, daß sich die Oesterreicher eben so brav halten möchten, wie diese Handvoll Baiern. Der Verlußt der Rebelen bestand nach Außsage des bemerkten Rebelen Cheff aus 73 Toden und wenig pleßirten, weil durch die Kartätschen die meisten niedergestreckt wurden." Die gefangengenommenen Bayern wurden im Schloss Wolfsthurn im nahen Mareit inhaftiert.

Frohgemut und siegesbewusst ließen die Bauern ihrer gehobenen Stimmung in den Sterzinger Gasthäusern freien Lauf und wollten bloß auf Feldmarschallleutnant Chasteler mit dem österreichischen Militär warten. Da ertönten überraschenderweise die Sturmglocken! Man hatte keine Ahnung gehabt, dass sich der französische General Bisson auf dem Marsch durch Tirol befand. Er war an den um die Ladritscher Brücke kämpfenden Bayern vorübergezogen, ohne einzugreifen, und näherte sich nun der Stadt Sterzing. Mit den rund 2500 Mann des Generals Bisson wagte man es doch nicht aufzunehmen und verbarg sich in den nahen Wäldern. Kurz nach Bisson gelangte Oberstleutnant Wreden nach Sterzing. Er hatte beim Auftauchen der ersten österreichischen Soldaten aus dem Pustertal den Kampf um die strategisch wichtige Ladritscher Brücke ergebnislos abgebrochen und war in Richtung Innsbruck abgezogen. Weder Bisson noch Wreden wussten von den in Schloss Wolfsthurn internierten Bayern unter Major Speicher, sie befreiten sie daher auch nicht. Franzosen und Bayern verließen am nächsten Morgen Sterzing in Richtung Brenner.

(145) Blick über das Sterzinger Moos in Richtung Süden, wo im April 1809 die ersten Gefechte stattfanden

(146) Jakob Plazidus Altmutter, Andreas Hofer im Gespräch mit einem französischen Offizier

Die ersten Kämpfe am 10. und 11. April bescherten den Tiroler Landesverteidigern also auch die ersten Erfolge. In diesen Tagen entfaltete sich in manchen Landesteilen eine große Geschäftigkeit unter den aufstandswilligen Bauern. Martin Teimer, am 9. April noch bei Andreas Hofer am Sandhof, zog eilends durch den Vinschgau und über den „oberen Weg" nach Landeck, um das Volk aufzurufen und über die Vorgänge zu informieren. Überall bekamen bayerische Beamte die „Insurrektion" zu spüren. In Landeck delegierte Teimer einen gewissen Christoph Müller nach Vorarlberg, um auch dort zur Erhebung aufzurufen.

Im Innsbrucker Raum merkte man ebenfalls Unruhe, in erster Linie ausgelöst durch eine geplante Strafexpedition nach Axams, wo im Monat zuvor der Konskriptionsversuch gescheitert war. Die Strafexpedition vom 10. April sollte der Abschreckung dienen – und erreichte das Gegenteil.

Die bewaffneten Bauern wollten die rund 100 bayerischen Soldaten gar nicht erst ins Dorf lassen. Bei den Schießereien kam ein Soldat ums Leben. Die Übermacht schien den Axamern doch zu stark, daher zog man sich zurück. Nachts schwärmten die Männer aus, um aus der näheren und weiteren Umgebung, aus dem Sellrain, Stubai, Ober- und Unterinntal Hilfe zu holen: Man solle sich auf den bewaldeten Abhängen zwischen der Gallwiese beim Schloss Mentlberg und der heute als Bergisel bezeichneten Anhöhe am Ausgang der Sillschlucht bewaffnet einfinden. Dieses ganze, vom Inntal aufsteigende, hügelige Gelände, hinter dem am sogenannten Mittelgebirge die Dörfer Mutters und Natters liegen, fasste man früher unter dem Flurnamen „Bergisel" zusammen.

Dem Aufruf wurde in Massen Folge geleistet. Den Ausbruch der Feindseligkeiten am 11. April beschreibt Lorenz Rangger aus dem nahen Völs,

(147) Aufruf des Feldmarschallleutnants Marquis von Chasteler, Mühlbach, 12. April 1809, wobei er gegenüber den Tirolern seine Bewunderung ausdrückt

> **An die Kommandanten der Tiroler Landesvertheidiger in Sterzing.**
>
> Brave Tiroler! Ich bin schon in eurer Mitte. Meine Truppen haben Brixen besetzt, und ich stehe mit großer Macht auf der Höhe von Schabs. Durch diese Stellung ist die Hauptverbindung zwischen Deutschland und Italien dem flüchtigen Feind abgeschnitten. Ich schicke zugleich eine starke Truppenabtheilung von Infanterie, Kavallerie und Geschütz nebst Munition von hier über Sterzing gegen den Brenner Euch zu Hilfe. Eine andere Kolonne nimmt ihre Richtung gegen Botzen. Haltet Euch bis dahin im Besitz eurer gegenwärtigen Posten und decket mir meine Flanken.
>
> Tirols Hauptstadt wird sich im gegenwärtigen Augenblicke schon im Besitze der von Salzburg herangerückten Kolonne des Herrn General von Jellachich befinden, und das Hoflager Seiner Majestät des Kaisers Franz in der königlichen Burg zu München seyn.
>
> Auf die allererste Nachricht, daß Euer Muth für Freyheit und Vaterland

(148) Votivbild des Wagnermeisters Johann Jocher in Wilten zum Dank, dass er den „stürmischen Tag" des 12. April bloß mit einem Streifschuss überstanden habe

der persönlich an den Kämpfen teilnahm[7]: „Den 11. April nach Mitternacht geschah bey uns der Aufpruch; die Leute von benanten Dörfern, als Völs, Afling, Kemat(en), Axams, Grinzens, Birgiz und Götzens besezten die Höhle; und Höhlbrücke vor anprechenden Tag, und machten sodann mehrere Wachtfeuer, auf welches die Baiern bald wahrnahmen, in Verwundern brachte, und sogleich eine starke Patrouille herausschickten. Da nun die Baiern an unsere Vorposten stoßten feuerten unsere Leute ab; und so nahm unser gefährliches Schicksal den Anfang; der Kelch ist eingeschenkt, wer ihn Austrinke, das weiß Gott. ..."

Jenseits des Innflusses, westlich außerhalb von Innsbruck, befand sich der Pulverturm, ein Munitionslager, das die Bayern nun besonders scharf zu bewachen suchten. „Als die Baiern nahe dem Innstrom herauszohen" – schreibt Lorenz Rangger – „verweilte man nicht, ihnen ein warmes Frühstück über den Inn zu schicken. ... Nun waren die Feindseligkeiten angefangen, und sodann der Krieg, ohne diktieren zu dürffen, erklärt. Wir haben uns freilich in eine übergefährliche Lage gesetzt welche uns Leib und Leben, und auch unsere Habschaften kosten könte. Aber dessen ungeacht vollzohen wir den Willen des Kaisers, ja mehr als er verlangte. Aus inniegsten Antrieb, welcher schon lang auf unseren Herzen Loderte, unter die Regierung des Kaisers Franzen zu kommen, und um uns bälder von der Bairischen loszureißen, konte uns nicht abschrecken, das große Werk zu vollbringen. – Wir rückten also mit Vertrauen auf Gott, für unsere Religion, für den Kaiser und Vatterland zu streiten, Vorwärts bis an die Gegent Hußlhof und Better Pründl. Dan begint das Treffen den Anfang zu nehmen. ..." Die Beschreibung Raggers gibt die unkomplizierte Einstellung und die Stimmung der meisten der bäuerlichen Kämpfer wieder.

Das ganze Land ist frei!

Hatte man im Generalkommissariat in Innsbruck zunächst noch gemeint, es handle sich lediglich um die aufständischen Axamer Bauern, wurde man bald eines Besseren belehrt. Man fand in der Stadt Innsbruck, selbst in Händen von Beamten, die österreichischen Aufrufe und wusste, dass die großangelegte Erhebung bevorstand.[1] Bald bemerkte man auch die Massen von Bauern, gegen die Oberst Karl Freiherr von Ditfurth eingesetzt wurde, während es Generalkommissär Graf Lodron noch auf gütliche Weise versuchte. Seinen gedruckten Aufruf vom 11. April richtete er an die „Tiroler"![2] Diese Bezeichnung hatte Bayern mit der neuen Verfassung totzuschweigen versucht. Lodron ist über das „unglückliche Beginnen" der Bauern entsetzt und fragt: „Was sind eure Wünsche, eure Hoffnungen? Offenbart sie friedlich und wartet die Entscheidung als pflichtbewußte Unterthanen ab ..." Lodrons Worte waren klug gewählt, sie enthalten keine Strafandrohung, sondern rufen lediglich eindringlich zu Ruhe und Besonnenheit auf. Richtig war der Gedanke, dass das Schicksal Tirols auf jeden Fall letztlich von den „höhern Ereignissen" abhängen würde. Die Entwicklung war bereits zu weit fortgeschritten. Die Bauern wollten nichts mehr der „Vorsehung" überlassen, sie scheuten den „gefährlichen Kampf" mit den Mächten Bayern und Frankreich nicht mehr, sie wollten nicht eventueller „schrecklicher Folgen" eingedenk sein.

Die Oberländer bis hinauf nach Telfs wurden vom Geistlichen Andreas Ennemoser aufgeboten, während die Seele der Erhebung im Raum von Hall Josef Speckbacher war. Er versammelte die Leute des östlichen Innsbrucker Mittelgebirges am Paschberg, durch den Sillfluss vom Bergisel getrennt. Den Knappen des Haller Salzbergwerks und den Leuten aus Thaur und Mils gab er den Auftrag, am Morgen des folgenden Tages die bayerische Besatzung in der Stadt Hall zu überrumpeln. Das Ergebnis der Auseinandersetzungen des 11. April waren für die bayerischen Behörden und das Militär entmutigend. Die Tiroler erfüllte es mit Mut und Zuversicht, waren sie doch im Besitz der Anhöhen um die Stadt Innsbruck, in der das bayerische Militär mehr oder weniger eingeschlossen war. Einen Ausbruchversuch in Richtung Unterinntal hielt der kommandierende General Kinkel wohl für entwürdigend. Am 12. April musste im Innsbrucker Raum die Entscheidungsschlacht erwartet werden. Die Oberländer bezogen mit den Höttingern oberhalb Mariahilf Stellung. Die zweite Hauptansammlung von Landesverteidigern erstreckte sich von Völs bis Wilten, die dritte von der Sillbrücke bis Egerdach. Insgesamt dürften an die 6000 Bauern versammelt ge-

(149) Erstürmung der Innbrücke am 12. April 1809, aquarellierte Federzeichnung von Jakob Plazidus Altmutter, 1819

wesen sein. Um fünf Uhr morgens begannen die Bauern den Angriff.

Der Landsturm war zwar bald im Besitz von Hötting, aber ein auf der Altstadtseite der Innbrücke aufgestelltes bayerisches Geschütz sperrte den Zugang ins Stadtzentrum. Da kletterte der „Metzger Klaus" – sein Familienname ist Dietrich[3] – aus Telfs mit einigen seiner Kameraden unbemerkt über das hölzerne Wassergerinne unter dem Brückenboden bis ans Südende der Brücke, schwang sich über das Brückengeländer und stürzte sich auf die Bedienungsmannschaft des Geschützes. Andere kamen nach, womit das Eindringen der Oberländer in die Altstadt gesichert war. Dieser Vorfall, den der „Kriegsmaler" Jakob Plazidus Altmutter in einer Gouache festgehalten hat, ist ein treffliches Beispiel für die unkonventionelle Kampfweise der Tiroler. Mit solchen „improvisierten Heldentaten" überraschten sie den Gegner, der in ziemlich unbeweglicher Art nur Flintenschüsse und Bajonettangriff kannte, und erzielten Erfolge.

Mit der Erstürmung des rechten Innufers war das Schicksal der Bayern in Innsbruck eigentlich entschieden. Nachdem der Landsturm einmal abgewehrt worden war, kam er auch von Süden in die Stadt herein. Zum Schluss wurde in der Neustadt gekämpft, in der heutigen Maria-Theresien-Straße, und vor der Hauptwache (Burggraben). Oberst Ditfurth, ein echter Haudegen, befand sich mitten im Kampfgetümmel und versuchte, vom Pferd aus seine Soldaten anzufeuern. Nachdem ihn tödliche Kugeln getroffen hatten, stellten die Bayern den Kampf ein, und der greise General Kinkel gab sich gefangen. Es war ungefähr zehn Uhr vormittags.

Man darf sich nicht vorstellen, dass die Sieger ausschließlich noble, ehrsame Bauern waren. In den ziemlich unorganisierten Landsturmhaufen fanden alle Platz, von tapferen Idealisten über reine Abenteurertypen bis zu zwielichtigen Gestalten, die an materiellen Gütern zwar nichts zu verlieren, dafür unter Umständen etwas zu gewinnen hatten. Dem Landsturm in seinem Siegestaumel schloss sich zu allem Unheil auch noch „Pöbel" aus den Vorstädten an, Randschichten der Gesellschaft. Die Szenen, die sich da in der Stadt Innsbruck abspielten, sind mehrfach literarisch dargestellt worden, zum Beispiel auch vom Geistlichen Josef Daney[4]: „Gegen zehn Uhr war alles bayerische Militär zu Gefangenen gemacht. – Nun hiel-

(151) Die Tiroler Landstürmer bei der Triumphpforte in Innsbruck, 13. April 1809

(150) Schellenbaum mit bayerischem Wappen und der Aufschrift „K. b. Inf. Reg. Kinkel", dem bayerischen Militär bei den April-Kämpfen in Innsbruck abgenommen

(152) Fahne des 2. französischen Linien-Infanterie-Regiments, erbeutet von den Schützen von Inzing am 13. April 1809 bei der Kapitulation des Korps Bisson in Wilten

(153) Porträt des Schützenmajors Martin Teimer, Oberkommandant im nördlichen Tirol

ten sich die Insurgenten zu den schändlichsten Räubereien berechtigt. Wie losgebundene wütende Kettenhunde liefen sie schauerlich jauchzend Straßen und Gassen durch und schossen bald da, bald dort auf ein Fenster hinauf. Augenblicklich mußten ihnen alle Haustüren geöffnet werden. Unter dem Vorwande, man halte königlich-bayerische Offiziere oder Soldaten versteckt, mußte man sie in manchem Hause alle Zimmer durchsuchen lassen, wo sie, wie sich's von selbst versteht, nicht selten, was ihnen gefiel, mitgehen ließen. Vor allem wurden die Burg, die Kasernen und die Häuser der Juden gestürmt und geplündert. ... Das Gesindel der Stadt und vorzüglich die sogenannten Kotlackler gesellten sich bald zu den Nachzüglern und Steckenmännern des Landsturms, und an ihren leeren Säcken, die sie mitbrachten, konnte man leicht ihre Absicht erraten. Ich würde zu keinem Ende kommen, wenn ich ... die schauerlich wütenden Auftritte dieses Tages einzeln und umständlich beschreiben wollte ..."

Vor allem blieben Generalkommissär Graf Lodron, viele Beamte und bayerisch gesinnte Bürger nicht von Besuchen – zum Teil Heimsuchungen – verschont. In gewisser Weise ist das Vorgehen der Landstürmer sicher auch als Reaktion auf die Lethargie der Innsbrucker Bevölkerung zu verstehen, die sich in keiner Weise an der Erhebung gegen die Bayern beteiligt hatte.

Nachteilig wirkte sich gerade in der Situation des Siegestaumels der Umstand aus, dass den Landstürmern keine Autorität vorstand. Andererseits zwingt gerade diese Tatsache wieder insofern Bewunderung ab, dass nämlich lediglich durch die Eintracht und das Zusammenspiel der einzelnen Führer der Landsturmgruppen so ein großer Erfolg erzielt werden konnte.

Mitten in dieses Chaos kamen gegen Mittag organisierte Landecker und Silzer Schützenkompanien, die wesentlich zur Ordnung beitrugen. Ihnen folgten weitere Aufgebote aus dem Oberinntal

(154) Schützenmajor Joseph Speckbacher in einer späteren Darstellung, um 1840

und – in einer Postkutsche – Martin Teimer. Er gab sich als von Erzherzog Johann entsandt aus und konnte sich schließlich Autorität verschaffen. Am Abend des 12. April war es in der Stadt Innsbruck wieder ruhig, zumal die meisten Landstürmer schon den Heimweg angetreten hatten.

Am selben Tag waren im nahen Hall die Bayern ebenfalls überfallen worden. Hier allerdings wurde nach dem Plan einer starken Führerpersönlichkeit vorgegangen: Josef Speckbacher hatte Gelegenheit, sein Gespür für Taktik zu entfalten. Auch an anderen Orten des nördlichen Tirol kam es zu lokalen Erhebungen.

Noch am 12. April traf die Meldung ein, von Süden her nähere sich Innsbruck ein starkes Korps. Allerdings war nicht klar, ob es sich um Österreicher oder um Franzosen handle. Bald hatte man Gewissheit. Es handelte sich um die französische Heeressäule unter General Bisson. Ein Glück, dass nun Martin Teimer, mit Hilfe einer entlehnten Uniform als kaiserlicher Major gekleidet, allgemein anerkannt wurde, als er die Befehlsgewalt übernahm. In den Ortschaften der Umgebung läuteten wieder die Sturmglocken. Tausende von Bauern, diesmal auch unterstützt von Bürgern, sammelten sich vor der Stadt.

Von Landstürmern auf seinem Marsch im Wipptal gestört, kam General Bisson ermüdet am Morgen des 13. April vor Innsbruck an. Oberstleutnant Wreden hatte sich dem Zug angeschlossen. Erstaunt und deprimiert zugleich erfuhr Bisson vom Schicksal General Kinkels und der bayerischen Soldaten. Von der Nutzlosigkeit militärischer Aktionen gegenüber den das Korps umringenden Tausenden von Landstürmern überzeugt, musste er sich zum Äußersten entschließen: Rund 5500 Franzosen und Bayern streckten vor Martin Teimer die Waffen und wurden als gefangen erklärt. Dieser grandiose Erfolg selbst über einen Teil der als unbesiegbar geltenden Armee Napoleons hatte keinen Schuss gekostet. Der Sieges=

taumel war nicht geringer als am Vortag, und es kam neuerlich zu Ausschreitungen. Bauernlümmel rauften um die entwendeten französischen Waffen und vergriffen sich auch am Privateigentum der Soldaten.

Immer lauter erhob sich in Innsbruck die Frage nach dem Kommen der Österreicher. Im Nordtiroler Unterland waren bereits österreichische Soldaten eingerückt, aber Feldmarschallleutnant Marquis von Chasteler schien verschollen. An der Einmündung des Pustertales in das Eisacktal angekommen, schickte er nur zwei Bataillone gegen Süden, mit den übrigen Truppen ging er nordwärts, nachdem er es sich nicht hatte nehmen lassen, die für Brixen bestimmte Besatzung vorerst persönlich in die Bischofsstadt zu geleiten und dort seinen Einzug zu halten. Am 14. April nachts langte er in Sterzing ein, traf dort noch Andreas Hofer an und lud ihn an seine Tafel. Er lobte ihn und seine Aktion bei Sterzing. Der Sandwirt freute sich über die joviale Art, in der der Marquis mit ihm sprach. Chasteler trug Hofer, den er in einem Brief als „heros" bezeichnete, auf, vorerst nach Hause zu gehen, bis weitere Anordnungen kämen.

Feldmarschallleutnant Marquis von Chasteler wurde in Innsbruck ein feierlicher Einzug bereitet.

(155) Gefangennahme des Korps Bisson auf den Wiltener Feldern im April 1809

(156) Andreas Hofer erhält am 12. April 1809 bei Sterzing die Nachricht, dass die österreichischen Truppen zu Hilfe eilen, Ölgemälde von Ludwig Schnorr von Carolsfeld, 1830

Früher ohne Zweifel ein kühner Soldat – er trug sogar den Militär-Maria-Theresien-Orden, was einiges zu bedeuten hatte –, kehrte er nun mehr den Grandseigneur in Galauniform heraus. Im Mittelpunkt des Interesses, trat er gleichsam als strahlender Held auf, obwohl er kampflos bis Innsbruck gekommen war. Die dem österreichischen Militär zugedachte Aufgabe, Tirol zu befreien, hatte Chasteler nicht zu erfüllen brauchen, die Tiroler Schützen und Landstürmer hatten dies schon früher getan.

Nun galt es, die Zivilverwaltung nach Umsetzungen zu konsolidieren, wobei der kaiserliche Intendant Josef Freiherr von Hormayr, vor Übereifer sprühend, seine Tätigkeit aufnahm und nicht versäumte, sich selbst entsprechend in Szene zu setzen und seine Verdienste zu betonen. Der Mangel an menschlicher Reife darf zum Teil wohl mit dem in Relation zur höchst verantwortungsvollen Aufgabe jugendlichen Alter erklärt werden: Hormayr war erst 28 Jahre alt.[5] Während er selbst vorerst noch südlich des Brenners agierte, entsandte er Anton von Roschmann als Unterintendanten nach Innsbruck. Die höheren Beamten wurden sofort des Dienstes enthoben und zum größten Teil nach Klagenfurt deportiert, wohin auch die gefangen genommenen Bayern und Franzosen gebracht worden waren.

Einer der hohen Beamten verfasste einen ausführlichen Bericht, der bereits im folgenden Jahr in Buchform erschienen ist: „Geschichte der Deportierung der königlich baierischen Civilbeamten nach Ungarn und Böhmen".[6] Für den Schreiber des Berichtes bedeutete es bereits eine psychische Pein, an den Poststationen immer wieder von den Erfolgen der Österreicher zu hören!

140 Das ganze Land ist frei!

Von allen maßgeblichen Stellen ergingen Aufrufe, Ruhe zu bewahren und sich keiner Übergriffe und Gewalttätigkeiten schuldig zu machen, was nicht einfach war. Auf Chastelers Initiative hin wurde die Landesverteidigung organisiert, wobei man – auf Anregung Hormayrs – auf alte Formen zurückgriff, das heißt, auch auf die Beteiligung der Landstände. So wurden wieder Schutzdeputationen eingerichtet, doch nur die in Innsbruck funktionierte einigermaßen.

Es war eine unglückliche Eingebung, wenn der General die Tiroler aufrief, in Verbindung mit dem Militär Streifzüge nach Bayern zu unternehmen und Kontributionen einzutreiben, was manche Elemente als Aufforderung zu Plünderungen und Gewalttätigkeit sehen wollten. Martin Teimer oblag es, die Tiroler zu organisieren. Obgleich er Sturmmassen ablehnte und nur wesentlich leichter lenkbare, organisierte Schützenkompanien zuließ, gelang es doch manchen Haufen, als Nachzügler in Bayern Unheil zu stiften. Diese befanden sich in der Nähe von Militär und Schützen und ließen sich Unglaubliches zuschulden kommen. Ein Trupp von 25 Oberinntalern machte sich besonderer Exzesse schuldig. Sicherlich wurde ein Teil der begangenen Verbrechen geahndet, doch blieb im Nachbarland der Makel von den raubenden und plündernden Tirolern haften.

Am 20. April zog Feldmarschallleutnant Chasteler wieder von Innsbruck ab und wandte sich über den Brenner nach Süden, um Welschtirol zu befreien.[7] Von Brixen und Bozen aus hatte Hormayr die Zügel in der Hand. Er begab sich nach Meran, um als kaiserlicher Intendant von der alten Hauptstadt Tirols Besitz zu ergreifen. Hier wollte er sich auch mit dem Sandwirt Andreas Hofer treffen, der so erfolgreich an den Vorbereitungen zur Befreiung des Landes tätig gewesen war. Auf öffentlichem Platz begrüßten und küssten die beiden Männer einander und ritten gemeinsam zur Kirche zum Dankgottesdienst mit Te Deum. Wenig später beorderte Hormayr Andreas Hofer und seine Passeirer sozusagen als Leibwache nach Bozen, was als besondere Auszeichnung hätte verstanden werden sollen. Hormayrs Schreiben enthält die Worte[8]: „Zur Bezeigung der ganz besonderen Hochachtung für die großen Verdienste Hofers um die Rettung der vaterländischen Freiheit und in Erneuerung jener Vorrechte, welche die [Margarethe] Maultasch den Passeirern, diesem Kernschlag alter, wehrhafter Tiroler, erteilt hat, vermöge welcher die Passeirer besonders die nächsten Kämmerer der Landesfürstin sein sollen, wenn sie zu Felde zieht, bestimme ich, Hofer soll mit seinem Landsturm morgen bis längstens fünf Uhr nachmittags in Grieß eintreffen. ... Ich werde dann den Passeirern nach Grieß entgegenreiten und sie mit Hofer, dem das Vaterland einen wesentlichen Teil der Befreiung schuldet, in die Stadt

(157) Anerkennendes Schreiben von Kaiser Franz an die „lieben und getreuen Tyroler", Schärding, 28. April 1809

(158) „Sieg, Sieg und Freyheit", Aufruf des Generalmajors Franz von Fenner, Bozen, 16. April 1809

Bozen einführen." Hofer mag zu diesem Zeitpunkt tatsächlich noch vom rührigen Hormayr, seiner Tätigkeit und seiner Ehrbezeigung geblendet gewesen sein.

Als der Aufstand in Tirol ausgebrochen war, hatte der von Napoleon ernannte Vizekönig von Italien, Eugène Beauharnais, 10.000 Mann Infanterie und Dragoner unter dem General Baraguey d'Hilliers nach Trient geschickt, um wenigstens Welschtirol zu halten.[9] Hormayrs und General Fenners Aufrufe zu einer allgemeinen Erhebung kamen nicht in erwarteter Weise zum Tragen. Fenner war Abteilungskommandant im Korps Chasteler. Vielleicht spielte die Tatsache mit, dass Welschtirol in die vorhergehende geistige Wühlarbeit kaum einbezogen worden war. Andreas Hofer hatte Johann Graf Arz in Asio in die Aufstandspläne eingeweiht. Der Sandwirt hatte den Grafen bei Ausbruch der Erhebung auch als Kommandanten des Nonsberger Aufgebotes vorgesehen, doch lehnte der Graf aus Altersgründen und Familienrücksichten ab. Am 17. April bevollmächtigte Hofer die ihm bekannten Nonsberger Patrioten Girolamo Steffenelli und Anton von Malanotti zur Organisierung von Schützen- und Landsturmkompanien. In Nons- und Sulzberg und in Judikarien folgte man gleich dem Aufruf. Im Fleimstal erhoben sich rund 1200 Landstürmer. Noch beherrschten die Franzosen das Etschtal bis gegen Lavis. Zwei Landstürmer aus Segonzano, von einem französischen Vorposten angegriffen, wurden füsiliert. Der Gewaltakt rief in der Bevölkerung höchste Entrüstung hervor. Bei Lavis bzw. Gardolo standen einander österreichisches und französisches Militär gegenüber. Zwei Kompanien Jäger der Brigade Fenner im Verein mit Passeirern und Vinschgauern, denen sich Landstürmer aus dem Nonsberg anschlossen, gelang es, über Terlago und Vezzano den linken Flügel der Franzosen zu umgehen und Trient zu bedrohen. Das an Zahl verhältnismäßig geringe österreichische Militär und die Tiroler Landesverteidiger wären noch nicht imstande gewesen, das Korps des Generals Baraguey d'Hilliers zu vertreiben. Da ergab es sich, dass strategische Notwendigkeiten – Erzherzog Johann hatte Vizekönig Eugène Beauharnais bei Sacile arg bedrängt – den Abzug Baragueys am 22. April erforderten. Zu Mittag desselben Tages rückte der österreichische Oberstleutnant Graf Leiningen kampflos in Trient ein und ergriff im Namen des Kaisers Besitz von der Stadt. Wenig später kam Generalmajor Fenner in Trient an und machte der Stadt zum Vorwurf, dass sie sich den Franzosen gegenüber zuvorkommend erwiesen habe. Dies sei zu Unrecht geschehen, meinte der Trienter Chronist Graziadei, Trient sei lediglich bestrebt gewesen, die jeweils als Eroberer auftretenden Truppen – des eigenen Vorteils wegen – gut zu bedienen.

Dieses Verhalten ist typisch für die städtische Bevölkerung. Nun hätte Trient bald ein ähnliches Schicksal erlitten wie Innsbruck. Dem Berufsmilitär folgten rund 10.000 welsch- und deutschtirolische Schützen und Landstürmer in die Stadt. Die Schützen waren gut organisiert und daher auch diszipliniert. Ungezügelte Kreise unter den Landstürmern jedoch, wieder unterstützt vom „Pöbel", ließen mit ihren mitgebrachten leeren Säcken eindeutig Plünderungsabsichten erkennen, deren Ausführung durch Militär und Schützen verhindert werden konnte.

Am Sonntag, dem 23. April – in Innsbruck hielt man einen Dankgottesdienst ab – kam Feldmarschallleutnant Chasteler in Trient an, mit ihm Andreas Hofer mit seinen Passeirern. Wenig später folgte Intendant von Hormayr. Dieser hielt sein Strafgericht, insbesondere über den bayerischen Generalkommissär Graf Welsperg, ab, der abgesetzt und zur Deportierung bestimmt wurde. Den Trientern selbst muss die Wiederkehr der österreichischen Herrschaft nicht reine Freude gemacht haben: Zuerst hatte General Fenner eine Kontribution von 100.000 Gulden verlangt, von der allerdings letztlich nur ein kleiner Teil bezahlt werden musste. Die Plünderung der Stadt konnte gerade noch verhindert werden. Und Feldmarschallleutnant Chasteler ließ die Bürgergarde entwaffnen, was als Schmach aufgefasst werden musste.

Außer der Beteiligung an geringfügigen Gefechten hatte das kaiserliche Militär noch keine Gelegenheit gehabt, mit einer eindrucksvollen Waffentat einen Beitrag zur Befreiung des Landes zu leisten. Vielleicht waren solche Überlegungen für Chasteler, der überall – eigentlich unberechtigterweise – gefeiert wurde, ausschlaggebend, wenn er die letzte Möglichkeit zu einem Kampf ergriff. Er verfolgte die ohnehin durch das Etschtal abziehenden Franzosen. Das Treffen bei Volano nördlich Rovereto war für beide Teile verlustreich. Der Kampf erlosch bei Einbruch der Dunkelheit. Hofer, mit seinen Leuten dem rechten Flügel angehörend, war durch das Sarcatal vorgerückt und hatte zuletzt in Brentonico zwischen Gardasee und Etschtal Aufstellung genommen. Bei einem Zusammenstoß mit Franzosen waren es die Schützen des Sandwirts, die österreichische Soldaten vor einer Katastrophe bewahrten.

Am 26. April konnte Chasteler kampflos die Stadt Rovereto betreten. Nachdem man einen letzten Schlag gegen die Franzosen vorbereitet hatte und in der Nacht von 26. auf 27. April zum Angriff schreiten wollte, stieß man ins Leere. Der Feind hatte sich im Schutz der Dunkelheit bereits in Richtung Ala zurückgezogen und überschritt die Grenze. Am 27. April 1809 war ganz Tirol – mit Ausnahme Kufsteins im Unterinntal – vom Gegner geräumt und wieder frei.

Kaiser Franz erfuhr im Hoflager, das seiner Hauptarmee nachrückte, von den Erfolgen der Tiroler, wobei der Besitz des Landes durch die Ereignisse vom 12. und 13. April im Innsbrucker

(159) *Schützenscheibe aus Kaltern, deren Darstellung sich auf den 12. April 1809 bezieht, wobei der kaiserliche Doppeladler wiederum montiert wird*

(160) Die Tiroler belagern die Festung Kufstein mit hölzernen Kanonen, Propagandastich von Friedrich Campe in Nürnberg, 1809

Raum bereits gesichert erschien. Am 18. April erließ der Kaiser ein Manifest an seine „lieben und getreuen Tyroler", in dem es unter anderem heißt[10]: „Ich bin durchdrungen von Euren Anstrengungen. Ich kenne Euren Werth. Gerne komme Ich also Eueren Wünschen entgegen, Euch stäts unter die besten getreuesten Bewohner des Oesterreichischen Staates zu zählen. Alles anzuwenden, damit Euch das harte Loos, Meinem Herzen entrissen zu werden, nie wieder treffe, wird Mein sorgfältigstes Bestreben seyn. Millionen, die lange Eure Brüder waren, und sich freuen werden, es nun wieder zu seyn, drücken das Siegel auf dieses Bestreben. Ich zähle auf Euch, Ihr könnt auf Mich zählen, und mit göttlichem Beystande soll Oesterreich und Tyrol immer so vereiniget bleiben, wie es eine lange Reihe von Jahren hindurch vereiniget war."

Tirol zum zweiten Mal befreit

Kirchliche Dankfeste und zahlreiche Freischießen zeugten von überschäumender Freude der Tiroler Bevölkerung.[1] Man hatte das Ziel erreicht. Das Los der Fremdherrschaft war abgeschüttelt; man war wieder österreichisch. Die bayerischen Embleme waren unter Verwünschungen verschwunden, und überall tauchten wieder die Doppeladler auf, die gleichsam als Reliquien einer glücklichen Zeit versteckt worden waren.

Die Ereignisse vom April 1809 in Tirol zeitigten manche Erfahrungen, die für die weitere Entwicklung der Dinge in diesem stürmischen Jahr von Bedeutung waren. Es wurden sozusagen die Prämissen klar. Man war erfreut und stolz darauf, dass man die Befreiung des Landes so ziemlich ohne militärische Hilfe erreicht hatte, mit organisierten Scharfschützen und den Landsturmaufgeboten. Waren bei den Scharfschützen vielfach begüterte Bauernsöhne, so nahm am „letzten Aufgebot" alles teil, was konnte. Auch zwielichtige Gestalten waren darunter. Der Landsturm war daher schwer lenkbar, was ja auch zu Gewalttaten führte, wie sie die Bevölkerung Innsbrucks zu spüren bekommen hatte. Die Ereignisse im April zeigten auch klar, dass sich die städtische Bevölkerung distanziert verhalten werde. Der Anteil von Adel, Geistlichkeit und Bürgertum wird noch genauer zu umreißen sein, fest stand aber bereits jetzt, dass die Erhebung gegen die Fremdherrschaft in erster Linie vom Bauernstand getragen würde. Es wurde auch deutlich, dass Welschtirol am wenigsten vorbereitet war, offensichtlich ein organisatorischer Fehler. Als sich Kämpfe im südlichsten Landesteil abspielten, waren die Welschtiroler durchaus zur Teilnahme zu motivieren. Dass dort die Erhebung nicht dieselbe Intensität erreichte wie im deutschen Tirol, mag auch daran liegen, dass Welsch-

(161) Der Sandwirt Andreas Hofer als Oberkommandant im südlichen Tirol

(162) „Aufstellungs-Ausweiß" des 8. Armee-Corps in Tirol unter FML von Chasteler, wobei auch Andreas Hofer mit den Passeirern aufscheint. Innsbruck, 9. Mai 1809

tirol nicht solche Führernaturen hervorgebracht hat wie das übrige Land. Zum Unterschied von der Geheimniskrämerei der Vorbereitungszeit zählte nun nur noch das aktive Talent. Martin Teimer, Josef Speckbacher, Josef Ignaz Straub und andere hatten sich bestens bewährt.

Im Süden war Andreas Hofer die wichtigste Persönlichkeit. Auch er erwies sich über seine Funktion als treibende Kraft in den „bayerischen Jahren" hinaus als bedeutender Praktiker, wenn auch das Gefecht bei Sterzing, das mit der Gefangennahme von rund 400 Bayern endete, keine überragende Tat war. Aber bereits die Initiative hierzu, ohne militärischen Rückhalt – im Gegensatz zu den Gefechten in Welschtirol, wo er letztlich unter dem Kommando des Feldmarschallleutnants von Chasteler stand –, war scheinbar geeignet, dass ihm die Landesverteidiger auch weiterhin eine besondere Stellung einräumten. Der Zug in den äußersten Süden des Landes war schon deshalb von Bedeutung, weil man den als Händler herumgekommenen Sandwirt nun auch in einem neuen Aufgabenkreis kennen lernte. Seine Autorität war im Wachsen begriffen. Immer noch im südlichen Tirol tätig, leiteten bereits im April 1809 einige Kommandanten im nördlichen Tirol Schriftstücke an Hofer weiter, und ein Hauptmann von Kaltern nannte ihn bereits „Generalkommandant"! Es ist ein sympathischer Zug im Charakter des Sandwirtes, dass er sich nie in eine höhere Stellung gedrängt hat, sondern hineingewachsen ist.

Der Monat Mai des Jahres 1809 ließ Andreas Hofer wieder eine Stufe höher steigen. Feldmarschallleutnant von Chasteler hatte in seinem Aufruf „Brave Tyroler – Theuere Waffen-Brüder" vom 18. April 1809 in erstaunlich kluger Weise folgende Warnung ausgesprochen[2]: „Tyroler! Doch seyd auf Eurer Huth. Glaubet ja nicht, daß schon alles gethan sey. Ein mächtiger Feind ist gegen Euch erbittert. Gewiß ist ihm an dem Besitze Eueres von der Natur befestigten Landes sehr viel gelegen."

Selbstverständlich war Bayern nicht bereit, die „Insurrektion" in Tirol und Vorarlberg hinzunehmen. Aufgerüttelt durch das Nachbarland und unmittelbar ermuntert unter anderem durch Hormayrs Flugschrift „Gruß von Tirol an seine Nachbarn, die braven Vor-Arlberger" vom 22. April 1809, hatte sich auch Vorarlberg unter besonderer Beteiligung der Stände gegen die bayerische Fremdherrschaft erhoben[3], mehr oder weniger unabhängig von der Freiheitsbewegung in Tirol. Als führende Persönlichkeit in Vorarlberg gilt Dr. Anton Schneider.[4]

In einer mehrseitigen Schrift, datiert mit 30. April 1809, gerichtet „An die Bewohner des Inn-, Eisack- und Etsch-Kreises", versuchte es die bayerische Regierung vorerst mit mahnenden Worten: „Der Name ‚Tiroler' galt einst durch ganz Europa als Bezeichnung von Biederkeit und Treue; der 11. April 1809 hat ihn geschändet. Eine Rotte Rasender mißbrauchte ihn als Losungswort zum Aufruhr; … Bewohner von Südbayern! Große Verbrechen sind geschehen; aber noch ist es Zeit, sie zu sühnen. Euer König ist Derselbe, dessen Herablassung und Herzensgüte, als Er im vorigen Jahr vertrauensvoll in eurer Mitte wandelte, ungetheilten, lauten Jubel erregte! Mit Wehmuth blickt Er auf euch, als unglückliche Verirrte, welche, durch listige Verführer verblendet, Seine Liebe mit Undank vergelten. Sein Vaterherz läßt euch jezt noch Hoffnung übrig, daß Er den Irregeführten verzeihen werde, wenn sie jezt zur Pflicht zurücke kehren. – Hört ihr aber auf die Warnungen der Gutgesinnten nicht, und fahret ihr fort im sträflichen Beginnen, dann wird und muß Er den Operationen des Krieges freien Lauf lassen. Das traurigste Schicksal erwartet euch. Über euere Leichen werden sich die sieggewohnten Krieger die Straße nach Italien öffnen; verödete Ruinen ausgebrannter Dörfer, ungebaute Felder werden noch in euern Enkeln bittere Klagen über den durch die Untreue der Väter zertretenen Wohlstand des Landes erregen, und kein Vorwort eueres Königs kann mehr das Schicksal mildern, welches der erbitterte Sieger über das eroberte Land verhängt."

(163) Tiroler Vorposten, Aquarell von Leopold Puellacher, 1800/10

(164) „Der Tiroler Marsch im Feld A° 1809", Andreas Hofer inmitten der Landstürmer

Weder das In-Aussicht-Stellen des königlichen Verzeihens noch die drastische Schwarzmalerei über die trübe Zukunft konnte die Tiroler allgemein zum Umdenken bringen. Freilich musste man zum Zeitpunkt der Verlautbarung bereits wieder besorgt sein, was die euphorische Stimmung gedämpft hatte. Über das Schicksal Tirols entschieden die Waffen auf fernen Kriegsschauplätzen. Nach Anfangserfolgen – selbst München konnte eingenommen werden – geriet die österreichische Armee unter Erzherzog Karl in Süddeutschland wieder in die Defensive. Vom hochgesteckten Ziel, Europa vor Frankreich und Napoleon zu retten, blieb nichts übrig. Bald schon ging die österreichische Offensive in einen Kampf um die Existenz des Kaiserstaates über, den Napoleon zu vernichten gedroht hatte. Auch Erzherzog Johann, der in Oberitalien mit seinem Heer erfolgreich war, musste zurückweichen, obwohl gerade seine Stellung für Tirol sehr wichtig war. Die Feststellung, die einst der Erzherzog dem Kaiser vorgetragen hatte, Tirol müsse als selbständige Festung angesehen werden, stimmte noch insofern, als das Land und seine Bewohner wieder auf sich selbst gestellt waren. Sie waren auch fest entschlossen, die neu erworbene Freiheit zu verteidigen. Neben der Einleitung der Annullierung bayerischer Maßnahmen, z. B. in kirchenpolizeilicher Hinsicht, gab es für den Intendanten Josef von Hormayr, der Ende April in die Tiroler Hauptstadt Innsbruck übersiedelt war, in dieser Zeit neuer Gefahren alle Hände voll zu tun.[5]

Am drückendsten war die finanzielle Not. Vom Geld hingen insbesondere Versorgung, Löhnung und Bewaffnung der Landesverteidiger ab. Es trafen bereits verschiedene Mahnschreiben ein. Ein einfacher Schütze erhielt pro Tag immerhin 30 Kreuzer, was sich bei den Tausenden von aktiven Landesverteidigern summierte. Aber der finanzielle Aspekt des „Unternehmens Tirol" war österreichischerseits nicht ernsthaft berücksichtigt worden. Das Land hatte sich nie selbst mit Getreide versorgen können, so war man auch jetzt auf Importe angewiesen. Die Munition hatte für den ersten Waffengang der Tiroler gereicht, nun aber erfüllte die Landesverteidiger, die an den Grenzen standen, bange Erwartung auf Nachschub. Ständig musste der Intendant bei vermögenden Privaten und bei Handelshäusern, darunter natürlich den reichen „Bozner Bürgern", Darlehen aufnehmen, um Verwaltungskosten, nur kurzfristig laufende Kredite und die wichtigsten Verteidigungsausgaben bestreiten zu können. Dieser dornenvolle Weg der Geldbeschaffung hatte bereits am Tag des österreichischen Einmarsches in Tirol begonnen. Bezeichnend für die prekäre Lage, in der sich der Intendant als nun oberster Verantwortlicher in Tirol befand, ist sein Schreiben vom 1. Mai, mit dem er sich an den – inzwischen allerdings bereits in Gefangenschaft geratenen – Generalintendanten der Südarmee, Peter Graf Goess, wandte[6]: Ihr Blut würden die Tiroler schon opfern, aber an Bezahlung sei nicht zu denken. „Wir sind im Gewissen verpflichtet, das Land nicht preiszugeben und es also nicht ohne Verteidigungsanstalten zu lassen. Der Munitionsmangel ist besonders groß. Wenn nicht dafür von uns gesorgt wird, so wird das Volk noch gegen uns selbst die Waffen erheben, weil es Verrat wittern könnte. Auch Geld ist viel zu wenig. Die jüngste Eroberung von Tirol ohne Geld und Munition ist ein Zauberschlag, der aber, wenn er nicht auf solider Grundlage beruht, nur ein Theatercoup sein und uns Tirol schneller, als es gewonnen wurde, verloren gehen lassen wird."

Auf Hormayrs Veranlassung wandte sich Feldmarschallleutnant Chasteler an Erzherzog Johann. Der General malte ein ähnlich tristes Bild wie Hormayr im vorangegangenen Brief, betonte ebenfalls, dass sich die Volksstimmung gegen Österreich wenden könnte und dann den Werkzeugen Österreichs nicht einmal die tröstliche Aussicht auf ein rühmliches Ende, sondern nur das Bewusstsein, ihr Vaterland zwecklos in Schrecken und Elend gestürzt zu haben, bleiben würde. Aber Erzherzog Johann, selbst bereits auf dem Rückzug, war lediglich verwundert, dass alles Pulver und Blei, die er nach Tirol gesandt habe, bereits verschossen worden seien; er empfahl äußerste Sparsamkeit, konnte aber auch nicht konkret helfen.

Die Schutzdeputation in Innsbruck wandte sich nun direkt an Kaiser Franz mit der Bitte um Unterstützung. Der Kaiser gewährte 200.000 Gulden und auch Munition, die wenigstens für den Augenblick reichte. Im Dankschreiben wurde er der „kindlichen Liebe und Dankbarkeit" versichert. Er erhielt das Versprechen, die Tiroler wollten bis ans Ende ausharren und die ganze Welt überzeugen, dass es eher möglich sei, die Tiroler vom Erdboden zu vertilgen, als ihnen die angeborene Liebe zum Kaiser und zum Haus Habsburg zu nehmen.

Während Intendant Hormayr in Innsbruck rastlose Tätigkeit entfaltete, wuchs im südlichen Tirol die Autorität des Sandwirts, was Hormayr ungern sah. Wirklich gemocht oder geschätzt scheint er ihn nie zu haben. Später versicherte er, dass er von „Hofers Anstalten" nie etwas erwartet habe; beim Einzug in Trient am 23. April habe er jedoch „seinen Namen, seinen Bart, sein religiös-mystisches Wesen" für erwünscht gehalten und habe ihn daher gewähren lassen.[7] Die vorher erwiesenen Ehrenbezeigungen, zum Beispiel in Meran und in Bozen, waren wohl nur dazu gedacht, sich ihn willfährig zu machen. Hofer mag zwar über die Ehrenbezeigungen erfreut gewesen sein, hat aber dennoch seinen eigenen Weg beschritten, schon um das vonseiten der Bevölkerung stets zunehmende Vertrauen zu rechtfertigen. Unzweifelhaft trug sein würdevolles Äußeres zu dem Ansehen bei, das er genoss.

Es erbitterte den Intendanten, wenn er erfuhr, dass Andrä Hofer im südlichen Tirol – was Welschtirol mit einschließt – in verschiedenen Angelegenheiten den alten Josef von Giovanelli, den angesehenen Bozner Bürger und Patrioten, konsultierte oder wenn er „hinter seinem Rücken" Aktionen setzte. Zum Beispiel wandte sich Hofer – und dies erfolgreich – an Erzherzog Johann, um Geld aus der Operationskasse für die Tiroler Landesverteidigung zu erhalten.

Der Sandwirt war auch gleich zur Stelle, als am 2. Mai die französische Division Rusca im Etschtal bei Ala nach Tirol einbrach, Oberstleutnant Leiningen zurückwarf und in Trient stand. In Tirol fürchtete man eine Wiedereroberung des Landes von Süden her. Den Aufrufen folgten zahlreiche Schützenkompanien und Landsturmhaufen aus Deutsch- und Welsch-Südtirol. Und General Marchal[8] erhielt von Feldmarschallleutnant Chasteler die Weisung, sich nach Trient zu begeben. Bevor jedoch der General ankam, hatte sich Rusca bereits aus Trient zurückgezogen, um Anschluss an den nach Osten ziehenden Eugène Beauharnais zu suchen. Aufgebrachtes Bauernvolk, das der Trienter Bevölkerung für die vergangenen Tage Franzosenfreundlichkeit vorwarf, hätte Trient bald geplündert, wären nicht das kaiserliche Militär und Hofers Leute energisch dazwischengetreten. Stadt und Umgebung blieben noch einige Tage besetzt, wobei es zu einer bemerkenswerten Auseinandersetzung zwischen dem österreichischen General Marchal und Andreas Hofer kam. Die in hohen militärischen Kreisen vielfach verbreitete Geringschätzung der bäuerlichen Aufgebote findet man auch bei diesem General, wenn er Hofer nahelegte, das Landvolk rasch heimzuschicken. Doch Hofer traute der so plötzlich wieder eingekehrten Ruhe nicht. Der Sandwirt kannte Unterwürfigkeit nicht, auch nicht gegenüber einem so hohen kaiserlichen Offizier, wenn es um die Verteidigung des Heimatbodens ging. Als Marchal auf dem Abzug der Wehraufgebote beharrte, bestand der Sandwirt auf seinem Recht als selbständiger Kommandant und wollte erst die Antwort der zu Erzherzog Johann entsandten Boten abwarten. So befanden sich am 10. Mai im Raum Trient noch acht welsch- und 14 deutschtirolische Kompanien mit einer Gesamtzahl von etwa 3400 Mann.

Wie sich herausstellte, war die Gefährdung im Süden doch nicht sehr gravierend, dafür aber zog – bedingt durch die kriegerischen Ereignisse im Zusammenhang mit der österreichischen Hauptarmee unter Erzherzog Karl – im Norden und Nordosten eine weit größere Gefahr für Tirol auf. An allen Zugängen am Nordrand der Alpen waren inzwischen Verschanzungen errichtet worden; Wehraufgebote hielten sie besetzt. Feldmarschallleutnant Chasteler war der Überzeugung, dass der Gegner ein Vordringen von dieser Seite her „schwer büßen" müsse. Mit seiner Zustimmung unternahm Martin Teimer mit 800 Freiwilligen wieder Streifzüge nach Bayern. Die Tiroler kamen bis Kempten, Memmingen und selbst nach Mindelheim. Die Bürgermilizen wurden entwaffnet und solcherart Waffenvorräte erbeutet. Vieh, Getreide und Geld wurden requiriert. Die Schutzdeputation in Innsbruck, welche die Stände des Landes vertrat, zeigte an diesen zweifelhaften Unternehmungen keinen Gefallen. Sie hielt Teimer vor Augen, dass man sich das bayerische Volk nicht zum Feind machen müsste.

Intendant Hormayr und der im Nordtiroler Unterland tätige Unterintendant Anton Leopold von Roschmann planten im Rücken der Franzosen Ausfälle nach Salzburg. Es erging ein Aufruf an die Salzburger[9], man bemerkte jedoch nicht, dass gerade aus dieser Richtung ein Großangriff auf Tirol geplant war.

Angesichts seiner Waffenerfolge gegen die österreichischen Truppen brauchte Napoleon nicht erst eine Entscheidungsschlacht abzuwarten, sondern ordnete bereits jetzt die Wiedereroberung Tirols an. Er bediente sich dabei der bayerischen Divisionen Deroy und Wrede, die allerdings unter dem Kommando des bewährten französischen Marschalls Lefébvre standen. Dieser trug den Titel eines Herzogs von Danzig.

In der Nordostecke Tirols hatte man die Grenzpässe befestigt, Schützenkompanien standen in Bereitschaft. Auch österreichisches Militär befand sich in der Nähe. Feldmarschallleutnant Chasteler, am 3. Mai aus Welschtirol zurückgekehrt, stand nun mit der Hauptreserve im Raum Innsbruck–Hall, während im westlichen Abschnitt von Nesselwängle bis zum Achensee General Buol kommandierte, im östlichen Generalmajor Fenner.

Fast überfallsartig erfolgte am 11. Mai der Angriff der Division Wrede[10], bestehend aus zwei Regimentern und zwanzig Geschützen. Selbst Marschall Lefébvre zog mit diesen Truppen. Der verhältnismäßig schwach besetzte Pass Strub war als Ziel des Angriffs klug gewählt. Es erklärt manche spätere Ausschreitung bayerischer Soldaten, wenn man bedenkt, dass ein neunstündiger Kampf notwendig war, um den Pass endlich im fünften Angriff zu nehmen! Die Besatzung hatte nur aus der Jochberger Kompanie unter Anton Oppacher, einer Kitzbüheler Kompanie unter Josef Hechenberger, einer Kompanie Infanterie unter Oberstleutnant Göldlin und der Bedienungsmannschaft für zwei Geschütze bestanden. Der Landsturm der Gegend konnte noch rasch zusammentreten.

Der zähe Widerstand am Pass Strub erhitzte die Gemüter der Bayern. General Wrede selbst musste in einem Tagesbefehl gegen die unmenschlichen Taten seiner Soldaten, gerichtet gegen das Leben und das Eigentum der einheimischen Bevölkerung, protestieren. Von den Gräueltaten erbittert, versuchte der Landsturm auf ebenfalls

(165) Die Schlacht bei Wörgl am 13. Mai 1809, bei der das kaiserliche Militär eine große Niederlage erlebte

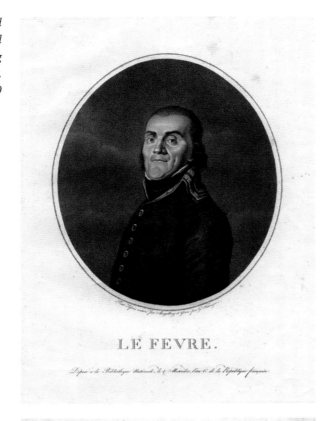

(166) Brustbild von Marschall Lefèbvre, Herzog von Danzig, um 1810

(167) Brustbild des bayerischen Generals Graf von Wrede, um 1810

(168) Brustbild des Feldmarschalls Deroy, der im Mai 1809 ein bayerisches Armee-Corps nach Tirol führte

nicht gerade zimperliche Art und Weise, die Bayern in ihrem Tun zu stören und ihnen an jeder strategisch günstigen Stelle Schwierigkeiten zu bereiten. So nahm die Eskalation bösartiger Emotionen ihren verhängnisvollen Lauf. Es will einiges besagen, wenn der bayerische Kronprinz Ludwig später das skandalöse Verhalten der Soldaten rügte und erklärte, es habe die Menschheit beleidigt und den Hass vermehrt.

Der zweiten bayerischen Division unter Deroy gelang am 12. Mai der Durchbruch bei Kufstein, womit zugleich die Blockierung der Festung ein Ende nahm. Was nützten da die tirolischen Erfolge an den kleineren Übergängen in der Nähe, an denen Josef Speckbacher beteiligt war!

Am 11. Mai brach Feldmarschallleutnant Marquis von Chasteler mit rund 4000 Mann, dem Gros seiner Hauptreserve, in Richtung Kufstein auf. Bald war er mit den Bayern konfrontiert. Im Gefecht bei Söll am 13. Mai durch Wrede zurückgeworfen, stellte sich Chasteler erneut in einem für ihn äußerst ungünstigen Gelände, in der Ebene bei Wörgl, und erlebte eine katastrophale Niederlage. Keine Stunde hatte die Schlacht gedauert, bei der 600 Männer seines Korps fielen und die

übrigen meist ihr Heil in der Flucht suchten. Chasteler, für die Niederlage ausschließlich verantwortlich gemacht, wurde von der aufgebrachten Bevölkerung vornehmlich in Hall in unschöner Weise beschimpft und sogar tätlich angegriffen. Der Kronenwirt Josef Ignaz Straub, der sich mit seiner Kompanie in der Nähe befand, brachte ihn in Sicherheit und rettete ihm wohl damit das Leben. Später bedankte sich der Feldmarschall bei Straub durch die Überreichung eines bayerischen Beutesäbels mit entsprechender Inschrift.[11]

Eine chaotische Flucht vor den Bayern, die gegen Innsbruck zogen, setzte ein. Für den 13. Mai abends notierte Anton Knoflach, Hauslehrer bei der bedeutenden Innsbrucker Patrizierfamilie Dipauli, in seinem Tagebuch[12]: „Was das für ein Lärm ist! Alles retirirt. Das Gewühl auf den Straßen ist unbeschreiblich. Pferde, Wägen, Bagage, Vieh, weinende Kinder mit ihren Müttern auf strohbedeckte Wägen hingeworfen und von Kühen gezogen, stellen sich den Augen dar, wie man das Fenster öffnet."

An der Zillerbrücke fanden die Bayern Widerstand, trotzdem standen sie bald vor dem Markt Schwaz, der, heiß umkämpft, ein Raub der Flammen wurde. Von bayerischer Seite wurde hingegen behauptet, der Brand sei nicht gelegt worden, sondern durch Haubitzenfeuer entstanden. Auch das benachbarte Vomp und andere Dörfer brannten ab.

Der ständige Widerstand der Landstürmer, angeführt von Josef Speckbacher und Josef Ignaz Straub, die den Bayern auflauerten, wo sie konnten, hatte diesen zwar Verluste gebracht, die Rachegelüste der Gegenseite aber nur angeheizt und in blindwütige Zerstörung ausarten lassen. Tausende von erbitterten Landstürmern wollten sich im Verein mit dem Militär unter der Führung des Generals Buol bei Volders den Bayern stellen. Feldmarschallleutnant Chasteler hatte sich bereits nach Steinach in die Nähe des Brenners zurückgezogen. Buol, von den Bauern zum Mittun gezwungen, entkam ihnen jedoch durch eine List. Die

(169) Bayerischer Beutesäbel mit eingravierter Widmung des Feldmarschallleutnants Marquis von Chasteler an den Schützenkommandanten Joseph Straub in Hall, womit er sich für die Errettung aus großer Gefahr bedankte

(170) Anrücken der Bayern gegen die Zillerbrücke am 15. Mai 1809

TIROL ZUM ZWEITEN MAL BEFREIT   153

(171) Benitius Mayr, *Das brennende Schwaz, 15. Mai 1809*

Enttäuschung der Tiroler über das kaiserliche Militär war grenzenlos. Man fühlte sich verlassen und verraten. Vielleicht gerade aus der Stimmung des Trotzes und der Erbitterung heraus wollten die Tiroler allein dem Feind begegnen. Letztlich aber wurde die Kampfbereitschaft aufgegeben und Innsbruck am 19. Mai von etwa 15.000 Mann besetzt. Die Tiroler mussten eine Unterwerfungs-Gesandtschaft mit Vertretern der vier Stände zum König nach München entsenden. Ihr gehörte Ignaz Graf Tannenberg an, der sich immer als Patriot erwiesen hatte, Vorsitzender der Innsbrucker Schutzdeputation war und durch die Zerstörungswut der Bayern bei ihrem Zug durch das Unterinntal großen Schaden an seinem Besitz erlitten hatte. Mit der Abordnung der Beamtenschaft zog der Appellationsrat Andreas Dipauli nach München. Er wieder gehörte zu jenen prominenten Tirolern, die den Aufstand als Unglück betrachteten.

Für Marschall Lefébvre schien der Auftrag Napoleons erfüllt, der Widerstand in Tirol endgültig gebrochen. Die Truppen wurden ohnedies an anderem Ort benötigt, so zogen Lefébvre und Wrede nach vier Tagen durch das verheerte Unterinntal in Richtung Salzburg ab. Die Entscheidung Lefébvres ist ein typisches Beispiel für die Fehleinschätzung bzw. überhaupt das Verkennen der Gegebenheiten eines Volkskriegs, wozu in Tirol besonders günstige Voraussetzungen bestanden. Der Berufssoldat dachte in starren Normen und sah ein Land nach geschlagener Schlacht und Besetzung der Hauptstadt als besiegt an. Das Tiroler Wehrwesen aber war von jeher auf ein weit verzweigtes System aufgebaut, in dem – unabhängig voneinander – in einzelnen Tälern oder Regionen der Wehrwille auflodern konnte. Daher war auch mit der Hauptstadt Innsbruck Tirol noch lange nicht gefallen! Zurück blieb die Division Deroy mit knapp 8000 Mann, die nun im ganzen Land die bayerische Herrschaft wieder festigen sollte. Doch war den Bayern in Tirol ein anderes Schicksal bestimmt, nämlich ihre neuerliche Vertreibung.

Die Initiative ging eindeutig vom Sandwirt Andreas Hofer aus. Sein Ansehen hatte sich unter den

zahlreichen Aufgeboten, die noch einige Zeit im Tridentinischen lagerten, gefestigt. Feldmarschallleutnant Chasteler sprach einmal davon, dass Andreas Hofer für den Süden das sei, was Martin Teimer für den Norden bedeute. Als der Sandwirt vom Kriegszug der Bayern durch das Inntal und dem Abzug der Kaiserlichen hörte, fühlte er sich verpflichtet, den Landsleuten im Norden zu Hilfe zu kommen. Sterzing bestimmte er zum Sammelpunkt. Seine Laufzettel mit kurzgefassten, fast lapidar einfachen Texten, gleichsam gesprochenes Wort zu Papier gebracht, strahlten von Anfang an eine frappierende Wirksamkeit aus. Im jetzigen Aufruf unterschreibt Hofer als „Euer Freund, ach trauernder". Vom einst so geschätzten kaiserlichen Militär war nicht mehr allzu viel zu erwarten. Chasteler, der so freudig begrüßte und gefeierte Kriegsmann, war bereits abgezogen. General Buol befand sich auf dem Brenner, einen Befehl Chastelers in Händen, nach Brixen abzurücken. Am 19. Mai besuchte der Sandwirt den General in Begleitung des Bozner „Badlwirtes" Josef Eisenstecken, der neun Jahre bei den österreichischen Feldjägern gedient hatte und nun als Adjutant Hofers diesem wertvolle Dienste leisten konnte. Die Proteste gegen Buols Abzug nützten nichts, Hofer selbst sah den militärischen Zwang zur Befehlsbefolgung ein. Er suchte aber Chasteler in Bruneck im Pustertal auf und konnte ihn zur Widerrufung des Befehls bewegen. Hormayr, der Innsbruck rechtzeitig verlassen hatte und sich nun in der Umgebung Chastelers befand, war begeistert. Mit Teimer machte er sich auf, in den südlichen und westlichen Landesteilen die Erhebung zu propagieren. Chasteler, ständig in seinen Entschlüssen schwankend, widerrief seine Zusagen und beorderte selbst General Buol wieder vom Brenner ab. Der entsprechende Befehl wurde jedoch von den Bauern abgefangen. Chasteler selbst, sich auf Befehle Erzherzog Johanns berufend, eilte durch das Pustertal voraus. Die Enttäuschung über die Armee entlud sich in Wutausbrüchen der Tiroler Landesverteidiger.

In den Tagen um den 20. Mai 1809 stieg der Sandwirt Andreas Hofer vom vielbeachteten und geschätzten Kommandanten der Passeirer, der von den Landesverteidigern im Süden, selbst in Welschtirol anerkannten Autorität zum „Volksführer" auf. Das heißt, er wuchs in diese Stellung hinein. Er war für die Sache Tirols rührig gewesen wie sonst keiner, er hatte im Namen der Tiroler mit den Generälen verhandelt und dabei einen Teilerfolg erzielt. Ihn betrachteten die Landesverteidiger nun als oberste Autorität, nachdem auch der kaiserliche Intendant Hormayr seine Funktion nicht mehr ausführen konnte. Hofer wusste um seine Unbeholfenheit und zu geringe Erfahrung in militärischen Dingen, um gleich die Funktion eines Oberkom-

(172) „Gräuelszenen aus Tyrol", bayerischer Propagandadruck, erschienen bei Friedrich Campe in Nürnberg, 1809

(173) Porträt Andreas Hofers, gezeichnet von Benitius Mayr

mandierenden der Tiroler Landesverteidigung ausfüllen zu können. Als Oberstleutnant Graf Leiningen, mit dem sich die Bauern verstanden, durchs Eisacktal marschierend, in Sterzing eintraf, wurde er gleich zu Hofers Kriegsrat herangezogen. Der Sandwirt erblickte in ihm nun den militärischen Führer der Erhebung. Mit Erleichterung berichtete er sofort seiner Frau nach Passeier[13]: „Liebstes Weib! Ich mahe dir zu wißen, daß ich heute schon wieder sehr frehlich bin, ob woll ich gester(en) sehr traurig war, den mir ist meine Wunsch gelungen und ich hofe ietz das beßere, weil H(err) Oberist Graf von Leiniger Commendierenter von Tyrol geworden war. Deßwegen mahe ich dir zu wißen, das du ietz wegen mir nicht mehr trauren turftest ..." Die Genugtuung währte nicht lange, da Leiningen von General Buol ins südliche Eisacktal beordert wurde. So ruhte die ganze Verantwortung der einmal ins Leben gerufenen Bewegung wieder auf Hofers Schultern. Die Quellen geben keinen eindeutigen Aufschluss, ob Hofers Stellung als Oberkommandant durch Wahl – wohl von einem Gremium von Hauptleuten – oder durch Akklamation bestätigt worden ist. Hofer war nun de facto Oberkommandant, was sich auch bald in der Annahme dieses Titels ausdrückte.

Einflussreiche Bauernführer aus dem nördlichen Tirol suchten Kontakt zu Hofer. Zuversicht bewegte die Patrioten, als der Aufruf Hofers die Befreiung verhieß. Zu den besonders regen Geistern zählte Josef Speckbacher in Rinn. Im Süden war es der Kapuzinerpater Joachim Haspinger aus Klausen, der, zwar schon Anfang Mai als Feldpater ins Tridentinische ausgezogen, sich nun an der Seite Hofers zu profilieren vermochte.

Der Mitwirkung des Militärs unter General Buol nochmals versichernd, konnte der Abmarsch der rund 5000 Mann, fast ausschließlich in Schützenkompanien organisiert, erfolgen. Dem militärischen Verband General Buols gehörten 1100 Infanteristen, eine Eskadron von 80 Reitern und fünf Geschütze an. Nach Gebet und erhaltener Generalabsolution ließ Hofer am Abend des 24. Mai vom Brenner aus zum Marsch nach Innsbruck aufbrechen. Die Verteilung der Kompanien auf das Zentrum, den linken und rechten Flügel entschied Hofer mit seinem Adjutanten gleichsam en passant mehr nach Gutdünken, ohne jeden schriftlichen Befehl. Hofer bezog im Gasthaus Schupfen an der Brennerstraße Quartier.[14]

Die Bayern wussten selbstverständlich von der Zusammenrottung am Brenner und erwarteten die Landesverteidiger. Am Nachmittag des 25. Mai begann der großangesagte Kampf. Das Zentrum Hofers rückte zum Bergisel vor. Am linken Flügel, wo unter anderem Pater Haspinger befehligte, wurde selbst in Mutters – Natters gekämpft. Die Gefechte am rechten Flügel, der hauptsächlich aus den von Speckbacher aufgebotenen Kompanien bestand, und auch von diesem sowie von Anton Gasteiger kommandiert wurde, zogen sich bis gegen Volders. Tiroler und Militär verdrängten überall die Bayern und nahmen die Höhen ein. Mit seiner Hauptmacht, die immer noch beim Kloster Wilten stand, wollte General Deroy nun die strategisch günstigen Plätze zurückerobern und setzte dabei auch Geschütze ein. Die Bayern waren in fast aussichtsloser Lage, wenn man bedenkt, dass sie über völlig ungedecktes Terrain eine Anhöhe erstürmen mussten. Der mehrmals vorgetragene Ansturm endete daher stets verlustreich für die Bayern. Andreas Hofers Taktik, wie er sie beim Aufmarsch z. B. Gasteiger mitgeteilt hatte, war einfach: Auf die Bayern losschlagen, wenn man sie treffe, und über den Berg hinunterwerfen! Der Kampf endete unentschieden in den Regengüssen der einbrechenden Nacht. Die Tiroler hatten die Anhöhen halten können, und die Bayern waren immer noch im Besitz der Ebene. Doch noch in der Nacht zogen sich die Landesverteidiger nach Schönberg und Patsch zurück. Die Enttäuschung, keinen Sieg errungen zu haben, zeitigte unter den Schützen eine demoralisierende Wirkung, man sah sich in den hochgesteckten Erwartungen enttäuscht. Zahlreiche Männer verließen die Lager und zogen heimwärts, das ganze Unternehmen noch mit einer üblen Nachrede quittierend. Verärgert war man, dass keine Oberinntaler Aufgebote erschienen waren, deren Einschreiten die Entscheidung gebracht hätte.

In dieser Situation gelang es Hofer, seine Führungsqualitäten neuerlich unter Beweis zu stellen. Im Kriegsrat der Bauern – das Militär beriet getrennt davon! – fiel schließlich die Entscheidung zugunsten eines neuen Angriffs. Letzten Anstoß hiezu soll ein Greis gegeben haben, der zum Angriff ermunterte und gleichzeitig ein Gelöbnis zum Herzen Jesu und einen „Umgang im Freithof" zum Gedenken an die Armen Seelen empfahl. In Eile kursierten Hofers Laufzettel. Am 28. Mai wurde die Oberinntaler Bevölkerung besonders zur Teilnahme aufgefordert[15]: „Liebe Brüeder Oberinthaler! Für Gott, den Khayser und das thayre Vatterland! Morgen in der Frueh ist der löste Angriff. Wier wollen die Boaren mit Hilff der göttlichen Muetter fangen oder erschlagen, und haben uns zum liebsten Hertzen Jesu verlobt. Kombt uns zu Hilff, wollt ihr aber gscheiter seyn als die göttliche Firsichtigkeit, so werden wir es ohne enk auch richten. – Andere Hofer Oberkomandant."

Und wirklich, diesmal erschienen die Oberinntaler Aufgebote in der Stärke von 1400 Mann un-

(174) Tiroler Schützentrommel aus Sterzing; die Trommel ist mit dem kaiserlichen Doppeladler, dem Tiroler Adler und dem Wappen der Stadt Sterzing geschmückt.

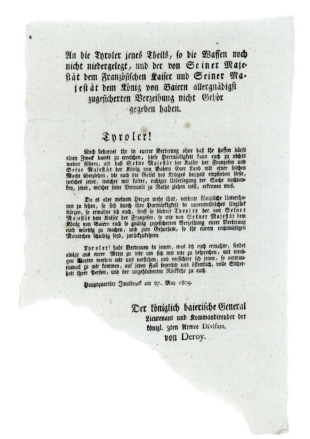

(175) Aufruf des Generals Deroy an die Tiroler, die Waffen niederzulegen, Innsbruck, 27. Mai 1809

(176) Benitius Mayr, Kämpfe am Bergisel am 25. und 29. Mai 1809

ter dem Kommando von Martin Teimer, wenn sie auch kaum noch einzugreifen brauchten. Aber auch Deroy erhielt am 29. Mai 1200 Infanteristen und sechs Geschütze aus dem Salzburgischen an Verstärkung. Am Tag zuvor hatte er noch einen Aufruf erlassen: „An die Tyroler jenes Theils, so die Waffen noch nicht niedergelegt, und der von Seiner Majestät dem König von Baiern allergnädigst zugesicherten Verzeihung nicht Gehör gegeben haben." Die Aufstellung zur zweiten Schlacht am Bergisel am 29. Mai war ähnlich wie Tage zuvor: Das Zentrum stieß in zwei Kolonnen gegen den Bergisel vor, der linke Flügel erstreckte sich von Natters bis zur Gallwiese bei Mentlberg, der rechte Flügel vom Paschberg bis zur Volderer Brücke. Bei der „Generalprobe" am 25. Mai hatten sich die Führungsqualitäten von Hofer (Zentrum), Speckbacher und Anton von Gasteiger (rechter Flügel) und Pater Joachim Haspinger (linker Flü-

gel) erwiesen. Die Zahl der angreifenden Tiroler lag bei 14.000 Mann. Das österreichische Militär mit 1270 Infanteristen, 87 Reitern und sechs Geschützen stand unter dem Kommando von Oberstleutnant von Ertl, während General Buol mit der Reserve am Brenner verblieben war. Dieses Mal begannen die Kämpfe bereits am Morgen und währten bis zum Abend. Eine Entscheidung war zwar nicht herbeigeführt worden, die Voraussetzungen für Tiroler und Österreicher zur Fortsetzung des Kampfes am nächsten Tag waren aber günstig, außerdem war man zuversichtlich, während unter den Bayern eine gedrückte Stimmung herrschte. Die Entscheidung fiel letztlich kampflos.

Im Gegensatz zu seinem Vorgänger, General Kinkel, wollte Deroy Innsbruck nicht um jeden Preis halten. Noch war der Weg durch das Unterinntal frei. Daher ordnete er den Abzug an.

Dass er unbemerkt entwischen konnte, zeugt von schlechtem Wachtdienst der siegesbewussten Tiroler! Zunächst dachte man gar nicht an Verfolgung, bis man doch die Gelegenheit nützte, dem Gegner zu schaden. Vor seiner Abfahrt ins Unterinntal sah Anton Knoflach den Sandwirt in Innsbruck und notierte am 30. Mai in seinem Tagebuch[16]: „Halb 5 Uhr abends. So eben sah ich den Sandwirth. Bis auf den schönen Säbel, den Gen. Chasteler ihm verehrte, und die feinere grüne Jacke, unterscheidet er sich nicht von den übrigen Bauern; er ist groß und dick und hat einen ungeheuern schwarzen Bart. – 8 Uhr abends. Ich will über die Brücke gehn und finde da alles voll Menschen. Der Sandwirth sitzt vor dem goldenen Adler schon in der Kalesche; er fährt nach Hall. Alles gafft ihn an wie ein Wunderding. Wäre es Napoleon, die Menge der Gaffer könnte nicht größer seyn. Die Meinungen von seinen Fähigkeiten sind sehr getheilt."

Hofer stellte die Verfolgung der Bayern in Rattenberg ein; Teimer und Speckbacher gingen noch weiter im Inntal vor. Als sie jedoch Kufstein erreichten, befand sich Deroy schon jenseits der Grenze.

Es ist ein eigenartiger Zufall, dass in diesen Tagen Feldmarschallleutnant Chasteler bei Lienz wieder das Land verließ. Am 29. Mai, am Tag der zweiten Schlacht am Bergisel, schlug Chasteler im kärntnerischen Oberdrauburg das Lager auf. Dabei hatte er doch in seinem Aufruf „Brave Tyroler – Theuere Waffen-Brüder!" vom 18. April enthusiastisch erklärt[17]: „Trauet auf Gott, auf Euere gerechte Sache, und auf meine und meiner unterhabenden Truppen Unterstützung. Wir wollen mit Euch leben, siegen oder sterben."

Nicht wenig Ärger rief dann im Juni ein Schreiben Erzherzog Karls an Chasteler hervor[18], das auch in der „Innsbrucker Zeitung" veröffentlicht wurde, in dem er sein „außerordentliches Vergnügen" über Chastelers „standhafte Behauptung Tyrols" ausdrückte! Er selbst habe nämlich Napoleons Hauptmacht geschlagen und sei im Begriff, die Offensive zu ergreifen. „Sprechen Sie daher" – forderte der Erzherzog Chasteler auf – „den braven Tyrolern Muth zu. Wenn sie vereint, und im gleichen Geiste bleiben, so sind sie in ihren Gebürgen unbesiegbar."

Die Tatsache des österreichischen Sieges erfreute die Tiroler freilich sehr. Am 4. Juni traf die offizielle Nachricht in Innsbruck ein, und man erhielt nun auch genauere Kenntnis von den Vorgängen. Auf seinem ständigen Vormarsch gegen Wien hatte General Hiller der Armee Napoleons bei Ebelsberg schwere Verluste beibringen können, aber den Weg nach Wien dennoch freigeben müssen. Am 13. Mai war Wien von Napoleon besetzt worden. In der Schlacht bei Aspern und Eßling am 21. und 22. Mai hatte der Franzosenkaiser durch die österreichische Hauptarmee seine erste große Niederlage hinnehmen müssen. Diese gute

(177) Erzherzog Karl, oberster Kommandant der kaiserlichen Armee

Meldung bestärkte die Tiroler in ihrem Glauben an die Zukunft und das Ende einer unglückseligen Ära. In Innsbruck wurde ein feierliches Te Deum gehalten.

Hofers erste fassbare Reaktion auf die ihm zugekommene sichere Nachricht vom österreichischen Sieg ist in einem Laufzettel festgehalten, noch am Abend nach der zweiten Bergisel-Schlacht zur Gänze von ihm selbst geschrieben.[19] Er berichtet, dass „die große Schlacht in Wien sehr guet ist ausge Fahlen". Er hoffe sehr, dass Militär kommen werde und dass die Tiroler „nicht alzeit die angefiertten sein wie so hero". Damit wird eine starke Kritik an der bisherigen Verhaltensweise des kaiserlichen Militärs ausgedrückt. Er empfiehlt zusammenzustehen, einander beizustehen, was auch immer vorfalle, „nach dem wirth es uns guet Ehrgehen" und alles, was getan wird, sei „in namen des Hern" zu tun, dann fehle es nicht. Dieser Laufzettel sei „auf das aller schleinigiste" zu befördern „von Stazion zu Stazion".

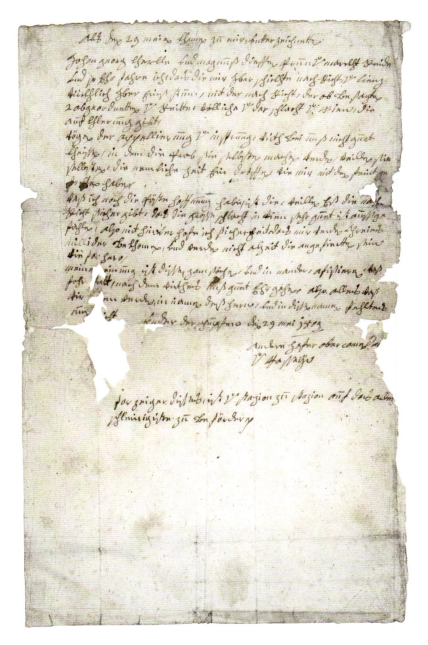

(178) Laufzettel Andreas Hofers, noch am Abend nach der zweiten Bergisel-Schlacht zur Gänze von ihm selbst geschrieben, Schönberg, 29. Mai 1809

(179) Aufruf zur kirchlichen Dankfeier, Innsbruck, 6. Juni 1809; das Herz-Jesu-Fest soll von nun an im Tiroler Kalender rot eingedruckt werden.

Am 9. Juni wurde ein religiöses Fest gefeiert, zu dem Flugblätter aufriefen[20]: „Kraft des vor der letzten Befreyung des Vaterlandes, von den Häuptern der Landesvertheidigung eingegangenen Gelübdes, soll das Herz-Jesu-Fest, zu einem beständigen Feyertag erhoben werden, und im Tyroler Kalender roth eingedruckt werden. Nächstkommenden Freytag am 9. Juny wird selbes zum ersten male feyerlich begangen." Eigentlich war dies die Erneuerung des im Jahr 1796 von der Vertretung der Tiroler Landstände abgeschlossenen Gelübdes. Als „Ehrenkompanie" fungierten Schützen aus dem welschtirolischen Fleimstal. In den kommenden Wochen dauerte die freudige Stimmung im ganzen Land an, die sich in zahllosen Festlichkeiten ausdrückte. Das schönste „Geschenk" in diesen Tagen war für die Tiroler das sogenannte Wolkersdorfer Handbillett, das sie in ihrer Zuversicht stärkte. Am 29. Mai ausgestellt, versicherte ihnen Kaiser Franz, dass Tirol unauflöslich mit der österreichischen Monarchie verbunden bleibe[21]: „Nach bedeutenden Unglücksfällen, und nachdem der Feind selbst die Hauptstadt der Monarchie eingenommen hat, ist es Meiner Armee gelungen, die Französische Hauptarmee unter Napoleons eigener Anführung im Marchfelde am 21. und wiederholt am 22. May zu schlagen, und nach einer großen Niederlage über die Donau zurückzuwerfen. Die Armee und Völker Oesterreichs sind von höherem Enthusiasmus als je beseelt; alles berechtigt zu großen Erwartungen. Im Vertrauen auf Gott und Meine gerechte Sache, erkläre Ich hiemit Meiner treuen Grafschaft Tyrol, mit Einschluß des Vorarlbergs, daß sie nie mehr von dem Körper des Oesterreichischen Kaiserstaates soll getrennt werden, und daß ich keinen anderen Frieden unterzeichnen werde – als den, – der dieses Land an Meine Monarchie unauflöslich knüpft. So bald möglich wird sich Mein lieber Herr Bruder der Erzherzog Johann nach Tyrol begeben, um so lange der Anführer und Schützer Meiner treuen Tyroler zu seyn, bis alle Gefahren von der Grenze der Grafschaft Tyrol entfernt sind."

(180) Handbillett Kaiser Franz I., Wolkersdorf, 29. Mai 1809

Große Not trotz Siegesfeiern

Alle Feiern aber konnten nicht über die sich im Land ausbreitende Verarmung hinwegtäuschen.[1] Nicht nur der Markt Schwaz und die anderen niedergebrannten, verwüsteten und geplünderten Orte des Unterinntales waren von großer Not betroffen, sondern die ganze Bevölkerung und darunter natürlich wieder besonders die Landesverteidiger. Anton Knoflach, einer der Chronisten der Ereignisse in Innsbruck, stellt am 3. Juni 1809 mit Bedauern fest[2]: „Man geht nicht 100 Schritt auf der Straße, ohne auf einen Bauer zu stoßen, der um eine Wegzehrung bittet. Die armen Leute sind zu bedauern. Ihre Felder liegen zum Theil unbearbeitet, ihre etwelchen Gulden haben sie dieser

(181) „Der Sandwirth Hofer hält Revue über die Insurgenten vor Inspruck", bayerischer Propagandadruck, erschienen bei Friedrich Campe in Nürnberg, 1809

Tage verzehrt; das Kleid ist zerrissen, der Körper geschwächt. Die meisten, die ich sprach, sagten: ‚Nun ziehe ich nicht mehr aus.'"

Die Rückkehr zu „normalen Verhältnissen" im möglichen Umfang wurde durch den neuerlichen Wechsel in der Verwaltung wohl eher gehemmt. Freiherr von Hormayr, der in den stürmischen Tagen im Oberinntal geweilt hatte, kehrte erst in der Nacht auf den 2. Juni nach Innsbruck zurück. Gleich griff er wieder ordnend und strafend ein und versuchte, den in den vergangenen Wochen erlittenen Verlust an Ansehen durch besondere Aktivität wettzumachen. In dieser Epoche seiner Tätigkeit konnte er noch viel freier schalten und walten als früher, als noch Feldmarschallleutnant Chasteler im Land war, an dessen Autorität er in vielen Fragen nicht vorübergehen konnte. So vereinigte Hormayr praktisch alle Obliegenheiten der Verwaltung in seiner Hand. Seine Position wurde noch dadurch unterstrichen, dass Tirol von Österreich abgeschnitten und nun tatsächlich jene „selbständige Festung" war, von der Erzherzog Johann Anfang Februar dieses Jahres gesprochen hatte. Noch drückender als früher wirkte sich die Geldknappheit aus. Steuern, Abgaben, Taxen flossen spärlich. Was an Geld in den Kassen der Intendantschaft vorhanden war, beschlagnahmte sofort das Militär, wenn General Buol auch bald schon ein Darlehen von 18.000 Gulden aufnehmen musste. Der General war mit seinen rund 2000 Mann in einer üblen Lage, er hatte weder Verpflegung noch Geld, hätte dringend des Nachschubes an Munition bedurft und erhielt – wie Hormayr – seit Anfang Juni keine Weisungen aus Österreich. Die Hilferufe aus Tirol wurden nicht gehört. Bei Kaiser Franz und Erzherzog Johann fanden die Abgesandten wenigstens freundliche Aufnahme, wurden aber auch nur vertröstet. Die wichtigsten Einnahmequellen für den Intendanten waren noch das Haller Salz und das Achenrainer Messing. Dennoch war es Hormayr nicht möglich, auch nur die dringendsten Ausgaben zu bestreiten. Gehälter der Beamten wurden gekürzt, Auszahlungen für Pensionen, fromme und wohltätige Stiftungen zurückbehalten, und auf Zinsansprüche auf Landesschulden mussten die Gläubiger verzichten. Nachdem auf freiwillige „Anlehen", also Anleihen, wenig Reaktion erfolgte, wurden „Forcierte Anlehen", Zwangsanleihen, ausgeschrieben, die unter den gegebenen Umständen wohl der einzige Weg zur Geldbeschaffung waren.

Der Bedarf an Kleingeld, an sogenannter Landmünze, veranlasste Hormayr, die Münzprägung in Hall wieder aufzunehmen. Am Ende des 18. Jahrhunderts hatte die traditionsreiche Münzstätte nur noch geringe Bedeutung, aber selbst unter der bayerischen Herrschaft war die Prägung fortgesetzt worden.[3] Schon nach der ersten Befreiung des Landes im April 1809 traf man Vorkehrungen für den neuerlichen Münzbetrieb[4], von den kriegerischen und politischen Ereignissen jedoch gestört. Erst nachher nahm die Münzprägung konkrete Formen an. Der Uhrmacher Josef Beyrer in Innsbruck schnitt die Stempel, und die Brixlegger Schmelzhütte lieferte das benötigte Feinsilber. Geprägt wurden vorerst nur 20-Kreuzer-Stücke. Die eine Seite zeigt den Tiroler Adler und die Umschrift „GEFÜRSTETE GRAFSCHAFT TIROL", die andere den Nennwert „20 KREUZER", die Umschrift „NACH DEM CONVENTIONS FUSS" und die Datierung „1809". Die Prägung, am 22. Juli aufgenommen, musste nach wenigen Tagen

(182) 20-Kreuzer-Münze mit Vorder- und Rückseite, in der Münzstätte Hall Ende Juli 1809 geprägt. Diese „Volksmünze" zeigt keinen Regenten, sondern den Tiroler Adler mit der Umschrift „GEFÜRSTETE GRAFSCHAFT TIROL".

eingestellt werden, da die Invasion fremder Truppen am 30. Juli Hall erreichte.

Das meiste Geld wurde in den Monaten Juni und Juli für Rüstung und Defensionswesen verwendet, was in der gegebenen Situation Tirols als „belagerte Festung" allgemein als notwendig erachtet wurde. Hormayr, der oberste Zivilkommissär, sah sich nun auch genötigt, das Defensionswesen zu betreuen, wenn er auch hierin mit General Buol zusammenarbeitete. Ganz deutlich ist des Intendanten Wille bemerkbar, den erfolgreichen Oberkommandanten Andreas Hofer und die wichtigen Männer seiner Umgebung von der militärischen Entscheidungsgewalt fernzuhalten. Diese Tendenz darf auf die Eifersucht gegenüber der populär gewordenen Vaterfigur Andreas Hofer zurückzuführen sein. Man wird das Verhältnis zwischen den beiden um Tirol bemühten Männern als gespannt bezeichnen müssen. Sie scheinen sich möglichst aus dem Weg gegangen zu sein.

Andreas Hofer hatte die fluchtartig abziehenden Bayern unter General Deroy noch bis Rattenberg verfolgt. Eingedenk seiner Aufgabe als Oberkommandant gab er – noch im Innstädtchen weilend – folgenden Befehl aus: Die Aufgebote aus dem Etschland sollten heimkehren, die übrigen im Raum Innsbruck bleiben; alle Grenzgemeinden sollten Tag und Nacht Kundschafter unterhalten, die bei Annäherung eines Feindes sofort Nachricht geben könnten; alle festen Plätze und Pässe seien durch Schützen aus der Nachbarschaft zu besetzen; alle Gemeinden hätten reitende Ordonanzen einzustellen zur nötigen raschen Beförderung von Briefen und Nachrichten; alle Schützen müssten sich in Bereitschaft halten, denn nur dann sei es möglich, bei Bedarf an gefährdeten Orten mehrere tausend Bewaffnete einzusetzen. Andreas Hofer, der „Oberkommandant in Tirol von Passeier", unterzeichnete im Namen des „k. k. Landesverteidigungskommandos in Tirol", einer Institution, der jede rechtliche Basis fehlte und die es an sich gar nicht gab. Es können darunter nur Andreas Hofer und der Kreis seiner engsten Vertrauten gemeint sein. Die Bezeichnung „k(aiserlich) k(öniglich)" bedeutet aber, dass der Sandwirt seinen Auftrag im Namen des Kaisers verstanden wissen wollte, was später erst richtig zur Geltung kam.

Wie eigenartig musste es wohl den um die neuerliche Befreiung Tirols hauptverdienten Andreas Hofer berührt haben, wenn der junge Intendant Hormayr, der sich bei Ausbruch der Gefahr im Mai noch rechtzeitig abgesetzt hatte, nun nach seinem Wiederauftauchen in Innsbruck mittels Ordre vom 4. Juni ihn als „Oberkommandant von Passeyr und im südlichen Landestheile" bestätigte!?[5] Hormayr versuchte nämlich, das Defensionswesen fest an sich zu binden. Abgesehen von Hofer für den Süden und Teimer für das gesamte Inntal bestätigte er noch 16 Defensionskommissäre. Mit seiner Ordre vom 20. Juni 1809, mitunterzeichnet von General Ignaz Freiherr von Buol, sollte das Defensionswesen gänzlich zentralisiert und so ziemlich vom Intendanten abhängig gemacht werden. Diese Anordnung wurde folgendermaßen begründet: „Diese einschränkende Bestimmung ist um so nöthiger, je schädlicher unzeitige Allarmirungen für den Eifer der Landesvertheidigungs-Mannschaft, und andurch für die Sache selbst sind, je bedauerlicher der Verlust an Zeit und Geld ist, welcher durch derley einseitige Veranlassungen, und zwecklose Hin- und Hermärsche verursacht wird." Es wurde nochmals strengstens darauf verwiesen, dass „das beständige Einvernehmen über alle und jede wichtigeren Ereignisse mit dem Intendanten, und in dringenden Fällen mit dem [!] kommandirenden Generalen unmittelbar zu pflegen" sei. Bezüglich der Organisation des Wehraufgebotes wurde Folgendes festgelegt: „Die Eintheilung aller waffenfähigen Mannschaft von 16 bis 45 Jahren in organisierte Kompagnien, die ihre Ober- und Unteroffiziere sogleich zu wählen haben, damit sie und ihre Leute sich nicht erst im Momente der Gefahr wechselseitig kennen lernen, wo es meistens zu spät ist, – die Zusammenziehung dieser Kompagnien zu 6 und 6 oder nach Lokalumständen auch zu 4 und 4, in förmliche Bataillons, die Obhut über die vorhandenen Gewehre, müssen der Kommandanten erstes und unabläsiges Augenmerk seyn." Zur „nöthigen Unterscheidung" sollten die Kommandanten eine „goldene Epaulette" auf der linken Schulter tragen. Es war also dem ehrgeizigen Intendanten Hormayr – wenigstens auf dem Papier – gelungen, den Sandwirt und die aktiven Tiroler Landesverteidiger so ziemlich auszuschalten und das Defensionswesen ansatzweise zu verbürokratisieren.

Andreas Hofer war um diese Zeit nicht mehr in Innsbruck. Bald nach der Feier des Herz-Jesu-Festes war er vorerst ins Passeier zu seiner Familie zurückgekehrt, nachdem er gesehen hatte, dass er nicht mehr gebraucht würde. Er hatte nicht versucht, eine Machtposition in Innsbruck zu erlangen oder sich ein Mitspracherecht in der Verwaltung zu sichern. Hofer hatte im südlichen Tirol genügend Arbeit zu leisten, besonders in Welschtirol war es notwendig, die Organisation der Landesverteidigung zu vertiefen. Nicht nur Hormayr, sondern auch Hofer hatte die Schwächen der beiden Kommandanten Steffenelli und Malanotti am Nonsberg gesehen und war genötigt, diese Hauptleute auszutauschen. Daher kam er in den ersten Julitagen auf den Nonsberg, wobei auch weitere dringende Probleme zur Sprache kommen sollten. In einem in Fondo ausgestellten, mit 4. Juli datierten Schreiben wurden die Vertreter von Nonsberg und Sulzberg nach Revò beordert.[6] Nach dieser Sitzung begab sich Hofer nach Cles, wo er einige alte Bekannte hatte und wo er – wie ein zeitgenössischer Bericht erzählt[7] – „empfangen und begrüßt wurde von den Grafen, der Ortsobrigkeit unter Willkommrufen, Glockengeläute und den fortwährenden Salven aus Geschützen und Gewehren.

(183) Ansicht des Heiligtums San Romedio am Nonsberg, wohin Andreas Hofer am 7. Juli 1809 mit rund 600 Landesverteidigern eine Wallfahrt unternahm

Nachdem er ein wenig geruht hatte, begab er sich in Begleitung von Repräsentanten des öffentlichen Lebens und einigen seiner engsten Vertrauten in andere Orte des Nonsberges zum Zweck der Organisierung der Jugend ..."

Am folgenden Tag unternahm der Sandwirt mit rund 600 Landesverteidigern eine Wallfahrt zum berühmten Santuario von San Romedio. Die später angebrachte Gedenktafel – in der Zeit des Faschismus natürlich entfernt, aber vor Jahren wieder angebracht – erinnert an dieses historische Ereignis: „ANDREAS HOFER PROVINCIAE DEFENSOR / DIE VII JVLII MDCCCIX HOC SANCTUARIUM / CUM SEXCENTIS VIRIS AMORE PATRIAE ARMATIS / VISITAVIT / OMNESQUE FERVENTI DEVOTIONE AEDIFICAVIT."

Am 10. Juli ging der Sandwirt in Verteidigungsangelegenheiten weiter in die Valsugana und schlug sein Quartier in Levico auf. Die nach zwei Tagen eingelangte Nachricht vom Vorrücken einer französischen Kolonne gegen den Tonalepass ließ ihn die Arbeit unterbrechen.

Auch Hormayr in Innsbruck unternahm noch manche Verteidigungsanstrengung. Er ließ Geschütze gießen, Versuche mit hölzernen Kanonen anstellen, ein „Kavalleriekorps" aufstellen, das aber nur etwa 100 Mann umfasste, und wollte eine Akademische Legion bzw. Studentenkompanie ins Leben rufen, wobei er allerdings scheiterte. Von Tirol aus plante er Vorstöße in alle Richtungen: Oberstleutnant Leiningen besetzte kurzfristig Bassano, Rittmeister Banitza vom Kreuzberg bei Sexten aus Belluno usw. Auch die berüchtigten Raubzüge ins Bayerische wurden wieder aufgenommen. Im Veltlin versuchte er, eine franzosenfeindliche Volksbewegung zu schüren und Teile Salzburgs ganz konkret in den Tiroler Verteidigungsplan einzubauen – ein Unternehmen, um das sich der Unterintendant Anton von Roschmann und der „Aichbergerwirt" Anton Wallner aus Windisch-Matrei (in Osttirol) besonders bemühten. Doch die Bevölkerung von Pinzgau und Pongau zeigte sich wenig kampffreudig. Ein Waffengang durch das Drautal gegen Klagenfurt wurde tatsächlich gestartet, bis ein Gerücht von einem zwischen Napoleon und Kaiser Franz angeblich geschlossenen Waffenstillstand das Unternehmen zum Stehen brachte.

In den Monaten Juni und Juli erlebte Tirol selbst wenig kriegerische Ereignisse. Die Belagerung der immer noch in bayerischen Händen befindlichen Festung Kufstein wurde unter dem besonderen Engagement Josef Speckbachers neuerlich – und wiederum vergeblich – aufgenommen. Nur in Welschtirol machte sich der Gegner bemerkbar, kam Anfang Juni sogar bis Trient, wurde von Militär unter Oberstleutnant Leiningen und einem Schützenaufgebot vertrieben, so dass Trient bereits am 9. Juni wieder frei war. In den nächsten Tagen drangen französische Soldaten unter anderem noch in die Valsugana und nach Rovereto vor,

(184) Bericht des Unter-Intendanten von Menz an Intendant Hormayr über einen feindlichen Einfall in Welschtirol. Er hebt bei der Abwehr besonders eine gewisse Josephine Negrelli hervor.

worauf in diesem Landesteil wieder Ruhe einzog. Bei diesen Kämpfen im Tridentinischen hatten sich die Leute von Primiero (Primör) besonders bewährt. In einem sofort verbreiteten Flugblatt wurde der „heldenmüthige Sinn" der „Primöraner" betont und die patriotisch-kämpferische Tat eines Mädchens hervorgehoben[8]: „Eine gewisse Josephine Negrelli, 18 Jahre alt, ist in Mannskleidern mit den Schützen ausgezogen, und die Weiber nahmen selbst eine Position, um Steine auf den Feind herabzurollen."

Die „Verschnaufpause" hat dem Land sicher wohlgetan, andererseits musste die Bevölkerung in einer gewissen Hochstimmung bleiben, dazu verteidigungs- bzw. kampfwillig, zu Opfern bereit und hochpatriotisch. Der Intendant – und er war nicht der Einzige – nahm jede Gelegenheit wahr, Meldungen aus dem kaiserlichen Hoflager oder

Erfolgsnachrichten, auch wenn sie gar nicht zutrafen, zu verlautbaren. Mancher freilich durchschaute das Spiel. Zum Beispiel schreibt der Geistliche Josef Daney in seinen Erinnerungen aus dem Kriegsjahr[9]: Intendant Hormayr „beehrte … uns wieder unablässig mit den erfreulichsten Siegesnachrichten und kaiserlich-königlichen Armeebefehlen, allerhöchsten Kabinettschreiben Seiner Majestät des Kaisers … Obwohl wir schon fast täglich die glänzendsten Siegesnachrichten erhielten und eine künftige Gefahr auch nur von der Ferne zu ahnen verboten war, so konnten wir doch aus nachstehender Ausschreibung eines forcierten Darlehens schließen, daß die siegreichen österreichischen k. k. Armeen von uns noch ziemlich entfernt und wir ganz abgeschnitten sein mußten."

Politische Propaganda mittels Flugschriften spielte in den Wirren der Jahre um 1800 eine ganz besondere Rolle. Josef von Hormayr war mit dieser Praxis bestens vertraut und überschwemmte auch Tirol im Jahr 1809 mit einer Flut von entsprechendem Schrifttum. Er war selbst literarisch tätig und lieferte somit nicht wenige Beiträge aus eigener Feder. Freilich blieb es nicht nur Österreich und Hormayr vorbehalten, diese literarisch-politische Waffe einzusetzen. So tauchte Ende Juli eine Flugschrift auf, verfasst vom ehemaligen bayerischen General-Administrator der Salinen zu Hall, Josef Utzschneider. Schon Wochen vorher hatte er auf eigene Faust eine Friedensinitiative mit dem Ziel der ruhigen Rückkehr Tirols zu Bayern unternommen. Alle selbst nur im lokalen Bereich ihm wichtig erscheinenen Persönlichkeiten traktierte er mit Briefen, selbst den Intendanten. Utzschneider wollte sich als „Bothe des Friedens"[10] verstanden wissen. Seine Privatinitiative war zwar von König Max Joseph im Nachhinein genehmigt worden, erregte aber den Zorn des Staatsministers Montgelas, der Utzschneiders Bemühungen ein Ende setzte. Major Martin Teimer hatte versucht, ihn gefangen zu nehmen.

Weder die privaten noch die allgemeinen Aufrufe erwirkten ein besonderes Echo, außer in der Grenzgemeinde Thiersee in der Nähe von Kufstein, wo man bayerisch gesinnt war, und beim Richter Johann Michael Senn in Pfunds, der nun das Land bereiste und die Unterwerfung unter Bayern propagierte. Er, der noch vor wenigen Monaten mit vollem Einsatz für Österreich und den „besten aller Monarchen" geworben hatte, vertrat nun lautstark die Ansicht, dass jeder ein „Würgengel des Fanatismus" sei, der bei einer Erhebung des Sandwirts mitmache. Die Allgemeinheit verabscheute solche Gedanken, und Senn musste als „Verräter" nach Graubünden fliehen.

Während in der ersten Julihälfte noch die kühnsten Siegesgerüchte in Tirol umgingen, war mit der für Österreich verlorenen Schlacht von Wagram am 5. und 6. Juli 1809 die Entscheidung schon gefallen. Die Niederlage musste sich wohl auch auf Tirol auswirken. Bei Znaim in Mähren kam es nochmals zu einem Kampf, und dann musste Erzherzog Karl am 12. Juli einen Waffenstillstand annehmen. Zu den schmachvollen Bedingungen zählte die Räumung von Innerösterreich und Tirol. Der Artikel 4 der Bestimmung drückte es kurz und bündig aus[11]: „Die Abtheilungen von österreichischen Truppen, die sich in Tyrol und im Vorarlbergischen befinden, werden diese beyden Provinzen räumen. – Das Fort von Sachsenburg wird den französischen Truppen übergeben werden." Sachsenburg wird wohl deshalb in einem Atemzug mit Tirol genannt, da diese Festung im kärntnerischen Drautal den Zugang in das Pustertal und damit letztlich nach Tirol sperren konnte.

In Wien wurden bereits am 13. Juli, noch vor der Ratifizierung durch Kaiser Franz, zweisprachige Verlautbarungen des Waffenstillstands angeschlagen, in Tirol erfuhr man davon endgültig erst am 28. Juli! Der Kaiser, dessen Hoflager sich in Komorn in Ungarn befand, hatte zunächst auch

(185) Die Schlacht bei Znaim. Nach der für Österreich verlorenen Schlacht bei Wagram vom 5./6. Juli 1809 kam es nochmals bei Znaim in Mähren zu einem Kampf, worauf dort am 12. Juli ein Waffenstillstand abgeschlossen wurde.

noch keine rechte Kunde von dem Waffenstillstand, den sein Bruder Karl hatte abschließen müssen. Er konnte diesen Waffenstillstand erst am 19. Juli unterzeichnen, wobei er aber, unterstützt von der Kriegspartei bei Hof, an die Fortsetzung des Krieges gegen Napoleon dachte. Er versäumte nicht, dem Erzherzog Vorwürfe wegen der eingegangenen Bedingungen zu machen. Der Kaiser drückte seine Betroffenheit aus, wenn er schrieb[12]: „... Das schmerzlichste dabei ist die Kompromittierung meiner Ehre, da ich die wackeren Tiroler und Vorarlberger, die alles aufgeopfert haben, fast im nämlichen Augenblick ihrem Schicksal hingebe, als ich ihnen kaum die Zusicherung meiner kräftigsten Unterstützung gab. ... Da ich indessen das Geschehene ohne anderweitigen großen Nachteil zu ändern nicht angemessen finde, so muß man sich nur einzig damit beschäftigen, um uns in die bestmöglichste Verfassung wieder zu versetzen und wie der geschehene Schritt gegen die nunmehr verlassenen Tiroler wenigstens einigermaßen gerechtfertigt werden könnte."

Gewiss erkennt der Kaiser den vollen Einsatz der Tiroler an, in erster Linie geht es ihm aber darum, glimpflich aus der Blamage auszusteigen, hatte er doch den Tirolern im „Wolkersdorfer Handbillett" versichert, die treue Grafschaft Tirol solle nie mehr vom Verband des österreichischen Kaiserstaates getrennt werden. Erzherzog Johann hatte damals in kluger Voraussicht, dass der Monarch eines Tages wortbrüchig werden müsste, die Publikation des Handschreibens zu unterdrücken versucht, auf anderem Weg aber war das Schreiben dann doch nach Tirol gelangt, wo es eine ungeheure Euphorie auslöste.[13] Dieses für die Vorgänge in Tirol letztlich so verhängnisvolle Schriftstück war in der Siegesstimmung von Aspern vom Napoleon-Hasser Feldmarschallleutnant

Graf Bubna verfasst und dem Kaiser zur Unterschrift vorgelegt worden. Es sollte den Zweck verfolgen, die Tiroler zu noch größeren Anstrengungen im Kampf gegen Napoleon bzw. Bayern aufzustacheln. Am Tag der Unterzeichnung des Billetts konnte man im Hoflager natürlich noch nicht wissen, dass just am selben Tag mit der zweiten Schlacht am Bergisel die Befreiung Tirols ohnehin perfekt war.

Noch nicht mit dem genauen Wortlaut vertraut, informierte der Kaiser Erzherzog Johann über den geschlossenen Waffenstillstand. Dieser wieder – um Informationen von innen und außen vorzubeugen – teilte am 16. Juli General Buol in Tirol Folgendes mit[14]: „Da es seyn kann, daß ein feindlicher Parlamentär Ihnen den Befehl bringe, Tyrol in Folge eines Waffenstillstandes zu räumen, so haben Sie diesem Befehl nicht nachzukommen, ausgenommen, er wäre von mir unterfertigt." Auf Grund der langsamen Kommunikation in damaliger Zeit konnte Buol das Schreiben erst am 23. Juli veröffentlichen. Er setzte selbst noch hinzu: „Welches hiermit zur Berichtigung der umlaufenden, falschen Gerüchte und zur Beruhigung der treuen und tapfern Tyroler allgemein bekannt gemacht wird." Nun begannen Tage zermürbenden Wartens, ausgefüllt von den kuriosesten Gerüchten, die Wunschdenken und Alpträume widerspiegeln. Es wurde getrachtet, das Land unbedingt in Verteidigungsbereitschaft zu halten, könnte doch der Feind aus Kriegslist das Waffenstillstandsgerücht ausgestreut haben und die Übergabe Tirols auf einfache Weise zu erwirken versuchen! Am 28. Juli erhielten Korpskommandant Buol und Intendant Hormayr, die sich beide in Brixen befanden, vonseiten Erzherzog Johanns die endgültige Bestätigung des abgeschlossenen Waffenstillstands. Manche Gegenden Tirols erfuhren die Hiobsbotschaft erst am 30. Juli. Sie löste durchwegs Bestürzung, Trauer und Sorge um die Zukunft Tirols und Österreichs aus.

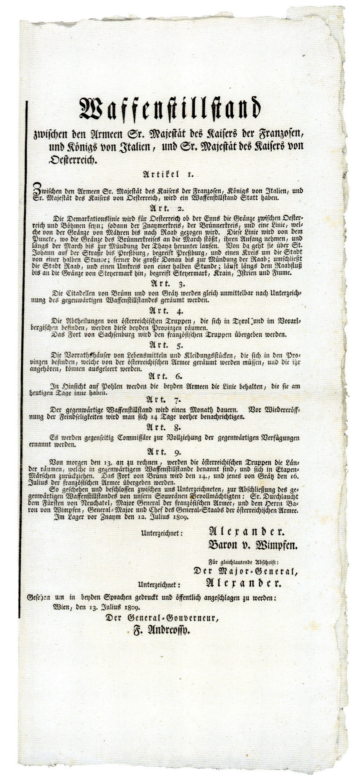

(186) Waffenstillstand von Znaim, 12. Juli 1809, verlautbart in Wien am 13. Juli 1809

Der Waffenstillstand von Znaim und was er bewirkte

Niemand wusste, wie lange der Waffenstillstand von Znaim, abgeschlossen am 12. Juli 1809, Bestand haben würde. Eine der deprimierendsten Auswirkungen für Österreich war der neuerliche Verlust Tirols; der Vertrag erforderte einen Abzug der seit dem Abzug Feldmarschallleutnants Chasteler ohnehin nur mehr geringfügigen Einheiten kaiserlichen Militärs. Kaiser Franz dachte zunächst an eine baldige Fortsetzung des Kriegs gegen Napoleon. Wohl darin liegt die spürbare Tendenz begründet, Tirol in einem wehrhaften Zustand zu erhalten und auch das Abrücken des Militärs möglichst lange hinauszuziehen. Napoleon seinerseits erachtete die Zeit des Waffenstillstandes als günstigsten Moment, Tirols Herr zu werden. Nun war das Land von österreichischen Truppen frei, sie konnten auch nicht zu Hilfe gerufen werden. Mit den Tirolern allein, so glaubte er, würde er diesmal fertig werden.[1] Zu seiner Vorgangsweise war Napoleon berechtigt, denn der Friede von Pressburg (1805), in dem Österreich die Grafschaft Tirol hatte an Bayern abtreten müssen, war ja immer noch gültig, und außerdem waren in den Waffenstillstand von Znaim nur die regulären Truppen inbegriffen und nicht die Tiroler „Insurgenten".

Die Gerüchte von einem Waffenstillstand waren gerade in jenen Tagen aufgetaucht, in denen von Lienz aus eine Offensive in Richtung Kärnten geplant wurde. Es hieß, dass Klagenfurt nur schwach von Franzosen besetzt sei, weshalb man dorthin einen Ausfall wagen könnte. Nebenbei hoffte man, die dortigen Munitionsvorräte erbeuten zu können. Die Einheiten des Generals Schmidt, der immer noch im östlichen Pustertal lagerte, sollten unter anderem von Pustertaler

(187) Kaiser Franz I. von Österreich, um 1810

Das ist mein lieber Sohn an dem ich Wohlgefallen habe.

(188) Napoleon I., Kaiser der Franzosen, in vollem Ornat, um 1810

(189) Spottbild auf Kaiser Napoleon in einer zeitgenössischen kolorierten Radierung

Schützen begleitet werden. Als offizieller Oberkommandant im südlichen Tirol wollte und musste Andreas Hofer an dieser Aktion wohl auch teilnehmen.

Der Sandwirt traf am 19. Juli in Lienz ein.² Hofer kam rechtzeitig zu einer Lagebesprechung zwischen Generalmajor von Schmidt und dem Oberkommandanten im Pustertal, Anton Steger aus Bruneck. Für den folgenden Tag vereinbarte man die Besichtigung der für den Zugang nach Tirol bedeutsamen Feste Sachsenburg im Drautal, ungefähr sechzig Kilometer östlich von Lienz gelegen. Am 20. Juli inspizierten Andreas Hofer, General Schmidt und der Lienzer Stadtkommandant Johann Nepomuk von Kolb – auch Anton Steger soll hinzugekommen sein – zunächst die aus dem Kriegsjahr 1797 bekannten Chrysantner Schanzen am Kärntner Tor und dann die Feste Sachsenburg. Während ihrer Anwesenheit in Kärnten erschienen zwei französische Parlamentarier mit den gedruckten Bedingungen des Waffenstillstandes von Znaim und forderten die Übergabe der Festung. Die Verwirrung über einen eventuell abgeschlossenen Waffenstillstand stieg; man wollte aber von vornherein gar nicht daran glauben. Deshalb schenkte man den Franzosen auch kein Gehör, auch wenn man vom Herannahen des französischen Generals Rusca über Radstadt und Mauterndorf erfuhr. Der Meldung der Franzosen stand bald eine – allerdings grundfalsche – Siegesnachricht der Österreicher gegenüber. In den Widerspruch der Meldungen platzte am 22. Juli die Ordre Erzherzog Johanns mit der Aufforderung, auf eventuelle Meldungen von einem Waffenstillstand hin Tirol nicht zu räumen, es sei denn, der Befehl wäre von ihm selbst unterzeichnet. Nun war die Verwirrung perfekt. Einerseits erhielt das Gerücht vom Abschluss eines Waffenstillstandes gerade dadurch eine indirekte Bestätigung, andererseits aber wurde wieder angeordnet, einem Befehl der Räumung nicht Folge zu leisten. In einer so unklaren Lage erwartete man besonders vom Oberkommandanten Andreas Hofer eine Stellungnahme oder Entscheidung.

Der Sandwirt war überhaupt nicht der Mann, rasch aufzugeben und die Flinte ins Korn zu werfen. Zur Zeit seines ersten in Lienz[3] verfassten Aufrufes, gegeben am 22. Juli 1809[4], glaubte er noch mehr dem ausgestreuten irrigen Siegesgerücht als den Meldungen über einen Waffenstillstand: „Tyroler! Da der allgemeine Feind der Thronen, der Religion und des Wohlstandes der Völker mit der Kraft der Waffen nicht mehr auslangen zu können einsicht, so hat er zu den Künsten des Arglistes nach seiner schon alten Gewohnheit wieder neue Zuflucht genohmen." Es sei unerhört, dass der Feind einen (Waffenstillstands-)Vertrag ankünde, von dem niemand etwas wisse. „Jeder rechtschaffene ehrlich denkende Tyroler ergreife die Waffen – Ich mache es mir zum Vergnügen Eüer Anführer zu seyn ..."

Ein ähnlicher Aufruf Hofers folgte am 26. Juli.[5] Darin verurteilte Hofer die „Arglist" des Feindes und rief die Tiroler zum Widerstand auf. Wer der gerechten Sache entgegenarbeite, sei nicht nur der Feind des Vaterlandes, sondern solle der Wut des Volkes preisgegeben und aus dem Land gewiesen werden. Wer in Tirol wohnen möchte, müsse es schützen. Wer es nicht schütze, werde im Land nicht geduldet.

Am selben Tag sagte Hofer dem Landgericht Mittersill im salzburgischen Pinzgau zu dessen Unterstützung die baldige Entsendung von Schützenkompanien zu.[6]

Am 28. Juli, ebenfalls noch von Lienz aus, folgte ein Aufruf an die Kärntner, ein „Aufruf – An die benachbarten Bewohner des Drau Ufers, Möll- und Gailthals", der eigentlich eine Antwort auf eine Initiative der Kärntner ist, sich mit Andreas Hofer in Verbindung zu setzen. Zugleich ist darin das geistige Konzept des Oberkommandanten, seine Ideologie, enthalten[7]: „Liebe brave Nachbarn! eben so willkommen, als rührend war es für mich, von euch gerufen zu werden. Eure Herzensstimme ist also mit jener jedes gutdenkenden Tyrolers im Einklange, und nie wird selbe aufhören für Oesterreichs Kaißer zu tönen. Schon stehe ich mit einer Masse von Landesleuten an euern Gränzen, mehrere Tausende folgen nach. Mit Gemein[samer] Kraft wollen wir zum edelsten Zweke hinarbeiten. Ich stelle mich an Eure Spitze, aber anspruchloß auf alle Ordnung, und gute Sache. Setzet euer ganzes Vertrauen auf Gott; haben wir denn nicht schon Dinge gethan, über die das Ausland staunte, nicht durch Menschenkräfte, sondern durch unverkennbare Hilfe von oben. Tugend giebt wahre Stärke, und schaffet den schwachen zu einem Helden um. Es gilt jezt nicht bloß der Rettung unßerer Habe, und zeitliches Eigenthum. Nein! Augen-

(190) Andreas Hofers „Lienzer Aufruf" an die „Tyroler!", in dem er zur bedingungslosen Verteidigung des Landes auffordert. Er endet mit den Worten: „Siegen oder Sterben", Lienz, 26. Juli 1809

(191) Andreas-Hofer-Porträt von Franz Tomaselli, 1809

bliklicher Gefahr drohet unßerer heiligsten Religion. Für dieße haben wir das große Werk begonnen. Aber jezt handelt es sich um die Vollendung desselben. Halbs gethan, ist nichts gethan. Wohlan denn Brüder, und Nachbarn! Stehet auf, ergreiffet die Waffen wider den allgemeinen Feind Himmels, und der Erde. Zaudert nicht mehr, denn jeder Augenblik ist kostbar, und entscheidend. Keiner, dem eigenes, und aller unßerer Nachkömlinge Wohl am Herzen liegt, bleibe weg! Das einzige, und lezte Looß von uns allen seye – für Gott, und den Kaißer Franz – Siegen oder Sterben. – Andere Hofer Ober comendant vo(n) Passeyr."

Wie in jeder Art von Proklamation üblich, findet man natürlich auch in Andreas Hofers Aufrufen floskelhafte Verwendung von Motiven, die sich hier natürlich um Gott, Kaiser und Vaterland drehen. Diese waren echte Beweggründe nicht nur der Führungsschicht, sondern auch „kleiner Leute" im Jahr der Erhebung 1809. Freie Religionsausübung in traditioneller Weise und das Glück, in einem Land leben zu können, dessen Menschen altüberlieferte Rechte und Privilegien genießen können, schien Andreas Hofer und einem sehr großen Teil der Tiroler Bevölkerung nur unter der Regierung des „Kaisers" möglich.

Mit der „Wehrertüchtigung" Kärntens hing auch zusammen, dass Andreas Hofer und Generalmajor von Schmidt Oberleutnant von Türck bevollmächtigten, die (Kärntner) Landmiliz zu kommandieren und alles für die Verteidigung Nötige auf eigene Faust in die Wege zu leiten.[8] Der gebürtige Tiroler Johann Baptist Türk (1775–1841) war bereits 1796/97 mit den Tiroler Scharfschützen ausgezogen und hatte 1799 eine Tapferkeitsmedaille errungen. 1801 war er seinen beiden Schwestern nach Klagenfurt gefolgt und setzte sich nun für die Freiheitsbewegung ein. In seinen Erinnerungen „Meine Lebensschücksalle" ist auch von der nun übetragenen Vollmacht die Rede[9]: „... erhielte ich Gewalt und Vollmachts-Urkunde des k. k. Kommandierenden Herrn Gennneralen Bar. Schmidt und OberCommandantn Andreas Hoffer det. Lienz den 19ten July, mit Strenge die Landsturm-Organisirung zu betreiben ..."

Oberkommandant Hofer blieb bei seiner Entscheidung für den Freiheitskampf, auch nachdem er vom tatsächlichen Bestehen des Waffenstillstands und der unabwendbaren Forderung nach Abzug des österreichischen Militärs und der kaiserlichen Beamten gehört hatte; der Waffenstillstand war nämlich in Tirol am 28. Juli offiziell bekannt gemacht worden. Dabei dürfte er mit Johann Nepomuk Kolb einer Meinung gewesen sein. Hat der Fanatiker Kolb den Sandwirt in seiner Entscheidung, die allgemein als richtig aufgenommen worden ist, beeinflusst oder hat er ihn nur darin bestärkt? – Andreas Hofers Entscheidung dürfte folgende politische Überlegung vorangegangen sein: Der Versuch, es auch mit einem mächtigen Feind aufzunehmen, sei allemal besser, als diesem resignierend das Land zu überlassen. Ein Waffenstillstand bedeute ja noch keine endgültige Ent-

scheidung, ein Friedensvertrag müsse erst ausgehandelt werden. Und da war ja noch das so freudig aufgenommene „Wolkersdorfer Handbillett" zu berücksichtigen, in dem der geliebte Kaiser Franz versprochen hatte, keinen Friedensvertrag zu unterzeichnen „als den, der dieses Land an Meine Monarchie unauflöslich knüpft"! Auf das Wort des Kaisers würde doch wohl Verlass sein! Die Verhandlungen um einen Frieden würden – bezüglich Tirol – gewiss durch die Ereignisse in diesem Land präjudiziert werden. Würden sich die Tiroler ergeben, könnte das Land vom Gegner besetzt werden und damit wohl auch beim Frieden für Österreich verloren sein. Würden die Tiroler aber ihr Land bis zu den entscheidenden Verhandlungen vom Feind freihalten, dann müsste dieser Umstand doch unbedingt berücksichtigt werden, und Tirol wäre gerettet!

Der Oberkommandant Andreas Hofer musste sich spätestens jetzt auch die Frage stellen, von wem die zu erwartenden neuerlichen Anstrengungen, das Land von fremden Truppen freizuhalten, getragen würden. Wie überhaupt stand es mit der Beteiligung der Landstände in Bezug auf die Erhebung dieses Jahres? Ausschlaggebend war von Anfang an der Bauernstand in den Landgerichten. Die ländliche Bevölkerung spürte die bayerische Herrschaft wohl am meisten. Als deutliche Verschlechterung empfand man die neue Verfassung vom 1. Mai 1808, die für die bisherigen Privilegien überhaupt keinen Spielraum mehr ließ, vielmehr alles reglementierte. Die Selbstverwaltung in den Dörfern war verloren gegangen. In der bäuerlichen Gemeinde, einem primären Wirtschaftsverband, der die Allmende – das gemeinsame Nutzungsrecht z. B. an Straßen, Feldwegen, Brücken oder Weiden – regelte, stand bisher ein Dorfmeister an der Spitze; eine Gemeindeversammlung gab es meistens einmal im Jahr. Daneben bestand ein Gerichtsausschuss, der sich nicht nur der Rechtspflege widmete, sondern auch für die Einhebung der Steuern, die Erstellung der Listen für das militärische Aufgebot, die Instandhaltung von Wegen und Wasserläufen usw. zuständig war. Diese Selbstverwaltung wurde von den Bayern abgeschafft. Auch in Bezug auf die alte Wehrverfassung gingen Rechte verloren. Jetzt drohte die Konskription, die militärische Zwangsaushebung, und der Einsatz auch außerhalb der Landesgrenzen. Ganz wesentlich war, dass die Landbevölkerung, in tiefer Volksfrömmigkeit versunken, die Eingriffe der Kirchenpolizei sehr stark spürte. Viele alte Bräuche, bisher allgemein gutgeheißen, wurden überhaupt abge-

(192) Radschlossbüchse Andreas Hofers, 1695, mit später angebrachten Silberintarsien, um auf die historische Bedeutung der Waffe hinzuweisen

schafft. Es wurde strengstens überwacht, ob sich die Kirche an die staatlichen Vorschriften hielt. Von aufgeklärtem Geist beseelt, trat die Regierung dafür ein, in Tirol eine vom Aberglauben gereinigte Religion sicherzustellen.

Die Geistlichkeit[10] war bisher in der landständischen Versammlung, die es nun nicht mehr gab, an erster Stelle gestanden. Ihr Anteil an der Gesamtbevölkerung von ca. 620.000 (1788) betrug nur etwas mehr als 4000, dennoch war ihr Einfluss auf die Aufstandsbewegung dank ihrer Bildung und des Ansehens ihres Standes insgesamt doch sehr groß. Der niedere Klerus stand in engster Verbindung mit dem Volk, war aber durch beruhigende Weisungen der jeweiligen Bischöfe gebunden. Einige seiner Mitglieder, besonders aus den aufgelassenen Klöstern, aber auch Säkularkleriker, sympathisierten offen mit den Aufständischen. Viele Geistliche wirkten als Feldkapläne. Manche traten selbst als Kommandanten auf. Das beste Beispiel ist der Kapuzinerpater Joachim Haspinger, der sich in dieser Hinsicht bald schon profilierte und ab den Mai-Kämpfen mit Andreas Hofer und Major Josef Speckbacher der „Führungstrias" der Erhebung angehörte. Die Masse der Geistlichkeit, die hauptsächlich den Diözesen Brixen und Trient, mit großen Anteilen auch Chur und Salzburg angehörten, war auf jeden Fall antibayerisch eingestellt, was verständlich ist. Durch die allgemeinen staatskirchlichen Maßnahmen hatte sich Bayern den Klerus automatisch zum Gegner gemacht. Geistliche, die sich nicht fügten, wurden durch „Staatspfarrer", die zum Teil aus Alt-Bayern stammten, ersetzt. Es ist nicht festzustellen, inwieweit der Klerus am Land vielleicht sogar daran beteiligt gewesen war, die antibayerische Stimmung anzuheizen. Als es im März 1809 im Fleimstal zu Widersetzlichkeiten gegen die Rekrutenaushebung gekommen war, befanden sich unter den Anführern zwei Geistliche. Bei den Erhebungen im April und im Mai hatte man deutlich

(193) Maria Anna Moser, Porträt Andreas Hofers in üblicher Gestaltung, 1809

unterscheiden können zwischen kämpferischen Naturen, die als Feldkapläne tätig waren, und solchen, die zwar nicht selbst eine Waffe geführt, aber eindeutig für die Aufständischen Partei ergriffen hatten. Sie erfüllten ihre eigentliche Aufgabe, nämlich die kirchlichen Funktionen, die seelische Betreuung der Aufgebote und im Sinne der christlichen Nächstenliebe die Versorgung der Sterbenden und Verwundeten. Die nach militärischen Erfolgen abgehaltenen Dankgottesdienste wurden mit großer Feierlichkeit begangen, was wohl zugleich als „Sympathiekundgebung" aufgefasst werden konnte. Nur wenige Geistliche, vor allem solche, die dem bayerischen Staat ihre Stellung verdankten, standen im „anderen Lager".

Die Bischöfe und Domkapitel förderten den Aufstand nicht, sondern versuchten ihn zu beruhigen, wenngleich auch sie genügend Schwierigkeiten mit der bayerischen Regierung hatten. Das Brixner Domkapitel hatte von Anfang gegen den Aufstand Stellung genommen, besonders nach dem Waffenstillstand von Znaim. Es mahnte auch zur Treue gegenüber dem rechtmäßigen Landesherrn, dem König von Bayern.

Ähnlich liegen die Verhältnisse beim Adel[11], dem für jene Zeit etwa 3100 Personen zugerechnet werden. Im Allgemeinen war der alte landständische Adel gegenüber der bayerischen Herrschaft nicht positiv eingestellt, vielmehr österreich- und kaisertreu gesinnt. Dem höheren und damit auch begüterten Adel gehörten relativ wenige an. Die verhältnismäßig wenigen Familien konzentrierten sich auf die Gegenden von Innsbruck, Meran und Bozen. Die Tiroler Adeligen nahmen – im Gegensatz zu den begüterten, reichen Gutsherren in den östlichen habsburgischen Erbländern – eine andere gesellschaftliche Position ein. Der Großteil des Adels, dem niederen Adel angehörend, war in Tirol mit dem Volk relativ eng verbunden. Vielfach war die Situation gegeben, dass die Adeligen auf den Landgütern saßen und als Beamte in der Stadt, im Gubernium in Innsbruck, in den Kreisämtern und in den Landgerichten, weiters in verschiedenen Ämtern wie Post-, Zoll- und Fiskalämtern eine Beamtenstellung innehatten. Dieser „Beamtenadel" hatte nicht nur die verlangte Untertanenpflicht zu erfüllen, sondern war durch einen Eid an den neuen bayerischen Landesherrn besonders gebunden. Für manche Adelige war es schwierig, Amtspflicht und Gesinnung in Einklang zu bringen. Die traditionelle Bindung an Österreich konnte freilich nicht ausgelöscht werden. Zunächst wurden von Bayern nur die Schlüsselpositionen neu besetzt, natürlich durch Bayern. Später aber, mit der Einführung der neuen Verfassung, im Zuge der Neu- und Umorganisation, wurden zahlreiche Beamte aus Alt-Bayern nach Tirol berufen, dafür Tiroler nach Bayern versetzt. Die Zurücksetzung des Adels und die Verminderung seines Einflusses zusammen mit der Aufhebung der Landesverfassung musste geradezu eine Verstärkung der Ablehnung der neuen Herrschaft hervorrufen. Unter den Adeligen, hauptsächlich Landadeligen, gab es genügend, die schon in den April- und Mai-Unruhen selbst zur Waffe gegriffen und an der Seite der Bauern gekämpft hatten. Sehr groß ist die Zahl von Kommandanten aus dem niederen Adel; selbst aus dem höheren Adel wurden einige an die Spitze von Schützenkompanien gewählt. Freilich gab es auch Adelige, die auf bayerischer Seite standen, besonders solche, die unter der neuen Herrschaft Karriere gemacht hatten.

Im städtischen Bürgertum[12], dies wusste Andreas Hofer genau, hatte er kaum einen Rückhalt. Dieser Bevölkerungsanteil machte nur ca. 10 Prozent aus, wobei auch bei weitem nicht alle in den Städten Wohnenden das Bürger- oder Inwohnerrecht besaßen. Viele waren vom Land zugezogen und verrichteten hier Dienstbotenarbeiten und sympathisierten daher mehr mit der Landbevölkerung.

Die meisten Gegner der Erhebung fand Hofer in Innsbruck vor. Mit der neuen bayerischen Verfassung war diese Stadt vom Rang einer Landeshauptstadt auf eine Kreishauptstadt herabgesunken. Es waren „Intellektuelle", Anhänger der Aufklärung, die die bayerische Herrschaft begrüßten, darunter befanden sich Professoren der Universität, selbst Angehörige der Theologischen Fakultät. Sowohl Professoren als auch Studenten hatten in der Zeit der bayerischen Regierung nichts zu leiden gehabt. Sie waren ohnehin eher Anhänger der Aufklärung und damit der bayerischen Verwaltung, die sie als fortschrittlich ansahen. Professoren rieten ausdrücklich von der Beteiligung am Aufstand ab. Erst in der Zeit der kurzen kaiserlichen Intendantschaft des Freiherrn von Hormayr war Ende April eine Studentenkompanie unter Professor von Mersi nach Mittenwald in Alt-Bayern ausgerückt.

Alle, die in Freimaurerkreisen verkehrten oder jakobinisches Gedankengut pflegten, wandten sich ebenfalls gegen den Aufstand, weiters eine größere Zahl von Beamten und ein Teil des städtischen Adels und sehr wenige Priester.

Vielleicht bestand ein Grund der Ablehnung der Erhebung darin, dass die städtische Bevölkerung auf Grund besserer Informationen über die Grenzen hinausschauen konnte und wusste, dass – trotz militärischer Erfolge – das Schicksal des Landes nicht in Tirol selbst entschieden würde.

Bei den Innsbrucker Bürgern, darunter hauptsächlich Handel- und Gewerbetreibende, war wohl die Angst vor dem Verlust materieller Güter wesentlich mitbestimmend. Es war für den Oberkommandanten unvorstellbar, dass Innsbrucker Bürger auf den Bergisel gezogen wären, um gegen Bayern und Franzosen zu kämpfen. Die Innsbrucker blieben Zuschauer, die – wie man aus Beschreibungen weiß – sich vielfach vor den einmarschierenden siegreichen Bauern fürchteten. Manche Untat wurde fälschlicherweise den Bauern angelastet, die jedoch der ebenfalls eingerückte Vorstadtpöbel begangen hatte. In dieser Hinsicht hatte man in Innsbruck gerade nach den April-Kämpfen einiges mitgemacht.

In Bozen war die Situation zunächst anders[13], indem die Handelskreise österreichisch gesinnt blieben. Man gab nämlich Bayern die Schuld am Nachlassen des Transithandels und der Bedeutung der Bozner Märkte, wenn auch ganz Europa unter der von Napoleon gegen England verhängten Kontinentalsperre litt. Die Bozner Kaufmannschaft musste viele Beeinträchtigungen hinnehmen. Besonders deshalb wurde der Bozner Merkantilmagistrat zunächst nahezu ein Zentrum der Gegnerschaft zu Bayern. Vorerst hatten die Bozner mit Begeisterung auch am Aufstand teilgenommen, eine Haltung, die sich im Spätsommer 1809 ändern sollte.

Die Überlegung Andreas Hofer dürfte gewesen sein, dass auch bei der zu erwartenden kriegerischen Situation der bäuerliche Stand mit seinen rund 90 Prozent Bevölkerungsanteil stark genug sein würde, verteidigungsmäßig und wirtschaftlich das Schicksal des Landes in die Hand zu nehmen.

Der Oberkommandant Andreas Hofer verließ am 31. Juli, spätestens am 1. August Lienz, nicht wissend, dass sich die gegnerischen Truppen zum Teil bereits wieder auf Tiroler Boden befanden. Auf seiner Rückreise durch das Pustertal traf er eine Anzahl jener Personen, die nun eilig das Land verlassen wollten. Mit der offiziellen Benachrichtigung vom abgeschlossenen Waffenstillstand am 28. Juli war das Zeichen zum Aufbruch gegeben. Einer der Ersten war Intendant Josef Freiherr von Hormayr – er, der einst erklärt hatte, er werde Tirol nicht anders als tot verlassen![14]

Damit war Hormayrs Tätigkeit in Tirol zu Ende. Wegen seines Ehrgeizes, der Selbstüberschätzung und des nahezu krankhaften Bemühens, sich und seine Leistungen in den Vordergrund zu stellen, war er nie sehr beliebt gewesen. Im Gegensatz zu anderen Persönlichkeiten, die sich in Flugschriften von Tirol verabschiedeten, zog der sonst so wortreiche Hormayr sang- und klanglos aus dem Land ab. Auch die Unterintendanten Anton von Roschmann und Karl von Menz sowie andere Beamte verließen Tirol. Freilich bekam manch einer die ungestüme Wut der Pustertaler Bauern zu spüren. Enttäuscht war der Sandwirt von den Männern, die in den Tagen der Befreiung eine maßgebliche Rolle gespielt hatten, wie der so kühne Josef Speckbacher, Hofers Adjutant Eisenstecken, der besonders im nördlichen Tirol sehr wirksame Martin Teimer, ferner Anton Aschbacher, Franz Anton Nessing usw., und nun das Land im Stich lassen wollten. Der Kommandant des verbliebenen Tiroler Korps, General Buol, hatte sie zu Waffenniederlegung und Flucht bewogen. Die Bestürzung des Sandwirts beeindruckte nur Josef Speckbacher in einem solchen Maß, dass er

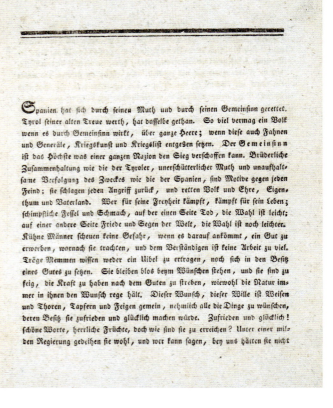

(194) Außerhalb Frankreichs fanden die bedeutendsten Volksaufstände gegen Napoleon in Spanien und in Tirol statt, was diese Broschüre zum Ausdruck bringt.

– die beiden trafen sich in Bruneck – umkehrte und dem Oberkommandanten treu zur Seite stehen wollte. Über die abziehenden Beamten, noch weit mehr aber über die ehemaligen Anführer waren die Bauern sehr ergrimmt. Martin Teimer zum Beispiel entkam ihnen nur durch eine List; Andreas Hofer bezeichnete ihn als „Verräter des Tirols"[15].

Auch das Militär rückte ab. General Schmidt war sogleich dem Intendanten Hormayr gefolgt und hatte am 1. August den Franzosen die kärntnerische Feste Sachsenburg überantwortet. Gleichsam den Abschluss der Abziehenden bildete General Buol, der am 3. August von Brixen aufbrach. Viele Schmähungen und Aufforderungen zum Bleiben musste sich das kaiserliche Militär im Pustertal gefallen lassen. Und nicht wenige Soldaten desertierten, um, von den Bauern umworben, mit den Tirolern zu kämpfen. Bei Lienz ergab sich eine kritische Situation. Als General Buol am 5. August in Lienz eintraf, war es bereits von den rund 6000 Soldaten des französischen Generals Rusca besetzt. In der Bevölkerung machte sich Panikstimmung breit, da man Kampfhandlungen befürchten musste. In sicherlich spannungsgeladener Atmosphäre übergab Buol den Franzosen die mitgeführten Kriegsgefangenen und eine Anzahl erbeuteter Geschütze und Waffen. Zu Kämpfen kam es nicht. So passierten die feindlichen Heere einander, ohne dass ein Schuss fiel.

Der Wille der Tiroler, sich zu wehren, wurde wohl durch die Ungewissheit ihres künftigen Schicksals genährt. Im Waffenstillstand war nichts von einer Amnestie für die aufmüpfigen Tiroler „Insurgenten" enthalten. Außerdem ging aus dem Vertrag nicht einmal hervor, ob das Land von Franzosen oder Bayern besetzt werden würde. Manch ein Vertrauensseliger meinte, es bleibe –

abgesehen vom Abzug des österreichischen Militärs – der Status quo bis zu einem Friedensschluss erhalten. Der „Zwangsvorstellung", das Land nur durch Kampf erretten zu können, schloss sich die städtische Bevölkerung Tirols auch dieses Mal in geringem Maß an.

Bereits einige Tage nach dem Waffenstillstand von Znaim traf Napoleon seine Disposition in Bezug auf die Besetzung Tirols. Nicht, um den Bayern neuerlich zu ihrem verlorenen Besitz zu verhelfen, auch nicht, um lediglich Rache am widerspenstigen und dadurch so widerwärtigen Gebirgsvolk zu üben, sondern, weil er kein „zweites Spanien" in seinem Rücken dulden konnte, ließ Napoleon die Truppen gegen Tirol aufmarschieren. Auch in Spanien hatte man sich der französischen Fremdherrschaft widersetzt! Französisches Hegemoniestreben hatte Napoleon auch auf die Iberische Halbinsel geführt. Nachdem er seinen Bruder Joseph Bonaparte zum König von Spanien erklärt hatte, wurde eine nationale Erhebung entfesselt, wobei in diesem Befreiungskrieg besonders patriotische Motive im Vordergrund standen. Das Verhalten der Spanier mag den Tirolern Impulse gegeben bzw. sie in ihrem Vorhaben bestärkt haben. Bezeichnenderweise erschien in dieser Zeit die Flugschrift „Spanien und Tyrol tragen keine fremden Fesseln"[16], die mit den Worten beginnt: „Spanien hat sich durch seinen Muth und durch seinen Gmeinsinn gerettet. Tyrol, seiner alten Treue werth, hat dasselbe gethan. So viel vermag ein Volk, wenn es durch Gmeinsinn wirkt, über ganze Heere; wenn diese auch Fahnen und Generäle, Kriegskunst und Kriegslist entgegen setzen."

(195) Gefecht bei Taxenbach im salzburgischen Pinzgau am 27. Juli 1809, Blatt aus der bei Friedrich Campe in Nürnberg erschienenen Reihe

(196) „Panzl als Hauptman(n) in Pinzgau im Jahr 1809"

(197) Schützenhauptmann Anton Wallner vulgo Aichberger in Angriffsposition in den Kämpfen des Jahres 1809

Nach dem Willen Kaiser Napoleons musste die Niederlage der Tiroler dieses Mal vollständig sein. Von Salzburg her, von mehreren Einfallstoren aus Bayern, von Oberitalien und von Kärnten her sollte das Land umklammert und besetzt werden. Napoleon rechnete lediglich mit etwa 12.000 bewaffneten Tirolern zuzüglich rund 2000 österreichischen Soldaten. Beim Einsatz von 18.000 bis 20.000 Mann schien ihm der Sieg gewiss. Der Auftrag an Marschall Lefébvre lautete, das Volk zu schlagen, zu zerstreuen und zu entwaffnen. Die Häupter der Insurrektion seien als Geiseln abzuführen, wichtigste Orte in Brand zu stecken und vollständig zu zerstören. Franzosen und Bayern seien in Tirol ermordet worden, was nach Rache schreie. Napoleon warnte Marschall Lefébvre, sich von dieser „Canaille" – gemeint ist Tirol – nicht betrügen zu lassen, und gab ihm als Weisung mit auf den Weg[17]: „Seien Sie schrecklich und handeln Sie so, dass man einen Teil der Truppen aus dem Lande ziehen kann, ohne fürchten zu müssen, dass sie wieder anfangen."

In der letzten Juliwoche formierten sich die Truppen zum Einfall in die „Gebirgsfestung" Tirol; im Zentrum des Landes sollten sie einander treffen. Das Gros der Truppen führte Lefébvre selbst an. Ihm unterstanden die bayerische Division Kronprinz sowie die sächsisch-rheinbündische Division Rouyer, mit denen er, aus dem Salzburgischen kommend, den Weg über den von den Mai-Kämpfen her berüchtigten Pass Strub nahm. Wenn auch Speckbacher und Sieberer im Inntal an manchen Stellen versuchten, Schwierigkeiten zu bereiten, konnte Lefébvre dennoch nach zügigen Märschen am 30. Juli abends in Innsbruck eintreffen. Der Division Deroy, die ebenfalls dem Korps Lefébvre angehörte, war der Weg über den Oberpinzgau und den Gerlospass ins Zillertal bestimmt. An der Brücke in Taxenbach aber wurde sie von den Schützenführern Anton Wallner und Johann Panzl aus Windisch-Matrei (in Osttirol) mit rund 400 Leuten einen Tag lang aufgehalten. In Mittersill zweigte General Siebein ab und marschierte über Kitzbühel ins Inntal. Deroy kam nach vielen Feindseligkeiten am 1. August in Innsbruck an. Am 30. Juli war auch das Korps Beaumont von Scharnitz her in Innsbruck eingetroffen. Bereits am 31. Juli ordnete ein „Befehl" von Lefébvres Generalstabschef Drouet die Abgabe der Waffen an und kündigte Hausdurchsuchungen an. Und am folgenden Tag wurde das Manifest des Marschalls publiziert. Er folgte genau dem Auftrag seines Kaisers. Eine Reihe von Anführern wurde aufgefordert, sich zu stellen, „vorzüglich und namentlich der Andreas Hofer – Sandwirth – Insurgenten-Chef von Passeyr und des südlichen Theils".[18]

Nicht nur die französischen Befehlshaber trafen Anordnungen, sondern auch die Bayern, die wieder ins Land zurückgekehrt waren und versuchten, die Verwaltung möglichst schnell in die Hand zu bekommen. Schon am 27. Juli war ein königliches Patent ergangen[19]: „Nachdem gegenwärtig kräftige Maaßregeln ergriffen werden, um die bisher im Aufruhr begriffenen Einwohner des Inn-, Eisack- und Etsch-Kreises mit Gewalt der Waffen zum Gehorsam zurück zu führen, so tritt die Nothwendigkeit ein, daß die Administration

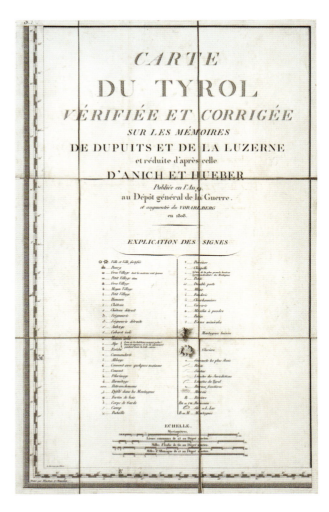

(198) Haupttitel der von den Franzosen und Bayern benützten Landkarte „CARTE DU TYROL VÉRIFIÉE ET CORRIGÈE" nach Peter Anich und Blasius Hueber, hg. vom Dépôt général de la Guerre, Paris 1808

dieser Kreise, aus welchen die oberen Beamten wider Völkerrecht, und Kriegsgebrauch abgeführt worden sind, wieder in die gehörigen Hände gegeben, und zugleich mit derjenigen Kraft geführt werde, welche die Außerordentlichkeit der Umstände erfordert." Die „Außerordentlichkeit" bestand nicht zuletzt in einer unsagbaren Strenge und Härte, nicht selten mit niedrigen Rachegelüsten gepaart. Es kam vor, dass die Franzosen bei den Bayern zugunsten der Tiroler intervenierten!

Befreiung im August – Der Sandwirt Sieger am Bergisel

Marschall Lefébvre hatte im Mai den „Guerillakrieg" der Tiroler kennen gelernt und wusste daher, dass die Einnahme der Hauptstadt Innsbruck noch nicht den Besitz des ganzen Landes bedeuten musste.[1] Er hatte den Auftrag und war willens, das ganze Land mit Waffen niederzuhalten, bis jeder Widerstand gebrochen sei. Er war besonders vorsichtig, da ihm Feindseligkeiten der Tiroler im Eisacktal gemeldet wurden. Er verlautbarte am 5. August einen scharfen, Angst einflößenden Befehl[2]: „Da man erfahren hat, daß der Andreas Hofer, sogenannter Sandwirth, Rebellen-Hauptmann von Passeyr, sich erfrecht, Bothen in dem Lande herumschleichen zu machen, welche falsche Gerüchte verbreiten und die Einwohner zu Wiederergreifung der Waffen zu verführen trachten sollen – so wird befohlen, daß jedermann, welcher, ohne mit einem gesetzlichen Vorweis von seiner Behörde versehen zu seyn, außerhalb seines Dorfes oder Dorfbezirkes ertappt wird, verhaftet, der Militair-Kommission überantwortet und binnen vier und zwanzig Stunden hingerichtet werde …"

Um das Land möglichst schnell zu befrieden, hatte Lefébvre schon Tage vorher die Division Rouyer, der sächsische Kontingente angehörten, über den Brenner ins Eisacktal geschickt. In der Brixner Gegend würde sie sich mit den unter General Jean Baptiste Rusca aus dem Pustertal und den aus dem Süden heranziehenden Truppen vereinigen. In Sterzing ahnte der General zwar bereits eventuelle Schwierigkeiten, hatte aber bis Brixen nur noch eine verhältnismäßig kurze Strecke zurückzulegen. Er brach am 4. August in Sterzing mit rund 2000 Mann auf und erlebte noch an diesem Tag im schluchtartigen Eisacktal zwischen Oberau und Unterau (heute Ortschaft Franzensfeste) den Untergang seiner Division. Schützen und Landsturmaufgebote unter der Führung von Pater Joachim Haspinger, dem „Pater Rotbart", Josef Speckbacher und Peter Mayr hatten sich das Gelände zunutze gemacht und Steinlawinen vorbereitet, die auf die Soldaten niederdonnerten. Mit Todesverachtung wollte man den Durchbruch erzwingen, aber es gelang nicht. Auch noch am folgenden Tag wurde auf beiden Seiten mit größter Erbitterung gekämpft, am Schluss noch um die kleine Häusergruppe in Oberau. Während es den anderen Einheiten gelungen war, sich unter schweren Verlusten zurückzuziehen, mussten die Sachsen am längsten aushalten. Bei diesem Kampf in

(199) Benitius Mayr, Kampf in der später „Sachsenklemme" genannten Verengung des Eisacktals am 4./5. August 1809

der Eisackschlucht, seit damals „Sachsenklemme"[3] genannt, verlor Rouyer rund 1000 Mann an Gefallenen und Gefangenen, ungefähr die Hälfte seiner Mannschaft.

Eine authentische Beschreibung der Kämpfe ist noch viel eindrucksvoller, festgehalten im Kriegstagebuch des anhaltischen Stabsarztes Dr. Kretschmar, der im Sommer 1809 den Feldzug nach Tirol mitmachte. Er gehörte jenem sächsischen Kontingent unter General Rouyer an, das über das Unterinntal nach Innsbruck gelangte und gleich darauf über den Brenner nach Süden marschieren musste[4]: „Der vierte August war der denkwürdige Tag, wo unsere Division bei den Ortschaften Mittewalde und Niederau, 4 Stunden von Sterzing, auf dem Wege nach Brixen von einem stark überlegenen Korps Tyroler Bauern und Scharfschützen unerwarteter Weise angegriffen wurde, welche den Sandwirt Franz [!] Hofer, den Chef des Inn- und Eisachthals kraft eines kaiserl. österreichischen Patents, zu ihrem Heerführer erkoren hatten. Bis Sterzing hatte der Apotheker des Orts unserem General zum Spion und Wegweiser gedient, aber von hier aus schien es ihm wenigstens an einem treuen gefehlt zu haben: denn wir defilierten in einer Kolonne am diesseiten[5] Ufer der Eisach[6] vorwärts, ohne uns zugleich das jenseitige zu sichern, zu welchem eine Brücke bei Sterzing hinüberführt. Der Weg zieht sich am Ende des Thals an diesem Bache zwischen einer Reihe hoher Berge durch, die ihn so eng einschliessen, dass nirgends auszuweichen ist. Kaum waren wir bei Mittewald angelangt, als das 4. Regiment unserer Division (Weimar-Gotha) an der Spitze der Kolonne einen fürchterlichen Kugelregen von beiden Seiten der Berge erhielt, deren Bäume den feindlichen Schützen zur Anlage und zur Schutzwehr dienten, während die Kolonne im Vordringen durch einen star-

(200) „Mörderisches Gefecht am Brenner", wobei die Kämpfe in der „Sachsenklemme" zu verstehen sind, enthalten in der Reihe mit bildlichen Schilderungen vom aktuellen Kriegsgeschehen, herausgegeben von Friedrich Campe in Ingolstadt

ken Verhau und grosse Felsenstücke aufgehalten, und von herabgerollten Steinen in der linken Flanke angegriffen wurde. Nachdem das Schiessen von beiden Seiten etwa eine gute Stunde gedauert hatte, und der Weg gangbar gemacht worden war, erfolgte, da sich die Bauern vorzüglich aus Respekt vor den Kartätschen und Kanonenkugeln zurückgezogen hatten, eine plötzliche Stille. Wir folgten ihnen laufend nach, während eine Menge Steine sich zwischen unsere Kolonne herabstürzten, und uns zu zertrümmern drohten. Wir hatten aber so kaum ¼ Stunde Weges zurückgelegt, als vor Niederau, wo der Gebirgspass am engsten ist, das Gewehrfeuer von vorne anfing und mit dem Steinigen furchtbarer und allgemeiner wurde wie vorher. Die bayerische Reiterei, welche den Vortrab bildete, war im Wege, und wurde daher hinter die Kolonne zurückgeschickt, wo sie absitzen musste. Den heftigsten Angriff erlitt das 4. Regiment, ob es gleich 2 Kanonen bei sich führte. Tausende von Kugeln zischten über und neben uns hin, und ich machte jedes Mal einen Bückling, wenn ich das Pfeifen der Kugeln sich mir nähern hörte, während meine treue Brünette neben mir grosse Sätze machte, ihnen auszuweichen. Mein Reitknecht sahe einen Bauer, mir gegenüber, auf mich anlegen, warnte mich zur rechten Zeit, riss sogleich einem Soldaten das Gewehr aus der Hand und schoss nach ihm. Das Schiessen belustigte ihn überhaupt so sehr, dass er bei jeder feindlichen Salve, wobei mancher noch unerfahrene Soldat in Angst schwebte, herzlich zu lachen anfing. Die Tyroler schossen teils mit Kugeln, teils mit gehacktem Blei, und man konnte ihre Schüsse von denen unserer Seite durch das heftigere Gezisch unterscheiden. Dieser blutige Kampf, während dessen ich und alle übrigen Werkzeuge der Menschlichkeit mit dem Verbinden der Wunden beschäftigt

(201) Sächsische Trommel, 18. Jahrhundert, nach der Überlieferung in der „Sachsenklemme" erbeutet

(202) Standarte des 4. Bayerischen Chasseure-Regiments zu Pferd, 1809 von den Stubaiern erbeutet

waren, mochte etwa 2 Stunden gedauert haben, nach welchen die Bauern, weil sie ihre Munition verschossen hatten, die Flucht ergriffen, und längs den steilen Bergrücken mit einer Gewandtheit zum Bewundern davonliefen. Zur Verfolgung derselben liess der Divisionsgeneral das 5. und 6. Regiment vorrücken, und das 4. schloss sich jetzt hinter ihnen an. Da ich aber noch mehrere Blessierte unverbunden und hilflos am Wege liegen sahe, so blieb ich zurück, bis ich meine Pflicht gethan hatte, wiewohl noch einzelne Schüsse niederfielen, und 2 Marketenderweiber in meiner Nähe, von Kugeln getötet, von ihren Wagen stürzten. – Dann eilte ich den Regimentern nach. Hier sahe ich Soldaten, mehr als nötig waren, die ihre Offiziere vergruben, oder ihren verwundeten Kameraden Trost zusprachen; dort Marketenderweiber, die ihre verwundeten Männer mit ihren Thränen trösteten, oder über ihre getöteten die Luft mit Jammergeschrei erfüllten. Da sahe ich wenigstens noch die Pfeiler der von den Bauern bei ihrem Rückzuge abgebrannten Brücke, die sie über die Eisach führte, bis zum Wasserspiegel in Flammen lodern, und selten sieht man Feuer und Wasser so traulich bei einander. Dieser Bach, ... der sich, mit Schaum bedeckt, zwischen grossen Steinklumpen durchdrängt, die aus den Fluten hervorragen, erregt durch seinen starken Fall und das Abprallen gegen die Steine ein so entsetzliches Geräusch, dass man fast betäubt wird, und er alles mit wilder Wut fortzureissen drohet, was ihn berührt. Der felsige Weg bildet sein hohes Ufer, und einige Soldaten hatten das Unglück, von Steinen hinabgeschleudert zu werden. In dieser dunklen Schlucht gaben die Berge den Schüssen einen mächtigen Nachhall, zu welchem sich noch ein dumpfer Donner aus den Wolken über uns gesellte. Kurz, das Wilde und Grausige der Natur war hier mit den Schrecknissen der Waffen gepaart, und keine Gegend der Erde konnte deshalb schicklicher zum Morden gewählt sein."

Sofort alarmiert, brach Marschall Lefébvre selbst noch am 5. August mit der bayerischen Division Kronprinz mit 7000 Mann und 10 Geschützen ins Eisacktal auf, um bittere Rache zu nehmen. Auf dem Weg war es Josef Speckbacher, der mit seinen Leuten aus dem Hinterhalt Schwierigkeiten bereitete.

Andreas Hofer, aus dem Pustertal zurückgekehrt, begab sich am 2. August über den Jaufenpass ins Passeier; bald hätten ihn Bayern in Sterzing gefangen genommen! Er wollte kein Risiko eingehen und hielt sich für einige Tage versteckt, ohne deshalb untätig zu sein. Von seinem Versteck aus rief er zur eiligen Vorbereitung des Aufstands auf. Sein Schreiben[7] lässt aber Zweifel erkennen, ob sein Aufruf Erfolg haben werde. Mussten ihm nicht doch Bedenken kommen – verlassen vom Kaiser, dem österreichischen Militär und von nicht wenigen seiner einst so treuen und tapferen Waffengefährten? Er gibt dezidierte Anweisungen und bittet für seine Person: „... berichtet auch, daß mein Herz nicht untreu seyn solle, man möcht mir verzeichen, indem ich Voglfrey bin, und eine grössere Suma Geld auf mir gelegt worden ist, so bin ich dermahlen in einem ungelegenen Ort, und werde nicht sichtbar werden, bis ich nicht sieh [= sehe], das sich die wahren Batrioten von Land, Tyrol hervorthun werden, und die Gegenlieb einander so erzeigen und sagen: Wegen Gott, Religion, und Vaterland wollen wir streiten und Kämpfen, werde ich den ersten Augenblick sichtbar seyn, und werde sie anfiren, und comendriren, soviel mein Verstand besitzt ..." Dieses mit 4. August datierte Schreiben ist unterzeichnet mit „Euer treues Herz – Andere Hofer Ober-Comendant von Baseyr dermahlen wo ich bin".

Der Sandwirt brauchte nicht lange im Versteck zu warten. Der Erfolg seines Aufrufs war durchschlagend. Es ist schier unbegreiflich, welche Faszination von diesem Stück Papier – und natürlich von der Persönlichkeit, die dahinterstand – auf das

(203) Kampf beim Widum in Oberau, 4./5. August 1809, in einer historisierenden Darstellung

Landvolk ausging. Schon am 6. August verlegte er sein Quartier auf die Sterzing zugewandte Seite des Jaufenpasses. Den 7. August hatte Marschall Lefébvre zum Durchbruch nach Brixen vorgeschlagen. Er kam nicht so weit wie der vor Tagen getadelte Rouyer, sondern musste wieder über Mauls nach Sterzing zurückkehren. Die erbitterten Kämpfe der folgenden Tage brachten keine Entscheidung, und auch über die eingeleiteten Verhandlungen war man nicht befriedigt. Als die sehnlichst erwartete Hilfe von Süden her nie eintraf, zog der Marschall in der Nacht des 10. August fluchtartig nach Innsbruck ab. Laufende Angriffe während des Marsches brachten seinen Truppen Verluste bei. Bedrückend für Lefébvre wirkten auch die Nachrichten vom Schicksal der drei Heeressäulen, mit denen sich Rouyer bereits hätte vereinigen sollen.

Ein anderer heiß umkämpfter Schauplatz war die Lienzer Gegend.[8] General Rusca war von Kärnten her nach Tirol eingedrungen, hätte durch das Pustertal vorrücken, in der Brixner Gegend auf weitere, aus Süden kommende Truppen stoßen und mit ihnen gemeinsam über den Brenner nach Innsbruck vorrücken sollen. Bei der Lienzer Klause, am schluchtartigen Eingang ins Pustertal, hatten sich aber die Landesverteidiger verschanzt. Anton Steger aus Bruneck führte das Kommando. Ein

Ausfall der Tiroler am 8. August erbrachte nicht den gewünschten Erfolg, selbst die Besatzung der Klause geriet in höchste Gefahr. Da rettete Georg Hauger, Student aus Freiburg im Breisgau, aus den ehemaligen österreichischen Vorlanden, die Situation, indem er ein Kreuz von der Wand eines Bauernhauses riss, den versprengten und eingeschüchterten Bauern Mut zusprach und sie aufforderte, ihm zum Entsatz der Klause zu folgen. Sie kamen

(204) „Marschall Lefébvre flüchtet zu Fuß durch Mauls", 7. August 1809

(205, 206) Die Lienzer Klause auf der Anhöhe und die Befestigung an der Talstraße verhinderten am 8. August 1809 den Durchmarsch des französischen Generals Rusca ins Pustertal und weiter nach Innsbruck.

rechtzeitig und konnten den letzten entscheidenden Angriff der Franzosen abwehren. Das nahe Dorf Leisach war bereits in Brand geschossen worden, neun weitere Dörfer im Kranz um Lienz ließ der General einäschern, bevor er – in aussichtsloser Lage und in zunehmendem Maß bedroht – am 10. August wieder nach Kärnten abzog.

Im Süden fiel eine französische Brigade, von Verona kommend, ins Tiroler Etschtal ein. Am 6. August wurde der Gegner unter besonderer Mitwirkung der Burggräfler unter dem Hauptmann Jakob Torggler wieder vertrieben, so wie auch die Ampezzaner einen französischen Angriff bei Aquabona südlich Cortina zurückweisen konnten.

Wesentlich schwerere Kämpfe gab es im Nordtiroler Oberland, wohin Marschall Lefébvre am 3. August das 10. bayerische Linieninfanterie-Regiment unter Oberst von Burscheidt und dem französischen „Chef de Bataillon" Vasserot beorderte. Es war Teil der Division Deroy. Zu den etwa 1700 Fußsoldaten kamen zur Verstärkung zwei Schwadronen Kavallerie und drei Geschütze. Dieses Regiment sollte die widerspenstigen Tiroler im Oberinntal, Vinschgau und Burggrafenamt einschüchtern und von Bozen aus über den Brenner nach Innsbruck zurückkehren. Besatzungen wurden in Imst und Landeck zurückgelassen, 1400 Mann mit Kavallerie und zwei Kanonen zogen am 8. August morgens in Richtung Finstermünz, Reschenpass und Vinschgau.[9] Doch Schützen und Landsturm waren schon aufgeboten. Als das Militär in die lang hingezogene Schlucht mit ihren steilen Felswänden und dem beängstigenden Rauschen des jungen Inns gelangte, kam den Kommandanten das Grausen. Um alle Angst zu verscheuchen, wurden fröhliche Weisen gespielt. Der Marsch ging weiter bis zur Pontlatzer Brücke. Die Truppen hatten zum Großteil bereits den Übergang passiert, als sie von den Bauern mit allen ihnen zur Verfügung stehenden Mitteln bekämpft wurden. Nicht nur die zielsicheren Stutzen taten ihre Wirkung, die von den Hängen herabdonnernden Steinlawinen verbreiteten besonderen Schrecken und begruben viele Gegner unter sich. Es half kein Umgehungsmanöver eines kleinen Trupps Freiwilliger, der Rückzug wurde verwehrt. Es war eine richtige Falle, die die Tiroler den bayerischen Soldaten bereiteten, denn die Brücke von Prutz hatten bereits die Frauen abgetragen, der Weg nach vorn war also unterbrochen, der Weg zurück zur Pontlatzer Brücke wurde verrammelt. Selbst das Dunkel der Nacht bot keine Sicherheit. Am Morgen des folgenden Tages aber eröffneten die Tiroler mit aller Vehemenz den Kampf, bis sich die restlichen 800 Mann ergaben und in die Gefangenschaft nach Meran geführt wurden. Diejenigen, welche der Hölle entrannen, erlebten auf dem Weg nach Innsbruck einen wahren Spießrutenlauf, der große Verluste brachte. Insgesamt hatte die Unternehmung ins Oberland 200 Tote bzw. Verwundete und über 700 Gefangene gekostet.

Auch im Außerfern kam es Anfang August zu Gefechten, wie besonders die Gegenden von Reutte und Tannheim immer wieder unter Berührung mit dem Feind zu leiden hatten.

Diese Kämpfe bei der Lienzer Klause, bei Trient und bei der Pontlatzer Brücke waren nicht

(207) Die Pontlatzer Brücke, „Der Pass bei Prutz in Ober Innthal", wo ein bayerisches Infanterie-Regiment abgewehrt und zurückgeschlagen wurde, 8./9. August 1809

(208) „Gefecht zwischen den Franzosen und Tyrolern ohnweit Reuty" aus der Ansichtenreihe von F. Campe in Nürnberg, 1809

zentral gesteuert, sondern Ausdruck regionalen Widerstandswillens. Ihr Wert bestand darin, dass Oberkommandant Hofer die Wehraufgebote in den Innsbrucker Raum beordern konnte, ohne im Rücken einen Angriff fürchten zu müssen.

Andreas Hofers in Eile durch das Land geschickte Botschaften verfehlten nirgends ihre Wirkung. Mit einem Schlag war es dem Sandwirt gelungen, vor allem in der bäuerlichen Bevölkerung Zuversicht zu wecken und den Idealismus wieder zu stärken. Einerseits mussten die Aufgebote zusammengehalten werden, da viele Leute, im Bewusstsein, eine Leistung vollbracht zu haben, heimwärts streben. Andererseits brauchte es für die Entscheidungsschlacht noch viel Volk. Hofers Aufforderungen gingen in alle Richtungen und zeitigten einen ungeheuren Erfolg. Bezeichnend ist seine Botschaft „An die Brüder von Axams und dieser ganzen Gegend"[10]: „Eben den Augen Blik haben wir einen Deputierten in Oberinthal abgeordnet, kan also die zeit nicht bestimmen, wan sie mit ihren Sturm ausrücken werden; sobald ihr aber von oben, oder von hier aus merken sollet, daß wir uns nähern, so dörfet [= dürft] ihr keinen Augenblik versaumen, die Waffen zu ergreifen, es ist eine Sache, wo es um Religion und Khristenthum zu thun ist. Lasset euch von den Spitzbuben nicht irre machen wir werden sie gewiß antreffen, und dem [!] gebürenten Lohn geben, den sie schon lange verdient haben, also liebe Brüder lasset uns nur einig seyn, ich werde euch die Lumpe(n)stück von dieser verfluchten Nation erst aldann sagen sobald wir zusam kommen werden. – Nur gutes Muthes, die Sach kombt alle von Gott her." Dieses Schreiben wurde am 8. August bei Sterzing verfasst, noch ganz unter dem Eindruck der Gefechte mit Lefébvre.

Bereits am 11. August besprach sich der Sandwirt, der nun den Titel „Oberkommandant in Ti-

(209) Andreas Hofer, aquarellierte Federzeichnung von Georg von Pfaundler, um 1820/30

(210) Schützenmajor Josef Speckbacher, Pinselstrichzeichnung nach einer von Friedrich Rehberg nach der Natur angefertigten Zeichnung, um 1820/30

(211) Pater Joachim Haspinger, Aquarell von Georg von Pfaundler, um 1820/30

rol" führte, in Matrei mit Josef Speckbacher und Pater Joachim Haspinger, die nun unzweifelhaft seine wichtigsten Berater und Mitkämpfer waren. Da man dem Gegner nicht zu lange Ruhe gönnen wollte, wurde der Angriff auf den 13. August angesetzt. Hofer verlegte sein Hauptquartier vom Unterschönberg bald wieder zum Schupfenwirt. Am 12. August wurde emsig an den „strategischen Plänen" gearbeitet. Man hatte diesmal zwar kein beratendes Militär zur Verfügung, aber aus den Erfahrungen gelernt. Die Aufstellung folgte im Prinzip jener vom 29. Mai[11]: Man beabsichtigte, den Feind im Raum Innsbruck einzuschließen, allerdings noch wirksamer als das letzte Mal, da das Aufgebot aus dem Oberinntal unter Martin Firler bereits nördlich des Inns in Kranebitten lagerte. Das Zentrum stand unter dem direkten Befehl Andreas Hofers, die linke Kolonne mit dem westlichen Teil des Bergisels bis zum Hußlhof als Angriffsziel unter Pater Joachim Haspinger, die rechte Kolonne mit dem östlichen Bergisel als Angriffsziel unter Peter Mayr, Wirt an der Mahr. Am linken Flügel (Hußlhof bis Gallwiese bei Schloss Mentlberg) kommandierte Georg Bucher aus Axams und am rechten Flügel (Paschberg jenseits der Sillschlucht bis Amras) Schützenmajor Josef Speckbacher. Für den Kampf um Innsbruck standen dem Oberkommandanten etwa 15.600 Mann, Schützen und Landstürmer, 96 Doppelhaken und zwei Geschütze zur Verfügung. Die Gegenseite verfügte über rund 10.600 Infanteristen, 1200 Reiter und 40 Geschütze.

Die Tiroler mussten weit ausholende Umgehungsmanöver über die der Stadt Innsbruck nächstgelegenen Innbrücken fürchten, wodurch es dem Gegner hätte möglich sein können, sie an den Seiten anzugreifen und also von den Flanken her aufzurollen. Die Zirler Brücke war durch die nördlich des Inns bei Kranebitten lagernden Landesverteidiger gesichert bzw. abgedeckt, die Brücken von Hall und Volders hingegen bedurften einer besonderen Bewachung. Im Raum Hall–Volders standen einander etwa 1400 Tiroler und 4000 Sachsen mit 200 Reitern und drei Geschützen gegenüber. Am 12. August wurden vom Tiroler Hauptquartier Befehle ausgetragen. Einer der kursierenden Laufzettel, zur Gänze von Hofers Hand geschrieben, lautete zum Beispiel[12]: „Alle liebe lantßprieder – Wo eß Eich Jhmer befinde(ts), will ich Eich durch Jber Pringer disser Par Zeillen, zu wissen gemacht haben, das an 13 der Angriff gemacht wehre(n) solle, wie oder wan wirth Eich der Martin Flirler[13] mindlich zu wisse(n) mache(n) – Schenperg den 12 abentß 1809 – Andere Hofer Obercomendant in Diroll vo(n) Passeyr."

Für den 13. August erhoffte sich Lefébvre für seine Truppe noch einen Ruhetag, denn es war Sonntag, wo er die Tiroler eher beim Gottesdienst vermutete. Ihnen aber hatten die Feldkapläne schon früh am Morgen die heilige Messe gelesen. Hofer betete in der Kirche von Schönberg, soll sich mit einem kräftigen Trunk noch gestärkt und mit folgenden Worten das Zeichen zum Aufbruch gegeben haben[14]: „Seids beinånd Tiroler? Nåcher gehn mers ån. Die Möss håbts gheart, enkern Schnåps håbts trunken, also au in Gotts Nåm!"

Es dauerte längere Zeit, bis die Aufstellung abgeschlossen war. Am Morgen rückte das Zentrum vor. Der Gegner wurde völlig überrascht. In Wilten fand gerade ein Militär-Gottesdienst statt, an dem die bayerische Generalität teilnahm. Es ist eigentlich kurios, wenn man bedenkt, dass ausgerechnet die frommen Tiroler, die immer bestrebt waren, für Gott und die Religion gegen die Bayern zu kämpfen, diese nun gerade während einer katholischen Messfeier auf kriegerische Art und Weise störten! Um 9 Uhr war das Gefecht in vollem Gang. Bald ergab sich ungefähr dasselbe Bild wie im Mai: Die Bayern versuchten die Höhen zu stürmen, die die Tiroler zäh verteidigten. Die Hitze des Augusttages verlangte den kämpfenden Seiten höchsten Kraftaufwand ab. Der Kampfeifer steigerte sich zu Verbissenheit und regelrechter Wut von Rasenden. Die Erinnerungen von Josef Deifl, 19-jähriger bayerischer Infanterist, geben von „Feindesseite" her eine Beschreibung vom furchtbaren Toben. Zugleich zeugen sie auch beispielhaft vom Verhältnis Lefébvres zu den Bayern[15]: „Den 13ten d. M. versammeln sich die Tyroller auf dem Berg Isel, ja, unendlich viel, auch ville Weibspersonen mit Stuzen sahen wir. Österreicher ville, aber doch solche, die da zurückgeblieben sind, denn der Generall [Buol] war damals schon abgezogen." Nach verlustreichem Ringen wurde in unnachgiebiger Weise immer wieder der Angriff befohlen: „Noch einmall wird Befehl gegeben zum Sturm, wir sind schon wieder anmarschiert am Fuße des Berges, unser Hauptmann an der Spitze war schon in der Hize. Er sagt: Den ersten, der austritt, stich ich den Degen durch. Wann ich austritt oder ein anderer Ofizier, so stecht mir das Bajonett durch den Leib. … Aber das Schüßen, Lermen, Schreien,

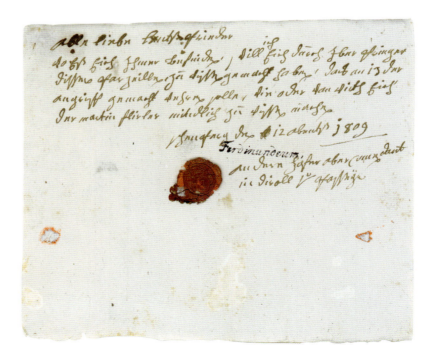

(212) Laufzettel Andreas Hofers, der unmittelbar vor der auf den 13. August 1809 angesetzten Schlacht am Bergisel kursierte

BEFREIUNG IM AUGUST – DER SANDWIRT SIEGER AM BERGISEL   191

(213) Jakob Plazidus Altmutter, „Befreyungs-Kampf am Berg Isel am 13. August 1809", der für die Bayern verlustreich verlief

Laufen von den Tirollern, das läßt sich nicht beschreiben. ... Der Marschall Le Feber ließ unser Bataillon aufstellen und eine Karee vormieren und schimpfte die ganze Deutsche Nation auf das Schmählichste. Als wenn wir es mit den Insurgenten hielten, kommt es heraus. Unser Oberstleutnant v. Schmäher sagt ihm entgegen, daß wir uns überall wohl gehalten haben, als bei Abendsberg, Ekmühl und dgl., nicht nur wohl gehalten, sondern ausgezeichnet. Marschall Le Feber sagt entgegen: Still sein. Tod schießen lasse ich Sie."

Die wiederholten Sturmläufe der Bayern zeitigten Teilerfolge und brachten die Tiroler teils in bedrohliche Lage, so dass sich Hofer schon am frühen Nachmittag genötigt sah, seine Hauptreserve in den Kampf zu schicken. Es wurde sozusagen alles auf eine Karte gesetzt, aber es galt, den Gegner auf den eben erreichten Höhen nicht Fuß fassen zu lassen, was auch mit letzter Kraftanstrengung gelang.

Im Verlauf der gesamten Schlacht gab es keine größeren strategischen Bewegungen, das heißt, es konnte sie hier kaum geben, denn die Tiroler hatten es von vornherein auf Defensive, auf die Verteidigung der Anhöhen angelegt. Vorstöße in die Talebene waren verhängnisvoll, denn dort waren sie dem in Gefechtsdisziplin und Taktik geschulten Militär unterlegen. Die Tiroler waren sich ja auch bewusst, dass die überlegene Artillerie Lefébvres ebenso wie die Kavallerie, der sie überhaupt nichts entgegenzusetzen hatten, nur in der Ebene voll zur Wirkung kommen könnten. Bei der geschickten Ausnützung des Terrains waren die Tiroler also im Vorteil.

Am Abend des 13. August trug der schon mehrfach zitierte Anton Knoflach in sein Tagebuch ein[16]: „7 Uhr abends. Noch dauert das Schießen fort: also 10 ganze Stunden unausgesetzt! Der heutige war gewiß der fürchterlichste Tag, den ich erlebte. Ein Blessirter nach dem anderen wurde herabgetragen oder geführt. ... Gott! wie schwer mir ist!"

Die Kampftätigkeit erlosch unter dem Eindruck der Erschöpfung und des Munitionsmangels ohne eine völlig klare Entscheidung. Die Verluste beider Seiten sind nicht genau erfassbar, eher noch auf Tiroler Seite: Sie wurden mit 60 Toten und 227 Verwundeten angegeben, während bayerischerseits nur Schätzungen vorliegen, die sich zwischen 200 und 2000 Toten und Verwundeten bewegen. Verpflegungsschwierigkeiten, Mangel an Munition, das Bewusstsein der Aussichtslosigkeit seiner Unternehmung und die Angst, dass ihm selbst der Rückzug durch das Inntal abgeschnitten werden könnte, bewogen Marschall Lefébvre zum Abzug aus Innsbruck. Mit der noch am 14. August einlangenden Meldung vom Tod des Obersten Arco, der bei Pill in der Nähe von Schwaz aus dem Hinterhalt erschossen worden war, erhielt der Marschall eine Bestätigung für seinen Entschluss.

Die Tiroler betrachteten sich am Tag nach der Schlacht noch durchaus nicht als Sieger. Oberkommandant Hofer beurteilte die Situation zunächst äußerst besorgt, was z. B. aus dem Schreiben an den Kommandanten Johann Valentin Tschöll in Lans hervorgeht, das um 12 Uhr mittags „durch Exbressen" abging. Hofer schreibt darin[17]: „Ich seche selbß, daß es für dießmal sich sehr schlecht zeigt, indem der Geißt der Landes Vertheidiger bey dem [= den] meisten ganz erloschen, und die Braven dem [!] ganzen tag freilich nicht aushalten können, und daß das Pulfer niemals ankommt machet mir sehr Angst, doch es kann nicht mehr lang dauren, bis es ankömmt ... Ich ersuche Sie also das Volk aufzumundern, und Vielleicht

hat es bis Morgen grose Veränderungen, da die Volderer Pruken nicht mehr besezet bleibt ... Und sonnst, wen der Freund unsere Leute heunt nicht angreift, so müssen wir auch Ruhig sind [= sein]."

Lefébvre griff nicht an, im Gegenteil! Wenig später erhielt der Oberkommandant eine freudige

(214) *Marschall Lefébvre und sein Stab in der Schlacht am Bergisel, 1809*

(215) *„Der Lanser Robler Martin Tum(m) anno 1809"*

(216) Tod des Oberst Maximilian Graf Arco bei Pill in der Nähe von Schwaz auf dem Rückzug durch das Inntal nach der Schlacht am Bergisel, in der Ansichtenreihe von Friedrich Campe in Nürnberg enthalten

(217) Zwei Embleme von französischen Grenadiermützen mit der Darstellung des französischen Adlers auf dem Donnerkeil, um 1805, erbeutet 1809

Nachricht, die er gleich dem Kommandanten Josef Marberger in Zirl mitteilte[18]: „Gleich dem [!] Augenblick hab ich von Comendant Spekbacher die Nachricht erhalten, daß die Bayern mehr als 70 Wägen mit Blessierte abgeschikt haben, und es scheinte ihme, daß es ganz auf einer Rederady [= Retirade] muß angesehen seyn. Wenn dieses ist, so machen sie sich nur ganz Wachtbar, auf daß nicht versaumbt werde, denn es wird schon mit einen Mußkettenschuß daß Zeichen zur richtigen Reterady gegeben werden. Und schon überhaupt ist dieß die gefahrlichste Nacht, welche würdig ist, sie zu beobachten."

Lefébvre ließ vor dem Abmarsch noch einige Häuser in der Nähe des Bergisels in Brand stecken und bemächtigte sich einer Reihe von Geiseln, darunter prominente Persönlichkeiten, wie Graf

Sarnthein, Baron Schneeburg und Freifrau von Sternbach, die aus ihrer österreichischen Gesinnung kein Hehl gemacht und den Aufstand gefördert hatte. Als Gefangenen führte Lefébvre den Kronenwirt Josef Straub, einen der „Hauptradelsführer", mit sich, der sich aber durch einen kühnen Sprung in den Innfluss retten konnte.

Am Abend des 14. August begann der Abmarsch der Armee. Im Morgengrauen erreichte der lange Zug Schwaz, während sich die Tiroler Landesverteidiger aufmachten, um in Innsbruck den Sieg zu feiern.

(218, 219) *Franz Spitzer, Illustrationen zum Tagebuch der Baronin Therese von Sternbach in Innsbruck über ihre Erlebnisse während der Erhebung 1809: Die Baronin ermahnt entmutigte Tiroler Landesverteidiger zum Aushalten – Graf Sarnthein, Baron Schneeburg und Baronin Sternbach bei der Deportation nach München; in Aibling beschuldigte sie ein Mann, dass bei ihr im Keller 40 tote Bayern gefunden worden seien.*

Andreas Hofer – Regent Tirols

Wären noch Marschall Lefébvre und die Bayern in Innsbruck gewesen, hätte man am 15. August den Geburtstag von Napoleon I. Bonaparte, Kaiser der Franzosen, feiern müssen – so feierte man den Einzug des Sandwirts Andreas Hofer, Befreier des Vaterlandes Tirol! Zuvor, noch in der Nacht, hatten die Innsbrucker wieder schlimme Stunden mitmachen müssen, als der Vorstadtpöbel nach dem Abzug der Ordnungsmacht sich in üblicher Weise anschickte, die Bürger zu belästigen, ja zu berauben. Randschichten des bäuerlichen Standes kamen ebenfalls bald in die Stadt und begannen ein Angst erregendes Treiben. So wie die städtische Bevölkerung nicht eine Einheit bildete – und bildet –, sondern in sich eine mehrgliedrige soziale Schichtung kannte, so darf auch die ländliche Bevölkerung nicht „über einen Leisten" geschlagen werden. Für den Städter waren freilich die im Bauernstand genauso vorhandenen sozialen Rangunterschiede nicht fassbar, und meistens galt „Bauer" gleich „Bauer". Von den Bauern wurden vor allem als bayernfreundlich bekannte oder wenigstens vermutete Kreise belästigt. Außerdem wurde den öffentlichen Kassen nachgespürt und die Hofburg heimgesucht.

Andreas Hofer besuchte an diesem „Hohen Frauentag", am Fest Mariae Himmelfahrt, das am 15. August gefeiert wird, zu Schönberg den Gottesdienst. Er war zwar ohnehin schon im Begriff, nach Innsbruck zu ziehen, als ihn eine städtische Deputation dringend bat, dem üblen Treiben in der Hauptstadt ein Ende zu bereiten.

Am späten Vormittag des 15. August kam Hofer in Innsbruck an. Anton Knoflach notierte in sein Tagebuch[1]: „Der Sandwirth ist vor ½ Stunde in einer Kalesche eingefahren; nun drängt er sich an der Seite des in ein grünseidenes Kleid geworfenen Herrn v. Stadler durch die Menge der Bau-

(220) Andreas Hofers „Anrede" nach dem Einzug in Innsbruck am 15. August 1809

(221) Jakob Plazidus Altmutter, authentisches Porträt des Sandwirts und Oberkommandanten in Tirol, Andreas Hofer, 1809

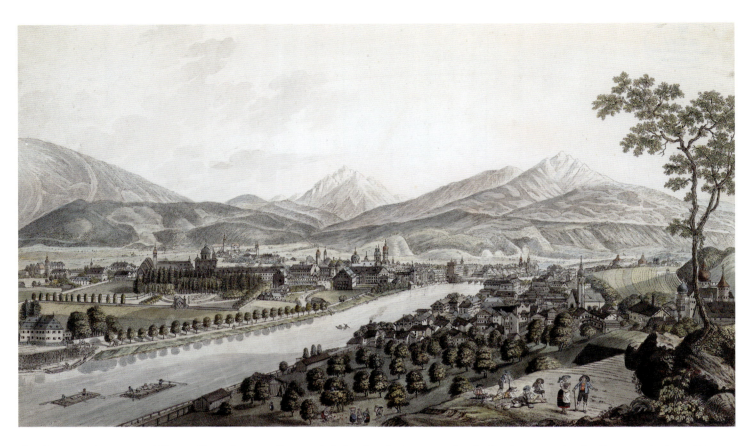

(222) Historische Ansicht von Innsbruck, mit den Bergisel-Schlachten Mittelpunkt des kriegerischen Geschehens des Jahres 1809

ern. Alles gafft und staunt ihn an. Ich fürchte keine Exzesse mehr. Die Stadt ist voll Bauern, wenn schon viele die Baiern verfolgt haben." Nur mit Mühe konnte Andreas Hofer sich den Weg zu seinem Absteigequartier im „Goldenen Adler" bahnen. Vom ersten Stock des Gasthauses soll er der jubelnden Menge, die ihn sehen wollte, eine kurze Ansprache gehalten haben, die zwar in der Beschreibung eines Zeitgenossen[2] als nicht authentisch angesehen wird, dennoch völlig Hofers Geistigkeit und Diktion entspricht und auch bald schon auf Flugblättern verbreitet wurde. Schon das Auftauchen Hofers soll Beruhigung in das Treiben gebracht haben. Dennoch wurden Wachtdienste eingeteilt, wobei sich neben vielen anderen „redlichen Bauern" ganz besonders die Passeirer, gleichsam Hofers „Kerntruppe", in bewährter Weise engagierten. Von einem auffallenden Erlebnis erzählt Johann Stettner[3] in seinem handschriftlichen „Tagebuch der Insurrection": „Der sonderbare Einzug von etwa dreidutzend Oberinnthaler zu Innsbruck erregte selbst bei denen übrigen Bauern Aufsehen. Diese fromen Krieger liesen ein grosses Kreutz vor sich hertragen, sie selbst haten die Gewehre und Schnarrsäcke auf ihren Rücken. Den Rosenkranz in der Hand, kamen diese andächtigen unter lauten Gebeth bis zu dem goldnen Dächel und schienen in die Pfarrkirche zu marschieren. Nun lief den Kreuzträger ein Landsmann in die Hände, welcher mehrere Degen in der Hand hate. Nach einigen Fragen lehnte ersterer seinen Christus an das nächste Haus, und lief eiligst der Burg zu. Der ganze Kreuzzug folgte ihm." Erst später gab es die Erklärung für dieses so sonderbare Verhalten: Kurz vorher waren beim Durchstöbern der Hofburg von den Bauern jene zwei Räume entdeckt worden, in denen sich die nach Marschall Lefébvres Todesdrohung abgegebenen

Waffen befanden. Ein Mann, der sich schon bedient hatte, teilte dies dem Kreuzträger der Oberinntaler mit, worauf der Sturm losging, um bei der Plünderung dieses „Arsenals" nicht zu kurz zu kommen.

Der Sandwirt versuchte, die nun beschäftigungslosen Landesverteidiger zur Verfolgung des Gegners ins Unterinntal zu motivieren. Viele waren schon am Morgen Lefébvre gefolgt, weitere hörten nun auf Hofers Aufforderung. Bei anderen stieß er lange Zeit auf taube Ohren, und es bedurfte eindeutiger, selbst grober Worte, die aber verstanden wurden. Der Menge soll er zugerufen haben[4]: „Ös saggra Schwänz! Zwui treibts enk no ålleweil umer? Öpper zum Leutplågn und Stealn? Und Schützen sein a no drunter? Schamts enk nit? Wås håbts ös no in der Stådt z'tien? Geats liaber in Feind nåch ins Unterlånd, er kånn no nit weit sein. Obaus glei fort, såg i enk! I will koan mer då söchn. Und wenn's mier nit folgts, so will i enker Kommandant nit mear sein!"

Anton Knoflach erlebte eine ähnliche Szene, bei der Hofer den Leuten als Repressalie drohte, sie nicht mehr anzuführen[5]: „Der Sandwirth bath heut die Leute mit aufgehobenen Händen die Baiern zu verfolgen; er drohte auch, aber alles vergeblich. Die meisten waren taub, auch vom Weine benebelt und kehrten zahlreich in ihre Heimath zurück. ‚Aber ich führe euch gewiß nicht mehr an!' sagte der Sandwirth aufgebracht." Und Josef Daney weiß zu berichten[6]: „Der Sandwirt und seine Adjutanten gingen alle Gassen durch, baten und beschworen das Volk, die fliehenden Bayern zu verfolgen. Unter anderm sagte der Sandwirt zu den ihn angaffenden Oberinntalern: ‚Seid ös Christen, jetz (ich erlaube mir seinen eigenen Ausdruck), wo mier sie

(223) „Rückkehr eines Tiroler Landes Vertheidigers aus der Gegend von Innsbruck", 1809

(224) Johann Georg Schedler, die Innsbrucker Hofburg, Sitz der Regierung unter Andreas Hofer

ban A...sch hätten, bleibt ös da hucken, schaut, was meine Pseirer tien!'"

Es scheint wirklich eine gewaltige Mühe gekostet zu haben, einen Teil der Landesverteidiger auf Verfolgungsjagd zu schicken. Josef Speckbacher und Pater Haspinger mussten nicht erst aufgefordert werden, den Feind zu verfolgen. Bis in die Ebene von Wörgl „neckten" und schädigten sie ihn, ohne ihm freilich eine regelrechte Schlacht liefern zu können. Dazu war ihre Macht doch zu gering, auch wenn sie immer wieder Zuzug erhielten und in mehreren Orten der Landsturm aufgeboten wurde.

Dieser erste Tag nach der neuerlichen Befreiung Tirols von der Fremdherrschaft hatte gezeigt, dass der Sandwirt Andreas Hofer der Einzige war, der sich am ehesten durchsetzen konnte. So einen Zustand hatte es bisher nicht gegeben, denn im April und im Mai hatte nach der Vertreibung der Bayern gleich die österreichische Administration eingesetzt. Davon war diesmal keine Rede. Kaiser Franz wusste zu diesem Zeitpunkt noch überhaupt nicht, dass Marschall Lefébvre mit seinen Truppen wiederum vertrieben worden war. Es ist verständlich, dass sich die Hoffnungen aller, auch der städtischen, gebildeten Bevölkerung, auf den Bauern und Wirt richteten, einen Mann aus dem Volk. Mehrmals wurde er angegangen, an die Spitze des Landes zu treten. Andreas Hofer wollte eigentlich Philipp von Wörndle als Art Intendanten sehen – der aber lehnte ab. Als eine Delegation von Bürgern und Geistlichen Hofer ersuchte, sich zur Verfügung zu stellen, soll er schließlich zugestimmt haben[7]: „Wenns Landl gråd mi håbn will, so sollts mi håbn, so guat i's dermåchn kån, åber im Nåmen des Koasers!" Und das war klug, mit Hausverstand gesprochen. Seine begrenzte Bildung und seine Fähigkeiten ins Kalkül ziehend, traf er von vornherein eine notwendige Einschränkung. Um den Vorwurf, ein Diktator zu sein, gar nicht erst aufkommen zu lassen, wollte er seine Regierung im Namen des Kaisers verstanden wissen. Es war im Prinzip logisch, dass die Zivilverwaltung auf den zur Zeit einzigen „Machthaber" im Land überging. Nur er schien in der gegenwärtigen Lage die bürgerliche Ordnung zu gewährleisten. Staatsrechtlich ist die Stellung des Oberkommandanten als absoluter Regent, wohl in geistiger, nicht aber in rechtlicher Bindung zum Kaiser, nicht fassbar: nicht erwählt, nicht ernannt, sondern von der öffentlichen Meinung autorisiert.

Andreas Hofer übersiedelte nun in die Innsbrucker Hofburg, was ihm manche Bauern verübelten. In den prunkvollen, an sich ungemütlichen Räumen dürfte sich Hofer, der Bauernstuben und Galerien der Wirtshäuser gewohnt war, bestimmt nicht wohlgefühlt haben. Für bürgerliche Beobachter war die Art, es sich in der Hofburg wohnlich zu machen, ebenso unkonventionell wie sein Regierungsstil. Dazu gehörten hinsichtlich seiner Umgebung auch Männer, die sein volles Vertrauen besaßen, und diese waren fast alle bäuerlichen Standes. Zu diesem Personenkreis zählten sein Landsmann Johann Holzknecht, „Stroblwirt" aus St. Leonhard – sein tatsächlich sehr geschickter Finanzreferent –, ferner Josef Innerhofer aus Schenna, Jakob Flarer aus Dorf Tirol, Paul Seitz von Mais, Matthias Oberdorner und der Hauserwirt von Algund, Georg Waldner aus Marling, Johann Mösl vulgo Stallele aus Mais usw.

Auch Feldkapläne befanden sich öfters in Hofers Gesellschaft, wie die Kapuzinerpatres Jakob Gapp und Joachim Haspinger, sein getreuer, fanatischer Mitkämpfer. Auch die Priester Franz Köck und Josef Daney fanden allmählich Aufnahme in die Tafelrunde des Sandwirts. „Herren", also Städter waren ihm ein wenig suspekt, wenn er auch einigen wenigen ehrlich vertraute. Schließlich wusste er ja, dass die städtische Bevölkerung am ehesten geneigt war, die bayerische Herrschaft anzuerkennen. Durchwegs in Hofers Nähe waren auch seine drei Schreiber bzw. Sekretäre[8], ebenfalls Nicht-Bauern: Matthias Delama aus Innsbruck, der Lehrer Matthias Purtscher aus Schlanders und der Grazer Student Cajetan Sweth, „Döninger" genannt. Aus Angst, zum Militär verpflichtet zu werden, hatte dieser sich nach Tirol begeben, war ins Passeier gekommen und hatte sich Anfang August dem Sandwirt angeschlossen. Studenten – wie auch Josef Ennemoser aus dem Passeier – erfreuten sich schon in früheren Jahren der Sympathie des Sandwirts und erhielten seine Förderung. Diese genannten Männer – abgesehen von Holzknecht und den Sekretären – fungierten als Berater und Vertraute, zum Regieren bedurfte es anderer Leute.

(225) Aufruf Andreas Hofers zur Abhaltung von Dankgottesdiensten, Innsbruck, 25. August 1809

(226) Verordnung Andreas Hofers, organisatorische Vorkehrungen für die Zeit der provisorischen Regierung betreffend, wobei er empfiehlt: „Ordnung ist die Seele der Geschäfte"

Gleichsam unter dem Motto „Ordnung ist die Seele der Geschäfte" hatte Hofer die Regierung übernommen, festgehalten im Erlass vom 18. August 1809. Darin heißt es[9]: „1. ohne Ordnung, ohne Respect und Unterwerfung gegen seine Obern, kann nichts Gutes ausgeführt werden. ... Liebe Brüder, überlegt es selbst! wenn unter uns Uneinigkeit und Zwietracht herrscht: was würde in der Folge daraus werden? innerlicher Krieg, Zerstörung, Mord und Totschlag würden die unausbleiblichen Folgen seyn – wie es dem vorher glücklichen Frankreich ergangen ist." Nicht nur in diesem Erlass, der das Defensionswesen betrifft, sondern auch im Erlass vom 23. August findet sich ein Appell zur Einhaltung der Ordnung[10]: „Auf Ordnung gründet sich das wahre Glück der bürgerlichen Gesellschaft, nur darinnen kann sich je- der Staatsbürger der Handhabung seiner wohl erworbenen Rechte erfreuen ... Die erste und eben so dringende Nothwendigkeit, welche zu diesen [!] Zweck führen kann, ist unverkennbar die Wiederherstellung der erforderlichen Autoritäten, oder Behörden, damit der Landesbewohner bey selben Handhabung seiner Rechte und Hilfe suchen, auch solche finden möge."

Eine solche Ausdrucksweise ist natürlich nicht die Sprache des Sandwirts. Hohe Beamte und seine Sekretäre waren es, die sich befleißigten, Hofers Willen in die Kanzleisprache der Zeit zu „übersetzen". Werden nun Hofers ureigene schriftliche Zeugnisse eher rar, so sind dafür von Augenzeugen viele seiner Aussagen ziemlich wörtlich überliefert und künden von der herzerfrischenden, unkomplizierten Art des Bauern in der Hofburg. Mit dem Erlass vom 23. August bestätigte Oberkommandant Hofer die Absicht, „daß ... alles, was gehandelt wird, für Se. Majestät den Kaiser von Oesterreich bewirket werde". Provisorisch eingeführt wurden drei Kreiskommissariate, die drei Finanzämter, die Stiftungskommission, der akademische oder Studiensenat, das Salz-Oberamt, das Münzamt, die Polizeidirektionen, die Postämter, die Aufschlagämter, die verschiedenen Bau-Inspektionen, die Land- und Patrimonialgerichte, die Rentämter, die Finanz- oder Kameraldirektionen, die Appellationsgerichte von Innsbruck und Trient usw. Zum Teil handelt es sich um die Wiederherstellung der früheren österreichischen Verhältnisse in der Verwaltung. Für die neu geschaffene gemeinsame Landes-Oberbehörde wurde die „Provisorische General-Landes-Administration in Tirol" ins Leben gerufen. Ergänzend erschien am 29. September ein Organisationspatent[11], das die Umstrukturierung der Oberbehörde zum Ziel hatte. Zur Ausarbeitung der dem Oberkommandanten notwendig erscheinenden Verbesserungen, um effizienter arbeiten zu können, hatte er Josef von Giovanelli d. J. aus Bozen kommen lassen, der seit

Ende September die Seele der politischen Landesverwaltung war. Neu war dabei die Einführung von „Nationalrepräsentanten": „Es werden demnach die Repräsentanten des Volkes, welche allen politischen, und finanziellen Verhandlungen als Stimmführer beisitzen, und gemeinschäftlich mit den referierenden Räthen durch Stimmenmehrheit darüber zu entscheiden haben, unmittelbar durch den Unterzeichneten Oberkommandanten ernannt werden, und zwar aus jedem der drei Kreise zwey ..." Diese zur Mitbestimmung oder Mitarbeit herangezogenen Volksvertreter wurden also von Andreas Hofer ernannt. Drei Referate, „das Studienfach, das Camerale, und endlich alle jene Gegenstände, welche in die Sphäre der Justiz eingreifen", also Bildungswesen, Finanzverwaltung und Gerichtswesen, sollten ihr Wirkungsfeld auf das ganze Land ausdehnen, alle übrigen politischen Geschäfte teilten sich in jeweils Kreisreferate. Das Defensionswesen behielt sich Hofer allein vor, ebenso auch das Recht, durch Kommissäre bei den Verhandlungen und Beschlüssen der einzelnen Referate vertreten zu sein. Damit war ihm – abgesehen von der Landesverteidigung – nur noch ein bescheidener Rest der Anteilnahme an der Administration verblieben. Hofer hat deutlich verstanden, dass sein Einfluss geschwächt werden sollte, und hat dies in einem Vermerk einmal auch deutlich zum Ausdruck gebracht[12]: „Das ich um alles nichts wissen dörfet, auf dieser Arth ist es nicht gemeint gewössen ..." Hofer sicherte sich das Recht, die Anstellung von Beamten von seiner Bestätigung abhängig zu machen. Obwohl sich die Beamtenschaft eigentlich ausschließlich aus „Herren" zusammensetzte, hat Hofers Regierung nie den Ruch eines eher abschätzig beurteilten „Bauernregiments" verloren.

Unabhängig von diesen neuen, auf die Initiative des Sandwirts zurückgehenden Administrationseinrichtungen, waren Ansätze zur Wiederherstellung der alten, so geschätzten Verfassung und der ständischen Einrichtungen vorhanden, die unter der bayerischen Herrschaft beseitigt worden waren. Für mehr reichte allerdings die kurze Regierungszeit nicht aus. Es kam nur zur Einberufung von Versammlungen mit Vertretern aus verschiedenen Gerichten. Manch ein Städter teilte gewiss mit Anton Knoflach die Befürchtung, dass den Oberkommandanten der „Hochmuthsteufel" ergreifen könne, da sich „in den Händen eines so simplen Bauers so viele Gewalt" befinde.[13] Das Gegenteil traf zu. Hofer hat die in seinen Händen befindliche Macht abgebaut und keinerlei Ambitionen gezeigt, sich mit Hilfe eines ihm gefügigen Apparates zu einem kleinen Tiroler Diktator zu entwickeln.

Der Tagesablauf des Oberkommandanten in der Hofburg war denkbar einfach: Er stand um fünf Uhr auf, besuchte die Frühmesse in der nahen Pfarrkirche zu St. Jakob, und nach einem Frühstück begann sein eigentliches Tagwerk, ausgefüllt mit Besprechungen, Audienzen, wobei die Parteien meistens mehr als drei Stunden „antichambrieren" mussten, so überlaufen war er. Jeden Tag lag ein Stoß von ausgearbeiteten Aufrufen, Weisungen, Verordnungen, Befehlen, Reskripten,

(227) Originalunterschrift Andreas Hofers und Siegel des Oberkommandanten auf einem Schreiben, ausgestellt in Innsbruck, 25. September 1809

Bittschriften usw. vor, die es zu lesen, zu studieren und zu unterzeichnen galt. Es ist unglaublich, womit er sich befassen musste und was er regelnd in die Hand nahm. Aus der Vielzahl der ausgestellten Schriftstücke sind immerhin noch einige hundert erhalten geblieben.[14] Originalschreiben sind vielfach gesiegelt, wobei Hofer drei verschiedene Siegel verwendete.[15] Entscheidungen in vielerlei Dingen mussten gefällt werden. Überdies nahm seine eigene Korrespondenz ein ansehnliches Ausmaß an. Ein einfaches Mittagessen, das die Arbeit unterbrach, besorgte eine Wirtin in der Hofgasse. Unbeschadet seiner hohen Pflichtauffassung, seiner verantwortungsvollen Regierungstätigkeit und des Umgangs mit „hochgestellten Persönlichkeiten" bemühte sich Hofer nicht um einen gewissen „städtischen Schliff" in Auftreten und Sprache – was ohnehin nur gekünstelt hätte wirken können –, sondern blieb im Grund seines Herzens Bauer und Wirt, der in Hemdsärmeln Besuch empfing und aus der Weinflasche trank. Sein einziger Luxus waren die vier von der Gräfin Spaur beschlagnahmten Schimmel, die er bei Ausfahrten seiner Kalesche vorspannen ließ, und die Einrichtung einer Wache, die nicht nur seine Passeirer versahen, sondern zu der – wie auch zum Ordonnanzdienst in der Burg – Innsbrucker herangezogen wurden.

Mehrmals musste auch Anton Knoflach zum Dienst bereit sein. Beobachtungen, die er machte oder die ihm andere erzählten, notierte er in seinem Tagebuch. Im Gegensatz zu zahlreichen Anekdoten, die sich um Hofers Regierungszeit gebildet haben, darf man Knoflachs Beschreibung mancher Episoden am Rand des eigentlichen Geschehens authentischen Wert zumessen, wenn auch fast immer der Tenor eines verwundert bis fassungslos zusehenden, in guten Manieren erzogenen Städters spürbar ist. Zum Teil beziehen sich Knoflachs kleine Erlebnisse auf die frohe, gesellige und ungezwungene Unterhaltung des „Vaters" Hofer im Kreis seiner Getreuen nach getanem Tagwerk. Zuvor aber, nach dem Abendessen, war immer der Rosenkranz gebetet worden. In kunterbunter Reihenfolge trug Anton Knoflach zu verschiedenen Tagen zwischen 22. August und 20. September beispielsweise folgende Beobachtungen ein[16]: „Unser Landeschef Sandwirth befindet sich recht wohl. Alle Abende nach dem Nachtspeisen bethet er mit seinen Gästen und den Wachen den Rosenkranz und noch bey 100 Vaterunser zur Ehre allerley Heiligen. Wer um diese Zeit zu ihm kommt, muß mitbethen." – „Unser Rector gymnasii Nitsch und noch ein Professor giengen zum Sandwirth vorzubitten. Durch sechs Wachen mußten sie passiren; ihn selbst fanden sie in Hemdärmeln majestätisch auf einem seidenen Stuhle sitzend, von vielen Bauern umgeben. Ohne sich vom Sitze zu erheben, speiste er sie kurz und derb ab." – „Bei der Tafel unsres Oberkommandanten putzen seine Adjutanten das Licht immer mit den bloßen Fingern. Der Aufwärter fragte ihn nach den ersten Speisen, ob er noch Wein befehle. ‚Jetzt hobn mier amol gnue', sagte er; ‚aber um a viera bringst wieder a Maul voll.'" – „Ich stehe als Ordonnanz beim Herrn Vater. Er speist mit 10 anderen im kleinen Saale, wo die französ. Offiziers speisten. An die Wand ließ er ein Cruzifix und ein Marienbild hängen. Das Tischtuch war äußerst beschmutzt; der Tisch mit Weinflaschen ganz bedeckt. Gestern sollen die Herren in der Burg besonders wohlgemuth gewesen seyn; sie sangen sogar das Lied: Die liebe Feyerstunde schlägt." – „Der Ordonnanzdienst war ziemlich stark; kaum hatte ich Zeit zum Essen. Oft mußte ich heimlich lachen, so sonderbare Gruppen sah ich. Einmal saß der Herr Vater mit 5 vertrauten Bauern und dem Purtscher an einem Tische voll Schriften; der eine pfiff, der andere schmauchte, ein dritter streckte gähnend die Arme auseinander; einer ließ sich durch nichts stören und las aus einem geistlichen Buche." – „Das Wasser aus der Flasche in ein Glas zu gießen, ist ihnen zu viel Mühe; sie setzen den Hals der Flasche an den Mund." – „Übrigens drängt sich alles an den Sandwirth. Mich wunderts, daß er nicht schon verrückt wurde; auf so viel verschiedene Gegenstände soll er Bescheid geben." – „Als ich gestern spät in die Hofburg kam, war der Sandwirth mit seinen Leuten im Rosenkranz-Bethen begriffen; das Gebeth wollte kein Ende nehmen." – „Das Gespräch beim Abendessen war immer von Geistern, Hexen u.d.g. Nach der Tafel tranken einige fort, andere spielten. Der Sandwirth mit drey andern sang ein Tiroler Lied; er machte den Vorsänger. Um 11 Uhr gieng alles auseinander." – „Heute abends kamen Kühe von den Alpen zurück. Die meisten ließ der Sandwirth durch die Hofgasse treiben, damit er sie sehen konnte. Er gieng, so lang der Zug dauerte, keinen Schritt von der Altane und sah sehr vergnügt auf das Vieh."

Andreas Hofer war auf jeden Fall ein markiges Tiroler Original, das sich von seinem Ambiente, der Innsbrucker Hofburg und den dort – neben den Bauern – vorwiegend agierenden „herrischen" Beamten besonders deutlich abhob. Seine deftigen Sprüche gab er nicht nur im Kreis seiner engsten Vertrauten in den meistens fröhlichen, erholsamen Abendstunden zum Besten, sondern sie gehörten als integrierender Bestandteil zu seiner ungekünstelten Persönlichkeit, die die etwas derb-bäuerliche Herkunft nicht verleugnen wollte und an der auch die vornehmen Amtsräume nichts zu ändern vermochten. Als sich zum Beispiel im Rahmen einer Audienz der Ehestreit eines bäuerlichen Paares im Beisein von Knecht und Magd mit verschiedenen Kombinationsmöglichkeiten gegenseitiger Vorwürfe entlud und als immer wieder von allen vieren zugleich echte und vermutete Intimitäten in den Audienzsaal der Hofburg geschrien wurden, gebot Hofer – nach dem Augenzeugenbericht des Priesters Daney – Ruhe und gab ihnen unmissverständlich Bescheid[17]: „Schamt's enk nit? ... ös Facken! Facken seid's alle viere! Ist itz des a Streit? Seid ös Christen? Lumpenleut seid's, wie tiet denn ös beichten? Marschiert enk, und wenn's mier noh a mal mit solchen Fackereien kömmt, laß ih enk alle viere insperr'n. Marsch fort, geht mier aus'm G'sicht, ös Saumagen!"

Hofer hatte für jeden ein Ohr, nur so ist es verständlich, dass Ehestreit und ähnlicher Kleinkram des Alltags vor dem Regenten abgehandelt wurde. Bezeichnend dafür ist wieder die Beschreibung Daneys[18]: „Hofer war oft so von Menschen und Schriften umgeben, daß er sich manchmal nicht zu helfen wußte. Denn jeder wollte mit ihm selbst sprechen, jeder seinen Bescheid von ihm selbst erhalten, und zudem mußte er wie ein geschäftiger König alles selbst unterschreiben, weswegen er sich auch ein guter Regent zu sein wähnte." Der Sandwirt entschied nicht unbedingt nach dem Buchstaben des Gesetzes, das er ja gar nicht kennen konnte, sondern mit seinem Hausverstand und mit einem natürlichen Rechtsempfinden, das aber auch dem Empfinden der breiten Volksmasse näherstand als der recht abstrakt formulierte Inhalt vieler Gesetze. Vorherrschende Komponente bei seiner persönlichen Urteilsfindung war die ihm angeborene Güte, wie viele Vermerke auf eingereichten Gesuchen etc. verraten. Der Oberkommandant wusste sich aber auch massiv Respekt zu verschaffen, wenn er zum Beispiel das Gefühl hatte, seine Anordnungen würden nicht ernst genommen oder nicht befolgt! Sein letzter und wirksamster Trumpf war dabei der Hinweis auf seine „Statthalterrolle". Zum Beispiel erklärte er dem Marktrichter von Matrei am Brenner, den er wegen Geringschätzung seiner Erlässe hatte in die Hofburg zitieren lassen: „Sie müessen öpper nit glabn, i röd mit Ihnen åls Såndwirt, i röd im Nåmen des Koasers und des Prinzen Johann."

Das „Regierungsprinzip" Hofers war es, möglichst die Verhältnisse vorbayerischer Zeit wiederherzustellen und keine wesentlichen Neuerungen einzuführen. Unbeschadet dieses retardierenden

Elementes, das für eine Krisenzeit, in der Hofer an die Spitze des Landes gestellt worden war, nur zu natürlich ist, als dass es ihm zum Vorwurf gemacht werden könnte, musste er sich mit vielfältigen Gegebenheiten und Problemen „höherer Ebene" befassen.

Zunehmende Sorge bereitete dem Oberkommandanten die immer drückender werdende Finanzsituation, die er mit Eigeninitiative und Hilfe seiner Beamten und Berater vergeblich zu steuern suchte. Schon Intendant Hormayr hatte die Geldbeschaffung größte Sorge bereitet. Mehrmals bedurfte es der Aufforderung zum Zahlen von Abgaben und Steuern, und wieder lebten die schon zu Hormayrs Zeiten unbeliebten „forcierten Darlehen", die Zwangsdarlehen, auf. Wie früher, so bot auch nun das Haller Salz die ergiebigste Einnahmequelle. Auch die Münzprägung nahm der Sandwirt wieder auf.[19] Es wurden aber nicht nur 20-Kreuzer-Stücke in Silber geschlagen, sondern auch kupferne 1-Kreuzer-Münzen, um den Bedarf an Scheidemünze einigermaßen zu decken. Für den „Zwanziger" wollte Hofer neue Stempel mit dem Bildnis der Gottesmutter einführen, aus Zeitmangel entschied er sich aber doch für die Wiederverwendung der alten, unter Hormayr geschnittenen Münzstempel. Ende August wurde die Prägung aufgenommen und mit 21. Oktober wieder eingestellt. Die Münzen, die sich in ihren Umschriften nicht auf einen Herrscher beziehen, sondern nur Name und Rang des Landes anführen, wurden also im Namen des Volkes herausgegeben.

Eingriffe in das höhere Schulwesen erlaubte sich Hofer nur hinsichtlich der Regelung von Personalfragen unter den Professoren, wobei er zwischen die zwei rivalisierenden Schulrichtungen der Universität geriet. Hofer maßregelte besonders Professoren, die als bayernfreundlich galten oder die früher dem Bischof zu wenig Gehorsam geleistet hatten. Einige geistliche Professoren von Gymnasium und Universität ließ Hofer sogar verhaften. Für Meran ordnete Andreas Hofer die Wiedereröffnung der Höheren Schule an.[20]

Ein echtes Bedürfnis hingegen bedeutete dem tiefgläubigen und moralisch hochstehenden Mann ein ihm notwendig erscheinendes Eingreifen in Fragen der Sittenpolizei. Heute meistens – in Unkenntnis historischer Gegebenheiten – als hinterwäldlerisch und bigott belächelt bis bespöttelt, war in damaliger Zeit der Aufgabenbereich der Sittenpolizei wichtiger Bestandteil einer jeden Regierungstätigkeit. Dass sie im Tirol eines Andreas Hofer eher streng gehandhabt wurde, erklärt sich beim theokratisch-patriarchalischen Regierungsstil von selbst. In einem Aufruf an die Seelsorger Tirols vom 21. August berichtet Hofer von seinem Gelübde, bei erhaltenem Segen für seine Unternehmung „die christliche Religion nach meinen Kräften zu befördern". Damit in Zusammenhang stand auch das „Befördern" einwandfreier Sitten und Gebräuche. Nur machte Hofer den Fehler, die

(228) Entwurfzeichnung für neue 20-Kreuzer-Stücke mit Tiroler Adler und der Darstellung der Immaculata

(229) Münzstempel für die Prägung eines 20-Kreuzer-Stücks (Vorderseite) und 1-Kreuzer-Münzen aus Kupfer, die in der Zeit der Regierung des Sandwirts in Hall geprägt wurden

für die ländlichen Bereiche als gültig angesehenen Normen auch auf die städtische Bevölkerung zu übertragen. Natürlich mokierten sich die Damen Innsbrucks, wenn der Oberkommandant mit dem in der Literatur zum Überdruss zitierten „Sittenmandat" sich in ihre ihm zu freizügig erschienenen Modeusancen einmischte. Er befahl auch die Schließung der Schenken während des Sonntagsgottesdienstes an, schränkte die Tanzunterhaltung ein, ging gegen Ruhestörer und Nachtschwärmer vor usw. Des Weiteren ordnete er die Meldung unehelicher Väter an die Obrigkeit an, damit diese zur Alimentezahlung herangezogen werden könnten, was eigentlich schon in den Bereich der Sozialgesetzgebung fällt.

Die Hauptsorge des Oberkommandanten Hofer galt notgedrungen dem Verteidigungswesen. Der Mangel an Artillerie war für die Tiroler immer fühlbar gewesen. Zwar hatte man dem Gegner Geschütze abgenommen, doch sollten zu diesen noch weitere und auch Doppelhakenbüchsen hinzukommen. Romed Strasser in Jenbach wurde vom Sandwirt mit der Herstellung von Kanonen, Kugeln und Kartätschengeschossen betraut. Strasser war auch bereits für Intendant Hormayr tätig gewesen.[21] Strasser und der Höttinger Büchsengießer Zach lieferten Feldschlangen, Doppelhakenbüchsen und Kugeln. Ein großes Problem war die Beschaffung der nötigen Erze. Manch einer der Vertrauten Hofers dachte allen Ernstes an die Einschmelzung der Erzfiguren am Grabmal Kaiser Maximilians I. in der Innsbrucker Hofkirche. Hofer verwarf dieses Ansinnen, wohl weniger um ein hervorragendes Kunstdenkmal zu schützen, sondern weil es sich um ein historisches Denkmal handelte, das an den im Volk immer ein wenig populär gebliebenen Kaiser erinnerte. Anderen Kunstwerken gegenüber, die außer Verwendung standen, hatte Hofer keine Bedenken. Unter den zum Einschmelzen bestimmten Figuren, die dann auf eine private Initiative hin doch noch gerettet

(230) Josef Strickner, Bildliche Darstellung der Verlautbarung des sogenannten Sittenmandats Andreas Hofers

(231) Sittenpolizeiliche Verordnung Andreas Hofers gegen die zu freizügige Mode der Frauen, Innsbruck, 25. August 1809

(232) „Andrea Hoffer Comandante Superiore in Tirolo"

werden konnten, sollen sich auch die vier leichtbekleideten Schönheiten aus Bronze auf dem erst 1893 zusammengesetzten Leopolds-Brunnen gegenüber der Hofburg befunden haben.[22] Wenn der Wille, diese Plastiken zu opfern, manchmal als Roheitsakt eines Bauern interpretiert wird, so darf dieser Umstand nicht mit heutigen Maßstäben gemessen werden. Selbst der im kulturellen Bereich tätige Theaterdichter August von Kotzebue, der 1805 die Hofkirche besucht hatte, meinte von den „Schwarzen Mandern", dass sie weder Kunstwerke seien noch „Interesse der Ähnlichkeit" mit den dargestellten Personen besäßen, weshalb man sie ohne weiteres zu Kanonen umgießen könnte. Doch nein! So seien sie harmloser denn als „Mordschlünde".[23]

Mit der Zeit war eine gewisse Kriegsmüdigkeit festzustellen, hervorgerufen durch das tatenlose Bewachen der Landesgrenzen. Es wurde immer schwieriger, Ersatzkompanien an Landesschützen und Landstürmern aufzubieten. Schwieriger wurden zusehends auch die Verproviantierung und Besoldung der Landesverteidiger. Der Oberkommandant legte großen Wert auf den Ausbau der Verhaue und Befestigungen an den bekannten Einbruchsstellen und die Pulvermühlen arbeiteten ohne Unterlass. Tirol musste zu einer uneinnehmbaren Festung ausgebaut werden, noch bevor es zu einem neuen Waffengang zwischen Österreich und Frankreich kommen würde.[24]

Notwendig war auch eine rechtzeitige definitive Regelung hinsichtlich der Kommandostrukturen. Diesbezüglich gab es Missstände im südlichen Tirol. Diese veranlassten den Oberkommandanten zu einer Reise vom 1. bis 8. September 1809 in den Süden des Landes, die ihm auch ermöglichte, einige Tage bei den Seinen am Sandhof im Passeier zu verbringen. In Brixen wurde er feierlich empfangen, von seinen Erlebnissen in Bozen hingegen war er eher enttäuscht.[25] Mit der Begründung, dass es ihm seine Zeit nicht erlaube, regelte er die

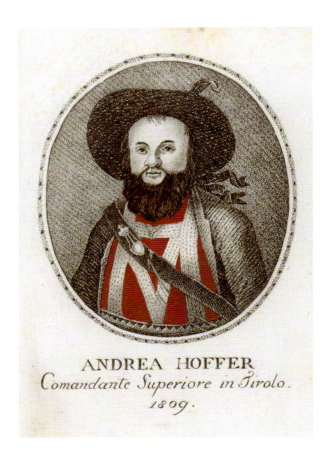

welschtirolischen Defensionsangelegenheiten von dieser Stadt aus.[26]

Hofers Einschreiten war durch folgende Situation notwendig geworden[27]: Das Verteidigungswesen war im Süden gleich organisiert wie im übrigen Tirol und funktionierte an sich auch bestens im östlichen Teil, darunter im Fleimstal, in Fassa, Primiero, Valsugana, während der westliche Teil durch das Auftreten von Bernardino Dal Ponte (Dalponte) und Sebastiano Garbini Hofer große Sorgen bereitete, so wie früher bereits dem Trienter Militärkommandanten Oberstleutnant Graf Leiningen. Dal Ponte, vorher Umgeldeinnehmer in Judikarien und als Landesverteidiger der Jahre 1796/97 mit Tapferkeitsmedaillen dekoriert, und Sebastiano Garbini aus der Nähe von Vicenza, ein aus einem italienischen Gefängnis entsprungener Häftling, trieben hier unter dem Deckmantel der Landesverteidigung ihr Unwesen, indem sie mit ihren „Kompanien", die zum größten Teil aus zugewanderten italienischen Deserteuren und Emigranten bestanden, die Bevölkerung drangsalierten. Durch Requirierungen, Plünderungen, Vorschreiben von Kontributionsgeldern an die Gemeinden und den absoluten Mangel an Disziplin hatten sie traurige Berühmtheit erlangt. Dal Ponte, immerhin um Stufen über Garbini stehend, hätte vielleicht ohne die unglückliche Verbindung mit diesem tatsächlich zu einer angemessenen Führerposition kommen können. So war er nur selbsternannter „Comandante nel Tirolo Meridionale" – „Kommandant im südlichen Tirol" –, wie er sich auf den von ihm herausgebrachten Flugschriften in der Art des Andreas Hofer bezeichnete. Er bemühte sich unter Herausstellung des Kampfes für Gott, die Religion und das Vaterland sogar um eine ähnliche Diktion! Besonders nach dem Abzug von Graf Leiningen versuchte Dal Ponte, sich als Kommandant des gesamten Welschtirol durchzusetzen, was ihm angesichts der fundierten Organisation im östlichen Teil nicht gelang. Als nach dem Einbruch der Franco-Italiener im Süden Anfang August der Feind wieder vertrieben werden sollte, beteiligten sich auch Dal Ponte und Garbini, wobei das übliche Plündern nicht unterlassen wurde.

Schließlich sah sich Hofer zu ernsthaftem Einschreiten genötigt. Im Aufruf vom 4. September 1809 aus Bozen[28], den er an die „Herzliebsten welschen Tyroler!" richtete, entschuldigte sich Hofer zunächst für das schlechte Auftreten „seiner Truppen" und erklärte weiter: „Mein aufrichtiges Herz, daß mit Euch Allen rechtschaffen und redlich denkt, verabscheuet Räuberbanden und Plünderung, – verabscheuet Requisitionen und Contributionen, und alle Arten Bekränkungen und Forderungen an Quartiertragenden Partheyen. Keine von diesen niederträchtigen Handlungen finden in meinem vaterländischen Herze Platz. ... Ferners mache ich allen Gemeinden, Städten, Märkten, Dörfern und meinen Truppen öffentlich bekannt, daß nunmehr, da sich so viele Unordnungen durch mehrere selbst aufgedrungene und unberechtigte Kommandanten ergeben haben, in Abwesenheit des Untergefertigten Herr Joseph v. Morandell zu Kaltern im südlichen Tyrol als authentisirter und berechtigter Kommandant aufgestellt ist, und folglich keinen Proklamen, Befehlen, Anordnungen und was immer Befehlendes geschieht Glauben beyzumessen, wenn nicht solche vom obbemeld-

(233) Aufruf des Oberkommandanten Andreas Hofer an die „Herzliebsten welschen Tyroler", Bozen, 4. September 1809

(234) Josef Valentin von Morandell, von Andreas Hofer ernannter Kommandant im südlichen Tirol

ten Herrn v. Morandell, oder vom untergefertigten Oberkommandanten selbst unterzeichnet sind."

Hofer täuschte sich, wenn er glaubte, die ganze Angelegenheit nun erledigt zu haben. Dal Ponte kämpfte um seine Position. Der Höhepunkt der Anmaßung wurde wohl mit seinem „Avviso" vom 16. September erreicht, ausgestellt im „Quartier Generale di Ala" – im „Hauptquartier zu Ala" –, wenn er sich hier bereits „Oberkommandant" im italienischen Tirol nennt und die Aufstellung Morandells als einzig autorisierten Kommandanten für den Süden mit Rechtfertigungen und Versprechungen zu unterlaufen versuchte. Zu diesem Zeitpunkt aber waren seine Tage bereits gezählt. Hofers Geduld war zu Ende. Er gab den deutschen Kompanien in Welschtirol Anweisung, Dal Ponte und Garbini zu verhaften, was am 20. bzw. 24. September gelang.[29] Die beiden wurden nach Innsbruck ins Gefängnis gebracht, aus dem sie erst wieder am 25. Oktober freikamen.

Hofers außenpolitische Aktivitäten standen natürlich auch mit der Verteidigung Tirols in Zusammenhang. Nachdem in diesem Jahr der Gegner zweimal über die im Osten des Landes an der Grenze zu Salzburg befindlichen Pässe nach Tirol eingedrungen war, hieß es, auch hier besondere Vorkehrungen zu treffen.[30] Die Initiativen lagen bei Josef Speckbacher, Pater Joachim Haspinger und Anton Wallner, die die angrenzenden Salzburger im Pinzgau und im Pongau zu einem Anschluss an Tirol zu bewegen suchten und auch nicht vor Druckmitteln zurückschreckten. Die Salzburger selbst waren zunächst über solche Gedanken geteilter Meinung. Das Auftreten des wortgewandten Pater Haspinger änderte ihre Ansicht. Er hielt ihnen unter anderem die Freiheiten und Privilegien, wie sie die Tiroler genießen könnten, bei einer Vereinigung mit Tirol vor Augen und konnte sie überhaupt durch seinen Eifer und den Fanatismus für die patriotische Sache anstecken. Darüber hinaus entwickelte der Pater fantas-

tische Pläne, vom Marsch auf Salzburg bis zur Gefangennahme Napoleons, die in keiner Weise die Zustimmung des Oberkommandanten Hofer fanden. Ihm und selbst Speckbacher, der an der Ostgrenze Tirols agierte, ging es zunächst in erster Linie um die Sicherung dieser Grenze, ohne das „Insurrektionsgebiet" auszuweiten, was neue Probleme hätte mit sich bringen müssen. Schließlich ließen sich die Salzburger von Haspinger überzeugen, und Hofer stimmte aus strategischen Gründen dem Vorrücken der Tiroler unter Beteiligung der Salzburger zu, aber lediglich bis zum Pass Lueg. Strategisch wichtig, ist er ungefähr Grenze zwischen Pongau und Tennengau. Der Oberkommandant war sich schließlich sicher, dass die Inbesitznahme dieses Passes Tirol mehr Sicherheit geben würde. Er gab genaue Direktiven für die Vorgangsweise bei der Eroberung des Passes. Für den 25. September war der Großangriff auf den Pass Lueg geplant und damit verbunden Angriffe bzw.

Ausfälle gegen Luftenstein, Melleck, Lofer, Kniepass und Unken. Immerhin war eine aus etwa 6000 Mann bestehende tirolisch-salzburgische Streitmacht vorhanden. Nachdem bereits die Festung Hohenwerfen genommen worden war, wobei den Angreifern als wichtigste Beute sechs Geschütze in die Hände fielen, waren auch die Angriffe am 25. September erfolgreich. Entgegen Hofers Befehl wurde noch weiter nach Berchtesgaden, Reichenhall und Hallein vorgestoßen.

Oberkommandant Hofer war von den Erfolgen begeistert, was aus einem Schreiben hervorgeht[31]: „Wer kann dieses Glük fassen! Man kann es wirklich mit Händen fühlen, daß unserte [!] Waffen eine höhere Hand leitet."

Am 25. September, am Tag großer militärischer Erfolge, erschienen bei Hofer in Innsbruck Abgesandte aus dem salzburgischen Teil des Zillertales, um – wie schon seit längerer Zeit ins Auge gefasst – den Anschluss an Tirol vertraglich festzulegen.[32] Wenige Tage später kam eine Pinzgauer Abordnung in derselben Absicht. Nach der Unterzeichnung der Urkunde forderte Hofer noch ausdrücklich auf, mit derselben Entschlossenheit wie die Tiroler mit dem Feind umzugehen. Wörtlich soll er gesagt haben: „Jetzt habt ihr den Pater [Haspinger] bei euch, der ist ärger als wir alle zusammen, der wird's euch schon zeigen, wie man mit den Bayern umgehen muß."

Hofers Zuversicht über ein gutes Ende seiner „Interimsregierung" wurde durch solche Erfolge genährt. Als Krönung seiner Tätigkeit konnte er aber die Botschaft des Kaisers ansehen, die ebenfalls in diesen Tagen eintraf.[33] Nach zweiwöchiger beschwerlicher Reise trafen Josef Eisenstecken, Jakob Sieberer und Franz Frischmann, aus dem kaiserlichen Hoflager kommend, am 29. September in Innsbruck ein. Hofer war zunächst über diesen Besuch keineswegs erfreut, gehörten die Männer doch zu jenen, die Anfang August mit den abziehenden Österreichern das Land verlassen hatten und allgemein des Verrats an der patriotischen Sache bezichtigt worden waren. Bewusst wurden sie von Hofer nicht so freundlich aufgenommen, wie sie es sich vielleicht erwartet hatten. Nach stundenlangem Warten wurden sie endlich vorgelassen. Als sich herausstellte, dass sie Gaben und Botschaften vom Kaiser brächten, war es mit Hofers schlechter Laune vorbei. Sie überbrachten eine große goldene Medaille mit Kette und 3000 Golddukaten als Zeichen besonderer Huld. Nur wenig Vertraute waren bei dieser Unterredung dabei; einer von ihnen war Hofers „Finanzminister" Johann Holzknecht aus St. Leonhard im Passeier. Noch am selben Tag schrieb Holzknecht seiner Frau einen Brief, der den unmittelbarsten Eindruck von diesem Ereignis gibt[34]:

„Innsbruck, den 29. 7ber [= September] 11 Uhr nachts 1809 – Mein Liebes böstes Weib – Heute komt zur Allgemeinen Freude H(err) Eisenstecken

(235) Major Josef Eisenstecken, der Ende September 1809 dem Oberkommandanten Andreas Hofer die kaiserlichen Gaben überbrachte

ANDREAS HOFER – REGENT TIROLS

(Badlwürth) Herr Major Sieberer, und H(err) Major Frischman von Schlanders hier an, die 2 ersteren von dem allgeliebten Kayser selbst, und den H(errn) E(rzherzog) Johann zugleich, mit der nachricht (wann nicht der Friede ... zu stande kommen soll) die Feindselligkeiten wieder Ihren anfang nehmen und das er mit dem Betragen und der [!] glücklichen Vortschritten der Tyroller euserst gerührt, sehr zufrieden sich eusert, zur einstweiligen erkenntlichkeit überbring der Badler dem H(errn) Oberkommandanten von Seiner Mayestett dem Kayser Franz die Versicherung, daß er erstens im Adlstand erhoben, zweitens fir Ihme ein Landgut im Tyrol bestimt seye welches Ihme jahr[l]ich 600 fl abwerfen soll, dritens überbringt er Eine goldene Medaile mit den [!] Brustbild des Kaysers im Gewicht von 24 Dukaten nebst einer goldenen Kötte im Werth von 800 fl und einen Plan Wie wir uns in Defensionssachen zu Verhalten, auch überhaubt, das Regierung Sistäm [Regierungssystem], wie 1805, soweit es sich den Zeitumständen zuläslich erkant wird ein zufieren. Komt nicht besagter Friede, so werden die Feindselligkeiten Anfangs October ihren Anfang nehmen, der Schluß seye von Kayser so, lieber alles auf zu opfern alls Tyroll zuverlassen. Der Prinz Johann giebt uns seine Versicher(ung) in Fall das alles, wieder [= wider] Verhofen bey der Hauptarme unglücklich ausfallen soll, er sich mit seiner ganzen Arme in das Tyrol herein zieche. Ist die Hilfe Gottes wiederum so augenscheindlich bei uns, wie bisher so kennen [= können] wir in Kürze, vergnügten Zeiten entgegen sechen ..." Holzknecht berichtet noch, dass Eisenstecken bereits 3000 Dukaten gebracht habe, weiteres Geld bald nachkomme und selbst von England welches geschickt werde.

Was die angekündigte Standeserhöhung betrifft, weiß Anton Knoflach zu berichten[35], dass Hofer gesagt habe: „Den Adel brauch ich nicht." Dies fügt sich genau in das Bild des einfachen Mannes, der auch im freien Tiroler Bauernstand einen hohen Würdeanspruch sah.

(236, 237) Große Goldene Ehrenmedaille, von Kaiser Franz I. dem Oberkommandanten Andreas Hofer für dessen Verdienste gewidmet

plagte, nach meiner Tabaksdose; Hofer war so herablassend, mir eine Prise Tabak abzunehmen, und gleich darauf sogar mir eine von dem seinigen zu präsentieren. Während dem Hochamte, bei welchem Hofer ganz begeistert und sehr eifrig betete, wiederholten wir noch ein paarmal wechselseitig unsere Tabakskomplimente. Hofer war an diesem Tage seiner Tracht nach ganz neu und sehr festlich angezogen. Nach dem Hochamt trat Hofer vor den Hochaltar und da hing ihm der obenerwähnte Prälat seine Medaille um. Als er vom Altar zurückkam und ich ihm zu seiner Auszeichnung

(238) Im Anschluss an einen Festgottesdienst in der Hofkirche wird Andreas Hofer die Ehrenkette des Kaisers vom Wiltener Abt umgehängt.

(239) Ankündigung zweier Theaterstücke, die aus Anlass der Feierlichkeiten zum Namenstag von Kaiser Franz I. am 4. Oktober 1809 in Innsbruck aufgeführt wurden

Alles schien wunschgemäß zu verlaufen: Der Kaiser äußerte deutlich seine Anerkennung, wiederholte sein Versprechen, dass er Tirol nicht im Stich lassen werde, und auch Erzherzog Johann sagte seine Hilfe zu. Dazu kamen noch die Waffenerfolge dieser Tage. Der tiefgläubige Hofer und alle gleichgesinnten Tiroler fühlten sich in der Überzeugung bestätigt, die lenkende Hand Gottes in ihrem Kampf um eine gerechte Sache deutlich zu spüren. Der 4. Oktober, Kaisers Namenstag, wurde zum „Nationalfeiertag" erklärt, bestens geeignet für ein kirchlich-patriotisches Fest, das in der Hofkirche stattfand. Das Hochamt mit Te Deum fand im Beisein der Honoratioren und der Bevölkerung aus Stadt und Land statt. Der Geistliche Josef Daney war als Augenzeuge dabei[36]:

„... ich blieb außer dem Stuhle gerade vor dem Hofer stehen. Während uns der Exjesuit T ..."[37] in seiner endlosen Gelegenheitspredigt über Franzosen und Bayern gar herzallerliebste, erbauliche Dinge ... vorraunte, griff ich, weil mich der Schlaf

ANDREAS HOFER – REGENT TIROLS

(240, 241) Jakob Plazidus Altmutter, Andreas Hofer mit dem Landsturm, Entwurf für ein Wandbild im Andreas-Hofer-Zimmer in der Innsbrucker Hofburg und seine Ausführung, um 1817

Glück wünschte, sagte er mir: ‚Ich dank' Ihnen, geistlicher Herr! Beim ganzen Gottesdienst sein Sie mir g'rad fürkemmen, als wenn Sie mein Feldpater waren.' Diese Äußerung freute mich ungemein, weil ich schon lange gewünscht habe, mit ihm eines Gefangenen wegen zu sprechen."

Zur Abrundung des schönen, erhabenen Tages wurden am Abend im Theater die Stücke gegeben: „Liebe um Liebe dem besten der Fürsten" von W. A. Iffland und „Armuth und Rechtschaffenheit oder Der Fürst hilft gewiß, wenn er's nur weiß" von Benedikt B. A. Cremeri. Das zahlreich erschienene Publikum und Andreas Hofer waren von der Aufführung begeistert. Dieser 4. Oktober 1809, ein besonderes Fest nicht nur für Kaiser Franz, dessen Herrschaft zurückgesehnt wurde, sondern auch für den ihn gleichsam vertretenden Oberkommandanten, war wohl einer der letzten Tage im Leben Andreas Hofers, an dem Freude und Zuversicht noch die Oberhand hatten.

Das Land von Feinden umringt

Trotz des dritten großen Sieges über die bayerisch-französischen Truppen Mitte August 1809 war von Tiroler Seite nicht erwartet worden, dass nun die Zeit der bewaffneten Bewährung vorüber sei. Man wusste, dass das Land im Süden, Osten und Norden durch Frankreich und seine Verbündeten bedroht, jedoch von Österreich und seiner Hilfe abgeschnitten war. Die Situation ähnelte immer mehr einer politischen Insel oder der von Erzherzog Johann angedeuteten „selbständigen Festung"! Es wäre kühne Vermessenheit gewesen, wenn die Tiroler unter Andreas Hofer allein einem übermächtigen Feind für immer hätten trotzen wollen. Hofers Regentschaft aber war von vornherein lediglich als Interimsregierung aufgefasst worden. Immer wieder hat der Sandwirt betont, dass er nur gleichsam Statthalter des Kaisers sei. Es war kein Abenteurerwahn, wenn die Tiroler größte Kraftanstrengung aufboten, um sich vom Gegner zu befreien. Nun war eine optimale Ausgangsbasis für die Friedensverhandlungen des Kaisers mit Frankreich geschaffen. Selbst wenn neuerlich der Krieg beginnen sollte, waren die Voraussetzungen viel günstiger, wie wenn das Land bereits besetzt gewesen wäre. Man konnte in Tirol jedenfalls nicht annehmen, dass Hofers Regentschaft lange dauern würde. Was sich rund um die „Festung Tirol" auf diplomatischem Gebiet alles tat, wusste die Bevölkerung nicht.

Je mehr Verluste und Schmach Bayern in Tirol erfuhr, umso weniger war es gewillt, auf dieses Land zu verzichten. Die ersten Reaktionen nach der Niederlage im August in der bayerischen Presse drückten den ganzen Hass gegen das widerwärtige Volk der Insurgenten aus. In einem Artikel

(242) Johann Georg Schedler, „Andreas Hofer Sandwirth und Comandant in Tirol", dargestellt in Ganzfigur

über die „Grundursachen der ausgebrochenen Revolution in Tirol" im „Königlich bayerischen Intelligenzblatt" vom 26. August 1809[1] werden die Tiroler als eine Art Untermenschen dargestellt: „Bekanntlich ist bei Gebirgsbewohnern und bei unkultivirten Völkern, worunter man die Menschheit der Tiroler zählen kann, die Phantasie eine von jenen Geisteskräften, die sich am mächtigsten äußern. Verstand und Vernunft haben bei diesem Volke noch keineswegs die Superiorität über die Einbildungskraft erlangt."

Die Tiroler hatten ja die Wohltaten Bayerns nicht angenommen! Dieser Umstand hat letztlich zu den bewaffneten Auseinandersetzungen geführt. Aber, so meint der Schreiber im Anklang an ein Sprichwort, nach dem kein Schaden ohne Nutzen sei: „Hätten die insurgirten Tollköpfe ihre aufrührerischen Waffen, der geschehenen Aufforderung und heuchlerischen Zusage gemäß wirklich abgelegt, und hätten sie gegen die vordringenden Truppen keine hinterlistige Widersetzlichkeit mehr ausgeübt, so würde das französisch-baierische Militär Oberkommando sowohl als die königl. baierische Regierung den verworfenen Karackter dieses niederträchtigen Volkes und seiner noch niederträchtigeren Verführer keineswegs so genau kennen gelernt haben, als sie ihn unter diesen Umständen kennen lernten. Die Einholung dieser genauern Karackterkenntniß – freilich durch das Blut so vieler Braven theuer erkauft – wird den gegen Tirol fernerhin agierenden Militär Chefs und zugleich auch unserer weisen Regierung dazu dienen, um gegen dieses, in seiner Denk- und Handlungsweise ganz singuläre Volk jene Unterwerfungs- und Beherrschungsmaßregeln zu ergreifen, welche die Individualität desselben so laut und nachdrücksam fordert."

Auch wenn man es in München nicht wahrhaben wollte, ausschlaggebend war nur der Wille Napoleons. Unter Umständen wäre es zu keiner Intervention Bayerns in Tirol mehr gekommen. Aufs äußerste über die neuerliche Niederlage Marschall Lefèbvres erbost, dachte der Franzosenkaiser nicht daran, Tirol endgültig aufzugeben. Es musste nicht unbedingt bayerisch sein, aber österreichisch durfte es auf keinen Fall mehr werden! Einmal hatte er sogar den Gedanken einer Neutralisierung Tirols durch Anschluss an die Schweiz ausgesprochen. Noch im August aber entwickelte er einen interessanten Plan, von dem man aus einem seiner Briefe weiß.[2] Bei erfolgreichem Ausgang wäre er ohne Waffengewalt zu seinem Ziel gekommen. Der Brief, am 29. August zu Schönbrunn abgefasst, trägt Napoleons Unterschrift. Darin weist er den Generalstabschef Fürst Alexander Berthier an, er solle General Rusca bestellen, dass einer seiner Offiziere als Unterhändler die Häupter der Tiroler wissen lassen solle, er sei zu einer Beilegung des Konflikts bereit, damit er nicht Feuer und Tod in die Berge zu tragen brauche. Eine Rückkehr zum Haus Österreich sei ausgeschlossen. Wenn die Tiroler aber ihre Privilegien behalten und keine Bayern werden wollten, so schlage er ihnen vor, sich dem Königreich Italien anzuschließen, innerhalb dessen er ihnen eine weitreichende Autonomie zugestehen könne, die sie zufriedenstellen würde. Die Tiroler möchten eine starke Deputation schicken, mit der er die Bedingungen festlegen werde. – Es ist allerdings nicht bekannt, dass tatsächlich verhandelt worden wäre. Man weiß nicht einmal, ob der Brief überhaupt seinen Adressaten erreicht hat. Rund 14 Tage später dachte Napoleon jedenfalls ganz anders, wenn er, zunächst von Süden her, wieder seine Truppen aufmarschieren ließ.

Das eine stand für Napoleon fest: Tirol dürfe nie mehr habsburgisch werden! Dies drückte er auch gegenüber dem österreichischen Unterhändler Graf Bubna aus[3] (in deutscher Übersetzung): „Und wenn die Österreicher in Metz und auf der Schanze von Sainte-Croix stünden, könnte ich den

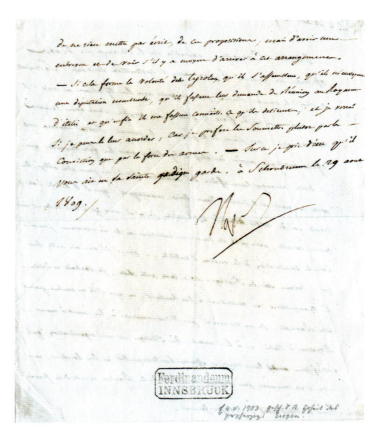

Vorschlag wegen Tirol nicht annehmen. Tirol darf niemals dem Haus Österreich angehören, denn es trennt Deutschland und Italien und grenzt an die Schweiz. Bayern hat sich ja wenig um das Land gekümmert, das ihn viel kostete und ihm wenig eintrug. Aber ich werde nie dulden, dass dieses Land meinem Einflusse entwunden wird."

Die Haltung Napoleons war vom Anfang an klar. Österreich war in eine passive Rolle gedrängt. Aus dem Bemühen heraus, möglichst günstig abzuschneiden, ist das vehemente Engagement der führenden Köpfe – zu denen nicht nur der Kaiser und die Erzherzoge gehörten – zu verstehen, die an der offiziellen Meinungsbildung mitwirkten. Es gibt nur wenig Fälle, bei denen damals eine so lange Zeit zwischen Waffenstillstand und Friedensvertrag verstrich, wie nach dem Waffenstillstand von Znaim vom 12. Juli. Mehr als einen Monat hindurch wurden nur die gegenseitigen Standpunkte klargelegt, wobei zum Teil unannehmbare Forderungen, wie der Rücktritt von Kaiser Franz, die „Kriegspartei" bei Hof gegenüber der „Friedenspartei" stärkten. Die so erklärbaren Schwankungen in der Meinung hatten auch Rückwirkungen auf Tirol, nur dass man dies dort nicht wusste. Die Tiroler waren eigentlich immer im Glauben belassen worden, sie würden gerettet, es würde alles unternommen werden, um die getreue Grafschaft der Monarchie zu erhalten. Bei einer Rückschau auf die – damals geheimen – diplomatischen Tätigkeiten Österreichs darf der Wille, Tirol zu retten, respektiert werden. Unter anderem schlug Kaiser Franz verschiedene Territorien zum Tausch vor. Auch im Kriegsfall musste Tirol wieder mit einbezogen werden. Abgesehen von zahlreichen positiven Gerüchten, die ins Land drangen und denen man – so skurril sie teils waren – gern Glauben schenkte, konnten Hofer

(243) Brief Kaiser Napoleons an den Generalstabschef Berthier, in dem er einen Anschluss Tirols an das Königreich Italien andenkt – ein Plan, der jedoch nicht weiter verfolgt worden ist, Schönbrunn, 29. August 1809, mit der Original-Unterschrift bzw. -Paraphe Napoleons

DAS LAND VON FEINDEN UMRINGT

und seine Vertrauten aus den Meldungen, die sie vom Hoflager und von Erzherzog Johann erhielten, durchaus annehmen, die Angelegenheit Tirol werde in ihrem Sinne entweder durch Friedensvertrag oder eher durch einen neuen Waffengang entschieden. Krieg bedeutete natürlich auch neue Kraftanstrengung vonseiten der Tiroler. Mit dieser Möglichkeit rechnend, hatte Oberkommandant Hofer ja auch versucht, das Land in wehrhaftem Zustand zu erhalten und im Rahmen der gegebenen Möglichkeiten aufzurüsten, die Grenzfestungen zu verstärken, und deshalb hatte er sich auch mit der Einbeziehung von Pinzgau und Pongau einverstanden erklärt.

Das wochenlange ereignislose Warten, bereit zu eventuellem Einsatz, musste sich auf den Wehrwillen der Landesverteidiger auswirken. Selbst aus „seinem" Passeier wurde Andreas Hofer auf den Befehl hin, eine neue Kompanie zu stellen, mitgeteilt, dass die Leute nicht mehr ausrücken wollten, da Löhnung und Verpflegung nicht gesichert seien. Immer wieder kam es vor, dass Kompanien nicht aufgefüllt werden konnten, da Burschen und Männer der bekannten Gründe halber nicht einrücken wollten. Wenn die vier Wochen der festgelegten Dienstzeit verstrichen waren, ließen sich die Leute nicht halten. Viele Männer sorgten sich um Haus und Hof – es war die Zeit der Ernte – und um die Familie und suchten um Dispens vom Wehrdienst an. In den früheren Monaten selten zu hören, wurde nun immer öfter und lauter die Frage ausgesprochen, warum denn nur Bauern und nicht auch die großen Städte wie Innsbruck und Bozen Kompanien stellen müssten. Eine gewisse Abgespanntheit, die zum Teil in offene Unlust überging, blieb auch Hofer nicht verborgen. In Tirol hat kaum jemand so wie der Oberkommandant eine Entscheidung herbeigesehnt. Ihm ging es nicht darum, die Position als Regent auszukosten oder um Kriegslorbeeren, sondern um die Rettung des Landes, das heißt, um die Wiederherstellung früherer Verhältnisse, damit Wiedervereinigung mit Österreich und die Erlangung der alten Rechte.

Die am 29. September eingetroffene Sendung des Kaisers mit Ehrenkette, Geld, Operationsplan Erzherzog Johanns und vielen guten Worten war geeignet, die immer gehäufter auftretenden Schwierigkeiten zu verdrängen, an die volle Unterstützung Österreichs zu glauben und ein gutes Ende erhoffen zu dürfen. Auch Gerüchte von einem bevorstehenden Frieden wurden ins Land getragen, wobei niemand etwas Genaueres wusste.

Im Dankschreiben an den Kaiser[4] war Hofer sehr offen, er schilderte die Leistungen und den Patriotismus der Tiroler und den Opfermut, für Vaterland, Kaiser und Religion eingetreten zu sein. Dringend ersuchte Hofer, nicht auf Tirol zu vergessen, wenn es tatsächlich zu einem Friedensvertrag kommen sollte, damit nicht die Kinder und Kindeskinder büßen müssten, dass ihre Väter für den österreichischen Kaiser ihr Herzblut vergossen hätten! Hofer – wer immer auch das Schreiben aufgesetzt hat, der Sandwirt hat dafür die Verantwortung übernommen – schilderte also deutlich die Opfer Tirols für das Kaiserhaus und Österreich, die herrschende Not und erinnerte nachdrücklich an die gegebenen Versprechen, Tirol mit der Monarchie wieder und untrennbar zu vereinigen. Schon am 19. August hatte Hofer den Kaiser um Mitteilung über die Lage gebeten[5], ob weiterer Widerstand die Rettung oder den Untergang des Landes herbeiführen würde!

Noch ein Ereignis bestärkte die Zuversicht Hofers auf entschiedenes Eintreten Österreichs für Tirol, nämlich die Ernennung des ehemaligen Unterintendanten Anton von Roschmann zum „Oberlandes- und Armeekommissär" für Tirol[6] Mitte September, wovon man in Tirol allerdings erst wesentlich später erfuhr. Natürlich war man über die Person vom Schlage des ehemaligen Intendanten Hormayr nicht erbaut, aber man spürte

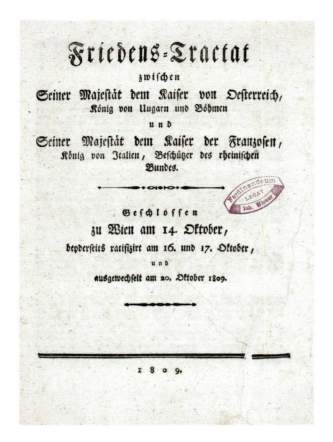
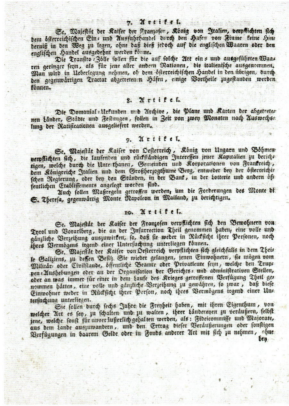

(244) Friedensvertrag von Schönbrunn, Wien, 14. Oktober 1809, Titelseite und Seite mit Artikel 10, in dem Tirol vorkommt

deutlich das Interesse des Kaisers an Tirol. Hinsichtlich der Verwaltung sollte Roschmann eine ähnliche Stellung innehaben wie früher Joseph von Hormayr. Aus dem Titel eines Armeekommissärs konnte geschlossen werden, dass eher ein Krieg als ein Frieden bevorstand. Noch allerdings hatte Roschmann kein österreichisches Militär in Tirol zur Verfügung. Aber dieses wurde ja für den Kriegsfall erwartet.

Mitte Oktober jedoch, als man sich in Tirol noch Gedanken und Sorgen über Krieg oder Frieden machte, fiel weit abseits die Entscheidung. Während sich Kaiser Franz in Totis in Ungarn befand, schlossen seine Unterhändler zu Wien am 14. Oktober 1809 mit Napoleon ziemlich überraschend Frieden[7]. Es blieb dem Kaiser nichts anderes übrig, als den Vertrag zu ratifizieren. Im 10. Artikel werden Tiroler und Vorarlberger erwähnt: „Se. Maj. der Kaiser der Franzosen verpflichten sich den Bewohnern von Tirol und Vorarlberg, die an der Insurrection Theil genommen haben, eine volle und gänzliche Verzeihung auszuwirken, so, daß sie weder in Rücksicht ihrer Personen, noch ihres Vermögens irgend einer Untersuchung unterliegen können."

Der Kaiser fühlte sich gegenüber den Tirolern in der Tat in eine peinliche Lage versetzt. Es reute ihn auch, sozusagen als Beweis für sein Wohlwollen und seine Hilfeleistung einen „Oberlandes- und Armeekommissär" in der Person des Anton Roschmann ernannt zu haben, was sich mit dem plötzlich eingetretenen Status des Friedens nicht mehr vereinbaren ließ. Roschmann sollte zurückbeordert werden, doch war er nicht mehr zu erreichen. Als dieser beim Kärntner Tor östlich von Lienz Tiroler Boden betrat, konnte er nicht wissen, was sich seit dem Verlassen des Hoflagers „hinter seinem Rücken" getan hatte.

Nur aus dem Gefühl des schlechten Gewissens heraus erklärte sich die unverantwortliche Haltung des Kaisers, die Tiroler in einer so wichtigen Angelegenheit lange im Ungewissen gelassen zu haben. Erzherzog Johann war über den Frieden erbost. Es scheint ihn wirklich deprimiert zu haben, dass den Tirolern immer wieder versprochen worden war, vehement für ihre Sache einzutreten, dass ihnen bis in die jüngste Zeit „Beweise" dafür gegeben und dass sie nun schnöde fallengelassen worden waren! Dem Erzherzog kam nun die unangenehme Aufgabe zu, sie im Auftrag des Kaisers – der sich den Tirolern gegenüber von nun an in Schweigen hüllte – über den Friedensvertrag und ihr Schicksal zu informieren.[8] Eine Schwierigkeit sah er darin, das aufgeregte Volk zu besänftigen. Bis man in Tirol Erzherzog Johanns Botschaft erhielt, verstrich nahezu der Monat Oktober! Von dem am 14. Oktober abgeschlossenen Frieden von Schönbrunn erhielt Hofer erst am 28. Oktober offizielle Bestätigung!

Der Oktober 1809 war der eigentliche Schicksalsmonat, in dem die Wende für Tirol sich anbahnte. Am 4. Oktober, am „Ehrentag" Andreas Hofers, herrschte noch allgemeine Zuversicht, wenn auch schon jetzt – und in den folgenden Wochen in verstärktem Maß – die verschiedensten Gerüchte nach Tirol gelangten, die ebenso vom bevorstehenden Krieg wie von einem Friedensvertrag, von der Preisgabe des Landes und seiner kampflosen Wiedervereinigung mit Österreich sprachen. Wie in Notzeiten üblich, wurde das Gute als Ausdruck der Bestätigung eigenen Wunschdenkens lieber geglaubt, sogar in den führenden Kreisen!

Es wurde auch bereits wieder gekämpft. Noch im vergangenen September hatte Napoleon Anordnung gegeben, Tirol von Süden her anzugreifen. Im Norden dreimal gescheitert, versuchte er nun im Süden erfolgreich zu sein. Schon in den Jahren 1796 und 1797 war das Etschtal und damit Welschtirol Hauptangriffsgebiet gewesen! Mit einem Korps von 4000 Mann hatte General Peyri am 25. September 1809 bei Ala die Grenze überschritten, und am folgenden Tag stand er in Trient.[9] Kommandant Torggler musste sich mit den welsch- und deutschtirolischen Wehraufgeboten bis Lavis zurückziehen, wurde von zwei Seiten angegriffen und konnte nach einer Niederlage am 2. Oktober seine Leute erst wieder in den Schanzwerken bei Salurn sammeln. – Auch der von Hofer bestellte Oberkommandant für das südliche Tirol, Josef von Morandell, war der Sache nicht gewachsen. Der Sandwirt beauftragte nun doch seinen ehemaligen und bewährten Adjutanten Eisenstecken, obwohl dieser zunächst als Landesverräter angesehen wurde, den Süden Tirols zu retten. Am 2. Oktober, am Tag der Niederlage, ging er nach Salurn ab. Unter seinem starken Kommando waren gleich wieder rund 10.000 Schützen und Landstürmer versammelt. Es gelang ihm, die Franzosen zurückzudrängen, über Trient hinaus vorzustoßen und somit General Peyri in Trient einzuschließen. In den bäuerlichen Kämpfen erwachte gleich wieder der alte Geist! Bei der Belagerung von Trient durch etwa 20.000 Mann erwies sich aber diese Masse als zügellos und undiszipliniert, von Major Eisenstecken kaum zu steuern. Streitigkeiten und Eifersüchteleien unter einzelnen Kommandanten taten ebenfalls ihre Wirkung. Ein an sich geringer Anlass, das plötzliche Erscheinen einer feindlichen Patrouille zur Nachtzeit, löste eine Panik aus, die General Peyri geschickt für einen Ausfall nützte, dem kaum Widerstand entgegengesetzt wurde, sondern der zu einer wilden Flucht der Tiroler führte. So nahm die Blockade von Trient am 10. Oktober ein schmachvolles Ende. Eisenstecken gelang es wenigstens, die Stellungen von Lavis am strategisch wichtigen Avisio zu halten. Den Tirolern folgte der Spott des Generals Peyri, wenn er am folgenden Tag ein Flugblatt herausbrachte, in dem es unter anderem heißt[10]: „Tiroler! Morgen ist der Namenstag Seiner Majestät des Königs von Baiern, unsers Aliirten, und eueres durchlauchtigsten Monarchen. Ich habe diesen Tag umso glänzender und merkwürdiger machen wollen, da ich einen Haufen von 30 Tausend deutscher Briganten von den Ringmauern der Stadt Trient vertrieben habe, welche sich unterstanden, den lächerlichen Einfall zu haben dieser Stadt sich zu bemächtigen, … der Vorschlag ist aber zernichtet, und ihre Verwegenheit gestraft worden."

Zwar von Truppen des Königreichs Italien besetzt, wurde also immer noch die rein rechtlich bestehende Souveränität Bayerns anerkannt, wie auch seit der französischen Besetzung von Trient das „K. B. General Kreis Commissariat an der Etsch" seine Tätigkeit in schwachem Umfang wieder aufnahm und Aufrufe herausbrachte. Am 13. Oktober erschien der französische General Vial in Trient und übernahm das Oberkommando für die bevorstehende Offensive gegen Norden. Unter den Tiroler Landesverteidigern im Süden war man sich sicher, dass nur noch der Oberkommandant Andreas Hofer selbst eine Wende zum Guten herbeiführen könnte. Hofer jedoch wurde in diesen kritischen Tagen mehr denn je in der Hauptstadt gebraucht. Bei Lavis oder Salurn war der Gegner schon mehrmals gestanden, ohne dass deshalb das ganze Land verlorengegangen wäre. Solange das strategisch in sich geschlossene „Dreieck" Innsbruck – Landeck – Bozen als Zentrum der „Festung Tirol" Widerstand leistete, solange bestand Hoffnung, den Feind wieder ganz aus dem Land zu drängen. Nun schien die Gefahr im Norden noch größer, und Hofer musste daher sogar aus dem Süden Kontingente heranziehen. Glücklicherweise erst nach dem schönen Feiertag hatte Hofer die Meldung erhalten, dass bereits am 3. Oktober Hallein im Vorfeld des nun mit Tirol zusammengeschlossenen salzburgischen Gebirgslandes wieder verlorengegangen war[11].

Pater Joachim Haspinger hatte sich Anfang Oktober in Verfolgung seiner kühnen Pläne über die Berge begeben, um auch die Steirer und Kärntner zu einer allgemeinen Erhebung zu bewegen. An solchen Plänen hatte der „tolle" Herr von Kolb in Lienz wesentlichen Anteil. Andreas Hofer selbst hatte als „General-Oberkommandant in Tyrol" am 27. September einen Aufruf erlassen[12]:

„An die Bewohner Kärnthens. … Kärnthner Oesterreichs Unterthanen! Euch drohet das nämliche traurige Schicksal, wenn ihr Eure Streit-Kräfte nicht anwendet. Diese sind viel größer, als jene des größtentheils unfruchtbaren Tyrols; auch Ihr habt hohe Gebirge, die Euch die Natur zur Schutzwehre gegeben hat, bedienet Euch derselben. – Ich schicke euch Tyroler-Schützen unter muthigen bereits kriegserfahrnen Kommandanten zu Hilfe, schließet Euch an selbe an, machet Hand in Hand Bruderschaft, läßt Euch nicht schrecken, wenn es auch dem Feinde da oder dort gelinget, zweckloße Grausamkeiten zu begehen. – Gott wird zwischen ihm und Euch Richter seyn, wie er es in Tyrol war, wo mehrere Mordbrenner in eben das nämliche Feuer zurückgeworfen wurden, welches sie angezunden hatten."

Anfang Oktober rückten Tiroler Schützen zur Verstärkung nach Kärnten ab. Bei Möllbrücke bezogen sie Stellung.[13] Die etwa 1000 Mann erhielten in den folgenden Tagen bedeutenden Zuzug. Man wollte letztlich die Einnahme der Feste Sachsenburg erzwingen. Diese auch des Zugangs nach Tirol halber wichtige Festung war mit dem Waffenstillstand von Znaim (12. Juli) an die Franzosen gefallen.[14] Der Angriff am 19. Oktober wurde von den Verteidigern abgewehrt, besonders da die Verstärkung durch den Mölltaler Landsturm ausgeblieben war. Dann erreichte auch die Tiroler und Kärntner Belagerer die ungewisse Nachricht vom Frieden, die genügte, Unruhe in ihre Reihen zu bringen, die den Verteidigern der Festung nicht entging und besonders zum Durchhalten aneifer-

(245) Pater Joachim Haspinger, im Hintergrund der Berg von Säben – ein wichtiger Druck bezüglich der Haspinger-Rezeption

(246) Eigenhändiges Schreiben von Pater Joachim Haspinger, der sich öfters „Joachim Rothpart" nennt

(247–249) Persönliche Erinnerungsgegenstände aus dem Besitz von Pater Joachim Haspinger: Kreuz, mit dem er in die Schlachten und Gefechte gezogen ist – Geistliches Militärdienstkreuz „Piis Meritis" in Gold, das J. Haspinger im Oktober 1809 überreicht wurde – Schnupftabakdose aus Steinbockhorn in Silberfassung mit hinterher eingravierter Inschrift: „JOACHIM HASPINGER FELDPATER 1797–1809"

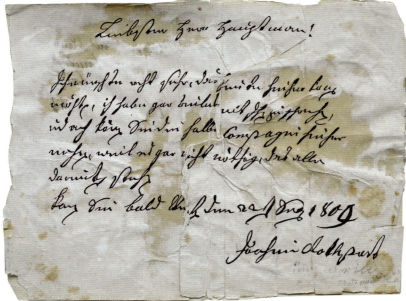

(250) Sammeln und Auszug der kärntnerischen Mölltaler im Verein mit den Tiroler Schützen bei Mühldorf in der Nähe von Sachsenburg im Herbst 1809

te. Erst als die endgültige Nachricht vom Schönbrunner Frieden kam, zogen die Streiter zu ihrem Leidwesen ab.[15] Tief enttäuscht schrieb Johann Türck an Erzherzog Johann[16]: „Gerade unter unsern schönsten Fortschritten und da Sachsenburg zu Fall gebracht werden sollte, kommt zu meinem Todesschrecken die Nachricht vom frieden. Gott, was soll aus uns getreuen Untertanen werden? Alles ist bereit und wartet nur auf einen Wink, oder ich und tausend andere sind unglücklich. Ich bitte um schnelle Willensmeinung. Ich reise mit Kolb zu Hofer und Roschmann, um unsern Bund nur für Österreichs Regenten zu schützen."

Pater Haspinger war schon vorher zurückgekehrt. Inzwischen trafen aus dem Nordtiroler Unterland bzw. den angrenzenden salzburgischen Gebieten erschreckende Nachrichten ein. An allen Einfallstoren drohte der Gegner einzubrechen; dazu Missmut und Verpflegungsschwierigkeiten in den eigenen Reihen! Nun wurden auch die Dispositionen zur vollständigen und endgültigen Unterwerfung Tirols wirksam, die Napoleon mit 14. Oktober, dem Tag des Friedensabschlusses, ausgegeben hatte.[17] Danach war dem Vizekönig von Italien, Eugène Beauharnais, dieses Werk der Unterwerfung des Gebirgsvolkes übertragen, das er von Villach in Kärnten aus leiten sollte. General Vial musste von Süden her weiter vordringen und General Rusca von Osten, von Kärnten her, ins Land einbrechen. Die Invasion ins nördliche Tirol wurde nicht mehr Marschall Lefèbvre übertragen, der schon zweimal versagt hatte, sondern dessen ehemaligem Generalstabschef Drouet d'Erlon, dem die drei bayerischen Divisionen Deroy, Wrede und

DAS LAND VON FEINDEN UMRINGT 223

(251) Schützenmajor Josef Speckbacher, im Hintergrund die Festung Kufstein

(252–256) Persönliche Erinnerungsgegenstände an Major Josef Speckbacher: Reiterpistole mit verkürztem Lauf – Silberne Uhrkette mit angehängtem Siegelstempel „J Sp" – Messingschnalle einer Säbelkuppel mit Doppeladler – Originalunterschrift von Joseph Speckbacher als Landesschützenmajor und Siegel – Säbel mit Scheide, um 1800

(257) Tiroler Vorposten bei Reichenhall, 1809, in der Ansichtenreihe von Friedrich Campe in Nürnberg

Kronprinz zur Verfügung standen. Bereits am 16. Oktober setzten sich die Divisionen gegen Kufstein, Kössen und Lofer in Bewegung. Die Division Kronprinz hatte es mit Josef Speckbacher aufzunehmen, der seit Ende September bei Melleck vor dem Steinpass unweit Reichenhall stand. Durch geschickte Umgehungsmanöver gelang es den Bayern, am 17. Oktober vormittags einen Überraschungsangriff durchzuführen. In seinen Erinnerungen berichtet darüber Major Speckbacher[18]:

„Den 16. [!] October bei Möllög ein starkes Gefecht, welches mir durch die ganze Kriegsepoche am schwersten fiel, wo mich ein 8mal überlegener Feind einschloß, wobei ich über 300 Mann meistens gefangen verlor wobei auch mein Sohn gefangen wurde, wie ich zwar selbst schon in Feindeshänden war, aber durch gewaltthätige Gegenwehr mich entriß und dabei vermöge vielfältiger Kolben-Stößen einen lebensgefährlichen Schaden zugezogen."

Der elfjährige Anderl, der dem Vater in den Krieg gefolgt war und nicht mehr von dessen Seite weichen wollte, geriet im Gefecht bei Melleck in bayerische Gefangenschaft, wurde nach München gebracht und von König Max Joseph gut versorgt. Josef Speckbacher selbst, dem hier eine schwere Verletzung zugefügt wurde, an der er zeitlebens leiden sollte, musste sich ins Inntal zurückziehen, und der Pass Strub war für die Bayern frei. Daraufhin konnten auch die anderen Pässe nicht mehr standhalten. Pater Haspinger geriet am Pass Lueg ebenfalls in eine üble Lage; er zog nach Radstadt ab, begab sich über den Tauern nach Spittal in

DAS LAND VON FEINDEN UMRINGT

(258) Gefecht bei Melleck, 17. Oktober 1809, in der Josef Speckbacher schwer verletzt wurde

Kärnten, wurde vertrieben und kehrte über Lienz nach Tirol zurück, um sich ins Hauptquartier Hofers zu begeben. Nach diesem erfolgreichen Einbruch war für die Besatzer der Weg nach Innsbruck frei, ohne dass ernsthafter Widerstand geleistet worden wäre.

Der Priester Josef Daney, der erst vom Sandwirt ins Unterland geschickt worden war, um mit seiner Wortgewalt den Landesverteidigern wieder den Geist der Zuversicht und des Kampfwillens zu predigen, überbrachte Hofer die Hiobsbotschaft vom geglückten feindlichen Einfall. Am 18. Oktober kam Daney wieder nach Innsbruck[19]:

„Um halb drei Uhr nachmittags kam ich in der Burg daselbst an. Als ich in Hofers Kanzleizimmer trat, empfing mich dieser sehr fröhlich und sagte mir scherzend: ‚Nu, Paterl, sein Sie schon da? Sie hab'n sich nit lang aufg'halten im Unterinntal; was können Sie mir denn itz Guet's sagen?' – ‚Ja, wißt ihr noch nichts, meine Herren?' sagte ich ganz erstaunt, ‚soll ich wirklich der erste sein, der euch von den wichtigen Ereignissen im Unterinntal Nachricht bringt? Hat denn Firler nichts berichtet?' – ‚Kein Wort wissen wir', sagten die beiden Herren Adjutanten. – Nun nahm ich sie mit Hofer auf die Seite und sagte ihnen, was ich wußte. Hofer sank beinahe um, Herr Math. Delama schrie ‚Sturm! Sturm!' und Herr Math. Purtscher wollte von allem, was ich erzählte, nichts glauben, weswegen ich mit ihm in einen heftigen Wortwechsel geriet. Nach längeren Debatten drangen doch meine Vorstellungen durch; Herr Delama schrieb ein Landsturmaufgebot und der junge Herr von Wörndle, ein mutiger Stürmer, wurde eiligst damit durchs Oberinntal und Vinschgau im ganzen Lande herumgeschickt."

Anton von Roschmann, der sich zunächst ins südliche Tirol begeben und von Bozen aus noch am 20. Oktober in einer offenen Ordre das ganze Land unter Waffen gerufen und sich erst dann nach Norden gewandt hatte, um Verbesserungen in der Verwaltung durchzuführen, kam jedoch gerade zum Aufbruch Hofers zurecht.[20] Die von überall her und besonders aus dem Unterinntal eintreffenden Hiobsbotschaften zwangen den Oberkommandanten, die Hofburg zu verlassen.

Anton Knoflach notierte[21]: „Den 21. Oktober. Wirklich soll heut der Oberinntaler Landsturm kommen. – Um halb 9 Uhr vor Mittag ist Hr. v. Roschmann hier angekommen. Die Baiern stehen noch auf dem alten Platze; bis morgen mittags können sie hier sein. ... In der Hofburg ist schon alles aufgepackt. In einer Stunde flieht der Sandwirth mit Roschmann etc. und seine Herrschung hat wahrscheinlich ein Ende. Auf der Straße ist ein gewaltiger Lärm." Und am 24. Oktober schrieb Knoflach: „Das Land wird gewiß, schon des Beyspiels wegen, wieder baierisch. Nur bald einen rechtmäßigen Herrn und ich will mit allem zufrieden seyn. Die abscheuliche Lage dauert zu lang!" Damit hat Knoflach die Einstellung der städtischen Bewohner mit wenigen Worten genau getroffen. In der ländlichen Bevölkerung herrschte zu großem Teil noch eine andere Meinung.

(259) Speckbachers Sohn Anderl vor dem König Max I. Joseph in München, Oktober 1809

Hofers Schwanken – ein Spiegelbild der „Volksseele"

Nachdem Andreas Hofer Innsbruck verlassen hatte, verlegte er sein Hauptquartier nach Steinach.[1] Er war gegen die Zersplitterung der Kräfte und wollte den Feind wieder am Bergisel erwarten – und schlagen.[2] In seiner bedrängten Lage schrieb der Sandwirt am 22. Oktober Briefe, das heißt, Bittgesuche an Erzherzog Johann und an Kaiser Franz. Besonders das zweite Schreiben ist menschlich ergreifend[3]: „An Seine Majestät den Kaiser von Oestreich! – Nun kommt es leider so weit, daß ich mir bald nicht mehr zu helfen weiß. Gestern mußte ich Innsbruck verlaßen – und der Feind wird ohne allen Zweifel heute dort eintreffen. – Schreklich ist unsere Lage. Ich sehe mich und mein liebes Vaterland bereits von allen Seiten verlassen. Ohne Hülfstruppen, ohne Geld, und ohne alle Unterstützung. Man hört nichts als von Frieden – alle ausländische Blätter zeigen bestimmt den Frieden – an, und überdieß fällt uns der Feind mit einer Macht, die beiläufig etwa 20000 Mann stark seyn soll ins Land. – Der Gedanken, daß uns Euer Majestät mit Abschließung des Friedens vergeßen haben sollten – kann und läßt sich nicht denken auf der einen Seite – aber auf der andern Seite läßt sich die lange Stille, die immer nur halboffiziellen und unbestimmten Nachrichten der von Seiner Majestät ankommenden Couriere, die äußerst säumselige Unterstützung an Geld und besonders die so eben durch einen Courier angelangte Abrufung des erst jüngst angekommenen Ober-Landes Commissär und Arm[è]e Intendanten von Roschmann – nicht erklären. – Nehmen Euer Majestät die Lage Tyrols, das namenlose Elend, in welches sich dasselbe, durch diesen Krieg versetzet hat in Erwägung – Hat eine Nation das gethan – was Tyrol gethan hat? – Man kann mit Recht sagen – Tyrol hat sein äußerstes gethan, und für wen? – für Gott, für Religion, und für seinen allgeliebten, rechtmäßigen und allgerechten Kaiser von Oestreich! – Daher nehme ich das Wort in Nahmen des ganzen Landes, Euer Majestät nochmahls um schleinigste Hülfe durch alles zu bitten – Retten Sie uns – sonst sind wir verloren – Tyrol ist bereit für Euer Majestät seinen letzten Tropfen Blut auf dem Schlachtfelde zu verspritzen. – Ich bin Bürge dafür – aber ohne Hülfe, ohne Unterstützung können wir ja nicht länger aushalten, und wir müßten dahero einem unbeschreiblichen grenzenlosen Elende und allgemeiner Verwüstung entgegen sehen. – Ich bitte nochmahls fußfällig um Unterstützung und Hülfe. Ich und das ganze Land werfen uns in Ihre Armen und hoffen auch sicher auf Ihre Hülfe, indem Euer Majestät die Güte selbst, und daher als der gerechteste unter allen Monarchen allgemein verehrt werden. – Treue und Traurige Andreas Hofer Ober Commandant in Tyrol."

(260) *Eugène Beauharnais, Vizekönig von Italien, der von Kaiser Napoleon mit der neuerlichen Unterwerfung Tirols beauftragt wurde*

In Anbetracht der Leistungen Tirols für das Kaiserhaus stellt dieses flehentliche Bitten fast eine entwürdigende Erniedrigung Hofers vor dem Kaiser dar. Es schien ihm alles recht, um nur Hilfe zu erlangen. Mit der im Brief angedeuteten Abberufung Roschmanns hatte es folgende Bewandtnis: In Steinach erst erreichte Roschmann der Befehl Erzherzog Johanns, zurückzukehren, ohne deshalb Andreas Hofer die geänderte Sachlage zu erklären. Da dieser Befehl nur mündlich überbracht wurde, weigerte sich Roschmann, das Land zu verlassen; er hat auf die weiteren Ereignisse einen nicht unbedingt günstigen Einfluss genommen.

Jetzt setzte das für Andreas Hofers Endzeit als Oberkommandant so bezeichnende Schwanken in seiner Stimmung, in seinen Entschlüssen ein. Mehr als bisher war er Einflüssen von außen verpflichtet. Einmal verzweifelt, dann wieder voll Zuversicht, beginnt nun eigentlich sein persönlicher Leidensweg.

Die Bayern hatten am 24. Oktober Hall besetzt, am 25. kamen sie nach Innsbruck. Den einreitenden Kronprinzen Ludwig empfing die Stadtbevölkerung mit Vivat-Rufen. Bei einem Aufklärungsritt nach Wilten allerdings wurden er und seine Begleiter von den Bauern, die unter anderem schon am Bergisel postiert waren, mit Bleikugeln begrüßt. Am Abend zog das Militär wieder nach Hall ab, wo das Hauptlager aufgeschlagen wurde.

Mit 25. Oktober ist die Proklamation des Vizekönigs Eugène Napoleon „An die Völker Tyrols" datiert[4], gegeben in seinem Hauptquartier zu Villach. Nachweislich kamen zahlreiche Drucke am 27. Oktober zur Verteilung; auch Hofer erhielt Exemplare. Er und die Männer seiner Umgebung erfuhren nun also auch von dieser Seite vom Friedensschluss, von der Aufforderung, die Waffen niederzulegen, vom daraufhin wirksam werdenden Pardon und von der Möglichkeit, Beschwerden und Klagen vorzubringen. Im Hauptquartier der Tiroler wollte man diese Proklamation eher als Kriegslist auffassen. Hier herrschte gerade wieder Hochstimmung, war doch eben ein Bote mit 18.000 Papiergulden, Teil österreichischer Subsidien, also Hilfsgelder, angekommen. Dass der Bote schon vor geraumer Zeit und unter ganz anderen politischen Umständen seine Reise angetreten hatte, störte nicht. Fasste man die Geldsendung doch als Aufforderung des Kaisers zum Durchhalten auf!

Am folgenden Tag wich die Zuversicht neuerlich der Depression. Am 28. Oktober langte nämlich Josef Freiherr von Lichtenthurn als Abgesandter Erzherzog Johanns mit einer kurzen schriftlichen Mitteilung ein.[5] Im Vergleich zu anderen an die Tiroler gerichteten Elaboraten des Erzherzogs wirkt dieses Handbillett fast kaltschnäuzig. Andreas Hofer soll die Nachricht mit dem Ausruf „Gott, unsere liebe Frau und die Armen Seelen wollten es nun einmal so" quittiert haben; man habe getan, was man konnte. Nicht jeder wird sich so leicht mit der geänderten Sachlage abgefunden haben wie der Oberkommandant mit seinen öfter zutage treten-

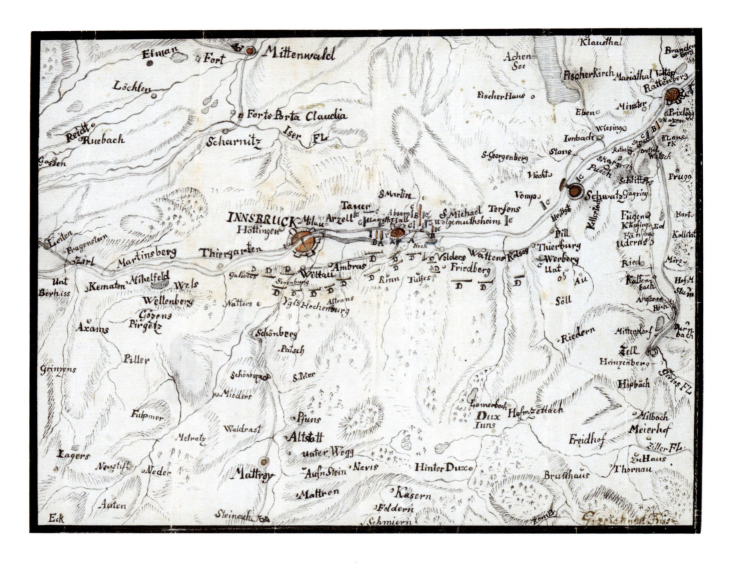

(261) Karte der bayerischen und tirolischen Stellungen im Innsbrucker Raum, 26. Oktober 1809

den Symptomen eines religiösen Fatalisten. Als sich Lichtenthurn seiner unangenehmen Aufgabe entledigte, erlitt er einen seiner epileptischen Anfälle. Unter allen maßgeblichen Männern der Umgebung Hofers setzte sich die Überzeugung der Zwecklosigkeit weiteren Widerstands durch. Gleich wurden Befehle an die Schützen und Landstürmer ausgegeben, zwar in den Stellungen zu bleiben, aber keine feindlichen Akte mehr zu setzen. Alles Weitere wollte der Sandwirt mit dem bayerischen Kronprinzen in Hall aushandeln.

Viele Bauern in den Schanzen um Innsbruck zeigten ihren Missmut, in dieser Stimmung noch gefördert durch die meisten ihrer Anführer, vor allem durch den Kapuziner Joachim Haspinger, vulgo „Pater Rotbart", der aus dem Pustertal wieder in die Nähe Hofers geeilt war. Unter Aufbietung all seiner Rednerkünste gelang es ihm – er sprach wie ein feuriger Kanzelredner –, Hofer wieder umzustimmen. Jedes Mittel war ihm dabei recht. Wider besseres Wissen behauptete er, es sei ihm bekannt, dass Erzherzog Johann mit einem Heer nach Tirol unterwegs sei, und bezichtigte Josef von Lichtenthurn, der die Botschaft des Erzherzogs überbracht hatte, als Lügner, den die Strafe Gottes vor aller Augen sichtbar getroffen habe! Nun konnte Kom-

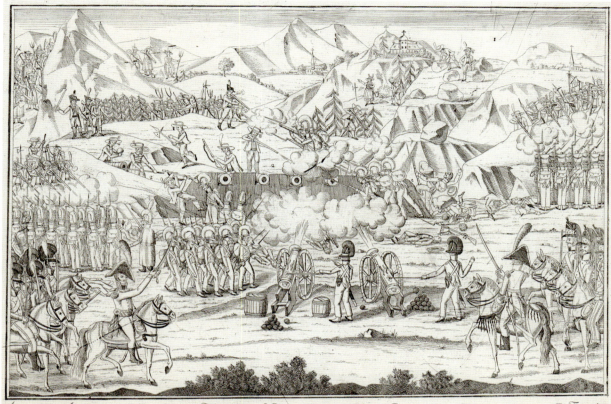

(262) Schlacht am Bergisel, 1. November 1809, bei der die Tiroler eine schwere Niederlage erlitten

missär Roschmann nicht mehr bleiben. Er reiste in Richtung Schweiz ab, nachdem er erklärt hatte, er hätte wohl gewusst, wie es kommen würde!

Der Sandwirt wollte die Verantwortung für die Fortführung des Krieges nicht allein auf sich nehmen. Er ließ am 29. Oktober durch Boten Vertrauensmänner aus den Gerichten des Landes zusammenrufen. Bis sie jedoch ankamen, war der Krieg vorerst wieder beschlossene Sache. Inzwischen war auch der Kriegsfanatiker Johann von Kolb aus Lienz eingetroffen und machte seinen Einfluss geltend. Die Leute der „Kriegspartei" ließen Hofer nicht mehr aus den Augen, man berauschte ihn sogar, um ihn gefügig zu machen. Auslösendes Moment dürfte die abschlägige Antwort General Drouets auf ein vor einigen Tagen eingereichtes Ersuchen um Waffenstillstand gewesen sein.

Am 31. Oktober füllten sich die Schanzen am Bergisel und Umgebung. Der 1. November sollte die Entscheidung bringen.[6] Auch die Gegenseite hatte diesen Tag dafür ausersehen. Obwohl in der Aufstellung im Prinzip gleich, war der Unterschied zu den früheren Bergisel-Schlachten gravierend. Zunächst waren wesentlich weniger Landesverteidiger anwesend als früher und es fehlten wichtige Persönlichkeiten unter den Kommandanten. Hofer selbst blieb in Matrei weit hinter der Hauptkampflinie, ohne auf das Kampfgeschehen Einfluss zu nehmen. Daran ist bereits sein geringes Interesse an der Fortführung der Kampfhandlungen zu erkennen. Die ordnende Hand, die die Garantie

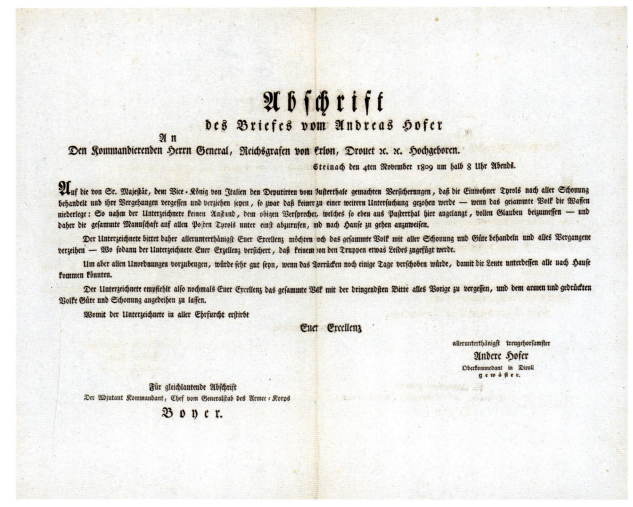

(263) Veröffentlichung eines Schreibens Andreas Hofers an General Drouet, Steinach, 4. November 1809, in dem er sich unterwirft und mit „Oberkommedant in Diroll / gewöster" unterzeichnet

für gedeihliches Zusammenwirken geboten hätte, fehlte. Der taktisch versierte Speckbacher begnügte sich, die Haller Brücke zu beaufsichtigen, und hatte keinerlei Fühlung mit dem Zentrum. Östlich der Sill agierte allerdings eifrig Pater Haspinger. Auf eine zermürbende bayerische Kanonade erfolgten Sturmläufe und – der Kampf hatte um etwa 9 Uhr begonnen – gegen Mittag war diese vierte Bergisel-Schlacht für General Drouet und die Bayern gewonnen.

Erst am Nachmittag erhielt Hofer Information über den unglücklichen Ausgang der Schlacht, worauf er sich wieder nach Steinach zurückzog. Dort fand ihn Josef Daney – wie er schreibt – „ganz verwirrt" vor. Man hatte einen französischen Offizier mit mehreren Briefen abgefangen, die Daney übersetzen musste. Auch daraus ging hervor, dass der Frieden geschlossen worden war. Die beim Sandwirt eingetroffenen Vertreter verschiedener Gerichte bildeten unter den gegebenen Umständen ein prominentes Gremium, das über den weiteren Verlauf der Dinge beriet. Der Priester Daney und Major Sieberer konnten die Anwesenden – außer Pater Haspinger – von der Sinnlosigkeit der Fortführung des Kriegs überzeugen und dazu bringen, eine Unterwerfungserklärung zu unterschreiben, die die beiden dem Vizekönig Eugen Napoleon in seinem Hauptquartier in Villach überbringen wollten. Noch am 3. November gingen sie nach Villach ab, wo sie freundlich aufgenommen wurden.[7] Der Vizekönig und sein Stab ließen sich von den Begebenheiten in Tirol erzählen und schienen Marschall Lefèbvre sein Missgeschick, nämlich zweimal aus Tirol vertrieben worden zu sein, zu gönnen. Der Vizekönig übergab den Gesandten eine Botschaft mit der Ankündigung der Verzeihung Kaiser Napoleons gegenüber den Tirolern, wobei er sich auf seine eigene Proklamation vom 25. Oktober berufen konnte. Zu Daney sagte er noch: „Salut et amitié à l'Hofer, il est un brave homme!"[8] Als Daney und Sieberer eilig zurück nach Tirol kamen, war das Land schon wieder in Aufruhr!

Was war geschehen? Warum war Andreas Hofer wortbrüchig geworden? Am Tag nach der Abreise von Daney und Sieberer, am 4. November, benachrichtigte der Sandwirt folgerichtig den kommandierenden General Drouet, nachdem er auch von Pustertaler Gesandten von der Verzeihung des Vizekönigs ihnen gegenüber gehört hatte[9]: „So nahm der Unterzeichnete keinen Anstand, dem obigen Versprechen, welches so eben aus Pustertal hier angelangt, vollen Glauben beizumessen – und daher die gesamte Mannschaft auf allen Posten Tyrols unter einst abzurufen, und nach Hause zu gehen anzuweisen. ... Um aber allen Unordnungen vorzubeugen, würde sehr gut seyn, wenn das Vorrücken noch einige Tage verschoben würde, damit die Leute unterdessen alle nach Hause kommen könnten. Der Unterzeichnete empfiehlt also nochmals Euer Exzellenz das gesammte Volk mit der dringendsten Bitte alles Vorige zu vergessen, und dem armen und gedrückten Volke Güte und Schonung angedeihen zu lassen. ... Womit der Unterzeichnete in aller Ehrfurcht erstirbt – Euer Exzellenz – allerunterthänigst treugehorsamster Andere Hofer Oberkommedant [!] in Diroll – gewöster."

Auf dem Weg über den Brenner aber war Andreas Hofer auf kompromisslose Kämpfer gestoßen, zu deren Wortführer sich Peter Mayr, Wirt an der Mahr, gemacht haben soll, und Hofer ließ sich wieder umstimmen, indem er allerdings auch die von den Gerichtsvertretern gefasste Entscheidung umwarf, was nicht gerade demokratische Gesinnung verrät.

Die aus Villach zurückgekehrten Gesandten trafen Hofer in Sterzing. Auf ihre heftigen Vorwürfe erwiderte er – nach den Erinnerungen des Priesters Daney – erklärend bzw. fast entschuldigend[10]: „Mei lieber geistlicher Herr! Ih han nit anderst könnt! Wie Sie und die Deputierten von mir fortgewest sein, und ih a han gewöllt übern Brenner fahr'n, sein sella Brixner Lump'n kemmen und hab'n mih aufg'fordert, 's Volk wieder aufz'bieten. Ih han selber lang nit g'wölt, aber es hat nicht g'nutzt, ih han gemüst. Sie hatt'n mih derschoss'n. Sie hab'n g'sagt, sie reiß'n mier den Bart haarlweis aus, wenn ih nit aufbiet; itz was hätt' ih g'sollt tien?"

Aus den überlieferten Schreiben dieser Tage gehen bezeichnenderweise auch Ergebenheit in das Schicksal und damit verbundenes blindes Gottvertrauen hervor. Das Schreiben an die Gerichtsobrigkeit in Passeier schließt mit dem Satz[11]: „Machet nur alle möglich Anstalten denn jetzt nutz es doch nichts anderst, als wehren so lang man kon." Und im Brief an den Kommandanten Josef Straub[12]: „Gott hilft uns gewiß, anders Mittel ist fir uns doch keines mehr, als wehren so lang wir uns rühren könen." Und in einem Nachsatz: „Lieber Brueder, Gott wird uns noch auf eine curiose Weiße erlösen." Diese „kuriose" Weise ist als „wundersam" zu verstehen!

Als Motiv, das nicht wenig zu Hofers Schwanken beigetragen hat, taucht mehrmals die Angst vor dem Erschießen durch seine Mitkämpfer auf. Es ist fraglich, ob sie ihn tatsächlich umgebracht hätten, aber jedenfalls trugen die Drohungen dazu bei, sich als Werkzeug missbrauchen zu lassen.

Dieses Schwanken Hofers und die Einflussnahme auf seine Entscheidungen durch diejenige

(264) „Gefecht in Tyrol" aus der Serie von Bildpropaganda-Darstellungen, erschienen bei Friedrich Campe in Nürnberg, 1809

„Partei", die ihn gerade umgab, zeigt ganz deutlich, dass der Sandwirt im letzten Stadium der Tiroler Erhebung nicht mehr unbedingt Herr der Lage war. Er genoss zwar noch in weitesten Kreisen Ansehen, aber nicht mehr die Autorität, seine Beschlüsse widerstandslos durchzusetzen. Aber gerade sein noch vorhandenes Ansehen schien den Kriegsbefürwortern von Bedeutung, und sie legten allen Wert darauf, Hofer als „Aushängeschild" einsetzen zu können, weniger einer Führung wegen als vielmehr darum, dem fortgesetzten Aufruhr einen gewissermaßen legalen Anstrich zu geben. Es ist keine Entschuldigung für Hofer, aber es hat allen Anschein, dass der Aufstand auch ohne seine Zustimmung fortgesetzt worden wäre. So haben sich bereits nach der ersten Unterwerfung des Sandwirts mehrere Kommandanten nicht um diese gekümmert. Als besonderer Fanatiker erwies sich nun Josef Speckbacher, den allerdings vielleicht das Schicksal seines Sohnes – er hatte seit Melleck nichts mehr von ihm gehört – zum blindwütigen Rächer gemacht hat.

Viel wesentlicher aber ist die Stimmung in weiten Kreisen von Schützen und Landstürmern, wenn sie den Krieg irgendwie zu Ende führen wollten. Waren sie nicht besonders in den letzten Monaten ideologisch bearbeitet worden? War ihnen nicht eingehämmert worden, den letzten Blutstropfen für die Religion, das Vaterland und den Kaiser herzugeben? War den einfachen, vielfach leichtgläubigen Menschen nicht immer gesagt worden, sie stritten für eine gerechte Sache, die himmlischen Mächte würden ihnen daher beistehen? Waren nicht Franzosen und Bayern als Anti-

(265) Die Gräuel des Kampfes im Jahr 1809, zeitgenössische Darstellung eines unbekannten Künstlers

christen und Chaoten beschrieben worden, die die Religion ausrotten, das Eigentum schänden und das Vaterland zerstören wollten? Und plötzlich sollten diese aufgestellten Normen keine Gültigkeit mehr besitzen? Typisch für einen echten, nicht befohlenen Volkskrieg ist, dass der Großteil der schwer lenkbaren Masse nicht Opfer und Nutzen abwägt, diplomatischen Überlegungen nicht zugänglich ist und den Opportunitätsgedanken nicht kennt. Seine „Logik" erschöpft sich im Grundsatz „Alles oder nichts". In seiner Endphase wirkte der Aufstand wie eine Maschine, die nicht mehr abgestellt werden konnte.[13] Für das volkspsychologische Phänomen des an sich verzweifelten Endstadiums eines Volkskrieges sind die Worte eines Bauern im Pustertal, der Daney auf der Rückreise aus Villach seinen und seiner Genossen Standpunkt hinschleuderte, bezeichnend, aber im Grunde genommen Worte des Wahnwitzes[14]: „Was Lump'n! Ih will enk gleich die Lump'n geb'n, üns geht der Kuaser [= Kaiser] und der Bischof nichts an! Mier brauch'n kuan Kuaser und kuan Bischof mehr! D' Pfaff'n sein so ah schon alle lutherisch. Mier brauch'n und wöll'n g'rad gar kuan Herr mehr, und zum Sandwirt lass'n mier kuan Herrischen mehr; wenn wieder a seller Höllteufl darzu kimmt, ist's allemal wieder arschling. Wenn er sich nit bald von alle Herrischen schölt, schieß'n mier ihn a no nieder. Hat's der Schwanz ang'fangen, soll er's itz ausmachen. Er hat lang Paradi g'macht z' Innsbruck, mit d' Herr'n g'fress'n und g'soffen. Jawohl Fried, mier geb'n nit nach, mier Kluani [= Kleinen] hab'n 's ang'fangen, und mier Kluani werden's ausmach'n! ... Was, aufg'hauste Lumpen!

Tausend sakera Teufl! Üns hilft die Mutter Gottes, und die Mutter Gottes muß üns helfen!"

Mit Recht hatte Erzherzog Johann das aufgereizte Volk gefürchtet und sich die Frage gestellt, wie man es wohl beruhigen könnte. Die Antwort darauf war er allerdings schuldig geblieben. Es sollte noch einige Zeit dauern, bis sich die aufgewühlte „Volksseele" beruhigte.

Mit der Rückkehr Daneys und Sieberers in das Quartier Hofers nach Sterzing war wiederum die „Friedenspartei" am Zug. Der Geistliche brachte den Sandwirt neuerlich zur Kapitulation. Mit folgenden Worten stimmte er zu[15]: „Itz macht mir nit lang Vorwürf, ih han nit anderst könnt. I war selbst froh, wenn die G'schicht a mal ein End hätt. Itz geht nu, macht daß s' Volk huam ziecht, ih wuaß mir nit z'helfen. Tiet meint'weg'n, was ös wöllt, unser lieber Herrgott und die Mutter Gottes werd'n wohl all's recht mach'n."

Der Sandwirt unterzeichnete die von Josef Daney verfasste Erklärung, die die Landesverteidiger aufforderte, die Waffen niederzulegen[16]: „Brüder! Gegen Napoleons unüberwindliche Macht können wir nicht Krieg führen. Von Oesterreich gänzlich verlassen, würden wir uns einem unheilbaren Elende Preiß geben. Ich kann euch ferner nicht mehr gebiethen, so wie ich nicht für weiteres Unglück und unvermeidliche Brandstätte gut stehen kann. Eine höhere Macht leitet Napoleons Schritte. Siege und Staatsumwälzungen gehen aus den unabänderlichen Planen [sic!] der göttlichen Fürsicht hervor. Wir dürfen uns nicht länger dawider sträuben. Kein Vernünftiger wird wider den Strom zu schwimmen gedenken." Bei den gedruckten, mit 8. November datierten und für weite Verbreitung bestimmten Fassungen erscheint zuerst eine, natürlich auch von Daney verfasste Erklärung des Sandwirts, der das von Daney und Sieberer aus Villach mitgebrachte Handschreiben des Vizekönigs Eugen Napoleon vom 5. November mit der „Vergebung des Vergangenen" durch Napoleon bekannt machen will, worauf der Aufruf Hofers folgt.[17] Eine Ausgabe der Flugschrift erschien doppelsprachig, in deutscher und italienischer Sprache und eine nur in Italienisch.[18]

Am 9. November brach Hofer in Sterzing auf, bestieg – es sollte zum letzten Mal sein – den Jaufenpass und gelangte nach langer Zeit wieder zu den Seinen auf dem Sandhof.

Dass der Volkskrieg außer Kontrolle geraten war, zeigte das Auflodern des Kampfes an verschiedenen Stellen des Landes, das nun kontinuierlich besetzt wurde. General Rusca zum Beispiel musste Anfang November bei der Mühlbacher

(266) Veröffentlichung der Botschaft des Vizekönigs Eugène Beauharnais an die Tiroler, Villach, 5. November 1809

(267) *„Die Wiedereroberung Tyrols durch die braven Bayern", erschienen bei Friedrich Campe in Nürnberg, 1809*

Klause ein Gefecht bestehen, das ihn rund 500 Mann kostete.[19]

Welche fast kuriose Formen der Volkskrieg im Endstadium bisweilen annahm, zeigt eine Episode aus dem Iseltal. Die Franzosen, die weiter ins Tal vordringen wollten, wurden vom Landsturm daran gehindert. Schließlich kam es am 8. November 1809 zum Abschluss des „Separatfriedens" von Unterpeischlach[20] (Gemeinde Kals am Großglockner): „Friedensvertrag. Der zwischen den kriegführenden Gemeinden des Iselthales Windisch-Matrey, Virgen, Kals und Döfreggen einerseits und andererseits dem 3. Corps der grossen französischen Armee abgeschlossen, ratifiziert und ausgewechselt worden".

In der Endphase der Erhebung war es in Welschtirol mehr oder weniger ruhig, war es doch schon länger besetzt und mit Gewalt befriedet worden. Dieser Landesteil hatte aber in diesem Jahr immerhin 112 Kompanien gestellt.[21]

Am 12. November 1809 erließ der Vizekönig von Italien eine Proklamation zur Entwaffnung des Tiroler Volkes[22]: „Art. 2. Jedes Individuum, welches fünf Tage nach Kundmachung dieses Befehls mit den Waffen in der Hand in Tirol gefunden werden sollte, wird arretirt, und erschossen. – Art. 3. Es wird gleichfalls arretirt und erschossen jedes Individuum, welches fünf Tage nach der Kundmachung dieses Befehls überzeugt wird Waffen verborgen zu haben, nach dem er von denselben gegen die Truppen Se. Maj(estät) Gebrauch gemacht hat."

Allmählich schienen sich die Wogen zu glätten, immer mehr fand man sich mit der Tatsache des Friedens von Schönbrunn vom 12. Oktober ab. Um Andreas Hofer sammelte sich jedoch ein Kreis von teils recht zwielichtigen Gestalten, die ihm zuredeten, er müsse die Angelegenheit zu Ende führen, er sei ohnehin mit dem Friedensschluss betrogen worden, er müsse deshalb Kommandant

(268) „Ein Transport Tyroler Gefangener am Chiem See" aus der Bildserie über das aktuelle Geschehen im Jahr 1809, erschienen bei Friedrich Campe in Nürnberg

bleiben; wolle er nicht mitmachen, verdiene er, erschlagen zu werden. Zu diesem Haufen stieß auch Pater Joachim Haspinger, der – anstatt sich in der Schweiz in Sicherheit zu bringen – seine Schritte ins Passeier gelenkt hatte. Briefe vom Fantasten Kolb hatte der Sandwirt auch bereits erhalten. Darin wurden tolldreiste Lügen von verheerenden Niederlagen der Franzosen und der bevorstehenden Ankunft der Österreicher in Lienz aufgetischt.[23] Es ist nicht anders denkbar, als dass dieser Hitzkopf beim Entschluss Andreas Hofers vom 11. November, neuerlich die Waffen zu erheben, Pate gestanden hat.

Und wieder ergingen Aufrufe in alle Landesteile, die wehrfähigen Männer aufzubieten.[24] Wieder läuteten die Sturmglocken und wieder kursierten Hofers Laufzettel mit Anweisungen, durchwegs begleitet von unsicheren, aber irreführenden Meldungen über das Anrücken österreichischer Truppen. Die bekannten Argumente „Für Gott und Vaterland" verfehlten bei einem Teil der Tiroler Bevölkerung ihre Wirkung nicht. Im allgemeinen Aufgebot vom 13. November sind sie folgend formuliert[25]: „Brüder! Wenn Euch Eure Religion, Eure bisherige Freyheit, Euer Eigenthum, Euer Vatterland noch theuer ist, so folget diesem Rufe, sonst ist alles hin! – Wer sich wiedersezet oder Hindernisse macht, der soll als ein Feund [= Feind] Gottes und des Vatterland(e)s angesehen und bestraft werden." Die Verantwortung will Hofer nicht allein übernehmen, wenn in der Einleitung festgestellt wird, er habe diesen Aufruf gemacht „Nachdem mich der größere Theil der biederen Bürgern [!] Tyr[ols] neuerdings ersucht hat, die Waffen gegen den alles verderbenden Feind zu ergreifen." Den neuerlichen Aufrufen Hofers folgten jedoch lange nicht mehr so viel Männer wie im Mai und im August, aber genug, um an vielen Orten den Besatzern bewaffnet entgegenzutreten, wobei auch Erfolge für die Tiroler erzielt werden konnten. Mancherorts regte sich entschlossener Widerstandsgeist.

Am 15. November verlegte Hofer sein Quartier vom Sandhof nach Saltaus, mehr in die Nähe von Meran. Zu den letzten bemerkenswerten Erfolgen[26], die den Franzosen einigermaßen Schrecken einzujagen vermochten, zählen das Gefecht am Küchelberg bei Meran vom 16. November, der Taktik nach fast eine „kleine Bergisel-Schlacht", und die Kämpfe im Raum von St. Leonhard im Passeier vom 19. bis 22. November. Pater Haspinger und Hofer selbst waren dorthin geeilt, um die Franzosen abzuwehren, die über den Jaufenpass herangezogen waren. Man versuchte, die Soldaten nach harten Kämpfen zur Kapitulation zu bewegen. In dem von einem Schreiber Hofers verfassten Entwurf[27], der dem Sandwirt vorgelegt wurde, heißt es, wolle man die Tiroler „gut haben", müsse man sie auch gut behandeln, „und man wird finden, dass wir auch unsern grösten Feinden zu verzeihen im Stande sind ...". Dazu bemerkte Hofer am Rande, bezeichnend für seine momentane unversöhnliche Stimmung: „diesses ist geschbernilet [= gelogen], das du ich nicht. Andere Hofer." Bei der tatsächlichen Kapitulation am 22. November ließ Hofer die Ausplünderung der französischen Soldaten zu, wobei die entwendeten Gegenstände verschiedenen durch Bayern und Franzosen geschädigten Personen zugutekommen sollten.

Dieser Tag, zufälligerweise Hofers Geburtstag – er wurde zweiundvierzig Jahre alt – brachte dem Sandwirt noch einen letzten Triumph, der sich jedoch in keiner Weise mit seinen großen Erfolgen am Bergisel vergleichen ließ, als nahezu das ganze Land hinter ihm gestanden war. An diesem Tag, als man den Sieg feierte, passierten noch äußerst unangenehme Dinge: Ein als Spion verdächtigter Landsmann wurde kurzerhand füsiliert, und über den Geistlichen Daney, einst enger Vertrauter des

(269) Andreas Hofer und Pater Joachim Haspinger, zwischen denen in der Endphase des Tiroler Aufstands ein besonderes Naheverhältnis bestand

(270) Kapitulation der Franzosen in St. Leonhard im Passeier am 22. November 1809

(272) General-Leutnant Baraguey d'Hilliers, kommandierender General der kaiserlich-französischen und königlich-italienischen Truppen in Tirol, 1809

BARAGUEY D'HILLIERS.

Sandwirts, der die Nachricht vom Frieden verbreitet hatte und nun einen Vermittlungsversuch bei Hofer startete, wurde die Todesstrafe verhängt. Er wurde eingesperrt und traf im Arrest – seinen Freund Sieberer.[28] Ihn hatte dasselbe Schicksal schon zwei Tage vorher ereilt! Sieberer war die Veränderung, die in Hofer vor sich gegangen war, aufgefallen. Sein Blick und seine Gebärden, sein plötzlich ungepflegtes Äußeres und dazu eine sonst nicht bekannte kreischende Stimme verrieten ihm den Verlust des seelischen Gleichgewichts.[29] Daney und Sieberer galten nun als Vaterlandsverräter und wurden auch von der Bevölkerung geschmäht. Nach Verlegung des Gefängnisstandorts überbrachte dem Josef Daney sein eigener Bruder das schriftlich ausgefertigte Todesurteil[30]: „,Nun, was bringst?' sagte ich, als er ins Zimmer trat, ,was spricht der Sandwirt?' – Einige Minuten konnte er mir vor Weinen gar keine Antwort geben. Endlich sagte er schluchzend: ,Der Sandwirt rast wie ein wildes Vieh, er schien mir ganz von Sinnen gekommen zu sein; Ihren Brief hat er, ohne zu lesen, zerrissen, mir die Stücke Papier ins Gesicht geworfen und gesagt: ,Geh' nur, sag dein Bruder, dem Spitzbuben-Pfaff, dem Land- und Leutverrater, heunt noh laß ich ihm all's abnehmen, und morgen laß ich ihn mit den anderen Landesverratern niederschießen.' ,Ich habe', fuhr mein Bruder fort, ,mit aufgehobenen Händen gebeten, er möchte Sie verhören'; allein der Sandwirt habe ihm gesagt: ,Der Pfaff braucht kuan Verhör, wo ich vom Prinz Johann selber ein' Brief hab, daß er in Anmarsch ist; itz gleich marschier, oder ih laß dih a noh einsperren, und so habe er ihn, als er noch einmal bitten wollte, zur Tür hinausgeworfen."

Als am folgenden Tag, dem 23. November, neuerlich Franzosen unter General Barbou über den Jaufen kamen, waren alle am Vortag noch so ke-

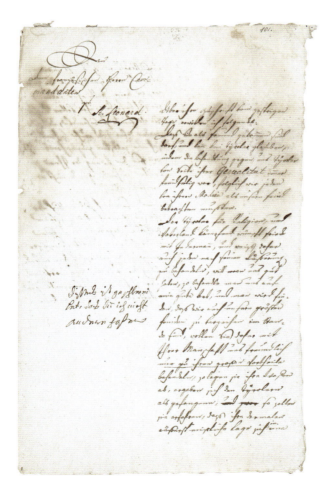

(271) Aufforderung der Tiroler an den französischen Kommandanten zu St. Leonhard, sich zu ergeben, St. Leonhard, 20./21. November 1809

(273) „ENDE DER TYROLER UNRUHEN *durch den siegreichen Einzug der Königl. Bayerischen Truppen in Insbruck" aus der Serie, erschienen bei Friedrich Campe in Nürnberg, 1809*

cken Kämpfer aus dem Tal verschwunden. Damit waren auch die Todeskandidaten Daney und Sieberer frei. Wenig später erklärte General Baraguey d'Hilliers die Acht über Andreas Hofer und setzte für seine Ergreifung eine Prämie von 1500 Gulden aus. Die Kunde von den neuerlichen kriegerischen Vorgängen bei Meran und im Passeier kam nach Tagen nach Innsbruck. Nicht spöttisch, sondern mitleidig klingt die Tagebucheintragung Anton Knoflachs zum 1. Dezember[31]:

„Der Sandwirth soll wieder bey den Insurgenten seyn und Aufforderungen herumschicken. Mir thut es leid um dich, Hofer! Du konntest mit Ehren abtreten."

Des Sandwirts Tod und die Zerreißung des Landes

Andreas Hofer blieb in seiner engeren Heimat. Zunächst war er mit seiner Familie und dem Schreiber Cajetan Sweth in eine Hütte auf der Kellerlahn geflüchtet, wurde aber wenig später am Pfandlerhof in Oberprantach aufgenommen. Als es ihm dort zu unsicher erschien, schickte er Frau und Kinder in ein Versteck am Schneeberg, während er mit Sweth in der Mähderhütte auf der Pfandleralm Unterschlupf suchte.

Zu diesem Zeitpunkt, Ende November und Anfang Dezember 1809, erhielten die Aufständischen in vielen Gegenden Tirols Zulauf. Als Beispiel dient das abgelegene Paznauntal[1], dessen fünf Kompanien bisher nie in ein Kampfgeschehen hineingezogen worden waren, sondern sich auf die Bewachung des Zeinisjochs als wichtigem Übergang vom Verwalltal (Stanzertal) her beschränkten. Als sie am 20. November nach Hause geschickt werden sollten, rief ein gewisser Jubele, ehemaliger österreichischer Offizier, nun zum Sturm auf. Als bayerisches Militär anrückte, flüchtete jedoch der Landsturm. Der Kurat Stefan Krismer aus See, entsetzt über das Verhalten der Männer, rief nun die Frauen auf, die ihm in Scharen folgten. Über 100 Frauen und Mädchen bewaffneten sich hauptsächlich mit bäuerlichen Mordinstrumenten und trugen Material für Steinlawinen zusammen, womit sie die Bayern am Einrücken ins Tal vorerst abschrecken konnten.

Vor allem nach Verbreitung unwahrer Meldungen über Verluste der Bayern im Inntal und das Heranrücken Hofers kam es im Eisacktal zu einer Erhebung unter der Führung von Johann von Kolb und Peter Mayr, an deren Ende am 6. Dezember die Dörfer um Brixen in Flammen aufgingen.[2] Die allerletzten Kampfhandlungen fanden in der Lienzer Gegend statt.[3] Nach Kämpfen an der Lienzer Klause kam es am 8. Dezember im Iseltal zu einem Gefecht. Landstürmer trieben die rund 1200 Franzosen mit ihrem Geschütz von Ainet talauswärts nach Lienz. So war die letzte Auseinandersetzung mit den militärischen Gegnern in diesem so ereignisreichen Kriegsjahr 1809 für die Tiroler zwar gewonnen, änderte aber – wie alle Kämpfe der letzten Zeit – nichts mehr am Schicksal Tirols.

Vom selben Tag datiert ein Aufruf des Bischofs von Brixen an den Diözesanklerus, ernsthaft zur Beruhigung der Bevölkerung beizutragen[4] und – „von den Kanzeln, im Beichtstuhle und bey jeder Gelegenheit ihre Gewissenspflicht warm an das Herz zu legen, und zur Ruhe, Ordnung und Gehorsam zu ermahnen, von allem Widerstande nachdrucksamst abzuhalten, und ihrem Gewissen vorzustellen, daß Gehorsam und Unterwürfigkeit gegen den Landesherrn eine von Gott anbefohlene

Pflicht sey …". Genauso versuchte die Besatzungsmacht in Aufrufen zur Einhaltung der Ruhe zu ermahnen, wie denn auch die in chaotischem Zustand daniederliegende Verwaltung wieder schrittweise aufgerichtet wurde, um ein notdürftiges Funktionieren zu gewährleisten.

Selbstverständlich wurde nach den Rädelsführern des letzten Aufruhrs gesucht, denen zum Teil die Flucht nach Österreich gelang. In der Handhabung der Rachejustiz tat sich General Broussier im Pustertal besonders hervor. – Lange hatte es gedauert, bis die letzten Regungen der Volkserhebung unter dem Druck von rund 50.000 französischen und bayerischen Besatzungssoldaten erstickt waren. General Broussier hinterließ in einem Brief an seinen Freund Jean Mathieu Seras den Tirolern ein interessantes literarisches Denkmal, das ihren Einsatz in Relation zu den französischen Soldaten setzt, wenn er rückblickend auf die Ereignisse der letzten Wochen mitteilt (in Übersetzung)[5]: „Lienz, 19. Dezember 1809 – Welche Schmach, mein lieber Seras! Diese Hunde von Bauern haben Deine und meine Soldaten geschlagen und gefangengenommen und beinahe wären unsere Divisionen unter das Kaudinische Joch gekommen. … Man hat kleine Abteilungen gebildet, eine Kompanie, zwei Kompanien, ein halbes Bataillon in Dörfer gelegt, die vier bis fünf Meilen voneinander entfernt sind. Das sind Anordnungen! Man findet selten ein oder zwei ganze Bataillone; was ist nun geschehen? Die Tiroler, die das herausgefunden haben und uns nicht sehr gerne sehen, haben eine Verschwörung angezettelt. Da ist ein gewisser Borè, der mit 1300 Soldaten, gering geschätzt, mit den Waffen in der Hand kapituliert hat. Waffen, die er schändlich zu den Füßen der Räuber niedergelegt hat, die Deine Soldaten abgeführt und ihnen Fußtritte gegeben haben, wobei sie auch einigen Offizieren ins Gesicht spuckten. … Welche Schmach! Oh mein Gott! Man wagt gar nicht, an solche Dinge zu denken. Was war die Folge davon?

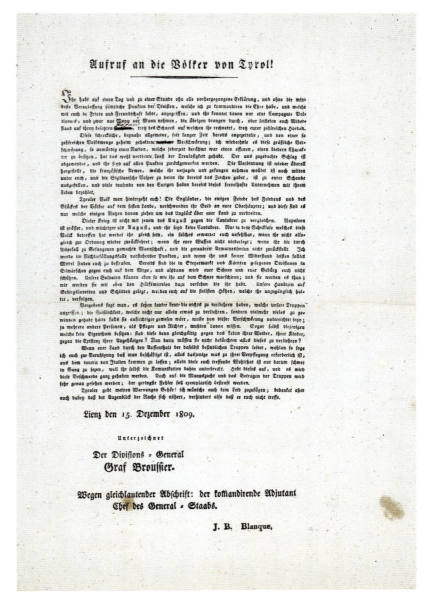

(274) Aufruf des französischen Generals Broussier „an die Völker von Tyrol", verbunden mit der Warnung vor erneutem Widerstand, Lienz, 15. Dezember 1809

Eine allgemeine Panik unserer Divisionen, eine Panik, die mich überrascht und empört hat. Stell Dir vor, dass ein Glockenschlag diese Kerle mehr erschreckte als die Kanonen von Wagram; der Anblick eines Bauern in Joppe und mit dem Karabiner erschreckte sie mehr als die Felder von Wagram!"

Die momentan greifbare negative Bilanz zu Jahresende 1809 für die Bevölkerung von Tirol war recht düster.[6] In viele Familien hatte der Tod

(275) Mähderhütte auf der Pfandleralm, wo sich Andreas Hofer wochenlang bis zu seiner Gefangennahme versteckt hielt

eine Lücke gerissen. Soweit hinterher erfassbar, waren in diesem kriegerischen Jahr auf Tiroler Seite rund 970 Personen umgekommen, viele waren schwer verletzt, zu Krüppeln geschossen worden oder laborierten ein Leben lang an einem Leiden. Der materielle Schaden konnte nie präzis berechnet werden. Eine vage angegebene Zahl war rund 30 Millionen Gulden zuzüglich etwa 10 Millionen Defensionskosten und Löhnung für Schützen und Landstürmer. Dazu kam der Schaden, der in diesem Jahr der Landwirtschaft entstand, waren doch die Männer oft mehrmals ausgerückt, während daheim die notwendigen Arbeiten nur mangelhaft verrichtet wurden. Nun waren noch die fremden Truppen im Land, die auf Kosten der Tiroler Bevölkerung verpflegt werden mussten. Opfer des Krieges waren aber auch zahlreiche Männer, die aus persönlichen Sicherheitsgründen das Land verließen oder die in diesem Jahr durch ihren vollen Einsatz tief in Schulden oder überhaupt um Haus und Hof gekommen waren oder den Sinn für ein geregeltes, arbeitsames Leben verloren hatten und als „verkrachte Existenzen" sich nicht mehr in die Gesellschaft einfügen konnten.

In der Hütte auf der Pfandleralm hoch über Prantach, auf 1350 Meter Seehöhe, brachte Andreas Hofer rund sieben Wochen zu. Als er noch auf dem Pfandlerhof gewesen war, hatte ihm sein Freund Johann Holzknecht die Aussichtslosigkeit für jeglichen Widerstand offen klargemacht und ihm geraten, mit guten Priestern zu sprechen, um mit seinem Gewissen ins Reine zu kommen. Ein Vermittlungsversuch ihm bekannter, verantwortungsbewusster Männer und einiger Geistlicher, die ihn aufsuchten, schlug fehl. Als Pfarrer Ampach von St. Leonhard zu äußern wagte, dass es für Hofer und das ganze Tal wohl am besten wäre, sich freiwillig zu stellen oder nach Österreich zu gehen, bekam er nur die zornige Entgegnung, was beschlossen sei, sei beschlossen! Alsbald kam es zu einem heftigen Wortwechsel. Der Sandwirt wies den ungebetenen Gästen schließlich mit den Worten, sie sollten sich marschieren, die Tür.

Das Leben in der Bergeinsamkeit, in der Hofer nun mit Cajetan Sweth die Tage zubrachte, gestaltete sich einfach. Das Heu diente als Lagerstätte, der Futtertrog als Tisch zum Essen und zum Schreiben. Die Kochstelle musste den ganzen Tag über beheizt werden, um die Kälte leichter zu ertragen. Die Hütte hatte offensichtlich bereits jemandem als Versteck gedient, da einige Gewehre, zum Teil scharf geladen, vorgefunden worden waren. Seine trüben Gedanken versuchte der Sandwirt mit Gebet, dem er noch weit mehr als bisher Zeit widmen konnte, zu verscheuchen. Gegen die Jahreswende kamen auch Hofers Frau und der 15-jährige Sohn Johann in die kleine Hütte auf der Pfandleralm, nachdem ihr Versteck am Schneeberg bekannt geworden war. Die Töchter hatte die Hoferin zu guten Bekannten ins Tal gebracht. Kam der Sandwirt auch nicht mehr hinunter, wusste er dennoch einigermaßen über die Ereignisse im Tal und im ganzen Land Bescheid. Seine allerengsten Freunde kannten sein Versteck. Sie gaben ihm Berichte, brachten und übernahmen Briefe und versorgten Hofer und seine Leute mit den notwendigsten Nahrungsmitteln. Verschiedene Männer erfragten jedoch Hofers Versteck, kamen und baten um Zeugnisse über ihre erbrachten Leistungen oder stellten Geldforderungen an ihren ehemaligen Oberkommandanten. Hofer erfuhr zu seinem Leidwesen von Hausdurchsuchungen, Beschlagnahmungen durch das Militär und täglichen Belästigungen der Passeirer. Es betrübte Hofer auch, dass sich sein Vaterhaus in erbärmlichem Zustand befand, des Inventars beraubt, von Schulden überhäuft. Aber der Sandwirt war nur einer von vielen, die der Krieg wirtschaftlich ruiniert hatte. Das viele Geld, das er persönlich beigesteuert hatte, war zum Teil geliehen. Nun waren Hofers Gläubiger so klug, Wein etc. anzuschaffen, um den Gastbetrieb aufrechtzuerhalten, was ihnen als einzige Aussicht erschien, durch die Einnahmen wieder zu ihrem Geld zu kommen. Wenn ihm auch klar wurde, dass diese Hütte immer weniger Sicherheit bot, je mehr Leute von seinem Aufenthaltsort wussten, und wenn er auch eine Flucht nach Österreich erwog, ernsthaft verfolgte er diese Möglichkeit nie. Er blieb in seiner Heimat Tirol. Hingegen wurde bewusst das Gerücht ausgestreut, Hofer sei nach Wien gelangt. Über Hofers düstere Gedanken wurde viel geschrieben, ohne freilich viel zu wissen: über seine Reuegefühle, seine Läuterung, das Wiederfinden seiner seelischen Ruhe und das Reifen seiner Persönlichkeit. Ein wesentlicher Beitrag zur Kenntnis von Hofers geistiger Verfassung in den Wochen vor seinem Tod geht jedoch aus seinem letzten Brief an Erzherzog Johann hervor, datiert mit „Tragwald, den 26. Jänner anno 1810"[7]:

„An Seine K.K. Hoheit den Erzherzog Johann! – Mein Herz, welches stets zu Sr. k.k. Hocheit (den das ganze Tirol ihren Vater nennet) das Zutrauen hat, fliehet auch itzt dahin und wartet, da es ohnehin im Meere der Traurigkeit und Trübsallen versenket ist, ob es erhöret wird oder hie sich versenken muß, allwo es itzt Tage und Nächte mit banger Erwartung durchwandert. Nicht jene Traurigkeit wegen meinen Hab und Gutsverlust und meinem Weib und Kindern (welche mit mir in einem öden Stall auf einer Alpe) wegen den betränkten Gemüthe und harten Joche, welches meine vielgeliebtesten Mitbrüder schwer drüket, flehen, und unzählige Seufzer dem gerechten Gott schicken, feßelt mich, sondern die wehmüthige Stimme und das immerwährende Wort: Ach! welches Elend! machet meine Selle betrübt, die vor Linderung dieses beträrkten Joches nicht fröhlich seyn wird. Denn auf Haus Oesterreichs Zuspruch und Hoffnung Ihre Heere in unserem Lande als Vertheidigungs-Mitbrüder zu zählen, sprach ich meinen Waffenbrüdern zu: ‚Haus Oesterreich verlaßt uns nicht - - -' und aus diesem Grunde ruften wir im Tonner der Kanonen und kleinen Geschütz: ‚Auf, auf Brüder! und lustig' der edlen Religion und dem sanften Scepter Haus Oesterreichs zu Lieb!" Selbst als der Feind bereits in Tirol stand und mit Gewaltakten versucht hätte, die Tiroler Österreich vergessen zu lassen, da habe er ihnen immer wieder Mut und Zuversicht zugesprochen und ihnen das Kommen österreichischer Hilfe vor Augen gestellt: „... und so wurde der Zaghafte wieder getröst, grif zu den Waffen, und stritt ohne Rast. Aber nun ach Leider Gott! muß ich als Lugner vor meinen Brüdern stehen zu Schanden vor allen werden, und nichts anders wartet mir, als die Fluchreden in das kühle Grab: ‚Du bist die Ursach unsers Unglücks', aber auch dieses wollte ich gerne ertragen, nur das strenge Gericht Gottes, wo ich Rechenschaft über meine Untergebene werde ablegen müßen, befürchte ich, weil bey dieser feindlichen Regierung nicht nur allein das Zeitliche, sondern auch das Ewige verlohren ist, nehmlich die Sellen so vieler Tausenden, die durch allerhand Laster und Sünden ein Opfer des Teifels werden, und aus diesem Grunde, da ich zwar ohnehin nicht sicher nach Oesterreich kommen kann, fällt es mir schwer, Tirol zu verlaßen. Daher wenn Sr. k. k. Hochheit wie auch Sr. k. k. Majestät dem Kaiser von Oesterreich an Tirol gelegen ist, wenn Sie unser Blut für Oesterreichs Bestandheit annehmen wollen, so bitte ich im Nahmen aller gutgesinnten Tiroler, uns nur eine kleine Hilfe an Truppen zu senden, und ich werde nach Kräften meine gutgesinnten Mitbrüder (welche täglich zum Streiten bereit sind, und Ruhe wünschen) in Waffen haben, und vereint mit Oesterreichs Heer zu streiten, den Feind zu schlagen mich, wie zuvor, bemühen. Nur bitte ich Hilfe! Hilfe! ..." Hofer bat noch um Antwort, damit er wisse, wie es um Tirol stehe. Er ersuchte weiterhin, auch Erzherzog Karl sein flehentliches Ersuchen um Waffenhilfe zu unterbreiten. Die fromme Kaiserin und „Mutter Tirols" möge die Tiroler als ihre Kinder in ihre Gebete einschließen, denn auch die Tiroler würden sie nicht vergessen und ihren letzten Blutstropfen für sie vergießen. Der Sandwirt unterzeichnete den Brief mit der „armbe verlassne ßinder [= Sünder] Andere Hofer".

Man darf die Grundaussagen dieses Briefes wohl nur so interpretieren, dass sich Hofer – verständlich in seiner Bergeinsamkeit und bedrängten Situation – viel mit Tod, Jenseits und ewigem Leben beschäftigt hat. Und dieser Gedanke, für die Rettung der Seelen immer noch Verantwortung zu tragen, ließ ihn in fast krankhafter Weise nicht mehr los. Letztlich ist diese Einstellung Ausdruck barocker Gläubigkeit des 18. Jahrhunderts mit ihrer krassen Schwarz-Weiß-Malerei. Stand nicht der „strafende Gott" im Vordergrund der Predigten der Volksmissionare? Festgelegt war der Katalog der schweren Sünden, die unweigerlich Höllenstrafen nach sich ziehen mussten. Unter Regimen der Gottlosigkeit, derer Franzosen wie Bayern immer bezichtigt wurden, mussten doch die Menschen in den Strudel des Bösen mit hineingezogen werden – ihrer ewigen Verdammnis entgegen! Die Priester würden ja auch, so hatte die Propaganda behauptet, ausgerottet werden; wer sollte dann die verirrten Seelen retten? Nur eine grundsätzliche Veränderung könnte für das Land und seine Einwohner das Heil bringen. Und diesem fast krankhaft verfolgten Gedanken war alles andere untergeordnet. Daher auch die Fantasterei, mit einer „kleinen Hilfe an Truppen" das Land wieder zu befreien und zu retten. Der Brief zeigt deutlich, dass Hofer bereits der Realität der momentanen Gegebenheiten und des Alltags entrückt war. Geistig war Hofer eigentlich schon auf dem „Weg nach Mantua"!

Anfang Jänner 1810 bekam Hofer einen nicht sehr erwünschten Besuch. Ein Stück oberhalb der Hütte, in der sich der Sandwirt versteckt hielt, hatte der Bauer Franz Raffl seine Mähderhütte. Vom Rauch angelockt, kam er vorbei und traf zu seiner Überraschung Hofer mit Frau, Sohn und Sweth. Da der Sandwirt Raffls schlechte wirtschaftliche Lage kannte und daher geneigt war, Schlimmes zu befürchten, schenkte er ihm einen Geldbetrag, der als „Schweigegeld" gedacht war. Raffl versprach mit Handschlag, Hofers Aufenthaltsort nicht zu verraten. Von diesem Tag an war Hofer nicht mehr recht wohl in dieser Hütte und er hatte die Absicht, eine andere Unterkunft zu suchen. Raffl hielt tatsächlich nicht Wort. Ihn reizte der „Judaslohn"

(276) Josef Speckbacher auf der Flucht, 1809

von 1500 Gulden. Er sprach mit dem Ortsaufseher von St. Martin und wollte seine Mitwirkung erreichen, jedoch vergeblich. Nach Wochen rang er sich zu dem Entschluss durch, den Sandwirt zu verraten, und erstattete beim Richter von St. Leonhard in aller Form Anzeige. Dieser musste – es war der 27. Jänner 1810 – Raffls Angaben protokollieren und schickte den Verräter mit dem Akt nach Meran zum kommandierenden General Huard. Die Franzosen wollten kein Risiko eingehen. Sie brachen sofort auf, und in der Nacht vom 27. zum 28. Jänner kam es zur Verhaftung, die Cajetan Sweth später beschrieb[8]: „Als wir [am Abend] von einander Abschied nahmen, begaben wir uns in unserer elenden Hütte zur Ruhe, Hofers Sohn und ich wieder auf unsern Heuboden und schlummerten ein. Um halb 4 Uhr in der Früh, den 28. Jänner, erwachte ich vom Schlafe und betrachtete die schimmernden Sterne, wie auch den seinem Untergange nahenden bleichen Mond, und Gottes, aus Nichts erschaffenes, großes Weltgebäude; da hörte ich von weitem schon die in dem gefrornen Schnee krachenden Tritte; ... das Geräusch der Fußtritte näherte sich immer mehr, ich sah deßhalb unter dem Dache heraus, und erblickte Raffel mit einem französischen Soldaten der Hütte sich nähern. Der Soldat blieb 5 Schritte zurück, Raffel ging aber zur Hütte, horchte an der Wand, hörte vermutlich Hofer sammt seiner Gattinn im Schlafe Athem hohlen, ging zurück, und sprach, mit dem Finger auf die Hütte zeigend, zu dem Soldaten, der ein Sergent gewesen: ‚Sie sind darin.' Raffel entfloh darauf sogleich, der Sergent kehrte zurück und rief: ‚Avancés!' Nun rückte die aus 600 Mann bestehende Schar hervor und umringte die Hütte. ... Noch getraute sich Keiner von unsern Gewalthabern in die Hütte zu dringen, wohl aber trat Hofer unerschrocken heraus, und fragte, ob Jemand unter den Herren deutsch verstehe. Als der Adjutant des General Baraguey d'Hilliers sich näherte, und ihm seine Frage bejahte, so sprach Hofer: ‚Sie sind

(277) Leopold Puellacher, Franz Raffl verrät das Versteck des Sandwirts.

gekommen, mich gefangen zu nehmen; wohlan, hier bin ich, thun Sie mit mir, was Sie wollen, denn ich bin schuldig; doch für mein Weib, mein Kind und diesen jungen Menschen', indem er auf mich hindeutete, ‚bitte ich um Gnade, denn sie sind wahrhaft unschuldig!' Da ihn die Schergen waffenlos und in sein Schicksal sich geduldig ergebend erblickten, faßten die Helden, die auf einen Kampf auf Leben und Tod gezählet, wieder Muth, fielen wie Wüthende über ihn her, banden ihn, wie mir, die Hände auf den Rücken, schlangen um den Hals einen Riemen, und um die Lende einen Strick. ... Den Sohn und die Gattinn befestigte man nur um die Lenden. ... Nun begann der Zug; Hofer und ich gingen voraus, Gattinn und Sohn folgten darauf, und so führte man uns über das Schnee und Eis bedeckte steile Gebirge unweit St. Martin der Ebene zu. Kaum eine Viertelstunde von der Hütte entfernt, ließen wir Drey, nämlich Hofer, sein Sohn und ich, blutige Spuren auf un-

(278) „Die Gefangennehmung des Sandwirths", Blatt aus der von Friedrich Campe in Nürnberg herausgegebenen Reihe zum Geschehen von 1809

serm Pfade zurück, denn es wurde uns nicht erlaubt, als man uns gefangen nahm, Schuhe oder Stiefel, und unsere übrigen Kleidungsstücke anzuziehen. Der edle Hofer, über dessen Gesicht das Blut herabfloß, und dessen Bart ein blutiger Eiszapfen war, flößte uns oft Muth ein, indem er mit Andacht zum gestirnten Himmel blickte: ‚Bethet!' rief er uns zu: ‚seyd standhaft, leidet mit Geduld und opfert eure Schmerzen Gott auf, dann könnt ihr auch etwas von euern Sünden abbüßen.' So sprach er wiederhohlt der christliche Held, der auf seinen Feind nicht zürnte, sondern alle Leiden mit Geduld ertrug."

Erst im Tal unten durften Schuhe und übrige Kleidungsstücke angezogen werden! Der Marsch ging weiter nach Meran, wo eine Musikkapelle aufspielte und die Generalität wartete. Nun begannen erste Verhöre. Am Abend wurden alle vier auf einem Wagen nach Bozen gebracht, und nach der Nächtigung kam für Andreas Hofer die schwere Stunde des Abschieds von Frau und Kind; sie wurden freigelassen. In Bozen besuchte ihn der hohe französische Offizier Charles Pierre Grisois und beschrieb ihn mit anerkennenden Worten[9]: „Eine hohe Figur, breite Schultern, ein dichter schwarzer Bart, der ihm bis auf die Brust reichte und grau zu werden begann, und ein strenger, aber ruhiger und schicksalsergebener Ausdruck verliehen seiner Erscheinung etwas Ehrwürdiges, das mich sehr beeindruckte, eine patriarchalische Gestalt aus alten Zeiten." Weiter ging die Fahrt über Trient, Rovereto und die Landesgrenze auf Mantua zu. In jedem Ort, wo Rast gemacht wurde, erzählte man sich hinterher Geschichten, deren Wahrheitsgehalt oft zweifelhaft scheint. In Ala zum Beispiel soll Andreas Hofer seine Wachmannschaft in der Nacht vor einer Rauchgasvergiftung gerettet haben, anstatt die Männer ihrem Schicksal bzw. dem

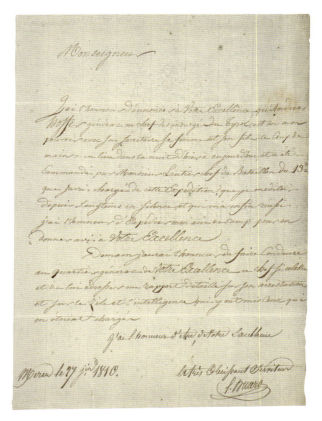

(279) Schreiben des französichen Generals Léonard Huard de Saint-Aubin an den kommandierenden General Baraguey d'Hilliers mit der ersten Mitteilung, dass Andreas Hofer, „Général en chef" der Tiroler Aufständischen in der vergangenen Nacht verhaftet worden sei, Meran, 27. (!) Jänner 1810

(280) Verlautbarung des Generals Drouet, dass Andreas Hofer verhaftet worden sei, Innsbruck, 31. Jänner 1810

Tod zu überlassen und dafür das Weite zu suchen.¹⁰

Der Gefangenentransport kam am 5. Februar 1810 in Mantua an. Die gemeinsame Zelle für Hofer und Sweth befand sich im Al-Vaso-Turm der Zitadelle in der Nähe der Porta Nuova. Die Bürger von Mantua, denen der „General barbone" längst ein Begriff war, wollten ihn um 5000 Scudi loskaufen! Dr. Gioacchino Basevi, der Verteidiger Hofers beim folgenden Prozess, schreibt in seinem Tagebuch, die Mantuaner hätten für Hofer „den Kopf verloren".¹¹

Andreas Hofer war de jure bayerischer Staatsangehöriger. Auffallend, dass dieser Staat nicht einmal den Versuch unternommen hat, den so gefürchteten „Insurgenten" vor ein eigenes Gericht zu stellen, was nicht besagen will, dass er dort ein anderes Schicksal erlitten hätte! „Hofer betrug sich während seiner Haft in Mantua sehr ruhig" –

(281) Domenico Zeni porträtierte Andreas Hofer in Trient auf der Fahrt nach Mantua.

DES SANDWIRTS TOD UND DIE ZERREISSUNG DES LANDES   249

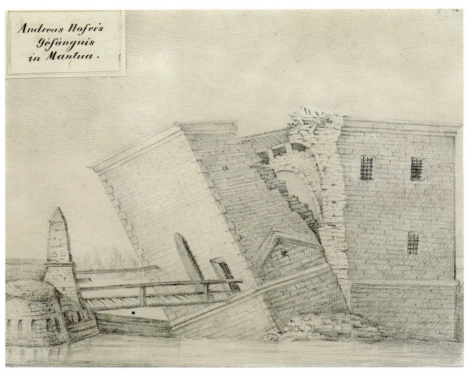

(282) Der Mantuaner Rechtsanwalt Dr. Gioacchino Basevi, Verteidiger Andreas Hofers im Prozess zu Mantua, in einer fotografischen Altersaufnahme

(283) Al-Vaso-Turm der Zitadelle von Mantua, wo Hofer einst gefangen war, Zustand um 1840

schreibt wieder Cajetan Sweth –, „er suchte Trost und Stärkung im Gebethe, da wir zu verschiedenen Tageszeiten den Rosenkranz betheten, erinnerte er sich oft seiner gutten Freunde ... Nachdem er in Mantua zweymal verhöret worden, sagte er zu mir: ‚Cajetan, ich sehe, daß ich sehr bald sterben werde müssen: allein ich sterbe gern, denn es ist besser, daß ich mich für das ganze Land opfere, als daß noch mehrere meinetwegen oder für das Land sterben müßten.'"

Die Gerichtsverhandlung fand am 19. Februar im Palazzo der Grafen von Arco[12] vor einer Militärkommission unter dem Vorsitz des Generaladjutanten Baron von Forestier statt. Zum Verteidiger wurde der bekannte jüdische Mantuaner Rechtsanwalt Dr. Gioacchino Basevi bestellt, ein junger, kluger Mann, der sich zwar redlich bemühte, aber von vornherein keine Chance hatte, seinen Mandanten zu retten. Auf einen vergeblichen Vermittlungsversuch des Vizekönigs Eugène Napoleon (Beauharnais) hin hatte dieser von Kaiser Napoleon die mit 11. Februar datierte Weisung erhalten[13]: „Mein Sohn! Ich hatte Dich gebeten, Hofer nach Vincennes kommen zu lassen. Da er jedoch in Mantua ist, so verfüge augenblicklich die Bildung einer Militärkommission, die ihn aburteilen und erschießen lassen soll an dem Ort, wo Dein Befehl eintrifft. All dies innerhalb vierundzwanzig Stunden." Unter solchen Umständen musste der Prozess eine Farce sein![14] Die Anklage lautete auf Hofers Tätigkeit als Oberhaupt der Insurgenten nach dem 25. Oktober 1809 und auf illegalen Waffenbesitz nach dem 12. November, also bei seiner Gefangennahme. Die Anklage bezog sich auf die für Tirol erlassenen Proklamationen des Vizekönigs. Staatsanwalt Dr. Brulon plädierte auf Todesstrafe, der Verteidiger auf Freispruch. Hofer kam selbst natürlich auch zu Wort und sagte, er habe in der fraglichen Zeit nicht gekämpft; er sei gezwungen worden, einen letzten Befehl zur Fortsetzung des Kampfes zu erteilen; auf der Almhütte habe er Waffen bereits vorgefunden, die er

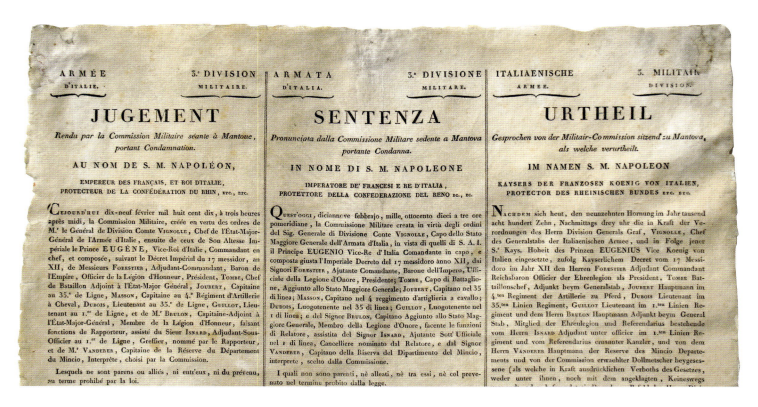

zum Schutz gegen Wölfe behalten habe. Entlastungszeugen wurden nicht zugelassen; der Vorsitzende drängte abzuschließen. Das Urteil in diesem Prozess, der nur zweieinhalb Stunden gedauert hatte, war bald gefasst, wurde aber nicht verkündet. Berufungsmöglichkeit gab es nicht. Hofer wurde in auffallender Weise von seinem getreuen Cajetan Sweth getrennt und in eine eigene Zelle geführt. Am folgenden Tag, dem 20. Februar, bei Tagesanbruch, erfuhr der Sandwirt das Urteil: Der Angeklagte war in beiden Punkten schuldig gesprochen und zum Tod durch Erschießen verurteilt worden. Das Urteil sollte nur wenig später vollzogen werden. Hofer hatte in diesen letzten Stunden seines Lebens noch Zeit und die psychische Kraft, Briefe zu schreiben. Mit einem Brief an seinen Freund Vinzenz von Pühler in Neumarkt traf er einige letzte Verfügungen. Dieses Schreiben gibt auf eindrucksvolle Weise Zeugnis von seiner inneren Läuterung, die ihn als überzeugten Christen unerschütterlichen Glaubens nun befähigte, gelassen den Tod zu erwarten[15]: „liebster Herr Prueder, der götliche willen, ist es gewössen, das ich hab miessen hier in mandua, mein zeitliches [in] den Ebige ver wöxlen, aber gott seie danckh um seine gödliche gnad, mir ist Eß so nicht für ge khomen, das wan ich zu waß anderen, auß gefierth wurd, gott wirth mir auch die gnad ver leichen, wiß [= bis] in lösten augen Plickh, auf das ich khomen khon, alwo sich mein sell [= Seele], mit alle außer wölte [= Auserwählte], ßich Ebig Ehr freien [= erfreuen] mag, albo ich auch fir alle Bitten werde Bei gott …" Hofer lässt seine Frau und die Bekannten ersuchen, für ihn Messe lesen zu lassen und zu beten, er legt Speise und Trank für die Beteiligten an der Leichenfeier fest, regelt eine Geldangelegenheit, bittet seinen Freund, der Ehefrau Trost zuzusprechen, und verabschiedet sich nicht nur vom Freund, sondern vom irdischen Leben: „Vo[n] der welt lebet alle wohl, wiß mir [= wir] in himel zam khomen vnd dortten gott loben an ent … Ade mein schnede Welt, so

(284) Todesurteil für Andreas Hofer, Erstdruck in drei Sprachen (französisch/italienisch/deutsch)

(285) Brief Andreas Hofers an Vinzenz von Pühler in Neumarkt, Mantua, 20. Februar 1810

leicht khombt mir das sterben vor, das mir nit die augen naßß werden, geschriben um 5 vrr in der frue, vnd um 9 vrr Reißß ich mit der Hilfe aller heillig zu gott – mandua den 20 februari 1810 – Dein in leben geliebter Andere Hofer Vo sant in Passeyr – in namen den here wille ich auch die Reisse f[ü]re nemen mit gott."

Erzpriester Alessandro Borghi, Pfarrer von S. Michele, nahm Hofer die Beichte ab und spendete ihm die hl. Kommunion, und Erzpriester Giovanni Battista Manifesti der Basilica S. Barnaba gab ihm geistlichen Zuspruch und verließ ihn nicht mehr bis zu seinem Tod.

Es war gegen elf Uhr, als Andreas Hofer aus seiner Gefängniszelle geholt wurde. Inmitten der Grenadiere schritt der Sandwirt ernst und gottergeben zum Ort der Hinrichtung, einem Grasplatz unter dem Wall, links von der Porta Maggiore.[16] In den gleichförmigen, aufwühlenden Trommelwirbel mischte sich das Wehklagen der Menschen, die in der Zitadelle zusammengeströmt waren. In dieser Menge befand sich auch Dr. Basevi. Er hatte – wie er schreibt[17] – nicht den Mut, die Kraft gehabt, gemeinsam mit dem Erzpriester Manifesti den Sandwirt zu begleiten. So aber konnte Basevi die allgemeine Stimmung kennen lernen (in Übersetzung): „Noch nie habe ich unter Zuschauern einer Exekution so eine echte Erregung und so eine Entrüstung gesehen. Aus der Menge erhoben sich Rufe gegen die Franzosen und gegen ihre Lakaien des sogenannten Königreiches Italien." Gefangene Tiroler hatten Gelegenheit, ihren ehemaligen Oberkommandanten ein letztes Mal zu sehen. Soldaten des 2. Bataillons des 15. Grenadierregiments mussten die Urteilsvollstreckung vollziehen. Ihr Kommandant war der Feldwebel Michel Eiffes, ein gebürtiger Luxemburger. Nach seinen eigenen Aufzeichnungen[18] spielte sich die Exekution in folgender Weise ab: Ein mit einem Blumensträußchen geschmücktes Kruzifix in Händen, scheute sich Hofer nicht, in die auf ihn gerichteten todspeienden Flintenläufe zu blicken. Er ließ sich nicht die Augen verbinden und wollte den Tod nicht kniend, sondern stehend empfangen. Hofer bat die Soldaten, gut zu treffen. Nach seinem Bericht brachte es Eiffes im gegebenen Augenblick nicht übers Herz, „Feuer" zu kommandieren – und Hofer selbst besorgte das Kommando! Die Grenadiere, darüber erschrocken und ergriffen zugleich, trafen schlecht. Um die Todesqualen abzukürzen, gab Eiffes Andreas Hofer mit einer dreizehnten Kugel den Gnadenschuss.

Cajetan Sweth hatte den Sandwirt von seiner Zelle aus noch kurz beobachten können, als man ihn zum Richtplatz führte: „Ich bethete und horchte" – erinnerte er sich später[19] –, „auf einmal hörte ich den Schuß und sank vor Schrecken in Ohnmacht; ... Man tröstete mich, und völlig erschöpft, hörte ich zu weinen auf, und wünschte meinem ehemaligen Befehlshaber, Freund, Wohltäter und Leidensgefährten wegen seiner Thaten, Tugenden und Frömmigkeit, wegen seiner ausgestandenen Leiden und seines unschuldig und standhaft erlittenen Todes einen erhabenen Platz im ewigen Leben, wo immer grünende Lorber sein Haupt zieren sollen."

Den ersten Bericht über Andreas Hofers Hinscheiden enthält das Totenbuch von S. Michele, in dem Pfarrer Borghi noch am selben Tag protokollierte[20]: „Anno Domini 1810, 20. Februar – Andreas Hofer, üblicherweise General Barbone genannt, Tiroler, aus Passeier in Deutschtirol gebürtig, im Alter von etwa 50 Jahren, wurde nach Verurteilung zum Tod durch ein Militärgericht der französischen Regierung am 18. Februar 1810, in dieser Zitadelle von den in der Stadt garsonierenden Soldaten am 20. Februar in der 12. Mittagsstunde unglücklicherweise erschossen, genau bei der Taverne unterhalb des Bildnisses des hl. Michael. Er wurde ständig hilfreich unterstützt und aufgerichtet und zum Martyrium geleitet vom hochwürdigen Herrn Giovanni Battista Manifesti,

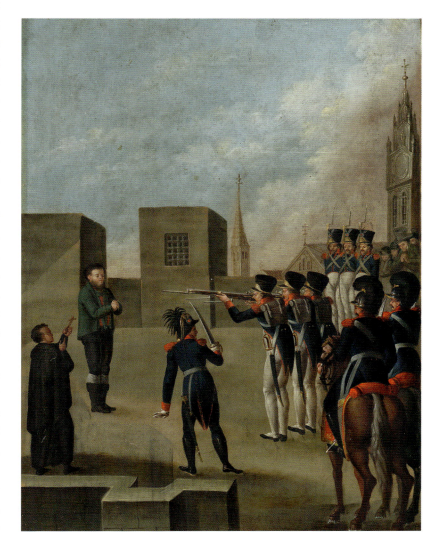

(286) Leopold Puellacher, Erschießung Andreas Hofers in Mantua, 20. Februar 1810

DES SANDWIRTS TOD UND DIE ZERREISSUNG DES LANDES

(287) Das Innere der Kirche San Michele, wo der Sterbegottesdienst für Andreas Hofer stattfand. Die Kirche wurde 1945 zerstört.

(288) Protokollierung des Todes Andreas Hofers im Totenbuch von San Michele, verfasst von Pfarrer Borghi am 20. Februar 1810

Erzpriester der königlichen Kollegiatsbasilica S. Barnaba in dieser Stadt und vom unterzeichneten Erzpriester dieser Pfarre, der ihm noch die Sakramente der Buße und der Eucharistie spendete. – Nach der Füsilierung und dem im Herrn erfolgten Tod des genannten Andreas Hofer, wurde der Leichnam in diese Kirche gebracht und nach den Exequien auf dem Friedhof dieser Pfarre begraben. – Alessandro Borghi, Erzpriester."

Um Hofers Tod hat sich manche Legende gebildet, von angeblichen Hochrufen auf Kaiser Franz bis zur schaurigen Beobachtung, dass sich beim Gottesdienst in S. Michele noch das Leichentuch bewegt hätte. Übereinstimmend aber wird immer berichtet, dass der Sandwirt unerschrocken und standhaft den Tod erlitten hätte, wie es z. B. Erzpriester G. B. Manifesti in einem Brief vom folgenden Tag festgehalten hat[21]: „Gestern, kurz vor Mittag, wurde Herr Andreas Hofer, ehemaliger Kommandant Tirols füsiliert. Von der Militärkommission, die ihn verurteilt hat, wurde ich aufgefordert, ihm Beistand zu leisten, ... Ich habe einen Mann bewundert, der als christlicher Held in den Tod gegangen ist und diesen als unerschrockener Märtyrer erlitten hat."

Es ist ein Zufall, dass am selben Vormittag, an dem Hofer hingerichtet wurde, sein Kampfgefährte Peter Mayr, der Wirt an der Mahr, in Bozen erschossen worden ist, nachdem er sein Leben nicht durch die Lüge, der Friedensvertrag sei ihm nicht bekannt gewesen, hatte erkaufen wollen.

Um das Ende des Sandwirts hat sich manche Geschichte gerankt. Leicht zu durchschauen und aufdringlich-dumm ist ein bayerischer Propagandadruck. Die vierseitige Flugschrift trägt den Titel[22]: „Andrä Hofers Abschied von seinen Landsleuten an der Pforte zur Ewigkeit". Er bekennt seinen Irrtum, bittet die Landsleute um Vergebung und ermahnt sie zur Treue gegenüber Bayern: „Ich gehe nun hinüber in jene Welt zur Verantwortung, begleitet von dem mich erhebenden Troste, daß ihr diese meine Ermahnungen achten, mir meinen Uebergang in jenes Leben nicht erschweren werdet. Ich erwarte den verdienten Tod – ach! ich bin

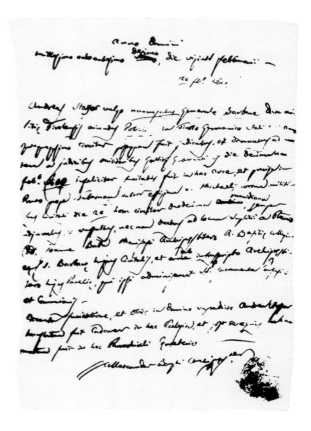

schon in seinen Armen – ich sterbe, vergebt mir, und ruft lange noch: ‚Maximilian Joseph, lebe!'"

Hofers Leidensgefährte der letzten Wochen, Cajetan Sweth, wurde ebenfalls zum Tod verurteilt, aber begnadigt und auf der Insel Elba interniert.

Die Eile Napoleons, „General barbon" aus der Welt zu schaffen, lässt sich wohl damit erklären, dass er eine Intervention Österreichs befürchtete, der er doch hätte stattgeben müssen. Seit dem Frieden von Schönbrunn verdichteten sich nämlich die Bemühungen um eine politische Heirat zwischen Kaiser Napoleon und der Erzherzogin Marie Louise, Tochter Kaiser Franz' I., gleichsam Unterpfand für eine Friedenszeit. Im Februar 1810 wurde die Hochzeit, die am 16. März stattfinden sollte, beschlossen.

Immer wieder tauchte der Vorwurf auf, Österreich habe keinen Finger gerührt, den Sandwirt zu retten, und dass ein Wort des Kaisers seinen künftigen Schwiegersohn Napoleon wohl umgestimmt hätte. Während man in Wien freudig die Hochzeit vorbereitet habe, seien in Mantua die bewussten Schüsse gefallen! – Es stimmt, dass Kaiser Franz, der zwar die Anhänglichkeit der Tiroler schätzte und vieles für sie getan hat, sich aus staatspolitischen Gründen immer rechtzeitig davon distanzierte; es stimmt auch, dass die romantische Liebe Erzherzog Johanns zu Tirol und seinen Einwohnern dem Land mehr geschadet als genützt hat, und es stimmt auch, dass Erzherzog Karl die Verhältnisse in Tirol ziemlich gleichgültig waren, ja dass er in entscheidenden Angelegenheiten nicht einmal informiert war – eine Rettung des Sandwirts wäre aber nicht möglich gewesen, wie sich aus dem bekannt gewordenen Schriftverkehr ergibt.[23]

Am 4. Februar wurde die Nachricht von der Gefangennahme Hofers durch Anton Wild, Hofers Vertrauten, nach Klagenfurt gebracht und gelangte am 9. des Monats in die Hände des Kaisers. Am 12. Februar gab er Minister Metternich den Auftrag, in Paris zu intervenieren. Am 14. führte dieser den Befehl aus. Der österreichische Gesandte erhielt Metternichs Schreiben nach acht Tagen, als Hofer schon tot war. Hätte man auch die kostbare Zeit in Wien besser genützt und wäre ein Expressbote nach Paris geeilt, wäre Napoleons Botschaft – die Begnadigung vorausgesetzt – auf jeden Fall zu spät in Mantua eingetroffen. So aber wurde Napoleons Auftrag ausgeführt. Durch dieses prominenteste Opfer des Freiheitskampfes aber hat er selbst Andreas Hofers „Apotheose" ermöglicht und der Tiroler Erhebung des Jahres 1809 europaweit Achtung verschafft, was nicht ohne Auswirkung auf die Freiheitsbestrebungen Europas in den kommenden Jahren blieb. Nicht nur Österreich und Tirol standen im Jahr 1809 auf der Verliererseite. Wiewohl mit Napoleon alliiert, hat Bayern viel an Ansehen eingebüßt, Napoleons Groll erregt und auch einen großen Teil des im Jahr 1806 neu erworbenen Territoriums wieder verloren. Mit der schrittweisen unabwendbaren Besetzung Tirols im November 1809 versuchte Bayern wie selbstverständlich seine Verwaltung wieder aufzurichten. Doch überall wurde die Arbeit der bayerischen Beamten von den Franzosen behindert – das ging so weit, dass General Drouet die Verwendung des bayerischen Staatsemblems untersagte. Von den Franzosen mussten sich die Bayern sagen lassen, dass Tiroler Abgeordnete bei Eugène Beauharnais, dem Vizekönig von Italien, gewesen wären und die Bitte vorgebracht hätten, ihr Land von Bayern abzutrennen. So meinte Napoleon auch, Bayern sei ohnehin zu schwach, einen Aufstand zu unterbinden. Mit der Bayernherrschaft in Tirol war der Franzose in der Tat nicht mehr einverstanden. Schon im April hatte er den Gedanken ausgesprochen, Tirol mit der neutralen Schweiz zusammenzuschließen, und im August fasste er Verhandlungen zwecks Anschluss an das Königreich Italien ins Auge.[24] Napoleon sprach

(289) Grenzkarte zwischen den Königreichen Bayern und Italien sowie den Illyrischen Provinzen entsprechend dem Vertrag vom 7. Juni 1810. In der Nähe von Toblach im Pustertal stoßen die drei Länder aufeinander.

ein vernichtendes Urteil über die bayerische Verwaltung in Tirol, die den Menschen offensichtlich nicht entsprochen habe, da sie auf die Eigenheiten der Bergbewohner nicht eingegangen sei. So wurde der Franzosenkaiser gleichsam Verteidiger tirolischer Interessen! Nach längerem diplomatischen Gezänk kam schließlich am 28. Februar 1810 in Paris ein Vertrag zustande, der die prinzipielle Dreiteilung Tirols vorsah, während der genaue Grenzverlauf erst in der folgenden Zeit ausgehandelt und abgesteckt wurde.[25] Seit Juni 1810 verlief die Grenze Bayerns im Pustertal zwischen Toblach und Niederdorf, bezog Enneberg mit ein, querte das Eisacktal südlich Kolman, lief über den Ritten und weiter ins Burggrafenamt nördlich Gargazon,

folgte dem Etschverlauf bis vor Nals und wandte sich gegen Westen, das Ultental noch mit einbeziehend. Die Stadt Bozen war also dem Königreich Italien[26] zugefallen, verwaltungsmäßig dem neu eingeführten Dipartimento dell'Alto Adige. Hingegen die Gerichte Ampezzo, Buchenstein und Primiero wurden zum Dipartimento della Piave geschlagen. Der bayerische Anteil reichte immerhin noch über den Alpenhauptkamm, wenn er auch „Innkreis" benannt wurde. Zu diesem Innkreis wurden noch das Zillertal und die ehemalige freisingische Herrschaft Werdenfels mit Mittenwald geschlagen, er musste aber Kitzbühel an den Salzachkreis und das Gericht Reutte an den Illerkreis abgeben. Das östliche Pustertal gehörte zu den „Illyrischen Provinzen", die direkt dem Kaisertum Frankreich unterstanden.[27]

Eine Teilung Tirols erschien Napoleon als beste Lösung. Er konnte damit nicht nur Bayern strafen, sondern im Land selbst viel Gemeinsames an Anschauung, Gewohnheiten und Interessen unterbinden und damit auch die Kraft des Volkes, die im Jahr 1809 so lebhaft an die Oberfläche gekommen war, für alle Zukunft zerstören.

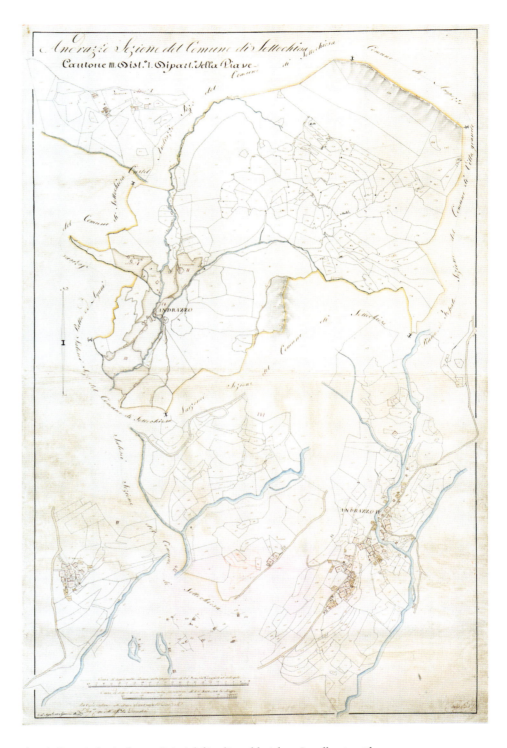

(290) Gemeinde Andrazz, Beispiel für die zahlreichen Landkarten über einzelne Gemeinden, die im Königreich Italien angefertigt wurden, 1810/1813

Der Dank des Kaisers und Hofers Heimkehr

In allen Landesteilen waren die Machthaber bestrebt, ihre Verwaltung möglichst schnell einzurichten, um bald zu einem geregelten Alltag zurückkehren zu können. Im bayerischen Anteil, jetzt nur noch aus dem Innkreis bestehend, wurde manches besser gemacht als vor dem Aufstand. Zur Beruhigung trug wohl der „Napoleonfeind" Kronprinz Ludwig von Bayern in seiner Funktion als Generalgouverneur des Inn- und Salzachkreises mit erweiterten Vollmachten bei. Oberster bayerischer Beamter, in dessen Händen die Verwaltung aber lag, war Generalkommissär Max von Lerchenfeld. In „Italienisch Tirol", dem Dipartimento dell'Alto Adige im Königreich Italien, und in den drei Kantonen Lienz, Sillian und Windisch-Matrei der „Province la Carinthie" im Verband der Illyrischen Provinzen, die direkt dem Kaisertum Frankreich unterstanden, wurde – wie im bayerischen Anteil – die Flut neuer Gesetze mit geringer Begeisterung aufgenommen. Von der bayerischen Regierung her war man schon einiges gewohnt, weshalb man zahlreiche neue Gesetze und Vorschriften, die für damalige Zeiten zwar „modern", aber gerade deshalb völlig fremd waren, mit einer gewissen Apathie ertrug. In keinem der drei Teile des ehemaligen Landes Tirol konnte jemand ernsthaft daran denken, wieder einen Aufstand zu inszenieren. Die tirolisch- und österreichisch-patriotisch gesinnten Kreise, die durch die politische Teilung des Landes jedoch nicht zerschlagen werden konnten, hatten aus dem Jahr 1809 die Lehre gezogen, dass eine grundlegende Änderung der Verhältnisse nicht durch einen „hausgemachten" Aufstand, sondern nur durch eine Umstrukturierung der europäischen Machtverhältnisse möglich sei. Doch zunächst war von einem Zusammenbruch des napoleonischen Staatssystems noch nichts zu bemerken.

Im Jahr 1811 stand der Franzosenkaiser unzweifelhaft auf dem Höhepunkt seiner Macht. Napoleons Russlandfeldzug, an dem auch Österreich und Preußen als nunmehrige Verbündete teilnehmen mussten, brachte die Wende im Hegemoniestreben Frankreichs. Nicht nur, dass der Feldzug unter größten Verlusten scheiterte, auch die Allianz löste sich auf. Vor diesem politischen Hintergrund scheint Josef Freiherr von Hormayr sein fantastisch anmutendes Alpenbund-Projekt ausgeheckt zu haben. Wenn es auch nicht zur Ausfüh-

(291) Medaille auf den Besuch des bayerischen Kronprinzen Ludwig und seiner Gattin Therese in Innsbruck, 27. Oktober 1810

(292) Karte des Königreichs Bayern mit Eintragung der Landkreise und Landgerichte, 1812

rung kam, verdient es insofern Interesse, als in diese Angelegenheit Persönlichkeiten involviert waren, die im Jahr 1809 in Tirol eine hervorragende Rolle gespielt hatten: Intendant Hormayr, inzwischen wieder auf den gänzlich unpolitischen Posten des Direktors des Haus-, Hof- und Staatsarchivs in Wien zurückversetzt, ferner sein ehemaliger Unterintendant und später nur sehr kurz amtierender Oberlandes- und Armeekommissär Anton von Roschmann, nun Kreishauptmann von Traiskirchen bei Wien, und Erzherzog Johann. Bemerkenswert, dass alle drei mit ihren wohl gutgemeinten Absichten für Tirol gescheitert waren. Hormayr und Roschmann, obwohl gebürtige Ti-

roler, waren überdies – im Gegensatz zu Erzherzog Johann – im Land nicht sehr beliebt gewesen. Die Gedanken des ehrgeizigen Hormayr kreisten aber immer noch um Tirol.

Es scheint im Sommer des Jahres 1811 gewesen zu sein, dass Hormayr den Plan zum „Alpenbund" ersann[1], der einen Zusammenschluss der Alpenländer, also Tirols, Vorarlbergs, Salzburgs, Illyriens, Oberitaliens und der Schweiz, zum Zweck der gemeinsamen und damit effizienteren Bekämpfung der fremden Besatzung zum Ziel hatte. Prominentester Konspirant im Kreis Hormayrs war Erzherzog Johann. Die Initiatoren waren fest entschlossen, ihre Pläne in die Tat umzusetzen, wenn

(293) Oberster Teil eines „Reisepasses", ausgestellt von der Polizei des Königreichs Italien

(294) Amtsschild des Stadtmagistrats Lienz in den Illyrischen Provinzen, 1810/13

auch der Alpenbund vorerst nur auf dem Papier bestand. Aus verständlichen Gründen durften der Kaiser und sein Staatskanzler Metternich von solch umstürzlerischen, das politische Gefüge Europas durchbrechenden geplanten Aktionen vorerst nichts wissen.

Ende Jänner 1813 gewann Hormayr den Kreishauptmann Anton von Roschmann, der als Mitglied der Tiroler Hofkommission mit dem Schicksal seiner nach Österreich geflüchteten Landsleute befasst war. Da beide Männer krankhaft ehrgeizig waren, musste es zum Konflikt kommen. Im Herbst 1809 hatte sich Roschmann gegenüber Hormayr behaupten können und war nach Tirol geschickt worden, nun aber lag die Führungsrolle wieder bei Hormayr. Mag sein, dass Roschmann gar nicht an die Möglichkeit einer Verwirklichung des Alpenbundes glaubte, mag auch unbedingtes Loyalitätsdenken der Beamtenseele mit im Spiel gewesen sein, auf jeden Fall beging Roschmann am Alpenbund Verrat – zu seinem eigenen Vorteil. Er spielte einige Zeit hindurch ein doppeltes Spiel, indem er sich beim Alpenbund engagierte und andererseits die geheimen Pläne an Metternich verriet und den Minister auf dem Laufenden hielt. Am 7. März 1813 schnappte für Hormayr die Falle zu. Während er verhaftet und als Staatsverbrecher durch längere Zeit in Munkács gefangengehalten wurde, konnte Roschmann noch im Herbst dieses Jahres wieder in wesentlicher Funktion als Oberlandeskommissär in Tirol einziehen. Obwohl Hormayr rehabilitiert wurde, rührte aus dieser bitteren Erfahrung doch sein Hass gegen Roschmann, seine Abneigung gegen Österreich und Metternich und sein gestörtes Verhältnis zu Tirol und Andreas Hofer her. Hat er seine literarischen Angriffe zunächst mehr anonym und versteckt angebracht, so brauchte er sich nach Übernahme in bayerischen Staatsdienst (1828) keinen Zwang mehr aufzuerlegen. Ein Hauch von Sentimentalität liegt auf der Tatsache, dass er aber sein Herz in der Vorhalle bzw. nördlich anschließenden Kapelle der Stiftskirche von Stams im Oberinntal beisetzen ließ.

Dem Bündnis Russland–Preußen vom Februar 1813 schlossen sich England und am 12. August auch Österreich an. Wie so oft in der ganzen Kriegsepoche kam nun wieder dem Lienzer Raum die Funktion eines Brückenkopfs für das österreichische Militär zu. Während in Lienz am 15. August noch der Geburtstag Kaiser Napoleons gefeiert werden musste, ließ der am 17. August erfolgte Einmarsch des österreichischen Feldzeugmeisters Johann Freiherr von Hiller in Klagenfurt das rasche Ende der französischen Herrschaft im illyrischen Teil Tirols erwarten. Schon am 21. August rückte eine 80 Mann starke Patrouille, von Kärnten kommend, unter größtem Jubel der Bevölkerung in Lienz ein.[2] Somit war Lienz – wie im April 1809 – die erste befreite Stadt Tirols. Roschmann schickte zunächst seine Beamten zur Organisierung des Schützenwesens voraus. Er selbst traf mit General Franz Fenner von Fennberg, mit Sieberer, Eisenstecken, Haspinger und Speckbacher Mitte September in Lienz ein. Man stieß durch das bayerische Pustertal ins Eisacktal vor, stand am 11. Oktober in Bozen, am 31. in Trient. Kaiser Franz ernannte mit 29. November 1813 Anton von Roschmann zum provisorischen Landeschef von Tirol und betraute ihn mit der Durchführung der österreichischen Verwaltung im ehemals illyrischen und inzwischen auch befreiten italienischen Tirol. Ein interessantes persönliches Schicksal, das diese beiden Territorien in einen Zusammenhang stellt, erlebte Wilhelm Freiherr von Eichendorff als kaiserlicher Beamter.[3] Wilhelm, Bruder des bekannten Dichters der Romantik, Joseph von Eichendorff, aus jenem Teil Schlesiens gebürtig, der unter Maria Theresia an Preußen verloren gegangen war, stand in österreichischen Staatsdiensten und wurde im November 1813 nach Trient berufen, wo er sehr gerne seinen Dienst versah, besonders da er in eine gewisse „Gräfin S." verliebt war. Gleichsam

(295) Der österreichische Feldzeugmeister Johann Freiherr von Hiller, aus dessen Armeecorps eine 80 Mann starke Patrouille am 21. August 1813 in Lienz einrückte

über Nacht wurde er in das ehemals illyrische Lienz versetzt, wo im Mai 1814 das Kreisamt Pustertal und am Eisack provisorisch eingerichtet wurde. Er ging – schrieb er seinem Bruder – „wie ein Verbannter nach Kamtschatka"!

Laufend trafen in den schon befreiten Teilen Tirols ehemalige, nach Wien geflohene Landesverteidiger ein. Josef Speckbacher zum Beispiel hielt sich seit Jahresende 1813 in Windisch-Matrei (Osttirol) auf, um das Schützenwesen neu zu beleben, stieß dabei aber bei weitem nicht mehr auf dieselbe Begeisterung wie im Jahr 1809. Anfang Februar 1814 wurde dem Landesschützenmajor in Lienz eine besondere Ehrung zuteil: Es wurde ihm die vom Kaiser verliehene große goldene Civil-Ehrenmedaille überreicht.[4] Sie kam ihm später allerdings abhanden, so dass er sie in Schwaz noch einmal verliehen bekam.

Die Völkerschlacht bei Leipzig (16.–19. Oktober 1813) und die Einnahme von Paris am 31. März 1814 ließen ganz Europa aufhorchen. Für die

(296) Schützenscheibe aus Lienz aus Anlass des Festschießens bei Überreichung der Großen Goldenen Ehrenmedaille an Josef Speckbacher am 2. Februar 1814

Tiroler war vor allem von Bedeutung, dass schon am 8. Oktober 1813 Österreich und Bayern ein Bündnis zur Bekämpfung Napoleons geschlossen hatten.[5] Waren in jenem Vertrag von Ried Gebietsfragen zwar nicht berührt worden, konnte man doch mit Recht auf Rückkehr auch des „bayerischen" Tirol zu Österreich und auf die Wiedervereinigung aller Teilgebiete hoffen, nachdem das „illyrische" und „italienische" Tirol schon befreit waren. Entsprechende Propaganda im bayerischen Innkreis, ausgesandte österreichische Emissäre und wieder eingewanderte Emigranten riefen eine Gereiztheit und auch Unzufriedenheit unter der Bevölkerung hervor, die Generalkommissär Lerchenfeld in eine immer bedrängtere Lage brachten. In manchen Orten, wie in Meran, Brixen oder Sterzing, kam es zu Unruhen. Den Höhepunkt bildeten die Zusammenrottung von unzufriedenen Bauern und der Sturm auf die Kreishauptstadt Innsbruck am 11. Dezember 1813.[6] Selbst zufällig durchziehendes österreichisches Militär wirkte an der Beruhigungsaktion mit.

Die Kenntnis vom Sturz Napoleons und das Wissen um die gegenwärtige moralische Stärke des österreichischen Kaiserhauses verbreiteten ziemlich plötzlich eine Welle pro-österreichischer und pro-habsburgischer Gefühle. Trotz Anwesenheit der bayerischen Beamten und der im Inntal stationierten Truppen ließ man sich nicht davon abhalten, bayerische Embleme über Nacht verschwinden zu lassen und die alten Doppeladler wieder hervorzuholen. Einen auffallenden Beweis der Anhänglichkeit an das Kaiserhaus lieferte die Durchreise von Erzherzogin Marie Louise, Tochter Franz' I. und französische Ex-Kaiserin, durch Tirol.[7] Im Angesicht schockierter bayerischer Beamter zogen vierzig Bauern die Karosse an einem seidenen Seil durch mehrere mit Doppeladlern geschmückte Triumphbögen bis hin zur Hofburg! Man erblickte in Marie Louise das Haus Österreich und brachte somit ihm die Reverenz dar.

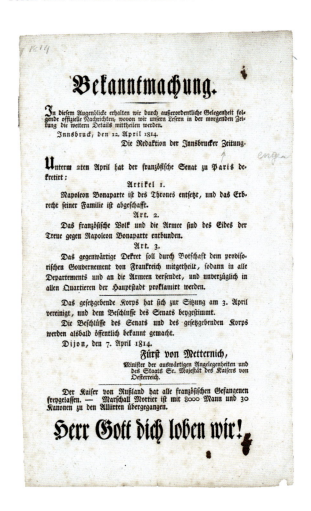

(297) Bekanntmachung der Absetzung Kaiser Napoleons, Innsbruck, 12. April 1814

Im Friedensvertrag zwischen Österreich und Frankreich, geschlossen zu Paris am 30. Mai 1814, wurden die beiden zwischenstaatlichen Friedensschlüsse von 1805 und 1809 annulliert, durch die Tirol aus der Habsburgermonarchie herausgelöst worden war. Damit war der größte Teil Tirols südlich des Brenners auch formalrechtlich wieder unter österreichischer Herrschaft. Ebenfalls in Paris kam der Frieden zwischen Österreich und Bayern zustande. Er wurde am 3. Juni 1814 geschlossen[8] und eigentlich als ein Anhang zum Vertrag von Ried angesehen. Dabei ging es vor allem um Gebietsabtrennungen vonseiten Bayerns. Tirol sollte wieder zu Österreich kommen, „ganz so wie dasselbe mit der Krone von Bayern vereinigt worden ist". Mit 26. Juni trat der Vertrag in Kraft. Im Rahmen einer großen Feier in Innsbruck verlas Anton von Roschmann das kaiserliche Besitzergreifungspatent. Gleichzeitig wurde Roschmann zum provisorischen Landeschef von Gesamttirol ernannt.

Für den 24. Juli waren im ganzen Land Feiern mit Te Deum angesetzt. In der Tiroler Landeshauptstadt fiel die Feier natürlich besonders glanzvoll aus. In der Pfarrkirche zu St. Jakob hielt der

(298) Ratifikation zur Ergänzung des Vertrags von Ried, München, 14. Juni 1814

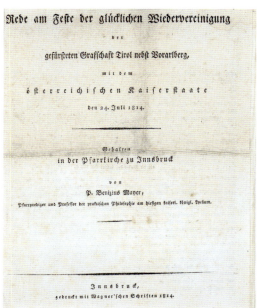

(299) Servitenpater Benitius Mayr, der immer wieder durch literarische Arbeiten hervortrat

(300) P. Benitius Mayr, Festpredigt aus Anlass der offiziellen Feier zur Wiedervereinigung der Gefürsteten Grafschaft Tirol mit dem österreichischen Kaiserstaat, Innsbruck, 24. Juli 1814

(301) *Schützenscheibe aus Lienz mit Bezug auf den provisorischen Landeschef von Tirol, Anton Leopold von Roschmann, 1814*

(302) *Kranzscheibe des Erbhuldigungsschießens in Anwesenheit Kaiser Franz' I., Innsbruck 1816*

Servitenpater Benitius Mayr die Festpredigt. Er war übrigens einer von jenen, die sich in den letzten Jahren stets auf die mehrfach wechselnden Machthaber eingestellt hatten. Immer war Pater Benitius mit einer wortgewaltigen Predigt oder einem literarisch mehr oder weniger wertvollen Gedicht zur Stelle. In der für die Zeit typischen Verquickung von Religion und Patriotismus begann Pater Benitius seine Ausführungen[9]: „Der allgemeine heutige Freudentag unsers zu seinen Oesterreich und seinen väterlichen Kaiser wiederkehrenden Vaterlandes; dieses Freudenfest, wie wohl nie eines von unsern Vätern je gefeyert ward; der Tag des herzlichsten Volksjubels, der alle diese stillen Thäler erfüllt, und von allen diesen ewigen Bergen wiederhallet; der Tag des Segens, wie keiner in der Geschichte Tirols erschienen ist, und ewig und einzig in dem Andenken künftiger Zeiten dastehen wird; dieser große Tag ist der Religion eben so wichtig, als dem Vaterlande. ..."

Mit der Wiedervereinigung erträumten sich alle, besonders die maßgeblichen Kreise, die Wiederherstellung der Verhältnisse der Zeit vor 1805, also vor der bayerischen Herrschaft; schließlich hatte man u. a. auch dafür gekämpft! In vieler Hinsicht traf dies auch zu, unter anderem in religiösen und kirchlichen Angelegenheiten. Manche der früher so verhassten Gesetze und Vorschriften wurden jedoch aufrechterhalten oder neu eingeführt. Man sah zwar nicht unbedingt ein, dass sie geänderten Zeitverhältnissen entsprachen, hatte sich aber inzwischen zum Großteil daran gewöhnt.

Um die politischen Rechte, um die so gerühmte Verfassung, deren Verlust vom Volk nie verschmerzt worden war, stand es aber übel. Der Ruf nach der alten Verfassung wurde besonders im Bauernstand laut. Man hatte seit der Fremdherrschaft große Steuerlasten zu tragen und erwartete von dem in der Verfassung verankerten Recht der Selbstbesteuerung eine tiefgreifende positive Änderung. Auch die Geistlichkeit, vor allem im ehemals bayerischen Tirol, erwartete sich von der Wiedereinführung der Verfassung die Rückführung zu den alten Verhältnissen. Sie hatte unter den Bayern ihren ganzen Einfluss und den größten Teil der Einkünfte verloren.

Durch die großen Opfer und Anstrengungen, die Tirol insbesondere im Jahr 1809 erbracht hatte, wobei die Anhänglichkeit an das „angestammte Herrscherhaus" zu den entscheidenden Motiven gezählt hatte, hoffte man mit Zuversicht auf die so oft heraufbeschworene „väterliche Liebe" des Kaisers zu „seinen" Tirolern und damit auf die Rückgabe der alten Rechte.

Man war zwar schon einiges gewohnt, Roschmanns Rede anlässlich der Besitzergreifung hatte aber auch viele aufhorchen lassen, wenn er erklärte[10]: „Tyroler! nicht durch eigenmächtiges, willkührliches Eingreifen in die Ordnung der Dinge, sondern aus den Händen der Vorsehung, welche die Waffen eures Kaisers und der verbündeten Truppen segnete, und durch geheiligte Tractaten kehret ihr an das Haus Österreich zurück." Kein Wort des Dankes für die Eigeninitiative im Jahr 1809, oder auch – freilich in bescheidenem Ausmaß – im Jahr 1813. Im Gegenteil, es wurde klargestellt, dass man Tirol als erobertes Land betrachtete. Und dieser Standpunkt gab der Regierung in Wien Gelegenheit, gleichsam einen Strich unter die bisherigen Verhältnisse zu ziehen und neu anzufangen. Was früher von den Tirolern abgelehnt worden war, kehrte nun unter österreichischer Herrschaft wieder und schloss damit an die Verhältnisse im Josephinismus an: Durchsetzung eines zentralistischen Prinzips in einem modernen Staat, vereinheitlicht und von Wien aus gelenkt. Alles musste in ein System passen. Sonderrechte der einzelnen Provinzen wurden beiseitegeschoben. Und diesem absoluten Staat sollten auch die Privilegien der Tiroler zum Opfer fallen.[11] Früher, im Kampf gegen ein übermächtiges Frankreich heftig gefördert, wurde nun in der Zeit des „Vormärz" bewusst möglichst alles peinlich vermieden, was nationale Gefühle hätte fördern können.

Auch die Volkswehrhaftigkeit war nicht mehr geschätzt. Konnte nicht ein organisiertes und bewaffnetes Volk, wie die Tiroler im Jahr 1809, auf „revolutionäre" Gedanken kommen und eines Tages die Waffen gegen Österreich richten? Nun sollten die Völker nicht in den Genuss ihrer Verdienste kommen. Allein das Wort „Freiheit" hatte im Vormärz bereits etwas Suspektes an sich, war verpönt und wurde als sehr gefährlich beurteilt. Dagegen wurde jetzt unter österreichischer Herrschaft die Konskription eingeführt. Auf das Jahr 1815 geht die Truppe der „Tiroler Kaiserjäger" zurück.[12] Den Grundstock bildete das Fenner-Jägerkorps. Den Kaiserjägern, deren Name bald schon als Ehrenbezeichnung aufgefasst worden ist, durften nur Tiroler angehören.

Die Situation in Tirol wird durch ein interessantes Beispiel erhellt. Nachdem Napoleon Elba, den Ort seiner Verbannung, im März 1815 verlassen hatte, stellte sich Murat, König von Neapel, auf seine Seite. Mit zwei Armeen stieß er gegen die

(303) Medaille auf die Wiedervereinigung Tirols mit Österreich, Silber

(304) Medaille auf das Festschießen in Innsbruck 1816, Gold

Österreicher in Oberitalien vor. Da erinnerte man sich der strategischen Bedeutung Tirols, und der provisorische Landeschef Roschmann wurde mit der Mobilisierung beauftragt. Bald jedoch musste er in Wien sein Scheitern eingestehen. Nichts war von „Hofer'schem Geist" zu spüren! Die Gleichgültigkeit der Bevölkerung gegenüber der Landesverteidigung war zu diesem Zeitpunkt erschreckend groß und vor allem ungewohnt. Immer wieder musste Roschmann hören, die Wiedererlangung der alten Verfassung sei Vorbedingung für jede Aktivität.

(305) Kaiserliches Patent über die Ständische Verfassung Tirols, Wien, 24. März 1816

Bessere Aussichten erhoffte man sich in Tirol mit der Abberufung des äußerst unbeliebten Anton von Roschmann. Zu offenkundig war er ein Verfechter zentralistischer Ideen gewesen. Roschmann wurde mit 21. April 1815 durch Ferdinand Graf Bissingen-Nippenburg, der gleichzeitig zum Gouverneur ernannt wurde, abgelöst.[13] Graf Bissingen war im Land bestens bekannt, hatte er doch bereits von 1797 bis 1802 diesen Posten innegehabt. Man rechnete mit seiner Hilfe.

Auf mehrfaches Bitten und Drängen erhielt Tirol mit 24. März 1816 tatsächlich wieder eine Verfassung, die allerdings sehr enttäuschte. In den einleitenden Worten des Patentes wurde bereits geklärt, dass „Verbesserungen" vorgenommen worden seien, „welche die veränderten Verhältnisse und das Bedürfnis der Zeit erheischen"! Von den alten Rechten war kaum etwas übrig geblieben.[14] Immerhin hatte das Land ein offizielles Forum, Wünsche, Bitten, Beschwerden vorzubringen. Der Landtag hatte allerdings nicht nur eine gewisse psychologische Bedeutung, sondern erreichte durch seine Beharrlichkeit auch manchen Erfolg. Das Ringen um die alte Wehrverfassung war nun überhaupt vergeblich.[15]

Der schlagartig eingeführte Zentralismus, wo man noch vom „milden Zepter Österreichs" schwärmte, führte vorübergehend zu einer Vertrauenskrise gegenüber Österreich. Wie schon in früheren Jahren zu bemerken, unterschied man in Tirol auch jetzt wieder deutlich zwischen dem Kaiser und seiner Regierung bzw. seinen Beamten. Diesem traute man blindlings alles Gute, jenen alles Üble zu. Was war dies für ein Freudenfest, der Besuch von Kaiser Franz I. in Tirol aus Anlass der Erbhuldigungsfeier vom 27. Mai bis 4. Juni 1816 in Innsbruck! Es war ein großartiges patriotisches Fest mit allem nur möglichen charakteristischen Gepränge, vom Hochamt bis zu Umzug und Festschießen. Bei seiner Abreise nach Salzburg besuchte der Kaiser am 5. Juni auch noch das Ziller-

reiche ehemalige Landesverteidiger erachteten ihre Verdienste nur ungenügend gewürdigt oder hatten ihre Existenzgrundlage verloren. Ihren Einfluss und ihren Aktionsradius völlig überschätzend, schockierten sie nicht selten mit großsprecherischen Reden Polizei und Behörden, wenn sie in Stammtischrunden vom Aufwiegeln des Volkes, von ausländischer Hilfe usw. orakelten. Wurden solche Reden von der geheimen Staatspolizei aufgeschnappt, fanden sie in den „Stimmungsberichten" der einzelnen Kreisämter ihren Niederschlag. Im Gubernium zu Innsbruck zu einem neuen Bericht verarbeitet, gelangten die Informationen nach Wien.

Ein Opfer Metternich'scher Politik wurde Erzherzog Johann[18], von dem man bei den patriotischen Feierlichkeiten nichts hörte. Nicht nur, dass er Metternich seit der Beteiligung am „Alpen-

(306, 307) Leopold Puellacher, Grundsteinlegung der „Kaisersäule" in Fügen im Zillertal in Anwesenheit Kaiser Franz' I. am 6. Juni 1816 und Enthüllung der Kaisersäule am 6. Oktober 1816

tal zur Huldigung, da es erst jetzt in seiner Gesamtheit mit Tirol und dem Kaisertum Österreich vereinigt wurde. Früher waren Teile salzburgisch gewesen.[16] Die Grundsteinlegung zu einer „Kaisersäule" in Fügen nahm der Monarch selbst vor.

Bei den Feierlichkeiten des Jahres 1816 schlug der Patriotismus, verknüpft mit den noch ganz frischen Erinnerungen an Anno neun, hohe Wellen. Die hochpatriotischen Ovationen an den Kaiser – nicht an den Gesamtstaat – scheinen Franz I. mit echter Freude erfüllt zu haben. Solche stürmische Zeichen der Anhänglichkeit erlebte er nur in Tirol! Den Staatskanzler Fürst Metternich jedoch störten der eigenbrötlerische Patriotismus und der Nationalismus Tirols. Den ganzen Vormärz hindurch war auch die geheime Staatspolizei in Tirol zu einem guten Teil ihrer Arbeit ausgelastet mit Nachforschungen über „mißvergnügte" Tiroler, auch „Malkontente" genannt.[17] Zahl-

DER DANK DES KAISERS UND HOFERS HEIMKEHR 267

(308) *„Der Kaiser Franz I. besucht das Grab des Andreas Hofer" in Mantua, um 1816*

bund" ein wenig verdächtig war, der Staatskanzler erwirkte vom Kaiser ein bis 1832 aufrechterhaltenes Einreiseverbot nach Tirol für den Erzherzog. Metternich fürchtete die aufwühlende Kraft der mit dem Prinzen verknüpften Erinnerungen an 1809. Erzherzog Johann blieb bei den Tirolern beliebt, so wie auch er sich diesem Land und der Bevölkerung verbunden fühlte. Das Verbot hatte für Tirol den Nachteil, dass der Erzherzog seine für dieses Land geplante Kulturarbeit nicht durchführen konnte, die somit der Steiermark zugutegekommen ist.

Verständlich, dass unter den geänderten Verhältnissen tirolisch-patriotische Taten nicht gefragt waren! Dazu zählte die in Tirol freudig begrüßte Rückführung der Gebeine des „Nationalhelden" Andreas Hofer aus Mantua.[19] Mit der Neuaufteilung Europas nach der Napoleonischen Ära waren die Lombardei und Venetien an die Habsburger gefallen. Mantua lag nun also auf habsburgischem Boden. Schon mehrmals war ein entsprechender Plan erwogen worden, unter anderem vom Komponisten Johann Gänsbacher. Auch die Landstände hatten einen Antrag gestellt. Aus den nun bekannten politischen Gründen war es nie zur Ausführung gekommen. Im Jahr 1823 ergriffen fünf Offiziere des 1. Bataillons der Tiroler Kaiserjäger, die sich auf dem Rückmarsch aus Unteritalien kurz in Mantua aufhielten, die Initiative. Den entscheidenden Anstoß darf man Leutnant Georg Hauger zubilligen, der im August 1809 die Situation an der Lienzer Klause gerettet hatte. Nur die wenigen Stunden der Nacht vom 8. auf den 9. Jänner standen zur Verfügung. Hofers Grab befand sich im Garten des Pfarrers Antonio Bianchi, mit einem einfachen Gedenkstein gekennzeichnet. Der alte Friedhof von S. Michele war nämlich aufgelassen worden. Auch der Knecht wurde angetroffen, der vor dreizehn Jahren Hofers Leichnam bestattet hatte. Mit einigen Kaiserjägern wurde an die Arbeit gegangen, die sich im winterharten Boden schwierig gestaltete. Nach der Freilegung stellte Hauger, der über einige anatomische Kenntnisse verfügte, das Skelett zusammen. An Schädel und

Rippen wies es Frakturen und Absplitterungen auf, verursacht vom tödlichen Blei. Sorgfältig wurde das Gerippe geborgen. Nicht ohne eine „Echtheitsbestätigung", ausgestellt von Pfarrer Bianchi, wurde die nächtliche Exhumierung abgeschlossen, und bereits nach wenigen Stunden verließ das ganze Bataillon Mantua. Das Gerippe wurde in einer leeren Munitionskiste mitgeführt. Am 10. Januar erstatteten die Offiziere dienstliche Meldung. Hofers Gebeine blieben bis 30. Jänner in Trient in Verwahrung, wo die einzelnen Knochen vom Bataillons-Oberarzt Dr. Murko mit Draht zusammengefügt wurden und wo – ein Akt der Pietät – eine eigene Holzkiste verfertigt wurde. Am 1. Februar gelangten die Gebeine nach Bozen und wurden in der Hauskapelle des Stadtpfarrers und Propstes verwahrt. Inzwischen arbeitete die Maschinerie der Bürokratie. Die Meldung der Kaiserjägeroffiziere lief vom Bataillonskommando über das Regimentskommando, den Gouverneur Graf Chotek zum Präsidenten der Hofkanzlei und schließlich zum Kaiser. In Wien war man peinlich berührt. Man erwog, den Sandwirt in seiner Heimatgemeinde St. Leonhard im Passeier bestatten zu lassen, doch drang der Gouverneur mit seinem Vorschlag durch, und so ordnete Kaiser Franz mit Entschließung vom 31. Jänner 1823 die Beisetzung des Sandwirts in der Innsbrucker Hofkirche an.

Nach außen hin war der Schein gewahrt, und Kaiser Franz wurde in der Presse – und wohl allgemein in der Öffentlichkeit – gerühmt, weil er „aus Allerhöchst eigenem Antriebe ... zu bestimmen geruht, daß dem Verewigten in der hiesigen Hofkirche ein Monument auf kaiserliche Kosten errichtet werden solle".[20]

Was die Öffentlichkeit nicht wusste, war, dass der Kaiser am selben 31. Jänner mit Handbillett das eigenmächtige Handeln der Offiziere ausdrücklich missbilligte. Der Hofkriegsrat wurde mit einer Untersuchung beauftragt. Feldmarschallleut-

(309) Exhumierung der Gebeine Andreas Hofers durch Offiziere der Tiroler Kaiserjäger in der Nacht vom 8. auf den 9. Jänner 1823

(310) Übertragung der Gebeine Andreas Hofers in die Innsbrucker Hofkirche, 21. Februar 1823

DER DANK DES KAISERS UND HOFERS HEIMKEHR

(311) Ausschnitt aus der Darstellung der Übertragung der Gebeine Andreas Hofers

nant von Fenner setzte sich für die Offiziere ein. Es wurden Freiheitsstrafen von drei-, zwei- und einmonatigem Profosenarrest für die kaiserlichen Offiziere beantragt. Dagegen stellte der Appellationsreferent den Antrag auf einige Tage Hausarrest unter Verweis auf die begangene Eigenmächtigkeit. Schließlich blieb es bei einer „angemessenen Zurechtweisung" der Offiziere. Zu diesem Zeitpunkt war Andreas Hofer schon längst in der Hofkirche bestattet.

Die Gebeine waren in Bozen in einen Eichensarg umgebettet worden, der am Morgen des 17. Februar wiederum verladen worden war, getarnt unter einer Decke und Stroh. Er war bereits am 19. Februar in Innsbruck eingetroffen und im Servitenkloster abgestellt worden.[21] Es war das Verdienst des mutigen Gouverneurs Graf Chotek, wenn sich Hofers Heimkehr zu einem Triumphzug gestaltete. Chotek musste über den Hergang des vaterländischen Festes nach Wien berichten und legte – da wohl auch ein Beitrag in der Zeitung erscheinen müsse – den Artikel für den „Bothen von und für Tirol" zur Genehmigung bei. So kam es, dass die Zeitung erst am 17. März ausführlich über die am 21. Februar 1823 erfolgte festliche Beisetzung[22] des einstigen Oberkommandanten der Tiroler Landesverteidigung und inzwischen zum Nationalhelden avancierten Andreas Hofer berichten konnte: „Schon um 2 Uhr mahnten dumpfe Glockenschläge vom Kloster Wiltau herab an die nahe Stunde der Feier. Die Vorstadt füllte sich mit Menschen von allen Ständen, und um 3 Uhr waren bereits sämmtliche Behörden in der Klosterhalle der P.P. Serviten um Hofers Sarg versammelt. Ein schwarzsamtnes Tuch, Hut und Säbel, Hofers Verdienstmedaille mit der goldenen Kette, und – als bedeutendste Insignie – vier Wappenschilder zierten den Sarg. Nach 3 Uhr hoben sechs seiner Kampfgefährten den Sarg auf ihre Schultern, und der Zug begann

(312) Wappen der Familie von Hofer, um 1820. Die Darstellungen im viergeteilten Schild zeigen: Tiroler Adler – Lorbeerkranz – Tiroler Schütze – Festung von Mantua.

in folgender Ordnung: Die Wiltauer Landes-Schützen-Kompanien mit dem Trauerflor auf der Fahne. Die Zünfte. Die Gymnasial-Jugend. Die Lyceal-Schüler. Die P.P. Kapuziner und Serviten. Der gesammte Lehrkörper, dann die Behörden. Der Stadtklerus, geführt vom hochwürdigen Herrn Prälaten von Wiltau und k.k. Hofkaplan Aloys Röggl. Die Bahre. Unmittelbar hinter ihr der Herr Schützenmajor Straub von Hall, und Hofers bis zur Todesangst unzertrennlich treue Adjutant Sweth. Die Stände, an ihrer Spitze der Landeshauptmann, Herr Graf Karl v. Chotek, an seiner Seite der kommandirende Herr General v. Luxem. Das Offizierkorps des k.k. hier garsonni-renden Jäger-Regiments und der städtischen Scharfschützen-Kompagnie. Eine Abtheilung Jäger ohne Armatur. Hinter ihnen das übrige Volk. Alle Fenster waren geöffnet, und so lang auch der Zug war, so konnte er doch die andächtige Menge nicht fassen. Durch gedrängte Volksreihen, in feierlicher Stille, nur durch ferne Pöllerschüsse, durch dumpfe Posaunentöne und halblaute Gebethe unterbrochen, bewegte sich der Zug. Gegen 4 Uhr langte die Bahre in der k.k. Hofkapelle an. In derselben Kirche, in welcher Se. Excell. der vorige Herr Prälat, Marcus Egle, dem Oberkommandanten Hofer die ihm von Sr. Majestät verliehene goldene Kette umhing, in derselben Kirche begleiteten die frommen Gebethe des nunmehrigen Herrn Prälaten Hofers Gebeine unmittelbar nach dem Jahrestage seines Todes in das Grab, das ihm der beste Fürst mitten unter den Denkmälern seiner Ahnen mauern ließ. – Der vaterländische Dichter Weissenbach schloß eine im Jahr 1816 zur Feier des Huldigungstages verfertigte Ode, in welcher er Hofers Schatten reden läßt mit den Worten: ‚Franz! eine Schaufel Erde von Tirol.' Hätte der patriotische Weissenbach doch erlebt, was er so sehnlich gewünscht hat! – Aber er ist bei Hofer, beide sehen hernieder, und segnen unsern guten Vater-Fürsten Franz und das liebe Tirol, dessen Söhne bereit sind, für Gott und Kaiser den letzten Blutstropfen zu verspritzen. – Den 22. um 10 Uhr wurde für die Seele Hofers der feierliche Trauergottesdienst gehalten, und war es ein vaterländischer Dichter, der Hofers Andenken im Gesange ehrte, so war es auch ein vaterländischer Compositeur, der k. k. Herr Oberlieutenant Gänsbacher, welcher der versammelten Menge in ergreifenden Tönen den frommen Wunsch zurief, in den Priester und Volk einstimmte, den Wunsch: ‚Er ruhe im Frieden!'"

Augenzeugen und Historiker über Andreas Hofer

Die Persönlichkeit Andreas Hofers, Seele des Aufstandes gegen Bayern und Franzosen, war seit den Erfolgen am Bergisel Ende Mai, spätestens aber seit August 1809 europaweit bekannt, was sich zum Beispiel in der zeitgenössischen Presse widerspiegelt. Österreichische Blätter berichteten natürlich positiv, bayerische natürlich negativ und andere, wie zum Beispiel die „Vossische Zeitung" in Berlin, neutral bis wohlwollend. Bereits zu seinen Lebzeiten, vor allem aber nach seinem Tod versuchten Freund und Feind, dem „Menschen Hofer" und dem Phänomen des Volkskrieges näherzukommen. Selbstverständlich sind zeitgenössische Berichte bzw. Berichte von Zeitgenossen über Hofer meistens subjektiv gefärbt. Bayerische Äußerungen über den Sandwirt sind aus verständlichen Gründen negativ.

In einem „Schwarzbuch" der bayerischen Polizei zu Jahresende 1809 wird über die wichtigsten Männer, die in den vergangenen Monaten in Innsbruck eine Rolle gespielt hatten, abgehandelt. Andreas Hofer wird in diesem Polizeibericht folgendermaßen beschrieben[1]: „Hofer Andre vulgo Sandwirth: hat sein Ansehen, vorzüglich seinem Barthe zu danken gehabt, sonst hätte er es schwerlich bekommen; denn er ist ein Mann ohne Kopf und Character. In Hinsicht seines Herzens ist er wenigstens nicht hart, ihn einen gutartigen Fanatiker nennen, heißt ihn vielleicht am besten characterisiren. Persönlichen Muth hat er nicht viel gezeigt, denn immer war er einige Stunden oder Meilen hinter seinen Horden. Die Verordnungen, die er machte, und ausgehen ließ, wurden ihm von seiner Umgebung ... eingegeben. War er gut berathen so handelte er besser, beim Gegentheile

(313) Bayerische Andreas-Hofer-Darstellung, 1809

schlechter. Daß aber Innsbruck nicht von den Bauern angezunden oder geplündert worden ist, hat es ihm zu danken, doch ist auch die Insurrection im Monat August ... durch ihn wieder ausgebrochen, und dadurch das Elend des Landes um einige Monate verlängert worden. Wenn ihm einige daher Verbindlichkeit schuldig zu sein glauben, so kann es nur darum sein, weil er es nicht noch ärger gemacht hat. ..."

Auch die Bevölkerung Bayerns interessierte sich für den Tiroler, von dem nun so viel geredet wurde, und nicht wenige begleiteten ihn mit ihren Sympathien, war doch gerade die Landbevölkerung im katholischen Bayern nicht durchwegs mit der Kirchenpolitik des Staatsministers Montgelas einverstanden. Der Verkauf von Kupferstichen mit der Darstellung des Sandwirts wurde außerhalb Münchens allerdings im Allgemeinen verboten. Und die in Bayern verbreiteten Druckschriften versuchten Hofer vielfach lächerlich zu machen, wie in der im Verlauf des Jahres 1809 erschienenen Flugschrift „Leben und Thaten des Sandwirth Hofer, Anführer der Insurgenten in Tirol". Der anonym gebliebene Verfasser gibt sich als alten Bekannten des Sandwirts aus, den er oft in seinem Gasthaus im Passeier bei Innsbruck (!) besucht habe. So wie der Schreiber über den richtigen Standort des Sandhofs nicht Bescheid weiß, hat er auch nicht die geringste Ahnung von den familiären Verhältnissen oder vom Aussehen Hofers, das er wohl nur von einem der verbreiteten Stiche mit dem Zerrbild des berühmten Tirolers abgeleitet hat[2]: „Der Sandwirth Hofer, welcher jetzt an der Spitze der Tiroler Insurgenten steht, erregt allgemeines Aufsehen; verschiedene Abbildungen desselben, mehr oder weniger treu, sind im Umlaufe. Um so mehr ist vielleicht mancher neugierig, von diesem Manne eine warhafte Schilderung und Erzählung seiner frühern Lebensumstände zu lesen. Ich habe ihn vor 10–12 Jahren, da ich mich in Innsbruck aufhielt, fast täglich in seinem Wirtshause gesehen und beobachtet, und kann daher manches nachtragen, was keine Zeitung meldet. Sollten auch unbedeutende Sachen mir unterlaufen – nun wohl! bei einem solchen Manne haben auch Kleinigkeiten zuweilen Interesse. Die Straße von Innsbruck nach Brixen und Bozen läuft in einem engen, von hohen Gebirgen eingeschlossenen Thale hin, und wird der Paß oder das Passeier Thal genannt. Hier liegt in der Nähe von Innsbruck ein einzelnes Vorwerk und Gasthaus, das wegen des Bodens der Sand oder auf dem Sand heißt, und täglich von den Innsbrucker Spaziergängern besucht wird. Nach demselben nannte man Hofern den Sandwirth. Er ist da geboren, indem schon sein Vater Eigenthümer

(314) Bayerische Darstellung Andreas Hofers mit seinen Getreuen, 1809. Das Bildnis wurde in München als „Propagandamaterial" beschlagnahmt.

(315) Dilettantische Darstellung Andreas Hofers mit verwirrender Inschrift: „Anno 1809 in Monath Novemb(er) erhilt der Rebellen Schef in Tiroll Andreas Hofer Gnade von seinem König".

dieses Gasthauses war, und hat nach dessen Tode die Wirthschaft übernommen. Jetzt wird er ziemlich 60 Jahre alt seyn. Er ist lang, stark, gut gewachsen, u. hat einen ziemlich dicken Bauch. Seine Augen sind blau, die Haare schwarz, sein Blick scharf und durchdringend, die Nase römisch, die Lippen dick und aufgeworfen, das Kinn hervorstehend, und von Haaren entblößt, denn der lange Bart, der ihn schon in der Zeit unserer Bekanntschaft auszeichnete, hebt erst unterhalb des Kinnes an. ... Auf dem Hute waren fünf Hahnenfedern, als Zeichen seiner Stärke, befestigt; denn die Tiroler tragen, als geübte Faustkämpfer, eine oder mehrere Hahnenfedern als Kopfputz, zum Beweiß, daß sie sich getrauen, es mit eben so viel Gegnern aufzunehmen. Aber ohngeachtet seiner Stärke vertrug er Scherz, und war ein unterhaltender Gesellschafter. Sein Witz gefiel, weil er ihn äußerst trocken und ernst vorbrachte; freilich war er meistens etwas gemein, welches man seiner Erziehung zurechnen mußte. Frauenzimmer ließ er selten ungeneckt. Wenn ein Mädchen allein kam, war seine gewöhnliche Anrede: ‚Hör mal Mädel, wo hast deinen Sokrischwanz' (ein gewöhnlicher Tiroler Ausdruck statt Liebhaber), und so dauerte die Unterhaltung fort, bis er in ihre Lebens- und Liebesgeschichte eingeweiht war. ... Er war zwar ächt katholisch, doch zu klug, um bigott zu eifern; es scheint mir daher wahrscheinlich, daß die, neuerlich von ihm erschienene Proklamation mehr ein Werk seiner Politik, als eignen Denkart, ist. Mit seiner Frau, die zur Zeit unsrer Bekanntschaft noch am Leben war, hatte er mehrere Kinder erzeugt, den ältesten Sohn ließ er studieren; ob dieser bei dem jetzigen Aufstande mitwirkt, ist mir unbewußt."

Ein in München im Jahr nach dem Tiroler Aufstand erschienenes Büchlein unter dem Titel „Andreas Hofer und die Tiroler Insurrection im Jahre 1809", anonym erschienen, jedoch von Johann Adam Bergk verfasst[3], spricht zunächst dem Sandwirt jede Selbständigkeit und Qualifikation ab, steht aber ein, dass die Tiroler Erhebung und ihr „erster Häuptling" immer Gegenstände der Forschung bleiben werden, wenn auch nur in erster Linie „zur Warnung und Belehrung"[4]: „Andreas Hofer ist von seiner Parthei als ein seltener Heros geschildert, und es sind von mehreren teutschen Schriftstellern, während und nach dem Kriege von 1809, so viele erhabene Eigenschaften ihm angedichtet und von ihm gerühmt worden, von denen kein einziger Tiroler etwas wissen will und von welchen man auch nach den genauesten Erkundigungen an Ort und Stelle durchaus nichts hat erfahren können. Aber dennoch bleibt die Tiroler Insurrection und ihr erster Häuptling, Andreas Hofer, in historischer, politischer und militairischer Rücksicht, für den eifrigen und unbefangenen Geschichtsforscher immer ein merkwürdiger Gegenstand, der zur Warnung und Belehrung der Mit- und Nachwelt es wohl verdient, von allen Seiten betrachtet und gewürdigt zu werden."

Der Autor will Hofer zu einem Opfer seiner Umgebung machen[5]: „Andreas Hofer war ... zwar kein böser Mensch und ein ganz verständiger Landmann, aber dabei nicht selbständig, sondern ein höchst schwacher Mann. Bei seinen geringen Geistesfähigkeiten wurde es also seinen Umgebungen desto leichter, auf diesen Mann zu wirken, ihn zu entflammen und gegen seinen rechtmässigen Regenten aufzuwiegeln und ihn so zu einem unruhigen Kopf und gefährlichen Unterthan zu machen. ..." – „So endigte ein, von seinem Wahn bethörter und von bösen und listigen Menschen verführter, schlichter Landmann, der im Genusse eines nicht unbeträchtlichen Vermögens, geachtet von seinen Landsleuten, als guter Staatsbürger, glücklicher Gatte und Vater die Freuden dieses Lebens noch lange hätte geniessen können, als Verbrecher. Ohne eine einzige von den ausserordentlichen, wesentlichsten Eigenschaften zu besitzen, welche ein so gefahrvoller Posten erheischt, wurde der schwache, kurzsichtige Mann, unfähig dieß zu beurtheilen, von seinen schlauen Umgebungen hinauf gehoben auf die Höhe am jähen Abgrunde und so geopfert."

Im Gegensatz zu diesen Beschreibungen des Sandwirts stehen jene seiner nächsten und ihm loyal ergebenen Vertrauten wie des Josef Rapp, Referent für Finanzen der Generaladministration, dessen Urteil stellvertretend für weitere positive Beurteilungen gelten soll[6]: „Keine unechte Triebfeder wirkte auf Hofer in seiner wichtigen Stellung, der jeder Mißbrauch so leicht und nahe war. Ihn leitete weder Ehrgeiz, noch Habsucht, weder Stolz, noch Leidenschaft. Er stellte sich an die Spitze des Aufstandes einzig für den Glauben seiner Väter, welchen die kirchlichen Neuerungen und Priesterverfolgungen der bayerischen Regierung zu untergraben schienen, dann für das theure Vaterland, welches, seiner Verfassung und Freiheiten schmählich beraubt, unter despotischen Beamten und überschwänglichen Lasten seufzte, endlich für das

angestammte Erzhaus Oesterreich, unter dessen mächtigem und mildem Szepter sich Tirol so viele Jahrhunderte glücklich pries ... Was seine geistigen Gaben und Kenntnisse betrifft, so beschränkten sich diese allerdings auf eine seinem Stande gemäße Bildung; dabei hatte er einen gesunden Verstand, treffende Urtheilskraft, verbunden mit vielem Mutterwitz, der bei seinem Hang zum Scherze gar oft sich äußerte und unterhaltend überraschte. In der Politik und Staatskunde war Hofer sehr natürlich ganz nüchtern; allein er wußte sich mit recht schaffenen, erfahrenen und sachkundigen Männern zu umgeben, welche seine Schritte leiteten und ihn vor Mißgriffen und bösen Rathgebern bewahrten. Nur selten gelang es leidenschaftlichen Menschen, ihn zu reizen oder irre zu leiten und seine Leichtgläubigkeit zum Nachtheile einzelner Individuen zu mißbrauchen."

Kritischer sind die Äußerungen des Geistlichen Josef Daney, der zum Beispiel Hofers Unselbständigkeit in der Regierungstätigkeit aufzeigt, eine Schwäche, die dem Sandwirt von vornherein klar gewesen war. Hofer selbst hatte sich nicht aufge-

(316) Der Verfasser der anonym erschienenen Kurzbiografie über Andreas Hofer ist Johann Adam Bergk, München 1810.

(317) Mercedes Blaas (Hg.), Aufstand der Tiroler gegen die bayerische Regierung 1809 nach den Aufzeichnungen des Zeitgenossen Josef Daney (= Schlern-Schriften 328), Innsbruck 2005

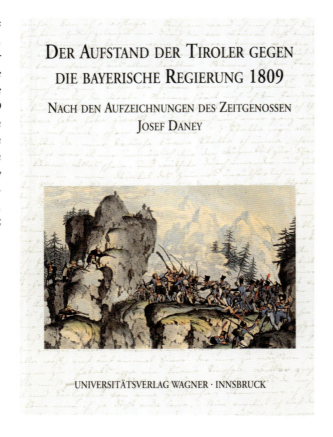

drängt und versichert, er wolle im Namen des Kaisers Regent sein – so gut er es vermöge. So sind auch die Worte Daneys, enthalten in einem seiner fingierten Briefe, nicht in herabsetzendem Sinne gemeint[7]: „Nun beginnt die Regierung des Sandwirts. Ehe ich Sie mit den verschiedenen, bald erhaben-diplomatischen, bald dumm-fanatischen, bald wütend-stürmischen Verordnungen, die alle unter des Sandwirts Unterschrift erschienen, bekannt mache, muß ich Sie zuvor erinnern, daß der Sandwirt selbst keinen einzigen der im Drucke erschienenen Aufsätze machte oder machen konnte. Hofer war bloß ein schlichter Landmann und Wirt, hatte zwar eine sehr richtige Beurteilungskraft in Dingen, die ins Hauswirtschaftliche, in Handel und Wandel und in gemeinen Verkehr einschlugen, war aber ja nicht fähig, irgendein höheres Regierungsgeschäft zu verstehen oder zu leiten. Indessen hatte er gar keinen Stolz und ließ sich gerne beraten und belehren. Sein Herz war gut und Gutmütigkeit der vorzüglich hervorleuchtende Zug seines Charakters. Im Umgange war er, wenn ihn keine sonderbaren Sorgen drückten, heiter, munter und angenehm. Er hatte nicht selten gute Einfälle und unterhielt sich manchmal nicht ungern scherzend mit den beiden hübschen Kammermädchen der in seine Gefangenschaft geratenen Frauen Obristinnen Epplen und Spaur, ... Er war nicht Seiner Majestät des Königs von Bayern oder der königlichen Familie, wohl aber der bayerischen Regierung ... abgesagtester Feind. In und für Kaiser Franz schien er zu leben. ‚Wenn ich a mal zum Kuaser kim', sagte er öfters, ‚ih will ihm erst Sachen sagen, wie's in Landl zugangen ist'. Er sprach die Volkssprache von Passeier und ziemlich fertig das Trientiner Welsch. Durch seinen früheren Branntwein- und Pferdehandel war er fast mit allen Wirten und ansehnlicheren Männern im ganzen Lande bekannt. Nun, als einen solchen Mann müssen Sie sich den Sandwirt vorstellen, als ihn das Volk von Tirol stillschweigend als Oberkommandanten anerkannte."

Köstlich und bezeichnend zugleich ist eine Episode aus Hofers „kriegerischer Tätigkeit". Anton von Gasteiger berichtet über den Aufmarsch der Landesverteidiger am Bergisel am 25. Mai 1809. Sie zeigt, wie unkonventionell Hofer in militärischen Dingen vorging, ja wie wenig vertraut er selbst mit militärischen Begriffen war. Er folgte seinem so gepriesenen Hausverstand – und hatte damit Erfolg. Anton von Gasteiger erinnert sich später an jene schicksalsschwere Nacht[8]: „Nach kurzer Frist ging's mit ganzer Macht vorwärts. Gleich am nördlichen Ende des Marktfleckens [Matrei] theilen sich die Straßen, von denen die eine links über den Schönberg nach Innsbruck, die andere zur rechten Hand, über die Ellbögen nach Hall führt. Dort auf dem Scheidepunkt stand nun Andreas Hofer in eigener Person, umgeben

von seinem lodenen Generalstab, und wies jede der vorüberziehenden Heeresabtheilungen an, entweder die eine oder die andere Straße zu ziehen, d. h. ob sie zum linken, beziehungsweise Centrum, oder zum rechten Flügel unserer Aufstellung zu gehören habe. Beide Hände in seinen Ledergurt gesteckt, erhob er nur bald den einen bald den anderen Fuß, und begleitete durch diese Geberde jeden seiner Befehle. ‚Oes geht da außen!‛, sagte er zu mir, als ich mit meiner Kompagnie an ihm vorübergezogen kam, und wies mir mit seinem erhobenen rechten Fuß die Ellbögner Straße an. ‚Also werde ich die Avantgarde bilden?‛, erwiederte ich fragend. ‚Oes seid halt die ersten‛, entgegnete der Sandwirth. ‚Und was habe ich dann zu thun? worauf ist eigentlich unser Operationsplan gegründet?‛, frug ich weiter. ‚Wenn ihr die Bayern trefft, so schlagt darauf los, und werft sie über den Berg hinab‛ lautete kurz und inhaltsschwer der Bescheid, der alle weiteren Bedenken zu Boden schlug."

Das schlechte Verhältnis zwischen Andreas Hofer und dem kaiserlichen Intendanten Josef Freiherr von Hormayr kam bereits mehrfach zur Sprache. Der Intendant kannte den Sandwirt schon aus der Zeit der Vorbereitung der Erhebung und gedachte, ihn als willfähriges Werkzeug benützen zu können. Doch bald schon zeigte sich die Eigenständigkeit im Denken und Handeln des Sandwirts, und damit keimte auch die Eifersucht im jungen, erst 28-jährigen Hormayr auf, der es trotz seiner „Amtsautorität", Geschäftigkeit und aller Anstrengungen nicht im mindesten zu jenem Ansehen bringen konnte wie der Sandwirt, der zu immer höheren Positionen berufen wurde. Bei den Charaktereigenschaften Hormayrs ist es darum auch nicht verwunderlich, wenn er Hofer nach Möglichkeit im Ansehen herunterzusetzen versuchte. Zu einem Zeitpunkt, als er – selbst ohnmächtig, in die Tiroler Geschicke einzugreifen, während der Sandwirt die Regentschaft im Land ausübte – dem Staatskonferenz- und Armeeminister Graf von Zichy am 29. September 1809 einen umfangreichen Bericht über die Erhebung in Tirol sandte, vergaß er selbstverständlich nicht, seinen eigenen Anteil ins rechte Licht zu rücken, ja überzubetonen. Kritik und sarkastische Bemerkungen

(318) *Andreas Hofer als Sieger am Bergisel, zu seinen Füßen Wilten und im Hintergrund Innsbruck mit der Nordkette, 1809*

(319) *(Josef von Hormayr,) Geschichte Andreas Hofer's, Sandwirths aus Passeyr, Oberanführers der Tyroler im Kriege von 1809, zwei Teile, 2. Auflage, Leipzig 1845*

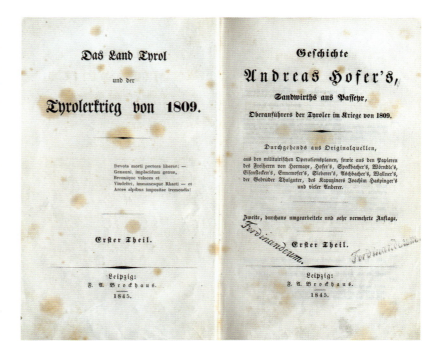

aber trafen den Oberkommandanten[9]: „Der Sandwirth von Paßeyr, Andreas Hofer hat weder die zu großen Unternehmungen gehörige Energie und Planmäßigkeit, noch auch militärische Kenntniße, aber ein Vertrauen auf seine gerechte Sache, und auf einen höheren Beistand, welches in der That, zumal in der Hälfte des Augusts nicht geringere Wirkungen hervorgebracht hat, als in den Heerzügen der Araber und Kreuzfahrer durch die Jungfrau von Orleans, unter den Türken und bei alten Fatalisten. Seine schöne Gestalt, sein kräftiges Alter, ... die Freiheit, die er seiner Truppe ließ, die Sorgfalt für ihre Verpflegung, wobei er sich selbst zumal mit dem edlen Rebensaft am wenigsten vergaß, seine Reise nach Wien zum geliebten Erzherzog Johann, sein reges Verständnis mit mir, der ich mich natürlich bestrebte, dem Feind in diesem Sandwirth ... einen täglichen fürchterlichen Popanz zu ziehen, haben ihn in der Meinung eines großen Theiles des Landvolkes auf eine so hohe Stufe des Vertrauens gestellt, ... Indessen bleibt er doch, wenn auch nur durch Zufall, und nicht durch das Uibergewicht persönlicher Eigenschaften, ewig der Wilhelm Tell Tirols, wenn dieses Land nur auf irgend eine Art erträglich aus der Sache scheidet, wird aber endigen ... wenn es mit Gewalt unterjocht wird."

Um diese Zeit, als Hormayr seinen Bericht schrieb, war Anton von Roschmann als Oberlandes- und Armeekommissär nach Tirol unterwegs. Er beurteilte das Bemühen des Sandwirts wesentlich gnädiger[10]: „Hofer war in Innsbruck und leistete alles, was man nur fordern kann. Aber der Mangel an Exekutionsmacht, seine eigenen Verhältnisse mit dem kontrastierenden Einfluss so vieler Menschen, die sich aus verschiedenen Absichten ihm an die Seite drängten, verschafften ihm nur in solchen Dingen Gehorsam, welche dem grösseren Haufen selbst gefällig sind."

Das Scheitern des „Alpenbundes" im Jahr 1813, die Behandlung als Staatsverräter, die Haft trugen – trotz Rehabilitierung – dazu bei, dass Freiherr von Hormayr zu den Ereignissen in Tirol im Jahr 1809 nie Abstand gewann. Im Jahr 1817 brachte er seine „Geschichte Andreas Hofer's" heraus, die in zweiter Auflage 1845 erschien. Damit fällt ihm immerhin das Verdienst zu, erster ernst zu nehmender Biograf des Sandwirts zu sein. Das Werk geht über reine Memoiren weit hinaus: Mit dem Zitieren zahlreicher Akten und Flugschriften will er geradezu wissenschaftlichen Charakter beanspruchen. Dennoch ist das Buch von Anfang bis zum Ende in aufdringlicher Weise subjektiv gefärbt. Hormayr ließ die Arbeit anonym erscheinen, um in der dritten Person viel Rühmendes über seine eigene Tätigkeit berichten und andere herabsetzen zu können, und hier in erster Linie den Sandwirt. Natürlich blieb den Tirolern die Autorenschaft Hormayrs nicht verborgen. Seit Erscheinen hat das Werk viel Ärgernis erregt, zu vordergründig ist seine Tendenz. Mit der historischen Wahrheit hat es Hormayr nie genau genommen, vor allem nicht in diesem Werk. Als besonders unschön empfand man, dass Hormayr an einem Toten Rache nahm, an einem, der sich nicht mehr verteidigen konnte. Als Beispiel dient Hormayrs Einschätzung der militärischen Taten des Sandwirts[11]: „An persönlichem Muthe fehlte es Hofern wahrlich nicht. Er hat es in vielen Gelegenheiten, er hat es am unzweideutigsten durch hochherzige Ergebung in den Opfertod für's Vaterland bewiesen. Aber so unglaublich es scheint, 1809 kam er niemals ins Feuer, sondern war (insonderheit in den beiden entscheidenden Treffen vor Innsbruck am 29. May und 13. August) eine gute Stunde zurück im Wirthshaus in der Schupfen, oder am untern Schönberg, hinter einem großen Tisch, in einer Flaschenbatterie rothen Weines, von wo er (betrunken oder auch nur vom Wein erheitert oder ermuthigt, sah man ihn nie, da er ungemein viel vertragen konnte) seine halb verständlichen Orakelsprüche hersagte. Uebrigens wußte er zu

Marsch, Angriff, oder Beobachtung, nicht einmal jene Disposition zu machen, welche der schlichte Menschenverstand, und ein geübter Blick auf das vorliegende Terrain, zumal dem Gebirgsbewohner geben, der als Hirte, Jäger und Fischer mit seinem Boden und mit all jenen klimatischen Anlagen desselben vertraut ist, die in den militärischen Berechnungen nicht unberücksichtigt bleiben dürfen. Statt dessen führte er, als die ihm eigenthümliche Waffengattung immerdar in der einen Hand den Rosenkranz, in der anderen die Flasche."

Die Unverfrorenheit der Behauptungen gerät bereits ins Wanken, wenn man bedenkt, dass Hormayr den Sandwirt nie während einer Bergiselschlacht erlebte, da er im Oberland bzw. überhaupt außerhalb Tirols weilte. Es ist eine der zahlreichen Hormayr'schen Geschichtslügen, dass Andreas Hofer sozusagen erst in Mantua zum ersten und letzten Mal im Feuer gestanden sei. Bereits ganz am Beginn der Erhebung, am 11. April, kommandierte Hofer erfolgreich das Gefecht bei Sterzing, worüber ein bayerischer Bericht vorliegt. Und später, bei den Bergiselschlachten, wäre es von Hofer geradezu unverantwortlich gewesen, sich als Oberkommandant mitten ins Kampfgetümmel zu stürzen. Bei ihm mussten doch – in genügendem Sicherheitsabstand von der Hauptkampflinie – die Fäden zusammenlaufen, um Dispositionen bezüglich Umgruppierung und Verstärken der Streitkräfte, den Einsatz der Reserven, die Versorgung mit Nachschub usw. zu gewährleisten. Und der „Einsatz" von Rosenkranz und Flasche ist für einen tiefgläubigen Wirt nun wirklich nicht so abstrus, um herausgestellt zu werden. Schlimmstenfalls sind Gebet und Wein als psychisches bzw. physisches Beruhigungsmittel zu interpretieren.

Hormayrs Rache an Hofer hat Früchte gebracht. Wer immer – bis in unsere Tage – negativ über Andreas Hofer schrieb, hat sich an Hormayr orientiert, manchmal vielleicht gar nicht mehr die originale „Quelle" kennend.

(320) Pathetische Darstellung der Erschießung Andreas Hofers in Mantua, 1. Hälfte 19. Jahrhundert

Bei aller Herabsetzung, die auch die Gesamtcharakterisierung Hofers enthält, kann Hormayr dem Sandwirt aber nicht seine Verkörperung des „Tyrolischen Gesammtwillens" absprechen[12]: „Des Passeyrer Sandwirthes Andreas Hofer Karakter, der beschränkte Kreis seiner Anlagen und Fähigkeiten, die Unbedeutenheit seines früheren Lebens, seine biedere Treue, sein zähes Festhalten an dem Glauben, an den Satzungen und Rechten der Väter, die fromme Unschuld seines Wandels, und seine gänzliche Unschuld an den großen Erfolgen des Jahres 1809, wo bei er eigentlich keinen thätigern und unmittelbarer eingreifenden Antheil hatte, als die Bundeslade bey den Israeliten, und der hölzerne heilige Antonius, Generalissimus der Portugiesen, wären wohl auf wenigen Seiten erschöpfend abgefertigt. – Aber wir haben es hier nicht mit dem einzelnen Gastwirth, Landmann, und Pferdehändler, zu thun, sondern mit dem Repräsentanten des Tyrolischen Gesammtwillens 1809, in jener Epoche des Unglücks und Ruhms!"

Das erste umfangreiche Werk eines Nicht-Tirolers über das Jahr 1809 war bereits 1814 in Berlin erschienen[13]: „Der Krieg der Tyroler Landleute im Jahre 1809" von Jakob L. S. Bartholdy. Der Verfasser nahm für die Tiroler Stellung, was ihm den Ta-

(321) Jakob L. S. Bartholdy, Der Krieg der Tyroler Landleute im Jahre 1809, Berlin 1814

del des Herausgebers der „Denkwürdigkeiten" von Maximilian Graf von Montgelas einbrachte[14]: „Das Bild dieser Tiroler Revolution ist ganz falsch in dem Werk eines getauften Juden namens Bertholdi dargestellt worden, der auf Kosten der Wahrheit Bayern herabzuwürdigen sich bestrebte."

Die Engländer, erbitterte Feinde Frankreichs und Napoleons, unterstützten nicht nur die Aufstandsbewegung in Spanien. Sie sandten Subsidien zur Fortführung des Kampfes auch nach Tirol. Ihr Interesse gegenüber den Tirolern drückt sich unter anderem darin aus, dass bereits im Jahr 1820 in London eine Biografie über Andreas Hofer in englischer Sprache erschien.[15]

Relativ weite Verbreitung fand „Hofer und der Freiheitskampf in Tyrol", ein dreibändiges Werk des Sachsen Gottfried Wilhelm Becker (1841). In den in Bayern erschienenen Werken über den Volksaufstand schneiden Andreas Hofer und Tirol aus begreiflichen Gründen nicht gut ab, wie in den Werken von Carl von Baur[16] (1812), Eduard von Voelderndorff[17] (1826) und Othmar Schönhut[18] (1853). Die Franzosen haben der „Insurrection" in

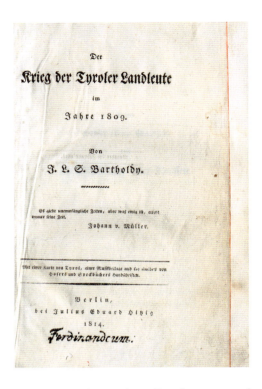

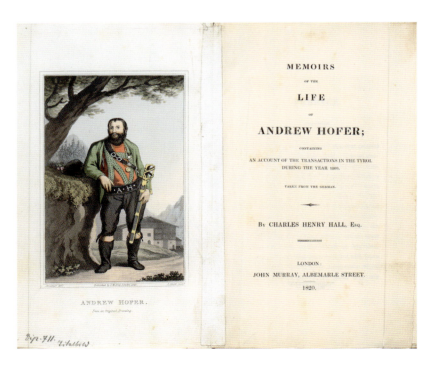

(322) Charles Henry Hall, MEMOIRS of the LIFE of ANDREW HOFER, London 1820

der Literatur weit weniger Beachtung geschenkt als die Bayern, wenn die Ereignisse in Tirol auch in zahlreiche Publikationen über die Taten Napoleons und der Grande Armée eingearbeitet sind, darunter besonders in der „France militaire. Histoire des armées françaises de terre et de mer de 1792 à 1833", erschienen in mehreren Bänden in Paris ab 1833, ausgestattet mit zahlreichen Radierungen. Die Tiroler Ereignisse finden darin nur geringe Beachtung.

Vor dem Aufkeimen des unglückseligen Nationalitätenstreits um Welschtirol/Trentino ist in der italienischen Literatur eine durchaus positive Einstellung zu Hofer und zum Tiroler Aufstand gegeben, so in der dreibändigen Arbeit „Andrea Hofer ossia il General Barbone" (1837) von Matteo Osboli[19] oder in „Andrea Hoffer e la sollevazione del Tirolo nel 1809" von Alessandro Volpi[20] (1856). Die nicht-deutschsprachige Anno-neun-Literatur ist kaum als wissenschaftlich zu bezeichnen, da sie eigentlich nur die bereits vorliegenden Werke verarbeitete.

Auch im deutschen Sprachraum nahm gegen Ende des 19. Jahrhunderts die Flut an Andreas-Hofer-Biografien zu, die ebenfalls nicht auf neuen Quellenstudien beruhten, sondern die inzwischen erschienenen Werke heranzogen und bestenfalls politisch gefärbte Neuinterpretationen enthielten. Selbst der Übergang von historischem Sachbuch zu historischer Erzählung ist fließend.

Die Erforschung des Zeitabschnittes um die Befreiungskriege wurde letztlich immer wieder von einheimischen Historikern entscheidend vorangetrieben.[21] Die Zensur der Vormärzzeit, die der Förderung allzu patriotischer Gefühle entgegenwirkte, hat verhindert, dass Hormayrs Arbeit ernsthaft widersprochen worden wäre. Bezeichnenderweise erschienen bald nach dem Ende der Ära Metternich gleich von zwei Autoren einschlägige umfangreiche Arbeiten: „Tirol im Jahre 1809" (1852) von Josef Rapp[22], der über seine reichen Erkenntnisse als Augenzeuge hinaus vielfältiges Quellenmaterial verarbeitete. Beda Weber[23] brachte 1851 das Buch „Das Thal Passeier und seine Bewohner. Mit besonderer Rücksicht auf Andreas

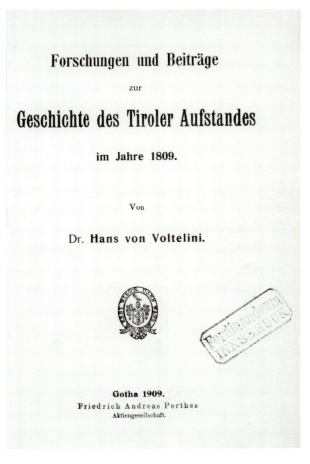

(324) Hans von Voltelini, Forschungen und Beiträge zur Geschichte des Tiroler Aufstandes im Jahre 1809, Gotha 1909

Hofer und das Jahr 1809" heraus, das die Rezension würdigte[24]: „Was hier geboten wird, muß als ein vollkommen zu Werth bestehender Beitrag und stellenweise als richtigster Fingerzeit von jedem kommenden Bearbeiter der Tiroler Kriegsgeschichte von 1809 dankend empfangen werden …" Im folgenden Jahr erschien der zweite Teil allein als „Andreas Hofer und das Jahr 1809 mit besonderer Rücksicht auf Passeiers Theilnahme am Kampfe", ein Buch, das durch seine offene, gewandte Schreibweise und geistvollen Kommentare populär wurde.

Breiten Raum widmete Josef Egger[25] im dritten Band seiner „Geschichte Tirols" (1880) dem Aufstand und seinen Hintergründen, wobei er unter den einheimischen Autoren insofern eine Ausnahme darstellt, als er die Ansicht vertritt, dass Tirol

(323) Franz Seraficus Nißl, Andreas Hofer in Relief, mit englischer Beschriftung „Commander in Chief, from the Tyrolese Hunters, against Bonaparte in the Year, 1809", um 1820

(325) Prunkausgabe von Josef Hirn, Tirols Erhebung im Jahre 1809, 2. Auflage, Innsbruck 1909

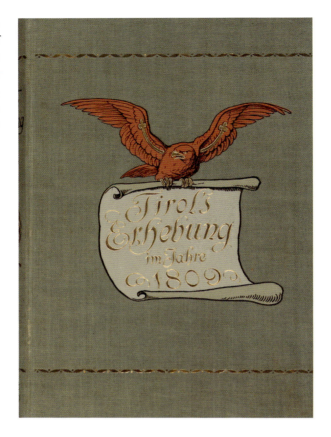

(326) Katalog der Tiroler Landesausstellung aus Anlass der 175-Jahr-Feier 1809–1984 im Tiroler Landesmuseum Ferdinandeum, Innsbruck 1984

wohl besser beim bayerischen König als beim österreichischen Kaiser aufgehoben gewesen wäre, und er untermauerte seine Aussage mit wirtschaftlichen und gesellschaftlichen Argumenten; überdies wäre durch die bayerische Verwaltung eine Lockerung der „klerikalen Herrschaft" in Tirol zu erwarten gewesen. Über Andreas Hofer urteilte er – trotz kritischer Bemerkungen – recht positiv.

Den Höhepunkt in der Forschung brachte das Jahr 1909. Aus Anlass der Jahrhundertfeier erschienen die gewichtigen Arbeiten „Forschungen und Beiträge zur Geschichte des Tiroler Aufstandes im Jahre 1809" von Hans von Voltelini[26] und „Tirols Erhebung im Jahre 1809" von Josef Hirn.[27] Voltelini, eher liberal gesinnt, wagte es, besonders auf das Versagen Österreichs und des Kaiserhauses hinzuweisen. Hirns Arbeit rollt äußerst detailreich den Hergang der Ereignisse ab, wobei auch auf die Klärung der Hintergründe größter Bedacht gelegt wurde. Josef Hirns Publikation, sicher nicht nach heutigen wissenschaftlichen Kriterien erstellt, ist dennoch bis heute das Standardwerk zur Geschichte des Tiroler Aufstands geblieben und wurde deshalb auch im Gedenkjahr 1984 in unverändertem Neudruck herausgebracht. Den Zeitabschnitt, der auf die Erhebung folgte, behandelte Ferdinand Hirn[28]: „Geschichte Tirols von 1809–1814" (1913).

Eine bemerkenswerte Bereicherung brachte „Nos campagnes au Tyrol 1797–1809", in Paris 1910 erschienen, von Victor Derrecagaix, der Quellenmaterial des Pariser Kriegsarchivs verarbeitete.

Nach dem Ersten Weltkrieg ließ die Forschung um Anno neun nach, besonders nachdem durch Hirn eine Publikation von bleibendem Wert geschaffen worden war. Dafür folgte aber eine große Zahl von populärhistorischen Arbeiten[29] verschiedener Färbung, die darauf aufbauten, wie die recht brauchbare und flüssig zu lesende Andreas-Hofer-Biografie von Karl Paulin (1935), zum letzten Mal im Jahr 1996 erschienen. Neues bot jedoch der Wiener Rudolf Granichstaedten-Czerva, ein ausgesprochener Tirol-Fan, mit einer Unzahl von Un-

tersuchungen über einzelne Details oder Einzelschicksale. Seine größeren Publikationen sind „Andreas Hofer. Seine Familie, seine Vorfahren und seine Nachkommen" (1926) und „Andreas Hofers alte Garde" (1932). Die italienische Veröffentlichung „Andrea Hofer nella insurrezione antibavarese del 1809" (1928) von Italo Caracciolo bietet zwar einige bisher nicht bekannte Tatsachen über das Geschehen in Welschtirol, in erster Linie aber ging es dem Verfasser um eine Anklage gegen Bayern und die Herausstreichung alles Pro-Italienischen. Franz Kolb veröffentlichte 1957 das Standardwerk „Das Tiroler Volk in seinem Freiheitskampf 1796/97", das zwar nicht unmittelbar zur Literatur über das Jahr 1809 gehört, aber eine äußerst umfangreiche und fundierte Erweiterung der wissenschaftlichen Literatur über die Freiheitsbestrebungen der Tiroler in der Napoleonischen Ära bedeutet. Das Gedenkjahr 1959 zeitigte den wertvollen Bildband „Tirol 1809" mit erläuternden Texten, herausgegeben von Hans Kramer, Wolfgang Pfaundler und Erich Egg. Wie zu erwarten, regte auch das Gedenkjahr 1984 die Publikationstätigkeit an und brachte unter anderem hervor: „Andreas Hofer und die Bayern in Tirol" von Dietmar Stutzer (1983), „Der Tiroler Freiheitskampf 1809 unter Andreas Hofer. Zeitgenössische Bilder, Augenzeugenberichte und Dokumente" von Wolfgang Pfaundler und Werner Köfler, „Andreas Hofer. Zwischen Napoleon und Kaiser Franz" von Hans Magenschab und „Andreas Hofer. Seine Zeit – Sein Leben – Sein Mythos" von Meinrad Pizzinini und den wertvollen und umfangreichen Katalog „Die tirolische Nation 1790–1829" der großen Landesausstellung im Tiroler Landesmuseum Ferdinandeum (6. Juni–14. Oktober 1984). Das Resümee über das Gedenkjahr – in Südtirol „Bedenkjahr" genannt – wurde mit dem von den Landesregierungen in Innsbruck und Bozen herausgegebenen Band „Tirol 1809–1984. Eine Bilddokumentation zum Tiroler Gedenkjahr" ge-

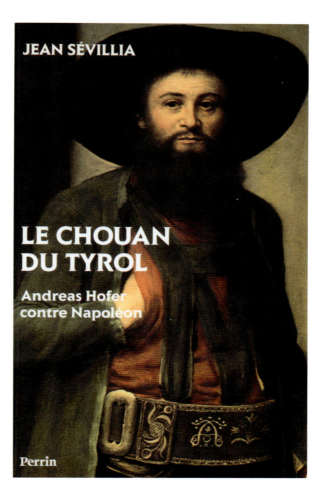

(327) Jean Sévillia, Le Chouan du Tyrol. Andreas Hofer contre Napoléon, Paris 1991

zogen. In diesen Zusammenhang passt das Buch „Tirol. Was ist das eigentlich? Eine Auswahl der ORF-Sendungen zum Gedenkjahr 1809–1984", eine aufschlussreiche und kurzweilig zu lesende Veröffentlichung.

Auch im letzten Vierteljahrhundert ist das Interesse an der historischen Forschung um die Napoleonische Ära in Tirol nicht erloschen. Abgesehen von zahlreichen kleineren Einzeluntersuchungen und Biografien sind auch größere Arbeiten erschienen, die das chronikale Wissen um die Geschehnisse jener Zeit erweitern wie „Uomini e genti Trentine durante le invasioni napoleoniche 1796–1810" von Lorenzo Dalponte (1986), „Andreas Hofer a Mantova in catene …" von Roberto Sarzi (1999) und „Das Südtiroler Unterland in der

(328) Roberto Sarzi, Andreas Hofer a Mantova in catene ..., Mantova 1999

Franzosenzeit 1796–1814" von Josef Fontana (1998). Sehr wertvoll sind die Schlern-Schriften „Der Aufstand der Tiroler gegen die bayerische Regierung 1809. Nach den Aufzeichnungen des Zeitgenossen Josef Daney" herausgegeben von Mercedes Blaas (2005), „Der Tiroler Freiheitskrieg 1809" von Viktor Schemfil (2007) und „Weltbild eines ‚Helden' – Andreas Hofers schriftliche Hinterlassenschaft" von Andreas Oberhofer (2008). Die sehr wertvolle Publikation „Die bayerische Integrationspolitik in Tirol 1806–1814" mit intensiver Auswertung der Bestände vor allem des Bayerischen Hauptstaatsarchivs in München verdankt man Margot Hamm (1996). Der Franzose Jean Sévillia zieht im Buch „Le Chouan du Tyrol. Andreas Hofer contre Napoleon" (1991) eine Parallele zwischen der Erhebung der Tiroler und den konterrevolutionären Aufständen im Westen Frankreichs wie in der Vendée. Sévillia sieht im Tiroler Andreas Hofer eine der bedeutendsten Gestalten der Napoleonischen Ära überhaupt.

Geradezu auffallend ist die Tendenz zur Aufarbeitung der Hofer-Rezeption beziehungsweise des Mythos, der um den Sandwirt und seine Zeit entstanden ist. Einen umfangreichen Erklärungsversuch unternimmt Siegfried Steinlechner mit „Des Hofers neue Kleider. Über die staatstragende Funktion von Mythen" (2000). Als gründlich gearbeitete Dissertation bzw. Magisterarbeit, jedoch noch ungedruckt, dürfen gelten „Das Bild Andreas Hofers in der historischen, literarischen und künstlerischen Rezeption des 19. und 20. Jahrhunderts" von Klaus Nutzenberger (Münster 1998) und „‚I wuaß nit, was schlimmer ischt, dö Fremd oda da Tod.' Der alpenländische Held Andreas Hofer in Drama und Libretto" von Ilse Wolfram (München 2006). Die Magisterarbeit „Der Mythos ‚Anno Neun'. Andreas Hofer und der Tiroler Volksaufstand von 1809 im Spiegel der Geschichtsschreibung (1810–2005)" von Florian Kern wurde im Jahr 2006 in Mannheim approbiert. Mit Tiroler Identitäten und ihrer vielschichtigen Interpretation befasst sich Laurence Cole im umfangreichen Werk „‚Für ‚Gott, Kaiser und Vaterland'. Nationale Identität der deutschsprachigen Bevölkerung Tirols 1860–1914" (Frankfurt/Main 2000).

Zum bzw. im Gedenkjahr 2009 sind zahlreiche – zum Großteil wissenschaftliche – Publikationen veröffentlicht worden, als deren Autoren bzw. Herausgeber Namen wie Th. Albrich, M. Forcher, H. Heiss, R. Heydenreuter, F. Kern, B. Mazohl, B. Mertelseder, W. Meighörner, Th. Naupp, M. Nequirito, A. Oberhofer, H. Reinalter, M. Reiter, M. P. Schennach, E. Schönwiese, I. Wolfram aufscheinen.

Durchwegs liegt diesen Veröffentlichungen die Tendenz zugrunde, Glorifizierung und Mythos um 1809 und Andreas Hofer zu hinterfragen, abzubauen und dadurch zu einer objektiveren Beurteilung des für Tirol vielleicht bedeutsamsten Geschichtsabschnitts zu gelangen.

Vorwiegend Mythos – Andreas Hofer in Literatur, Musik und Kunst

Der Mythos, der um Anno neun und speziell um Andreas Hofer entstanden ist, erhielt auch durch das im Jahr 1823 gegründete „Tiroler Nationalmuseum Ferdinandeum" eine gewisse Förderung. Gleich schon bemühte man sich, die Sammlung „Vaterländische Erinnerungen" anzulegen. Bereits im Gründungsjahr schrieb man Hofers Witwe an und bat um Übersendung eines persönlichen Gegenstands des Sandwirts.[1]

Neben einem erbeuteten bayerischen Portepee wurden des Sandwirts Hosenträger aus grünem Seidendamast übersandt. Es wurde selbst ein „Echtheits-Zertifikat" ausgestellt. Auch der silberne St.-Michaels-Pfennig, der die Hosenträger schmückte, wurde übergeben. Die Sammlung der Anno Neun betreffenden „Patriotica" wuchs in den folgenden Jahren stark an und wurde von den Museumsbesuchern viel beachtet. Bis heute werden immer wieder Erinnerungsstücke dieser Art angeboten, wobei wohl niemand für deren Echtheit die „Hand ins Feuer" legen würde.

(329–332) Persönliche Erinnerungsgegenstände von Andreas Hofer: Grüner Hosenträger aus Wolldamast – St.-Michaels-Pfennig – Pulverhorn mit silbernen Beschlägen – Medaillon mit Hofers Barthaaren

(333) Vielstrophiges „Ehrenlied" auf Andreas Hofer, gedichtet von Georg Hofer, 1809

So dramatische Ereignisse, wie sie Tirol in den Monaten des Freiheitskampfes 1809 erlebte, haben nicht nur die wissenschaftliche Forschung angeregt, Hintergründe, Details, Persönlichkeiten und Auswirkungen des Kriegsjahres zu erfassen, sondern weit mehr noch die Kunst in weitestem Sinn. Die Interpretationen in der Literatur mit ihren verschiedenen Sparten, in der Musik, in der bildenden Kunst, setzten noch zu Lebzeiten Andreas Hofers ein. Tiroler deutscher und welscher Zunge feierten den Sandwirt bereits im Jahr 1809 als ihren Helden. Das „Ehrenlied dem Tyroler Helden Andreas Hofer Oberkommandanten" von Georg Hofer bei der zweiten Meraner Kompanie wurde „Im Herbstjahr 1809" verfasst. Es beginnt mit den so bezeichnenden Strophen[2]:

*Die halbe Welt spricht von dem Helden;
Singt nun, Brüder, um zu melden;
Was Altär' und Land beschützt.
Man sah Blut für Glauben fließen,
Waffen sich an Waffen schließen;
Welche der Arm Gottes schützt.*

*Was wär' Tyrol von ihm verlassen?
Menschen zitterten, erblassen,
Und der Feind zog ohne Kampf,
Nach von ihm erdichten Lügen
Durch das Land in schnellen Zügen
Ohne Rauch und Pulverdampf. ...*

*O Gott! erhalte unsern Treuen,
Dessen Ruhm wir Lorber streuen
Stäts bewaffnet mit Geduld;
Daß er kann der Kirche nützen,
Unser Vaterland beschützen
Durch Mariä Gnad und Huld.*

Diese Kostproben aus dem fünfzehn Strophen umfassenden Gedicht genügen. Ähnlich wie in den Sonetten des englischen Dichters William Wordsworth, ebenfalls 1809 entstanden, erscheint hier Andreas Hofer als eine mit außergewöhnlichem Charisma begabte Persönlichkeit und ist darum bestimmt zu einer Führerrolle in der Zeit von Not und Gefahr.

Es ist nicht erst eine romantische Schau, die mit einem gewissen zeitlichen Abstand Hofers Verklärung forciert hätte, sondern es waren sein Wirken und die Ausstrahlung seiner Persönlichkeit, die die Dichtung anregten. Freilich hat man ihm bereits jetzt die legendären Eigenschaften eines Wilhelm Tell nachgesagt. Man weiß nicht, ob dem Sandwirt diese rühmenden Gedichte überhaupt unter die Augen gekommen sind. Was würde der einfach gebliebene Bauer und Wirt zu diesem Personenkult gesagt haben, wie er zum Bei-

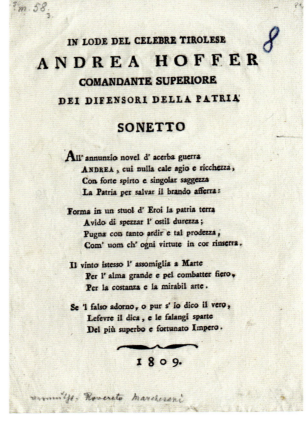

(334) Benitius Mayr, „Andrae Hofers Apotheose 1809". Der Sandwirt erscheint unter die Evangelistensymbole eingereiht.

(335) Italienisches Lobgedicht auf Andreas Hofer, dessen Verfasser unbekannt ist, 1809

spiel im italienischen Sonett³ „In lode del celebre Tirolese Andrea Hoffer comandante superiore dei difensori della patria" – „Zum Lobe des berühmten Tirolers Andreas Hofer, Oberkommandanten der Verteidiger des Vaterlandes" – zum Ausdruck kommt?

Bei der neuerlichen Kunde verderblichen Krieges
Greift Andreas, nicht achtend Ruhe und Wohlstand
Tapferen Sinnes und verständnisvoll
Zum Schwert der Rettung des Vaterlandes.

Den heimatlichen Boden macht er zum Träger eines
 Heldengeschlechts
Voll Begierde, des Feindes Härte zu zersplittern;
Kämpft mit solcher Kühnheit und so kalten Blutes
Wie nur ein Mann, der jegliche Tugend im Herzen
 trägt.

Der besiegte Gegner selbst vergleicht ihn dem
 Kriegsgott
Ob seiner Seelengröße, ob seines mutigen Streitens,
Ob seiner Standhaftigkeit und seiner bewunderns-
 werten Kriegskunst.

Ob falsch mein Lob oder ob ich die Wahrheit
 spreche,
Mög' Lefébvre bekunden, mögen bekunden die
 auseinander gejagten Scharen
Des stolzesten und vom Glück begünstigsten
 Reiches.

Das reine Gegenteil wird natürlich in der feindlich-bayerischen Literatur Andreas Hofer im wahrsten Sinn des Wortes „angedichtet". Die Bayern waren wohl aus Tirol gerade wieder vertrieben worden, da das folgende Poem von Hass gegen

Hofer geradezu überquillt. War man des Sandwirts in diesem Jahr 1809 nicht habhaft geworden, so wurde eben die verbale Waffe der Propaganda mittels „Dichtung" eingesetzt: „Einige Ladungen Pulver und Bley für den Sandwirth Hofer und seine Aufruhrs Gefährten oder Devisen zu seinem Portrait." Gleichzeitig wurde dem Sandwirt angekündigt, dass jeder Baum, der nicht gute Früchte trage, abgehauen und ins Feuer geworfen werde.

Bei der Fülle an Hofer-Gedichten – jeglicher Motivation und Qualitätsstufe – bleibt kein auch noch so unbedeutendes Ereignis vor literarischem Zugriff sicher. Das bayerische Gedicht dringt sogar in die Intimität von Hofers Zeugungsstunde vor[4]:

Es zitterte die Erde, der Himmel trauerte,
Als du den Stoff zum Leben empfingst.
Nacht war's, als dich die Mutter zeugte,
Schwarz war die Nacht, wie keine war.
Ein Rudel Höllengeister tanzte,
Die Furien freuten wüthend sich
Und schwangen hoch des Mordes Fackeln;
Der Raben scheusliches Geschrey
Ließ sich voll Schaur im Walde hören;
Die See war stürmisch – tobt und schlug –
Das Vaterland verhüllt sein weinend Angesicht,
Sein heil'ger Friedensboden bebte,
Er ahndete den Fluch. ...

Das Gedicht ist ziemlich umfangreich. Es wird noch die Geburt beschrieben, bei der ein Donnerschlag und eine überirdische Stimme aufhorchen ließen. Diese Stimme sagte dem kleinen Andreas alles nur erdenklich Böse voraus:

Des Heuchlers Larve wird ihn zieren,
Sein Mund schreit Aufruhr, Mord und Brand;
Nie wirst du seinen Ehrgeiz sätt'gen,
Er dürstet stets nach Ehr und Gold, ...
Im Herzen wird er teuflisch lachen,
Wenn er Unschuld'ge bluten sieht; ...
Er ist gebohren zum Verderben
Des Vaterlands. – Er ist des Volkes Fluch!

Die deutsche Widerstandsbewegung gegen Napoleon verhalf auch in der Dichtung wie selbstverständlich Andreas Hofer zu Ruhm und Ehre. Das mythosgeladene Tiroler Vorbild eroberte sich endgültig Deutschlands Herzen. Schon Theodor Körner, der Dichter der Befreiungskriege, der im Jahr 1813 fallen sollte, verherrlichte den Sandwirt in einem Gedicht[5]:

Treu hingst du deinem alten Fürsten an;
Treu wolltest du dein altes Gut erfechten;
Der Freiheit ihren ew'gen Bund zu flechten,
Betrat'st du kühn die große Heldenbahn.

Und treu kam auch dein Volk zu dir heran,
Ob sie der Väter Glück erkämpfen möchten.
Ach! wer vermag's, mit Gottes Spruch zu rechten?
Der schöne Glaube war ein schöner Wahn.

Es fangen dich die Sklaven des Tyrannen,
Doch wie zum Siege blickst du himmelwärts.
Der Freiheit Weg geht durch des Todes Schmerz!

Und ruhig siehst du ihre Büchsen spannen:
Sie schlagen an; die Kugel trifft ins Herz,
Und deine freie Seele fliegt von dannen!

Auch die beiden Gedichte „Tiroler Nachtwache" und das Sonett „An die Tiroler" (1810) von Joseph von Eichendorff gehören mit seinem Jugendroman „Ahnung und Gegenwart" zum frühesten, was die deutschsprachige Literatur über Tirol und das Jahr 1809 zu bieten hat. Noch manch andere bedeutende Dichter haben des Tiroler Freiheitskampfs gedacht, zum Beispiel die Romantiker Clemens von Brentano, Joseph von Görres und Friedrich Rückert.

(336) Darstellung der Belagerung der Festung Kufstein durch die Tiroler, mit englischer Bildunterschrift, 1816. Der Druck war wohl für das englische Publikum, das Tirol besuchte, bestimmt.

England hat sich seit 1809 des Andreas-Hofer-Stoffes angenommen und Dichtungen verschiedenster Art hervorgebracht.[6] Als erklärte Feinde Napoleons zeigten die Engländer größtes Interesse am Aufstand und übersandten sogar Unterstützungsgelder. Nicht zuletzt durch die reichhaltige Literatur angeregt, waren die Engländer die ersten „Touristen" in heutigem Sinne in Tirol, die bereits nach dem Ende der Napoleonischen Ära das Land und das in der Dichtung so heldenhaft geschilderte Volk kennen lernen wollten. Besondere Ziele waren selbstverständlich die eindrucksvollen historischen Stätten wie der Bergisel oder der Sandhof im Passeier, die nicht nur in Beschreibungen, sondern auch bildlich festgehalten worden sind.

Die erste englische Andreas-Hofer-Biografie erschien in London bereits im Jahr 1820.

Dramatisch wurden die Zeitumstände und Ereignisse von 1809 wohl zum ersten Mal vom Servitenpater Benitius Mayr in Innsbruck aufgearbeitet. Das Stück wurde nicht gedruckt und konnte auch aus Anlass der Erbhuldigung im Jahr 1816 nicht aufgeführt werden, hatte es doch den Titel „Andreas Hofer, der Sandwirt von Passeier oder: Die Tiroler sind getäuschte, aber gute Menschen".[7] Der Autor ging darin auf die nicht gerade günstige Rolle Österreichs im Jahr 1809 ein.

Einem zweiten, auch sehr frühen Stück, „Andreas Hofers Gefangennehmung und Tod. Ein Tirolisches Nationaltrauerspiel" in fünf Akten von

Johann Caspar von Wörndle, wurde die Aufführung untersagt, obwohl Wörndle es eigentlich zur Erbhuldigung geschrieben hatte. Mayr hatte sein Stück der Zensur erst gar nicht vorgelegt; Wörndles Stück hingegen wurde 1817 endgültig abgewiesen und damit weder zur Aufführung noch zur Drucklegung zugelassen, „wegen der politischen Beziehungen und billigen Rücksichten für die noch lebenden Familienmitglieder des unglücklichen Andreas Hofer"!

In Wahrheit war es nicht erwünscht, zu starke tirolisch-patriotische Gefühle zu wecken bzw. zu schüren. Diese Tendenz hielt den ganzen Vormärz hindurch an. Die dichterischen Werke aus Anlass der Erbhuldigung (1816), der Übertragung von Hofers Gebeinen in die Innsbrucker Hofkirche im Jahr 1823 – die staatlicherseits gar nicht gebilligt worden war –, der Fertigstellung des Grabdenkmals mit der bekrönenden Hofer-Statue, der Erbhuldigung für Kaiser Ferdinand (1838) atmen trotz der Anno-neun-Thematik den Ausfluss der Erhabenheit und Güte des Kaiserhauses.

Zumindest in tirolisch-patriotischen Dingen von der im Vormärz allgemein üblichen Zensur nicht bedrückt, ist außerhalb Österreichs eine weit größere literarische Reaktion auf 1809 vorzufinden als in Tirol selbst bzw. im österreichischen Kaiserstaat. Die Befreiungskriege hatten zum Aufgreifen dieses Stoffes angeregt. Schon das Stück „Andreas Hofer. Anführer der Tyroler" von Paul Treulieb, Pseudonym für Paul Wigand, gedruckt in Frankfurt am Main 1816, betont den nationaldeutschen Aspekt, wenn „Hermann" und „Diethelm" auftreten und zum Beispiel dieser dem Sandwirt Hofer nachjammert[8]:

Und Hofer fort! wo, wo? Ha dort, ja dort!
Da führen sie ihn hin, den treuen Mann,
Der Deutschlands Freiheit in der Brust getragen ...

Als Vorbild diente Wigand das Drama „Wilhelm Tell" von Friedrich Schiller, mit seiner fiktiven Heldenfigur.

Das wohl bekannteste Stück eines deutschen Dramatikers mit Anno-neun-Thematik ist jenes von Karl Leberecht Immermann (1827) unter dem ursprünglichen Titel „Das Trauerspiel in Tyrol. Ein dramatisches Gedicht in fünf Aufzügen", das andere zweit- und drittklassige Literaten zum Aufgreifen desselben Stoffes angeregt hat, wie Friedrich de la Motte-Fouqué (ab 1832), Wilhelm Gärtner (1845) und Berthold Auerbach (1850). Einen sarkastischen Kommentar zu Immermanns Stück brachten die „Dramaturgischen Blätter"[9]: „Die Liebe ohne Grund [zu Österreich] war der Grund des Aufstandes der Tiroler." Dennoch scheint das Stück dem Zeitgeschmack entsprochen zu haben, sonst hätte es nicht so viele Aufführungen erlebt. Andere Rezensenten hielten es ja auch für ein großartiges Stück[10], und bedeutende Persönlich-

(337) Das Theaterstück von Karl Immermann „Andreas Hofer der Sandwirth von Passeyer" prägte im 19. Jahrhundert lange Zeit hindurch das allgemeine Anno-Neun-Bild.

keiten der Zeit wie Ludwig Tieck, Wilhelm von Humboldt, Prinz Heinrich von Preußen und selbst Johann Wolfgang von Goethe und Heinrich Heine äußerten sich positiv.[11]

Die nachklassisch-romantische Dichtung Immermanns hat durch lange Zeit das Geschichtsbild der Napoleonischen Ära in Tirol geprägt und wurde noch Ende des 19. Jahrhunderts gespielt! Eine Steigerung des gesprochenen Wortes wurde mit Musik erreicht. Einleitungsmusik als gewichtiger Auftakt, Intermezzi und Unterstreichung des Finales halfen mit, eine nachhaltige Wirkung zu erzielen. Unter den zahlreichen Komponisten, die Bühnenmusik zu Andreas-Hofer- und Anno-neun-Dramen schrieben, ist Felix Mendelssohn-Bartholdy sicherlich der bedeutendste. Er komponierte 1833 die Musik zu Immermanns „Andreas Hofer".

War in der ersten Hälfte des 19. Jahrhunderts die Haltung der Tiroler auf Grund der bitteren Erfahrungen zu Wien etwas distanziert, so machte sich nach dem Ende des Vormärz' unter Kaiser Franz Joseph I. eine echt empfundene patriotische Stimmung breit. Vielfach war es ein Jubiläum, das Dichter anregte. Von Josef Thaler („Lertha") erschien aus Anlass des 100. Geburtstages von Andreas Hofer im Jahr 1867 ein Zyklus von Hofer-Liedern.

Um nicht einen falschen Eindruck entstehen zu lassen, muss betont werden, dass neben der dramatischen Dichtung auch Lyrik[12] und Epik ihre Blüten trieben. Zahlreiche Gedichte und historische Erzählungen sollten zum Ruhm Andreas Hofers, der Tiroler von 1809 und des Hauses Habsburg beitragen. Während das 75. Gedenken an den Freiheitskampf (1884) recht ruhig und ohne nennenswerte künstlerische Beiträge welcher Art auch immer vorüberging, waren es vor allem die Jahre 1893 mit der Enthüllung des Andreas-Hofer-Denkmals am Bergisel, 1898 mit dem 50-jährigen Regierungsjubiläum des Kaisers und die Jahrhundertfeier 1809–1909, mit dem nicht nur die gewis-

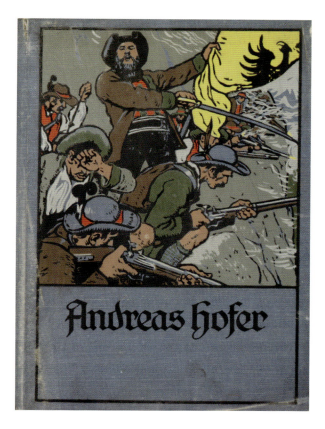

(338) Beispiel für die zahlreichen Romane und Erzählungen um 1809: Otto Hoffmann, Andreas Hofer der Sandwirt vom Passeiertale, 9. Auflage, Stuttgart o. J. [um 1910]

senhafte historische Forschung einen Höhepunkt erlebte, sondern auch die künstlerische Literatur, die oft hart am Rand zur Verfälschung und Verkitschung des Hofer-Bildes steht. Für manche dieser Stücke trifft nur zu sehr zu, was Josef Kerausch-Heimfelsen in der Einleitung zu seinem Stück „Andreas Hofer" (1893) schrieb[13]: „Mir diente weder Schablone noch Vorbild; mein Herz allein ließ ich rathen und sprechen." In diese Zeit, nämlich 1892, fällt auch der Beginn der weitum gerühmten „Meraner Volksschauspiele" mit einem Manuskript von Carl Wolf.

Bei den inzwischen zahlreich erschienenen Hofer-Stücken nimmt sich Ferdinand von Scala ziemlich unbelesen aus, wenn er im Vorwort zu seinem „Andreas Hofer" (1902) hervorhebt, dass der letzte Grund, sich dieser Arbeit anzunehmen, die Tatsache gewesen sei, „daß wir verhältnismäßig wenig Theaterstücke über Andreas Hofer be-

(339, 340) Szenenaufnahmen von den Meraner Volksschauspielen 1894: „Hofer ruft das Tyroler Volk zu den Waffen" und „Hofers Gefangennehmung", Aufnahmen des k.k. Hofphotographen B. Johannes, Meran–Partenkirchen

ten die Einleitungsworte zu Alois Wurnigs „Drama von 1809" (1909) Beherzigung verlangt[14]: „Einen Stoff in dramatischer Form zu bewältigen, wie ihn das Heldentum Tirols 1809 bietet, würde einer berufeneren Feder genug zu schaffen geben."

Aus der Flut außerösterreichischer Annoneun-Dramen z. B. von Franz von Friedberg[15] (1892), Adjutus Romuald[16] (wohl 1893), Friedrich August Adolf Kassau[17] (1896), Pierre Schinhofen[18] (1909), Hans Wolters[19] (1909), Edmund Frey[20] (1909), Theobald Hofmann[21] (1909) usw. verdient das historische Drama „Andrea Hofer" von Virginio Prinzivalli[22], erschienen in Rom 1900, als Kuriosität hervorgehoben zu werden. Jeder geschichtlichen Wahrheit hohnlachend, begleiten beispielsweise Hofers Vater Girolamo und Pater Haspinger den Sandwirt nach Mantua, wo sich die wichtigsten Persönlichkeiten, wie der bayerische Minister Montgelas, zum Fall des „leone del Tirolo", des „Löwen von Tirol" einfinden!

Volks- und Freilichtbühnen in und außerhalb Tirols fanden seit der Jahrhundertwende eine genügend große Anzahl von Anno-neun-Stücken vor und machten auch reichlich davon Gebrauch. Als ausgesprochene „Kunstdramen" sind die Trilogie „Der Tiroler Freiheitskampf" von Karl Domanig mit den Teilen „Speckbacher, der Mann von Rinn" (1895), „Josef Straub, der Kronenwirt von Hall" (1896) und „Andreas Hofer, der Sandwirt" (1897), ferner das Charakterstück „Andre Hofer" (1900) von Franz Kranewitter und „Der Judas von Tirol" (Erstfassung 1897) sowie „Volk in Not" (1916) von Karl Schönherr zu bezeichnen. Während für Domanig die bis dahin übliche Tradition patriotischer Gesinnung und Notwehr als Motivation der Erhebung bezeichnend sind, gibt Kranewitters Werk den Seelenkampf Hofers um das Bewusstsein der Mitschuld als Opfer äußerer Mächte wieder. Im „Judas von Tirol" ist der Verräter Raffl die Hauptfigur, die im Kontakt mit dem Sandwirt heranreift.

sitzen", allerdings eingeschränkt auf die Eignung für kleinere Bühnen. Er ist der Erste, der es notwendig fand, im Anhang Tiroler Dialektwörter und „Provinzialismen" zu erklären, z. B. „letzt, lötz = schlecht", „böse = arg", „Pfot = Weibsbild", „Schwanz = Mordskerl". Leider nur allzu oft hät-

Wenn auch nach dem Ersten Weltkrieg bzw. dem Ende der Monarchie das Interesse am Stoff des Tiroler Befreiungskampfes zurückging, haben dennoch mehrere Dichter und Schriftsteller das Thema oder verschiedene Motive aufgegriffen, allerdings weniger für das Theater, vielmehr für die epische Dichtung, z. B. Peter Rosegger, Maria Veronika Rubatscher, Fanny Wibmer-Pedit, Karl Springenschmid, Reimmichl, Hans Lehr, Hubert Mumelter, Erwin Rainalter usw. Von den Schauspielen sind „Andreas Hofer" von Alois Johannes Lippl, uraufgeführt im Passionsspielort Erl 1927, oder das Andreas-Hofer-Drama von Max Klingenschmid (1959) zu erwähnen. Im Gedenkjahr 1959 wurde von verschiedenen Bühnen auf die bisherigen Stücke zurückgegriffen, vor allem auf Domanig und Kranewitter.

Vier Jahre vorher erlebte das „Gericht in Mantua", ein Schauspiel in sechs Bildern von Georg Fraser, eines gebürtigen Rheinländers, in Inns-

(341) Werbeplakat der berühmten Exl-Bühne für das Stück „Andreas Hofer der Sandwirt" im Rahmen des Schauspielzyklus „Der Tiroler Freiheitskampf 1809", Aufführung im Innsbrucker Löwenhaustheater, Entwurf von Albert Plattner, 1909

Die im Jahr 1902 gegründete Exl-Bühne nahm sich dieser Anno-neun-Dramen an und setzte sich dadurch den Tiroler Dichtern und sich selbst ein Denkmal. Der rege Spielbetrieb und die Fähigkeiten der Schauspieler ermöglichten ein hohes Niveau, das letztlich zu einer Erneuerung des Volkstheaters führte. Die Exl-Bühne, deren Aufführungen teils im Medium Film festgehalten wurden, wirkte bis in die 1950er-Jahre.

(342) Alois Johannes Lippl, Andreas Hofer, Volksschauspiele Oetigheim, Rastatt 1930

bruck seine Welturaufführung. Er hatte das Stück 1938 verfasst und später überarbeitet. Im Gedenkjahr 1984 wurde es am Tiroler Landestheater mit Erfolg wiederaufgeführt. Pathos oder Mythos um Hofer sind kaum zu spüren. Der Inhalt – die letzten Tage des Sandwirts – ist dramaturgisch überzeugend gestaltet. Vor allem kommt das in den Personen von Hofers Rechtsanwalt und des französischen Anklägers zum Ausdruck und damit letztlich in der Auseinandersetzung zwischen der Verteidigung fundamentaler Werte des Rechts auf der einen Seite und dem Missbrauch durch politische Macht und Willkür andererseits. Zu guter Letzt verdient ein literarischer Beitrag des Patriarchen Albino Luciani von Venedig und späteren Papstes Johannes Paul I. (1978) Erwähnung, der mehrere fingierte Briefe an historische Persönlichkeiten geschrieben hat, wobei er immer eine Beziehung zur Gegenwart setzte, wie auch im Brief an den Sandwirt[23]: „Lieber Hofer, – vor einem Monat habe ich bei einem Streifzug durch Innsbruck die Hofkirche besucht ... Links vom Hauptportal bin ich auf Euer Grabmal gestoßen. In Eurer Nähe sind Josef Speckbacher und der Kapuziner Joachim Haspinger begraben, beide Kameraden Eurer Schlachten. ... ich möchte, daß Euer freundliches und christliches Heldentum andere zur Nachahmung anrege. Ich sehne keinen Guerillakrieg herbei. ... Aber Euer Glaube, ganz aus einem Guß, der Zusammenhalt des Volkes, den Ihr mit Haspinger in der Stunde der Gefahr verwirklicht habt, dies wünschte ich von ganzem Herzen. ..."

Seit Beginn des 20. Jahrhunderts hat sich das neue Medium Film des Stoffes Hofer und Anno neun angenommen.[24] Der erste diesbezügliche

(343) Kinoprogramm des Stummfilms „Andreas Hofer. Der Freiheitskampf des Tiroler Volkes", 1929

Streifen hieß „Speckbacher (oder die Todesbraut) Tragödie aus Tirols Ruhmestagen", und wurde im Sommer 1912 mit Mitgliedern der berühmten Exl-Bühne und zahlreichen Statisten unter der Regie von Pierre Paul Gilmans (Wien) gedreht, der auch das Drehbuch erstellt hatte. Die Uraufführung fand am 28. Februar 1913 statt. Die Wiederauffindung des verschollenen Stummfilms und seine Wiederaufführung in Innsbruck am 12. Oktober 2009 galten als Sensation[25]. Wenig später verfilmte die Berliner Filmproduktionsfirma Messter den Anno-neun-Stoff. Wenige Wochen nach Ausbruch des Ersten Weltkrieges wurde im Oktober 1914 der Film „Tirol in Waffen" aufgeführt, der mit Schauspielern des Meraner Stadttheaters zustande gekommen war. In der Presse wurde dieser Film über die Freiheitskämpfe stürmisch begrüßt[26]: „Tirol in Waffen! Ein Schlagwort, das in uns die Erinnerung wachruft an jene ruhmreichen Tage, an denen unsere Vorfahren Mann für Mann aufstanden gegen den Erbfeind. ... Ein glücklicher Gedanke war es, als Grundlage für die bedeutendsten Szenen des großen Filmwerkes die bekannten Bilder unseres berühmten Landsmannes Defregger zu nehmen. Die Wirkung, die auf diese Art erzielt wurde, hätte auf andere Weise wohl kaum erreicht werden können."

Wenn auch die Art, „lebende Bilder" nach Gemälden von Defregger auf den Film zu bannen, ziemlich einfallslos ist, ist sie bezeichnend für die Wünsche der Bevölkerung. Davon abgerückt ist der Film „Andreas Hofer – Der Freiheitskampf des Tiroler Volkes", ein Stummfilm von 1929, mit Hanns Prechtl (Drehbuch und Regie). Damals war es noch möglich, an Original-Schauplätzen zu drehen wie z. B. am Bergisel. Die Massenszenen sind sehr naturalistisch empfunden und äußern Freude am großen Spektakel, wie es auf der Bühne niemals möglich ist. Mit dem Film „Der Rebell" (1932) nahm sich Luis Trenker des Anno-neun-Stoffes an.

(344) Textbuch zum Fernsehstück von Thomas Pluch, „Ach Himmel, es ist verspielt. Die Geschichte des Andrä Hofer", 1975

Ein bemerkenswerter Fernsehfilm unter dem Titel „Ach Himmel, es ist verspielt", dessen Drehbuch der Wiener Journalist Thomas Pluch verfasst hat und bei dem Jochen Bauer Regie führte, wurde 1975 ausgestrahlt. Mag manchen Zusehern das Andreas-Hofer-Bild entstellt vorgekommen sein, der Film hat dennoch streckenweise große Qualitäten. Die Gestalt Hofers ist nach der Auffassung des Autors weit davon entfernt, in hohem Pathos zu ersticken[27]: „Andreas Hofer war keine heldische Figur, aber ein Volksheld, der stellvertretend für das Volk litt, der aus dem Nichts durch das Volk an die Spitze kam, der alles exemplarisch zu spüren bekam, was die große Politik mit den Völkern aufführen kann."

Der Streifen „Raffl" des einheimischen Produzenten, Regisseurs und Kameramanns Christian Berger, der zusammen mit Markus Heltschl auch das Drehbuch verfasst hatte, erregte bereits insofern Aufsehen, als er nach Jahrzehnten als erster österreichischer Film beim „Filmfestival Cannes – Quinzaines des Réalisateurs" des Jahres 1984 angenommen wurde.[28] Einen weiteren Erfolg erzielte der Film bei seiner Welturaufführung im Rahmen des österreichischen Filmfestivals, der Viennale 1984. Es geht weniger um genaue historische Details als vielmehr um die menschliche Seite des „Verräters" Andreas Hofers, dargestellt vom beliebten Volksschauspieler Lois Weinberger. Ihm gelingt es, die Rolle des Verräters mit all seinen Skrupeln zu verdeutlichen, bis zum Durchringen, im Dorf endlich einmal etwas Aufsehenerregendes zu tun.[29]

Einen Höhepunkt filmischer Umsetzung des Tiroler Freiheitskampfs unter Andreas Hofer versprach das Drehbuch des erfolgreichen Tiroler Dramatikers, Hörspiel- und Drehbuchautors Felix Mitterer „Andreas Hofer. Die Freiheit des Adlers".

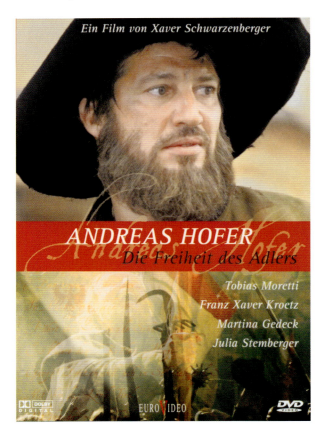

(345) Cover des Fernsehfilms (DVD-Ausgabe) von Felix Mitterer, „Andreas Hofer. Die Freiheit des Adlers", 2002

Für Regie und Kamera zeichnete Xaver Schwarzenberger verantwortlich. Die Hauptrolle, Andreas Hofer, spielt Publikumsliebling Tobias Moretti; in weiteren Rollen findet man die ebenfalls bekannten Schauspieler bzw. Schauspielerinnen Franz Xaver Kroetz, Martina Gedeck und Julia Stemberger. Bereits vor Drehbeginn wurde der Fernsehfilm mit Vorschusslorbeeren bedacht.[30] Nach dem Text am Cover der im Nachhinein herausgebrachten DVD gibt „ein Heer an Komparsen, Requisiten und Kostümen ... dem farbenprächtigen und actionreichen Geschichtsepos um den Tiroler Nationalhelden spannende Unterstützung".

Ein treffendes Urteil, das die von vielen empfundene Enttäuschung einfing, formulierte Karl Lubomirski in den Kulturberichten aus Tirol[31]: „Auf Anhieb kann der Film gefallen, dem nach-Denken hält er vor allem aus historischer Sicht nicht stand, ja, die leichte Vermeidbarkeit von Anbiederung, Unterlassung, Verfälschung macht ihn streckenweise zum Ärgernis nicht nur Tirolern." Der Bogen historischer Verfälschungen spannt sich von der Liebesgeschichte des bayerischen Obersten Karl von Dittfurth ausgerechnet mit der Tochter des Innsbrucker Bürgermeisters bis zum Rachemord an Franz Raffl, der das Versteck Andreas Hofers preisgegeben hatte. Dittfurth ist jedoch infolge der Kämpfe zu Beginn des Aufstands am 19. April gestorben. Raffl, der im Film in Bußgesinnung die ihm für den Verrat zugestandenen 1500 Gulden der Sandwirtin übergeben will, wird von einem Verwandten der Familie Hofer brutal abgeknallt. In Wahrheit ist er am 13. Februar 1830 in Reichertshofen in Bayern gestorben. Dass der wichtige „Stratege" Schützenmajor Josef Speckbacher nie aufscheint, gehört zu den zahlreichen Ungereimtheiten des Film, der geeignet ist, ein unrichtiges Geschichtsbild jener Zeit zu vermitteln.

In der Musik hat die Anno-neun-Thematik ebenfalls reichen Niederschlag gefunden. Groß ist bereits die Masse der Lieder, die Ereignisse des

Freiheitskampfes 1809 zum Inhalt haben, darunter sind einige zeitgenössische Werke, wenn auch die Kriegslyrik von 1809 bei weitem nicht jenes bunte Bild und jene Fülle erreicht wie 1796/97. Eines der bekanntesten und immer noch viel gesungenen Lieder hat das Ende des Sandwirts zum Inhalt. Nach der Aussage von Hofers Leidensgefährten Cajetan Sweth[32] habe der Sandwirt im Gefängnis das Lied „Ach Himmel, es ist verspielt!" selbst verfasst. Hofer war zwar ein Gemütsmensch und hat nachweislich gern gesungen, dennoch darf die Autorenschaft Hofers ernsthaft in Zweifel gezogen werden, hat doch Sweth in seinen früheren und ausführlichen Aufzeichnungen über Verhaftung und Gefangenschaft in Mantua noch kein Wort davon berichtet, auch findet man einige Motive in anderen gleichzeitigen Liedern vor! Ohne Zweifel aber ist das Lied sehr alt und entbehrt nicht einer tragischen Innigkeit:

> *Ach Himmel, es ist verspielt!*
> *Kann nicht mehr länger leben.*
> *Der Tod steht vor der Tür,*
> *Will mir den Abschied geben.*
> *Meine Lebenszeit ist aus,*
> *Ich muß aus diesem Haus.*
>
> *Die großen Herr'n im Land,*
> *Die sind mit mir verfahren!*
> *Sie bringen's noch so weit,*
> *Bis man mich tut begraben.*
> *Tilgt Haß und Ketzerei*
> *Und macht den Sandwirt frei!*
>
> *Mich, General vom Sand,*
> *Den führen sie itz gefangen,*
> *Meinen harten blutigen Schweiß*
> *Hat man nicht angenommen.*
> *Sie führen mich aus dem Land,*
> *Mit größtem Spott und Schand.*
>
> *Leb wohl, mein liebes Weib*
> *Und alle meine Kinder,*
> *Wir seh'n einander heut,*
> *Wir seh'n einander nimmer.*
> *Lebet nur recht gut und fromm.*
> *Kommen wir im Himmel z'somm.*
>
> *Hier liegt mein Sabel und Gewehr*
> *Und alle meine Kleider,*
> *Ich bin kein Kriegsmann mehr,*
> *Ach Gott, ich bin ein Leider!*
> *Ich bin verlassen ganz*
> *Von meinem Kaiser Franz.*
>
> *Die Hauptstadt von Tirol,*
> *Die haben sie mir genommen,*
> *Es ist kein Mittel mehr,*
> *Sie wieder zu bekommen.*
> *Es ist kein Mittel mehr,*
> *Kommt's nicht von oben her.*
>
> *O trauervolle Zeit,*
> *Was soll daraus noch werden?*
> *Die Waffe liegt schon hier,*
> *Erschossen muß ich werden.*
> *Es ist schon lange bekannt,*
> *Im ganzen römischen Kaiserland.*
>
> *O große Himmelsfrau,*
> *Auf dich hab' ich vertrauet,*
> *Weil du in unserm Land*
> *Dein' Wohnung hast gebauet.*
> *O liebe Frau, ich bitt',*
> *Verlaß den Sandwirt nit!*

Verschiedenste „Kunst-" und volkstümliche Gedichte wurden vertont[33] und standen auch auf dem Repertoire der Sänger. Das wichtigste unter ihnen aber ist das Lied „Zu Mantua in Banden", dessen Text der aus dem Obervogtland nahe der böhmischen Grenze gebürtige Julius Mosen

(346) Porträt von Julius Mosen, 1831, der den Text des Andreas-Hofer-Liedes „Zu Mantua in Banden" verfasste

(1803–1867) im Jahr 1831 verfasst hat. Auf einer Italienreise 1823/24 hatte er auch Tirol kennen gelernt und war dabei für den Volkskrieg von 1809 und den Sandwirt begeistert worden. Die Melodie komponierte – unter Verwendung von Motiven mehrerer Volksweisen – Leopold Knebelsberger (1814–1869) aus Klosterneuburg bei Wien. Dieses Andreas-Hofer-Lied wurde mit Landesgesetz vom 2. Juni 1948 zur Tiroler Landeshymne erhoben:

Zu Mantua in Banden
Der treue Hofer war,
In Mantua zum Tode
Führt ihn der Feinde Schar;
Es blutete der Brüder Herz,
Ganz Deutschland, ach!
in Schmach und Schmerz,
Mit ihm das Land Tyrol.

Doch als aus Kerkergittern
Im festen Mantua
Die treuen Waffenbrüder
Die Händ' er strecken sah,
Da rief er laut: Gott sei mit euch,
Mit dem verrathnen Deutschen Reich.
Und mit dem Land Tyrol.

Dort soll er niederknien.
Er sprach: Das thu' ich nit!
Will sterben, wie ich stehe,
Will sterben, wie ich stritt.
So wie ich steh' auf dieser Schanz,
Es leb' mein guter Kaiser Franz,
Mit ihm das Land Tyrol.

Die Hände auf dem Rücken
Der Sandwirth Hofer ging,
Mit ruhig festen Schritten,
Ihm schien der Tod gering,
Der Tod, den er so manchesmal
Vom Iselberg geschickt in's Thal
Im heil'gen Land Tyrol.

Dem Tambour will der Wirbel
Nicht unterm Schlägel vor,
Als nun der Sandwirth Hofer
Schritt durch das finstre Thor.
Der Sandwirth noch in Banden frei
Dort stand er fest auf der Bastei,
Der Mann vom Land Tyrol.

Und von der Hand die Binde
Nimmt ihm der Korporal,
Und Sandwirth Hofer betet,
Allhier zum letzten Mal;
Dann ruft er: Nun so trefft mich recht,
Gebt Feuer! – Ach, wie schießt ihr schlecht!
Ade, mein Land Tyrol!"

Opernheld sein, dessen Qualitäten allerdings nicht zuletzt von Librettisten und Komponisten abhingen. Entscheidende Mängel konnte auch der strahlendste Heldentenor nicht mehr wettmachen!

Die erste Andreas-Hofer-Oper großen Stils wurde im Jahr 1830 in London aufgeführt. Verwendet wurde Gioacchino Rossinis temperamentvolle Musik zu „Wilhelm Tell", den Andreas-Hofer-Stoff hat der englische Dichter James Robinson Planché der Musik angepasst. Nach Meldungen in der Presse wurden die Aufführungen im Drury-Lane-Theater mit großem Beifall aufgenommen, der zu einer Übersetzung ins Deutsche ermutigte. Im Oktober 1830 wurde „Andreas Hofer. Große Oper mit Ballett" von Rossini und Planché in Berlin gegeben und im folgenden Jahr in Mainz in Druck gelegt. Die Übersetzung hatte Ludwig Frei-

(347) Titelblatt „Tyrolese March", London, um 1810; typisch für die Begeisterung der Engländer für den Tiroler Aufstand gegen Napoleon

Hymnen, Oden und Kantaten, zu irgendwelchen festlichen Anlässen vertont, erlebten kaum eine zweite Aufführung, wie zum Beispiel die Kantate mit Musik des zu seiner Zeit angesehenen Komponisten Johann Gänsbacher zur Erbhuldigung 1816, die Ode zur Bestattung von Hofers Gebeinen in Innsbruck 1823 oder das „Ländliche Gemälde in zwei Aufzügen, mit Arien und vorhergehenden mimischen Darstellungen versehen" unter dem Titel: „Das durch Vaterlandsliebe beglückte Ehepaar oder: Das Jahr 1809", das aus Anlass der Erbhuldigung für Kaiser Ferdinand 1838 aufgeführt wurde. Den Text schrieb Vitus Angetti, die Musik komponierte der aus Flaurling stammende, langjährige Lienzer Chorregent Peter Dietrich.[34]

Nicht nur für das Theater, auch für die Opernbühne schien Andreas Hofer wie geschaffen.[35] Mit seinem fast bedingungslosen Eintreten für erhabene Ideale und dem Durchleben von Sieg und Not, Triumph – bis zum Tod, konnte er ein richtiger

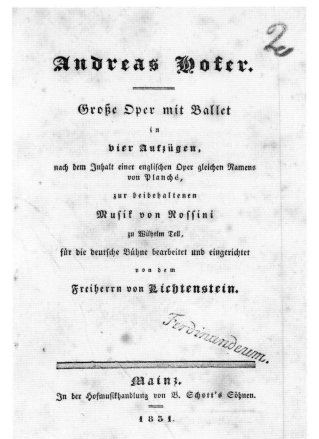

(348) Titelseite von „Andreas Hofer. Große Oper mit Ballet in vier Aufzügen", Text von Planché und Musik von Rossini, Mainz 1831

VORWIEGEND MYTHOS – ANDREAS HOFER IN LITERATUR, MUSIK UND KUNST

herr von Lichtenstein besorgt, der allerdings auch einige Änderungen durchführte. Die Handlung kennt vier Schauplätze: „in einem Dorfe unweit Botzen, auf dem Brenner, am Brückenpaß bei Caditsch [= Ladritscher Brücke], zuletzt auf dem Platz am goldenen Hause [= Goldenes Dachl] zu Inspruck". Als typische Figur noch des 18. Jahrhunderts tritt „Walter Brunn, ein junger Gemsenjäger" auf. Seine Braut ist Bertha, Tochter des Peter Mayer, eines wohlhabenden Grundeigentümers. Ausgerechnet am Tag ihrer Hochzeit – Pater Haspinger hatte die Trauung vollzogen – folgt Walter dem Andreas Hofer in den Krieg. Bertha glaubt den Schmerz der Trennung nicht überleben zu können. Auch Walter ist nicht ganz wohl dabei. Hofer respektiert seine seelische Not:

Noch bekämpft sein liebend Herz
Der Entsagung bittern Schmerz.
Von der Braut freiwillig scheiden,
Opfern süßer Liebe Freuden
Für des Vaterlandes Leiden,
macht ihn um sein Leben bang.

Ihre Standpunkte klären Hofer und Walter in einem langen Duett ab, das durch das Auftauchen der „Neufranken" endlich gestört wird, worauf Walter relativ rasch von der Liebe zur Braut zur Liebe zum Vaterland umschwenkt und sich nun Hofer aus innerer Überzeugung anschließt:

Mein Gott, du weißt, wie Bertha mir so theuer,
Doch mein Arm gehört dem Vaterland.
Sieg oder Tod, – hier meine Hand.

Nach wilden Kampfszenen erreichen Tumult und Verwirrung am Ende des dritten Aufzuges ihren Höhepunkt. Steinlawinen, eine Tiroler Spezialität jener Kriegsjahre, durften auch auf der Bühne nicht fehlen und mussten librettogemäß – wenn auch aus Papiermaché – „mit furchtbarem Krachen" in eine Schlucht stürzen. Der letzte Akt bringt die Sicherheit, dass das Land gerettet ist, und Andreas Hofer wird vor dem Goldenen Dachl mit einer „Verdienst-Medaille" dekoriert, nachdem die Nationalsängertruppe der Geschwister Rainer, die sich in Wahrheit erst um 1824 konstituierte, das Lied zum Besten gegeben hatte: „Die Mädchen all' sind wieder da, zu Spiel und Tanz, lalirumla!", das in ein Ballett ausartet.

Wenn diese fatale Geschichte mehrmals mit Erfolg aufgeführt werden konnte, so lag es ganz bestimmt nicht am Text, vielmehr an der ins Ohr gehenden Musik des italienischen Komponisten Rossini!

Wenig später, Anfang 1833, beendete Gustav Albert Lortzing sein eher kleines Werk „Andreas Hofer", doch fiel es der Zensur in Wien zum Opfer. In einem Brief vom 17. Juli 1833 entrüstet sich der Komponist: „… der ‚Hofer' ist in Wien von der Zensur gestrichen worden, da möchte einen denn doch der Schlag treffen; nun möchte ich nur wissen, was im ‚Hofer' für Oesterreich Anstößiges ist." Die Arbeit blieb jedenfalls liegen und wurde erst Jahre nach Lortzings Tod, im April 1887, im Stadttheater Mainz in der Bearbeitung von Emil Nikolaus von Reznicek aufgeführt. Zeitlich gesehen setzt der Inhalt beim Frieden von Schönbrunn (14. Oktober 1809) ein und endet mit Siegesjubel, der Hochzeit von Hofers Tochter mit Major Eisenstecken und patriotischem Hurra. Für die Musik bezog der junge Lortzing Melodien von Haydn, Weber, Auber usw. ein. Lortzings „Andreas Hofer" wurde nie gedruckt.

Einen ganz horrenden Unsinn bot die Opera buffa von Bayard und Duport (Text), vertont vom jungen Komponisten Thys, aufgeführt 1835 in der Opera Comique in Paris. Andreas Hofer heißt hier Max Hofer, ist zwar der Kommandant der Tiroler, wohnt aber in einem prächtigen Schloss. Seine Scharen sind bereits zersprengt, auf seinen Kopf ist ein hoher Preis ausgesetzt, er will aber seine Frau Alda nicht im Stich lassen und versteckt sich daher im Schloss. Als feindliche Offiziere kommen, muss „Max" nicht nur um seinen Kopf fürchten, sondern auch um seine schöne Alda, der die Militärs auf charmante Weise arg zusetzen. Um nicht am Ende als gehörnter Rebell füsiliert zu werden, flieht er durch Türen, Fenster und in Schränke. Trotzdem wird er entdeckt, der Franzose erkennt in ihm aber seinen Lebensretter in irgendeiner Schlacht, erwirkt Gnade von Napoleon, und so darf Max Hofer mit seiner wunderbaren Frau im herrlichen Schloss unbehelligt leben bis an sein Ende.

Wesentlich ernsthafter ist „Andreas Hofer der Sandwirth zu Passeyr oder: der Freiheitskampf der Tyroler" von W. Held (Text) und W. Kirchhoff (Musik), 1847 in Ulm uraufgeführt und nach drei Jahren in Zürich gedruckt. Obwohl mehrfach aufgeführt, fand das Werk nicht breite Zustimmung, wenn auch einige Chöre und die Lieder Hofers sehr gefallen haben sollen.

(350) Carl Senn, *Das Heldenlied von anno neun*, Innsbruck o. J.

Auch „Der Judas von Anno 9" von Franz von Suppé (1859) und die romantische Oper „Andreas Hofer" des Dichter-Komponisten Emil Kaiser (1886) konnten sich nicht auf den Spielplänen durchsetzen. Das Oratorium „Andreas Hofer", vom Geistlichen J. M. Schleyer in Konstanz verfasst und vom Musiklehrer H. Hönig in Meersburg vertont, entstand 1878 und wurde bis Anfang des 20. Jahrhunderts immer wieder aufgeführt. Ein Oratorium verlangt nicht nach Darstellung, sondern nur nach konzertanter Aufführung. Vielleicht war gerade dies die Stärke des Stückes. Im naiven Text verbinden sich in epischer Breite Motive späterer Ausläufer der Schäferdichtung mit trivialen patriotischen Aussagen. Andreas Hofer verabschiedet sich mit folgendem Reim, der als Beispiel für die dichterische Qualität dient:

(349) Bartholomäus Del-Pero/ Josef Pembaur, *Die Schlacht am Berg Isel 1809*, Stuttgart 1907

(351) Erich Urbanner, Requiem für 4 Soli, gemischten Chor und Orchester 1982/83

Ihr ruhesel'gen Tale,
Du Bächlein silberhell,
Ihr schneeumkrönte Höhen,
Du klarer Silberquell',
Du Alp'horn, das so rührend
Herab zum Dörflein klingt!
Lebt wohl, bis Kampf und Siegen
Uns wieder Frieden bringt.

Auch das 20. Jahrhundert hat mehrere Beiträge zur Bewältigung des Andreas-Hofer-Stoffes geleistet, darunter die Volksoper „Andreas Hofer" von E. von Ferro und E. Moor (1902), das dramatische Gedicht „Die Schlacht am Bergisel" (1907) von Bartholomäus del Pero und der Musik des Tiroler Komponisten Josef Pembaur, das Chorwerk „Andreas Hofer" von Rudolf Werner (1909), der Text und Musik schuf, ein Melodram von Georg Eichinger (1909), eine Andreas-Hofer-Oper von Wilhelm Layer (1909), eine weitere von Herbert Zitterbart (1944) und das Oratorium „Andreas Hofer – 1809" von Heinrich Klier (Text) und Karl Senn (Musik), der sich mehrfach mit Anno-neun-Themen beschäftigt hat. Das Oratorium war ein Auftragswerk des Landes Tirol aus Anlass des Gedenkjahres 1809–1959. Eine „Andreas-Hofer-Messe" von Josephus Weber in Schwaz, 1953 aufgeführt, Lieder und Chorwerke nach alten und neuen Texten, Instrumentalstücke und Kompositionen für Blasmusik, darunter die „Suite Tirol 1809", die Märsche von Karl Komzák, Gustav Mahr, Karl Mühlberger, Philipp J. Katschthaler, Josef Pitschmann usw. runden das Bild ab. Erwähnenswert ist der Kompositionsauftrag des Landes Tirol an Erich Urbanner für ein Requiem aus Anlass des 175. Gedenkjahres 1809–1984.

Die dramatischen Ereignisse in Tirol, die die Kriegsjahre von 1796 bis 1813 – mit dem Höhepunkt 1809 – erfüllten, haben wie selbstverständlich auch die bildenden Künste in ihren Bann gezogen. Wie in Literatur und Musik haben in der Kunst Ereignisse und bedeutende Persönlichkeiten nicht nur einheimische Kräfte beschäftigt, sondern auch auswärtige, wenngleich diese – im Vergleich zu Literatur und Musik – eine geringere Rolle spielen.

Es war geradezu ein Glücksfall, dass Jakob Plazidus Altmutter (1780–1819)[36], bereits durch zahlreiche Genreszenen aus dem Tiroler Volksleben hervorgetreten, sich auch für das Kampfgeschehen aus der Nähe interessierte. Angeblich nahm er selbst aktiv daran teil. Seine lebensvollen Skizzen führte Jakob Plazidus Altmutter – auch sein Vater Franz war bereits Maler – nach dem Ende der unglücklichen Zeit aus. So wurde Altmutter gleichsam zum Tiroler „Kriegsberichterstatter" von Anno neun. Der künstlerische Wert seiner Arbeiten wird vom historischen noch übertroffen. Manche Einzelheiten und Episoden, wie das Gefecht am Monte Corona (2. März 1797), die Kämpfe bei Spinges (2. April 1797), die Erbeutung eines bayerischen Geschützes an der Innbrücke (12. April 1809) oder die Schlacht am Bergisel (13. August) erhellen erst die damaligen Vorgänge und besitzen damit die Bedeutung echter Bildquellen. Köstliche Bildquellen sind die von Altmutter 1810 entworfenen und vom Kartenfabrikanten Johann Albrecht in Innsbruck um 1815 gedruckten Tarock-Spielkarten.[37] Der Skys und die Darstellungen von Blatt I bis VIII beziehen sich auf die Ereignisse von 1796/97, von Blatt IX bis XX auf 1799–1801. Blatt XXI ist der „Trophee des unüberwündlichen Tyrols" gewidmet.

Jakob Plazidus Altmutter verdanken wir auch eines der wenigen authentischen Porträts, gemalt oder wohl zunächst skizziert beim „Mondschein" zu Bozen am 4. September 1809.

Das Altmutter'sche Ölgemälde, erhalten ist dazu auch noch die Entwurfzeichnung, begründete den wichtigsten Typus der Andreas-Hofer-Porträts. Dieses Porträt ist nicht nur wirklichkeitsgetreu, was sich anhand der Beschreibungen des Sandwirts überprüfen lässt, sondern es vermag auch einen starken seelischen Ausdruck der Persönlichkeit zu vermitteln.

Auch Johann Georg Schedler (1777–1866) und der Servitenpater Benitius Mayr (1760–1826), den man zwar nicht eigentlich als Künstler bezeichnen kann, wenn er auch über großes Zeichentalent verfügte, haben einige objektive Schilderungen der Ereignisse von Anno neun hinterlassen. Es ist bemerkenswert, dass von allen dreien, Altmutter, Schedler und Mayr, echte Porträts ihres Zeitgenossen Hofer, den sie persönlich gekannt haben, vorliegen.[38] Auch Franz Tomaselli aus Grigno in der Valsugana beruft sich darauf, Hofer „nach der Natur" gezeichnet zu haben. Anna Maria Moser aus Schwaz, eine lokale Künstlergröße, schuf ebenfalls ein Hofer-Porträt. Sowohl bei Tomaselli als auch bei Moser erscheint das Porträt medaillenartig in einer Ellipse. Nach den Originalen wurden teils auch Radierungen oder Lithografien hergestellt. Über das Schedler'sche Porträt berichtet die Zeitung 1821[39]: „Das Portrait Hofers wurde nach der Natur gemalt. Auf Stein gezeichnet hat es die Höhe von 7 ½ Wiener Zoll ohne Schrift. Es ist wohl gelungen zu nennen, und empfiehlt sich dadurch selbst jedem Freunde des Vaterlandes, der Ge-

(352–354) Beispiele für die Vielgestaltigkeit in der Darstellung von Andreas Hofer, um 1900/1910

(355) Joseph Anton Koch, Der Tiroler Landsturm im Jahre 1809, 1819

schichte und Kunst. In der hiesigen Kunsthandlung bei Anton Mazerotti ist das Stück für 30 Kreuzer R(eichs) W(ährung) zu haben." Zum ersten Mal war es bereits im Juli 1809 zum Kauf angeboten worden.

Die vier wichtigsten Typen von Hofer-Porträts wurden unzählige Male kopiert und dabei bis zur Unkenntlichkeit verändert. Eine Aufzählung der Künstler, die – hauptsächlich nach diesen Vorlagen – im Verlauf des 19. Jahrhunderts Hofer-Porträts oder auch Halb- und Ganzfiguren schufen, ist kaum interessant. Zu erwähnen ist aber das Bildchen von Domenico Zeni, der Andreas Hofer als Gefangenen in Trient auf der Fahrt nach Mantua in Öl skizzierte. Vielfältig sind die mehr oder weniger gelungenen Wiederholungen und befremdend sind die Willkürlichkeiten der Abweichungen. Abgesehen von den „echten Porträts" reicht die bunte Reihe vom Aussehen eines zotteligen Landstreichers, der wie zufällig eines Gewehrs habhaft geworden ist, bis zum manieriert gekleideten, naiv-dekadent wirkenden Snob einer vergangenen Zeit.

Im Allgemeinen unterlagen die Künstler in ihren Bildern vom Freiheitskampf einer – sicherlich durchwegs beabsichtigten – Heroisierung Hofers und des Anno-neun-Stoffes. Als erstes Beispiel dient „Der Tiroler Landsturm 1809" von Joseph Anton Koch, in der ersten Fassung 1819 entstanden. Das Werk schließt an seine heroischen Landschaftsbilder an. Koch, ein gebürtiger Lechtaler, hatte den Volkskrieg selbst nicht miterlebt; schon seit Jahren befand er sich in seiner Wahlheimat Rom. Das Gemälde mit den einreitenden und freudig begrüßten siegreichen Kommandanten

Hofer, Speckbacher und Haspinger will aber nicht nur den Triumph der Tiroler vor Augen führen, sondern auch die bösen Begleiterscheinungen durch Details „am Rande" symbolisieren: Kirchenraub, Brandstiftung und Tod.

Josef Plank, Josef Arnold, Peter Ortner, Anton Falger, Leopold Puellacher und Karl von Mayrhauser haben eine gedankliche Tiefe in ihren Arbeiten erst gar nicht angestrebt, sondern eher versucht, die historischen Ereignisse nach Möglichkeit zu rekonstruieren. Zu den außerösterreichischen Künstlern der ersten Hälfte des 19. Jahrhunderts, die sich mit dem Tiroler Aufstand beschäftigten, zählen Ludwig Schnorr von Carolsfeld mit seinem Gemälde „Die Vereinigung der österreichischen Truppen mit den Tirolern unter Andreas Hofer am 12. April 1809 bei Sterzing" (1830), Balthasar Wigand († 1846) und die Bayern Gustav Kraus († 1852), Ludwig Braun († 1916), Johann Nepomuk Ender († 1854) oder Peter von Heß († 1871) unter anderem mit der „Schlacht bei Wörgl am 13. Mai 1809". Nicht zu vergessen ist die zahlreiche Druckgrafik, die vielfach der Buchillustration diente, aber meistens auch in einzelnen Blättern kursierte.

Das erste monumentale Hofer-Denkmal entstand in Innsbruck.[40] War die Exhumierung der Gebeine des Sandwirts in Wien fast wie eine Raubgräberei betrachtet worden, so musste nun, vor vollendete Tatsachen gestellt, der in der vergangenen Epoche heraufbeschworene Schein der „väterlichen Liebe" des Kaisers zu „seinen Tiro-

(356) Josef Arnold d. Ä., Der Fahnenschwur, 1838

(357) Das Andreas-Hofer-Denkmal in der Innsbrucker Hofkirche, fertiggestellt 1837, in einer Lithographie von Carl Redlich, um 1850

entworfen hatte. Schaller wurde die Arbeit an der Kolossalstatue Hofers übertragen, Klieber die Ausführung des Reliefs mit dem Thema „Fahnenschwur". Für den Sarkophag wurde hellgrauer Marmor verwendet. Der monumentale Block aus Vinschgauer Marmor für das Standbild wurde unter schwierigen Umständen nach Wien gebracht. Im September 1833 war die fast drei Meter hohe Hofer-Figur fertig, Anfang des folgenden Jahres wurde sie auf dem Sarkophag aufgestellt und am 5. Mai 1834 feierlich enthüllt. Die Figur des Sandwirts, vollplastisch ausgearbeitet, den Blick gegen den Hochaltar gewandt, mit Büchse und Fahne, erinnert stark an die Ikonografie spätgotischer Grabplastik. Hier aber ist es nicht ein Ritter in Harnisch, sondern ein Bauer in ritterlicher Haltung. Stilistisch ist es ein typisches Werk des Spätklassizismus, ebenso wie das Relief Kliebers, das mit seinem Figurenreichtum in gewissem Zusammenhang mit den Reliefs am Sarko-

lern" gewahrt werden. Ein kaiserlicher Befehl vom 16. Juli 1823 ordnete die Ausschreibung eines Wettbewerbs zur Errichtung eines würdigen Denkmals in der Hofkirche an. Die Beurteilung der eingereichten Entwürfe sollte der Akademie der bildenden Künste in Wien vorbehalten sein. Innerhalb der gesetzten Frist von einem halben Jahr langten nur drei Entwürfe ein, die nicht entsprachen. Trotz Verlängerung der Zeitspanne blieb die Beteiligung schwach. Angeblich soll ein Gerücht, dass sogar der berühmte Bertel Thorvaldsen sich beteiligen würde, das Interesse der einheimischen Künstler gelähmt haben. So betraute Kaiser Franz I. Anfang 1827 zwei der angesehensten Akademiemitglieder, Professor Johann Schaller (Wien) und Professor Josef Klieber (Innsbruck), mit der Ausführung des Modells, das der Maler Johann Martin Schärmer aus Nassereith

(358) Die geplante Herz-Jesu-Kapelle beim Sandhof auf einer Neujahrs-Entschuldigungskarte der Marktgemeinde Imst für 1868

(359) Edmund von Wörndle, Tiroler Spielkarten mit patriotischen Motiven, Innsbruck 1878

phag Kaiser Maximilians I. in dieser Kirche steht. Das Relief wurde Anfang Juli 1837 fertiggestellt, und am 30. September konnte das Denkmal enthüllt werden. Die Gesamtkosten von Hofers Monument, die das Kaiserhaus übernahm, beliefen sich auf mehr als 20.000 Gulden.

Das Gedenken an den 100. Geburtstag Andreas Hofers (1867) gab den Anstoß zur Errichtung der Herz-Jesu-Votivkapelle[41] beim Sandhof in Passeier. War der Grundstein auch noch in diesem Jahr gelegt worden, wurde der Bau des Brixner Diözesanarchitekten Josef von Stadl in neuromanischen Formen erst in den achtziger Jahren fertiggestellt.

Wieder verstrichen Jahre, bis an die künstlerische Ausschmückung gegangen werden konnte. In der Person des Edmund von Wörndle, akademischer Maler und Enkel des Siegers von Spinges, war der ideale Künstler für dieses patriotische Vorhaben gefunden. Die Fresken im Nazarener-Stil, teils heroisch angehaucht, schildern die Vorgeschichte der Erhebung, die großen Erfolge und den tragischen Abschluss. Vor allem kommt aber auch die Begeisterung für Religion, Kaiser und Vaterland zum Ausdruck. Kaiser Franz Joseph selbst war bei der Einweihung der Kapelle am 20. September 1899 anwesend.

Derselbe Künstler, Edmund von Wörndle, war es, der 1878 das „profane Tiroler Kartenspiel"[42] mit sogenannten deutschen Farben (Herz, Schell, Laub, Eichel) entwarf, das unter anderem Szenen aus den Befreiungskriegen und Persönlichkeiten

(360) Plakat zur Enthüllung des Andreas-Hofer-Denkmals am Bergisel am 26. September 1893

wie Andreas Hofer, Josef Speckbacher und Pater Joachim Haspinger beinhaltet. Bis zum Ersten Weltkrieg verhältnismäßig weit verbreitet, fiel es der Vergessenheit anheim und wurde als tirolische Kuriosität erst wieder 1984 neu herausgebracht.[43]

Auf das Jahr 1880 gingen auf Initiative der Kaiserjäger die Bestrebungen zurück, am Bergisel, dem Zentrum des Schauplatzes der historischen Schlachten von Anno neun, dem einstigen Oberkommandanten ein Denkmal zu setzen.[44] Das gegründete Komitee brachte durch Subventionen der öffentlichen Hand und Spenden der Bevölkerung rund 25.000 Gulden zusammen und beauftragte den aus dem Vinschgau stammenden und in Wien wirkenden Bildhauer Heinrich Natter mit der Ausführung des Andreas-Hofer-Denkmals. Über einem getreppten Podest erhebt sich der eigentliche Sockel aus Südtiroler Quarzporphyr, den seitlich bronzene Adler schmücken und den die Monumentalfigur Andreas Hofers, ebenfalls ein Bronzeguss, bekrönt. Die behäbige Figur mit Säbel und Fahne weist mit der Rechten nach unten, als ob Hofer dem Zauberwort seiner Taktik, den Feind nicht heraufzulassen, energisch Ausdruck verleihen wollte. Die Konzeption von Sockelaufbau und Figur entspricht ganz dem Stil der Zeit und fügt sich gut in die Gegebenheit der Gesamt-Gedenkstätte Bergisel mit weiteren Denkmälern, Museum und Relikten einer vergangenen Zeit. Obwohl im Jahr 1892 – nach dem Tod des Bildhauers Natter – fertiggestellt, erfolgte die Enthüllung erst am 28. September 1893 in Anwesenheit Kaiser Franz Josephs I.

Ein Denkmal ganz anderer Art ist ein riesenhaftes Rundgemälde[45] mit etwa 1000 m² bemalter Leinwand, das die Schlacht am Bergisel am 13. August 1809 darstellt. Der Münchner Landschafts- und Panoramamaler Michael Zeno Diemer, seinem Stil nach der „Münchner Schule" angehörend, führte nach Landschaftsstudien und historischen Unterlagen unter Mithilfe der Maler F. Burger, W. Flauscher und A. Niedermair das gewaltige Werk aus. Die Berglandschaft und die Gruppe mit Andreas Hofer malte Diemer zur Gänze selbst. In relativ kurzer eigentlicher Malzeit von nur drei Monaten wurde das Rundgemälde am 13. Juni 1896 feierlich eröffnet. Es ist ein bedeutendes Werk der naturalistischen Historienmalerei der „Münchner Schule". Das ganze Schlachtgeschehen, äußerst detailreich, recht drastisch und leicht romantisch zugleich, ist in – gemalten – Pulverdampf gehüllt, der den Übergang von der Wirklichkeit zur Illusion erleichtert.

Der „Münchner Naturalismus" spielt in Bezug auf den Nachruhm des Geschehens um Andreas Hofer im Jahr 1809 überhaupt eine bedeutende Rolle. Franz von Defregger (1835–1921)[46] aus

Stronach bei Lienz, einer der Giganten der Tiroler Malerei, studierte ab 1865 bei Professor Carl von Piloty an der Münchner Akademie. Defregger schloss sich dessen Bemühen um das Historienbild an. Letztlich ist Pilotys künstlerisches Werk eine Folge der Romantik in unübersehbarem Zusammenhang mit der französischen Historienmalerei. Defregger widmete sich tirolischen Bildinhalten. Bald entdeckte der Künstler zahlreiche Episoden als geeignete Stoffe für seine Gemälde. Mit ungeheurer Liebe zum Detail baute er malerische Hintergründe und Szenerien auf und stellte dort seine in wirkungsvolle Trachten gekleideten Personengruppen oder Einzelpersonen hinein. Defregger hat keine eigentlichen Schlachtenbilder gemalt, hingegen Genreszenen, die im Zusammenhang mit den kriegerischen Vorgängen in Tirol 1809 zu sehen sind. Obwohl Defreggers Schaffensbreite viel umfangreicher ist und von den rund 1400 Ölbildern nur 60 bis 70 „historische Bilder" sind, wurde und wird er vielfach als „Historien-

maler" klassifiziert, was also nicht ganz zutrifft, aber für die hohe Anerkennung dieser Sparte seiner Arbeit bezeichnend ist. Defreggers Bilder idealisieren zwar, erfreuen aber durch ihren Erzählton, der immer neue Details entdecken lässt. Sie vermögen einem breiten Publikum eine Stimmung zu vermitteln, die, gleich einer historischen Erzählung, ein Hineindenken bis zur Autosuggestion des Miterlebens ermöglicht. Zu Defreggers bekanntesten Historienbildern zählen „Speckbacher und sein Sohn Anderl" (1869), „Das letzte Aufgebot" (1874), „Die Heimkehr der Sieger" (1876) und Werke, die Hofer allein oder als zentrale Figur darstellen: mehrere Porträts oder in Ganzfigur, „Hofers letzter Gang" (1878), „Andreas Hofer in der Hofburg zu Innsbruck" (1879), „Tiroler Helden" (1894), „Der Kriegsrat Andreas Hofers" (1897). Die erfolgreichen und durch Kunstdrucke weit verbreiteten Arbeiten Franz von Defreggers haben in der Allgemeinheit nicht wenig zum Aufschwung der Wertschätzung jener Epoche der Tiroler Geschichte verholfen.

Stilistisch und der Auffassung nach ziemlich auf einer Linie mit Defregger liegen Mathias

(361, 362) Ausschnitte aus dem Innsbrucker Rundgemälde mit Darstellung der Schlacht am Bergisel am 13. August 1809, gemalt von Zeno Diemer, fertiggestellt 1896

(364) Das Gemälde von Franz von Defregger, das Andreas Hofer und seine engsten Mitstreiter zeigt, wurde durch einen qualitätvollen Tiefdruck der Wagner'schen Universitäts-Buchdruckerei von ca. 1935 weit verbreitet.

(363) Franz von Defregger, Speckbacher und sein Sohn Anderl im Bärenwirtshaus zu St. Johann, 1869

(365) Carl von Blaas, Der Kampf auf dem Bergisel 1809, 1869

halle des Wiener Arsenals.⁴⁷ Das Bild soll eine Situation nach den erfolgreichen Mai-Kämpfen wiedergeben, bei denen sich Josef Speckbacher und P. Joachim Haspinger an der Seite von Andreas Hofer profilieren konnten. In derselben Ruhmeshalle des Arsenals findet man auch Hofers Standbild, in Stein gemeißelt. Am bekanntesten aber ist Carl von Blaas' Gemälde „Gefangennahme Andreas Hofers" aus dem Jahr 1890, dessen Bildinhalt unzählige Male nachgeahmt und auf der Bühne nachgespielt wurde.

Einen tiefgreifenden Wandel in der Auffassung des Historienbildes brachte Albin Egger-Lienz (1868–1926)⁴⁸ aus Stribach bei Lienz. Egger, der ebenfalls in München studierte, war zwar nie direkt Schüler Defreggers, konnte aber an seiner künstlerischen Persönlichkeit nicht vorübergehen. Mit seinem Landsmann hatte Egger das bewusst erlebte „Tirolertum" gemeinsam. Tirol mit seiner Landschaft und seinen Menschen bedeutete ihm den rechten Boden für sein Schaffen. Mit Defregger hatte Egger-Lienz noch eines gemeinsam, das Interesse für die Geschichte des Landes, und hier war es ebenfalls die Erhebung des Jahres 1809, die ihn fesselte. Seinen ersten Erfolg errang er mit

Schmid, aus See im Paznauntal gebürtig und in München wirkend, den der Freiheitskampf 1809 nur am Rande interessierte, und Carl von Blaas aus Nauders, Akademieprofessor in Wien und Venedig. Sehr bekannt ist sein Gemälde „Der Kampf auf dem Bergisel 1809" von 1869 für die Ruhmes-

(366) Carl von Blaas, Gefangennahme Andreas Hofers, 1890

dem monumentalen Ölgemälde „Ave nach der Schlacht am Bergisel" (1894/96), noch ziemlich in der Art eines Franz von Defregger. „Das Kreuz" (1897/1901), das die Kämpfe an der Lienzer Klause vom August 1809 zum Inhalt hat, bedeutete eine Wende in Eggers Kunstschaffen. Von einer Landschaft ist nichts mehr zu bemerken. Das hocherhobene Kreuz ist geistig und kompositionell zentraler Bezugspunkt, hinter dem sich – einer Menschenlawine gleich – Landesverteidiger mit unerbittlich drastischem Ausdruck eines beinharten Verteidigungswillens scharen. Eggers Figuren bleiben zwar als Tiroler Bauern charakterisiert, doch die in Form und Farbe vereinfachte Darstellungsweise erhebt den Bauern immer mehr zum Symbol für den Menschen schlechthin. Im Bild „Totentanz 1809" (1. Fassung 1908) verlässt der Künstler sogar den Boden der Wirklichkeit. In allen seinen Bildern, besonders auch in jenen aus dem Themenkreis um Anno neun, darunter auch ein Hofer-Porträt, zeigt er Menschen, die die Kraft und das Selbstverständnis haben, ihr ihnen auferlegtes Schicksal zu tragen.

Die Jahrhundertfeier 1809–1909 mobilisierte viele Kräfte im ganzen Land, besonders auch in den verschiedenen Kunstgattungen. Geschichte und Patriotismus feierten Orgien auch in den Künsten. „Nicht um des äußern Glanzes willen" –

(367) Albin Egger-Lienz, Das Kreuz, 1898/1901, dessen Darstellung sich auf ein Ereignis bei der Verteidigung der Lienzer Klause bezieht

schreiben die „Tiroler Stimmen" am Ende der Festivität[49] –, „als Offenbarung der Volksseele war unser Landesfest in Wahrheit einzig schön. Diese Offenbarung ließ, wie durch ein Zauberwort gehoben, plötzlich den ganzen verborgenen Hort des Tiroler Volkes vor aller Augen in hellem Sonnenglanze strahlen. Da kam denn unversehens ein Kleinod an die Oberfläche, das ob auch vielfach unbeachtet, zum alten Erbgut unseres Volkes gehört, seit Urväter Zeiten: Die Tiroler Kunst. – In jeder Form ist sie rege geworden beim Landesfest: In der Dichtung, im Schauspiel, in der Musik, im Bildwerk; ja der Festzug selbst ... war ein Zeugnis des eigentlich unserm Volk im Blut liegenden Kunstsinnes ..." Die bildenden Künstler, und hier besonders Maler und Grafiker, waren bereits zu Jahresbeginn 1909 zu einem Plakatwettbewerb eingeladen worden. Unter den 24 Arbeiten wurde der Entwurf des jungen Künstlers Thomas Walch aus Imst ausgewählt, das einen kräftigen, markigen Tiroler Bauern in alter Wipptaler Tracht zeigt, wie er die Fahne Tirols schwingt, wobei der Blick vom Bergisel über Wilten und Innsbruck hin zur Nordkette gleitet. Mit diesem Werk hat sich Walch einen Namen gemacht. Der Innsbrucker Grafiker Karl Redlich schuf Chromolithografien mit den Porträts von Andreas Hofer, Josef Speckbacher und Joachim Haspinger, die vor allem bei den Feierlichkeiten dieses Jahres zu Dekorationszwecken verwendet wurden.

(368) Albin Egger-Lienz, Totentanz von Anno Neun, 2. Fassung, vor 1914

Im Sommer 1909 wurde in Innsbruck eine große Ausstellung tirolischer Künstler veranstaltet. Unter den zahlreichen Werken nahmen nicht wenige direkt auf das patriotische Ereignis Bezug. Altmeister Franz von Defregger und Albin Egger-Lienz waren selbstverständlich vertreten. Nicht nur ihre Werke, auch die Arbeiten anderer Künstler wurden gerühmt: das Bronze-Relief mit der Darstellung des „grausig-schönen Todes" des Volderer Senselers von Alfons Siber (Hall), die Bronzen „Hofer und Haspinger" und die „Schwazer Gedenkmedaille 1809" von Ludwig Penz (Schwaz), eine Speckbacher-Figur von Christian Plattner (Innsbruck), die Aquarellserie „Anno Neun" von Horatio Gaigher (Meran), „Tiroler Landstürmer"

(369) Lithografische Anstalt Karl Redlich, Andreas Hofer, 1909

(370) Rudolf Holzinger, Andreas Hofer, um 1930

(371) Andreas Hofer, Ausschnitt aus dem 1. Entwurf aus dem Fresko „Innsbrucks Geschichte" von Max Weiler am Innsbrucker Hauptbahnhof, 1954

(372) „Andreas Hofer und seine Getreuen", in: Paul Flora, Die verwurzelten Tiroler und ihre bösen Feinde, Zürich 1970

und „Helden", eine Füsilierszene, von Karl Jordan (Bozen), „Hofers Einzug in Innsbruck am 15. August 1809" von Thomas Walch (Imst–München) usw.

Mit dem Gedenkjahr 1909 war der Höhepunkt der Bestrebungen künstlerischer Interpretation des Tiroler Befreiungskrieges und der zentralen Persönlichkeit Andreas Hofers erreicht und überschritten. Zwar entstand noch das Andreas-Hofer-Denkmal in Meran (1914), ein Werk des in Wien lebenden Meraner Künstlers Emanuel Pendl, und manch anderer Künstler hat den bewussten Themen die eine oder andere Arbeit gewidmet, zu Aufsehen erregenden Werken um Anno neun ist es nicht mehr gekommen.

Mit dem Ende der Monarchie hatte sich allgemein die Art patriotischer Gesinnung gewandelt, wobei in erster Linie die Unterstreichung des Aspektes der Treue zum „angestammten Herrscherhaus" wegfiel. Auch der religiöse Aspekt trat nicht mehr so dominierend auf. Doch scheint es, dass heute die Künstler zum Generalthema „Tiroler

Freiheit Anno neun" nur noch wenig zu sagen haben[50]. In Privatbesitz verschwunden ist das 1998 im Wiener Dorotheum versteigerte Gemälde von

ANDREAS HOFER UND SEINE GETREUEN

(373) Gerhard Raffl, Andreas Hofer, Übermalung, 1999

(374) Arnulf Rainer, Andreas Hofer, Übermalung, 1989

Rudolf Holzinger (1898–1949)[51], Tempera auf Leinwand, um 1930. Einzelbilder, denen der „Freiheitsheld" Andreas Hofer als Sujet diente, sind wie Zufallsfunde, auf die man stößt: Unter anderem schuf Josef Manfreda ein Hofer-Porträt im Rahmen eines Zyklus von ca. 200 historischen Tiroler Persönlichkeiten (1941); Max Weiler hat für die Neugestaltung des Innsbrucker Hauptbahnhofs (1954) in einer Szene aus den Tiroler Freiheitskämpfen zunächst den Sandwirt in Ganzfigur vorgesehen, dann aber durch eine seitlich heranziehende Gruppe von Landesverteidigern mit dem Sandwirt an der Spitze ersetzt; Franz Walchegger wollte mit der überdimensionierten Figur Hofers zusammen mit Speckbacher und Haspinger seine Stärke als Führungsnatur andeuten (1959).

Hervorzuheben sind auf jeden Fall die von jedem Pathos unbelasteten köstlichen Persiflagen des international bekannten Tiroler Künstlers Paul Flora[52]: „Die verwurzelten Tiroler und ihre bösen Feinde" (1970) und weitere seiner Arbeiten, die sich mit Andreas Hofer befassen.

Gerhard Raffl (Innsbruck) wagt es, das Porträt des Sandwirts in der Interpretation Defreggers durch Übermalung zu verändern und will damit dem Betrachter die eventuell vorhandene Scheu vor dem bekannten Hofer-Klischee nehmen (1999). Arnulf Rainer, lange Zeit als Enfant terrible der österreichischen Malerei geltend, ist längst als Klassiker anerkannt. Seine „Übermalungen" wirken wie Vorhänge, die sich vor die Porträts verschiedener Persönlichkeiten wie des Sandwirts Andreas Hofer senken. Es sind „Vorhänge", die das verbergen, was ohnehin unaussprechlich ist. So versucht Rainer durch Reduktion auf das Wesentliche vorzustoßen.

Andreas Hofer – der Missbrauchte

Es ist offensichtlich, dass bei weitem nicht alles, was zu Andreas Hofers Nachruhm hätte beitragen sollen, diese Funktion auch erfüllen konnte. Wie bedenken- oder gedankenlos produzierten manche Dichter und Künstler ein unwahres Sandwirt-Bild oder sie waren nicht in der Lage, eine einigermaßen gültige Interpretation zu bieten. Nur so erklärt sich die Fülle alberner Schauspiele und letztlich nichtssagender Gemälde, deren Inhalt in Pathos oder Kitsch verschwimmt. Wie fließend ist doch der Übergang von Wahrheit und Lüge in jeder Art von Kunst! Vor allem die patriotischen Poeme um Andreas Hofer, die von zweit- und drittklassigen Dichtern herrühren, sind angereichert mit Begriffen wie „Tapferkeit", „Treue", „Glaube", beliebterweise in Verbindung mit den Adjektiven „heroisch", „felsenfest" oder „unerschütterlich". Die Klischeehaftigkeit vom Wert trivialer Behauptungen hat bereits zu Hofers Lebzeiten mit den Sonetten des englischen Dichters Wordsworth[1] eingesetzt. Wie oft aber wurden nicht Pathos, Mythos und Kitsch unschuldigerweise dem Sandwirt „angelastet"! Durch völlig unkritische Heroisierung und Glorifizierung sind sein Hineinwachsen in eine große Aufgabe, sein zunächst nicht ergeben hingenommener Abstieg und seine bewundernswerte innere Festigkeit beim Tod, die keines irdischen Rückhaltes mehr bedurfte, verdunkelt worden. Aber gerade diese Anforderungen an seine Persönlichkeit, die sich innerhalb von rund zehn Monaten ergaben, lassen den „Menschen" Hofer hervortreten!

(375) Das Bildnis Andreas Hofers auf Weinetikett, Becher und Bierkrug

Eine Art von Unwahrheit liegt in der Verharmlosung: Andreas Hofer als Tabaktopf, auf Kaffeetassen, Bierkrügen, Weinflaschen und Aschenbechern; Andreas Hofer als Kinderspielzeug und Zinnfigur; Andreas Hofer nun auch bereits als Comic-Figur; Andreas Hofer als Lachsack und Schießbudenfigur. Auch für Firmenwerbung wurde Andreas Hofer benützt. Hier war es in erster Linie die Kaffeefabrik Andre Hofer in Salzburg

(376–382) Werbung für die Kaffeefabrik Andre Hofer, Salzburg–Freilassing – Sammelbildchen mit Themen des Tiroler Freiheitskampfs 1809 – Serviettenring mit Darstellung des Denkmals am Bergisel – Zinnfigur, bemalt von Stefan Huber – Andreas Hofer-Denkmal auf einem Sammelstück des Winterhilfswerks der NS-Zeit – Andreas Hofer nach Johann Georg Schedler auf einem Bierdeckel – Bierdeckel hg. vom Frauenreferat des Landes Tirol

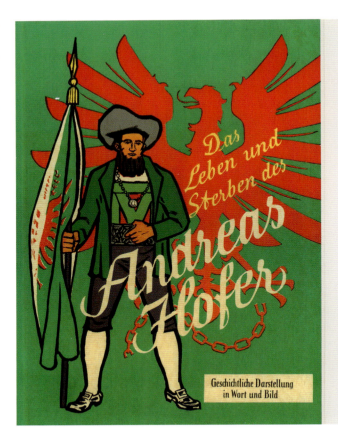

(383) *Geschichte in Comics: Hans Seiwer und Georg Trevisan, Das Leben und Sterben des Andreas Hofer, Meran 1959, Buchumschlag und Ausschnitt: Kämpfe in der „Sachsenklemme" vom August 1809*

und Freilassing, die das Bildnis des Tirolers als Markenzeichen benützte. Es wirkt eigentlich höchst befremdend, wenn in den Inseraten der Firma der Sandwirt in heldischer Gebärde im Weichbild Salzburgs – nicht Innsbrucks! – einen Haufen von Kaffeepaketen zu verteidigen scheint und auf seiner Fahne „Freilassing in Baiern" geschrieben steht! Noch geschmackloser wirkt, wenn sich vor dem Grabdenkmal in der Hofkirche die Kaffeepakete stapeln. Aber all diese Erscheinungen sind in der Tat harmlos. Sollte der Feigenkaffee geschmeckt haben, kann er für den „echten" Andreas Hofer sogar Sympathien erweckt haben, und Generationen von Kindern erfuhren aus den dem Kaffee beigepackten Bildchen schon früh von der Lebensgeschichte des Sandwirts, so wie sich Tausende von Kindern am Sandwirt, seinen Freunden und Feinden aus Zinn erfreuten. Welch' harmloses Kriegsspielzeug im Vergleich zu Bombern, Panzern und Flammenwerfern von heute!

Beim Missbrauch durch die Wirtschaft wie eben durch die verniedlichende Werbung wird der Sandwirt vielfach vom „Freiheitshelden" zum „Reklamehelden", wie es ein Beitrag in der „Tiroler Schützenzeitung" formulierte.[2] Sein „Einsatz" für verschiedene Produkte, Namen für Gaststätten, Apotheken, Einkaufsstraßen und dergleichen wird längst toleriert.

Nicht zu übersehen ist die Werbewirksamkeit Andreas Hofers und des Jahres 1809 im Rahmen des Tourismus. Seit den Engländern, die sozusagen aus Neugierde gleich nach der Napoleonischen Ära das Land Tirol bereisten, um seine Landschaften und vor allem seine Menschen kennen zu lernen, bricht der Touristenstrom nicht ab. So gesehen hat speziell der Tourismus als Teil der Tiroler Wirtschaft dem Sandwirt viel zu verdanken.[3] Die Tagung „Andreas Hofer – ein Tourismusheld?" im Touriseum in Meran ist speziellen Fragestellungen bzw. Beziehungen zum Annoneun-Tourismus nachgegangen. Sie wurde im September 2008 im Hinblick auf das kommende Gedenkjahr veranstaltet. Abgesehen von zahllosen Straßenbenennungen existieren im In- und Ausland viele Andreas-Hofer- und Sandwirt-Gasthäuser, u. a. am Molo in Venedig.

In die Kategorie des eher harmlosen Missbrauchs, der Verniedlichung und des Kitsches gehört manches Gedicht, das – weit davon entfernt, irgendetwas mit Kunst zu tun zu haben – nicht auf den Sandwirt selbst eingeht, sondern ihn in Zusammenhänge stellt, die die Ereignisse von Anno neun weit hinter sich zurücklassen. Als zum Beispiel im Jahr 1882 eine Hochwasserkatastrophe vor allem über das Puster-, Eisack- und Etschtal hereingebrochen war, erregte dieses Elementarereignis auch in Deutschland Aufsehen. In Gotha wurde beispielsweise ein Vortrag „zum Besten der Nothleidenden in Tirol" gehalten. „Während desselben" – steht im „Pusterthaler Boten" vom 24. November 1882 zu lesen – „ging dem Verein anonym ein Gedicht zu, das solchen Anklang fand, daß der Verein es auf seine Kosten in Druck legen ließ und der Ertrag desselben den Ueberschwemmten zuzuwenden beschloß. Das hübsche, warm empfundene Gedicht lautet":

O helft dem Land Tirol!
Vom Himmel sah hernieder Andreas Hofer jetzt,
Da hat ihm eine Thräne die Wange wohl benetzt.
Es blutete sein treues Herz,
Weil er da sah in Noth und Schmerz
Sein schönes Land Tirol.
Die Hände that er falten und hub zu beten an:
„O heil'ge Mutter Gottes, wollst unserm Land Dich nah'n,
Sieh unsrer Thäler große Zahl,
Verwüstet sind sie allzumal
Im armen Land Tirol."

Drauf kam der alte Blücher, der war ihm wohlbekannt,
Er sprach nur wenig Worte und drückte ihm die Hand:
„Im Deutschen Reich vergißt man nicht,
Daß Helfen hier ist Christenpflicht
Im Bruderland Tirol.
Und konnt' man dir nicht danken, so wie du es verdient,
An Kindern und an Enkeln wird heut' die Schuld gesühnt.
Im Unglück standet ihr uns bei,
Zag nicht, die alte deutsche Treu'
Hilft jetzt dem Land Tirol!"
Da hat der alte Sandwirth die Thräne schnell zerdrückt
Und feurig hat nun wieder sein Heldenaug' geblickt.
„Das war ein Trost in herbem Schmerz,
Schlägt so wie Deins jed' deutsches Herz,
Dann hoff mein Land Tirol!"

In diesem anno 1882 wohl nicht als Persiflage apostrophierten, hochgradigen literarischen Kitsch, zu dem der Sandwirt herhalten musste, mischte sich in weit bedenklicherer Weise ein politischer Hintergrund, zu dem Hofer nichts beigetragen hat.

Der politische Missbrauch[4] des Sandwirts vor allem durch seine eigenen „Anhänger" – das ist der eigentliche „Feind von innen", der der wahren Leistung und dem berechtigten Ansehen sicherlich mehr Schaden zugefügt als genützt hat. Dieser heimtückische „Feind" wurde bald nach Hofers Tod wirksam, trat in verschiedenen Gestalten – sprich politischen Systemen – auf, schrieb Hofer auf seine Fahne, zerrte ihn beim Sturz mit und ließ ihn unter anderem Aspekt wieder fröhlich Urständ feiern. Das ist das eigentlich tragische Element, das Hofer umgibt, ja verfolgt.

Begonnen hat es mit Hofers Missbrauch als Vorläufer gleichsam eines großdeutschen Gedankens und seiner falsch interpretierten Rolle im Rahmen der Befreiungskriege gegen die französi-

(384) Andreas Hofer zusammen mit Herzog Friedrich Wilhelm von Braunschweig-Öls und Ferdinand von Schill, „Märtyrer" des Kampfs gegen Napoleon, auf einer Blechdose, 1. Hälfte 19. Jahrhundert

sche Vorherrschaft. Andreas Hofer ging es nicht um eine Verteidigung „deutsch-nationaler" Belange, sondern um die Verteidigung der Religion, der Rechte des Kaisers und der Landsleute – in Tirol: Nicht nur, weil er in seine Intentionen ebenso die zahlenmäßig nicht geringe Volksgruppe der Welschtiroler mit einschloss, sondern auch weil er ein ganz überzeugter, durch nichts irrezumachender Anhänger des österreichischen Kaisers Franz I. war, der im Jahr 1806 seine Rolle als letzter Kaiser des Heiligen Römischen Reiches Deutscher Nation ausgespielt hatte. Dass der Sandwirt die da und dort auflodernden Freiheitsbestrebungen wie in Spanien oder in Norddeutschland mit Interesse verfolgt und mit besten Erfolgswünschen begleitet hat, darf man wohl annehmen. Dennoch hat Andreas Hofer unter anderem mit Major Ferdinand von Schill und Herzog Friedrich Wilhelm von Braunschweig-Lüneburg-Öls mehr gemeinsam, als mit ihnen einen Typus von Schnupftabakdosen zu zieren, der in der ersten Hälfte des 19. Jahrhunderts beliebt und verbreitet war: Das Gemeinsame zwischen Andreas Hofer, dem Tiroler Aufstand und Major Schill und Herzog Friedrich Wilhelm und ihren Widerstandsbewegungen ist jedoch nicht der Kampf für die „deutsche Sache", sondern, völlig unabhängig voneinander, der Kampf *gegen* Napoleon und Frankreich! Der unmittelbare Gegner der Tiroler aber waren die „deutschen" Bayern, ein Umstand, der bald schon in der nationalen Propaganda heruntergespielt wurde. Diese Tendenz, Hofer als Vorkämpfer für das Deutschtum gelten zu lassen, ist vor allem in der „Kunst"-Literatur feststellbar und war – neben anderen Tendenzen der politischen Hofer-Interpretation – immer wieder, mehr oder weniger bis 1945 wirksam. Unbestritten ist, dass die Tiroler Erhebung, wie auch jene in Spanien, den deutschen Unabhängigkeitskriegen des Jahres 1813 als Vorbild gedient haben dürfte.

Der österreichisch- und habsburgisch-patriotische Aspekt in den gesamten Aktivitäten Hofers war sogar einer der Urgründe der Erhebung Tirols. Er durchzog parallel zum national deutschen Aspekt ebenfalls die Jahrzehnte und erlebte seinen Höhepunkt bei der Jahrhundertfeier 1909. In Tirol und Österreich hatte den ganzen Vormärz hindurch nur dieser Aspekt Gültigkeit. Die Erwähnung von Hofers Kampf um die Freiheit der „Tiroler Nation", um diesen zeitgenössischen Ausdruck wieder zu gebrauchen, und um die alten politischen Rechte der Tiroler war im Polizeistaat Metternichs verpönt. Die Betonung von Hofers Kaisertreue ist insofern berechtigt, als Hofer trotz aller erlebten Enttäuschungen bis zum bitteren Ende mit einem durch nichts mehr zu begründenden Vertrauen am Kaiser festgehalten hatte! Die Verbindung Hofer–Habsburg–Österreich ist vielleicht die wichtigste Komponente im vermeintlichen politischen Vermächtnis des Sandwirts. Wenn es von Tiroler Seite galt, dem Kaiserhaus die besondere Treue zu versichern, musste Andreas Hofer als leuchtendes Beispiel herhalten. Harmloser Ausdruck dieses Bestrebens ist zum Beispiel ein Gedicht zum 50-jährigen Regierungsjubiläum Kaiser Franz Josephs im Jahr 1898. Das Gedicht richtet sich an den Sandwirt, der als würdiger Übermittler tirolischer Treuegefühle auftreten soll[5]:

(385) Ein besonderes Kultstück: Das Bildnis Andreas Hofers, geformt aus der Erde vom Bergisel, in einer Dose aus Holz, das ebenfalls vom Bergisel stammt, um 1850

Mit glühen Wangen hab' ich oft gestanden
An Deinem Grabe, Mann vom Land Tirol.
Wenn schwarze Wetter grolten ob den Landen,
Wenn rings die Stürme brausten, dumpf und hohl; ...
Was heute dringt in Deines Grabes Frieden,
Es ist kein Nothschrei, ist kein Kriegssignal;
Ein Fest der Freude ist uns heut beschieden,
Die Glocken jubeln's laut von Thal zu Thal. ...
Die Lande all', die seinem Szepter dienen,
Sie nahen huldigend heut dem Jubilar,
Auch wir, wir eifern frohgemuth mit ihnen,
Den Besten sende, den Tirol gebar.
O, steig herauf aus Deinem Grabe! Heute,
Heut mußt Du Deines Volkes Führer sein,
Andreas Hofer! Was Dich nie gereute,
Nicht wird's am heut'gen Tage Dich gereu'n.
Wie Du zum Kaiserhof in schweren Tagen
Einst Kunde trugst von Deines Volkes Treu',
So thu' auch heut! Mit Stolz darfst Du es sagen:
„Tirolertreu" ist ewig jung und neu,
Und diese Treue bring' als Jubelgabe,
Als Dankespfand dem Jubelkaiser dar,
Wie zu des Vaters Fest die beste Habe
Mit Freuden weiht der Kinder frohe Schaar.

Und sag': solang die ew'gen Berge stehen,
Solange steht für Krone und Altar
Das Volk Tirols; solange wird sie wehen,
Die heil'ge Fahne, die die Deine war. ...

Schon bevor es die politischen Parteien gab, als lediglich Gesinnungsgemeinschaften bestanden, klärten die Tiroler Liberalen ihren Standpunkt gegenüber Andreas Hofer ab. Josef Streiter, Führer der Liberalen, bejahte in einem Zeitungsartikel vom Dezember 1843 Anno neun und die Persönlichkeit Hofers. Schließlich war Hofer ja ein Kämpfer für die Freiheit des Landes! Streiter blieb sich selbst aber nicht treu, wenn er in seiner Publikation „Studien eines Tirolers", 1862 in Leipzig erschienen, am Aufstand des Jahres 1809 keine ruhmvolle Seite mehr finden konnte. Der Aufstand sei nichts anderes als ein von fanatischen Priestern geschürter Widerstand gegen Bayern gewesen, das die Fesseln des Geistes hätte brechen wollen. Kein Verständiger, der der Bewegung von 1809 auf den „dunklen Grund" sehe, könne sich daran begeistern, höchstens Jesuiten ... Und Andreas Hofer sei auch nur irrtümlich in die Reihe der

"Helden der Freiheit" geraten! Der wesentlichste Grund für diesen Gesinnungswandel innerhalb des liberalen Lagers, den Josef Streiter formulierte, liegt im Kampf um die katholische Glaubenseinheit in Tirol. Seit 1861 erhob im Tiroler Landtag die konservative Mehrheit gegen die liberale Minderheit die Forderung auf Ausnahme Tirols vom Protestantenpatent. In diesen Jahren befand sich Tirol mehrmals im Gegensatz zur liberalen Regierung in Wien, besonders als die Maigesetze von 1869 das Konkordat mit dem Heiligen Stuhl faktisch außer Kraft setzten. Eine konservative Wiener Zeitung verteidigte in einem Gedicht die Bemühungen Tirols gegenüber der liberalen Reichsregierung[6]:

Andreas Hofer-Lied. Für die neue freie Aera.

Am Schottenthor in Banden
Das Land Tirol man schloß,
Am Schottenthor zum Tode
Führt es der Feinde Troß.
Sie zielen auf sein treues Herz
Und Oesterreich sieht mit Scham und Schmerz
Mißhandeln sein Tirol.

Wie Hofer einst gerufen
Am Wall zu Mantua,
Als er aus Kerkergittern
Die Brüder weinen sah,
So ruft sein Geist jetzt: „Gott mit euch!
Mit dir du armes Oesterreich,
Und mit dem Land Tirol!" ...

Man schleppt es an den Pranger,
Man sättigt es mit Hohn!
Warum? Vielleicht weil's Stütze
Für Kirche ist und Thron!?
Soll Oesterreich verderben,
Muß erst zertreten sterben
Das treue Alttirol!

Es starb der Wirth am Sande
Auf fremden Blutbefehl
Im fernen fremden Lande
Der Hofer als – „Rebell".
Doch sieh' an des „Rebellen" Blut
Entflammt sich neu der Treue Gluth
Im Heldenland Tirol. ...

Mit der ablehnenden Einstellung der Liberalen blieb Andreas Hofer vorerst der anderen politischen Kraft, der Konservativen Partei, vorbehalten, die ihn gleichsam in ihre Parteiideologie aufnahm und in erster Linie als ihren Helden, der für den Glauben selbst den Tod erduldet habe, feierte und ihn mit dem Kampf um die Glaubenseinheit Tirols in Zusammenhang brachte. In schamloser Weise wurde mit dem Sandwirt auch politische Werbung getrieben. Knapp vor der Reichsratswahl vom Frühjahr 1885 wurde folgendes Gedicht veröffentlicht[7]:

Wen soll ich wählen?
Hoch strahlt der Mittagssonne Glut,
Da liegt ein Mann in seinem Blut,
Im Todeskampfe liegt er da,
Der Ort, er nennt sich Mantua.
Ich brauche nicht den Namen zu nennen,
Die ganze Welt muß ihn schon kennen.
Wählt einen Mann, wie Hofer ist! ...
Er war Tyroler, Mann und Christ.
Drum schwang er hoch die Kaiserfahne,
Wie sich's geziemt dem Unterthane,
Er zählte nicht der Feinde Zahl,
Er eilte flugs von Thal zu Thal,
Es brannte warm und heiß und heißer
Für Gott, Tyrol und für den Kaiser ...
Wählt einen Mann, wie Hofer ist!
Er war Tyroler, Mann und Christ.

Ein krasses Für oder Wider kennzeichnet schon die Feierlichkeiten aus Anlass des 100. Geburtstages Andreas Hofers im Jahr 1867. Dem

rechnet der Los-von-Rom-Bewegung zu stempeln. Dieser Versuch einer radikalen „alldeutschen" Gruppe, deren Sprachrohr die Zeitschrift „Der Scherer" war, musste scheitern.

Während man das 75-jährige Gedenken an Anno neun im Jahr 1884 noch nicht feierte, beging man das 100-Jahr-Jubiläum 1909 mit einer geradezu monumentalen Festivität, die sich über Monate erstreckte. Die weltanschaulichen Wogen um Andreas Hofer waren nun so weit geglättet, dass die politischen Lager unter Betonung der einen oder anderen persönlichen Eigenschaft bzw. Eigenart Hofers sein und des Jahres 1809 Vermächtnis als Allgemeingut würdigten. Insgesamt wurde das Gedenken zu einem eindrucksvollen Treuebekenntnis Tirols zu Österreich und vor allem zum Kaiserhaus.

War es Andreas Hofer also gelungen, die ideologischen Hürden ziemlich zu überwinden, so scheiterte er an den ethnischen. Besonders nach dem Jahr 1848 keimte in Tirol immer mehr der nationale Gegensatz zwischen Deutsch- und Welschtirolern auf. Es brauchen in diesem Zusammenhang nicht Ursachen, Schuldfragen und sämtliche Auswirkungen besprochen zu werden. Fest steht, dass der Nationalitätenstreit Alt-Tirol in den letzten Jahrzehnten seines Bestehens viel Kraft gekostet und Nachteile gebracht hat. Durch die Ablehnung alles „Deutschen" und die zunehmende Distanz zu Österreich und zum Kaiserhaus, vor al-

(386) Plakat der Tiroler Landes-Jahrhundertfeier 1809–1909 in Innsbruck, Entwurf von Thomas Walch

ständigen Wachsen von Hofers Ansehen in Zusammenhang mit dem Erforschen der Tiroler Geschichte konnten und wollten sich mit fortschreitender Zeit auch die Liberalen doch nicht verschließen, besonders nach dem Abklingen des Kampfes um die Glaubenseinheit. So setzten sich auch im liberalen Lager heimat- und geschichtsbewusste Männer wie der angesehene Dichter und Wissenschafter Adolf Pichler für Anno neun und den Sandwirt als feste Bestandteile des geistigen Tirols ein.

Eine kurzlebige, ganz merkwürdige Facette im Register von Hofers politischem Missbrauch war um die Jahrhundertwende der Versuch, ihn in seinem Freiheitswillen zur Propagandagestalt ausge-

(387) Kaiser Franz Joseph bei der Jahrhundertfeier am Bergisel, 29. August 1909

ANDREAS HOFER – DER MISSBRAUCHTE

(388) Albin Egger-Lienz, Huldigungsfestzug der Tiroler Schützen bei der Jahrhundertfeier, 1909

(389) Titelseite der offiziellen Festzeitung der Tiroler Jahrhundertfeier 1809–1909

lem durch die maßgeblichen italienisch-tirolischen Kreise, wurde der Sandwirt aus dem Passeiertal den Deutschtirolern „überlassen"! Der Höhepunkt der Feierlichkeiten Ende August 1909 sah einen Umzug mit mehr als 30.000 Menschen, an dem auch Trentiner teilnahmen, die allerdings Spott und Hass ihrer irredentistischen Landsleute ertragen mussten. Für die Irredenta im Trentino wurde Andreas Hofer zum Symbol alles politisch Abzulehnenden. Ihn traf der ganze italienischnationale Protest, wenn am Dante-Denkmal in Trient eine Andreas-Hofer-Puppe aufgehängt wurde! Man wollte nicht mehr wissen, dass die Welschtiroler an der Erhebung des Jahres 1809 für „Gott, Kaiser und Vaterland" an der Seite Hofers gekämpft hatten. Spätestens 1909 wurde der Sandwirt Hofer zu einem „Deutschtiroler Helden" umfunktioniert.

Aus dem aufreibenden Spannungsverhältnis zwischen „deutsch" und „italienisch" konnte Hofer nicht mehr gerettet werden. Nach Ausbruch des Ersten Weltkriegs, besonders aber seit 1915, als der „Erbfeind im Süden" die Grenzen Tirols und der Monarchie bedrohte, musste Andreas Hofer Schützenhilfe leisten und die Tiroler zu besonderer Kraftanstrengung motivieren, wie es zum Beispiel ein Gedicht von Rudolf Greinz (1915) ausdrückt (Auszug)[8]:

Der Hofer geht um!

Der Hofer, der ist auferwacht,
Der Sandwirt von Passeier,
Der ziacht aus seiner Totentruch
Gögn die walschen Schreier.
Was suachen denn bei uns herinn
Dö verflixten Gsölln?
Schützen, laßts von Berg und Tal
Enkre Büxen schnölln!
Trum! Trum! Trum!
Der Hofer, der geaht um!

Hart sein mir wia Stahl und Stoan,
Wia die Fearner gefroarn,
Schuften, kömmts, wir nehmen enk
Sakrisch bei die Oahrn!
Alles steigt, was kraxeln kann,
Auf die Jöcher schleuni,
Auferstanden ist die Zeit
Jatz von Anno Neuni!
Trum! Trum! Trum!
Der Hofer, der geaht um!

Es war natürlich gut und patriotisch gemeint, wenn Andreas Hofer sozusagen persönlich die Leute zum Zeichnen der Kriegsanleihe aufforderte, wovon Plakate kündeten. Sie zeigten einen geradezu geldgierigen Sandwirt in Halbfigur nach einem Gemälde von Albert Plattner (1917) mit dem Text: „Andreas Hofer und die Kriegsanleihe!": „Grüeß Enk Gott, liabe Leut! – Ös Habts Enk wohl denkt, i bin hundert und mehr Jahr tot und i rühr mi nimmer, da seidt aber auf'm Holzweg! I konn nimmer schlaf'n von wegen der vielen Schießerei, miar laßt's koa Ruah und koan Fried. ... Aber wißts, Leuteln, zum Kriagführn, dazua gheart Geld. Die Kanonen sein koane Brunnenröhrn, die Kügelen wachsen nit wia die Kerschn auf die Baam, da hoaßt zohlen! Auf mit'm Beutel! ... Habts gheart? Den Beutel auf! Ös gebts das Geld auf oan guaten Versatz, es will niamd nix g'schönkt haben, da fahlt si nix, därfts koan Angst und koan Kummer haben, der Andre Hofer lüegt Enk nit an. ... Mannder, i geh Enk nit von der Hosennaht, Weiber, i geh Enk nit von den Kittelfalten. Es mueß sein! Mein goldenen Taler lög i hin und die

(390) Andreas Hofer wirbt für die Kriegsanleihe im Ersten Weltkrieg, Plakatentwurf von Albert Plattner, Text von Hermann Greinz, 1917

(391–393) *Patriotische Ansichtskarten mit Andreas Hofer wurden besonders zur Jahrhundertfeier (Mitte) und aus Anlass des Ersten Weltkriegs herausgegeben.*

schware Kötten dazua, dö mir der guate Kaiser Franz g'schenkt hat. Wer bleibt iatz zruck?"

Das Kriegsende brachte die Auflösung des alten Staatsverbandes und das Ende Alt-Tirols. Abgesehen vom Bezirk Lienz ging das gesamte Land südlich des Brenners an das Königreich Italien verloren. In den Herzen der Tiroler und in den Statuten heimattreuer Verbände wurde der Sandwirt nun zum „Schutzherrn" und Verteidiger Südtirols. Viele Österreicher glaubten nicht an eine Zukunft für die junge Republik. Sie glaubten, das Heil in einem Anschluss an das Deutsche Reich zu finden. In Tirol war die Anschluss-Stimmung besonders verbreitet, meinten doch manche Kreise, im Verein mit einem starken Deutschland eventuell Südtirol retten zu können. Mit einer Volksabstimmung wollte man den Alliierten den Volkswillen im Bundesland Tirol demonstrieren. Die Abstimmung war für 24. April 1921 angesagt. Wer musste bei der politischen Werbung wieder präsent sein? Der alte Volksheld Andreas Hofer! Auf den Propagandaplakaten wurde wieder sein Geist heraufbeschworen: „Tiroler! Landsleute! Seid am Sonntag eurer großen geschichtlichen Vergangenheit eingedenk, seid eingedenk unseres Helden Andreas Hofer! – Im Tiroler Heldengeiste Andreas Hofer's geht am Sonntag alle, Männer und Frauen, zur Urne und gebt euren ‚Ja'-Stimmzettel ab!" Der Einsatz des Sandwirts muss eigentlich verblüffen, bedeutete ein Anschluss Tirols an Deutschland zunächst auch die Beseitigung des Grenzbalkens zu Bayern, zu dem Land, das den Tirolern so viel angetan und das Hofer bekämpft hatte! Das Abstimmungsergebnis fiel zwar überwältigend im Sinn des Anschlusses aus, wurde aber von den Alliierten nicht zur Kenntnis genommen. Die prodeutsche Stimmung blieb dennoch einige Zeit erhalten. Ganz in diesem Sinn wurde auch die Andreas-Hofer-Denkmal-Enthüllung in Kufstein am 11. Juli 1926 zu einer politischen Demonstration unter stärkster Berücksichtigung Südtirols. In der Festschrift steht zu lesen[9]:

„Deutsche Heimat, Land Tirol, in diesem Ringen um Sein und Nichtsein, um Freiheit oder

Knechtschaft laß den Mahnruf Andreas Hofers nach Einigkeit einen mächtigen Widerhall in deinem Herzen finden. Tiroler Volk, halte die Treue, und du, deutsche Heimat, Deutsches Reich, Tirols Schicksal ist auch dein Schicksal, ... Tirols Freiheit ist auch deine Freiheit."

Der böse Feind wurde nun ausschließlich im Süden gesucht, obwohl Anno neun bzw. in der ganzen Napoleonischen Ära die Franzosen tonangebend waren und nicht die Italiener, denen ja auch die Fremdherrschaft aufgezwungen worden war. Dagegen nun kein Wort wider Bayern! Seitdem das „bayerische" Deutsche Alpenkorps im Verein mit den Tirolern im Ersten Weltkrieg die Südgrenze des Landes verteidigen geholfen hatte, war der immer wieder aufbrechende alte Gegensatz kaschiert.

Wie die Politik so spielt – wenige Jahre später sah die Szene genau entgegengesetzt aus, wenigstens in der offiziellen Tiroler und österreichischen Politik. Die ständig stärker werdenden Nationalsozialisten, die – was man durch Jahre erträumt hatte – ebenfalls den Anschluss an Deutschland anstrebten, allerdings unter etwas anderen Vorzeichen, nahmen sich auch Andreas Hofers an! Seiner Kaisertreue, seiner Religiosität wurde er entblößt; was von diesem neuerlichen Missbrauch übrig blieb, das war Andreas Hofer – als großer deutscher Vorkämpfer! Unter Bundeskanzler Engelbert Dollfuß wurde im Juni 1933 die Nationalsozialistische Partei in Österreich verboten. Gegen den Nationalsozialismus in Deutschland, der Österreich zu verschlingen drohte, wurde von der Regierung ein Gegengewicht gesucht und in Italien gefunden. Die ähnlichen politischen Systeme erleichterten den Kontakt. Seit 1933 war daher offiziell der Feind Tirols im Norden angesiedelt und der Verbündete im Süden, den man mit dem Südtirol-Problem verschonen musste, obgleich gerade in dieser Zeit des Faschismus die Südtiroler Schlimmstes zu erdulden hatten! Dr. Richard Steidle, einer der Tiroler Heimatwehr-Führer, formulierte Ende 1933 ganz klar die neue politische Situation[10]: „Es ist bedauerlich, daß wir heute ein sehr trauriges Kapitel deutscher Geschichte anschneiden müssen. Es waren 1809 nicht in erster Linie die Franzosen, sondern die Bayern, die sich die ärgsten Schandtaten haben zuschulden kommen lassen. Dagegen hat sich das Tiroler Volk aufgelehnt. Genau wie damals müssen wir uns jetzt wieder gegen fremde Methoden zur Wehr setzen, wieder gegen dieselben deutschen Stammesbrüder ..." Also musste nun auch der „österreichisch gesinnte" Andreas Hofer wieder grimmig gegen Norden blicken und die faschistischen Schandtaten in seiner engeren Heimat Südtirol wohlweislich übersehen! Dieser „österreichische" Andreas Hofer war im Gegensatz zum „nationalsozialistischen" christlich eingestellt und duldete mitunter auch nostalgisch-wohlwollendes Gerede vom Kaiser und der Monarchie. Dennoch war der

(394) Volksabstimmung am 24. April 1921: Andreas Hofer wirbt für den Anschluss an Deutschland bzw. damit unmittelbar an Bayern.

(395) Plakat zur 125-Jahr-Feier 1809–1934, Entwurf von Heinrich C. Berann

schen Hofer und Dollfuß[11]: „Die Erinnerung an unsere Helden gipfelt in zwei Persönlichkeiten: Andreas Hofer, dem Mann vom Land Tirol, und Dollfuß, dem Heldenkanzler von Österreich. Hofers Erfolge für Tirol kamen Österreich zugute, Dollfuß' Erfolge für Österreich galten auch dem Land Tirol, daher stehen diese beiden Männer, die einander an Charakter, an Heimatliebe, Herzensgüte und christlicher Lebensauffassung ähnlich waren, im Mittelpunkt unserer Feier. Andreas Hofer hat seinen Tod heldenhaft erlitten ... So wie der edle Hofer versöhnt und abgeklärt in den Tod gegangen ist, so hat auch Dr. Dollfuß in seiner letzten Stunde Worte des Friedens und der Vergebung gefunden. Hofer und Dollfuß sind beide Opfer schmählichen Verrates geworden, beide waren erfolgreich in ihrem Wirken, noch erfolgreicher und größer aber im Tode."

Daneben wurde der Sandwirt auch zur Symbolfigur des 1939 in Südtirol gegründeten „Andreas-

„schwarz-gelbe" Patriotismus vom rot-weiß-roten abgelöst worden.

Das 125. Gedenkjahr 1809–1934, das man schon aus Geldmangel nicht allzu groß hatte feiern wollen, wurde noch überschattet vom Mord der Nationalsozialisten an Bundeskanzler Dr. Engelbert Dollfuß. Die Bluttat war am 25. Juli geschehen. Bei der Landesgedenkfeier Anfang September waren die Eindrücke noch ziemlich frisch, was in den Reden der politischen Prominenz zum Ausdruck kam. Die Selbständigkeit Österreichs wurde besonders unterstrichen, die Treue Tirols zur Republik betont und das Schicksal Südtirols aus den bekannten Gründen ausgeklammert. Für die „Brüder und Schwestern im Süden" musste gerade ein Gruß genügen, denn „auch ihre Ahnen kämpften damals mit unseren Vorfahren Seite an Seite ..." Bischof Sigismund Waitz zog in seiner „Gedächtnisrede" einen direkten Vergleich zwi-

(396) Olav Gulbransson, Andreas Hofer am Grab von Dr. Josef Noldin (gest. 1929), Symbolgestalt des Widerstands gegen die faschistische Italianisierungspolitik in Südtirol

Hofer-Bundes", der sich von Anfang an als antinazistische und antifaschistische Widerstandsbewegung verstand. Er unterstützte besonders auch die sogenannten Dableiber, die – im Gegensatz zu den zahlreichen Befürwortern der 1939 radikal einsetzenden Umsiedlung nach Deutschland (Optanten) – ihre Heimat nicht verlassen wollten.[12]

In der Zwischenkriegszeit also spielte die Laune der hohen Politik Andreas Hofer besonders übel mit. „Und doch lebt Andreas Hofer fort!" So endet die geschichtliche Erzählung über den Sandwirt in der Version von Anton Bossi Fedrigotti von 1935.[13] „Nicht in der Gestalt derer, die seine Tat zum Vorbild der Verbundenheit für ein Herrscherhaus hinstellen möchten, das ihm die letzte Salve über sein Grab verweigert hat, sondern als lebendige Heldengestalt der deutschen Nation!" Mit solchen gewichtigen Worten war Bossi Fedrigotti auch der ideale Festredner bei der ersten nationalsozialistischen Andreas-Hofer-Feier am Bergisel am 20. Februar 1939. Mit März 1938 war Österreich an Hitler-Deutschland angeschlossen und nationalsozialistisch geworden. Damit war aber auch der janusköpfige, ja schizophrene Zustand Andreas Hofers beendet. Nun gab es nur noch ein offizielles Andreas-Hofer-Bild, das so formuliert wurde[14]: „Heute aber, da sich zum erstenmal das herrliche Siegeszeichen des Hakenkreuzes über dem Sarkophage Andreas Hofers erhebt, ‚ist es Zeit', daß Großdeutschlands Andreas Hofer von dem einzelnen Volksgenossen nie mehr anders gesehen wird, als jener Mann, der als der schlichte, einfache Sohn eines Volkes, von Habsburg verlassen, mit seinem Volke allein den Kampf gegen Frankreich und seine Vasallen aufnahm, bis er sich selbst und sein Volk der Bresche, die er dem deutschen Freiheitsgedanken schlug, zum Opfer darbrachte."

Es war noch nicht einmal fünf Jahre her, dass ein Zusammenhang zwischen Andreas Hofer und Kanzler Dollfuß hergestellt worden war. Nun war eine Beziehung zum „Führer" angebracht, die Gauleiter Franz Hofer so ausdrückte: „Andreas Hofer, das leuchtende Symbol deutscher Kraft und Stärke, das verpflichtende Vorbild heldischen Geistes, hat erst durch den Nationalsozialismus seine gerechte Würdigung gefunden, denn der Führer des ruhmreichen Tiroler Freiheitskampfes hat sein Herzblut nicht vergossen für eine Enklave Deutschlands, nein, er gab sein Leben hin als Bekenntnis zum gesamten, großen Deutschtum. Und mit der Heimholung Österreichs ins Reich aller Deutschen, ins Reich Adolf Hitlers, hat allein die große Sehnsucht Andreas Hofers ihre Erfüllung gefunden." Dieses ganz gottlose Andreas-Hofer-Bild versank mit dem Tausendjährigen Reich 1945 in Trümmer.

„Und doch lebt Andreas Hofer fort!" – heißt es auch wieder in der Neuauflage[15] von Anton Bossi Fedrigottis Andreas-Hofer-Geschichte – jedoch „nicht als ein Vorbild der Verbundenheit mit einem Herrscherhaus, das ihm die letzte Salve über sein Grab verweigert hat, nein, sondern als Freiheitskämpfer für Tirol!" Dieser Andreas Hofer konnte und durfte wieder „Schutzpatron" des abgetrennten Südtirol sein.

Unter dem Motto der Forderung nach Gerechtigkeit für Südtirol stand das Gedenkjahr 1809–1959, das in dieser Hinsicht viele Emotionen wachrief. In diesem Jahr brachte Österreich auch erstmals das Südtirol-Problem vor die Vereinten Nationen in New York. 1960 war es ein Tagesordnungspunkt der Vollversammlung. Eine Resolution bestand im Kompromiss, der dem österreichischen Standpunkt zwar näher war als dem italienischen, aber beide Seiten zu Verhandlungen aufforderte. Das Scheitern des ersten Treffens der beiden Außenminister wurde mit der Sprengung unter anderem eines Mussolini-Denkmals in Waidbruck im Eisacktal kommentiert. In der Nacht des 24. Mai 1961 sprengten die „Corti Franchi Italiani" („Italienisches Freicorps") das Denk-

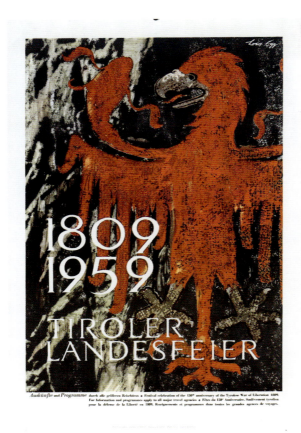

(397) Festplakat der Tiroler Landesfeier 1809–1959, Entwurf von Lois Egg

(398) Das am 1. Oktober 1961 von seinem Sockel gesprengte bronzene Hofer-Standbild am Bergisel. Das Attentat wurde als italienisch-nationalistische Vergeltung auf die Serie von Sprengstoffanschlägen in Südtirol angesehen.

mal an der Todesstätte Andreas Hofers in Mantua. Das ziemlich ergebnislose politische Tauziehen begleiteten von nun an Attentate in Südtirol, deren Höhepunkt in der Nacht nach dem traditionsreichen Herz-Jesu-Sonntag, in der Nacht zum 12. Juni 1961, erreicht wurde, wo in einer gut vorbereiteten Aktion eine Unzahl von Hochspannungsmasten gesprengt wurden. Immer wieder kam es zu ähnlichen Anschlägen. Die Südtiroler Freiheitskämpfer, die massiv für das Selbstbestimmungsrecht eintraten, hatten unbedingt Andreas Hofer als Vorbild vor Augen. – Und dieser wurde wieder Opfer der Politik um ihn herum: Als Revancheakt wurde das Andreas-Hofer-Denkmal am Bergisel am 1. Oktober 1961 gesprengt!

Ohne Zweifel kamen infolge der Attentate die Autonomieverhandlungen für Südtirol erst richtig ins Rollen, die ihren Niederschlag in einem „Paket" autonomer Rechte fanden, Vereinbarungen zu rund 130 Materien betreffend. Das sogenannte Paket wurde im italienischen Verfassungsgesetz und im neuen Autonomiestatut von 1971 bzw. 1972 verankert. Waren nun die Südtiroler ziemlich befriedigt, regte sich Unzufriedenheit auf italienischer Seite über Zweisprachigkeit, Proporz und den „Verrat" der Zentralregierung in Rom. Und der politische Protest traf wieder Andreas Hofer. Diesmal wurde das Meraner Denkmal von einem „Movimento italiano Alto Adige" – nach einem hinterlassenen Flugzettel – gesprengt.

Der politische Missbrauch am Beispiel Andreas Hofers könnte lehren, dass eine starke Aktualisierung historischer Größen verlogen wirken muss, wie auch der Name Andreas Hofer im Mund von Politikern vielfach mit Missbrauch zu tun hat! Auch der berühmte österreichische Kulturhistoriker Friedrich Heer erkannte die Problematik, wenn er schrieb: „Vergangenheit, alle Vergangenheiten arbeiten in uns. Andreas Hofer arbeitet heute als Heiliger und ‚heiliger Narr', als Landespatron und als ‚abergläubischer Querkopf' in alten, jungen und mittleren Tirolern. ... Wiedergeburt: sie ist immer ein kritischer Prozeß. Sie kann

zu schönen Leistungen, zu guter Einwurzelung in den Tiefenschichten von Person, Nation, Nationalität führen, aber auch zu neuem Irrtum, neuem Wahn. Glaube und Aberglaube sind ja auch im Politischen so wenig zu trennen wie Kunst und Kitsch. Wir sollen unsere Vergangenheit, ausgerüstet mit den Erfahrungen unserer heutigen Fehlleistungen, auf uns nehmen."[16]

Die politische Szene um den Sandwirt scheint sich vorerst beruhigt zu haben, womit der Blick für ein objektiveres Andreas-Hofer-Bild möglich ist. Einen solchen Wunsch hatte schon der Tiroler Kulturhistoriker Erich Egg 1959 ausgesprochen: „Möge es einer späteren in Frieden lebenden Generation wieder gegönnt sein, den Kampf von 1809 in einem helleren, von den zwingenden Vergleichen zur Gegenwart befreiten Licht zu sehen."[17]

Das Tiroler Landesgedenken 1809–1984 schien der Erfüllung des Wunsches nahezukommen, was der Historiker Josef Riedmann in der Festveranstaltung am 20. Februar 1984 in Innsbruck so ausdrückte: „... das Jahr 1809 bildet nun einmal in der Tiroler Geschichte seit 175 Jahren ein Faktum, mit dem sich – unter jeweils geänderten Bedingungen – die Nachwelt auseinanderzusetzen hat. Jede historische Periode hat dies auf ihre eigene Art getan. Die Parolen haben gewechselt: Der Aufruf zur Abwehr des äußeren Feindes 1859, das Treuegelöbnis an den Kaiser 1909, 1934 der Appell für die Unabhängigkeit Österreichs, das geteilte Tirol beziehungsweise die Rechte der Südtiroler 1959. Die heutige Festveranstaltung steht unter dem Motto: ‚Miteinander Tirol gestalten – Erbe und Auftrag'. Ich glaube, wir können uns glücklich schätzen, daß dieses Motto – anders als zumeist in der Vergangenheit – nicht aus einer Situation akuter Not geboren ist, sondern daß es in die Zukunft weist – in eine Zukunft, die durch das ‚Miteinander' alle Tiroler einschließen soll."

(399) Plakat im Tiroler Gedenkjahr 1809–1984, Entwurf Gustav E. Sonnewend

In diesem „Gedenkjahr" – in Südtirol „Bedenkjahr" genannt – wurden von den Landesregierungen des Bundeslandes Tirol und Südtirols reiche Aktivitäten entwickelt bzw. gefördert, die einerseits die historische Forschung im weiteren Sinn und ein allgemeines Geschichtsbewusstsein vertiefen sollten. Bis ins Trentino hinein wurden verschiedenste Veranstaltungen durchgeführt und es erschienen zahlreiche Publikationen, die teils auch auf Gemeindeebene basierten, auf Initiative von Vereinen oder von privater Seite. Zeitungen und Zeitschriften widmeten Beilagen und Sondernummern, die auch kritisches Gedankengut enthielten und so Fachleute zur Diskussion anregten. Das Tiroler Landestheater und mehrere Volksbühnen führten einschlägige Stücke auf. Zu den Höhe-

(400) Mehrere Zeitschriften und Magazine widmeten sich im Gedenkjahr 1984 den Themen 1809 und Andreas Hofer

Nicht wenigen Zuschauern erschien es als Fauxpas, wenn die Gruppen aus Welschtirol/Trentino und Ampezzo, also aus Teilen Tirols innerhalb seiner historischen Grenzen, unter den „Nachbarn" mitmarschieren mussten. Im umfangreichen Mittelteil waren zum Beispiel die Blöcke „Die Familie – Grundzelle des Volkes", „Gemeinde – Grundzelle des Staates" und „Tiroler Arbeitswelt" untergebracht. Die Teilnehmer zogen länger als vier Stunden an der vor der Hofburg errichteten Ehrentribüne mit dem österreichischen Bundespräsidenten und höchsten Festgästen vorüber und circa 100.000 Zuschauer spendeten dem perfekt inszenierten, farbenfrohen Zug Beifall. Ein Raunen ging durch die Menge, als – wie schon bei der 150-Jahr-Feier 1959 – eine große Dornenkrone als Symbol der Unfreiheit des südlichen Tirol von den Burggräfler Schützen einhergetragen wurde. Ein Transparent verkündete die Forderungen „Selbst-

punkten zählten die große Landesausstellung „Die tirolische Nation 1790–1820" im Tiroler Landesmuseum Ferdinandeum sowie die Ausstellung „Andreas Hofer – Mythos und Missbrauch" in der Zweigstelle Zeughaus.

Am großen, minutiös geplanten Festumzug am 9. September 1984 beteiligten sich 34.000 Menschen aus allen Landesteilen Alt-Tirols und aus den Nachbarländern. Es marschierten nicht nur Schützen und Musikkapellen auf, sondern verschiedenste Gruppierungen von Vertretern der Universität bis zu den Industriearbeitern; sie sollten ein wenig die Tiroler Gesellschaft von heute widerspiegeln. Von vornherein war geplant, dass der Umzug nicht ausschließlich ein historischer Bilderbogen mit verschiedenen Traditionsverbänden und -vereinen werden sollte, sondern gleichsam eine gesellschaftliche Selbstdarstellung des Landes. Eine Gliederung des Festzugs wurde mit den drei Motiven „Miteinander Tirol gestalten", „Ein Tirol" und „Unsere Nachbarn" vorgegeben.

(401) Die beim Festumzug 1984 mitgeführte Dornenkrone ist bis heute nicht vergessen!

bestimmung für Südtirol" und „Tirol den Tirolern".

Als äußerst wichtig wurden die zukunftsweisenden Projekte angesehen, die aus Anlass des Gedenkjahres ins Leben gerufen wurden, wie die Verlängerung der Landesgedächtnisstiftung zur Erhaltung kulturhistorischer Denkmäler des Landes, die Errichtung eines „Tiroler Schüler- und Studentenheimes" in Innsbruck, der Ausbau des Tiroler Landesmuseums Ferdinandeum mit Aufstellung eines lehrreichen Tirol-Reliefs, die Schaffung eines „Gesamttiroler Landesinstitutes", die Neugestaltung der Andreas Hofer-Gedenkstätte in Mantua usw.

Eine Übersicht über alle Aktivitäten im Gedenkjahr 1984 gibt der Band „Tirol 1809–1984", herausgegeben von den Landesregierungen in Innsbruck und Bozen.[18]

Es spricht für die immer noch bestehende Popularität Andreas Hofers, wenn sein Abbild – in verschiedenen Variationen – bis heute Werbeträger geblieben ist, in der Politik, in der Wirtschaft, in den Medien, was Beispiele aus jüngster Zeit zeigen.

Bereits im Vorfeld des Gedenkjahres 1809–2009 waren wissenschaftliche Projekte und Symposien angesiedelt, so wie auch einschlägige Publikationen erschienen sind. – Von heftigen Diskussionen begleitet war die von Seiten des Landes Tirol vorgegebene Verlegung des Riesenrundgemäldes, darstellend die Schlacht am Bergisel vom 13. August 1809, auf den „Tiroler Heldenberg" in Verbindung mit einem dort zu errichtenden neuen Museum.

Wertvolle wissenschaftliche Ergebnisse erbrachten im Gedenkjahr die Symposien „1809. Neue Forschungen und Perspektiven", „Außenperspektiven: 1809 – Andreas Hofer und die Erhebung Tirols", „Martyrium als religiös-politische

(402) Karikatur um die Dornenkrone des Jahres 1984 mit Landeshauptmann Eduard Wallnöfer

(403, 404) 1984 erschienen u. a. eine 500-Schilling-Münze und eine offizielle Sonderpostmarke.

(405, 406) Andreas Hofer auf verschiedenen Werbemitteln in Politik und Wirtschaft

(407–409) Ankündigung eines Symposiums – Beispiel für die zahlreich erschienenen wissenschaftlichen Publikationen – Begleitband zu einer der sehenswerten Ausstellungen des Jahres 2009

(410) DVD mit einer umfangreichen Zusammenfassung des Landesfestumzugs in Innsbruck am 20. September 2009, herausgegeben vom Amt der Tiroler Landesregierung

Herausforderung" und „Triumph der Provinz. Geschichte und Geschichten 1809–2009".

Im Gegensatz zu den Gedenkjahren 1984 und besonders 1959 ist – wie aus dem angefügten Literaturverzeichnis zu ersehen – eine große Zahl von wissenschaftlichen Arbeiten erschienen, die gewichtige Beiträge zur Erforschung des Jahres 1809, seiner Persönlichkeiten und vor allem auch des historischen Umfelds liefern. Populärwissenschaftliche Veröffentlichungen, historische Romane, die ein Zeitbild schildern, und Arbeiten, die den Kindern und Jugendlichen Tiroler Geschichte näher bringen, runden das Bild der Veröffentlichungen ab. – Gute Beteiligung an Lesungen, Vorträgen – auch in Schulen –, Konzerten und verschiedensten kulturellen Veranstaltungen unter dem Leitspruch „Geschichte trifft Zukunft" drückten das Interesse der breiten Bevölkerung aus.

Zu den viel beachteten und gut besuchten Ausstellungen im Bundesland Tirol und in Südtirol zählen „Hofer Wanted" (Tiroler Landesmuseum Ferdinandeum), „HeldenFrauen – FrauenHelden" (Kaiserliche Hofburg in Innsbruck), „Labyrinth::Freiheit" als Südtiroler Landesausstellung in der Festung Franzensfeste, „Andreas Hofer – Ein Tourismusheld?" auf Schloss Trauttmansdorff (Meran) und die als Dauerausstellung konzipierte Schau „Helden & Hofer" im MuseumPasseier am Sandhof in St. Leonhard i. P. Von zahllosen Interessierten wurde die Wanderausstellung „Vom Freiheitskampf zum Kassenschlager" besichtigt und hat damit viel Neugierde geweckt; sie kursierte in Nord-, Ost- und Südtirol.

Nicht nur das Tiroler Landestheater bot Beiträge zum Gedenkjahr. Weite Teile der Bevölkerung hat eine staunenswerte Spielfreudigkeit erfasst; zahlreiche Laienbühnen in allen Landesteilen boten hervorragende Leistungen wie bei Felix Mitterers „Speckbacher" in Rattenberg oder dem „Meraner Volksschauspiel ‚Andreas Hofer'" von Carl Wolf in Algund.

Einen Höhepunkt im Tiroler Gedenkjahr stellten die „Landesfesttage 1809–2009" in Innsbruck dar. Wie so oft in diesem Jahr wurde die Jugend des Landes intensiv miteinbezogen.

Bei strahlendem Wetter fand am Sonntag, den 20. September, nach dem Pontifikalamt mit Bischof Manfred Scheuer im Dom zu St. Jakob der große Landesfestumzug mit rund 30.000 Teilnehmern, davon 3.000 Jugendlichen, und mehr als 70.000 begeisterten Zuschauern statt. Als prominenteste Gäste waren Bundespräsident Dr. Heinz Fischer und die Landeshauptleute von Tirol, Südtirol und dem Trentino, Günther Platter, Dr. Luis Durnwalder und Lorenzo Dellai erschienen. Viele Menschen betrachten diesen Tag als absoluten Höhepunkt des Gedenkjahres.

Nicht nur aus diesem Anlass, sondern bei zahlreichen Gelegenheiten wurde von Seiten der Politiker der alt-tirolischen Landesteile der verstärkte Wille zum Ausbau der Europaregion Tirol ausgesprochen, in deren Folge das Gefühl der Zusammengehörigkeit und die Zusammenarbeit in vielen Bereichen gestärkt würden. Wenn dies gelingt, so wäre dies wohl die positivste Folgeerscheinung des Gedenkjahres 1809–2009 mit dem klug gewählten Motto „Geschichte trifft Zukunft".

(412) Unterwäsche mit Andreas-Hofer-Emblem in Verbindung mit der Aufforderung „'s isch Zeit" gab es nicht in allen gewünschten Größen.

(411) Die österreichische 5-EURO-Silbermünze „TIROLER FREIHEIT" mit den Bildnissen von Andreas Hofer und der Freiheitskämpferin Josephine Negrelli, am 5. Mai 2009 offiziell präsentiert, war ein beliebtes Sammlerstück.

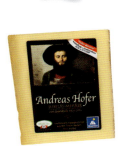

(413) Spielkarten mit dem Bildnis Andreas Hofers auf der Rückseite, 2009 herausgegeben.

(414–416) Die kulinarische Seite kam im Gedenkjahr 2009 nicht zu kurz! Käse, Schokolade, Schnaps, Wein, Bier usw. wurden erfolgreich vermarktet.

Was bleibt vom Sandwirt?

In der neueren historischen Forschung sind folgende Tendenzen zu bemerken, einerseits, dass dem Aufstand der Tiroler unter Andreas Hofer die bisher gerne hervorgestrichene angebliche Einmaligkeit und damit Großartigkeit genommen wird, und andererseits, dass – wie schon im Gedenkjahr 1984 – die Entmytologisierung von 1809 und speziell Andreas Hofers fortgesetzt wird. Mit der kritischen Hinterfragung der vielfach geäußerten Glorifizierung der Napoleonischen Ära in Tirol, vielfach als „Heldenzeitalter" apostrophiert, wird der Weg zu einer objektiveren Betrachtung und Beurteilung von Beweggründen, Taten und Leistungen der breiten Bevölkerung und der besonderen Aktivisten geöffnet.

1796 ist das Land zum ersten Mal unmittelbar militärisch bedroht worden. Mehr als eineinhalb Jahrzehnte haben sich – mit Unterbrechungen – die Kriegsjahre hingezogen, wobei eine grundsätzliche Unterscheidung getroffen werden muss: Dienten die Kämpfe der Tiroler zwischen 1796 und 1805 der Abwehr eines von außen eindringenden Gegners, so war die Erhebung des Jahres 1809, die im Zusammenhang mit einem neuerlichen Krieg des Habsburgerstaates gegen Frankreich bzw. Napoleon und seinen Verbündeten Bayern gesehen werden muss, ein Aufbegehren gegen die eigene Staatsgewalt. Durch den Frieden von Pressburg vom 26. Dezember 1805 war Tirol vom habsburgischen Länderkomplex abgetrennt und Bayern angeschlossen worden. Legitimistisches Denken wurde bewusst durch die Feststellung entkräftet, dass vonseiten Bayerns die verbindlich zugesagte Beibehaltung der traditionellen Rechte – zum Beispiel der ständischen Verfassung – spätestens mit der neuen bayerischen Verfassung vom 1. Mai 1808 gebrochen worden sei.

Es war 1809 nicht zum ersten Mal, dass sich die Bevölkerung von Tirol bzw. ein Teil davon gegen die Obrigkeit erhob. Dabei wird in erster Linie des Bauernaufstands der Jahre 1525/26 unter Michael Gaismair gedacht. Aber auch im 17. Jahrhundert war die Sorge der Obrigkeit gegenüber Unruhen präsent und im 18. Jahrhundert kam es im Virgental 1704 und auch 1720, 1762 und 1767 zu Gewalttätigkeiten bewaffneter Bauern.[1] Tumulte gegen obrigkeitliche Maßnahmen gab es 1762 im Burggrafenamt.[2] Auch die probeweise Einführung der Konskription 1786/87 unter Kaiser Joseph II. löste Unruhen aus. Ja, die Französische Revolution selbst, ein kraftvolles Aufbegehren gegen die an sich legitimen, aber weiten Bevölkerungskreisen unerträglich scheinenden Zustände im Ancien Régime konnte von nun an als Vorbild einer Erhebung dienen. Auch die Aufstände in der Vendée südlich der Loire in Folge der Französischen Revolution und der Aufstand gegen die französische Besatzung in Spanien dürften Vorbildwirkung gehabt haben. Vonseiten Bayerns wurden 1809 für die Tiroler und ihr Aufbegehren die Bezeichnungen „Insurgenten" bzw. „Insurrektion" verwendet, was nichts anderes als „Aufständische" und „(Volks-)Erhebung" bedeutet.

Die zentrale Figur der Erhebung des Jahres 1809 war auf jeden Fall der Sandwirt Andreas Hofer aus dem Passeiertal. Was bleibt vom „Menschen" Andreas Hofer, von seinen Taten und Leistungen, nun schon seit rund zweihundert Jahren eingespannt zwischen Mythos und Missbrauch? Geschichtliche Realität und aktualisiertes Nachleben fließen ineinander.

Gleichgültig, ob eine positive oder negative Einstellung zu Tirols Befreiungskämpfen der Napoleonischen Ära bezogen wird, jenem Zeitabschnitt muss eine besondere Stellung innerhalb der Landesgeschichte zugestanden werden. Lässt man die unschönen, manchmal fast lächerlichen Details beiseite und geht nur auf das Wesentliche ein, dann wurde 1809 ein Aufsehen erregender Höhepunkt erreicht. Dieses Jahr hat Hofer erst zu dem werden lassen, als der er bis heute gilt, so wie es ohne ihn nicht zu verstehen ist.

Wenn manchmal geäußert wird, der Sandwirt habe überhaupt erst durch die tapfere Art, den Tod zu erleiden, Größe erreicht, so stimmt das nicht. Ohne seine bedeutende Stellung vorher hätte er nicht den Tod als fast logische Konsequenz und als Abschluss der gescheiterten Mission erleiden müssen. Denn er ist in seinem Amt bis zur höchsten Verantwortung aufgestiegen und hat letztlich auch dafür „bezahlen" müssen.

In seinem Schicksal spiegelt sich das Schicksal des Tiroler Volks wider. Vor der Tiroler Erhebung bot sein Lebenslauf kaum etwas Besonderes und unterschied sich nicht von vielen anderen sozial Gleichgestellten. Der Sandwirt war eine typische Tiroler Persönlichkeit des 18. Jahrhunderts, herangewachsen unter Berücksichtigung der Verhältnisse des Passeiertales. Zu seiner individuellen Erscheinung gehört eine starke Religiosität. Freilich war es ein wenig reflektierender Glaube. Erst das

Zweite Vatikanische Konzil forderte den „mündigen Christen", der aber zu Andreas Hofers Zeiten nicht bekannt, nicht gefordert und auch gar nicht erwünscht war. Diese starke religiöse Bindung ließ ihn wie selbstverständlich auf die Geistlichkeit hören, was nicht heißt, dass er ihr hörig gewesen wäre, wie manchmal behauptet wird. Zum Beispiel ließ Hofer im April 1809 bayerisch gesinnte Geistliche einsperren, holte Pater Joachim Haspinger gegen den Willen des Provinzials aus dem Kloster und verurteilte den Priester Josef Daney zum Tod.

Unsinnig ist das öfters aufgetauchte Schlagwort „Taliban" in Zusammenhang mit Hofer und seinen Mitstreitern. Dieser Begriff bezieht sich auf eine Gruppe radikaler Islamisten innerhalb Afghanistans. Unzulässig ist die Verwendung des Begriffs schon deshalb, da er einem anderen Kulturkreis entspringt und nicht übertragbar ist, so wie auch

(417) Johann Georg Schedler, Porträt Andreas Hofers, wohl 1809. Diese Grafik diente als Vorlage für eine weit verbreitete Lithographie.

zum Beispiel der Dalai Lama nicht als „Papst der Tibeter" bezeichnet werden darf.

Die Verquickung von Religion und Patriotismus in früherer Zeit hatte ihre vermeintliche Legitimität im Glauben an die gerechte Sache. Bezeichnend für Hofers Denkungsart, überhaupt für die Denkungsart jener Zeit, ist auch die unbedingte Kaisertreue. Oft legte der Sandwirt geradezu eine Sturheit an den Tag, dem Kaiser Franz anzuhängen und vom Althergebrachten nicht abzugehen. Die Anhänglichkeit an den Kaiser war nicht etwa eine krankhafte fixe Idee! Der Kaiser war für den Großteil der Tiroler Sinnbild und Garant einer in Jahrhunderten herangewachsenen, verhältnismäßig großen politischen Selbständigkeit des Landes bzw. seiner Bewohner. Dass man sich aber täuschte und später nicht mehr die ersehnten und erwarteten alten Rechte zurückbekam, konnte man 1809 ja nicht wissen. Zum Patriotismus gehörte nicht nur die Bindung an das „angestammte" Herrscherhaus der Habsburger, sondern auch die Verbundenheit mit dem Vaterland Tirol, in dem auch der Bauer politische Rechte genießen konnte. Im 18. Jahrhundert unterdrückt, konnte ein Aufflackern der traditionsreichen Mitbestimmung der Tiroler Landstände am offenen Landtag 1790 festgestellt werden. Diese Mitbestimmung missachtend, war Tirol ohne Befragung oder auch nur Information vom Kaiser im Dezember 1805 an Bayern abgetreten worden. Wohl keine der einzelnen Komponenten, wie Missstimmung gegen die bayerische Regierung und ihre Reformen, besonders auch auf religiösem Gebiet, wirtschaftlicher Niedergang oder die Agitation bzw. der Einfluss von außen usw. hätte genügen können, zum Aufstand zu motivieren! Die bayerische „Zwangsbeglückung", dem Geist der Aufklärung entsprungen, darf nicht mit heutigem Maßstab gemessen werden. Viele der Maßnahmen sind nach rund zweihundert Jahren selbstverständlich, besonders in einer pluralistischen Gesellschaft, galten aber damals in Tirol, wo sogar der größte Teil der Maßnahmen Kaiser Josephs II. zurückgenommen werden musste, als grober Eingriff in die Freiheit.

Die Französische Revolution, von vielen als endgültiger Durchbruch der Aufklärung gefeiert, hatte trotz des „Slogans" von „Freiheit, Gleichheit und Brüderlichkeit" nicht eine Freiheit in demokratischem Sinn gebracht, sondern zunächst eine Schreckensherrschaft mit der Vernichtung Andersgesinnter.[3] Mehrmals brachen Aufstände in der Vendée aus, die niedergeschlagen wurden.[4] Trotz dieser negativen Erscheinungen wird die Französische Revolution von einem Mythos ge-

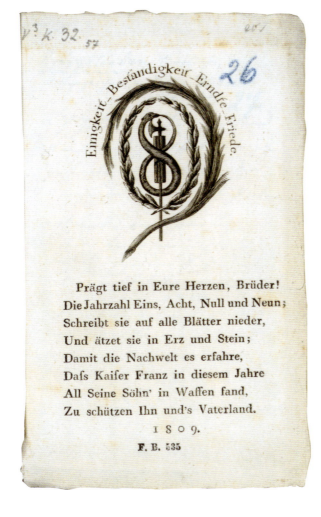

(418) Einblattdruck mit patriotischem Liedtext zur Erinnerung an das Jahr 1809; das Rutenbündel als Symbol der Französischen Revolution, umschlossen von einer Schlange, einem Lorbeerkranz und einem Ährenzweig

tragen, der ebenfalls hinterfragt und abgebaut werden müsste, ebenso wie der Mythos „Napoleon"[5] oder der Mythos „Grande armée" oder auch „Grande nation". Die Revolution hatte in die Herrschaft Napoleons gemündet, der nicht die Ideale der Aufklärung nach außen trug, sondern in einem seltenen Machtstreben nahezu das ganze Abendland mit Krieg überzog. Durch ihn entwickelte sich Frankreich zur beherrschenden Hegemonialmacht am europäischen Kontinent. Allerdings wurde dadurch das Nationalgefühl der Völker geweckt, was schließlich zu den Befreiungskriegen der Jahre 1813/14 führte. Unter dem Aspekt Erwachen und Widerstand ist schließlich auch die Erhebung von 1809 in Tirol zu sehen.

Unter „Freiheit" hat man damals nicht dasselbe verstanden wie heute. Es ist ein unkluger Einwand, der manchmal erhoben worden ist, dass nämlich Hofer gleichsam die Kräfte der Reaktion versinnbildlichen würde, die den „bayerischen Fortschritt" in Tirol verhindert hätten. Der Geist der Aufklärung hatte letztlich keine Freiheit gebracht, sondern kurzfristig eine andere Form der Bevormundung des Menschen. Im „modernen" Staat von damals wurde alles reglementiert. Es ist selbst von heutigem Standpunkt aus nicht einzusehen, warum harmlose Bräuche des Volkes, wie Wetterläuten oder das Abhalten der Christmette zum gewohnten Zeitpunkt, nicht durchgeführt werden durften. Die Tiroler schätzten nicht die „neue" Freiheit von alten Werten, sondern die Freiheit *für* die das ganze Leben umfassende Religion, *für* das angestammte Herrscherhaus, mit dem man lange Zeit gut ausgekommen war und dem das Volk wesentliche Rechte zu verdanken hatte. Verteidigte Hofer auch – und hinter ihm stand der größte Teil der Bevölkerung des Landes – eine patriarchalische Ordnung oder die starken religiösen Bindungen, von Aufklärern oft als „klerikale Unfreiheit" geschmäht, so war dies in den Augen der Menschen von damals objektiv richtig,

denn diese Umstände galten ihnen immerhin als unverrückbare Werte. Diese Ideologie des Tiroler Volks wurde den Bürger- und Menschenrechten, wie sie die Französische Revolution als Aufruf an die Welt formuliert hatte, entgegengehalten.

Der totale Einsatz für „Tiroler Werte" kann von einer satten Wohlstandsgesellschaft des 21. Jahrhunderts kaum verstanden werden, da „Patriotismus" und „Religion" in der geistigen Bedürfnisrangordnung durchwegs ziemlich weit hinten rangieren. Es ist unsinnig, mit dem Wissen, dem politischen und sozialen Stand von heute über Andreas Hofer und die Tiroler von Anno neun urteilen und rechten zu wollen bzw. hinterher fiktive Verbesserungsvorschläge anzubringen. Gerade das Jahr 1809 wird erst verständlich, wenn man nicht vom Standpunkt der pluralistischen Gesellschaft von heute ausgeht. Man kann es nur begreifen, wenn man es „ex tunc", von damals aus, zu verstehen und mit den damals gültigen Kriterien zu beurteilen versucht. Wenn die Verteidigung der Werte, also der Kampf um die Freiheit der Heimat in mancher Hinsicht für den Großteil der Bevölkerung nicht eine relevante Angelegenheit bedeu-

(419) Das Sandwirt-Haus in St. Leonhard im Passeier in einem Aquarell des Engländers Sir Thomas Dyke Lord of Acland, der wichtige Gedenkstätten in Tirol besuchte, um 1820

(420, 421) Mantua, Denkmal, an der Stelle errichtet, wo Andreas Hofer füsiliert wurde, Zustand nach dem Ersten Weltkrieg und zweite Erinnerungstafel über der leeren Grabstelle, errichtet 1939

tet hätte, wäre es wohl nie zu dieser kollektiven Kraftanstrengung gekommen bzw. wäre ein Widerstand viel schneller in sich zusammengebrochen. Dies darf auch als ein deutliches Kennzeichen dafür gelten, dass der Volkskrieg nicht von oben aufgezwungen worden oder durch momentane Begeisterung eines Einzelnen zustande gekommen war, sondern dass die Verteidigung dieser Werte doch als eine ziemlich allgemeine Angelegenheit interpretiert werden darf. Dieser Umstand muss von uns heute einfach als unumstößlich respektiert werden.

Andreas Hofer war nicht von vornherein der ausschließliche Führer der Aufstandsbewegung, sondern er ist in die Führungsrolle hineingewachsen, zum Teil geradezu hineingezwungen worden. Entscheidend war, dass er in den Kreis des geheimen Widerstands gegen die bayerische Regierung gelangt ist – wie, ist ungeklärt. Dass das Land in der kurzen Zeit von knapp zweieinhalb Monaten zur Erhebung gerüstet war, ist nicht zuletzt Hofers reger Tätigkeit zuzuschreiben. Mit Wien war die Erhebung im Rahmen eines neuerlichen Kriegs gegen Frankreich und des Einrückens kaiserlicher Truppen nach Tirol besprochen worden.

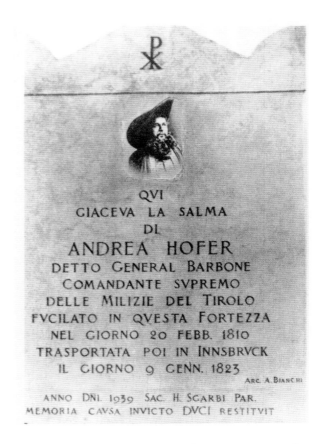

Sollte – wie bei den kriegerischen Ereignissen der Jahre zuvor – bloß das Militär unterstützt werden, so hat sich die Aufstandsbewegung unter Andreas Hofer bald schon „verselbständigt". Zuerst war der Sandwirt nur Talkommandant des Passeier, hat als solcher gleich zu Beginn der Erhebung selbständige Gedanken entwickelt. Bei der ersten Befreiung des Landes im April 1809 spielte Hofer nur im Süden eine Rolle. Als im Mai der Norden des Landes zu unterliegen drohte, trat er mit seinen Schützen und Landstürmern aus dem Süden zu einer großen Rettungsaktion an. Ein Unternehmen von so großem Umfang und so großer Verantwortung auf eigene Faust zu steuern, das war geradezu sensationell und bedeutete den Sprung über den eigenen Schatten, nach dem es kein Zurück gab! Bedingt durch den Erfolg, wurde Hofer fast automatisch Oberkommandant, eine Stellung, die es bisher im landständischen

Verteidigungswesen nie gegeben hatte, weil immer nur Aktionen zur Unterstützung des Militärs für möglich und sinnvoll gehalten worden waren. So ein Grad an Selbständigkeit war bisher unbekannt. Nun folgte eine weitere Befreiung im August. Der Glaube an die großen Ideale, die Zuversicht auf überirdische Hilfe und Unterstützung durch den Kaiser sowie ein kraftvolles Zuschlagen der Tiroler haben in diesem ungleichen Ringen mit Napoleon und Bayern beachtliche Erfolge gezeitigt. Ein weiterer Schritt in der Karriere Andreas Hofers war nun, dass er als Oberkommandant auch die zivile Verwaltung leiten musste, da er die einzige ziemlich allgemein anerkannte Autorität im Land war. Es bedeutete den Höhepunkt seiner Laufbahn, wenn ein einfacher Wirt und Bauer Statthalter des Kaisers wurde. Dies war wohl nur in Tirol möglich, wo der Bauernstand schon sehr früh persönlich und wirtschaftlich frei war und auch zur politischen Mitbestimmung im Rahmen der landständischen Versammlung – neben Geistlichkeit, Adel und städtischem Bürgertum – zugelassen war. Unabhängig von der Beurteilung der Qualität dieser Verwaltung muss betont werden, dass es Hofer und seinem Stab immerhin gelungen ist, chaotische Zustände zu verhindern. In dieser, im Grunde genommen völlig unabhängigen Position zeigte der Sandwirt keinerlei Ansätze zum Missbrauch der Macht oder zu einem Diktator. Bei aller Gutmütigkeit und eher leichten Beeinflussbarkeit war er auf jeden Fall eine starke Persönlichkeit mit großer Ausstrahlung, ein redlicher, gerader, offener Charakter, der für sich eigentlich nichts erstrebte und sich für die Erhaltung der Religion, des Herrscherhauses und Tirols einsetzte.

Gerade aus dem Willen heraus, für das Land das Beste zu wollen, ist ein Vergleich zwischen Andreas Hofer und dem Bauernführer Michael Gaismair (1525/26) von Interesse, wenn sich auch gleich herausstellt, dass es kaum eine Gemeinsamkeit gibt. Diese Persönlichkeiten waren jeweils in eine ganz anders geartete „Tiroler Welt"

(422) Andreas Hofer, eingebunden in die Tiroler Geschichte – Blick in die Innsbrucker Hofkirche mit den „Schwarzen Mandern", dahinter das Denkmal für den Sandwirt, um 1840

(423) Besuch beim Andreas-Hofer-Denkmal in der Innsbrucker Hofkirche, 2. Hälfte 19. Jahrhundert

Was bleibt vom Sandwirt? 341

(424) Jakob Plazidus Altmutter, Studie zum Öl-Porträt des Sandwirts und Oberkommandanten von Tirol, Andreas Hofer, 1809

hineingestellt. Es waren ja auch inzwischen dreihundert Jahre verflossen. Es soll nicht der kindischen Frage nachgegangen werden, wer von den beiden es wohl besser für das Land gemeint habe. Hingegen können folgende Feststellungen getroffen werden: Andreas Hofer hatte auf seinem Höhepunkt den größten Teil des Volks hinter sich, Gaismair nur eine relativ kleine Gruppe, die er anführte; Hofers „Programm" war klar und allgemein anerkannt, da es die Rückkehr zu den traditionellen, gewohnten Verhältnissen darstellte, Gaismairs Programm war schwer verständlich, wies in die Zukunft und war überdies zum Teil utopisch. Von heutigem Standpunkt aus entsprechen freilich manche der Programmpunkte Gaismairs „modernen" Forderungen weit mehr als jene Andreas Hofers. Da Gaismair in neuester Zeit zu einem Idol aufzusteigen und in ein ideologisches Fahrwasser zu geraten scheint, womit auch seinem Missbrauch die Tore geöffnet werden, klingt schon manchmal ein gegenseitiges Ausspielen Hofer–Gaismair an, was natürlich unsinnig ist, da sie unter völlig anderen Voraussetzungen lebten und wirkten. Gaismair ist nicht erst durch die Ermordung an seiner Aufgabe gehindert worden. Er ist letztlich schon früher an seinen revolutionären Ideen gescheitert, da er nur einen kleinen Teil des Volkes hatte begeistern können. Gaismair war mit seinem Programm seiner Zeit weit voraus. Hofer hingegen war ein Kind seiner Zeit, er verkörperte genau das, was ein Großteil der Bevölkerung wollte. Er konnte dadurch – und dies war das Geheimnis seines Erfolgs – zu einer richtigen „Integrationsfigur" werden, die alle gewünschten und erforderten Eigenschaften in sich zu vereinigen schien, gepaart mit der Tatkraft, die ihn von der Zeit der geheimen Vorbereitung des Aufstands bis zum bitteren Ende ganz vorne stehen ließ. Der Sandwirt artikulierte mehr oder weniger nur das bzw. setzte nur das in die Tat um, was „alle" wollten. Hinter Hofer stand der größte Teil der Bevölkerung.[6] Dazu zählten in erster Linie die freien Bauern und die – an sich deutlich davon zu unterscheiden – bäuerlichen Arbeitnehmer wie Knechte usw., die aber immerhin auch derselben Arbeitswelt und dem ländlichen Kulturkreis angehörten. Der Anteil des Klerus an der Erhebung darf durch den fanatischen Einsatz einiger wortgewaltiger und draufgängerischer Geistlicher, wie des Paters Joachim Haspinger, nicht überbetont gesehen werden. Waren höchste kirchliche Kreise eher gegen den Aufstand, leistete der niedere Klerus immerhin vielfach Dienste in der Organisation der Aufgebote oder als Feldgeistliche. Dass die Geistlichen hinter Hofers Regierung standen, ist verständlich, gab er ihnen doch nach der Unterdrückung in bayerischer Zeit wieder alte Rechte und ihr Ansehen zurück. Ein bedeutender Teil des Adels, vor allem des niederen Landadels, unterstützte die patriotische Sache nicht nur ideell, sondern auch aktiv als Schützenhauptleute, Distriktkommandanten oder Mitglieder in Hofers Regierung. Unterschiedlich und schwankend war die Einstellung des städtischen Bürgertums, das damals nur rund acht bis zehn Prozent der Tiroler Bevölkerung ausmachte. Im liberalen Bürgertum meldeten sich kritische Stimmen gegenüber den „reaktionären Bestrebungen" Hofers. In den größeren Städten war auch am ehesten Bayernfreundlichkeit vorzufinden. Letztlich war meistens die Sorge um materielle Werte bestimmend, während jener Kreis, der für die Ideen der Französischen Revolution eingenommen war, überhaupt sehr klein war.

Das Endstadium des Kampfs spiegelt wiederum die Haltung des Volks wider. Viele Männer distanzierten sich, der Aussichtslosigkeit bewusst, andere glaubten, nur durch besonders fanatischen Einsatz die entscheidende Wende herbeiführen zu können. Hofers Schwanken erklärt sich mit der Einflussnahme der einen oder anderen Seite, der er sich unter bestimmten Umständen näher fühlte. Manchmal wird von einer „Schuld" Hofers gesprochen, ohne zu bedenken, dass ein echter Volkskrieg keine Maschine ist, die nach Belieben benützt werden kann. Es muss auch festgestellt werden, dass die Autorität des Sandwirts nicht absolut war, dass seine Befehlsgewalt nicht so weitreichend war, dass sie immer und überall gehört worden wäre. Hofer wurde akzeptiert, solange er eben die Wünsche einer breiten Öffentlichkeit ausführte. So wie man am Ende seinen Aufrufen teils nicht Folge leistete, so wurde an manchen Orten wieder ohne seinen Befehl, ohne sein Wissen losgeschlagen. Durch die Konstruktion der alten Wehrverfassung, die in jenem Jahr wieder auflebte, war es möglich, dass unabhängig voneinander an allen Stellen des Landes der Widerstand aufbrechen konnte. Darauf hatte Hofer – auch auf dem Höhepunkt des Aufstands – nicht hundertprozentig Einfluss. Der endgültige Schlussstrich unter dieses Jahr wurde 1810 gezogen, als der Sandwirt mit der Erschießung in Mantua das einem Volkshelden kongeniale Ende erlitt und als das Land aufgeteilt wurde.

Eine Kraftanstrengung so gewaltigen Ausmaßes wie sie dem Tiroler Volk 1809 zugestanden werden muss, wäre selbst ohne Erfolg denkwürdig. Was aber war tatsächlich der Erfolg dieser Anstrengung? Der Volksaufstand des Jahres 1809 muss im Rahmen der gesamten Zeitereignisse und vor allem im Rahmen des österreichischen Widerstands gegen Napoleon und Frankreich gesehen werden. Eine solche Kraftanstrengung der Bevölkerung war vorher nie gefordert worden und wäre nachher nie mehr möglich gewesen. Die Tiroler hatten Napoleons europäisches Programm trotzdem nicht tiefgreifend stören können, es war ihm möglich, alle seine vorgefassten Ziele zu erreichen. Der effektive Wert und Erfolg aber war die moralische Wirkung, dass nämlich dieses relativ kleine Gebirgsvolk sich dem Franzosenkaiser und seiner Grande Armée sowie seinem Verbündeten Bayern entgegenzustellen gewagt und auch Erfolge erzielt hatte. Das war Aufsehen erregend und gab – wie immer wieder bestätigt wurde – der deutschen Widerstandsbewegung von 1813/14 Auftrieb und Ansporn, wenn es auch Andreas Hofer und den Tirolern nicht um eine nationale deutsche Sache gegangen war, sondern sie eigentlich nur als Vorbild des Kampfes „gegen" Napoleon gelten konnten.[7] In dem 2003 eröffneten Deutschen Historischen Museum in Berlin, wo der Tiroler Erhebung 1809 und Andreas Hofer im Rahmen von „Widerstand und nationales Erwachen" eine Wand mit mehreren Objekten gewidmet ist, wird auch auf diesen Zusammenhang hingewiesen: „Trotz des Scheiterns fand die Tiroler Erhebung in Deutschland als Zeichen des Widerstandes gegen die napoleonische Fremdherrschaft große Sympathien." Die Propyläen Geschichte Europas resümiert: „Besonders denkwürdig ist das Nachspiel dieses Feldzuges [von 1809]: der Volkskrieg der Tiroler Bauern. Er war das deutsche Gegenstück zur spanischen Erhebung; wie sie war er ein Fanal für Europa, der erste Volkskrieg großen Stils im deutschsprachigen Raum seit dem Bauernkrieg von 1525."[8]

Was für 1813/14 bis heute in den Geschichtsbüchern als großartig und gerechtfertigt und als Auferstehung gegen fremdes Joch gefeiert wurde und wird, das hat Tirol schon Jahre vorher praktiziert, zu einem Zeitpunkt, als deutsche Länder mit Napoleon im Rheinbund verbündet waren! Auch bei der Befreiung Deutschlands ging es nicht um einen Fortschritt im Sinn einer revolutionären politischen Idee, sondern um Wiederherstellung früherer Verhältnisse. Es wird immer wieder angenommen, dass es ohne Tirol 1809 wahrscheinlich noch nicht 1813/14 zu einem Ende der fremden Übermacht gekommen wäre.

In der Vorbildwirkung Tirols für europäische Länder liegt also der Hauptwert der Ereignisse des Jahres 1809. Abstrahiert man die besonderen Zeitumstände, so bleibt eine unerhört moderne Idee übrig, die die Tiroler bereits Anno 1809 zu verwirklichen gesucht haben: das Recht auf politische Selbstbestimmung des Volks, die Freiheit, das Leben nach eigenen Vorstellungen zu gestalten, und die Freiheit des Gewissens und der Religionsausübung. Solche Rechte sind heute in der Charta der Vereinten Nationen festgehalten.

Obwohl man eine bedeutende historische Persönlichkeit wie Andreas Hofer ja wohl auch ohne Zweckbestimmung und „Nutzanwendung" für die Gegenwart schätzen könnte, wird der Sandwirt dennoch auch in künftigen Generationen mystifiziert – und unter verschiedenen kommenden Zeitumständen missbraucht werden.

Abkürzungen, Sigel und mehrfach zitierte Literatur

Bd.	Band
Brunswik	Ludwig von Brunswik, Die kriegerischen Ereignisse in Innerösterreich, Tirol, Vorarlberg und im Isonzo-Gebiet 1796–1866, Wien 1907
Daney	Mercedes Blaas (Hg.), Der Aufstand der Tiroler gegen die bayerische Regierung 1809, nach den Aufzeichnungen des Zeitgenossen Josef Daney (= Schlern-Schriften 328), Innsbruck 2005
Dip.	Dipauliana (Legat Andreas von Dipauli), geschlossener Bestand in der Bibliothek des Ferdinandeums
Egger III	Josef Egger, Geschichte Tirols von den ältesten Zeiten bis in die Neuzeit, III. Band, Innsbruck 1880
f.	folio (Blatt) bzw. folgende(s) Seite (Blatt)
FB	Ferdinandeums-Bibliothek (TLMF)
ff.	folgende Seiten bzw. Blätter
Fontana	Josef Fontana, Das Südtiroler Unterland in der Franzosenzeit 1796 bis 1814. Voraussetzungen – Verlauf – Folgen (= Schlern-Schriften 304), Innsbruck 1998
France militaire	France militaire. Histoire des Armées Françaises de terre et de mer de 1792 a 1833, 3 Bde., Paris ab 1833
Hirn	Josef Hirn, Tirols Erhebung im Jahre 1809, Innsbruck, 2. Auflage 1909
Hist. Slg.	Historische Sammlungen des TLMF
Hormayr	Josef von Hormayr, Geschichte Andreas Hofer's, Sandwirths aus Passeyr, Oberanführers der Tyroler im Kriege von 1809, Leipzig-Altenburg 1817
Knoflach	Franz Schumacher (Hg.), Anton Knoflach's Tagebuch über die Ereignisse in Innsbruck im Jahre Neun (= „Anno Neun", XIII. Bändchen), Innsbruck 1909
Kolb	Franz Kolb, Das Tiroler Volk in seinem Freiheitskampf 1796–1797, Innsbruck–Wien–München 1957
MS	Manuskript
Oberhofer	Andreas Oberhofer, Weltbild eines „Helden". Andreas Hofers schriftliche Hinterlassenschaft (= Schlern-Schriften 342), Innsbruck 2008
Rapp	Josef Rapp, Tirol im Jahre 1809, Innsbruck 1852
Reinalter	Helmut Reinalter, Aufklärung – Absolutismus – Reaktion. Die Geschichte Tirols in der 2. Hälfte des 18. Jahrhunderts, Wien 1974
S	Seite
Schemfil	Viktor Schemfil, Der Tiroler Freiheitkrieg 1809. Eine militärhistorische Darstellung, hg. von Bernhard Mertelseder (= Schlern-Schriften 335), Innsbruck 2007
Schennach	Martin P. Schennach, Revolte in der Region. Zur Tiroler Erhebung von 1809 (= Veröffentlichungen des Tiroler Landesarchivs, Bd. 16), Innsbruck 2009
THBl	Tiroler Heimatblätter, Innsbruck
Tirolische Nation	Die Tirolische Nation 1790-1820, Katalog der Landesausstellung, durchgeführt vom Tiroler Landesmuseum Ferdinandeum, Innsbruck 1984
TLMF	Tiroler Landesmuseum Ferdinandeum, Innsbruck
Voltelini	Hans von Voltelini, Forschungen und Beiträge zur Geschichte des Tiroler Aufstandes im Jahre 1809, Gotha 1909
W	Winkler-Werner-Bibliothek, geschlossener Bestand in der Bibliothek des TLMF
Weber	Beda Weber, Andreas Hofer und das Jahr 1809, mit besonderer Rücksicht auf Passeiers Theilnahme am Kampfe, Innsbruck 1852

Anmerkungen

„Für Gott, Kaiser und Vaterland" – Wesenszüge der geschichtlichen Entwicklung Tirols

1 A. M. Pirkhofer, England – Tyrol. Vom Bild Tirols im englischen Schrifttum, Innsbruck 1950, 132 ff.
2 Angespielt wird hier auf die Kämpfe in der Sachsenklemme südlich von Sterzing am 4. und 5. August 1809, bei denen dem Gegner durch Steinlawinen große Verluste beigebracht worden sind.
3 Josef Macek, Der Tiroler Bauernkrieg und Michael Gaismair, Berlin 1965. – Neuere Forschungsergebnisse über Michael Gaismair und „seine" Landesordnung siehe bei Michael Forcher, Um Freiheit und Gerechtigkeit. Michael Gaismair, Innsbruck 1982, bes. 97 ff. und 156 ff., sowie bei Fridolin Dörrer (Hrsg.), Die Bauernkriege und Michael Gaismair (Protokollband des internationalen Gaismair-Symposiums, Innsbruck 1976), Innsbruck 1982. – Giorgio Politi, Gli statuti impossibili. La rivoluzione tirolese del 1525 e il „programma" di Michael Gaismair (= Einaudi Paperbacks Microstorie 254), Torino 1995.
4 Eduard Widmoser, Das Tiroler Täufertum, in: Beiträge zur Geschichte Tirols, Innsbruck 1971, 229 f. – Matthias Schmelzer, Quellen zur Geschichte der Täufer, Bd. XVI. – Rudolf Palme, Frühe Neuzeit (1490–1665), in: Geschichte des Landes Tirol, Bd. 2, Bozen–Innsbruck–Wien 1986, 1–287, bes. 51–54.
5 Alois Dissertori, Auswanderung der Defregger Protestanten 1666–1725 (= Schlern-Schriften 235), Innsbruck ²2001.
6 Hubert Jedin, Kleine Konziliengeschichte (= Herder-Bücherei, Bd. 51), Basel–Wien 1962, 80 ff., bes. auch 101. – Lexikon für Theologie und Kirche, 10. Bd., Freiburg 1965, Spalte 41 ff. – Josef Gelmi, Geschichte der Kirche in Tirol, Innsbruck–Wien–Bozen, 2001, 163ff.
7 Franz Hattler, Missionsbilder aus Tirol. Geschichte der ständigen tirolischen Mission 1719–1784, Innsbruck 1899. – Hanns Humer/Werner Kunzenmann, Tirol – Heiliges Land? Innsbruck o. J.
8 Hattler, Missionsbilder aus Tirol (wie Anm. 7) 20 f.
9 Meinrad Pizzinini, Die „Tiroler Nation" und das „Heilige Land Tirol", in: Klischees im Tiroler Geschichtsbewußtsein. Symposium anläßlich des zehnjährigen Bestehens des Tiroler Geschichtsvereins, 8. bis 10. Oktober 1992, 51–61.
10 Zusammenfassende Darstellungen der Tiroler Geschichte siehe im Literaturverzeichnis (Egger, Forcher, Harp/Hölzl/Stöger, Riedmann, Stolz).
11 Aus der Unzahl von Literatur über Maximilian I. siehe besonders Hermann Wiesflecker, Maximilian I. Die Fundamente des Habsburgischen Weltreiches, Wien–München 1991 und Österreich im Zeitalter Maximilians I. Die Vereinigung der Länder zum frühmodernen Staat – Der Aufstieg zur Weltmacht, Wien–München 1999; Wiesflecker verfasste auch ein fünfbändiges Werk über Maximilian I. – Erich Egg/Wolfgang Pfaundler, Kaiser Maximilian I. und Tirol, Innsbruck ²1992.
12 Zum „Landlibell" siehe Anm. 10 im Zusammenhang mit der genaueren Schilderung des Inhalts und der rechtlichen Stellung.
13 Über Erzherzog Leopold V. und seine Familie siehe Sabine Weiss, Claudia de' Medici. Eine italienische Prinzessin als Landesfürstin von Tirol (1604–1648), Innsbruck–Wien 2004.
14 Siehe u.a. Hermann Wiesflecker, Maria Theresia und Joseph II., in: Die Großen der Weltgeschichte, Bd. VI, Zürich 1975, 619 ff. – Helmut Reinalter, Aufklärung – Absolutismus – Reaktion. Die Geschichte Tirols in der 2. Hälfte des 18. Jahrhunderts, Wien 1974. – Helmut Reinalter, Die Aufklärung in Tirol. Josephiner – Freimaurer – Jakobiner (Ausstellungskatalog des Tiroler Landesmuseums Ferdinandeum), Innsbruck 1981. – Helmut Reinalter, Geheimbünde in Tirol (= Schriftenreihe des Südtiroler Kulturinstitutes 9), Bozen 1982.
15 Hermann Wiesflecker, Das Landrecht Meinhards II. von Tirol, in: Neue Beiträge zur geschichtlichen Landeskunde Tirols. Festschrift zum 70. Geburtstag von em. o. Univ.-Prof. Dr. Franz Huter (= Tiroler Wirtschaftsstudien, 26. Folge), Innsbruck 1969, 455 ff.
16 Albert Jäger, Die alte ständische Verfassung Tirols, Innsbruck 1848 – Otto Stolz, Die älteste Verfassungsurkunde der Tiroler Landschaft, in: THBl 15. Jg. (1937), 98 ff. – Werner Köfler, Land – Landschaft – Landtag. Geschichte der Tiroler Landtage von den Anfängen bis zur Aufhebung der landständischen Verfassung 1808 (= Veröffentlichungen des Tiroler Landesarchivs, Bd. 3), Innsbruck 1985, 36–41. – Sebastian Hölzl, Die Freiheitsbriefe der Wittelsbacher für Tirol (1342), in: Tiroler Heimat, XLVI./XLVII. Bd. (1982/1983), 5–37.
17 Diese Aufzählung erscheint nur in dem im Bayerischen Hauptstaatsarchiv in München verwahrten Exemplar auf, im Innsbrucker Exemplar (Tiroler Landesarchiv) werden nur alle Gotteshäuser und alle edlen Leute als Empfänger genannt.
18 Hölzl, Die Freiheitsbriefe der Wittelsbacher für Tirol (wie Anm. 16) 5.
19 Josef Riedmann, Geschichte Tirols (= Geschichte der österreichischen Bundesländer), Wien 1982, 67.

Die Tiroler im 18. Jahrhundert und das Klischeebild der „Tiroler Nation"

1 Meinrad Pizzinini, Von lustigen Tirolern ... Das Bild, das die Welt sich von den Tirolern machte, hat sich durch die Jahrhunderte stets gewandelt, in: Saison Tirol. Zeitschrift für Freizeitwirtschaft und Tourismus 4 (1996), 4 f.
2 Anton Dörrer, Die „Tyroler Nation" in Wien, in: Jahrbuch für Landeskunde von Niederösterreich und Wien, Neue Folge XXIX (1944–1948), 280 ff.
3 Karl Pörnbacher (Hg.), Leben und Ereignisse des Peter Prosch eines Tyrolers von Ried im Zillerthal, oder Das wunderbare Schicksal. Geschrieben in den Zeiten der Aufklärung, München 1964.
4 Ediert als Jaques, Le Pensif (Pseudonym), Merkwürdiges Leben einer sehr schönen und weit und breit gereisten Tirolerin ..., Einrichtung des Textes nach der Ausgabe von Frankfurt–Leipzig 1744 (= Ullstein-Buch Nr. 30108 – Die Frau in der Literatur), Frankfurt/M.-Berlin-Wien 1980.
5 Zitiert nach Erich Egg, Goethe und Tirol (Ausstellungskatalog des Tiroler Landesmuseums Ferdinandeum), Innsbruck 1982, 13. – Zu Goethe und Tirol siehe bes. Moriz Enzinger, Goethe und Tirol, Innsbruck 1932.

6 Lorenz WERNER, Wie man von Augsburg aus vor 100 Jahren auf Reisen ging, in: Zeitschrift des Historischen Vereins für Schwaben und Neuburg, 19. Jg. (1892), 122.

7 Zum Teil abgedruckt bei R. v. STRELE, Vor hundert Jahren durch's Pustertal nach Bozen, in: Fremdenzeitung 1895, Nr. 35 (28. Juni).

8 J. G. OBRIST, Eine Reise durch Tirol anno 1798, in: Der Alpenfreund, V. Jg., Nr. 94 und 95 (15. April 1895), 1062 ff. mit wesentlichen Zitaten; die angeführten Zitate 1064 f.

9 David Heinrich Hoppe, Botanische Reise nach einigen Salzburgischen, Kärnthnerischen und Tyrolischen Alpen, in: Botanisches Taschenbuch ... auf das Jahr 1799, Augsburg o. J. [1798/1799], 49 ff.; Zitat 116 f.

10 Der Botaniker Dr. David Heinrich Hoppe im Jahr 1798 in Lienz. Siehe die Beiträge von Wolfgang NEUNER und Meinrad PIZZININI, in: Osttiroler Heimatblätter, 66. Jg., Nr. 8–9/1998, unpag. [S. 1–8].

11 August von KOTZEBUE, Erinnerungen von einer Reise nach Liefland nach Rom und Neapel. Erster bis Dritter Theil, Berlin 1805. – Vgl. (anonym) Ein Tiroler Reisebericht aus dem Jahre 1805 [!] von August von Kotzebue, in: Das Fenster. Tiroler Kulturzeitschrift, Heft 1 (Sommer 1967), 36 ff. – Meinrad PIZZININI, August von Kotzebue und Tirol, in: Osttiroler Heimatblätter, 37. Jg., 11/1969.

12 KOTZEBUE, Erinnerungen Erster Theil (wie Anm. 11), 86 f.

13 KOTZEBUE, Erinnerungen Erster Theil (wie Anm. 11), 97 f.

14 KOTZEBUE, Erinnerungen Dritter Theil (wie Anm. 11), 265.

15 KOTZEBUE, Erinnerungen Dritter Theil (wie Anm. 11), 269 f.

16 Guillaume T. F. Raynal (1713–1796), französischer Schriftsteller.

17 Vgl. Helmut REINALTER, Aufklärung – Absolutismus – Reaktion. Die Geschichte Tirols in der 2. Hälfte des 18. Jahrhunderts, Wien 1974, 52 ff.

18 Joseph ROHRER, Uiber die Tiroler. Ein Beytrag zur Oesterreichischen Völkerkunde, Wien 1796, 3. – Neuausgabe als Faksimiledruck, hrsg. vom Dachverband für Heimatpflege und Heimatschutz in Tirol, Bozen 1985. – Neuausgabe im Anhang zu Norbert HÖLZL, Der Mythos vom Tiroler, Innsbruck 1997.

19 ROHRER, Uiber die Tiroler (wie Anm. 18), 65.

20 ROHRER, Uiber die Tiroler (wie Anm. 18), 77.

21 ROHRER, Uiber die Tiroler (wie Anm. 18), 103.

22 ROHRER, Uiber die Tiroler (wie Anm. 18), 103.

23 ROHRER, Uiber die Tiroler (wie Anm. 18), 122.

24 ROHRER, Uiber die Tiroler (wie Anm. 18), 128.

25 ROHRER, Uiber die Tiroler (wie Anm. 18), 136 – Antwort auf die aufgeworfene Frage 139.

26 Otto STOLZ, Land und Volk in Tirol im Werden des eigenen Bewusstseins und im Urteil älterer Zeitgenossen, in: Tiroler Heimat, III./IV. Bd. (1923), 5 ff.

27 Vgl. DÖRRER, Die „Tyroler Nation" in Wien (wie Anm. 2) – Eleonore ZLABINGER, Natio Tyrolensis, in: Römische historische Mitteilungen, 18. Heft, Rom–Wien 1976, 95 ff. – Meinrad PIZZININI, Die „Tiroler Nation" und das "Heilige Land Tirol", in: Klischees im Tiroler Geschichtsbewusstsein. Symposium anlässlich des zehnjährigen Bestehens des Tiroler Geschichtsvereins, 8. bis 10. Oktober 1992, 51–61.

28 Otto STOLZ, Die Ausbreitung des Deutschtums in Südtirol im Lichte der Urkunden, Bd. 3, München 1932, 273.

Jugendjahre Andreas Hofers und der Ausbruch der Französischen Revolution

1 Nach dem gleichsam „offiziellen" Stammbaum im Museum am Sandhof wird der 22. November 1767 angegeben. – Es zählt zu den Verdiensten der gewissenhaften Forschungsarbeit von Andreas Oberhofer, bezüglich Andreas Hofers Geburt endgültige Klarheit geschaffen zu haben. Danach ist der Knabe noch knapp vor Mitternacht, also noch am 21. November zur Welt gekommen und wurde am 22. November getauft. Auch mit der Familiengeschichte hat sich Oberhofer tiefschürfend befasst. – Andreas OBERHOFER, Der Andere Hofer. Der Mensch hinter dem Mythos (= Schlern-Schriften 347), Innsbruck 2009, 103 f. – Siehe auch Karl GÖGELE, Andreas Hofer in den Pfarrmatriken, in: Der Schlern, 1. Jg. (1920), 364 f. – Rudolf Granichstaedten-Czerva, Andreas Hofer. Seine Familie, seine Vorfahren und seine Nachkommen, Wien-Leipzig 1926.

2 und Folgendes bei Beda WEBER, Andreas Hofer und das Jahr 1809 mit besonderer Berücksichtigung auf Passeiers Theilnahme am Kampfe, Innsbruck 1852, 3. – Franz INNERHOFER (Hrsg.), Geschichte Andreas Hofers Oberkommandanten der Landesvertheidiger von Tirol im Jahre 1809. Nach den hinterlassenen Schriften Josef Thalers und Johann Jakob Pölls herausgegeben, Meran, 2. Auflage 1957, 2.

3 Rudolf GRANICHSTAEDTEN-CZERVA, Andreas Hofer. Seine Familie, seine Vorfahren und seine Nachkommen, Wien-Leipzig 1926, 60 f.

4 Egon EYRL, Der Sandhof in Passeier, in: Der Schlern, 48. Jg. (1974), 433 ff.

5 Andreas OBERHOFER, Der Andere Hofer. Der Mensch hinter dem Mythos (= Schlern-Schriften 347), Innsbruck 2009, 78 – Die sehr komplizierte Besitzgeschichte wurde von A. Oberhofer erstmals eingehend erforscht.

6 Hans KRAMER, Andreas Hofer (= An der Etsch und im Gebirge, IX. Bd.), Brixen [14]1981, 6.

7 Andreas OBERHOFER, 59–76.

8 Franz HATTLER, Missionsbilder aus Tirol. Geschichte der ständigen tirolischen Mission 1719–1784, Innsbruck 1899, 371.

9 Antonio ZIEGER, Andreas Hofer – Ricordi dell'insurrezione del 1809, in: Archivio per l'Alto Adige, vol. LIV (1960), 102.

10 Lorenzo DALPONTE, Uomini e genti Trentine durante le invasioni napoleoniche 1796-1810, Trento 1984. – Lorenzo DALPONTE, Andreas Hofer und Welschtirol. Frühe Freundschaft und hohes Ansehen im Trentino, in: Dolomiten, 42 (1987) 17.

11 Jeannine MEIGHÖRNER, Selbstbewusste Meisterin der Stille, Anna Ladurner, Andreas Hofers Frau (1765–1836), in: Starke Frauen in der Kirche Tirols, hg. von Konstantia Auer und Manfred Scheuer, Innsbruck 2008, 34-45.

12 WEBER, Andreas Hofer und das Jahr 1809 (wie Anmerkung 2) 7.

13 Unter Giltspiel ist das Perlaggen zu verstehen. – Siehe J. B. SCHÖPF, Tirolisches Idiotikon, Innsbruck 1866, 190 f. und 492 sowie Hubert AUER, Watten, Bieten und Perlaggen (= Perlen-Reihe, Bd. 659), Wien–München o. J. [um 1998], 72 ff.

14 Johann Jakob STAFFLER, Tirol und Vorarlberg, topographisch, mit geschichtlichen Bemerkungen, II. Bd., Innsbruck 1846, 713.

15 WEBER, 8.

16 Die Inschrift war irgendwann überstrichen und erst 1897 wiederentdeckt worden; der Bericht darüber in: Andreas Ho-

fer. Wochenblatt für das Tiroler Volk, 1897, Nr. 21 (26. Mai) – Inzwischen ist die Inschrift leider wieder verschwunden!

17 Johann Jakob STAFFLER, Tirol und Vorarlberg, topographisch mit geschichtlichen Bemerkungen, II. Bd., Innsbruck 1846, 714.

18 WEBER, 7.

19 Johann Jakob STAFFLER, Tirol und Vorarlberg, topographisch mit geschichtlichen Bemerkungen, II. Bd., Innsbruck 1846, 714.

20 Helmut REINALTER, Aufklärung – Absolutismus – Reaktion. Die Geschichte Tirols in der 2. Hälfte des 18. Jahrhunderts, Wien 1974. – Ders., Aufgeklärter Absolutismus und Revolution (= Veröffentlichungen der Kommission für Neuere Geschichte Österreichs, Bd. 68), Wien–Köln–Graz 1980. – Ders., Die Französische Revolution und Österreich. Ein Überblick, in: Freiheit Gleichheit Brüderlichkeit auch in Österreich? (Ausstellungskatalog des Historischen Museums der Stadt Wien und des Tiroler Landesmuseums Ferdinandeum), Wien 1989, 180–195. – Meinrad PIZZININI, Tirol und die Auswirkungen der Französischen Revolution, in: Freiheit Gleichheit Brüderlichkeit auch in Österreich? (Ausstellungskatalog der Historisschen Museums der Stadt Wien und des Tiroler Landesmuseums Ferdinandeum), Wien 1989, 209–218.

21 Helmut REINALTER, Die Aufklärung in Tirol. Josephiner – Freimaurer – Jakobiner (Ausstellungskatalog des Tiroler Landesmuseums Ferdinandeum), Innsbruck 1981. – Ders., Geheimbünde in Tirol. Von der Aufklärung bis zur Französischen Revolution (= Schriftenreihe des Südtiroler Kulturinstituts, Bd. 9), Bozen 1982.

Auswirkungen der Revolution auf Österreich und Tirol

1 Siehe allgemeine Werke zur Geschichte Österreichs wie Hugo HANTSCH, Die Geschichte Österreichs, 2. Band, Graz–Wien–Köln, 4. Auflage 1968, 240 ff. – Historischer Atlas Österreich, Wien 1994, 106–117 – Helmut RUMPLER, Eine Chance für Mitteleuropa, Österreichische Geschichte 1804–1814, Wien 1997.

2 Franz KOLB, Das Tiroler Volk in seinem Freiheitskampf 1796–1797, Innsbruck–Wien–München 1957, 49.

3 REINALTER, 171 f. und 177ff.

4 KOLB, 51.

5 KOLB, 52 f.

6 TLMF, Bibliothek, FB 2074/2.

7 TLMF, Historische Sammlungen, Flugschriften.

8 Aus der Flut von Schrifttum über das Landlibell seien speziell zitiert: Otto STOLZ, Wehrverfassung und Schützenwesen in Tirol von den Anfängen bis 1918, Innsbruck–Wien–München 1960. – Franz HUTER, Rede auf das Landlibell, Auszug aus Tiroler Heimat, Bd. 25 (1961). – Erich EGG/Wolfgang PFAUNDLER, Das große Tiroler Schützenbuch, Wien–München–Zürich 1976, 12 ff. – Werner KÖFLER, Land – Landschaft – Landtag. Geschichte der Tiroler Landtage von den Anfängen bis zur Aufhebung der landständischen Verfassung 1808, Innsbruck 1985, 116 ff. – Josef FONTANA, Das Südtiroler Unterland in der Franzosenzeit 1796 bis 1814. Voraussetzungen – Verlauf – Folgen (= Schlern-Schriften 304), Innsbruck 1998. – Martin P. SCHENNACH, Tiroler Landesverteidigung 1600–1650 (= Schlern-Schriften 323), Innsbruck 2003, 69 ff. – Ders., Ritter, Landsknecht, Aufgebot, Quellen zum Tiroler Kriegswesen 14.–17. Jahrhundert (= Tiroler Geschichtsquellen Nr. 49), Innsbruck 2004, 43 ff. – Ders., Zur Rezeptionsgeschichte des Tiroler Landlibells von 1511, in: Tirol – Österreich – Italien. Festschrift für Josef Riedmann zum 65. Geburtstag (= Schlern-Schriften 330), Innsbruck 2005, 577 ff.

9 Werner von KÖFLER, Das Landlibell von 1511, Teilpublikation der Tirol-Edition des Archiv Verlags, Wien o. J.

10 Siehe besonders Otto STOLZ, Wehrverfassung und Schützenwesen von den Anfängen bis 1918, Innsbruck–Wien–München 1960. – Martin P. SCHENNACH, Tiroler Landesverteidigung 1600–1650. Landmiliz und Söldnertum (= Schlern-Schriften 323), Innsbruck 2003.

11 Oswald von GSCHLIESSER, Zur Geschichte des stehenden Heeres in Tirol, I. Teil, in: Veröffentlichungen des Tiroler Landesmuseum Ferdinandeum, 31 (1951), 229 ff.

12 REINALTER, 67 f. und folgendes Zitat 68.

13 Oswald von GSCHLIESSER, Zur Geschichte des stehenden Heeres in Tirol, I. Teil, in: Veröffentlichungen des Tiroler Landesmuseum Ferdinandeum, 31 (1951), bes. 240.

14 Hiezu siehe besonders Anton EBNER, Wehrgeographie Tirols in den Franzosenkriegen 1796–1814, Phil.-Diss., MS, Innsbruck 1940. – Hans KRAMER, Das Bergland Tirol als Felsenfestung in der Kriegsgeschichte der Neuzeit, in: Tiroler Heimatblätter 1941/10–12, 135 ff.

15 KOLB, 99 ff. – REINALTER, 240 ff.

16 Anonym, Erinnerungen aus den Neunzigerjahren. Christian Starks Verschanzungen, in: Tiroler Schützenzeitung Nr. 17 vom 29. April 1847 und Nr. 21 vom 27. Mai 1847.

17 Nach REINALTER, 245.

18 Franz HATTLER, Festschrift zur hundertjährigen Jubelfeier des Bundes Tirols mit dem Herzen Jesu 1796–1896, Innsbruck 1896. – Sigmund WAITZ, Tirol im Jubeljahre seines Bundes mit dem göttlichen Herzen Jesu. Gedenkbuch der Säcularfeier im Jahre 1896, Brixen 1897. – Siehe auch Anton DÖRRER, Hochreligion und Volksglaube. Der Tiroler Herz-Jesu-Bund (1796–1946) volkskundlich gesehen, in: Volkskundliches aus Österreich und Südtirol, Wien 1947, 70 ff. – FONTANA, 90 ff.

19 KOLB, 161 f.

Die kriegerischen Ereignisse von 1796

1 J. E. BAUER, Tiroler Kriegslieder aus den Jahren 1796 und 1797, Innsbruck 1896; Zitate in der angeführten Reihenfolge auf 39 ff., 20, 44 ff.

2 Wilhelm WLASCHÜTZ, Bedeutung von Befestigungen in der Kriegführung Napoleons (= Supplement zu den Mitteilungen des k. u. k. Kriegsarchivs), Wien 1905, 20. – Ludwig von BRUNSWIK, Die kriegerischen Ereignisse in Innerösterreich, Tirol, Vorarlberg und im Isonzo-Gebiet 1796–1866, Wien 1907, 5 ff.

3 KOLB, 165 – Zum ganzen Kapitel siehe auch S. di SARDEGNA, Ricordi militari nel Trentino, in: Rivista Militare Italiana (1899), Roma 1900. – Lorenzo DALPONTE, Uomini e genti Trentine durante de invasioni napoleoniche 1796–1810, Trento 1984, 61 ff. – Silvio GIRARDI, Storia del Tirolo dal 1300 al 1918. La Confederazione del Tirolo, Mezzocorona 1984, 103 ff.

4 KOLB, 277 ff.

5 KOLB, 295 f.

6 Josef Egger, Geschichte Tirols von den ältesten Zeiten bis in die Neuzeit, III. Bd., Innsbruck 1880, 182. – Auch für das weitere Kriegsgeschehen Fontana, 97 ff.
7 In der Literatur fast durchgehend irrtümlich mit 29. August datiert. Verlautbart wurde der Aufruf zu Mailand am 31. August 1796. Der seltene Originaldruck ist erhalten im TLMF, Bibliothek, Dip. 858/IV, Einblattdruck.
8 Kolb, 311 ff.
9 Kolb, 307 ff.
10 Kolb, 332 ff.
11 Kolb, 249 ff.
12 Candido Degiampietro, Le milizie locali fiemmesi dalle guerre napoleoniche alla fine della Iª guerra mondiale (1796–1918), Villalagarina 1981.
13 Kolb, 370 ff. – Brunswik, 23 ff.
14 1797 Jänner 12, Innsbruck; Orig. im TLMF, Bibliothek, Dip. 858/II.

Niederlagen und Erfolge im Jahr 1797

1 Kolb, 423 ff. – Brunswik, 32 ff. – Lorenzo Dalponte, Uomini e genti Trentine durante de invasioni napoleoniche 1796–1810, Trento 1984, 75 ff.
2 Kolb, 436 ff.
3 Kolb, 411 ff.
4 Kolb, 505 ff.
5 Kolb, 505 ff.
6 Orig. im TLMF, Bibliothek, Dip. 858, Einblattdruck.
7 Kolb, 487 ff.
8 Kolb, 473 ff.
9 Orig. im TLMF, Bibliothek, Dip. 858/II, Einblattdruck.
10 Kolb, 507.
11 „Das höchste Geburtsfest Sr. Maj. des Kaisers Franz des Zweyten gefeyeret den 12ten Februar 1797", Innsbruck, 1797, Doppelblatt; Orig. im TLMF, Hist. Slg.
12 Kolb, 526 ff. – Brunswik, 54 ff. – Fontana, 140 ff.
13 1797 März 24, Innsbruck; Einblattdruck im TLMF, Hist. Slg.
14 Kolb, 630 ff. – Brunswik, 67 ff.
15 „Abschrift der vom H. Philipp von Wörndle verfaßten Geschichte des Landsturms der tyrolischen nördlichen Volksmasse, die am Ende des Monats März 1797 wider das bey Brixen, Mühlbach und dortiger Gegend postirte Französische Heer ... ausgerückt ist."; TLMF, Bibliothek, FB 1457/4, MS.
16 Wörndle (wie Anm. 15) fol. 7.
17 Kolb, 661, mit weiterer Literatur, besonders über den Streit zwischen den beiden Historikern Sparber und Klaar, die jeweils eine andere Katharina Lanz präsentierten. Der Streit wurde schließlich zugunsten der Ladinerin entschieden.
18 Erster authentischer Bericht im Beitrag „Der Masse-Aufstand der Tiroler gegen die Franzosen im Jahre 1797", in: Tiroler Almanach auf das Jahr 1802, Wien o. J., 9 ff., bes. 31 f.
19 „Bericht welcher über den feindlichen Einfall der Franzosen in Spings, und der erfolgten Schlacht daselbst im Jahre 1797 an S. Hochfürstlich(e)en Gnaden zu Brixen von dem H. Kurat zu Spinges Thomas Leimgruber ist erstattet worden."; TLMF, Bibliothek, FB 1457/2, MS (Abschrift des 19. Jahrhunderts).
20 J. E. Bauer, Tiroler Kriegslieder aus den Jahren 1796 und 1797, Innsbruck 1896, 104 ff.
21 Kolb, 734 ff.
22 F. Lentner, Die Weiberwacht zu Villanders – 3. April 1797, Innsbruck 1897 („Separatdruck aus den Innsbruck Nachrichten"). – Hier ist auch das zitierte Dekret abgedruckt, dessen Original im Pfarrarchiv von Villanders verwahrt wurde.
23 Kolb, 757 ff.
24 Fontana, 156 ff.
25 1797 April 2, Bozen; TLMF, Hist. Slg.
26 1797 April 10, Innsbruck; TLMF, Hist. Slg.

Andreas Hofers erste Bewährungsprobe

1 Siehe vor allem Kolb. – Sepp Haller, Die Passeirer in den Tiroler Freiheitskämpfen der Jahre 1796–97, 1799 und 1809, Bozen 1969.
2 Kolb, 82.
3 Filiberto Sardegna, Operazioni militari nel Tentino, Modena 1911, 11.
4 Kolb, Anm. 57.
5 Zitiert nach Kolb, 145, Anm. 57.
6 Kolb, 289.
7 Kolb, 317.
8 Dass Andreas Hofer beim offenen Landtag des Jahres 1790 als Vertreter des Passeiertals aufgetreten sein soll, was mehrfach in der Literatur aufscheint, konnte nicht verifiziert werden.
9 Kolb, 389.
10 Kolb, 457.
11 Kolb, 709 ff.
12 Kolb, 571 ff.
13 Kolb, 699 f. – Zum Folgenden siehe auch Carl Georg Kryspin, Die Kriegsereignisse von 1797–1814 in Lienz und Umgebung, Lienz 1905.
14 August von Kotzebue, Erinnerungen von einer Reise aus Liefland nach Rom und Neapel, Dritter Theil, Berlin 1805, 270.
15 Spurensuche³, Teil II: Viele Grenzen – Viele Herren (Ausstellungskatalog des Museums der Stadt Lienz Schloss Bruck), Lienz 2006, 67 ff.
16 Kolb, 779 ff. – Kryspin, Die Kriegsereignisse (wie Anm. 13) 11 ff. – Zusammenfassung der Ereignisse bei Meinrad Pizzinini, Lienz. Das große Stadtbuch, Lienz 1982, 272 ff.
17 J. E. Bauer, Tiroler Kriegslieder aus den Jahren 1796 und 1797, Innsbruck 1895, 107 ff.
18 Z. B. „Lied zu Ehren des Kaiserl. Königl. Hof-Commissär Herrn Grafen Von und zu Lehrbach ...", gedichtet „vom Peter Staudacher" in Schwaz, 1797; „Das belohnte Gebeth, oder Isidor, der von Gott, und den Menschen gesegnete Bauer.", Schauspiel in drei Aufzügen, 1798; „Der Landsturm, oder der Ausmarsch der Tyroler gegen die Franzosen. Ein nach der wahren Geschichte bearbeitetes Shauspiel in fünf Aufzügen.", o. O., 1798.

Tirol im Zweiten und Dritten Koalitionskrieg 1799 bis 1805

1 Georg Thürer, Die Schweiz im Schatten Napoleons (1803–1815), in: Die Alpenländer zur Zeit Napoleons. Protokoll des 4. Historikertages der ARGE-ALP, 3.-5. Oktober 1984 (= Veröffentlichungen des Tiroler Landesarchivs, Bd. 5), 24–32.
2 Brunswik, 71 ff.
3 Siehe zum ganzen Abschnitt anonym, Tirolische Landesverteidigung im Jahre 1799, in: Tiroler Almanach auf das Jahr 1802, Wien o. J., 49 ff. – Alois Moriggl, Einfall der Franzosen

bei Martinsbruck und Nauders im Jahre 1799, Innsbruck 1855. – Cölestin STAPFER, Geschichte der Kriegsereignisse in Vinstgau in den Jahren 1499, 1796–1801, 2. Auflage, Innsbruck 1893. – BRUNSWIK, 71 ff. – Georg MÜHLBERGER, Absolutismus und Freiheitskämpfe (1665–1814), in: Die Zeit von 1490 bis 1848 (= Geschichte des Landes Tirol, Bd. 2), Bozen–Innsbruck–Wien 1986, 290–579, bes. 485 ff.

4 Kaiserliche Wehrordnung von 1799 März 22; TLMF, Hist. Slg.

5 Anonym, Die Passeyrer Schützen auf dem Scharlerjoche, in: Tiroler Almanach auf das Jahr 1802, Wien o. J., 198 f. – Siehe dazu auch Sepp HALLER, Die Passeirer in den Tiroler Freiheitskriegen der Jahre 1796–97, 1799 und 1809, Bozen 1969, 30 f.

6 Originaldruck im TLMF, Bibliothek, Dip. 134.

7 Werner KÖFLER, Erzherzog Johann und Tirol, in: Erzherzog Johann von Österreich. Beiträge zur Geschichte seiner Zeit (Ausstellungskatalog der steiermärkischen Landesausstellung auf Schloß Stainz, Teil 1), Graz 1982. – Siehe auch verschiedene Beiträge in Hans KRAMER/Oswald von GSCHLIESSER / Georg MUTSCHLECHNER (Hgg.), Erzherzog Johann und Tirol (= Schlern-Schriften 201), Innsbruck 1959.

8 BRUNSWIK, 86 ff. – EGGER III, 264 ff.

9 Auch zum Folgenden siehe EGGER III, 278 ff.

10 Oswald von GSCHLIESSER, Zur Geschichte des stehenden Heeres in Tirol, Teil 1: ... bis zur bayrischen Besetzung (1805), in: Veröffentlichungen des Tiroler Landesmuseum Ferdinandeum 31 (1951) 229 ff., bes. 245 ff.

11 Der Trienter Fürstbischof hatte von sich aus schon rund 20 Jahre früher an Kaiser Joseph II. den Antrag gestellt, das geistliche Fürstentum der Grafschaft Tirol einzuverleiben. – Vgl. Hans VOLTELINI, Ein Antrag des Bischofs von Tient auf Säkularisierung und Einverleibung seines Fürstentums in die Grafschaft Tirol vom Jahre 1781/82, in: Veröffentlichungen des Museum Ferdinandeum 16 (1936) 385 ff.

12 BRUNSWIK, 94 ff.

13 Oskar REGELE, Karl Freiherr von Mack und Johann Ludwig Graf Cobenzl. Ihre Rolle im Kriegsjahr 1805, in: Mitteilungen des österreichischen Staatsarchivs 21 (1968), Wien 1969, 142 ff.

14 BRUNSWIK, 100 f.

15 Meinrad PIZZININI, „L' Arsenal d'Inspruck". Französische Fahnen im Innsbrucker Zeughaus, in: Festgabe für Erich Egg zum 65. Geburtstag, Innsbruck 1965, 68 ff.

16 EGGER III, 365 ff.

Die bayerische Herrschaft in Tirol 1806–1809

1 Ludwig von MONTGELAS (Hg.), Denkwürdigkeiten des bayerischen Staatsministers Maximilian Grafen von Montgelas (1799–1817). Im Auszug aus dem französischen Original übersetzt von Max Freiherrn von Freyberg-Eisenberg, Stuttgart 1887, 121 f.

2 Zitiert nach EGGER III, 367.

3 EGGER III, 370 ff.

4 1805 Dezember 29, Hollitsch (Handbillett); Abschrift in der Historischen Sammlung des TLMF.

5 1806 Jänner 16, Pest; abgedruckt in Sammler 1806, 22.

6 Meinrad PIZZININI, Die bayerische Herrschaft in Tirol, in: Krone und Verfassung. König Max I. Joseph und der neue Staat (Katalog zur Ausstellung Wittelsbach und Bayern, Band III/1), München–Zürich 1980, 255 ff.

7 Ausstellungskatalog Wittelsbacher (wie Anm. 6) Bd. III/2, 252 (Nr. 499).

8 TLMF, Bibliothek, 1673/69; das Aquarell ist bezeichnet mit Josef Leopold Strickner, 1808. – Meinrad PIZZININI, Tiroler Erhebung: Bruderkrieg oder Abrechnung unter Erbfeinden? In: Tiroler Tageszeitung Nr. 25 (1981), 24 (mit Abbildung).

9 Ausstellungskatalog Wittelsbacher (wie Anm. 6), Bd. III/1, 49 ff. und Bd. III/2,153. – Siehe auch: Bayern entsteht. Montgelas und sein Ansbacher Mémoire von 1796 (Katalog zur Ausstellung des Hauses der Bayerischen Geschichte in Ansbach und München) (= Veröffentlichungen zur Bayerischen Geschichte und Kultur 32/96), Augsburg 1996 mit mehreren einschlägigen Beiträgen, bes. Eberhard WEIS, Maximilian von Montgelas – ein Lebensbild (36 ff.), und Eberhard WEIS, Ansbach 1796 – Der Aufstieg eines Staatsmannes (45 ff.).

10 Dem folgenden Abschnitt wurden – ohne im Einzelnen zitiert zu werden – zugrunde gelegt: (Albert) JÄGER, Zur Vorgeschichte des Jahres 1809 in Tirol, in: Sitzungsberichte der phil.-hist. Classe der kaiserlichen Akademie der Wissenschaften, 8. Bd. (1852) Heft I–V, Wien 1852, 240 f. – EGGER III, 388 ff. – HIRN, 27 ff. – Max SPINDLER (Hg.), Handbuch der bayerischen Geschichte, IV. Bd.: Das neue Bayern 1800–1970, Erster Teilband, München 1974, 27 ff. – Meinrad PIZZININI, Die bayerische Herrschaft in Tirol, in: Krone und Verfassung. König Max I. Joseph und der neue Staat (Katalog zur Ausstellung Wittelsbach und Bayern, Bd. III/1), München-Zürich 1980, 255 ff. – Ausstellungskatalog Wittelsbacher Bd. III/1, Abschnitt: Grundlegung des neuen Bayern. Dynastie und Staat (Beiträge verschiedener Autoren), 49 ff. – Fridolin DÖRRER, Tirol, der österreichische und der bayerische Zentralismus, in: Tiroler Volkskultur Heft 4 (1982) 93 ff., Heft 5 104 f., Heft 6 142 f. – Dietmar STUTZER, Andreas Hofer und die Bayern in Tirol, Rosenheim 1983. – Meinrad PIZZININI, Tirol in den Franzosenkriegen 1796–1814, in: Katalog Tirolische Nation, 191 ff, bes. 201–203, 259–268. – Margot HAMM, Die bayerische Integrationspolitik in Tirol 1806–1814 (= Schriftenreihe zur bayerischen Landesgeschichte, Bd. 105), München 1996. – Reinhard HEYDENREUTER, Tirol unter dem bayerischen Löwen. Geschichte einer wechselhaften Beziehung, Regensburg-Innsbruck-Bozen 2008.

11 Einblattdruck o. O. und o. J.; TLMF, Hist. Slg.

Geheime Vorbereitungen in Tirol und Wien

1 Ludwig von MONTGELAS, Denkwürdigkeiten des bayerischen Staatsministers Maximilian Grafen von Montgelas (1799–1817), Stuttgart 1887, 165.

2 Ferdinand SCALA (Hg.), Kriegserlebnisse des Bauersmannes und Patrioten Lorenz Rangger genannt Stubacher von Völs bei Innsbruck, in den Jahren 1796 bis 1814, Innsbruck 1902, 26 ff. – Neuauflage (unveränderter Nachdruck) Völs 1984.

3 Zu diesem ganzen Kapitel siehe besonders HIRN, Zitat (Liedtext) 201. – Gedicht abgedruckt in: Unterhaltungsblatt, Beilage zu Innsbrucker Nachrichten, 22. Jg. (1875), Nr. 190, S. 131 – Über die Stimmung in Tirol siehe auch Franz KOLB, Tirols Volksgeist bei der Erhebung von 1809, in: THBl 34. Jg., (1959), Heft 4–6, 37 ff.

4 RAPP, 56 f.

5 Viktor THEISS, Leben und Wirken Erzherzog Johanns, 1. Bd., 1. Lieferung (= Forschungen zur geschichtlichen Landeskunde der Steiermark, XVII. Bd,), Graz 1960, 125.

6 Helmut Rizzolli, Ein Amtsschreiben über Andreas Hofer aus dem Jahre 1807, in: Der Schlern, 48 (1974) 578 ff.
7 Original des Passes in Privatbesitz in Lünen/Westf. (1977); Fotokopie in der Hist. Slg. des TLMF.
8 Josef von Hormayr, Geschichte Andreas Hofer's, Sandwirths aus Passayr, Oberanführers der Tyroler im Kriege von 1809, Bd. I, Leipzig–Altenburg 1817, 209.
9 Viktor Theiss, Leben und Wirken Erzherzog Johanns, 1. Bd., 2. Lieferung (= Forschungen zur geschichtlichen Landeskunde der Steiermark, XVII. Bd.), Graz 1963, 260 ff.
10 Voltelini, 42.
11 Innozenz Ploner, Josef Straub (= Anno Neun, XVII. und XVIII. Bändchen), Innsbruck 1909, 26.
12 Wladimir Kuk, Tiroler Wirte im Jahre 1809 (= Hassenbergers Vaterländische Bibliothek, Nr. 2), Wien o. J. [1908].
13 Hans von Voltelini, Die Klausel „non autrement" des Pressburger Friedens, in: Mitteilungen des Instituts für österreichische Geschichtsforschung, XXXII. Bd. (1911) 113 ff.

Der Aufstand bricht los – Hofers erste Waffenerfolge

1 Für den gesamten Abschnitt siehe bes. Hirn, 285 ff.; Voltelini, 59 ff.; Schemfil, 41 ff.; Katalog Tirolische Nation, 203 f., 268 ff., mit weiterer grundlegender Literatur.
2 „Journal der Kriegs-Begebenheiten und sonstigen täglichen Vorfälle im Feldzuge von 1809. Das 8te Armee-Corps unter Commando des Herrn General-Feldmarschall Lieutenants Marquis von Chasteler betreffend", verfasst von Oberleutnant Franz Karl von Veyder, datiert Krems, 12. September 1810; TLMF, Bibliothek, FB 2071.
3 Anonym, Das Jahr 1809 im Süden des Landes, in: Tiroler Stimmen 1909, 49. Jg., Nr 193, auf Quellenmaterial im Trienter Stadtarchiv beruhend.
4 1809 April 9, o. O.; TLMF, Hist. Slg.
5 Obwohl Zeitgenossen wie Joseph von Hormayr über diese Hinterlist der Tiroler Bauern berichten, verweist Schennach (507 f.) die Begebenheit in den Bereich der „Anekdote".
6 Karl Wieninger, Ein bayerischer Bericht über das Gefecht bei Sterzing 1809, in: Der Schlern, 53 (1979) 288 ff.
7 Ferdinand von Scala (Hg.), Kriegserlebnisse des Bauersmannes und Patrioten Lorenz Rangger genannt Stubacher von Völs bei Innsbruck, in den Jahren 1796 bis 1814, Innsbruck 1902, 39 f. – Neuauflage (unveränderter Nachdruck) Völs 1984.

Das ganze Land ist frei!

1 Für den ganzen Abschnitt siehe besonders Hirn, 311 ff.; Voltelini, 66 ff.; Schemfil, 55 ff.; Katalog Tirolische Nation, 204 u. 272 ff.
2 1809 April 11, Innsbruck; TLMF, Hist. Slg.
3 Stefan Dietrich, Nikolaus Dietrich, der „Metzger-Klaus" von Telfs – Freiheitsheld oder Plünderer? (1784–1852), in: Erich Egg/Wolfgang Pfaundler/Herlinde Menardi, Telfs. Porträt einer Marktgemeinde in Texten und Bildern, Bd. II, Telfs 1988, 1067 ff. – Auf der Gedenktafel am Gasthaus „Weißes Lamm", Mariahilfstraße Nr. 12, wird Metzger Klaus nicht genannt.
4 Daney, 68 ff.
5 Über die Person Hormayrs siehe Heinz Klier, Der Alpenbund, Phil.-Diss., MS, Innsbruck 1950.
6 (Schultes) Geschichte der Deportirung der königlich baierischen Civilbeamten nach Ungarn und Böhmen; nebst Bemerkungen über die gleichzeitigen Kriegsereignisse, und über die durchwanderen Länder, 2 Bde., o. o. o. J. [1810].
7 Fontana, 418 ff.
8 Zitiert nach Hirn, 362.
9 Anonym, Das Jahr 1809 im Süden des Landes, III, in: Tiroler Stimmen, 49. Jg. (1909), Nr. 193.
10 1809 April 18, Schärding; TLMF, Hist. Slg.

Tirol zum zweiten Mal befreit

1 Für diesen Abschnitt siehe bes. Hirn, 375 ff.; Voltelini, 129 ff.; Schemfil, 87 ff.; Katalog Tirolische Nation, 204 ff. u. 280 ff.; zu den Schlachten am Bergisel siehe Gedeon von Maretich, Die zweite und dritte Berg Isel-Schlacht, Innsbruck 1895 und Werner Köfler, Die Kämpfe am Bergisel 1809 (= Militärhistorische Schriftenreihe, Heft 20), Wien 1972.
2 1809 April 18, Innsbruck; TLMF, Hist. Slg., Flugschriften.
3 Alfred Ebenhoch, Vorarlberg im Jahre 1809, Bregenz o. J.
4 Arnulf Benzer, Vorarlberg 1809. Ein Kampf um Freiheit und Selbständigkeit, Bregenz 1959. – Thomas Albrich, Vorarlberg 1809. Am Rande des Aufstands. Das Tagebuch des Christoph Anton Keyser, Innsbruck-Wien 2009.
5 Hirn, 375 ff. – Voltelini, 84 ff.
6 Originalschreiben im TLMF, Bibliothek, FB 2072/18.
7 Hormayr, 119.
8 In der Literatur findet man durchgehend die Schreibweise „Marschall", was allerdings der Aussprache des französischen Namens entspricht.
9 Aufruf „Biedere treue Bewohner des Salzburgischen Gebirges!", gegeben zu Innsbruck, den 4. Mai 1809, unterzeichnet von FML Chasteler und Intendant Hormayr; TLMF, Hist. Slg., Flugschriften.
10 Franz-Heinz Hye, Der bayerische General Wrede, die Erhebung Tirols und die große Politik 1809–1814, in: Der Schlern, 58 (1984) 387 ff.
11 TLMF, Hist. Slg., Waffensammlung.
12 Knoflach, 10.
13 1809 Mai 21, o. O.; Bayerische Staatsbibliothek, München, Autographensammlung – Zitiert nach Oberhofer, 186, Nr. 97.
14 Hin und wieder wurde der „Schupfen" als Hauptquartier – auch in den Augustkämpfen – in Frage gestellt. Vgl. dazu die Untersuchung von Eduard Widmoser, War das Schupfenwirtshaus das Hauptquartier Andreas Hofers bei den Bergisel-Schlachten?, in: Der Chronist 14 (1983) 39 ff.
15 O.O. o.D. [1809 Mai 28, Schönberg]; TLMF, Hist. Slg., Autographen – Vgl. Oberhofer, 134 f. (Nr. 101).
16 Knoflach, 18.
17 1809 April 18, Innsbruck; TLMF, Hist. Slg., Flugschriften, Einblattdruck.
18 1809 Juni 10, Deutschwagram, Einblattdruck; TLMF, Hist. Slg., Flugschriften – Abdruck in der Innsbrucker Zeitung vom 22. Juni 1809.
19 1809 Mai 29, „Under der Schupfen"; TLMF, Hist. Slg., Autographen (Leihgabe der Tiroler Versicherung, Innsbruck). Siehe Meinrad Pizzinini, Andreas Hofer und „die grosse Schlacht in Wien". – Ein Laufzettel des Sandwirts vom 29. Mai 1809 als wertvolle Neuerwerbung, in: Veröffentlichun-

20 1809 Juni 6, Innsbruck, Einblattdruck; TLMF, Hist. Slg.
21 1809 Mai 29, Wolkersdorf, Einblattdruck; TLMF, Hist. Slg. – Vgl. Josef HIRN, Das kaiserliche Handbillett aus Wolkersdorf (29. Mai 1809) für Tirol, in: Beiträge zur neueren Geschichte Österreichs, Wien 1906, 103 ff.

Große Not trotz Siegesfeiern

1 Für den ganzen Abschnitt siehe bes. HIRN, 488 ff.; VOLTELINI, 158 ff.; Katalog Tirolische Nation, 206 u. 289 ff.
2 KNOFLACH, 21.
3 Heinz MOSER/Heinz TURSKY, Die Münzstätte Hall in Tirol 1665–1809, Innsbruck 1981, S. 250 ff.
4 Heinz MOSER/Heinz TURSKY, Die Münzstätte Hall in Tirol 1665–1809, Innsbruck 1981, 250 ff.
5 Enthalten in Hormayrs Ordre von 1809 Juni 20, Brixen; TLMF, Hist. Slg., Flugschriften.
6 Giuglio MARCHESONI, Il congresso di Revò (6 luglio 1809), in: Studi Trentini di scienze storiche, 1967, XLVI/2, 162 ff.
7 Antonio ZIEGER, Andrea Hofer. Ricordi dell'insurezione del 1809, in: Archivio per l'Alto Adige, vol. LIV (1960), 101 ff.
8 Undatierter Einblattdruck mit Meldung von 1809 Juni 15, Trient; TLMF, Hist. Slg., Flugschriften. – Josephine Negrelli ist die Schwester von Alois Negrelli, der sich im Eisenbahnbau engagiert hat und das Kanalprojekt von Suez ausgearbeitet hat.
9 DANEY, 136 ff.
10 1809 Juni 27, Reichenhall, Doppelblatt; TLMF, Hist. Slg., Flugschriften.
11 1809 Juli 12, Znaim, Einblattdruck; TLMF, Hist. Slg.
12 Zitiert nach HIRN, 535, Anm. 1.
13 Josef HIRN, Das kaiserliche Handbillett aus Wolkersdorf (29. Mai 1809) für Tirol, in: Beiträge zur neueren Geschichte Österreichs, Wien 1906, 103 ff.
14 Veröffentlichung des Schreibens von Erzherzog Johann durch die „k. k. Schutzdeputation", 1809 Juli 23, o. O.; TLMF, Hist. Slg., Flugschriften.

Der Waffenstillstand von Znaim und was er bewirkte

1 Für diesen ganzen Abschnitt siehe bes. HIRN, 536; VOLTELINI, 185 ff.; Katalog Tirolische Nation, 291 ff.
2 Hofer traf nicht erst am 22. Juli in Lienz ein, wie Hirn schreibt, da u. a. bereits ein von Hofer unterzeichnetes und mit 19. Juli datiertes Zeugnis Joseph Larchs über die tapfere Teilnahme an den Kämpfen am Bergisel erhalten ist; Orig.-Schreiben siehe TLMF, Bibliothek, FB 2073/82. – Mit demselben Tag datiert ist eine Vollmacht für Oberleutnant von Türck, die Landmiliz zu kommandieren und alles für die Verteidigung Nötige auf eigene Initiative zu veranlassen (OBERHOFER, 227, Nr. 155 mit Quellenangabe).
3 Über Andreas Hofer in Lienz siehe Carl Georg KRYSPIN, Die Kriegsereignisse von 1797–1814 in Lienz und Umgebung, Lienz 1905, 41 ff. – Rudolf GRANICHSTAEDTEN-CZERVA, Andreas Hofer in Lienz, in: Osttiroler Heimatblätter, 23. Jg., 4/1955.
4 1809 Juli 22, o. O. [Lienz], Doppelblatt; TLMF, Hist. Slg., Autographen (mehrere Original-Ausfertigungen vgl. OBERHOFER, 230 ff., Nr. 158).
5 1809 Juli 26, Lienz; TLMF, Hist. Slg., Autographen.
6 1809 Juli 26, Lienz, Doppelblatt, MS; Salzburger Landesarchiv, churf. und k. k. österreichische Regierung, Rubrik XIX, 43/1/1 (Karton 212) (vgl. OBERHOFER, 233, Nr. 160).
7 1809 Juli 28, Lienz, 1 Blatt, MS; TLMF, Bibliothek, FB 1650/162 (vgl. OBERHOFER, 237 f., Nr. 164).
8 1809 Juli 19, Lienz, 1 Blatt, MS, zweite Abschrift mit Orig.-Unterschrift A. Hofers; TLMF, Bibliothek, FB 1650 (vgl. OBERHOFER, 226, Nr. 154).
9 Robert GRATZER (Hg.), Johann Baptist Türk (1775–1841) Meine Lebensschücksalle, Klagenfurt 1985, 62.
10 Wladimir KUK, Der Anteil des Klerus an der Erhebung Tirols im Jahre 1809 (= Anno Neun, XXXII. Bändchen), Innsbruck 1925. – Hans KRAMER, Die Beteiligung der Tiroler Geistlichkeit am Kriege 1809. Ein Notenwechsel vom November 1809–November 1810, in: Zeitschrift für bayerische Landesgeschichte XII. (1940), 244 ff. – Franz HUTER, Der Anteil der nichtbäuerlichen Stände an der Erhebung von 1809 [I], in: Tiroler Heimat, XXIII. Bd. (1955), 101 ff., hier bes. 102 ff. – Hans KRAMER, Rund um die Erhebung Tirols im Jahre 1809, Brixen 1958, 102 und 104.
11 Hans KRAMER, Rund um die Erhebung Tirols im Jahre 1809, Brixen 1958, 105 f. – Franz HUTER, Der Anteil der nichtbäuerlichen Stände Tirols an der Erhebung von 1809, in: Tiroler Heimat, XXIV. Bd. (1960), 67 ff.
12 Hans KRAMER, Rund um die Erhebung Tirols im Jahre 1809, Brixen 1958, 101 und 106 ff. – Helmut REINALTER, Volksbewegung und Ideologie, in: Erbe und Auftrag. Beiträge zum Freiheitskampf Tirols vor 175 Jahren, Beilage der Tiroler Tageszeitung zum Gedenkjahr 1984, 1. Teil, 3 f. – Ders., Tirols Erhebung 1809 aus kritischer Sicht, in: Der Schlern, 61. Jg. (1987), 382 ff. – Ders., Offene Fragen zum Jahr 1809, in: Reimmichls Volkskalender 2008, Innsbruck 2007, 106 ff.
13 Bozen zur Franzosenzeit 1797–1814, Katalog zur Ausstellung des Museumsvereins Bozen, Bozen 1984, bes. 11 ff.
14 Hormayr erklärte dies auf einer Versammlung in Bozen, Mitte April; vgl. HIRN, 356.
15 HIRN, 564.
16 Kleinformatige Broschüre, Buchdruck; TLMF, Hist. Slg.
17 Zitat in Übersetzung nach HIRN, 546.
18 1809 August 1, Innsbruck, Einblattdruck; TLMF, Hist. Slg.
19 1809 Juli 27, München, Einblattdruck; TLMF, Hist. Slg., Flugschriften.

Befreiung im August – Der Sandwirt Sieger am Bergisel

1 Zu diesem Abschnitt siehe besonders HIRN, 488 ff., VOLTELINI, 201 ff., SCHEMFIL, 203 ff., Katalog Tirolische Nation, 208 ff. und 294 ff., Werner KÖFLER, Die Kämpfe am Bergisel 1809 (= Militärhistorische Schriftenreihe 20), Wien 1972, 40 ff.
2 1809 August 5, Innsbruck, zweisprachig, Einblattdruck; TLMF, Hist. Slg., Flugschriften.
3 Das 1902 errichtete Denkmal beim Gasthof-Pension „Sachsenklemme" in Grasstein steht am falschen Platz; die Kämpfe fanden nämlich weiter südlich statt! In der Zeitung „Neue Tiroler Stimmen" 1902 Nr. 182 vom 9. August wurde heftige Kritik ge-

äußert und bloß Werbeabsichten des Hotelinhabers vermutet: „Nicht ‚hier' fanden die heldenmüthigen Kämpfe statt, nicht ‚hier' fielen die tapferen Sachsen, sondern in der wirklichen Sachsenklemme, die sich nur auf den kleinen Umkreis vor der Peisser (Reifer-) Brücke zwischen Oberau und Franzensfeste erstreckt. ... Das Bedenklichste bleibt ein Denkmal der Erinnerung an einer Stelle, wo es nichts zu erinnern gibt." – Vgl. Meinrad PIZZININI, Alt-Tirol im Plakat, Innsbruck 1983, 134 f.
4 G. BÖRNER, Aus dem Kriegstagebuch des vormalig anhaltischen Stabsarztes Dr. Kretschmar, während der Feldzüge 1809 in Tyrol und 1810 in Spanien, in: Jahrbücher für die deutsche Armee und Marine 106, Berlin 1898, 38–58.
5 Darunter ist das ostseitige Ufer gemeint.
6 Dies ist natürlich der Eisack.
7 1809 August 4, o. O.; Abschrift des Textes im TLMF, Bibliothek, FB 4355/22. – Gesamter Text von Hofers Aufruf abgedruckt in Mercedes BLAAS (Hg.), Der Aufstand der Tiroler gegen die bayerische Regierung 1809 nach Aufzeichnungen des Zeitgenossen Josef Daney (= Schlern-Schriften 328), Innsbruck 2005 – Zitat auf S. 160, Nr. 33, S. 160.
8 Carl Georg KRYSPIN, Die Kriegsereignisse von 1797–1814 in Lienz und Umgebung, Lienz 1905, 46 ff. – Josef THONHAUSER, Osttirol im Jahre 1809 (= Schlern-Schriften 253), Innsbruck–München 1968, 51 ff.
9 Fritz KIRCHMAIR, Die Gefechte an der Pontlatzer Brücke 1703 und 1809 (= Militärhistorische Schriftenreihe 48), Wien 1983. – Wolfgang MEIGHÖRNER, Conflictus turbulentus, clamorosus sed victotius. Eine Bewertung der Ereignisse an der Pontlatzer Brücke 1809, in: Tirol in seinen alten Grenzen. Festschrift für Meinrad Pizzinini zum 65. Geburtstag (= Schlern-Schriften 341), Innsbruck 2008, 139 ff.
10 1809 August 8, Kalch bei Sterzing, MS; TLMF, Bibliothek, FB 1650/202 – Vgl. OBERHOFER, 258 f., Nr. 194.
11 Gedeon von MARETICH, Die vierte Berg Isel-Schlacht am 13. August 1809, Innsbruck 1899.
12 1809 August 12, Schönberg, MS, Original; TLMF, Hist. Slg. – Vgl. OBERHOFER, 271, Nr. 211.
13 Recte: Martin Firler!
14 Zitiert nach HIRN, 614.
15 Hans KRAMER, Die Erinnerungen eines bayerischen Infanteristen über den Feldzug 1809, in: THBl 1959, 34. Jg., Heft 4–6, 65 ff.
16 KNOFLACH, 44.
17 1809 August 14, o. O., MS, TLMF, Hist. Slg., Autographen. – OBERHOFER, 280, Nr. 226.
18 1809 August 14, o. O., MS, TLMF, Hist. Slg., Autographen. – OBERHOFER, 279, Nr. 224.

Andreas Hofer – Regent Tirols

1 KNOFLACH, 46.
2 Joseph Rapp!
3 Johann STETTNER, Tagebuch der Insurrektion in Tirol 1809, MS, TLMF, Bibliothek, FB 3657, Eintragung zum 15. August.
4 Nach HIRN, 633.
5 KNOFLACH, 48.
6 DANEY, 173.
7 HIRN, 632.
8 Über Hofers „Kanzlei"-Betrieb als Regent siehe OBERHOFER, 77–90.
9 1809 August 18, Innsbruck; Einblattdruck; TLMF, Hist. Slg., Flugschriften.
10 1809 August 23, Innsbruck; 4 Seiten, Buchdruck; TLMF, Hist. Slg., Flugschriften.
11 1809 September 29, Innsbruck; 4 Seiten, Buchdruck; TLMF, Hist. Slg., Flugschriften.
12 1809 Oktober 12, Innsbruck; Orig. im TLMF, Bibliothek, FB 1651/9.
13 KNOFLACH, 53.
14 Siehe OBERHOFER, 281–533.
15 Franz-Heinz HYE, Die Siegel Andreas Hofers. Eine sphragistisch-historische Studie zur Geschichte der Erhebung Tirols im Jahre 1809, in: Haller Münzblätter I, März 1973, Nr. 6, 3 ff.
16 KNOFLACH, 52–62.
17 DANEY, 210.
18 DANEY, 185.
19 Heinz MOSER/Heinz TURSKY, Die Münzstätte Hall in Tirol 1665–1809, Innsbruck 1981, 258 ff.
20 Anonym, Tirol im Jahre 1809, in: Der Sammler, 3. Jg. (1909), 211 f.
21 (Rudolf) G(RANICHSTAEDTEN)-C(ZERVA), Andreas Hofers Kanonenlieferant, in: Tiroler Anzeiger, 31. Jg. (1938), Nr. 35, 10.
22 Herbert BUZAS, Hintergründiges zum Leopoldsbrunnen, in: Tiroler Tageszeitung, 38. Jg. (1982) Nr. 89, 9.
23 August von KOTZEBUE, Erinnerungen von einer Reise aus Liefland nach Rom und Neapel, Erster Theil, Berlin 1805, 96.
24 FONTANA, 505 f.
25 HIRN, 669.
26 HIRN, 669.
27 HIRN, 667. – Über Dal Ponte siehe auch Candido DEGIAMPIETRO, Le milizie locali fiemmesi dalle guerre napoleoniche alla fine della Iª guerra mondiale (1796–1918), Villalagarina 1981, 241 ff. und bes. Lorenzo DAL PONTE, Uomoni e genti Trentine durante le invasioni napoleoniche 1796–1810, Trento 1984, 85 ff.
28 1809 September 4, Bozen, Einblattdruck; TLMF, Hist. Slg., Flugschriften.
29 HIRN, 671; FONTANA, 510.
30 HIRN, 679 ff.
31 1809 September 26, Innsbruck, MS; TLMF, Hist. Slg., Autographen – Vgl. OBERHOFER, 436, Nr. 426.
32 HIRN, 688.
33 HIRN, 709.
34 1809 September 29, Innsbruck, MS; TLMF, Hist. Slg., Autographen.
35 KNOFLACH, 64. – Bereits am 15. Mai 1809 war durch Kaiser Franz für Andreas Hofer und Martin Teimer auf Grund ihrer Verdienste die Erhebung in den Adelsstand mittels Handbillett in die Wege geleitet worden. Der Sandwirt erfuhr aber erst Ende September davon. Das Adelsdiplom wurde erst am 26. Jänner 1818 für Andreas Hofers Sohn Johann ausgefertigt. – Siehe Rudolf GRANICHSTAEDTEN-CZERVA, Andreas Hofer. Seine Familie, seine Vorfahren und seine Nachkommen, Wien–Leipzig 1926, 62 ff. – Andreas OBERHOFER, Der *Andere* Hofer. Der Mensch hinter dem Mythos (= Schlern-Schriften 347), Innsbruck 2009, 363–365.
36 DANEY, 205 f.
37 Karl von Tschiderer, nach Aufhebung des Ordens Weltpriester.

Das Land von Feinden umringt

1. TLMF, Hist. Slg., Flugschriften.
2. 1809 August 29, Schönbrunn (Wien), MS; TLMF, Bibliothek, Autographensammlung. – Vgl. dazu Hans von Voltelini, Ein Brief Napoleons an Marschall Berthier, in: Zeitschrift des Ferdinandeums, 3. Folge, 47. Heft, Innsbruck 1903, 308 ff.
3. Voltelini, 255.
4. 1809 Oktober, o. O., MS, Abschrift; TLMF, Bibliothek, FB 2073/110. – Siehe Oberhofer, 455–458, Nr. 452 – Hirn, 712 ff.
5. 1809 August 19, Innsbruck, MS, Libell; Salzburger Landesarchiv, Sammlung Steiner, 38. – Siehe Oberhofer, 295–297, Nr. 246 ff.
6. Hirn, 705 ff.
7. 1809 Oktober 14, Schönbrunn (Wien), 8 Seiten, Buchdruck; TLMF, Hist. Slg.
8. Hirn, 717, 719 f.
9. Hirn, 690 ff.
10. 1809 Oktober 11, Trient, Einblattdruck; TLMF, Hist. Slg., Flugschriften.
11. Hirn, 722.
12. 1809 September 27, Innsbruck, Einblattdruck; TLMF, Hist. Slg., Flugschriften.
13. Josef Thonhauser, Osttirol im Jahre 1809 (= Schlern-Schriften 253), Innsbruck–München 1968, 72 ff.
14. Herta Ogris, Die Kriegsereignisse in Kärnten 1809, Phil.-Diss., MS, Wien 1941, 90.
15. Hirn, 745. – Herta Ogris, Die Kriegsereignisse in Kärnten 1809, Phil.-Diss., MS, Wien 1941, 110.
16. Zitiert nach Hirn, 745.
17. Hirn, 724 und Anm. 2.
18. Anonym, Speckbachers Anteil an dem Kriege des Jahres 1809, in: Bote für Tirol und Vorarlberg, 67. Jg. (1881), Nr. 223, 2033 ff.
19. Daney, 224.
20. Hirn, 733.
21. Knoflach, 68, folgendes Zitat 70.

Hofers Schwanken – ein Spiegelbild der „Volksseele"

1. Zum ganzen Abschnitt siehe Hirn, 734 ff. – Voltelini, 285 ff. – Katalog Tirolische Nation, 211 f. und 327 ff.
2. Damit sollte der Erfolg der bisherigen drei Bergisel-Schlachten wiederholt werden.
3. 1809 Oktober 22, Steinach, Abschrift im TLMF, Bibliothek, FB 2073/117. – Vgl. Oberhofer, 534, Nr. 566.
4. 1809 Oktober 25, Villach, Einblattdruck; TLMF, Hist. Slg., Flugschriften.
5. Andreas von Dipauli, Ueber des Andreas Hofer Wankelmuth am Ende der tirolischen Insurrection vom Jahr 1809, Orig.-MS, TLMF, Bibliothek, Dip. 1232/7.
6. Werner Köfler, Die Kämpfe am Bergisel 1809 (= Militärhistorische Schriftenreihe 20), Wien 1972.
7. Daney, 250–256.
8. „Gruß und Freundschaft an Hofer. Er ist ein mutiger Mann!"
9. 1809 November 4, „um halb 8 Uhr Abends", Steinach – Hofers Schreiben wurde durch Druck verbreitet, Einblattdruck; TLMF, Hist. Slg., Flugschriften.
10. Daney, 263.
11. 1809 November 6, Sterzing, MS; TLMF, Hist. Slg., Autographen. – Oberhofer, 574, Nr. 626.
12. 1809 November 7, Sterzing, MS; TLMF, Bibliothek, FB 3704/175. – Oberhofer, 580 f., Nr. 632.
13. Antonio Zieger, Andrea Hofer. Ricordi dell'insurrezione del 1809, in: Archivio per l'Alto Adige, vol. LIV (1960), 101, ff.
14. Daney, 260.
15. Daney, 264.
16. Im Wortlaut zitiert nach Josef Daney; siehe Daney, 265. – Die gedruckten Fassungen weichen davon leicht ab.
17. 1809 November 8, Sterzing, Einblattdruck; TLMF, Dip. 1383/134.
18. Flugschriften im TLMF, Hist. Slg. bzw. Bibliothek, Dip. 1383/133, Dip. 1362 II/61.
19. Hirn, 773.
20. Hirn, 774. – Anonym, Der Friedensschluss von Unterpeischlach, in: Osttiroler Heimatblätter, 22, Jg., 8/1954 – Josef Thonhauser, Osttirol im Jahre 1809 (= Schlern-Schriften 253), Innsbruck–München 1968, 87 ff.
21. Antonio Zieger, Andrea Hofer. Ricordi dell'insurrezione del 1809, in: Archivio per l'alto Adige, vol. LIV (1960), 104.
22. 1809 November 12, Villach, Einblattdruck; TLMF, Hist. Slg., Flugschriften.
23. Pallua-Gall (Bearbeiter), Pater Joachim Haspinger's Tagebuch (= Mittheilungen des k. und k. Kriegs-Archivs, Dritte Folge, II. Band), Wien 1903, 217 ff. und bes. 246.
24. Siehe bes. Oberhofer, ab S. 587, Nr. 640, mit Offenen Ordern, Bestätigungen von Kommandantschaften usw.
25. Oberhofer, 589, Nr. 642 – Zitat nach Oberhofer.
26. Hirn, 789f. – Schemfil, 254 ff.
27. O. D., o. O., MS; TLMF, Hist. Slg., Autographen – Oberhofer, 603, Nr. 633.
28. Daney, 318 ff.
29. Andreas Oberhofer, „Ich wuaßt mir nit z'helfen" Die tragische Unentschlossenheit Andreas Hofers, in: Robert Rebitsch/ Elena Taddei (Hgg.), Politik – Konflikt – Gewalt (= Innsbrucker Historische Studien 25), Innsbruck 2007, 203 ff.
30. Daney, 318 f.
31. Knoflach, 85.

Des Sandwirts Tod und die Zerreißung des Landes

1. Hirn, 804 f.
2. Hirn, 805 ff. – Schemfil, 258 f.
3. Hirn, 811. – Schemfil, 260 f. – Josef Thonhauser, Osttirol im Jahre 1809 (= Schlern-Schriften 253), Innsbruck–München 1968, 100 ff.
4. 1809 Dezember 8, Brixen, Einblattdruck; TLMF, Hist. Slg., Flugschriften.
5. Rudolf Granichstaedten-Czerva, Ein Geheimschreiben des Generals Broussier über die Ereignisse in Lienz im Jahre 1809, in: Osttiroler Heimatblätter 24. Jg., 7/1956.
6. Folgende Angaben nach Ludwig Zankl, Die Auswirkungen der Erhebung Tirols im Jahre 1809 in den Landgerichten Kitzbühel und Schwaz 1809–1820, Phil.-Diss., MS, Innsbruck 1949, 21 ff. – Egger III, 807.

7 Hans von Voltelini, Der letzte Brief des Andreas Hofer an Erzherzog Johann, in: Tiroler Heimat, Heft III/IV, 1921, 61 ff. – Oberhofer, 610 f., Nr. 672.

8 Zitat, wie auch die vorhergehende Schilderung nach dem Bericht von Cajetan Sweth, ebenfalls herangezogen für die folgende Schilderung: Anonym [Cajetan Sweth], Gefangennehmung des Andreas Edlen von Hofer, und seine letzten Tage. Von seinem Leidensgefährten erzählt, in: Oesterreichisches Archiv für Geschichte, Erdbeschreibung, Staatenkunde, Kunst und Literatur, Jg. 1832, 10 ff., 13 ff., 18 f., 23 f. – Zu Raffl (geb. 10. Oktober 1775 in Tall im Gemeindegebiet von Schönna, gest. 13. Februar 1830 in Reichertshofen in Bayern), der den Verrat beging: Karl Klar, Raffl, der Verräter Andreas Hofers, in: Forschungen und Mitteilungen zur Geschichte Tirols und Vorarlbergs, XVI. und XVII. Jg., 1919/1920, 169 ff. – W. Vitzthum, Franz Raffl verriet Andreas Hofer. Der Judas von Tirol starb 1830 in Reichertshofen, in: Schrobenhausener Zeitung, Heimatblätter, 11. Jg., Nr. 3/97, 1 ff.

9 Vgl. Rotraud Hofmeister, Das Österreichbild der napoleonischen Soldaten (= Dissertationen der Universität Wien 96), Wien 1973, 254 f. – Für die Übersetzung aus dem Französischen dankt der Autor Frau Dr. Renate Lichtfuß, Innsbruck.

10 Bothe von und für Tirol, 1840, Nr. 90.

11 Tagebuch Dr. Basevis (diese Tage betreffend) abgedruckt in: Mario Franceso Agnoli, Andreas Hofer – eroe cristiano, Milano 1979, 60 ff.

12 Nicht im Palazzo Arrivabene, wie meistens in der Literatur zu finden! Graf Arrivabene hatte allerdings zum fraglichen Zeitpunkt den Palazzo d'Arco inne.

13 Aktenstück des Pariser Nationalarchivs, zitiert (in Übersetzung) bei Raoul de Broglie, Von der Seine zu Inn und Etsch, Innsbruck 1948, 100.

14 Rudolf Granichstaedten-Czerva, Der Prozeß gegen Andreas Hofer, Innsbruck 1949.

15 Zitat nach Oberhofer, 612 f., Nr. 674 (Orig. im Archiv der Tiroler Matrikelstiftung, Innsbruck).

16 Nicht bei der Porta Cesena, wie immer noch hin und wieder in der Literatur anzutreffen ist, obwohl der alte Irrtum bereits richtig gestellt worden ist mit der Untersuchung von Bernhard Mazegger, Andreas Hofer in Mantua, in: Der Sammler, IV. Jg. (1910), Heft 1, 1 ff.

17 Siehe Anm. 11.

18 Franz Innerhofer, Aus dem Leben eines französischen Grenadiers, in: Der Sammler, V. Jg. (1911), Heft 12, 261 ff. – Jacques Dollar (Hg.), Mémoires du sous-lieutenant Michel Eiffes, qui command de la peleton d'exécution d'Andreas Hofer, in: Napoléon et le Luxembourg, Luxembourg 1979, 271 ff.

19 Siehe Anm. 8.

20 Eintragung in Latein. – Erhalten ist nur noch eine Fotografie dieser Seite, während das Original des Totenbuchs sowie auch die Kirche S. Michele bei einem Bombenangriff im Jahr 1945 zerstört worden sind. – Herrn Professor Roberto Sarzi, Mantua, der die Aufnahme zur Verfügung gestellt hat, sei herzlich gedankt.

21 Archiv für Geographie, Historie, Staats- und Kriegskunst, 6. Jg. (1815), Nr. 92/93, 380.

22 O.D. (Ende Februar/März 1809) o. O., Kleinformat, 4 Seiten; TLMF, Hist. Slg., Flugschriften.

23 Viktor Theiss, Leben und Wirken Erzherzog Johanns, 2. Bd., 1. Lieferung (= Forschungen zur geschichtlichen Landeskunde der Steiermark, XVIII. Band), Graz 1969, 7.

24 Siehe bes. Ferdinand Hirn, Geschichte Tirols von 1809 bis 1814, Innsbruck 1913, 46 ff.

25 Fontana, 573 ff.

26 Fontana, 564 ff.

27 Georg Kryspin, Die Kriegsereignisse von 1797–1814 in Lienz und Umgebung, Lienz 1905, 82 ff. – Karl Maister, Osttirol unter französisch-illyrischer Herrschaft. (1810–1813.), in: Osttiroler Heimatblätter, 3. Jg. (1926), Heft 4, 55 ff., Heft 5, 72 ff., Heft 6, 81 ff., Heft 7/8, 97 ff. – Renate Mascher, Die Geschichte Osttirols von 1783 bis 1813, Hausarbeit Geschichte, MS, Innsbruck 1979/80, 102 ff.

Der Dank des Kaisers und Hofers Heimkehr

1 Siehe besonders Heinz Klier, Der Alpenbund, Phil.-Diss., MS, Innsbruck 1950. – Hans Hochenegg, Zur Geschichte der Familie Roschmann von Hörburg, in: Tiroler Heimat, XXXVI. Bd. (1972), 79 ff., bes. 88 ff.

2 Ferdinand Hirn, Geschichte Tirols von 1809–1814, Innsbruck 1913, 374 ff.

3 Meinrad Pizzinini, „Hier sitz ich nun 34 Meilen von Trient entfernt", in: Osttiroler Heimatblätter, 37. Jg., 1969, Nr. 7.

4 Meinrad Pizzinini, Die Auszeichnung Josef Speckbachers in Lienz, in: Tiroler Heimatblätter, 49. Jg., 1974, Nr. 2, 73 ff.

5 Ferdinand Hirn (wie Anm. 2), 411 ff., bes. 416.

6 Ferdinand Hirn, (wie Anm. 2), 443 ff.

7 Katalog Tirolische Nation, 348 (Nr. 12.45), 350 (Abb.).

8 Ferdinand Hirn (wie Anm. 2), 468 ff., bes. 487 f.

9 Benitius Mayr, Rede am Feste der glücklichen Wiedervereinigung der gefürsteten Grafschaft Tirol mit dem österreichischen Kaiserstaate am 24. Juli 1814, Innsbruck 1814.

10 Abgedruckt in: Bothe für Tyrol, 1814, Nr. 1.

11 Josef Fontana, Von der Restauration bis zur Revolution (1814–1848), in: Geschichte des Landes Tirol, Bd. 2, Bozen–Innsbruck–Wien 1986, 581 ff., bes. 588 ff.

12 Josef Fontana (wie Anm. 11).

13 Anton Bundsmann, Die Landeschefs von Tirol und Vorarlberg in der Zeit von 1815 bis 1913 (= Schlern-Schriften 117), Innsbruck 1954, 7 ff.

14 Richard Schober, Geschichte des Tiroler Landtages im 19. und 20. Jahrhundert (= Veröffentlichungen des Tiroler Landesarchivs 4), Innsbruck 1984, 15 ff.

15 Josef Fontana, Zur Geschichte der Tiroler Wehrverfassung in der Zeit von 1814 bis 1914, in: Der Schlern, 53. Jg., 1979, 260 ff.

16 Claudia Sporer-Heis, Grundsteinlegung und Enthüllung der Kaisersäule in Fügen im Zillertal, Teilpublikation bei Tirol Edition des Archiv Verlags, Wien, o. J. [ca. 2000].

17 Michael Forcher, Die geheime Staatspolizei im vormärzlichen Tirol und Vorarlberg, Phil.-Diss., MS, Innsbruck 1966.

18 Hans Kramer/Oswald von Gschliesser/Georg Mutschlechner, Erzherzog Johann und Tirol (= Schlern-Schriften 201), Innsbruck 1959.

19 Rudolf GRANICHSTAEDTEN-CZERVA, Wie Hofers Gebeine von Mantua nach Innsbruck kamen, in: Tiroler Anzeiger, 22. Jg. (1929), Nr. 75, 3 ff. – Tiroler Freiheitskampf 1809, Innsbruck–Wien–München–Bozen, 5. Auflage 1981, 108 ff.

20 Bericht und Zitat in: Bothe von und für Tirol und Vorarlberg, 1823, Nr. 22, 85 f.

21 Meinrad PIZZININI, Die Zelle 14 im Servitenkloster. Andreas Hofers Gebeine im Innsbrucker Servitenkloster, in: Pfarrbrief Pfarre St. Josef – Serviten Innsbruck, Februar 1985, 1 f.

22 Rudolf GRANICHSTAEDTEN-CZERVA, Das Begräbnis Andreas Hofers (Zur hundertsten Wiederkehr des Begräbnistages, 21. Februar 1823), Einblattdruck mit Abbildung des Begräbniszuges; TLMF, Hist. Slg., Historische Graphik.

Augenzeugen und Historiker über Andreas Hofer

1 „Character Züge von den vorzüglichsten Männern, die während der Insurrection in Innsbruck gehandelt haben" (Schwarzbuch der bayerischen Polizei in Innsbruck, Jahresende 1809), Orig. in der Bayerischen Staatsbibliothek München, Abschrift im TLMF, Bibliothek, FB 3704/188.

2 Anonym, Leben und Thaten des Sandwirt Hofer, Anführer der Insurgenten in Tirol, o. O., o. J. [1809], 1 ff.

3 (Johann Adam BERGK,) Andreas Hofer und die Tiroler Insurrection im Jahre 1809, München 1810, mit einer Darstellung Hofers in Ganzfigur, bez. „F. Salari inv. et del. Milano".

4 BERGK (wie Anm. 3) 3 f.

5 BERGK, (wie Anm. 3) 95 und 117.

6 RAPP, 279 f.

7 DANEY, 180 f.

8 Anonym, Zur Erinnerung an Anton von Gasteiger, Innsbruck 1860, 11 f.

9 Der ehemalige Intendant Josef Freiherr von Hormayr über Andreas Hofer in einem Bericht an den Staatskonferenz- und Armeeminister Graf von Zichy, 1809 September 26, Pest; Abschrift im TLMF, Bibliothek, FB 2073/101, S. 35 ff.

10 Anton von Roschmann im Bericht vom 23. Oktober 1809, zitiert nach HIRN, 730.

11 HORMAYR, 55.

12 HORMAYR, 5.

13 Jakob L. S. BARTHOLDY, Der Krieg der Tyroler Landleute im Jahre 1809, Berlin 1814.

14 Ludwig von MONTGELAS, Denkwürdigkeiten des bayerischen Staatsministers Maximilian Graf von Montgelas (1799–1817), Stuttgart 1887, 197.

15 Charles Henry HALL, Memoirs of the life of Andrew Hofer, London 1820; 2. Auflage 1822.

16 Carl von BAUR, Der Krieg in Tirol während des Feldzuges von 1809, München 1812.

17 Eduard von VOELDERNDORFF, Kriegsgeschichte von Bayern unter König Maximilian Joseph I., 4 Bde., München 1826.

18 Othmar SCHÖNHUT, A. Hofer, der treue Kommandant von Tirol, Reutlingen 1853.

19 Matteo OSBOLI, Andrea Hofer ossia il General Barbone, Este 1837.

20 Alessandro VOLPI, Andrea Hoffer e la sollevazione del Tirolo del 1809, Milano 1856.

21 Rudolf GRANICHSTAEDTEN-CZERVA, Andreas Hofer in der europäischen Geschichtsschreibung, in: Tiroler Tageszeitung, 12. Jg., 1956, Nr. 41, 8. – Hans KRAMER, Die Erhebung Tirols von 1809 in der neueren Literatur, in: Berichte und Informationen, 14. Jg., 1959, Heft 658, 13 ff. – Siehe besonders Hans HOCHENEGG, Bibliographie zur Geschichte des Tiroler Freiheitskampfes von 1809 (= Beihefte zu Tiroler Heimat 1) Innsbruck–Wien 1960. – Äußerst umfassend die Auflistung der einschlägigen Publikationen bei: Martin P. SCHENNACH, Revolte in der Region. Zur Tiroler Erhebung von 1809 (= Veröffentlichungen des Tiroler Landesarchivs, Bd. 16), Innsbruck 2009, Abschnitt XI. „Literatur und gedruckte Quellen", 638–711.

22 Josef RAPP, Tirol im Jahre 1809, Innsbruck 1852.

23 Beda WEBER, Das Thal Passeier und seine Bewohner. Mit besonderer Rücksicht auf Andreas Hofer und das Jahr 1809, Innsbruck 1851.

24 Andreas Hofer, 6. Jg., 1851, Nr. 80, 348. – Das Buch selbst ist interessanterweise aber 1852 datiert!

25 Josef EGGER, Geschichte Tirols von den ältesten Zeiten bis in die Neuzeit, III. Bd., Innsbruck 1880.

26 Hans von VOLTELINI, Forschungen und Beiträge zur Geschichte des Tiroler Aufstandes im Jahre 1809, Gotha 1909.

27 Josef HIRN, Tirols Erhebung im Jahre 1809, 2. Auflage, Innsbruck 1909.

28 Ferdinand HIRN, Geschichte Tirols von 1809–1814, Innsbruck 1913.

29 Siehe das angefügte Literaturverzeichnis!

Vorwiegend Mythos – Andreas Hofer in Literatur, Musik und Kunst

1 Claudia SPORER-HEIS, Andreas Hofers Hosenträger, 1809, in: SammelLust. 175 Jahre Tiroler Landesmuseum Ferdinandeum, Innsbruck–Wien 1998, 20 f.

2 Druck in den Historischen Sammlungen des TLMF; abgedruckt in: Der Sammler, 4. Jg. (1910), Heft 2, 40 ff. – Grundsätzliches zu Anno Neun in der Literatur: H. FREYTAG-APOLDA, Andreas Hofer in der deutschen Dichtung, in: Tägliche Rundschau (Berlin), 5. August 1909. – Anton DÖRRER, Andreas Hofer auf der Bühne, Brixen 1912. – S. M. PREM, Geschichte der neueren deutschen Literatur in Tirol, 1. Abt.: Vom Beginn des 17. bis zur Mitte des 19. Jahrhunderts, Innsbruck 1922. – Anton HORMAYR, Andreas Hofer in dichterischer Gestaltung, in: Der Schlern, 9. Jg. (1928), 289 ff. (Übersicht!) – Moriz ENZINGER, Die deutsche Tiroler Literatur bis 1900, Wien–Leipzig–Prag 1929. – Josef FEICHTIGER, Tirol 1809 in der Literatur. Eine Textsammlung (= Literarische Zeugnisse aus Tirol 4), Bozen 1984. – Ingelies ZIMMERMANN, Dreimal Andreas Hofer, in: Südtirol in Wort und Bild 1984/1, 3 ff. – Klaus NUTZENBERGER, Das Bild Andreas Hofers in der historischen, literarischen und künstlerischen Rezeption des 19. und 20. Jahrhunderts, Inaugural-Diss. der philosophischen Fakultät, MS, Münster 1998. – Laurence COLE, „Für Gott, Kaiser und Vaterland". Nationale Identität der deutschsprachigen Bevölkerung Tirols 1860–1914 (= Studien zur Historischen Sozialwissenschaft 28), Frankfurt–New York 2000. – Ilse WOLFRAM, „I wuaß nit, was schlimmer ischt, dö Fremd oda da Tod." Der alpenländische Held Andreas Hofer in Dra-

ma und Libretto, Hausarbeit zur Erlangung des Magistergrades, MS, München 2006.

3 Einblattdruck, ziemlich sicher aus der Druckerei Marchesani in Rovereto stammend; TLMF, Bibliothek, FB 627/8, abgedruckt und übersetzt in: Offizielle Festzeitung der Tiroler Jahrhundertfeier 1809–1909, Nr. 4.

4 Abschrift eines bestehenden Druckes; TLMF, Hist. Slg.

5 Aus dem Gedichtband „Leyer und Schwert", abgedruckt in: Archiv für Geographie, Historie, Staats- und Kriegskunst 1814, Nr. 54 und 55.

6 A. M. PIRKHOFER, England–Tyrol. Vom Bild Tirols im englischen Schrifttum, Innsbruck 1950.

7 TLMF, Bibliothek, FB 2074/47, MS.

8 Paul TREULIEB, Andreas Hofer Anführer der Tyroler. Vaterländisches Gemählde, Frankfurt am Main 1816.

9 Zitiert nach Innsbrucker Nachrichten, 38. Jg., 1891, Nr. 186, 7 f.

10 Bothe von und für Tirol und Vorarlberg, 1827, Nr. 68, 272.

11 NUTZENBERGER, Das Bild Andreas Hofers (wie Anm. 2) 171.

12 Eine ansehnliche Gedichtesammlung bei Ludwig August FRANKL (Hg.), Andreas Hofer im Liede, Innsbruck 1884.

13 Josef KERAUSCH-HEIMFELSEN, Andreas Hofer. Zeitbild aus den Tiroler Befreiungskriegen in vier Acten, Wien–Leipzig 1893.

14 Alois WURNIG, Das Drama von 1809. Volksstück in 5 Aufzügen, Innsbruck 1909.

15 Franz von FRIEDBERG, Andreas Hofer. Ein historisches Trauerspiel in 5 Aufzügen, Dresden–Leipzig 1892.

16 Adjutus ROMUALD, Andreas Hofer. Ein dramatisches Heldenstück in fünf Aufzügen, Limburg a. d. Lahn o. J.

17 Friedrich August Adolf KASSAU, Andreas Hofer. Ein Trauerspiel in fünf Akten, Wittenberg 1896.

18 Pierre SCHINHOFEN, Andreas Hofer. Der Held vom Passeier. Historisches Drama mit Gesang in 5 Akten, Bonn a. Rh. 1904.

19 Hans WOLTERS, Andreas Hofer. Historisch-dramatisches Festspiel in 5 Abteilungen, Straßburg i. E. 1909.

20 Edmund FREY, Andreas Hofer. Trauerspiel in fünf Akten nach Karl Lebrecht Immermanns dramatischem Gedicht „Das Trauerspiel in Tirol", Bregenz 1909.

21 Theobald HOFMAN, Andreas Hofer, der Sandwirth vom Passeier. Historisches Trauerspiel in fünf Aufzügen, Karlsbad 1909.

22 Virginio PRINZIVALLI, Andrea Hofer. Dramma storico in quattro atti (= Collana di Letture Drammatiche, Anno XV., Fasc. VII/VIII), Roma 1900.

23 Zitiert nach: Katholisches Sonntagsblatt. Kirchenzeitung der Diözese Bozen–Brixen 1978/36.

24 Zauber der Leinwand. 100 Jahre Film in Alt-Tirol, Ausstellungskatalog, Trento–Bolzano/Bozen–Innsbruck 1995.

25 Folder zur Wiederaufführung des Films in Innsbruck ab 13. Oktober 2009, hg. von Stadtarchiv/Stadtmuseum Innsbruck.

26 Innsbrucker Nachrichten, 61. Jg., 1914, Nr. 308, 9.

27 Kurier, 1984, Nr. 212.

28 Christian BERGER/Markus HELTSCHL/Lois WEINBERGER, 1810 verriet der Tiroler Raffl Andreas Hofer an die Franzosen – 1984 fahren die Tiroler mit Raffl nach Frankreich, in: das Fenster. Tiroler Kulturzeitschrift, Heft 34/35, Frühjahr 1984, 3453 ff.

29 Helga KUTSCHA, „Raffl" läuft heute an, in: Neue Tiroler Zeitung 122 (1984) 12.

30 B. WARENSKI, Hofer-Film mit Tiroler Aufgebot, in: Tiroler Tageszeitung 195 (2001) 7.

31 Karl LUBOMIRSKI, Bemerkungen zum Andreas-Hofer-Film, in: Kulturberichte aus Tirol 2003, 57. Jg., Mai 2003, 188.

32 Ludwig von HÖRMANN, Andreas Hofer als Poet, in: Bote für Tirol und Vorarlberg, 1900, Nr. 227, 2024.

33 Anno Neun. Volkslieder und Flugschriften (= Bücherei des österreichischen Volksschriftenvereins, V. Bd.), Brixen o. J. [um 1905]. – Franz GRATL, „ZU PATUA ZU MANDEN". Introduktion, Thema mit sechs Variationen und Coda zu Tiroler Landeshymne, in: Wolfgang MEIGHÖRNER (Hg.), Hofer Wanted, Begleitband zur Ausstellung im Tiroler Landesmuseum Ferdinandeum 2009, 55–68.

34 Zum Nachweis der einzelnen Angaben seien summarisch die Notendrucke, Textbücher, Zeitungsberichte über Aufführungen in der Bibliothek des Tiroler Landesmuseums Ferdinandeum genannt; von größtem Wert auch die handschriftlichen Aufzeichnungen des Innsbrucker Musikhistorikers Univ.-Prof. Dr. Walter Senn.

35 Siehe auch: Anton DÖRRER, Andreas Hofer auf der Bühne, Brixen 1912, 78 ff.

36 Hans SEMPER, Die Kunst Tirols um das Jahr 1809, in: Der Föhn, 1. Jg., 1909/10, S. 134 ff. – Erich EGG, Plazidus Altmutter – der Bildreporter der Tiroler Freiheitskriege, in: Tiroler Tageszeitung 186 (1959) Festbeilage. – Ders., Der Tiroler Freiheitskampf in der Kunst, in: Südtirol in Wort und Bild, 3. Jg., 1959, Heft 2, 2. – Tiroler Freiheitskampf und Volksleben in Werken von Jakob Placidus Altmutter (1780–1819), Ausstellungskatalog, Südtiroler Landesmuseum Schloß Tirol, Dorf Tirol 1993. – Zum Abschnitt über die Andreas-Hofer-Rezeption in der bildenden Kunst des 19. Jahrhunderts siehe als neueste wissenschaftliche Untersuchung: Eleonore GÜRTLER, EIN HELDENMYTHOS ENTSTEHT. Andreas Hofer in der bildenden Kunst des 19. Jahrhunderts, in: Wolfgang MEIGHÖRNER (Hg.), Hofer Wanted, Begleitband zur Ausstellung im Tiroler Landesmuseum Ferdinandeum 2009, 95–134.

37 Meinrad PIZZININI, Tiroler Tarock, Begleitbroschüre zur Faksimileausgabe der Spielkarten in den Historischen Sammlungen des Tiroler Landesmuseums Ferdinandeum durch PIATNIK Edition Wien und Haymon-Verlag Innsbruck, 1985. – Ders., Tiroler Tarock – Spielkarten von Jakob Plazidus Altmutter, in: Tiroler Heimatblätter 1 (1985) 6 ff. – Ders., Vorarlberger Geschichte auf Tiroler Spielkarten, in: Jahrbuch des Vorarlberger Museumsvereins, Bregenz 1991, 391 ff.

38 Vgl. Rudolf GRANICHSTAEDTEN-CZERVA, Andreas-Hofer-Porträte, in: Der Schlern, 27. Jg., 1953, 319 ff.

39 Meldung in: Bothe für Tirol und Vorarlberg, 1821, Nr. 68, 272.

40 Zur Geschichte des Denkmals siehe Gert AMMANN, Das Grabdenkmal Andreas Hofers in Innsbruck – Der Wettbewerb, in: Katalog Tirolische Nation 1790–1820 a. a. O., 482 ff.

41 Anonym, Die Herz-Jesu-Votivkapelle am Sandhofe in Passeier, in: Der Kunstfreund 4 (1896) 28 ff. – (Kunibert) Z(IMMETER), Edmund von Wörndle's Cartons für die Westwände der Hoferkapelle in Passeyer, in: Innsbrucker Nachrichten, 43. Jg., 1896, Nr. 82, 3 f.

42 Rudolf SINWEL, Tiroler Spielkarten, in: Tiroler Heimatblätter 5–6 (1929) 145 ff.

43 Neuausgabe durch PIATNIK-Edition Wien und Haymon-Verlag Innsbruck, 1984; weitere Neuausgaben.
44 Michael Forcher, Der Bergisel und seine wechselvolle Geschichte, in: Tirol. Immer einen Urlaub wert ... 23 (Winter 1983/84) 39 ff.
45 Franz Caramelle, Das Innsbrucker Riesenrundgemälde, in: Tirol. Immer einen Urlaub wert ... 23 (Winter 1983/84) 3 ff.
46 Heinrch Hammer, Franz von Defregger, Innsbruck 1940. – Hans Peter Defregger, Defregger 1835–1921, Rosenheim 1983. – Gert Ammann/Michael Forcher, 1809 – Der Tiroler Freiheitskampf. In Bildern von Franz v. Defregger und Albin Egger-Lienz, Ausstellungskatalog, Lana-Meran 1984. – Franz von Defregger und sein Kreis. Tiroler Landesausstellung in Lienz, Schloß Bruck, Ausstellungskatalog, Innsbruck 1987.
47 Heldenromantik. Tiroler Geschichtsbilder im 19. Jahrhundert von Koch bis Defregger, Ausstellungskatalog des Tiroler Landesmuseums Ferdinandeum, Innsbruck 1996, 68 und 118 f.
48 Heinrich Hammer, Albin Egger-Lienz, Innsbruck–Wien–München 1930. – Wilfried Kirschl, Albin Egger-Lienz (1868–1926). Das Gesamtwerk, 2 Bde., Wien–München ²1996.
49 Anonym, Das Jahr neun in der Jubiläums-Ausstellung der Tiroler Künstler, in: Tiroler Stimmen, 49. Jg., 1909, Nr. 210, 1 ff. und Nr. 211, 1 ff.
50 Über Andreas Hofer und die Kunst des 20. Jahrhunderts siehe als aktuelle Zusammenfassung: Günther Dankl, HTTP://WWW.GOOGLE.AT/SEARCH?:BILD+ANDREAS+HOFER+20.+JAHRHUNDERT&BTNG=SUCHE, in: Wolfgang Meighörner (Hg.), Hofer Wanted, Begleitband zur Ausstellung im Tiroler Landesmuseum Ferdinandeum 2009, 29–51.
51 Innsbruck, Privatbesitz; 156 x 130 cm, nach den am Rahmen aufgeklebten Schildchen wurde das Gemälde bei der Herbstausstellung November 1930–Jänner 1931 im Wiener Künstlerhaus und bei der Großen Deutschen Kunstausstellung 1937 im Haus der Deutschen Kunst in München gezeigt.
52 Paul Flora, Die verwurzelten Tiroler und ihre bösen Feinde, Zürich 1970.

Andreas Hofer – der Missbrauchte

1 Dietrich H. Fischer, Die „Tiroler Sonette" von William Wordsworth, in: Tiroler Heimat, 63. Bd., 1999, S. 173ff.
2 Tiroler Schützenzeitung 4 (2008) 22.
3 Monika Pichler, Was der Tourismus dem Sandwirt zu verdanken hat, in: Wirtschaft im Alpenraum, Oktober/November 2005, 232 f. – Paul Rösch/Konrad Köstlin (Hgg.), Andreas Hofer. Ein Tourismusheld?! Innsbruck-Wien-Bozen 2009.
4 Vgl. Gottfried Pfeifauf, Andreas Hofers Bild im Wandel der Zeiten, in: Tiroler Tageszeitung, 6. Jg., 1950, Nr. 41, 6.
5 Zeitung Andreas Hofer, 34. Jg., Nr. 48. – Der Verfasser des Gedichts ist unbekannt, es ist bloß mit „M. K." signiert.
6 Abdruck des Gedichts aus den „Wiener Funken", in: Neue Tiroler Stimmen, 1870, Nr. 64, 1.
7 Gedicht von „Dr. W." in: Zeitung Andreas Hofer, 21. Jg., 1885, Nr. 18, 503.
8 Abgedruckt in: Tiroler Soldaten-Zeitung 28-29 (1915), Literarische Beilage.
9 Andreas Hofer-Festschrift, hrsg. anläßlich der Enthüllung des Andreas-Hofer-Denkmales und der Kriegerdenkmal-Einweihung am 11. Juli 1926 in Kufstein, Kufstein 1926; Zitat im Beitrag von „Dr. K. J.", S. 4.
10 Tiroler Anzeiger, 27. Jg., Nr. 1, 3.
11 Bericht über die Feierlichkeit und die Festreden in: Innsbrucker Nachrichten, 81. Jg., 1934, Nr. 201, 1 ff.
12 Siehe u. a. Alfons Gruber, Im Würgegriff von Faschismus und Nationalsozialismus – Südtirol zwischen 1919 und 1939, in: Meinrad Pizzinini (Hg.), Zeitgeschichte Tirols, Innsbruck–Wien–Bozen 1990, 88 ff. – Michael Forcher, Geschichte Tirols in Wort und Bild, Innsbruck, ⁷2002, 336 ff.
13 Anton Bossi Fedrigotti, Andreas Hofer, Sandwirt von Passeier, Berlin–Leipzig 1935; folgendes Zitat auf S. 104.
14 Innsbrucker Nachrichten, 86. Jg., 1939, Nr. 43, 4, auch das folgende Zitat ist dieser Zeitung entnommen.
15 Anton Bossi Fedrigotti, „Ade, mein Land Tirol ...!" Andreas Hofer – Kampf und Schicksal, München 1978, 98.
16 Friedrich Heer, Wiedergeburt Preußens und Österreichs? In: horizont 57 (2. Juni 1982), Beilage zur Tiroler Tageszeitung.
17 Erich Egg, Der Tiroler Freiheitskampf in der Kunst, in: Tirol 1959, Heft 1, 36 ff.
18 Hubert Senn (Hrsg.), Tirol 1809–1984. Eine Bilddokumentation zum Tiroler Gedenkjahr, Innsbruck–Wien–Bozen 1985. – Das Tiroler Kulturwerk gab folgende Broschüre heraus: 1809 – 1984. So war es damals – Was tun wir heute? Eine Broschüre zur Gemeindeaktion aus Anlass des Tiroler Gedenkjahres, Innsbruck o. J. [1984]. – Der Österreichische Rundfunk, ORF-Landesstudio Tirol veröffentlichte: Das Gedenkjahr Tirol 1984 – ORF, Innsbruck 1984; weiters: Tirol. Was ist das eigentlich? Eine Auswahl der ORF-Sendungen zum Gedenkjahr 1809–1984, Innsbruck o. J. [1985].

Was bleibt vom Sandwirt?

1 Meinrad Pizzinini, Osttirol. Eine Bezirkskunde, Innsbruck–Wien–München–Würzburg 1971, S. 115.
2 Martin P. Schennach, Der Tiroler Aufstand von 1809 und die „neue Militärgeschichte", in: Von Stadtstaaten und Imperien. Kleinterritorien und Großreiche im historischen Vergleich. Tagungsbericht des 24. Österreichischen Historikertages Innsbruck, 20.–23. September 2005 (= Veröffentlichungen des Tiroler Landesarchivs 13), Innsbruck 2006, 386–400, hier bes. 391.
3 Jean Sévillia, Le chouan du Tyrol. Andreas Hofer contre Napoleon – siehe Literaturverzeichnis.
4 Gleichheit im Zeichen der Guillotine. 1789-1989 Zweihundert Jahre Französische Revolution, Sonderheft „Aula".
5 Siehe u. a. Jean Tulard, Napoleon oder der Mythos des Retters, Frankfurt/Main–Berlin–Wien 1982.
6 Siehe die ausführliche Behandlung über die Beteiligung der Stände im Kapitel 15 ab Seite 174.
7 Hans Kramer, Die Bedeutung des Krieges von 1809 für Österreich, besonders für Tirol, in: Österreich in Geschichte und Literatur, 3. Jg., 1959, Heft 2, 65–82. – Otto Stolz, Andreas Hofer und die deutsche Befreiung von 1813/14, in: Andreas-Hofer-Festschrift, Kufstein 1926.
8 Eberhard Weis, Der Durchbruch des Bürgertums 1776–1847 (= Propyläen Geschichte Europas 4), Frankfurt/Main–Berlin–Wien 1978, 276.

Bildnachweis

(1) Der Fürstlichen Grafschaft Tirol Landsordnung, Augsburg 1526; TLMF, Bibliothek, Dip. 991

(2) Lanndtsordnung der Fürstlichen Grafschafft Tirol, Augsburg 1532; TLMF, Bibliothek, Dip. 839

(3) Urbanus Regius, Ernstliche erbietung der Evangelischen Prediger an den gaystlichen Stand, die yetzigen leer betreffend, o.O. o.J.; TLMF, FB 402

(4) Broschüre, Buchdruck und Holzschnitt; TLMF, FB 1241

(5) Schraubmedaille mit Bilderzyklus, von Abraham Remshard, Radierung, koloriert, um 1735, Orig.-Dm. 3,5 cm; Salzburg, Salzburg Museum, Inv. Nr. M 702, Foto: Salzburg Museum

(6) Öl auf Leinwand; TLMF, Gem 1659

(7) Lithographie von Josef Schöpf, Innsbruck; TLMF, Bibliothek, W 9537

(8) Dominicus Custos, Der Gefürsten Grafen zu Tyrol, von Anno 1229 biß Anno 1600. Eigentliche Contrafacturen, Sampt Historischer Beschreibung, auß hievor außgangnem Latein, durch dessen Autorn verteutscht, Augsburg 1599; TLMF, FB 2125

(9) Wachs, rot gefärbt, in Wachsschüssel, Dm. 8 cm (6,2 cm); TLMF, Hist. Slg., Siegel 28/M III

(10) Wachs, rot gefärbt, in Wachsschüssel, Dm. 14,7 (13,2) cm; TLMF, Hist. Slg., Siegel 1/M 1

(11) Darstellung nach einer Glasscheibe im Zisterzienserstift Stams; lavierte Federzeichnung in Matthias Burgklechner, Des Tirolischen Adlers I. Teil, 2. Abt., um 1608; Wien, Haus, Hof- und Staatsarchiv; Abb. nach der kollationierten und beglaubigten Abschrift im TLMF, FB 2093, fol. 254

(12) Tempera auf Fichte; Wien, Belvedere, Inv. Nr. 4890

(13) Öltempera auf Zirbenholz, 1507/1508; TLMF, Gem 136

(14) Handschrift, Pergament; anhangendes Königssiegel Maximilians I.; Innsbruck, Tiroler Landesarchiv, Landschaftliches Archiv, Urkunde 12

(15) Orig.-Dm. 4,3 cm, Prägung der Münzstätte Hall; TLMF, Hist. Slg., Münzen

(16) Orig.-Dm. 4,6 cm, Doppeltaler, Prägung der Münzstätte Hall; TLMF, Hist. Slg., Münzen

(17) Orig.-Dm. 4,8 cm, Prägung der Münzstätte Hall; TLMF, Hist. Slg., Münzen

(18) Orig.-Dm. 4,2 cm, Prägung der Münzstätte Hall; TLMF, Hist. Slg., Münzen

(19) Österreichischer Maler, Öl auf Lw., um 1785; TLMF, Gem 1577

(20) Unbekannter Tiroler Maler, Öl auf Leinwand, Anf. 18. Jh.; TLMF, Gem 1933

(21) Einblattdruck, Kupferstich mit Buchdruck; TLMF, FB 6504/2

(22, 23) Leben und Ereignisse des Peter Prosch eines Tyrolers von Ried im Zillerthal, geschrieben in der Zeit der Aufklärung, München 1798, mit Zeichnungen von Antonius Gabler, in Kupfer gestochen von J. H. Klinger; TLMF, Dip. 132

(24) Privatbesitz

(25, 26, 27) Les habitans de Tyrol – Abbildung der Einwohner von Tyrol, Wien 1794, mit zahlreichen kolorierten Kupferstichen; TLMF, Bibliothek, W 12.930

(28, 29, 30) Joseph Weger (Hg.), Haupt Charaktere vom Volke und Lande Teutsch-Tirols, I. Heft, Bozen o.J. (1820); TLMF, Bibliothek, Dip. 1365/7

(31) TLMF, Bibliothek, W 134

(32) Lithographie von Johann Georg Schedler, TLMF, Hist. Slg., Hist. Graphik

(33) Peter Anich und Blasius Hueber, TYROLIS ... CHOROGRAPHICE DELINEATA („ATLAS TYROLENSIS"), Kupferstich in 20 Teilen von Johann Ernst Mansfeld, ca. 1:103.800, Wien 1774; TLMF, Historische Slg., K V/6

(34) Siehe (28, 29, 30)

(35) Abbildung entnommen dem Katalog Freiheit – Gleichheit – Brüderlichkeit auch in Österreich? Auswirkungen der Französischen Revolution auf Wien und Tirol, Historisches Museum der Stadt Wien – Tiroler Landesmuseum Ferdinandeum, Wien 1989, Tafel 18

(36) Wien, Haus-, Hof- und Staatsarchiv, VA, Kart. 22, fol. 660, Foto: HHStA

(37) TLMF, Inv.-Nr. T 49

(38) Abbildung in Ludwig Rapp, Freimaurer in Tirol. Historische Skizze, Innsbruck 1867, Titelblatt; TLMF, Bibliothek, W 2041/2

(39) Innsbruck, Tiroler Landesarchiv, Gubernium, Präsidialakten 1795, Fasz. I, Polizei Nr. 241

(40) TLMF, FB 3047

(41) Punktierstich eines unbekannten Künstlers; TLMF, Bibliothek, W 4626

(42) Radierung, 1797; TLMF, Hist. Slg., Hist. Graphik

(43) Einblattdruck; TLMF, Hist. Slg, Flugschriften

(44) Öl auf Leinwand; TLMF, Gem 1986

(45) Entwurf von Blasius Hueber, Kupferstich; TLMF, Hist. Slg., K V/6

(46) TLMF, Hist. Slg., Flugschriften

(47) Bozen, Domkirche zu Mariae Himmelfahrt; Foto: Tiroler Bildungsinstitut – Medienzentrum

(48) TLMF, Hist. Slg., Hist. Graphik

(49) Kolorierte Radierung, bezeichnet von Johann Martin Will, AV (Augsburg); TLMF, FB 4510/2

(50) Kolorierte Radierung von Jakob Plazidus Altmutter (?); TLMF, FB 4510/5

(51) Privatbesitz

(52) Broschüre, 16 Seiten, Buchdruck; TLMF, Hist. Slg., Flugschriften

(53) Broschüre, 8 Seiten, Buchdruck; TLMF, Hist. Slg., Flugschriften

(54) Radierung, koloriert; TLMF, FB 4510/11

(55) Tarock-Spiel mit 78 Blatt, Entwurfzeichnung signiert und datiert von J. P. Altmutter, 1810, Druck als Radierungen bei J. Albrecht, Kartenfabrikant in Innsbruck, um 1814/20; TLMF, Hist. Slg.

(56) Radierung; Wien, ÖNB/Bildarchiv, PORT_00094727_01

(57) Kupferstich eines unbekannten Künstlers; TLMF, FB 6504/18
(58) Einblattdruck; TLMF, Hist. Slg.
(59) Zeitgenössische aquarellierte Federzeichnung von Giovanni Galvagni d'Isera; Brixen, Diözesanmuseum, Hofburg, Foto: Diözesanmuseum Brixen
(60) Gezeichnet und radiert von Lacauchie, abgebildet in: France militaire. Histoire des Armées Française ... de 1792 a 1833, Bd. 2, Paris 1833; Privatbesitz
(61) Einblattdruck; TLMF, Bibliothek, Dip. 585/IV, 1. Blatt
(62) Aquarell eines unbekannten Künstlers; TLMF, Graphische Slg. U 508
(63) Federzeichnung von Johann Gassebner; Innsbruck, Tiroler Landesarchiv, Karten und Pläne, Nr. 28, Foto: TLA
(64) Aquarellierte Federzeichnung, enthalten in „Mémorie sur le Tyrol. Instruction pour M. De la Luzerne Ministre de France en Baviere, MS, 356 Seiten mit französischen Geheimberichten über Tirol, vorwiegend militärische Belange betreffend; TLMF, Bibliothek, W 5982
(65) Gemeinde Segonzano / Comune di Segonzano (TN)
(66) Kupferstich von Ignazio de Colombo; TLMF, Bibliothek, Dip. 1243/III/52
(67) Einblattdruck; TLMF, Hist. Slg., Flugschriften
(68) Broschüre, 8 Seiten, Buchdruck und Kupferstich; TLMF, Hist. Slg., Flugschriften
(69) Radierung, in: France militaire, Bd. 2
(70) Kupferstich eines unbekannten Künstlers, Stich von Georg Borovsky; TLMF, FB 4510/3
(71) Einblattdruck; TLMF, Hist. Slg., Flugschriften
(72) Fahnenblatt Öl auf Leinwand, auf seidenes Tuch genäht; TLMF, Historische Fahnen (Leihgabe der Tiroler Landesregierung an das Ferdinandeum)
(73) Aquarellierte Federzeichnung; Privatbesitz
(74) Kupferstich; TLMF, FB 6504/34a
(75) TLMF, Graphische Sammlung, T 2081
(76) Radierung von C. Robert Schindelmayer in: Tiroler Almanach auf das Jahr 1802, Wien o. J.; TLMF, Bibliothek, W 14.097
(77) Punktierstich nach einem Gemälde von Joseph Kranawitter, enthalten in: Tiroler Almanach auf das Jahr 1802; TLMF, Bibliothek, W 14.097
(78) Radierung von Gotthart Uhrschal, Radierung laviert; TLMF, FB 4510/7
(79) Federzeichnung von Albrecht Adam (?); TLMF, Hist. Slg., Hist. Graphik
(80) Siehe Bildnachweis bei (55)
(81) Radierung in: France militaire, Bd. 2
(82) Radierung; TLMF, Bibliothek, Dip. 1243/3/45
(83) Öl auf Pappe, von Johann Gassebner (?), 1798; TLMF, FB 6381
(84) TLMF, Hist. Slg., Stangenwaffen
(85) Einblattdruck; TLMF, Hist. Slg., Flugschriften
(86) Öl auf Leinwand, gemalt von Johann Mayr (?), wohl 1802; Söll, Stampfanger-Kapelle
(87) Öl auf Holz; Wien, Österreichisches Museum für Volkskunde
(88) Zeitgenössischer Kupferstich eines unbekannten Künstlers; TLMF, FB 1243/III/54
(89) Zeitgenössischer Kupferstich eines unbekannten Künstlers; TLMF, FB 1243/III/59
(90) Öl auf Leinwand, um 1800; Lienz, Johann Oberhueber, Foto: Silvia Ebner, Lienz
(91) Öl auf Leinwand; Tiroler Kaiserjäger-Museum
(92) Orig.-Dm. 4 cm; TLMF, Hist. Slg., Medaillen XXV/6, 8
(93) Radierung in: France militaire, Bd. 2
(94) Radierung in: France militaire, Bd. 2
(95) Radierung, in: France militaire, Bd. 2
(96) Kupferstich von K. Ponheimer, teils handkoloriert, um 1800; TLMF, Hist. Slg., Hist. Graphik
(97) Libell, Buchdruck; TLMF, Hist. Slg., Flugschriften
(98) Kupferstich, hg. in Mailand; TLMF, Hist. Slg., Hist. Graphik
(99) Aquatintastich von Steinlen nach einer Vorlage von Rugendas; TLMF, Hist. Slg., Hist. Graphik
(100) Punktierstich eines unbekannten Künstlers, enthalten in: Tiroler Almanach auf das Jahr 1803, Wien, o.J.; TLMF, Bibliothek, W 14.098
(101) Siehe Bildnachweis bei (55)
(102) Radierung von JG Lumnitzer-John, Punktierstich; TLMF, Bibliothek, W 4599
(103) Doppelblatt, Buchdruck, datiert mit Scharnitz, 28. September 1800; TLMF, Bibliothek, Dip. 134
(104) Aquarellierte Federzeichnung; TLMF, Graph. Slg., T 2080
(105) Gotifredo Kaiselitz (?), „TIROLIS PARS MERIDIONALIS", Aquarell, um 1800; TLMF, Hist. Slg., K V/44
(106) Francesco Manfroni, „LE TIROL MERIDIONAL OCCUPÉ PAR L'ARMEÉ FRANCOIS ...", Kupferstich; TLMF, Hist. Slg., K V/45
(107) Siehe Abbildungsnachweis bei (55)
(108) Aquarelle auf Papier; TLMF, Bibliothek, W 10.602, W 10.603
(109) Doppelblatt, TLMF, Hist. Slg., Flugschriften
(110) Relief geschnitzt und farbig gefasst von Franz Xaver Stadler, 1797, TLMF, Hist. Slg., Reliefs
(111) Aquatintastich von Neureiter und Pollinger, enthalten in: Max von Rikauer/Alois von Coulon, Plan-Prospect und Beschreibung der zwey festen Plätze Scharnitz und Leutasch in Tyrol ..., München 1806, TLMF, Hist. Slg., Flugschriften
(112) Pastell, 1814; TLMF, Hist. Slg., Hist. Graphik
(113) Öl auf Leinwand, 1807; Marktgemeinde Mittenwald (Bayern).
(114) Öl auf Holz, unbekannter Maler, 1806; TLMF, Gem. 3120
(115) Das Original, Öl auf Leinwand, befindet sich im Schloss Versailles in Paris; Vermittlung der Farbaufnahme durch das Französische Kulturinstitut in Innsbruck.
(116) Kupfer, Orig.-Dm. 4,1 cm; TLMF, Hist. Slg., Medaillen V/IIIa
(117) Broschüre, 12 Seiten; TLMF, Bibliothek, W 11.379
(118) Pergament-Libell mit anhangendem Siegel, Wien, Haus-, Hof- und Staatsarchiv, Allgemeine Urkundenreihe, 1805 Dezember 26, Foto: Otto, Wien
(119) Lithographie, zeitgenössisch koloriert; TLMF, Hist. Slg., Hist. Graphik
(120) Einblattdruck; TLMF, Hist. Slg., Flugschriften
(121) Lithographie, handkoloriert, gedruckt in der Steindruckerei von Aloys Senefelder, München 1808
(122) Aquarell auf Papier, 1808; TLMF, FB 1673/69

(123) Einblattdruck mit dem mehrstrophigen Lied „Empfindungen der Tyroler beym ersten Anblick ihres Königs und seiner durchlauchtigsten Familie"; TLMF, Hist. Slg., Flugschriften
(124) Radierung, Franz Schweighofer zugeschrieben; TLMF, FB 6504/32
(125) Radierung, enthalten in: Bürger Militär Almanach für das Königreich Baiern 1809. München o. J.; TLMF, FB 731
(126) TLMF, Hist. Slg., Münz- und Geldsammlung
(127) TLMF, Hist. Slg., Siegelsammlung
(128) Einblattdruck, TLMF, Hist. Slg., Flugschriften
(129) Öl auf Holz; TLMF, Hist. Slg.
(130) Öl auf Holz; TLMF, Hist. Slg.
(131) Einblattdruck; TLMF, Hist. Slg., Flugschriften
(132) Einblattdruck; TLMF, Hist. Slg., Flugschriften
(133) Einblattdruck; TLMF, Hist. Slg., Flugschriften
(134) Einblattdruck; TLMF, Hist. Slg., Flugschriften
(135) Radierung, in: France Militaire, Bd. 2
(136) Öl auf Holz; TLMF, Gem 1404
(137) Zeitgenössische Radierung; TLMF, Hist. Slg., Hist. Graphik
(138) Punktierstich von J. Neidl, nach einer Zeichnung von G. Monsorno; TLMF, Bibliothek, W 4909
(139) Broschüre, 16 Seiten; TLMF, Hist. Slg., Flugschriften
(140) Radierungen, in: France Militair. 2. Bd.
(141) Radierungen, in: France Militair. 2. Bd.
(142) Radierung; TLMF, Hist. Slg., Hist. Graphik
(143) Federzeichnung von F. Vischer; TLMF, Bibliothek, Dip. 1365/143
(144) Doppelblatt; TLMF, Hist. Slg., Originalschreiben
(145) Radierung, aquarelliert, von Franz Karl Zoller, um 1800; TLMF, FB 7327
(146) Lavierte Federzeichnung, 1812; TLMF, Graphische Slg., T 2073
(147) Einblattdruck; TLMF, Hist. Slg., Flugschriften
(148) Öl auf Holz, Innsbruck, Prämonstratenserstift Wilten
(149) Federzeichnung, aquarelliert; TLMF, Graphische Slg., T 2878
(150) TLMF, Musiksammlung, Inv.-Nr. 12
(151) Zeitgenössische lavierte Federzeichnung von Benitius Mayr; TLMF, FB 6504/59
(152) Leihgabe der Schützenkompanie Inzing
(153) Radierung von Benitius Mayr, 1811; TLMF, Hist. Slg., Hist. Graphik
(154) Lithographie der Kunstanstalt C. A. Czichna, Innsbruck, um 1855; TLMF, Hist. Slg., Hist. Graphik
(155) Lavierte Federzeichnung von Benitius Mayr, 1809; TLMF, Bibliothek, FB 6504/58
(156) Öl auf Holz; TLMF, Gem 485
(157) Doppelblatt; TLMF, Hist. Slg., Flugschriften
(158) Einblattdruck; TLMF, Hist. Slg., Flugschriften
(159) Öl auf Holz; Innsbruck, Tiroler Volkskunstmuseum
(160) TLMF, FB 6504/41
(161) Radierung, zeitgenössisch koloriert; TLMF, Hist. Slg., Hist. Graphik
(162) TLMF, Hist. Slg., Hist. Graphik
(163) TLMF, Graph. Slg., T 47
(164) Kupferstich, zeitgenössisch koloriert, Benedikt Auer d. J. zugeschrieben; TLMF, FB 6504/55
(165) Aquarell auf Papier, gemalt von Gustav Kraus nach einem Gemälde von Peter Hess, 1832; Ingolstadt, Bayerisches Armeemuseum, Inv. Nr. B 64, Foto: Christian Stoye
(166) Punktierstich von G. Fiesinger nach einem Gemälde von Mengelberg; TLMF, FB 6503/7
(167) Radierung; TLMF, Bibliothek, W 5015
(168) Radierung; TLMF, Hist. Slg., Hist. Graphik
(169) TLMF, Hist. Slg., Blankwaffen
(170) Zeitgenössisches Holzrelief, gefasst; TLMF, Hist. Slg.
(171) Zeitgenössische lavierte Federzeichnung; TLMF, FB 6504/61
(172) Radierung, zeitgenössisch koloriert, Blatt jedoch zerschnitten; TLMF, FB 6504/40
(173) Radierung; TLMF, Hist. Slg., Hist. Graphik
(174) TLMF, Musiksammlung, Inv.-Nr. 2
(175) Einblattdruck; TLMF, Hist. Slg., Flugschriften
(176) Zeitgenössische lavierte Federzeichnung von Benitius Mayr; TLMF, FB 6504/57
(177) Aquatintastich; TLMF, Hist. Slg., Hist. Graphik
(178) TLMF, Hist. Slg., Autographen (Leihgabe der Tiroler Versicherung, Innsbruck)
(179) Einblattdruck; TLMF, Hist. Slg., Flugschriften
(180) Einblattdruck; TLMF, Hist. Slg., Flugschriften
(181) Kupferstich koloriert; TLMF, FB 6504/61
(182) Orig.-Dm. 2,8 cm; TLMF, Hist. Slg., Münzsammlung
(183) Radierung von Fra. Car. de Stefenelli, 1819; TLMF, W 9112
(184) Einblattdruck; TLMF, Hist. Slg., Flugschriften
(185) Federzeichnung aquarelliert; TLMF, Hist. Slg., Hist. Graphik
(186) Einblattdruck; TLMF, Hist. Slg., Flugschriften
(187) Öl auf Leinwand, österreichischer Maler; TLMF, Gem 1987
(188) Radierung, koloriert; Wien, ÖNB/Bildarchiv, PORT 00039235_01
(189) TLMF, Bibliothek, W 4637
(190) Doppelblatt, MS; TLMF, Hist. Slg., Originalschreiben
(191) Punktierstich; TLMF, FB 6142/36
(192) Gewehrschloss von Michael Mädl in Salzburg gebaut; TLMF, Hist. Slg., Handfeuerwaffen
(193) Öl auf Leinwand; TLMF, Gem 3897
(194) Broschüre, 8 Seiten; TLMF, Hist. Slg., Flugschriften
(195) Kolorierte Radierung; TLMF, FB 6504/37
(196) Abbildung in: Lebensgeschichte des Schützenhauptmanns Johann Panzl, Handschrift mit Aquarellen, 1831; TLMF, FB 9605
(197) Lithographie, enthalten in: A.G...l, Leben und Thaten des in das Grab der Vergessenheit gesunkene Anton Wallner (vulgo Aichberger) ..., Wien 1843
(198) Kupferstich in 9 Teilen, 166 x 196 cm (Gesamtkarte), ca. 1:140.550; TLMF, FB 27.935
(199) Lavierte Federzeichnung 1809; TLMF, FB 6504/60
(200) Kupferstich koloriert, Wien, Heeresgeschichtliches Museum, Inv. Bl 4470
(201) TLMF, Musiksammlung, Inv. Nr. 86
(202) Tuch, grün und schwarz diagonal geteilt, darin rotes Rechteck mit „4" eingesetzt; TLMF, Hist. Slg., Fahnen

(203) Carl von Kager, Aquarell mit Bleistift auf Papier, 1850; TLMF, FB 6530
(204) Lithographie, koloriert, gedruckt von C. G. Lohse, Dresden, um 1840; TLMF, Hist. Slg., Hist. Graphik
(205) Federzeichnung, aquarelliert, von Caspar von Pfaundler, um 1799; TLMF, Bibliothek, W 11.162
(206) Aquarell von J. A. Cornet, 1835; TLMF, Bibliothek, W 9296
(207) Radierung, koloriert, von J. Schönherr, 1820/30; TLMF, Bibliothek, W 9557
(208) Radierung, koloriert; TLMF, FB 6504/36
(209) Georg Pfaundler, Federzeichnung aquarelliert, 1820/30; TLMF, FB 6142/64
(210) TLMF, Bibliothek, W 4998
(211) Georg Pfaundler, Federzeichnung aquarelliert, 1820/30; TLMF, Bibliothek, W 4307
(212) Originalschreiben, Schönberg, 12. August 1809 abends; TLMF, Hist. Slg., Autographen (1809)
(213) Aquarellierte Federzeichnung, 1819; TLMF, Graphische Slg., T 2619
(214) Öl auf Leinwand, Zuschreibung an Jakob Plazidus Altmutter, um 1810/15; TLMF, Gem 1342
(215) Öl auf Leinwand, um 1815, Arbeit eines unbekannten Tiroler Malers; TLMF, Gem 1991
(216) Radierung, koloriert, TLMF, Hist. Slg., Hist. Graphik
(217) TLMF, Hist. Slg.
(218, 219) Gouachen, 1823; Innsbruck, Dr. Bernhard Liphart
(220) TLMF; Hist. Slg., Flugschriften
(221) Öl auf Leinwand; TLMF, Gem 1273
(222) Radierung koloriert von Peter und Josef Schaffer, 1786; TLMF, FB 1673
(223) Lithographie der Lithographischen Anstalt Grader in Innsbruck, um 1840; TLMF, FB 1673
(224) Lithographie, koloriert, 1820/25; TLMF, Bibliothek, W 9815
(225) Einblattdruck; TLMF, Hist. Slg., Flugschriften
(226) Einblattdruck zweisprachig (deutsch/italienisch); TLMF, Hist. Slg., Flugschriften
(227) Ausschnitt aus einem Schreiben von Innsbruck, 25. Sept. 1809; TLMF, Hist. Slg., Autographen (1809)
(228) Beilage zum Schreiben vom Münzmeister und Münzwardein zu Hall an die Landesadministration, 23. Aug. 1809, TLMF, Bibliothek, FB 1651
(229) Orig.-Dm. der Münze 2,4 cm; TLMF, Hist. Slg., Münzsammlung
(230) Federzeichnung, aquarelliert, 1817; TLMF, FB 6385
(231) Einblattdruck zweisprachig; TLMF, Hist. Slg., Flugschriften
(232) Zeitgenössische Radierung, teils koloriert; TLMF, FB 6142/23
(233) Einblattdruck; TLMF, Hist. Slg., Flugschriften
(234) Öl auf Leinwand, Kopie von D. Massimo (1906) nach einer zeitgenössischen Vorlage; Innsbruck, Bergisel-Museum der Tiroler Kaiserjäger
(235) Öl auf Leinwand, unbekannter Künstler, neuere Kopie nach älterer Vorlage; Innsbruck, Kaiserjäger-Museum
(236, 237) TLMF, Hist. Slg., Münzen und Medaillen
(238) Kupferstich, koloriert, in: J. G. Zimmermann, Beyspiellose Ereignisse und außerordentliche Thaten unserer Zeit, Wien 1819; TLMF, FB 3229/3
(239) Einblattdruck; TLMF, Hist. Slg., Flugschriften
(240) Lavierte Federzeichnung; TLMF, Graphische Slg., T 1160
(241) Seccomalerei; Foto: Archiv Heimatwerbung GesmbH (Foto Egon Wurm)
(242) Radierung, koloriert; TLMF, Bibliothek, Dip. 1372/210
(243) Papierblatt, beidseitig beschrieben; TLMF, Bibliothek, Autographen-Slg.
(244) Buchdruck, 8 Seiten; TLMF, Hist. Slg., Flugschriften
(245) Lithographie von C. A. Czichna, Innsbruck, koloriert; TLMF, Hist. Slg., Hist. Graphik
(246) Papierblatt, MS.; TLMF, Hist. Slg., Autographen
(247, 248) TLMF, Hist. Slg., Patriotica
(249) TLMF, Kunstgewerbe, E 285
(250) Öl auf Leinwand, unbekannter Maler; Klagenfurt, Landesmuseum für Kärnten, Inv. Nr. K 674, Foto: Landesmuseum für Kärnten
(251) Lithographie von C. A. Czichna, Innsbruck; TLMF, Hist. Slg., Hist. Graphik
(252–256) TLMF, Hist. Slg., Waffensammlung, Blankwaffen
(257) Radierung, koloriert; TLMF, FB 6504/35
(258) Aquarell, zeitgenössisch; TLMF, Graphische Slg, UN 110
(259) Zeitgenössische lavierte Federzeichnung; TLMF, FB 6504/72
(260) Lithographie; TLMF, Hist. Slg., Hist. Graphik
(261) Tuschzeichnung von Nissl; TLMF, Hist. Slg., Hist. Graphik
(262) Zeitgenössischer Kupferstich; TLMF, FB 6504/63
(263) Einblattdruck; TLMF, Hist. Slg., Flugschriften
(264) Radierung, zeitgenössisch koloriert; TLMF, Bibliothek, W 25.959
(265) Gouache; TLMF, Graph. Slg., UN 136
(266) Einblattdruck; TLMF, Hist. Slg., Flugschriften
(267) Kolorierte Radierung; TLMF, FB 9274
(268) Kolorierte Radierung; TLMF, FB 6504/38
(269) Aquarellierte Federzeichnung von Georg von Pfaundler, 1820/30; TLMF, Bibliothek, W 4308
(270) Lithographie von I. M. Benz nach einem Gemälde von Carl von Mayr, um 1850; TLMF, FB 6504/6
(271) Doppelblatt, zweiseitig beschrieben, MS.; TLMF, Hist. Slg., Autographen (1809)
(272) Zeitgenössische Punktradierung, französischer Druck; TLMF, Bibliothek, W 4899
(273) Kolorierte Radierung; TLMF, FB 6504/42
(274) Einblattdruck, TLMF, Hist. Slg., Flugschriften
(275) Nr. 10 aus einer umfangreichen Ansichtskartenserie zum Kriegsgeschehen von 1809, angefertigt und herausgegeben vom Fotografen F. Peter in Meran; TLMF, FB 30581/10
(276) Kolorierte Radierung, in: J. G. Zimmermann, Beyspiellose Ereignisse und außerordentliche Thaten unserer Zeit, Wien 1919; TLMF, Bibliothek, Dip. 56
(277) Öl auf Papier, 1820; TLMF, Gem 2096 c
(278) Kolorierte Radierung; TLMF, FB 6504/65
(279) Papier, MS.; TLMF, Hist. Slg., Originalschreiben (Leihgabe des Landes Tirol)
(280) Einblattdruck; TLMF, Hist. Slg., Flugschriften
(281) Öl auf Papier; TLMF, Hist. Slg., Patriotica

(282) Fotografie; TLMF, Bibliothek, W 11.614
(283) Bleistiftzeichnung; TLMF, Hist. Slg., Hist. Graphik
(284) Druck in zwei Teilen, zusammengefügt; TLMF, Hist. Slg., Flugschriften
(285) Wiedergabe von Fotografien von Hofers letztem Brief, der sich im Besitz der Tiroler Matrikelstiftung befindet.
(286) Öl auf Papier, um 1820; TLMF, Gem 2096 d
(287) Fotografie, Privatbesitz
(288) Eintragung in Latein; erhalten hat sich nur noch eine Fotografie der Eintragung, da das Original bei einem Bombenangriff 1945 zerstört worden ist.
(289) MS-Karte; TLMF, Hist. Slg., K V/49
(290) MS-Karte; TLMF, Hist. Slg., K LX/160
(291) Orig.-Dm. 3,6 cm, Gold; TLMF, Hist. Slg., Medaillen 66
(292) Lithographie, teils koloriert; TLMF, Hist. Slg., Hist. Graphik
(293) Einblattdruck; TLMF, Hist. Slg., Flugschriften
(294) Öl auf Holz; Museum der Stadt Lienz, Schloss Bruck, Foto: Silvia Ebner, Lienz
(295) Lithographie; ÖNB/ Bildarchiv, PORT_00096847_01
(296) Öl auf Holz; Lienz, Sportschützenverein Lienz, Foto: Silvia Ebner, Lienz
(297) Einblattdruck; TLMF, Hist. Slg., Flugschriften
(298) Pergamentlibell, 8 Blätter, in hellblauem Samteinband mit anhangendem Siegel; Wien, Haus-, Hof- und Staatsarchiv, Allgemeine Urkundenreihe1814 Juni 3, Foto: Otto, Wien
(299) Lithographie; TLMF, Hist. Slg., Hist. Graphik
(300) Broschüre; TLMF, Hist. Slg., Flugschriften
(301) Öl auf Holz, Lienz, Sportschützenverein Lienz, Foto: Silvia Ebner, Lienz
(302) Öl auf Holz; Innsbruck, Tiroler Landesarchiv
(303) Orig.-Dm. 4 cm, Silber; TLMF, Hist. Slg., Medaillen V/18
(304) Orig.-Dm. 4,6 cm, Gold; TLMF, Hist. Slg., Medaillen V/68
(305) Doppelblatt; TLMF, Hist. Slg., Flugschriften
(306, 307) Aquarelle auf Pergament, 1816; TLMF, Graphische Slg. P 784, P 2061
(308) Kupferstich, in: Neuer Meißnischer unterhaltender Calender für Stadt und Land, 1817, Meißen o.J.; TLMF, Bibliothek, W 3678/3
(309) Nr. 41 aus der Ansichtskartenserie zur Geschichte von 1809, fotografiert und herausgegeben von F. Peter in Meran; TLMF, FB 30581/41
(310, 311) Aquarellierte Federzeichnung, zeitgenössisch; TLMF, Hist. Slg., Hist. Graphik
(312) Aquarell auf Papier; TLMF, Hist. Slg., Hist. Graphik
(313) Kupferstich, aquarelliert; München, Bayerisches Hauptstaatsarchiv, Inv. Nr. MA 6960, Foto: Bayer. Hauptstaatsarchiv
(314) Aquarell auf Karton; München, Bayerisches Hauptstaatsarchiv, Inv. Nr. MA, Karten und Pläne 505, Foto: Bayer. Hauptstaatsarchiv
(315) Aquarell auf Papier, um 1809; TLMF, Hist. Slg., Hist. Graphik
(316) Broschüre, 120 Seiten, mit einer kolorierten Radierung mit Darstellung Andreas Hofers; Privatbesitz
(317) Mercedes Blaas (Hg.), Aufstand der Tiroler gegen die bayerische Regierung 1809 nach den Aufzeichnungen des Zeitgenossen Josef Daney (= Schlern-Schriften 328), Innsbruck 2005
(318) Radierung, koloriert; TLMF, FB 6142/4
(319) (Josef von Hormayr,) Geschichte Andreas Hofer's Sandwirths aus Passeyr Oberanführers der Tyroler im Kriege von 1809, zwei Teile, 2. Auflage, Leipzig 1845
(320) Kupferstich; TLMF, Hist. Slg., Hist. Graphik
(321) Jakob L. S. Bartholdy, Der Krieg der Tyroler Landleute im Jahre 1809, Berlin 1814
(322) Charles Henry Hall, Memoirs of the life of Andrew Hofer, London 1820
(323) Gipsguss, gefasst; TLMF, P 1056
(324) Hans von Voltelini, Forschungen und Beiträge zur Geschichte des Tiroler Aufstandes im Jahre 1809, Gotha 1909
(325) Josef Hirn, Tirols Erhebung im Jahre 1809, 2. Auflage, Innsbruck 1909
(326) Katalog der Tiroler Landesausstellung aus Anlass der 175-Jahr-Feier 1809–1984 im Tiroler Landesmuseum Ferdinandeum, Innsbruck 1984
(327) Jean Sévillia, Le Chouan du Tyrol. Andreas Hofer contre Napoléon, Paris 1991
(328) Roberto Sarzi, Andreas Hofer a Mantova in catene..., Mantova 1999
(329–332) TLMF, Hist. Slg., Patriotica
(333) Broschüre, 8 Seiten; TLMF, Hist. Slg., Flugschriften
(334) Bleistiftzeichnung; TLMF, FB 6141/90
(335) Einblattdruck; TLMF, FB 627/8
(336) Farblithographie; TLMF, Hist. Slg., Hist. Graphik
(337) Karl Immermann, Andreas Hofer der Sandwirth von Passeyer
(338) Otto Hoffmann, Andreas Hofer der Sandwirt vom Passeiertale, 9. Auflage, Stuttgart o.J. [um 1910]
(339, 340) TLMF, Hist. Slg., Hist. Fotografien
(341) TLMF, Hist. Slg., Pl 1989
(342) Alois Johannes Lippel, Andreas Hofer, Volksschauspiele Oetigheim, Rastatt 1930
(343) TLMF, FB 74.395/1
(344) Thomas Pluch, Ach Himmel, es ist verspielt. Die Geschichte des Andrä Hofer, 1975
(345) Felix Mitterer, Andreas Hofer. Die Freiheit des Adlers, 2002
(346) Bleistiftzeichnung; TLMF, Hist. Slg., Hist. Graphik
(347) Kupferstich; Wien, Heeresgeschichtliches Museum, Inv. Nr. Bl 4820, Foto HGM Wien
(348) Andreas Hofer. Große Oper mit Ballet in vier Aufzügen, Text von Planché und Musik von Rossini, Mainz 1831; TLMF, Bibliothek, FB 4074
(349) TLMF, Musiksammlung M 5959
(350) TLMF, Musiksammlung M 7791
(351) MS; TLMF, Musiksammlung M 8833
(352–354) TLMF, Hist. Slg., Hist. Graphik – FB 6142/45 – FB 6142/65
(355) Öl auf Holz; TLMF, Gem 353
(356) Öl auf Leinwand; TLMF, Gem 1494
(357) TLMF, FB 6142/79
(358) Farblithographie; TLMF, Hist. Slg., Hist. Graphik
(359) TLMF, Hist. Slg., Spielkarten. Die Spielkarten sind 1984 neu aufgelegt worden.
(360) Lithographie; TLMF, Hist. Slg., Pl 109

(361, 362) Aufnahmen zur Verfügung gestellt von Heimatwerbung-Tirol GesmbH (Dr. Peter Baeck), Foto: Heimatwerbung-Tirol GesmbH/Egon Wurm
(363) Öl auf Leinwand; TLMF, Gem 422
(364) Druck nach dem Bild im TLMF, Gem. 908, Druck Sammlung Dr. Meinrad Pizzinini
(365) Öl auf Leinwand; Wien, Österreichische Galerie, Inv. Nr. 2746; Foto: Österreichiche Galerie, Wien
(366) Öl auf Leinwand; TLMF, Gem 872
(367) Öl auf Leinwand; TLMF, Gem 1189
(368) Öl auf Leinwand; TLMF, Gem 3020
(369) Chromolithographie, mit der Abbildung von Andreas Hofer; weitere Drucke zeigen J. Speckbacher und J. Haspinger, herausgegeben aus Anlass der Jahrhundertfeier 1909; Innsbruck, Tiroler Kaiserschützen-Museum
(370) Tempera auf Leinwand; in Privatbesitz
(371) Eitempera, Deckweiß, Bleistift auf Papier; Wien, Max Weiler – Privatstiftung
(372) Paul Flora, Die verwurzelten Tiroler und ihre bösen Feinde, Zürich 1970
(373) Karton; Privatbesitz
(374) Karton; TLMF, Graph. Slg. R 180; Copyright by Arnulf Rainer
(375) Diese und ähnliche Gegenstände befinden sich in den Historischen Sammlungen des TLMF.
(376–382) TLMF, Bibliothek –TLMF, Historische Slg. – Sammlung Dr. Meinrad Pizzinini
(383) Sammlung Dr. Meinrad Pizzinini.
(384) TLMF, Hist. Slg., Patriotica
(385) TLMF, Hist. Slg., Patriotica
(386) TLMF, Hist. Slg., Pl 216
(387) Foto Fridolin Arnold, Innsbruck; TLMF, Hist. Slg., Fotosammlung
(388) Tempera auf Papier, auf Holzplatte aufgezogen; TLMF, Gem 1190 (Leihgabe des Landes Tirol)
(389) TLMF, Hist. Slg.
(390) TLMF, Hist. Slg., Pl 211
(391–393) Völs, Ute Pizzinini (Mitte) und Tiroler Kaiserschützen-Museum
(394) Plakat, gestaltet von Albert Plattner; TLMF, Hist. Slg., Pl 294
(395) TLMF, Graphische Slg., Pl B 10
(396) TLMF, Graphische Slg., G 28
(397) TLMF, Graphische Slg., Pl E 2
(398) Foto Frischauf, Innsbruck; TLMF, Hist. Slg., Fotosammlung
(399) TLMF, Hist. Slg., Pl 3308
(400, 401) Sammlung Dr. Meinrad Pizzinini
(402) Blickpunkt Telfs, Faschingsbeilage von 1985
(403, 404) TLMF, Hist. Slg., Münzsammlung, Philatelica
(405, 406) Werbedruck der Jusos Tirol, 2008 (TLMF, Hist. Slg., Kleindrucke) – Einladung der Wirtschaftskammer Tirol, 2008 (TLMF, Hist. Slg., Kleindrucke)
(407) Programmheft des Symposiums „Martyrium als religiöspolitische Herausforderung", 8.–11. Oktober 2009
(408) Andreas Oberhofer, Weltbild eines „Helden". Andreas Hofers schriftliche Hinterlassenschaft (= Schlern-Schriften, 342), Innsbruck 2008
(409) Wolfgang Meighörner (Hg.), Hofer Wanted, Begleitband zur gleichnamigen Ausstellung im Tiroler Landesmuseum Ferinandeum, Innsbruck 2009
(410–416) Sammlung Dr. Meinrad Pizzinini
(417) Kohle/Schwarzkreide, mit weißer Kreide gehöht; TLMF, Hist. Slg., Hist. Graphik
(418) TLMF, FB 385/26
(419) Lavierte Federzeichnung; TLMF, FB 40.053
(420, 421) Fotografien; Privatbesitz
(422) Lithographie von Georg Petzold; TLMF, Bibliothek, W 9783
(423) Lithographie; Privatbesitz
(424) TLMF, Graphische Slg., T 2319

Wenn im Abbildungsnachweis nicht anders vermerkt, alle Aufnahmen Tiroler Landesmuseen-Betriebsgesellschaft mbH (Anton Demanega, Foto Frischauf, Foto Linster, Meinrad Pizzinini)

Wir haben uns intensiv bemüht, die Rechte für die einzelnen Abbildungen zu verfolgen und zu wahren. Sollte es trotzdem zu unbeabsichtigten Versäumnissen gekommen sein, entschuldigen wir uns im Voraus und würden uns freuen, die passende Anerkennung in einer folgenden Ausgabe einzusetzen. Allfällige Ansprüche werden gerne nachträglich abgegolten.

Literatur

Mit den Sammlungen von Erzherzog Johann und Dr. Josef Rapp, der nahezu lückenlosen Flugschriftensammlung, den Urkunden- und Aktenabschriften aus mehreren Archiven usw., besitzt das Tiroler Landesmuseum gewiss den wesentlichsten Teil des einschlägigen Quellenmaterials zur Geschichte der Erhebung Tirols, größtenteils bereits in die wissenschaftliche Literatur eingearbeitet, dennoch in diesem Zusammenhang neu durchgesehen bzw. überprüft.

Es kann natürlich nur ein relativ kleiner Teil aus der ungeheuren Fülle an Literatur zur Napoleonischen Ära und Tirol geboten werden. Auf die „schöngeistige" Literatur wird hier überhaupt verzichtet; man findet sie teils in den Anmerkungen im entsprechenden Kapitel, wie überhaupt die Anmerkungen Literatur zu zahlreichen Details bieten.

Den Aufstand 1809 betreffend sei besonders auf folgende Bibliografie aufmerksam gemacht, die freilich den Stand von 1959 präsentiert: Hans HOCHENEGG, Bibliographie zur Geschichte des Tiroler Freiheitskampfes von 1809 (= Beihefte zur Tiroler Heimat, Heft 1), Innsbruck–Wien 1960. – Besonders sei auf das aktualisierte Literaturverzeichnis in der Publikation von Martin P. SCHENNACH (Stand 2009) verwiesen.

Arthur ACHLEITNER, Zeugen des Widerstandes 1809. Stöffele. Lebensbild eines tirolischen Heldenpriesters, Arzl im Pitztal 1984.

Francesco Mario AGNOLI, Andreas Hofer eroe cristiano, Milano 1979.

Thomas ALBRICH, Vorarlberg 1809. Am Rande des Aufstands. Das Tagebuch des Christoph Anton Keyser, Innsbruck-Wien 2009.

Eduard von AMBACH, Kaiser Franz I. und die Liebe der Tiroler zum Hause Oesterreich, Wien 1853.

Gert AMMANN/Michael FORCHER, 1809 – Der Tiroler Freiheitskampf. In Bildern von Franz v. Defregger und Albin Egger-Lienz (Ausstellungskatalog), Lana/Meran 1984.

„Anno Neun" – Geschichtliche Bilder aus der Ruhmeszeit Tirols. (Buchreihe mit 34 Nummern)

Anonym, Joseph Speckbacher, in: Taschenbuch für vaterländische Geschichte, hg. von Josef von HORMAYR, XXXIII. Jg. der gesamten Folge, Berlin 1844, 137–209.

Anonym: Il Sandwirth del Tirolo. Racconto storico (= Biblioteca del Menestrello, Nr. 4). Vicenza 1899

Bartolomeo ARMANI, Una gloriosa pagina di storia patria coll'appendice delle feste patriottico-dinastiche celebrate in Innsbruck nei giorni 28, 29 e 30 Settembre 1893. Trento 1894.

Jakob L. S. BARTHOLDY, Der Krieg der Tyroler Landleute im Jahre 1809, Berlin 1814.

Rudolf BARTSCH, Der Volkskrieg in Tirol (= Das Kriegsjahr 1809 in Einzeldarstellungen, Bd. 2), Wien 1905.

J. E. BAUER, Tiroler Kriegslieder aus den Jahren 1796 und 1797, Innsbruck 1896.

Sergio BENVENUTI, Grandi e piccole patrie contro Napoleone (= Collana di Monografie, XLVIII), Trento 1991 (mit mehreren Beiträgen).

Général BETHOUART, Andreas Hofer, Héros national historique du Tyrol (= Publications de l'Institut Autrichien de Paris), Paris 1977.

Mercedes BLAAS (Hg.), Der Aufstand der Tiroler gegen die bayerische Regierung 1809 nach den Aufzeichnungen des Zeitgenossen Josef Daney (= Schlern-Schriften 328), Innsbruck 2005.

Ferruccio BRAVI, I documenti hoferiani della „Collezione Steiner" in: Archivio per l'Alto Adige, Annata LIV (1960), 263 ff.

Raoul de BROGLIE, Von der Seine zu Inn und Etsch, Innsbruck 1948.

Ludwig von BRUNSWIK, Die kriegerischen Ereignisse in Innerösterreich, Tirol, Vorarlberg und im Isonzo-Gebiet 1796–1866, Wien 1907.

Anton BUNDSMANN, Die Entwicklung der politischen Verwaltung in Tirol und Vorarlberg seit Maria Theresia bis 1918, Dornbirn 1961.

Italo CARACCIOLO, Andrea Hofer nella Insurrezione antibavarese del 1809, Bologna 1927.

Laurence COLE, „Für Gott, Kaiser und Vaterland". Nationale Identität der deutschsprachigen Bevölkerung Tirols 1860–1914 (= Südtiroler Landesarchiv [Hg.], Studien zur historischen Sozialwissenschaft des Ludwig Boltzmann-Instituts 28), Frankfurt/New York 2000.

Umberto CORSINI, Il Trentino nel secolo decimonono, vol. primo: 1796–1848 (= Collana del museo Trentino del risorgimento), Rovereto 1963.

Lorenzo DALPONTE, Uomini e genti Trentine durante le invasioni napoleoniche 1796–1810, Trento 1984.

DAMALS. Das Magazin für Geschichte und Kultur, 41. Jg., 6/2009: Andreas Hofer und der Tiroler Freiheitskampf (mit Beiträgen von M. PIZZININI, U. A. OSTER, E. WEIS, H. REINALTER).

Candido DEGIAMPIETRO, Le milizie locali Fiemmesi dalle guerre napoleoniche alla fine della I[a] guerra mondiale (1796–1918), Villalagarina 1981.

Victor DERRECAGAIX, Nos campagnes au Tyrol, 1797–1809, Paris 1910.

Die Alpenländer zur Zeit Napoleons, Protokoll des 4. Historikertages der ARGE-ALP in Hall i. T. 1984 (= Veröffentlichungen des Tiroler Landesarchivs 5), Innsbruck 1985 (mit mehreren Beiträgen).

Anton DÖRRER, Andreas Hofer auf der Bühne, Brixen 1912.

Anton EBNER, Wehrgeographie Tirols in den Franzosenkriegen 1796–1814, Phil.-Diss, MS, Innsbruck 1940.

Erich EGG, Der Tiroler Freiheitskampf 1809–1853. Zeitgenössische Bilder und Dokumente (Ausstellungskatalog des Tiroler Landesmuseums), Innsbruck 1959.

Erich EGG/Wolfgang PFAUNDLER. Das große Tiroler Schützenbuch, Wien–München–Zürich 1976.

Erich EGG, Die Schützen des Trentino verteidigen Tirol gegen Napoleon, in: Tiroler Almanach 13 (1983) 44 ff.

Erich EGG, La tradizione degli Schützen nel Tirolo di lingua italiana/Landesverteidigung und Schützenwesen in Welschtirol, Mattarello o. J. (2000).

Josef EGGER, Geschichte Tirols von den ältesten Zeiten bis in die Neuzeit, III. Band, Innsbruck 1880.

Eliten in Tirol zwischen Ancien Régime und Vormärz/Le élites in Tirolo tra Ancien Régime e Vormärz, hg. von Marco Bellabarba, Ellinor Forster, Hans Heiss, Andrea Leonardi und Brigitte Mazohl (= Veröffentlichungen des Südtiroler Landesarchivs/ Pubblicazioni dell'Archivio provinciale di Bolzano), Bozen 2010 (im Druck)

Erbe und Auftrag, Beiträge zum Freiheitskampf Tirols vor 175 Jahren. Beilage der Tiroler Tageszeitung vom 18. 2. 1984.

F. Gunther EYCK, Loyal Rebels – Andreas Hofer and the Tyrolean Uprising of 1809, Lanham–NewYork–London 1986.

Egmont FEHLEISEN, Andreas Hofer, der heldenmütige Anführer der Tyroler im Befreiungskriege von 1809, Reutlingen o. J.

Josef FEICHTINGER, Tirol 1809 in der Literatur. Eine Textsammlung ausgewählt und kommentiert von Josef Feichtinger (= Literarische Zeugnisse aus Tirol 4), Bozen 1984.

Humbert FINK, Zu Mantua in Banden. Das Leben und Sterben des Volkshelden Andreas Hofer, Düsseldorf–Wien–New York–Moskau 1992.

Josef FONTANA, Das Südtiroler Unterland in der Franzosenzeit 1796–1814. Voraussetzungen – Verlauf – Folgen (= Schlern-Schriften 304), Innsbruck 1998.

Michael FORCHER, Bayern-Tirol. Die Geschichte einer freud-leidvollen Nachbarschaft, Wien–Freiburg–Basel 1981.

Michael FORCHER, Tirols Geschichte in Wort und Bild, 7. Auflage, Innsbruck 2002.

Michael FORCHER, Anno Neun. Der Tiroler Freiheitskampf von 1809 unter Andreas Hofer. Ereignisse, Hintergründe, Nachwirkungen, Innsbruck–Wien 2008

France militaire. Histoire des Armées Françaises de terre e de mer de 1792 a 1833, 3 Bde, Paris ab 1833

Ludwig August FRANKL (Hg.), Andreas Hofer im Liede, Innsbruck 1884.

Edmund GLAISE, Die Heimkehr Tirols. Österreich in den Befreiungskriegen 1813–1815 (= Schriftenreihe zur Zeitgeschichte Tirols 1), Nürnberg o. J.

Karl GÖGELE, Andreas Hofer in den Pfarrmatriken, in: Der Schlern, 1. Jg. (1920), 364f.

Rudolf GRANICHSTAEDTEN-CZERVA, Andreas Hofer. Seine Familie, seine Vorfahren und seine Nachkommen, Wien–Leipzig 1926.

Rudolf GRANICHSTAEDTEN-CZERVA, Andreas Hofers alte Garde, Innsbruck 1932.

Rudolf GRANICHSTAEDTEN-CZERVA, Der Prozeß gegen Andreas Hofer, Innsbruck 1949.

GRÜNE BILDUNGSWERKSTATT TIROL (Hg.), Mythos: Andreas Hofer, (Beiträge von H. HEISS, J. HOLZNER, A. OBERHOFER, B. MAZOHL, U. SCHWARZL) Wien 2008.

Oswald von GSCHLIESSER, Zur Geschichte des stehenden Heeres in Tirol, Teil 1: Bis zur bayerischen Besetzung (1805), Teil II: Die Zeit von 1813 bis 1843. In: Veröffentlichungen des Museum Ferdinandeum Bd. 31 (1951), 229–249 und Bd. 34 (1954), 69–173.

Oswald von GSCHLIESSER, Das Zeitalter der Koalitions- und Befreiungskriege, in: Unser Heer, 300 Jahre österreichisches Soldatentum in Krieg und Frieden, Wien–München–Zürich 1963, 169 ff.

Rudolf HARB/Sebastian HÖLZL/Peter STÖGER, Tirol. Texte und Bilder zur Landesgeschichte, Innsbruck 1982.

Franz HATTLER, Andreas Hofer, der Mann vom Land Tirol. Eine Erinnerung zur Jubelfeier 1896, Innsbruck 1896.

Hans HEISS/Mauro NEQUIRITO (Hgg.), 1809 europäisch/europeo (Geschichte und Region, 16. Jg., 2007, Heft 2)

Reinhard HEYDENREUTER, Tirol unter dem bayerischen Löwen. Geschichte einer wechselhaften Beziehung, Regensburg-Innsbruck-Bozen 2008.

Ferdinand HIRN, Geschichte Tirols von 1809–1814, Innsbruck 1913.

Josef HIRN, Tirols Erhebung im Jahre 1809, Innsbruck, 2. Auflage 1909.

Gustav HÖCKER, Andreas Hofer und der Tirolerkrieg von 1809, Glogau o. J. [um 1905]

Rotraut HOFMEISTER, Das Österreichbild der napoleonischen Soldaten (= Dissertationen der Universität Wien 96), Wien 1973.

(Josef von HORMAYR), Geschichte Andreas Hofer's, Sandwirths aus Passeyr, Oberanführers der Tyroler im Kriege von 1809, Leipzig–Altenburg 1817.

(Josef von HORMAYR), Geschichte Andreas Hofer's, Sandwirths aus Passeyr, Oberanführers der Tyroler im Kriege von 1809, 2 Bde., Leipzig, 2. Auflage 1845.

Franz HUTER, Der Anteil der nichtbäuerlichen Stände Tirols an der Erhebung von 1809, in: Tiroler Heimat XXIII. Bd. (1959) 101 ff.

Franz HUTER, Das Jahr 1809 in der Tiroler Geschichte, in: Tiroler Heimat XXIV. Bd. (1960) 101 ff.

Franz-Heinz HYE, Die Siegel Andreas Hofers, in: Haller Münzblätter, Bd. I, Nr. 6 (März 1973) 3 ff.

Franz-Heinz HYE, Andreas Hofers Aufstieg zum „Oberkommandanten in Tirol", in: Der Schlern, 58. Jg., 1984, 187 ff.

Franz-Heinz HYE, Die österreichische Grafschaft Tirol und der bayerische Einheitsstaat – Historische Betrachtungen zur Erhebung von 1809, in: Der Schlern, 58. Jg., 1984, 251 ff.

Franz INNERHOFER (Hg.), Geschichte Andreas Hofers Oberkommandanten der Landesverteidiger von Tirol im Jahre 1809. Nach den hinterlassenen Schriften Josef Thalers und Johann Jakob Pölls, Meran 1957 [unveränderter Nachdruck der 1. Auflage 1899].

Albert JÄGER: Tirol's Rückkehr unter Oesterreich und seine Bemühungen zur Wiedererlangung der alten Landesrechte von 1813 bis 1816, Wien–Gran-Pest 1871.

Bayerisch-Tirolische G'schichten… eine Nachbarschaft, Katalog der Tiroler Landesausstellung 1993 in Kufstein, durchgeführt vom Tiroler Landesmuseum Ferdinandeum, 2 Bde., Innsbruck 1993.

Der Tiroler Freiheitskampf 1809. Zeitgenössische Bilder und Dokumente, Katalog der Ausstellung, durchgeführt vom Tiroler Landesmuseum Ferdinandeum 1959, Innsbruck 1959.

Die Tirolische Nation 1790–1820, Katalog der Landesausstellung, durchgeführt vom Tiroler Landesmuseum Ferdinandeum, Innsbruck 1984.

Freiheit – Gleichheit – Brüderlichkeit auch in Österreich? Auswirkungen der Französischen Revolution auf Wien und Tirol, Katalog der 124. Sonderausstellung des Historischen Museums der Stadt Wien in Zusammenarbeit mit dem Tiroler Landesmuseum Ferdinandeum, 1989, Wien 1989.

Tiroler Freiheitskampf und Volksleben in Werken von Jakob Placidus Altmutter (1780–1819), Katalog der Ausstellung im Südtiroler Landesmuseum Schloss Tirol 1993, Dorf Tirol 1993.

Florian KERN, Der Mythos Anno Neun. Andreas Hofer und der Tiroler Volksaufstand von 1809 im Spiegel der Geschichtsschreibung (1810–2005) (= Konsulat und Kaiserreich: Studien und Quellen zum Napoleonischen Zeitalter, Bd. 1), Frankfurt am Main 2010.

Ernst Kiechl, Josef Speckbacher (= „Anno Neun", XXIX. und XXX. Bändchen), Innsbruck 1912.

Fritz Kirchmair, Die Gefechte an der Pontlatzer Brücke 1703 und 1809 (= Militärhistorische Schriftenreihe, Heft 48), Wien 1983.

Robert Klien, Die wehrhaften Obergerichter 1799–1809. Kampfschauplätze, Persönlichkeiten und neueste Forschungen, Ried i. O. 2009

Heinz Klier, Der Alpenbund. Phil.-Diss., MS., Innsbruck 1950.

Werner Köfler, Die Kämpfe am Bergisel 1809 (= Militärhistorische Schriftenreihe, Heft 20), Wien 1972.

Werner Köfler, Die Kämpfe am Paß Lueg im Jahre 1809 (= Militärhistorische Schriftenreihe, Heft 41), Wien 1980.

Franz Kolb, Die geistigen Grundlagen und Grund Kräfte der Erhebung Tirols im Jahre 1809, in: Tiroler Heimat, XXIII. Bd. (1959) 11 ff.

Franz Kolb, Das Tiroler Volk in seinem Freiheitskampf 1796–1797, Innsbruck–Wien–München 1957.

Hans Kramer/Oswald von Gschliesser/Georg Mutschlechner, Erzherzog Johann von Tirol (= Schlern-Schriften 201), Innsbruck 1959

Hans Kramer/Wolfgang Pfaundler/Erich Egg, Tirol 1809. Ein Bildwerk, Innsbruck–Wien–München 1959.

Hans Kramer, Die Erhebung Tirols von 1809 in der neuen Literatur, in: Berichte und Informationen, 14. Jg. (1959), Heft 658, 13 ff.

Hans Kramer, Andreas Hofer (= An der Etsch und im Gebirge IX. Band), Brixen, 14. Auflage 1981.

Franz von Krones, Tirol 1812–1816 und Erzherzog Johann von Oesterreich, Innsbruck 1890.

Franz von Krones, Aus Oesterreichs stillen und bewegten Jahren 1810–1812 und 1813–1815, Innsbruck 1892.

Carl Georg Kryspin, Die Kriegsereignisse von 1797–1814 in Lienz und Umgebung, Lienz 1905.

Clara Marchetto, Non c'è storia del Trentino senza il Tirolo, Villalagarina 1979.

Gedeon von Maretich, Die zweite und dritte Berg Isel-Schlacht, Innsbruck 1895

Gedeon von Maretich, Die vierte Berg Isel-Schlacht am 13. August 1809, Innsbruck 1899.

Brigitte Mazohl/Berhard Mertelseder (Hgg.), Abschied vom Freiheitskampf? Tirol und „1809" zwischen politischer Realität und Verklärung (= Schlern-Schriften 346), Innsbruck 2009

Brigitte Mazohl, Bernhard Mertelseder, Johannes Weber, 1809 – und danach? Über die Allgegenwart der Vergangenheit in Tirol, Bozen–Innsbruck 2009

Wolfgang Meighörner (Hg.), Hofer Wanted, Begleitband zur gleichnamigen Ausstellung im Tiroler Landesmuseum Ferdinandeum, Innsbruck 2009

Wolfgang Meighörner, Das Tagebuch des Appellationsrates Andreas Alois Baron Di Pauli von Treuheim, in: Wissenschaftliches Jahrbuch der Tiroler Landesmuseen 2008, Innsbruck-Wien-Bozen 2008, 204–329

Oswald Menghin, Andreas Hofer im volkstümlichen Liede, Brixen o. J. [um 1905].

Ludwig von Montgelas, Denkwürdigkeiten des bayerischen Staatsministers Maximilian Grafen von Montgelas (1799–1817), Stuttgart 1887.

Alois Moriggl, Einfall der Franzosen in Tirol bei Martinsbruck und Nauders im Jahre 1799, Innsbruck 1855.

Napoleon. Die Memoiren seines Lebens, Band 11: Das Kaiserreich auf dem Höhepunkt: Fürstenkongreß zu Erfurt, Feldzug in Spanien (1808), Wien–Hamburg–Zürich o. J.; Band 12: Der Feldzug gegen Österreich 1809, die zweite Heirat, Russland 1812, Wien–Hamburg–Zürich o. J.

Thomas Naupp/Martin Reiter, Tirol 1809–2009. Vom Freiheitskampf zum Kassenschlager, Ausstellungskatalog, Reith im Alpachtal 2009

Thomas Naupp/Martin Reiter/Oliver Rugenthaler, 1809 – Der Freiheitskrieg im Unterinntal, Reith im Alpbachtal 2009

Klaus Nutzenberger, Das Bild Andreas Hofers in der historischen, literarischen und künstlerischen Rezeption des 19. und 20. Jahrhunderts, Inaugural-Dissertation, Münster 1998.

Andreas Oberhofer, Weltbild eines „Helden" – Andreas Hofers schriftliche Hinterlassenschaft, Dissertation zur Erlangung des Doktor-Grades, MS, Innsbruck 2006.

Andreas Oberhofer, Weltbild eines „Helden" – Andreas Hofers schriftliche Hinterlassenschaft (= Schlern-Schriften 342), Innsbruck 2008.

Andreas Oberhofer, Der *Andere* Hofer. Der Mensch hinter dem Mythos (= Schlern-Schriften 347), Innsbruck 2009.

Herta Ogris, Die Kriegsereignisse in Kärnten 1809, Phil.-Diss., MS, Wien 1941.

Pallua-Gall (Bearbeiter): Pater Joachim Hanpinger's Tagebuch (= Mittheilungen des k. und k. Kriegs-Archivs, Dritte Folge, II. Band), Wien 1903, 217 ff.

Karl Paulin, Andreas Hofer und der Tiroler Freiheitskampf 1809 (Durchgesehen und ergänzt von Franz-Heinz Hye), Innsbruck–Wien–München–Bozen, 5. Auflage 1981.

Anton Peter, Kajetan Sweth, der Leidensgefährte Andreas Hofers (= „Anno Neun", V. Bändchen), Innsbruck 1908.

Anton Peternader, Tirols Landes-Verteidigung oder bisher größtentheils noch unbekannte Biografien, Skizzen und Anekdoten merkwürdiger Tiroler Landesvertheidiger nebst dabei stattgefundenen Kämpfen, Kriegsberathungen, Reden, Kriegsgerichten, Proklamationen und Original-Korrespondenzen zwischen Ober-, Neben- u. Unterkommandanten, einer Biografie des Erzherzog Johann, einer Geschichte der Festung Kufstein und Streifzügen aus der älteren und neueren Geschichte Tirols, mit Kriegs- und Schützenliedern etc., zweiter Theil, Innsbruck 1849.

Wolfgang Pfaundler, Das Tagebuch der Baronin Therese von Sternbach. Ein Dokument aus dem Tiroler Freiheitskampf 1809, Wien–München–Zürich–Innsbruck 1977.

Wolfgang Pfaundler/Werner Köfler, Der Tiroler Freiheitskampf 1809 unter Andreas Hofer. Zeitgenössische Bilder, Augenzeugenberichte und Dokumente, München–Bozen–Innsbruck 1984.

Meinrad Pizzinini, Die bayerische Herrschaft in Tirol, in: Wittelsbach und Bayern, Bd. III/I, München 1980, 254ff.

Meinrad Pizzinini, Andreas Hofer – Mythos und Missbrauch. Katalog der Ausstellung im Tiroler Landeskundlichen Museum im Zeughaus und im Palais Ferstl, Wien, 1984/85, MS, TLMF, Bibliothek

Meinrad Pizzinini, Tirol in den Franzosenkriegen 1796–1814, in: Die tirolische Nation 1790–1820, Katalog zur Ausstellung des Tiroler Landesmuseums Ferdinandeum, Innsbruck 1984, 191ff.

Meinrad Pizzinini, Erhebung Tirols 1796/97 und 1809. Tirol und Österreich – Die Bedrohung des Landes, Franösische Invasion – Bergiselkämpfe, in: Erbe und Auftrag. Beiträge zum

Freiheitskampf Tirols vor 175 Jahren. Beilage der Tiroler Tageszeitung 1984, Nr. 41, 5f.

Meinrad PIZZININI, Ein wilder Kämpfer, zähe und unerschrocken. Josef Speckbacher, der verwegene Schützenmajor, in: Erbe und Auftrag. Beiträge zum Freiheitskampf Tirols vor 175 Jahren. Beilage der Tiroler Tageszeitung 1984, Nr. 41, 9.

Meinrad PIZZININI, Tirol galt ihm als „erobertes" Land. Anton Leopold von Roschmann, Anhänger des staatlichen Zentralismus, in: Erbe und Auftrag. Beiträge zum Freiheitskampf Tirols vor 175 Jahren. Beilage der Tiroler Tageszeitung 1984, Nr. 41, 12.

Meinrad PIZZININI, Andreas Hofers Abstieg und Ende, in: Zum 20. Februar, dem 175. Jahrestag von Andreas Hofers Tod, in: Beilage der Tiroler Tageszeitung 1985, Nr. 43

Meinrad PIZZININI, Zur Entstehung des Andreas-Hofer-Bildes, in: Tirol im Jahrhundert nach Anno Neun (=Schlern-Schriften 279), Innsbruck 1986, 57ff.

Meinrad PIZZININI, Andreas Hofer und die Tiroler Erhebung 1809, in: Atti del Convegno Storico internazionale. Opposizione antinapoleonica – indipendenza nazionale – autonomia – dalla pace di Presburgo alla pace di Schönbrunn 1805–1809, Trento 1988, Trento 1991, 99ff.

Meinrad PIZZININI, Tirol in der Napoleonischen Ära, in: Tiroler Jungbürgerbuch (Hg. von M. Heizer/L. Oberwalder/E. Pinzer), Thaur 1995, 352ff.

-r: Andreas Hofer und der Freiheitskampf in Tyrol 1809, Leipzig 1841.

Achille RAGAZZONI, Andreas Hofer un eroe tradito con appendice di documenti in parte inedita cura di Ferruccio Bravi (= Centro di Studi Atesini-Bozen, V Collana, Documenti 2), Bozen o. J.

Josef RAPP, Tirol im Jahre 1809, Innsbruck 1852

Fritz M. REBHANN, Anno Neun. Vom Bergisel zum Schönbrunner Frieden, Wien–München 1984.

Helmut REINALTER, Aufklärung – Absolutismus – Reaktion. Die Geschichte Tirols in der 2. Hälfte des 18. Jahrhunderts, Wien 1974.

Helmut REINALTER (Hg.), ANNO NEUN 1809–2009. Kritische Essays, Innsbruck-Wien-Bozen 2009

Josef RIEDMANN, Geschichte Tirols (= Geschichte der österreichischen Bundesländer), Wien 1982.

Paul RÖSCH/Konrad KÖSTLIN (Hgg.), Andreas Hofer. Ein Tourismusheld?! Innsbruck-Wien-Bozen 2009

Gerhard SAILER (Hg.), Getreue Schilderung der Begebenheiten in den wichtigen Kriegsjahren 1805 et 1809 … Gezogen aus den Tagbüchern des hochwürdigen P. Johann Bapt. Pachmann, Seefeld i. T. 1984.

Bernhard SANDBICHLER (Hg.), Andreas Hofer 1809 – Eine Geschichte von Treue und Verrat. Ein Lesebuch, Innsbruck–Wien–Bozen 2002.

F. di SARDAGNA, Ricordi militari nel Trentino, in: Rivista Militare Italiana, 1899.

Roberto SARZI, Andreas Hofer a Mantova in catene … La simpatia popolare per la vittima del dispotismo napooleonico – Il processo e la condanna dell'eroe del Tirolo, Mantova 1999.

Karl SCHADELBAUER, Die Behandlung der bayerischen Verwundeten im Tiroler Freiheitskampf von 1809, in: Münchener Medizinische Wochenschrift 13, 101. Jg., (1959) 566 ff.

Anton von SCHALLHAMMER, Biographie des Tiroler Heldenpriesters Joachim Haspinger, Salzburg 1856.

Viktor SCHEMFIL, Das k. k. Tiroler Korps im Kriege 1809. Leipzig, 2. Auflage 1858.

Viktor SCHEMFIL, Der Tiroler Freiheitskrieg 1809, Eine militärhistorische Darstellung, hg. von Bernhard Mertelseder (= Schlern-Schriften 335), Innsbruck 2007

Martin P. SCHENNACH, Revolte in der Region. Zur Tiroler Erhebung von 1809 (= Veröffentlichungen des Tiroler Landesarchivs, Bd. 16), Innsbruck 2009.

Hans SCHMÖLZER, Andreas Hofer und seine Kampfgenossen, Innsbruck 1905.

Ekkehard SCHÖNWIESE, Schluss mit dem Hofertheater! Ein Streifzug durch 200 Jahre Tiroler Heldenmythos, Innsbruck-Wien 2009.

Franz SCHUMACHER (Hg.), Anton Knoflach's Tagebuch über die Ereignisse in Innsbruck im Jahre Neun (= „Anno Neun", XIII. Bändchen), Innsbruck 1909.

Major SEMEK, Die Artillerie im Jahre 1809, in: Mitteilungen des k. und k. Kriegsarchivs, Dritte Folge, III. Band, Wien 1904, 51ff.

Hubert SENN/Franz VOLGGER, Tirol 1809-1984. Eine Bilddokumentation zum Gedenkjahr, Innsbruck–Wien–Bozen 1985.

Jean SÉVILLIA, Le Chouan du Tyrol – Andreas Hofer contre Napoleon, Paris 1991.

Max SPINDLER (Hg.), Handbuch der bayerischen Geschichte IV/1: Das neue Bayern 1800–1970, München 1974.

P. Cölestin STAMPFER, Sandwirth Andreas Hofer (= Sammlung historischer Bildnisse. Zweite Serie, IX.), Freiburg im Breisgau 1874.

P. Cölestin STAMPFER, Geschichte der Kriegsereignisse in Vinstgau in den Jahren 1499, 1796–1801, Innsbruck, 2. Auflage 1893

Siegfried STEINLECHNER, Des Hofers neue Kleider. Über die staatstragende Funktion von Mythen, Innsbruck 2000.

Otto STOLZ, Geschichte des Landes Tirol, Innsbruck 1955.

Dietmar STUTZER, Andreas Hofer und die Bayern in Tirol. Mit einem militärhistorischen Beitrag von Helmut HANKO, Rosenheim 1983.

Josef THONHAUSER, Osttirol im Jahre 1809 (= Schlern-Schriften 253), Innsbruck–München 1968.

Jean TULARD, Napoleon oder Der Mythos des Retters, Fankfurt/M.–Berlin–Wien 1982.

Alessandro VOLPI, Andrea Hoffer o la sollevazione del Tirolo del 1809, Milano 1856.

Hans von VOLTELINI, Forschungen und Beiträge zur Geschichte des Tiroler Aufstandes im Jahre 1809, Gotha 1909.

Beda WEBER, Andreas Hofer und das Jahr 1809, mit besonderer Rücksicht auf Passeiers Theilnahme am Kampfe, Innsbruck 1852.

Carl WEIDINGER, Andreas Hofer und seine Kampfgenossen oder die Geschichte Tirols im Jahre 1809, in: Tiroler Heimat 23 (1959) 45 ff.

Richard WEITBRECHT, Andreas Hofer und der Volksaufstand in Tirol (= Als Deutschland erwachte. Lebens- und Zeitbilder aus den Befreiungskriegen, Heft 5), Hamburg 1909.

P. Thomas WILD, Tirols Kampf um die Freiheit 1796–1797, Phil.-Diss., MS., Innsbruck 1949.

Ilse WOLFRAM, 200 Jahre Volksheld Andreas Hofer auf der Bühne und im Film (= Theaterwissenschaftliche Universitätsschrift Nr. 16), München 2009

Ludwig ZANKL, Die Auswirkungen der Erhebung Tirols im Jahre 1809 in den Landgerichten Kitzbühel und Schwaz 1809–1820, Phil.-Diss., MS., Innsbruck 1949.

Antonio ZIEGER, Andrea Hofer, Ricordi dell'insurezione del 1809, in: Archivio per l'Alto Adige, Vol. LIV (1960) 101ff.

Personenregister

zusammengestellt von Ute Pizzinini

Das Register bezieht sich auf die Abhandlung, nicht auf Anmerkungen und Bildtexte.

Das Stichwort „Hofer, Andreas" ist auf Grund des durchgehenden, gehäuften Vorkommens nicht aufgenommen.

Verwendete Abkürzungen: Dr. = Doktor, Frh. = Freiherr, FM = Feldmarschall, FML = Feldmarschallleutnant, FZM = Feldzeugmeister, Prof. = Professor

Aigentler, Maria, Mutter Andreas Hofers 33 f.
Albrecht, Johann 303
Albrich, Thomas 284
Altmutter, Franz 302
Altmutter, Jakob Plazidus 4, 136, 302 f.
Alvinczy (Alvinzi), FZM 62 f., 66, 67
Ampach, Pfarrer 244
Angetti, Vitus 299
Arco, Grafen von 250
Arco, Maximilian Graf von, Oberst 193
Arco, Karl Maria Rupert, Reichsgraf von 106, 108, 113, 115
Aretin, Johann Georg, Frh. von 115, 127
Arnold, Josef 305
Arz, Johann, Graf 142
Aschbacher, Anton 177
Auber, Daniel Francois Esprit 300
Auerbach, Berthold 290
Auffenberg, FM 87 f.

Baraguey d'Hilliers, Louis Comte, General 70, 142, 241, 247
Barbou Descouriéres, Gabriel, General 241
Bartholdy, Jakob L. S. 279
Basevi, Dr. Gioacchino, Rechtsanwalt 249 f., 253
Bauer, Jochen 295
Baur, Karl von 280
Bayard, 300
Beauharnais, Eugène Napoleon, Vizekönig von Italien 142, 150, 223, 229, 232, 237, 250, 255
Beauharnais, Joséphine 97
Beaulieu, Johann Peter Baron von, Feldherr 43, 50
Becker, Gottfried Wilhelm 280
Bellegarde, Heinrich, Graf, FML 87, 89, 90, 93

Berger, Christian 295
Bergk, Johann Adam 274
Bernadotte, General 61, 98
Berthier, Alexander, Fürst 216
Beyrer, Josef 163
Bianchi, Antonio, Pfarrer 268 f.
Blaas, Mercedes 283
Bissingen, Ernest Graf von, Gouverneur 88
Bissingen-Nippenburg, Ferdinand, Graf 266
Bisson, Pierre Francois Comte de, General 130, 132, 139
Blaas, Carl von 310
Blaas, Mercedes 284
Bohonowsky, Josef, Richter 109
Bonaparte, Joseph, Bruder Napoleons 179
Bonaparte, Napoleon siehe Napoleon Bonaparte
Borghi, Alessandro, Erzpriester 252–254
Bossi Fedrigotti, Anton 329
Braun, Ludwig 305
Brentano, Clemens von 288
Broussier, Jean-Baptiste, General 243
Brulon, Staatsanwalt 251
Brune, Marschall 93
Bubna, Graf, FML 168, 216
Bucher, Georg 191
Buol-Bernberg, Ignaz Frh. von, General 151, 153–156, 158, 163 f., 169, 177 f., 192
Burger, Franz 308
Burscheidt von, Oberst 188

Caracciolo, Italo 283
Cazan, Dominik Florian, Frh. von 62, 65, 84
Chasteler de Courcelles, Johann Gabriel Marquis von, FML 96, 98, 126, 128 f., 132, 139–143, 146 f., 149–153, 155, 159, 163, 170
Cheluzzi, Prätor von Trient 104
Chotek, Karl von, Graf 269 f., 271
Cole, Laurence 284

Dal Ponte (Dalponte), Bernardino 208-210
Dalponte, Lorenzo 283
Daney, Josef 137 f., 167, 199, 201, 205, 213, 226, 232 f., 235 f., 240 f., 275, 284, 337
Davidovic, FML 59, 63

Defregger, Franz von 295, 309–311, 313, 315
Deifl, Josef 191
Delama, Mathias 201, 226
Dellay, Lorenzo, Landeshauptmann 335
Delmas, General 70
Deroy, Bernhard Erasmus von, General 98, 151 f., 154, 157–159, 164, 181, 188, 223
Derrecagaix, Victor 282
Diemer, Michael Zeno 308 f.
Dietrich, Klaus 136
Dietrich, Peter 299
Dipauli, Patrizierfamilie, 153
Dipauli von Treuheim, Andreas 154
Ditfurth, Karl Frh. von, Oberst 117, 135, 137, 296
Dollfuß, Engelbert 327–329
Domanig, Karl 292 f.
Drouet, Jean Baptiste d'Erlon, General 181, 223, 231–233, 255
Durnwalder, Luis, Landeshauptmann 335

Egg, Erich 283, 331
Egger-Lienz, Albin 310 f., 313
Egger, Josef 281 f.
Egle, P. Marcus, Prälat 271
Eichendorff, Joseph Frh. von 261, 288
Eichendorff, Wilhelm Frh. von 261
Eichinger, Georg 302
Eiffes, Michel, Feldwebel 253
Eisenstecken, Josef, Major 155, 177, 211 f., 220, 261, 300
Ender, Johann Nepomuk 305
Ennemoser, Andreas 135
Ennemoser, Josef 201
Ertl-Krehlau, Hermann Dominik Ritter von, Oberstleutnant 158
Etschmann, Schupfenwirt 125
Eugène Beauharnais siehe Beauharnais
Exel-Bühne 293, 295

Falger, Anton 305
Fenner von Fennberg, Franz Philipp, General 49, 96, 142 f., 151, 261, 270
Fenner von Fennberg, Johann Baptist 13
Ferdinand I., König bzw. Kaiser 12 f., 17
Ferdinand I., Kaiser von Österreich 290, 299
Ferdinand II., Erzherzog 18
Ferdinand Karl, Erzherzog 19
Ferro, E. von 302

Festi, Trienter Bürger 60
Firler (Fierler), Martin 125, 190 f., 226
Fischer, Heinz, Bundespräsident 335
Flarer, Jakob 201
Flauscher, W. 308
Flora, Paul 314 f.
Fontana, Josef 284
Forcher, Michael 284
Forestier, Baron von, Generaladjutant 250
Franz II. bzw. I., Kaiser 20, 39–41, 44, 50, ,54, 68 f., 85, 88, 96 f., 119 f., 124, 128, 143, 149, 161, 163, 166 f., 170, 173 f., 200, 211, 214, 217–219, 228, 254 f., 261 f., 266 f., 269, 271, 283, 297 f., 306, 320, 338
Franz Joseph I., Kaiser 291, 307 f., 320, 326
Fraser, Georg 293
Frey, Edmund 292
Frick, Anna, Stiefmutter Andreas Hofers 34
Friedberg, Franz von 292
Friedrich III., Kaiser 16
Friedrich IV., mit der leeren Tasche, Herzog 15f., 21
Friedrich Wilhelm von Braunschweig-Lüneburg-Öls, Herzog 320
Frischmann, Franz, Schützenmajor 211

Gänsbacher, Johann 268, 271, 298
Gärtner, Wilhelm 290
Gaigher, Horatio 313
Gaismair, Michael 10 f., 336, 341
Gapp, Jakob 201
Garbini, Sebastiano 208–210
Gasteiger, Anton von 157 f., 276
Gedeck, Martina 296
Gilmans, Pierre Paul 295
Giovanelli zu Gerstburg und Hörtenburg (d. Ä.), Josef Frh. von 150
Giovanelli zu Gerstburg und Hörtenburg (d. J.), Josef Frh. von 203
Göldlin, Karl Baron von, Oberstleutnant 151
Görres, Josef von 288
Goess, Peter, Graf 128, 149
Goethe, Johann Wolfgang von 24 f., 29, 291
Graff von Ehrenfeld, Johann Frh. von 65
Granichstaedten-Czerva, Rudolf 282 f.
Greinz, Rudolf 325
Grisois, Charles Pierre, Offizier 248
Gummer, Anton 121

Haddik, Graf von, FML 90
Hamm, Margot 284
Hammer-Purgstall, Joseph Frh. von 26 f
Haspinger, Joachim (Johann Simon), Pater 156, 158, 175, 182, 190, 200 f., 210 f., 221, 223, 225, 230, 232, 238 f., 261, 292, 294, 300, 304, 307, 310, 312–315, 337, 342
Hauger, Georg, 187 f., 268 f.
Hechenberger, Josef 151
Heer, Friedrich 330
Heine, Heinrich 291
Heister, Johann Gottfried Graf, Gouverneur 47
Held, W. 301
Heltschl, Markus 295
Hendl, Josef Nikolaus, Graf 55, 80
Henlin, Maria 33
Henrici, Carl 51
Heiss, Hans 284
Heß, Peter von 305
Heydenreuter, Reinhard, 284
Hiller, Johann Frh. von, FML 93, 98, 159, 261
Hirn, Ferdinand 282
Hirn, Josef 281 f.
Hitler, Adolf 329
Hönig, H. 301
Hofer, Anna, Gemahlin Andreas Hofers 36, 244, 274
Hofer, Andre, Kaffeefabrik 316
Hofer, Caspar 34
Hofer, Franz 329
Hofer, Georg 286
Hofer, Jakob, Geistlicher 131
Hofer, Johann, Schützenkommandant 82
Hofer, Johann, Sohn Andreas Hofers 244
Hofer, Josef, Vater Andreas Hofers 33
Hofmann, Theobald 292
Hofstetten, Johann Theodor von 114
Holzinger, Rudolf 315
Holzknecht, Johann 80f., 90, 201 f., 211 f., 244
Hoppe, David Heinrich 28
Hormayr zu Hortenburg, Josef Frh. von 120, 122, 126, 128–130, 140–143, 148–150, 155, 163–167, 169, 176 f., 206 f., 218 f., 258–260, 277–279, 281
Hotze, Johann Konrad Ritter von, FML 87
Huard de St. Aubin, Leonard, General, 247
Hu(e)ber, Peter (vulgo Kreiter) 121 f.
Huter, Jakob 12

Immermann, Karl Leberecht 290 f.
Innerhofer, Josef 201
Ippoliti, Trienter Bürger 60

Johann, Erzherzog von Österreich 91 f., 97 f., 120–122, 124–128, 131 f., 139, 142, 148–150, 161, 163, 168 f., 211, 213, 215, 218, 220, 223, 228, 230 f., 236, 245, 259, 267 f., 278

Johann von Böhmen, Herzog 14
Johannes Paul I., Papst 294
Jordan, Karl 314
Joseph II., Kaiser 14, 19 f., 44, 47, 49, 109, 118, 336, 338
Joubert, Barthélemy, General 61, 66–68, 70–72, 76, 78, 82 f.
Jubele, Franz Fidelis, ehemaliger Offizier 242
Karl VI., Kaiser, 13, 47
Karl, Erzherzog von Österreich, 61, 67, 83, 86 f., 93, 97, 128, 148, 150, 167 f., 245, 255
Karl August von Zweibrücken, Herzog 107 f.
Karl Theodor, Kurfürst 107 f.
Kassau, Friedrich August Adolf 292
Katschthaler, Philipp J. 302
Kerausch-Heimfelsen, Josef 291
Kern, Florian, 284
Kerpen, Alexander Baron, FML 70–73, 78, 82 f.
Kinkel, Georg August Frh. von, General 116, 127, 129, 135, 137, 158
Kirchhoff, W. 301
Klieber, Josef 306
Klier, Heinrich 302
Klingenschmid, Max 293
Knebelsberger, Leopold 298
Knoflach, Anton 153, 159, 162, 193, 196, 199, 203f., 212, 227
Koch, Josef Anton 304
Köfler, Werner 283
Köck, Franz Xaver Nikolaus 201
Körner, Theodor 288
Kolb, Franz 238, 282
Kolb von Kolbenthurn, Johann Nepomuk von 171, 173, 221, 223, 231, 238, 242
Komzak, Karl 302
Kotzebue, August von 24, 29 f., 83, 208
Krafft, Andreas 33
Kramer, Hans 283
Kranewitter, Franz 292 f.
Kraus, Gustav 305
Kray, Paul, Frh. von, FZM 87, 91
Kretschmar, Dr., Stabsarzt 183
Krismer, Stefan 242
Kroetz, Franz Xaver, 296

Ladurner, Anna, Gattin Andreas Hofers siehe Hofer, Anna
Ladurner, Peter 36
Laimböck, Simon 124 f.
Lanz, Katharina 74f.
Laudon, Johann Ludwig Alexius Frh. von, Generalmajor 67, 72, 76, 78, 80–82, 88, 89
Layer, Wilhelm 302

Lefébvre (Lefebre), Pierre Francois Joseph, Marschall 151, 154, 180–182, 185, 187, 189, 191–195
Lehr, Hans 293
Lehrbach, Konrad von und zu, Graf 51, 57, 67 f., 71, 79
Leimgruber, Thomas, Kurat 75
Leiningen-Westerburg, Christian Ludwig Graf, Oberstleutnant 142, 150, 156, 166, 208 f.
Lemoine, General 130
Leopold II., Kaiser 20, 38 f., 41, 49
Leopold IV., Erzherzog 20
Leopold V., Erzherzog 18 f.
Leporini, Trienter Bürger 60
Lerchenfeld-Aham, Maximilian Emanuel Frh. von 258, 262
Lergetporer, Peter Nikolaus 84
Lichtenstein, Ludwig von, Freiherr 300
Lichtenthurn, Josef Ignaz Frh. von 229 f.
Lippl, Alois Johannes 293
Lipthay, Anton, Frh. von, Generalmajor 67 f., 70
Lodron, Dominikus, Graf 44
Lodron, Maximilian Graf 115, 127, 135, 138
Lohner, Albert
Loison, Olivier, Divisionsgeneral 98
Lortzing, Gustav Albert 300
Lubomirski Karl 296
Luciani, Albino 294
Ludwig XVI., König 38, 42
Ludwig, Kronprinz von Bayern 107, 152, 229, 258
Ludwig von Brandenburg 14, 20
Luxem, General von 271

Macdonald, General 93 f.
Mack, Karl Frh. von, FML 97
Magenschab, Hans 283
Mahr, Gustav 121, 190, 233, 254, 302
Malanotti, Anton von 142, 165
Manfreda, Josef 315
Manifesti, Giovanni Battista, Erzpriester 252–254
Marberger, Josef 194
Marchal, General 150
Margarethe Maultasch von Tirol-Görz 14 f., 20, 141
Maria Elisabeth, Erzherzogin 50, 104
Maria Ludovica, Kaiserin 124
Maria Theresia, Kaiserin 19, 23, 34, 38, 47, 65, 137, 140, 245 f., 261
Marie Antoinette, Königin 38, 42
Marie Louise, Erzherzogin 255, 262
Masséna, André, General 59, 67, 87, 90, 97 f.

Maximilian I., König bzw. Kaiser 16 f., 21, 45, 207, 306
Maximilian I. Joseph, König von Bayern 104, 106, 108, 112 f., 119 f., 167, 225, 255
Maximilian III., der Deutschmeister, Erzherzog 18, 45
Max II. Emanuel, Kurfürst 23, 103
Mayr, Benitius, Servitenpater 263 f., 289 f., 303
Mayr, Peter 121, 182, 190, 233, 242, 254
Mayrhauser, Karl von 305
Mazerotti, Anton, Kunsthandlung 304
Mazohl, Brigitte 284
Medici, Claudia de' 19
Meighörner, Wolfgang 284
Meinhard II. von Tirol-Görz 14 f., 20
Meinhard III. von Tirol-Görz 14 f.
Melas, Feldherr 91
Mendelssohn-Bartholdy, Felix 291
Menz, Karl Anton von 177
Mersi, Prof. von 176
Mertelseder, Bernhard 284
Messter, Filmproduktionsfirma 295
Metternich, Fürst 255, 260, 267 f., 281
„Metzger Klaus" siehe Dietrich
Meynier, Charles 99
Miller, Familie 36
Mitterer, Felix 296, 335
Mösl, Johann vulgo Stallele 201
Montgelas, Maximilian Joseph Frh. von 102–104, 106–108, 118, 167, 273, 280, 292
Moor, E. 302
Morandell, Josef Valentin von, Oberkommandant 210, 220
Moreau, General 61, 91
Moretti, Tobias 296
Mosen, Julius 297 f.
Moser, Maria Anna 303
Motte-Fouqué, Friedrich de la 290
Mühlberger, Karl 302
Münzer, Thomas 11
Mumelter, Hubert 293
Murat, König von Neapel 265
Murko, Dr. 269

Napoleon Bonaparte, Kaiser der Franzosen 42 f., 50 f., 55 f., 58 f., 63, 66 f., 70, 83, 85 f., 91, 96 f., 99 f., 102–104, 107, 111, 116, 127 f., 142, 148, 151, 159, 166, 168–170, 177–179, 196, 216, 219 f., 223, 236, 250, 255–258, 261 f., 265, 283, 284, 288, 300, 320, 336, 339 f., 343
Natter, Heinrich 308
Naupp, Thomas 284
Negrelli, Josephine 166

Nequirito, Mauro 284
Nessing (Nössing), Franz Anton 121 f., 177
Neugebauer, Franz Ludwig Frh. von 47
Neurauter, Johann 81 f.
Ney, Michel, Marschall 98 f., 100
Niedermair, A. 308
Nitsch, Gymnasialdirektor 204
Nobili, General 90
Nutzenberger, Klaus 284

Oberdorner, Matthias 201
Oberhofer, Andreas 284
Oberhueber, Josef 83
Oppacher, Anton 151
Ortner, Peter 305
Osboli, Matteo, 280

Panzl, Johann 181
Paulin, Karl 282
Pembaur, Josef 302
Pendl, Emanuel 313 f.
Penz, Ludwig 313
Pero, Bartholomäus del 302
Peyri, Louis de, General 220
Pfaundler, Wolfgang 283
Pichler, Adolf 323
Pichler, Johann, auf der Mörre 33
Piloty, Karl von 309 f.
Pitschmann, Josef 302
Pizzinini, Meinrad 283
Planché, James Robinson 299
Planck, Major von 62
Plank, Josef 305
Platter, Günther, Landeshauptmann 335
Plattner, Bauer in Verdings 121
Plattner, Albert 325
Plattner, Christian 313
Pluch, Thomas 295
Prati, Trienter Bürger 60
Prechtl, Hanns 295
Primisser, Johann Friedrich 53, 92
Prinzivalli, Virginio, 292
Prosch, Peter 23
Pühler, Vinzenz von 251
Puellacher, Leopold 305
Purtscher, Matthias 201, 204, 226

Quosdanovic, General 56

Rainalter, Helmut 284
Rainer, Geschwister, Nationalsänger 300
Rainer, Arnulf 315
Raffl, Franz 246 f., 292, 295 f.
Raffl, Gerhard 315
Rainalter, Erwin 293
Rangger, Lorenz 118 f., 133 f.
Rapp, Josef 275, 281
Ratschky, Joseph Franz 89

371

Redlich, Karl 312 f.
Reimmichl 293
Reinisch, Anton 75
Reiter, Martin 284
Riedmann, Josef 331
Robespierre, Maximilien 42
Röggl, Aloys, Hofkaplan 271
Rohrer, Joseph 30f.
Romuald, Adjutus 292
Roschmann, Anton Leopold von (d. Ä.) 80
Roschmann, Anton Leopold von (d. J.) 120, 140, 150, 166, 177, 218 f., 223, 226–229, 231, 259–261, 263, 265 f., 278
Rosegger, Peter 293
Rossini, Gioacchino 299 f.
Rouyer, General 180, 182 f., 187
Rubatscher, Maria Veronika 293
Rudolf II., Kaiser 18
Rudolf IV. der Stifter, Herzog 15
Rückert, Friedrich 288
Rusca, Jean Baptiste, General 150, 171, 178, 182, 187, 216, 223, 236

Salieri, Antonio 89
Sarnthein, Alois Ferdinand Graf 195
Sarzi, Roberto 283
Sauer, Wenzel Graf, Gouverneur 49
Scala, Ferdinand von 291
Schärmer, Johann Martin 306
Schaller, Johann 306
Schedler, Johann Georg 303
Schemfil, Viktor 284
Schennach, Martin P. 284
Scheuer, Manfred, Bischof 335
Schill, Ferdinand von, Major 320
Schinhofen, Pierre 292
Schleyer, J. M. 301
Schmid, Mathias 309 f.
Schmidt, General 170 f., 173, 177
Schneeburg, Johann Nepomuk Anton Frh. von 195
Schneider, Dr. Anton 147
Schnorr von Carolsfeld, Ludwig 30
Schönherr, Karl 292
Schönhut, Othmar 280
Schönwiese, Ekkehard 284
Schwarzenberger, Xaver 296
Seitz, Paul 201
Seiwer, Hans 318
Senn, Johann Franz Michael, Richter 167
Senn, Karl 302
Seras, Jean Mathieu 243
Sévillia, Jean 284
Siber, Alfons 313
Siebein, General 100, 181

Sieberer, Jakob, Major 180, 211, 232 f., 236, 240 f., 261
Sigmund Franz, Erzherzog 19 f.
Sigmund der Münzreiche, (Erz)herzog 16
Spaur, Christiane Gräfin 204
Speckbacher, Josef 125, 135, 139, 146, 152 f., 156, 158 f., 175, 177, 180, 182, 18f, 190 f., 200, 210, 225, 232, 234, 261, 292, 294, 296, 305, 307, 310, 312–315
Speicher, Philipp von, Major 132
Spork, Graf, FML 71, 82
Springenschmid, Karl 293
Stadion, Johann Philipp Graf 120, 122, 124
Stadl, Josef von 307
Staffler, Johann Jakob 37
Steffenelli, Girolamo 142, 165
Steger, Anton 120, 171, 187
Steidle, Richard 327
Steinlechner, Siegfried 284
Stemberger, Julia 296
Sternbach, Maria Theresia Freiin von 195
Stolz, Otto 32
Strasser, Romed 207
Straub, Josef Ignaz 125, 146, 153, 195, 233, 271, 292
Strebele, Major 55
Streiter, Josef 321 f.
Stutzer, Dietmar 283
Suppé, Franz von 301
Suwarow, General 86
Sweth, Cajetan 201, 242, 244, 246 f., 249–251, 253, 255, 271, 297
Swinburne, Robert von, Oberstleutnant 98

Tannenberg, Ignaz Graf 154
Teimer, Martin Rochus, Major 131–133, 139, 141, 146, 150, 155, 158 f., 164, 167, 177
Tell, Wilhelm 286, 290, 299
Thaler, Josef 291
Thinner-Gretele 77
Thorvaldsen, Bertel 306
Thys, Komponist 300
Tieck Ludwig, 291
Tomaselli, Franz 303
Torggler, Jakob, Hauptmann, Kommandant 188, 220
Trenker, Luis 295
Trevisan, Georg 318
Treulieb siehe Wigand, Paul
Tschöll, Johann Valentin 194
Türck, Johann Baptist 173, 223
Urbanner, Erich 302
Utzschneider, Josef von 167

Vasserot, Oberstleutnant 188
Vaubois, General 60, 62 f.
Veyder (Veider) von Maalberg, Franz Karl Frh. von 128
Vial, Honoré, General 221, 223
Voelderndorff, Eduard von 280
Volpi, Alessandro, 280
Voltelini, Hans von 281
Vucassevic, Josef, Baron, Generalmajor 93

Waidmannsdorff, Baron von, Gouverneur 57
Waitz, Sigismund, Bischof 328
Walch, Thomas 312–314
Walchegger, Franz 315
Waldner, Georg 201
Wallner, Anton 166, 181, 210
Weber, Beda 37, 281
Weber, Carl Maria von 300
Weber, Josephus 302
Weiler, Max 315
Weinberger, Lois 296
Weissenbach, Alois 271
Welser, Hieronymus Wolfgang 25
Welsperg, Johann, Graf 115, 117, 127, 143
Werner, Rudolf 302
Wibmer-Pedit, Fanny 293
Wigand, Balthasar 305
Wigand, Paul 290
Wild, Anton 255
Winkelried, Arnold 75
Wintersteller, Rupert 124
Wörndle, Edmund von 307
Wörndle, Johann Caspar von 290
Wörndle zu Adelsfried und Weiherburg, Philipp von 72–74, 76, 84, 200
Wolf, Carl 291, 335
Wolfram, Ilse 284
Wolkenstein, Paris Graf, Landeshauptmann 44, 64
Wolters, Hans 292
Wordsworth, William 9, 286
Wrede, Karl Philipp Graf, General 109, 151 f., 154, 223
Wreden, Dominik, Oberstleutnant 129 f., 132, 139
Wurmser, Dagobert, Graf, FM 55–58 f.
Wurnig, Alois 292

Zach, Büchsengießer 207
Zeni, Domenico 249, 304
Zichy, Graf von 277
Zitterbart, Herbert 302
Zoller, Franz Carl 76